MIRA®

Der Preis dieses Bandes versteht sich einschließlich
der gesetzlichen Mehrwertsteuer.

Umwelthinweis:
Dieses Buch wurde auf chlor- und säurefreiem Papier gedruckt.

Victoria Janssen

Die Herzogin, ihre Zofe, der Stallbursche und ihr Liebhaber

Erotischer Roman

Aus dem Amerikanischen von
Ira Severin

MIRA®

MIRA® TASCHENBUCH
Band 35032
1. Auflage: August 2010

MIRA® TASCHENBÜCHER
erscheinen in der Cora Verlag GmbH & Co. KG,
Valentinskamp 24, 20350 Hamburg

Titel der nordamerikanischen Originalausgabe:
The Duchess, Her Maid, The Groom & Their Lover

erschienen bei: SPICE Books, Toronto
Published by arrangement with
HARLEQUIN ENTERPRISES II B.V./S.àr.l

Konzeption/Reihengestaltung: fredebold&partner gmbh, Köln
Umschlaggestaltung: pecher und soiron, Köln
Redaktion: Bettina Steinhage
Titelabbildung: Harlequin Enterprises S.A., Schweiz
Satz: Buch-Werkstatt GmbH, Bad Aibling
Druck und Bindearbeiten: CPI – Ebner & Spiegel, Ulm
Printed in Germany
Dieses Buch wurde auf FSC-zertifiziertem Papier gedruckt.
ISBN 978-3-89941-745-6

www.mira-taschenbuch.de

Für Lorrie.
Mehr als zwanzig Jahre Kuchen und Hubschrauber
und kein Ende abzusehen.

1. KAPITEL

Sylvie, die Zofe der Herzogin Camille, drapierte ein blaues Gewand um die Schultern ihrer Herrin. Camille musste sich beherrschen, den Stoff nicht schamhaft über ihre nackten Brüste zu ziehen. Normalerweise machte es ihr nichts aus, von ihren Dienern angekleidet und ausgezogen zu werden – immerhin war sie als Tochter eines Herzogs von Geburt an daran gewöhnt –, aber heute verzog sie bei jeder Berührung das Gesicht. Sylvies Wut verschlimmerte noch Camilles Anspannung, obwohl sich der Ärger der Zofe nur in kleinen Gesten offenbarte, etwa wenn sie Camilles lange dunkle Haare ein wenig zu ruckartig unter der Robe hervorzog. Bis jetzt hatte Sylvie den Fleck von Camilles Blut noch nicht aus ihrem eigenen schlichten blauen Kleid herausgewaschen. Und während die Zofe mit nur mühsam beherrschten Bewegungen ihre Arbeit tat, lösten sich immer mehr Strähnen aus ihrem langen blonden Zopf, sodass man der sonst so ordentlichen Sylvie auf den ersten Blick ihren Gemütszustand ansah. Obwohl Camille wusste, dass Sylvie nicht auf sie, sondern auf Herzog Michel wütend war, gelang es ihr angesichts ihrer zornigen Zofe nicht, sich zu entspannen.

In einer anderen Ecke des Zimmers wusch sich die Hebamme in einer mit daumennagelgroßen Blüten bemalten Porzellanschüssel die Hände. Ihre Bewegungen gerieten dabei so heftig, dass das Wasser und der Schaum der teuren, aus dem Ausland importierten Jasminseife auf den dicken weichen Teppich spritzten. Die kurz geschnittenen Haare der Hebamme glänzten im Schein eines Dutzends brennender Kerzen. Die Herzogin war umgeben von Luxus. Sie besaß alles, was sie sich nur wünschen konnte, nur eines nicht: Sicherheit.

Camille wagte es nicht, auch nur für eine Sekunde ihre

Selbstbeherrschung aufzugeben. So lange hatte sie nun schon ihren Zorn unterdrückt, dass es ihr schien, als würde sie in ihrem Bauch einen Haufen Geröll mit sich herumschleppen. Sie fühlte sich krank und bis ins Mark erschöpft. Alles hätte sie darum gegeben, einige Minuten allein zu sein, um sich wieder zu sammeln. Aber wenn sie die Dienerschaft fortschickte, nachdem sie die Untersuchung über sich hatte ergehen lassen, würde sie damit Schwäche zeigen. Schon einmal hatte sie an diesem Tag die Beherrschung verloren und viel zu deutlich ihre Gefühle gezeigt, und zwar als der Herzog ihr erzählt hatte, dass Graf Alphonse tot war. Vor lauter Entsetzen hätte sie beinahe verraten, in welcher Mission der Graf unterwegs gewesen war. Diese Mission hatte ihm den Tod gebracht. Es war äußerst wichtig, dass sie Haltung bewahrte, denn nur so konnte sie ihre Geheimnisse schützen.

„Ich werde Euch ein Glas Wein holen, Madame", sagte Sylvie. „Und Eis zum Kühlen Eurer Prellungen."

„Setz dich", befahl Camille. Sie ertrug es nicht, noch länger mit anzusehen, wie Sylvie mit ihrem ewigen Hin und Her Trampelpfade in den dicken goldfarbenen Teppich lief. Camille schaute hinüber zur Waschschüssel und vermied es dabei sorgfältig, ihr Spiegelbild in dem hohen ovalen Spiegel zu betrachten, dessen breiten Rahmen ein Muster aus vergoldeten Brombeerranken zierte. „Madame Annette?"

Die Hebamme war höchstens dreißig Jahre alt und arbeitete normalerweise im Bordell unten in der Stadt, wo sie sich um kranke Dirnen kümmerte und ihren Kindern auf die Welt half. Annette war eine winzige Frau mit raspelkurzem Haar und einer Narbe auf dem Kinn. Bei ihren heimlichen Besuchen im Palast trug sie stets ein weites dunkles Kleid. Sie war wie ein Sperling, der im goldenen Käfig ein und aus flog und den niemand außer Camille und Sylvie bemerkte. Noch nie war Camille ihr irgendwo anders begegnet. Sie wusste nicht einmal, wo Madame Annette lebte; wenn sie gebraucht wurde, ging Sylvie sie holen. Und doch hätte Camille der Hebamme ihr Leben und ihre Gesundheit anvertraut – ihr blieb nichts anderes übrig.

„Ihr wart nicht schwanger, Madame la Duchesse."

Camille erlaubte sich nicht, eine Reaktion auf diese Eröffnung zu zeigen. Dennoch erhob Sylvie sich von ihrem Stuhl und trat neben ihre Herrin.

„Bin ich verletzt?"

Madame Annette nahm ein Handtuch und rieb sich die Hände trocken. „Ihr habt eine Prellung", erklärte sie. Als hätte Camille die gerötete Schwellung vergessen können, die sich über ihr Kinn und ihren Wangenknochen erstreckte. Ihre Haut war aufgeplatzt, wo der Herzog sie mit den schweren Ringen an seiner Hand getroffen hatte. Ihre linke Schulter schmerzte, weil er sie gegen die Seidentapete ihres privaten Empfangszimmers geschleudert hatte; ihre Hüfte und ihr Ellbogen pochten an den Stellen, wo sie auf den Marmorfußboden aufgeschlagen war.

„Habe ich innere Verletzungen?"

„Nein, Madame." Madame Annette legte das Handtuch beiseite und trat näher, bis sie fast direkt vor Camille stand. Ruhig fügte sie hinzu: „Eines Tages wird er Euch noch umbringen."

Sylvie öffnete den Mund, um etwas zu sagen, doch Camille hob die Hand und bedeutete ihr zu schweigen. „Ich könnte schwanger werden. Noch bin ich nicht zu alt."

Madame Annette verschränkte die Arme vor der Brust. „Es fällt mir schwer, mich daran zu erinnern, dass Ihr eine Dame von Rang seid, Madame. Denn in dieser Sache handelt Ihr mit Sicherheit ebenso unklug wie jede andere Frau, die ich kenne."

Camille hörte, wie Sylvie erschrocken den Atem anhielt,

was einer gewissen Ironie nicht entbehrte, denn schließlich hatte Sylvie auch keine Scheu, ihrer Herrin die Meinung zu sagen. „Wenn ich dem Herzog einen Erben schenke, hat er keinen Grund mehr, sich nach einer anderen Herzogin umzusehen."

„Der Herzog hat keine Bastarde, nicht einen einzigen, was keinesfalls daran liegt, dass er es nicht versucht hätte. Ich an Eurer Stelle würde mir einen passenden Mann suchen und sein Kind als das des Herzogs ausgeben."

Noch nie hatte Madame Annette so kühn mit ihr gesprochen. Camille schüttelte ablehnend den Kopf. Sie hatte Michel geheiratet, einen nachgeborenen Sohn, der den Herzogstitel erhalten hatte, indem er ihr Gemahl wurde, und der seitdem nicht nur über das Herzogtum, sondern auch über sie Macht hatte. Sie hätte sich dem Befehl ihres Vaters, Michel zu heiraten, widersetzen und fliehen können, doch dummerweise hatte sie es nicht getan, da sie sich verantwortlich für das Herzogtum fühlte. Und nachdem sie ihr Jawort gegeben hatte, trug sie nicht nur für die Einwohner des Herzogtums Verantwortung, sondern auch für ihre Ehe. Seit über zwanzig Jahren bezahlte sie nun für diesen Fehler.

Ein paar Schläge konnten ihre Entschlossenheit, für ihre Ideale einzustehen, nicht schmälern. Viel schlimmer war Graf Alphonses Tod. Der Graf war ermordet worden, weil er versucht hatte, ihr zu helfen. Dabei hatte er nicht einmal gewusst, dass die Bitte, die er Graf Maxime zutragen sollte, einen Verrat an seinem Herzog bedeutete. Er war kaum älter als Annette oder Sylvie gewesen. Sylvie konnte durchaus die Nächste sein, die es traf.

„Madame!"

Camille, der beim Aufstehen schwindlig geworden war, blinzelte, während das Zimmer sich langsamer drehte und schließlich zur Ruhe kam. Sylvie hielt sie am Arm fest und grub ihre Finger schmerzhaft in Camilles geschundene Muskeln. Madame Annette hatte sich Camilles anderen Arm um die Schultern gelegte, und gemeinsam geleiteten die beiden Frauen sie zu ihrem Bett.

Die Unterseite des Betthimmels war, wie die Laken und Decken, in Blau und Gold gehalten. Darauf waren Applikationen angebracht, welche Männer zeigten, die Äcker pflügten und Getreide säten, eine sehr durchsichtige Allegorie, um die Fruchtbarkeit der Paare anzuregen, die dieses Bett teilten. Allerdings hatte Michel sie niemals hier genommen, stets wurde sie in seine Gemächer gebracht. In letzter Zeit ließ er sie bevorzugt an Orte beordern, von denen er glaubte, sie würde sich dort unwohl fühlen und seine Annäherungsversuche abwehren.

„Er wird Euch umbringen", wiederholte Annette ohne jeden Ausdruck in der Stimme, gerade so als stellte sie fest, dass der Himmel blau war. Sie legte ihren Handrücken an Camilles Stirn, dann an ihre Wange. Camille schloss die Augen. Allein diese zarte Berührung erschütterte sie fast zu Tränen. „Hol mir mehr Decken, Sylvie."

Übelkeit stieg in ihr auf, und sie begann zu zittern. „Ich bin bloß hungrig", behauptete Camille, auch um sich selbst zu beruhigen. „Während Sylvie unterwegs war, um nach dir zu suchen, habe ich nichts gegessen."

Annette legte ein Kissen unter Camilles Füße. Wieder sagte sie: „Er wird Euch umbringen. Und Ihr wisst, was dann passieren wird. Er wird dieses Herzogtum in den Ruin treiben und sich dann das nächste vornehmen, wie es schon Euer Vater getan hat."

Immer noch war Camille nicht in der Lage, laut auszusprechen, dass sie versagt und Michel längst gewonnen hatte, obwohl es die Wahrheit war. Stattdessen befahl sie: „Du musst den Palast verlassen, bevor man dich in meinen Räumen findet."

„Keine Angst, Madame. Im Gegensatz zu Euch kann ich meine Haut retten."

Sylvie kam zurück, breitete ein paar Decken über Camilles Füße und zog sie von dort nach oben. „Ihr braucht Ruhe, Madame. Was muss ich tun, Annette?"

„Überzeuge sie davon, sich einen anderen Mann zu suchen, der ihr ein Kind macht", riet ihr Annette. „Und sorge dafür, das er gesund ist und Ähnlichkeit mit dem Herzog aufweist."

Der Herzog hatte Camille das Reiten verboten. Aber immerhin konnte sie ihre Pferde von den hohen weißen Mauern des Palasts aus in der Ferne beobachten. Zwei Wochen nach Madame Annettes Besuch spazierte sie auf den Palastmauern herum, wobei ihr die beiden Leibwächter, die Eunuchen Kaspar und Arno, stets auf den Fersen blieben. Sie wussten genau, wann die Herzogin nicht in der Stimmung für eine Unterhaltung war. An diesem kühlen Frühlingsabend vermieden die beiden Eunuchen es sogar, leise miteinander zu reden.

Hier oben wehte der Wind, der von weit her kam, heftiger, und sie nahm den Geruch des nahenden Regens wahr, der sich mit dem Duft von Gras und dem strengen Aroma der Pferdeäpfel von den Koppeln unterhalb der Palastmauern vermischte. Sie schlüpfte in eine kleine Nische, die sie, wenn man von den wachsamen Blicken ihrer Kastraten absah, vor aller Augen verbarg, und schaute hinunter zum Stall. Dort standen ihre Stute Guirlande und all die anderen Pferde, mit deren Ausbildung sie so viel Zeit zugebracht hatte.

Soeben ritt der Stallbursche ihre Lilas, und sein regloser Körper schien mit dem geschmeidigen Rücken der Stute verwachsen zu sein, während das Tier die komplizierten Figuren der hohen Dressur in die lockere Erde der Reitbahn tanzte.

Nur das dichte braune Haar des Burschen bewegte sich im Wind.

Es war jetzt vier Jahre her, dass der Herzog ihr das Reiten untersagt hatte. Seit jenem Tag war sie nicht mehr in den Ställen gewesen, hatte weder ihre Pferde besucht noch mit den Pferdepflegern gesprochen. Aber sie hatte vor Jahren zugesehen, wie dem Stallburschen das Reiten beigebracht wurde. Sie war mit ihm ausgeritten, und sogar auf diese Entfernung erkannte sie seine perfekte Haltung und den guten Sitz. Ihre Lilas war bei ihm in guten Händen.

Camille fragte sich, wie er wohl jetzt aussah, da er das Mannesalter erreicht hatte. Sie erinnerte sich an seine großen Hände, die dichten Wimpern und ein entwaffnend offenes Lächeln. Inzwischen musste er fast zwanzig sein und hatte sich vielleicht stark verändert. Ihr wurde bewusst, dass er halb so alt war wie sie. Wenn sie in den ersten Jahren ihrer Ehe mit Michel ein Kind geboren hätte, wäre der Stallbursche gerade in dem Alter, in dem ihr Sohn jetzt sein könnte.

Sylvie hatte sie daran erinnert, dass die Augen des Stallburschen blau waren. Blau wie die Augen des Herzogs.

Normalerweise hätte sie so lange auf der Mauer ausgeharrt, bis sie wenigstens auf jedes ihrer Pferde einen Blick geworfen hatte. Vielleicht hätte sie auch ein paar Zeichnungen in ihrem Skizzenbuch angefertigt. An diesem Abend aber wandte sie sich ab und steuerte den Flügel des Palasts an, in dem ihre Gemächer lagen. Unter den dünnen Sohlen ihrer Pantoffeln fühlten sich die Steine der Mauer kalt an. Das leise Klirren der Waffen verriet ihr, dass Kaspar und Arno ihr über die Treppe des Geschützturms nach unten folgten. Sie durchquerten das Geviert des akkurat gepflegten Gartens, der an die Stelle des alten, kahlen Kampfplatzes getreten war, und gelangten durch riesige, mit dem geschnitzten Wappen des Herzogs verzierte Mahagonitüren, welche jeweils von einem

Diener in der herzoglichen Livree aufgehalten wurden, in das Innere des Palasts.

Camille führte ihre Eunuchen an der verschlossenen Tür ihres Empfangszimmers vorbei zu einem versteckten Durchgang. Der schmale, abgelegene Gang zu ihrer Zimmerflucht war mit dicken Teppichen in Gold und Blau ausgelegt, die sich an ihren kalten Füßen angenehm anfühlten. Camille erlaubte sich nicht, ihre Schritte zu verlangsamen und gönnte den dezent gemusterten goldfarbenen Tapeten, den hinter farbigem Glas schimmernden Kerzen und den Pferdebildern an den Wänden keinen Blick. Sylvie würde inzwischen den Rest der Dienerschaft weggeschickt haben, sodass sie wenigstens eine knappe Stunde ungestört sein würden.

Kaspar und Arno folgten ihr durch die vorderen Räume in ihr Schlafgemach, wo Sylvie sie bereits erwartete. Sie hockte auf der Kante eines zerbrechlich wirkenden, überreich verzierten Stuhls, den Camille noch nie gemocht hatte. „Alles ist nach Euren Wünschen vorbereitet, Madame", erklärte Sylvie und wollte damit sagen, dass sich außer den vier im Schlafzimmer anwesenden Personen niemand in den Räumlichkeiten der Herzogin aufhielt.

Camille beschloss, dass es am besten war, wenn alle sich setzten, denn sie würde von ihren Dienern heute mehr verlangen als ihre Pflicht. Mit einem Blick in Kaspars Richtung wies sie auf die bereitstehenden Stühle. „Lieber nicht, Madame la Duchesse", erklärte Kaspar grinsend. „Ich fürchte, er bricht unter meinem Gewicht zusammen." Er war größer als die meisten Männer und wirkte doppelt so breit. Über seinem nackten haarlosen Oberkörper kreuzten sich Lederstreifen, an denen eine Messerscheide gefestigt war, die zwischen seinen Schulterblättern ruhte. Sie wusste, dass in den flachen Griff des Messers mit Silber ausgelegte Linien geätzt waren, die ihr Wappen formten. An jedem seiner Oberschenkel war über der blauen Hose ein kurzes Schwert befestigt, dessen schmuckloser Griff mit dunkelblauem Wildleder umwickelt war.

„Ich würde lieber auf dem Boden sitzen, Madame", teilte ihr Arno mit, der jüngere der beiden Eunuchen.

„Gut", stimmte Camille zu und ließ sich auf einem der Stühle nieder. Selbst wenn ihre beiden Leibwachen auf dem Boden saßen, wurden sie von ihr und Sylvie auf Stühlen sitzend kaum überragt. Sobald alle bequem saßen, schaute sie einen nach dem anderen an und schenkte jedem ein Lächeln. Bei ihrem Plan ging es nicht nur um sie und ihre eigene Sicherheit, sondern auch um die ihrer Diener, und es war nur recht und billig, ihnen Respekt zu zollen. Schließlich begann sie: „Von den Männern, die Sylvie genauer in Augenschein genommen hat, sind drei im Hinblick auf ihre Gesundheit, ihr Aussehen und ihre Nähe zum Palast sehr gut geeignet."

„Madame, Monsieur de Pierken würde mit etwas Ermutigung von seinem Anwesen sicher hierher reisen", gab Sylvie zu bedenken. „Er hat Interesse an Euch." Kaspar versuchte sie mit einem Blick zum Schweigen zu bringen, doch sie reagierte nur mit einer unanständigen Handbewegung in seine Richtung.

„Ich fürchte, so einfach ist das nicht", gestand Camille. „Denk dran, es ist Pflanzzeit." Zudem würde Monsieur de Pierken sich nicht damit zufriedengeben, sie zu schwängern und wieder zu verschwinden. Er würde eine Gegenleistung verlangen, und das war mehr, als sie bereit war, ihm zu geben. „Von den drei Männern", fuhr sie entschlossen fort, „ähnelt Graf Gustave körperlich Michel am meisten. Sein Temperament ist jedoch nicht angemessen. Er nimmt schnell etwas übel und ist von seiner eigenen Wichtigkeit überzeugt. Ich halte ihn nicht für verschwiegen genug. Außerdem könnte er als Gegenleistung für seinen Samen eine längere Liaison und mehr politische Macht verlangen. Das zu geben, bin ich nicht bereit."

„Und was ist mit Monsieur de Jon-Petite?", fragte Sylvie.

„Ich fürchte, er ist zu alt", gab Camille widerstrebend zu. „Er hat einen fast dreißigjährigen Sohn und außer ihm keine Nachkommen. Es stimmt, dass er mein Verbündeter im Palast ist und es daher einfach wäre, Treffen mit ihm zu arrangieren, aber wenn er der Aufgabe nicht gewachsen ist, war alle Mühe vergeblich." Sie hatte Jon-Petite einst als Freund schätzen gelernt, und obwohl sie ihn nur noch selten sah, hasste sie den Gedanken, ihre freundschaftliche Beziehung mit ihrem Ansinnen zu zerstören, damit er sich um ihretwillen in tödliche Gefahr stürzte und ihr als Deckhengst diente. Zudem war sie nicht sicher, ob Jon-Petites moralisches Empfinden es ihm erlauben würde, ihren Ehemann zu betrügen.

„Das lässt uns nur noch den Stallburschen!", rief Sylvie.

Camille blickte zuerst Kaspar, dann Arno an. Ihre Mienen blieben unbewegt. Ruhig antwortete sie: „Du selbst hast mich erst auf ihn als möglichen Kandidaten aufmerksam gemacht. Er ist jung und gesund, hat die passende Haar- und Augenfarbe und seine Mutter stammt aus Michels Heimat. Daher besteht eine entfernte Ähnlichkeit der Gesichtszüge und der Körper. Am wichtigsten ist seine treue Ergebenheit mir gegenüber. Im Gegensatz zu den anderen wird er sich nicht berufen fühlen, sich in die Ausübung meiner Pflichten als Herzogin einzumischen. Er leistet bei meinen Pferden gute Arbeit. Für diese Aufgabe ist er die beste Wahl."

„Aber, Madame! Er ist noch ein Junge, gerade erst neunzehn Jahre alt!"

„Dann wird er erst recht vor Manneskraft strotzen", sagte Camille. „Bring ihn so bald wie möglich zu mir. Sein Name ist Henri." Sie schluckte den Kloß hinunter, der sich in ihrer Kehle gebildet hatte. Wer war sie, so etwas von dem Stallburschen zu verlangen, der er ihr doch nichts außer seiner Treue schuldete? Aber wenn sie ihren Plan nicht in die Tat umsetzte, würde Michel sie umbringen. Und sie wollte nicht sterben.

„Er wird die Bedeutung seiner Aufgabe nicht verstehen ..."

„Bring ihn einfach zu mir, Sylvie."

Hätte Sylvie wirklich geglaubt, dass der Junge für ihre Zwecke ungeeignet war, hätte sie ihn nicht in ihre Liste aufgenommen. Mit zusammengepressten Lippen neigte die Zofe den Kopf. Es spielte keine Rolle, dass sie nicht zufrieden war. Sie würde gehorchen. Später würde sie einsehen, dass Camille die klügste aller möglichen Entscheidungen getroffen hatte. Sie brauchte nicht zu fürchten, einem Stallburschen politische Gefälligkeiten erweisen zu müssen. Und wenn sie ihm auch nur annähernd so viel bedeutete wie ihre Pferde, war es äußerst unwahrscheinlich, dass er sie jemals verraten würde.

„Kaspar und Arno, ihr wisst, dieser Plan kann unter Umständen scheitern", fuhr Camille fort. „Wenn es Anzeichen für meine baldige Gefangennahme oder Exekution gibt, müssen wir aus dem Palast fliehen. Ich verlasse mich auf euch beide und auch auf dich, Sylvie, dass ihr das nötige Geld beiseite schafft und genügend Vorräte für eine mehrwöchige Reise bereithaltet. Ihr drei werdet mich begleiten. Es ist äußerst wichtig, dass niemand im Palast oder in der Stadt etwas von den Reisevorbereitungen bemerkt."

„So soll es geschehen", versicherte ihr Kaspar. „Wohin werden wir uns wenden?"

„Wir werden in das Protektorat an der Küste reisen und dort die Hilfe von Graf Maxime erbitten. Er wird uns Schutz gewähren, da er sich ganz sicher daran erinnert, dass er und ich gemeinsam in diesem Palast aufgewachsen sind."

„Graf Maxime?", stieß Arno hervor. „Madame, er wird

nichts Besseres zu tun haben, als aus dem Protektorat wieder ein unabhängiges Herzogtum zu machen. Welche bessere Möglichkeit bietet sich ihm, Euch zu schaden?"

Camilles kalter Blick ruhte auf ihm. „Wenn er mir schadet, wird das nichts an den Tatsachen ändern. Es ist mein Gatte, der das Protektorat nicht in die Unabhängigkeit entlässt. Er beansprucht es, weil mein Vater es einst eroberte und Maximes Vater tötete. Heute ist es die Pflicht meines Gatten, für das Land und seine Leute zu sorgen. Aber der Herzog giert nur nach dem Geld, welches das Protektorat ihm einbringt. Maxime wird mir helfen. Dann werden wir hierher zurückkehren, und ich werde mir das nehmen, was mir gehört."

Es stimmte, Maxime würde sie um Gegenleistungen bitten. Er würde ihr nicht aus Gnade und Barmherzigkeit helfen; es ging ihm um das Wohl seiner Leute, für die er Verbesserungen erreichen wollte. Und sie würde ihm für das Wohl ihres eigenen Volks geben, wonach er verlangte. Unter dieser Bedingung würde er ihr helfen und dann … dann würde sie dafür sorgen, dass Michel nie wieder irgendjemandem etwas Böses antun konnte.

2. KAPITEL

Henri fuhr mit den Händen über Guirlandes seidiges Fell und verlieh ihm auf diese Weise noch ein wenig mehr Glanz. Als er sich unter dem Balken hindurchbückte, an dem die Stute festgebunden war, schnaubte sie liebevoll in sein Haar. Henri grinste und löste die Zügel von ihrem Halfter, ehe er zu Tonnelle weiterging.

„Bursche!"

Während Henri herumfuhr, fragte er sich, was er dieses Mal getan oder auch nicht getan hatte. Eine junge blonde Frau mit scharf geschnittenen Gesichtszügen stand in der offenen Tür zum Stall. Sie raffte ihre Röcke, damit sie nicht im Stroh schleiften. Er hatte sie schon ein oder zwei Mal bei den Ställen gesehen und daraus geschlossen, dass sie die Geliebte eines der älteren Pferdepfleger oder eines Kuriers war. Obwohl sie die unscheinbare Tracht eines Küchenmädchens trug, waren ihre gebieterischen Gesten die einer höherrangigen Dienstbotin. „Lass das Pferd stehen. Komm mit."

„Ich habe zu arbeiten", erwiderte er.

„Die Arbeit kann warten. Madame la Duchesse wünscht dich zu sehen."

Im ersten Moment glaubte er, sich verhört zu haben. Mit offenem Mund stand er da. Seit Monaten hatte er die Herzogin nicht gesehen, nicht einmal aus der Ferne. Er hatte sogar Gerüchte gehört, der Herzog habe sie in seinem ungezügelten Zorn umgebracht oder sie sei in ein Irrenhaus gesperrt worden, nachdem sie dem Wahnsinn verfallen war, weil sie ihrem Mann kein Kind gebären konnte. Vielleicht war sie wirklich verrückt geworden. Es war noch nie vorgekommen, dass sie einen so niederen Diener wie ihn zu sich rief. Hatte er die Frau falsch verstanden? Sollte er sich in Wahrheit mit einem Verwalter treffen? Wie auch immer, es wäre gut zu wissen, ob die Herzogin lebte und wie es ihr ging. Vielleicht konnte diese Frau ihm Neuigkeiten über ihr Ergehen erzählen; vielleicht konnte sie eine Botschaft von ihm übermitteln, damit seine Herzogin über das Wohlbefinden ihrer Pferde informiert wurde. Womöglich wollte sie ihn aus diesem Grund sehen, um sich persönlich nach ihren Pferden zu erkundigen. „Was will sie von mir?"

„Es ist die Sache der Herzogin, dir das zu sagen. Komm, Bursche. Ich kann nicht den ganzen Tag hier herumtrödeln."

Mit gesenktem Kopf folgte Henri der Magd durch einen Dienstboteneingang in der gewaltigen weißen Mauer des Palasts. Sie gingen einen dunklen Korridor entlang und betraten durch eine unscheinbare Tür den inneren Bereich des herzoglichen Palasts. Warum rief die Herzogin ihn zu sich? So angestrengt er auch nachdachte, er konnte nicht ergründen, ob diese Angelegenheit für ihn gut oder schlecht enden würde. Oder gut für die Herzogin, für ihn jedoch schlecht?

Die Magd lief sehr schnell und schaute sich kein einziges Mal um, ob er ihr folgte. Der Fußboden war aus poliertem Marmor und von einer zartgrauen Farbe, die ihn an winterliches Eis erinnerte. Auch die Tatsache, dass außer ihnen niemand auf den Korridoren zu sehen war, ließ Henri frösteln. Er wusste, der Herzog verfügte über beinahe hundert Diener. Unter normalen Umständen wären sicher einige von ihnen auf diesen Fluren unterwegs gewesen. Offenbar hatte jemand dafür gesorgt, dass die Gänge derart verlassen dalagen. Er kannte einige Lakaien und wusste, sie verbrachten einen Großteil ihrer Zeit damit, auf den Korridoren herumzustehen und zu warten, bis jemand nach ihnen verlangte. Wo waren diese Lakaien jetzt? Der einzige Flügel des Palasts, in dem es keine Lakaien gab, war … Aber das konnte nicht sein, unmöglich konnte er durch den Teil des Palasts marschieren, in dem die Herzogin residierte. Sie pflegte ihre Diener in einem der Empfangsräume abseits der Haupthalle zu instruieren, die für Audienzen bestimmt waren. Vielleicht war dies lediglich ein ihm unbekannter Weg dorthin.

Das erklärte jedoch nicht die verlassenen Flure. In der Nähe der Haupthalle gab es weitaus mehr Diener als im Flügel der Herzogin. Während die Magd ihn eine schmale Treppe hinaufführte, auf der es nach Zitrone und Bienenwachs roch, fragte er sich, wie viel an Bestechungsgeld es wohl gekostet hatte, dafür zu sorgen, dass hier niemand war, und aus welchem Grund dieses Geld ausgegeben worden war.

Die Zofe blieb vor einer getäfelten Mahagonitür stehen, die mit Blattgoldintarsien geschmückt war. Sie bedeutete ihm, durch die Tür zu treten. Als Henri gehorchte, folgte sie ihm nicht, sondern schloss von außen die Tür hinter ihm. Dann hörte er ein dumpfes Geräusch, als hätte sie sich mit dem Rücken gegen die Tür gelehnt.

Das Zimmer, in das er eingetreten war, wurde durch einen Kronleuchter strahlend hell erleuchtet. Er war mit Dutzenden von brennenden Kerzen besteckt, die herabhängenden Kristalltropfen bestanden aus dem reinsten Glas, das Henri je gesehen hatte. Beinahe schmerzhaft wurde das Licht von dem weißen Marmorfußboden reflektiert. An den Wänden hingen Gobelins mit Rankenmustern in Blau und Gold, die offenbar gleichzeitig das Auge erfreuen und die Geräusche im Raum dämpfen sollten. Er kam sich vor, als wäre er in ein mit Edelsteinen besetztes Kästchen gestiegen, das jenem ähnelte, in dem die Herzogin die Schmuckbeschläge für Guirlandes Zaumzeug aufbewahrte. Trotz dieses aufwendigen Glanzes hing ein schwacher staubiger Geruch in der Luft, der Räumen anhaftete, die lange nicht benutzt worden waren.

Als er sich nach rechts wandte und die Wandteppiche genauer betrachten wollte, bemerkte er die Herzogin, die unbeweglich wie eine Statue dastand. Es war wahr und wahrhaftig die Herzogin und nicht etwa eine ihrer Hofdamen. Ihre Schönheit und ihre aristokratische Haltung raubten ihm den Atem. Sie hatte ein dunkelrotes Kleid mit glockenförmigem Rock und einem tiefen quadratischen Ausschnitt an, der ihre Brüste betonte. Dazu trug sie mehr Juwelen als er je zuvor gleichzeitig gesehen hatte, nicht einmal an einem Höfling, der zu einer Abendgesellschaft ritt. In ihrem von silbrigen Strähnen durchzogenen Haar steckten blutrote geschliffene Rubine; weitere Rubine hingen in Form roter Weintrauben an ihren Ohrläppchen. Sie starrte ihn mit ihren hellen Augen an, und die Intensität ihres Blicks lähmte ihn. Henri wurde selten von jemandem wahrgenommen. Von der Herzogin bemerkt zu werden war wie ein Schlag in die Magengrube.

Sie hatte ihn früher schon bemerkt. Als er noch ein Junge gewesen war, hatte sie ihn von ihren eigenen Reitlehrern unterrichten lassen, damit er ihre Pferde trainieren konnte, wenn sie keine Zeit dazu hatte. Und ein einziges Mal hatte Henri ihr seine Hände als Steigbügel hinhalten dürfen, damit sie in den Sattel steigen konnte. Damals war er ungefähr fünfzehn gewesen. Noch immer erinnerte er sich an den goldfarbenen Absatz ihres Reitstiefels aus weichem Leder, der unter einem üppig bestickten Rocksaum hervorlugte. Er hatte damals Angst gehabt, den Blick zu heben, während sie ihm eine Kupfermünze gab. Nur wenige Wochen später wurde ihr verboten zu reiten – es ging das Gerücht um, weil sie im Herrensitz ritt, könne sie dem Herzog keinen Erben gebären. Dabei hatte sie nicht einmal ein Mädchen zur Welt gebracht.

Inzwischen war sie vierzig und vermutlich über das gebärfähige Alter hinaus, daher konnte es ihr wahrscheinlich nicht mehr schaden, wenn sie wieder mit dem Reiten anfing.

Vielleicht hatte sie ihrem Mann die Erlaubnis abgetrotzt. Henri erinnerte sich, wie sie die Hälse ihrer Pferde gestreichelt und ihre Stirn gegen die der Pferde gelehnt hatte. Er hatte sie oft beobachtet. Er wusste, dass sie ihre Pferde liebte, und aus diesem Grund liebte er sie. Pferde blickten hinter die Fassade der Menschen. Ein einzelnes Pferd konnte vielleicht sogar einen grausamen Menschen lieben, aber so viele Pferde konnten sich nicht irren. Henri hatte ihre Pferde geritten und jedes von ihnen vertraute ihm vollkommen. Er hatte auch ein oder zwei der Jagdpferde des Herzogs geritten; das hatte ihn gelehrt, dass der Herzog linkisch war und die Körpersprache der Tiere nicht verstand, denn die Pferde reagierten steif und verschreckt auf ihn. Im Gegensatz dazu bewegten sich die Pferde der Herzogin wie Seide.

„Deine Ähnlichkeit mit meinem Mann dürfte groß genug sein“, stellte die Herzogin fest. „Du kämst also in Frage.“

Er verstand sofort, was sie meinte. Die Gerüchte, die man überall hörte, entsprachen also der Wahrheit. Henri schwieg; ein falsches Wort, und sie stellte ihn womöglich auf dem Marktplatz an den Pranger, wo er mit vergammelten Früchten und Steinen beworfen wurde. Aber er konnte auch nicht weglaufen, denn die Herzogin hatte ihn zu sich befohlen. Sie hatte ihn rufen lassen, und er hatte nicht die Flucht ergriffen, wie es jeder vernünftige Mensch tun würde, wenn die Herrschaften ihm allzu viel Beachtung schenkten. Wenn sie ihm nur egal wäre. Wenn es ihn nur nicht kümmern würde, ob sie einem Erben das Leben schenkte oder ob sie ihr Versagen mit dem Leben bezahlen musste.

In diesem Empfangszimmer war er mit ihr allein. Falls er von irgendjemandem außer ihrer treuen Zofe mit der Herzogin allein gesehen würde, war ihm der schlimmste aller Tode gewiss. Soweit er wusste, war es der Herzogin nicht erlaubt, in Abwesenheit ihrer Eunuchen, die ihr als Leibgarde dienten, Männer zu treffen. Es sei denn, ihr Gatte, der Herzog, war dabei. Henri starrte noch angestrengter auf das in den Marmorfußboden eingelassene Medaillon aus rotem Porphyr. Die Sauberkeit und der Luxus, die ihn hier umgaben, ließen seine Knie weich werden. Seine Hoden zogen sich zusammen. Vermutlich war er bereits dem Tode geweiht. Dabei hatte er nichts Falsches getan. Außer der Zofe der Herzogin zu gehorchen, die ihn hierher geführt hatte wie das liebste Reitpferd ihrer Herrin.

„Bursche? Verstehst du, was ich als deine Herzogin von dir verlange? Ich weiß, du verstehst einiges von der Pferdezucht. Daher solltest du für diese Aufgabe mehr als geeignet sein." Ihre Stimme war leise, aber befehlsgewohnt. Es war unvorstellbar für ihn, sich ihren Worten zu widersetzen.

Sie stellte sich direkt vor ihn, und er zuckte zurück. Erwartete sie eine Antwort? Sein Hals fühlte sich an, als wäre er mit Heu verstopft. Dann geschah das Undenkbare – sie berührte ganz leicht sein Haar.

„Heb den Kopf."

Zitternd gehorchte er, als wäre er ein gezäumtes Pferd und sie hätte an den Zügeln gezogen.

„Bitte", fügte sie hinzu. Im gleichen Ton hätte sie das Frühstück bestellen können. Ihr Gesicht glich ihrem Porträt auf der Silbermünze, die er einst gesehen hatte: fein geschwungene Lippen und eine lange, gerade Nase. Aber aus der Nähe konnte er die sorgfältig überschminkten Rötungen an ihrem Kinn erkennen. Und die feinen strahlenförmigen Linien in ihren Augenwinkeln. Dicke silbrige Strähnen durchzogen das ebenholzschwarze Haar, das ihr weit über die Taille reichte. Ihre schimmernden Augen, die das kalte Grau des Winterhimmels hatten, füllten sich mit Tränen, die sie hastig fortblinzelte, sodass ihr Blick gleich darauf wieder wie kühles Metall war.

Für einen Augenblick verlor er sich in einer seiner nachmittäglichen Fantasien, die manchmal über ihn kamen, wenn er mit zusammengekniffenen Augen in den im Sonnenlicht tanzenden Staub sah, der vom Heuboden herunterschwebte. Er würde sie retten und sie ... sie würde ihn töten lassen, damit niemand wusste, was sie getan hatte. „M...Madame", stotterte er. Ihrem Kleid entströmte der Duft teurer Gewürze, deren Namen er nicht kannte. Seine eigene Kleidung roch stechend nach Pferden, Leder und Schweiß. Die Zofe hatte ihm befohlen, seine schmutzverkrusteten Stiefel auszuziehen, und nun krümmten sich seine nackten schwieligen Zehen auf dem polierten Marmorboden.

Die Herzogin trat einen Schritt zurück, und ihre Röcke fielen über ihre juwelenbesetzten Pantoffeln. „Wenn ich nicht binnen Jahresfrist einen Erben zur Welt bringe, muss ich sterben, damit mein Gatte sich problemlos eine andere Frau nehmen kann", erklärte sie tonlos. „Erst werden sie mir den Kopf scheren und ihn mir dann abschlagen. Verstehst du? Antworte mir."

„J...ja."

„Ich kann dich nicht beschützen. Ich bin eine Frau, und die Wachen meines Mannes geben keinen Pfifferling auf meine Befehle." Sie zögerte. „Wirst du mir dennoch diesen Dienst erweisen?"

Für sie würde er es tun. Niemals hätte sie sich jemandem wie ihm gegenüber derart erniedrigt, wenn sie nicht wirklich seine Hilfe brauchte. Vor lauter Angst fühlte sich sein Mund ganz taub an, während er nickte und auf die Knie sank. Vergebens suchte er in ihrem blassen majestätischen Gesicht nach einem weiteren Anzeichen menschlicher Schwäche.

Ihr blutrotes Kleid raschelte, als sie zur Tür eilte. Sie erinnerte ihn an die in einem Käfig eingesperrte Krähe, die im Stall gehalten wurde. Er kam wieder auf die Füße und folgte ihr. Sie hatte von ihm die Antwort bekommen, die sie wollte. Die Adeligen bekamen immer, was sie wollten. Es war ihr gutes Recht.

Wie um alles in der Welt sollte er sich vor ihr ausziehen? Geschweige denn …

Vor der Tür blieb sie stehen und bemerkte in einem Ton, als diskutierte sie ihre Kleiderwahl mit ihm: „Es ist das Beste, wenn wir es sofort tun. Heute Nacht wird mein Gatte nach mir schicken."

Henri nickte erneut. Was sollte er auch sonst tun?

Die Herzogin öffnete die Tür einen Spalt breit und spähte hinaus. Sie flüsterte ihrer wartenden Zofe etwas zu, dann schloss sie die Tür wieder. Henri zuckte bei dem Geräusch zusammen. „Hier entlang", sagte sie.

Gehorsam folgte er ihr. Vor dichten roten Vorhängen, die mit Blumenranken in einem dunkleren Rot bestickt waren, stand ein zierlicher Holzstuhl mit rotem Samtbezug und gewölbten Armlehnen, die in geschnitzten Blumenornamenten ausliefen. Die Vorhänge verbargen eine weitere Tür. Henri erwartete, hinter dieser Tür Dunkelheit vorzufinden, doch in dem mit rotem Marmor ausgelegten Korridor brannten Bienenwachskerzen, die so dick wie sein Arm waren und einen süßen Duft verbreiteten. Sie standen in goldenen, wie überirdisch zarte Frauenhände geformten Wandleuchtern. Nie zuvor in seinem Leben hatte er so viele Kerzen gesehen. Wer zündete sie alle an? Wer beseitigte die Wachstropfen? An den Wänden waren mit üppigen Schnitzereien verzierte Ebenholzstühle aufgereiht, neben denen kleine Tische mit Marmorplatten standen. Er hatte keine Ahnung, welchem Zweck all diese Tische dienten, auf denen nichts stand.

Die Herzogin rauschte durch den Korridor, ohne den Blumengemälden in ihren vergoldeten Rahmen und den Wandteppichen, auf denen blühende Gärten, vornehme Damen und wohlgenährte Babys zu sehen waren, auch nur einen Blick zu gönnen. Ebenso wenig beachtete sie die weiße Marmorbüste des Herzogs, dessen Augen einerseits blind zu sein und andererseits alles zu bemerken schienen. Am liebsten hätte Henri die Lider zugekniffen, um diesen Blick nicht sehen zu müssen. Zu seiner Erleichterung entdeckte er nirgendwo Wachen.

Nur mit Mühe bremste er rechtzeitig ab, als sie plötzlich stehen blieb und einen goldenen Schlüssel aus ihrem Ausschnitt zog. Hastig wandte Henri den Blick ab und sah den schmutzigen Abdruck, den seine Hand auf der zartrosa gefärbten Tapete hinterlassen hatte. Mit seinem Ärmel wischte er den Fleck weg. Der Schlüssel knirschte im Schloss und die Tür schwang auf.

Henri nahm die Räume, durch die sie jetzt eilten, kaum mehr wahr. Er bewahrte sich den verschwommenen Eindruck von frischen Blumen und edelsteinfarbenem Samt, ovalen Spiegeln in Rahmen, die so breit wie seine Hand waren, dick gepolsterten Sofas mit passenden Kissen, silbernen Teller mit frischem, glänzendem Obst, bauchigen Öllampen aus Glas, denen schwerer Duft entstieg. Als die Herzogin endlich stehen blieb, ragte vor ihm ein quadratisches hölzernes Bett auf, dessen Himmel und Vorhänge aus goldener mit Fransen besetzter Seide bestanden. Auf der Matratze lagen unzählige blaue mit Quasten besetzte Kissen. Das Bett war größer als die Box des preisgekrönten Deckhengstes im Stall – und halb so groß wie die Hütte, in der er geboren worden war. Henri hatte in den neunzehn Jahren seines Leben immer im Stroh geschlafen, wobei ihm sein zweites Hemd als Kissen diente, während Ratten über seine Stiefel neben ihm liefen. Und nun sollte er der Herzogin in einem Bett zu Diensten sein, das so viel wert war wie ein ganzes Dorf? Unmöglich! Schlaff wie eine leere Wurstpelle hing sein Schwanz in der Hose. Seine eigene Stimme klang ihm seltsam fremd in den Ohren, als er sagte: „Halt."

Die Herzogin wandte sich um.

„Ich...Ich wollte ..." Henri schluckte.

Gelassen und ohne ein Wort zu sagen, schaute sie ihn an. Ihm wurde bewusst, dass sie auch nichts sagen musste. Er war hier, alles geschah nach ihren Wünschen, und offenbar war es für sie uninteressant, wie der ... Akt vonstatten ging.

Er würde es so machen, dass sie etwas dabei spürte. Wenn er danach sterben sollte, dann wollte er als Mann sterben und nicht als stummer Sklave. „Ich will Euch dort nehmen", sagte er mit so fester Stimme, wie er konnte, und wies auf den vor dem Schlafgemach liegenden Raum, der auf ihn weniger bedrohlich wirkte.

Zu seiner Überraschung tat die Herzogin widerspruchslos, was er von ihr wollte. Ihre Röcke streiften sein Bein, als sie sich an ihm vorbeischob. Henri zuckte zusammen wie ein nervöses Pferd und folgte ihr dann.

Auch dieses Zimmer war sehr groß, aber wenigstens gab es hier kein Bett. „Wenn du mir ein Kind schenkst, werde ich dich in klingender Goldmünze belohnen", versprach ihm die Herzogin.

Henris Wangen glühten vor Scham, er war kein käuflicher Lustknabe. Als könnte Gold ihm noch helfen, wenn die Palastwachen ihn hier in ihren Gemächern erwischten. Das Mindeste, was sie ihm antun würden, war die Kastration mit glühenden Eisen. Plötzlicher Zorn ließ seinen Schwanz hart werden, sodass er sich am harten Stoff seiner Hose rieb, während er sich klarmachte, dass es ihm egal war, was sie von ihm dachte. Sie hatte ihn nicht gebeten, ihr Freund zu sein, sondern wollte ihn nur als Deckhengst. Er konnte mit ihr machen, was er wollte. Absolut alles. Hier in diesem Zimmer war Madame la Duchesse, die Herzogin, seinem Befehl unterworfen.

Wenn er versagte, würde sie dann einen anderen finden, der ihre Bitte erfüllte? Dieser Gedanke war ihm unerträglich. Er durfte nicht versagen. Für den Moment musste er ihr befehlen.

„Zieht Euch aus", wies Henri sie an.

„Das kann ich nicht allein. Du musst mir helfen."

Dieses Problem war ihm nicht bewusst gewesen. Er war ebenso wenig eine Zofe, wie er ein Lustknabe war. Merkwürdigerweise gefiel ihm der Gedanke jedoch.

„Beugt Euch über das Sofa", befahl er. „Nein, über die Rückenlehne."

Sie tat genau, was er ihr gesagt hatte. Als sie sich über das Sofa beugte, quollen ihre Brüste aus dem Ausschnitt ihres Kleids. Ihr Gesicht war von ihm abgewandt, doch er konnte die weiße Haut ihres Nackens sehen. Henri umkreiste sie und nahm sie aus jedem Blickwinkel in Augenschein. Ihr dunkelrotes Kleid wurde von zahllosen Knöpfen zusammengehalten. Noch nie zuvor hatte er so viele Knöpfe gesehen. Er stellte sich vor, wie viele Stunden eine Näherin damit verbracht haben musste, diese Knöpfe mit Stoff zu überziehen und sie anzunähen, wie mühevoll es gewesen war, die kleinen Stoffschlingen zu machen, in die die Knöpfe geschoben wurden. Er sah vor sich, wie er das Kleid einfach auseinanderriss, sodass die Knöpfe in alle Richtungen flogen. Stattdessen öffnete er jedoch sorgfältig bis hinunter zu ihrer Taille jeden einzelnen, dann ließ er seine Hände, fast ohne sie zu berühren, an ihrem Mieder nach oben gleiten, und legte sie um ihre vollen weichen Brüste. Ihr Atem stockte. Seiner auch. Ihr Hintern zuckte gegen seinen Unterleib. Er schloss die Augen. Ja, er konnte das hier tun, sein Körper war stark und mutig. Widerstrebend ließ er sie los und wandte sich wieder seiner Aufgabe zu.

Das Kleid war bis zu ihrer Taille hinuntergerutscht. Er

wusste, wie man ein Mieder aufschnürte, und brachte diese Aufgabe rasch hinter sich. Darunter befand sich ein Unterhemd aus zarter Seide, die weicher war als ihre Haut. Das Unterhemd musste man über den Kopf ziehen, doch es war ihm ein Leichtes, die dünne Seide zu zerfetzen. Das reißende Geräusch fuhr ihm bis in die Hoden. Unter dem Hemd trug sie nichts. Henri ergötzte sich am Anblick ihrer Rückenwirbel. Dann beugte er sich vor und saugte an ihrem Hals, bis ihm gerade noch rechtzeitig einfiel, was passieren würde, wenn er auf ihrer Haut ein Mal hinterließ.

Ihr Atem ging unregelmäßig, und unter seinen Händen spürte er ihr leichtes Zittern. Als wäre sie ein Sattel, den er zu polieren hatte, begutachtete er ihre in Unordnung geratene Kleidung. Dieser Sattel wartete darauf, von ihm geritten zu werden. Während er überlegte, was er als Nächstes tun sollte, grub er seine Zehen in den dicken Teppich.

„Beeil dich“, drängte sie ihn.

Er zögerte, ehe er schließlich erwiderte: „Nein.“

Er zog sein geflicktes Hemd aus und warf es beiseite. Die kühle, parfümierte Luft strich an seinem Körper entlang und brachte seine Haut zum Prickeln. Der üppig bestickte Stoff ihres Rocks knisterte, als er ihn gierig nach oben raffte. Dabei blieb er mit seinen rauen Händen an den Stickereien hängen. „Ich will, dass Ihr genau so hier stehen bleibt“, befahl er.

Die Herzogin antwortete nicht, also schob er ihren Rock weiter nach oben – Stückchen für Stückchen dieses gewaltigen Rocks –, als wäre sie eine Küchenmagd. Schließlich knüllte er den Rock so gut es eben ging um ihre Taille und legte so weitere Röcke frei, die dünner und steifer waren. Diese schob er nachlässig beiseite und drang so endlich zu ihrer Unterwäsche vor, die nicht anders war als bei anderen Frauen, wenn man davon absah, dass sie aus zarter roter Seide war. Neugierig erkundete Henri die Unterhose mit seinen Fingern und spürte einen ganz normalen Schlitz, keine Goldfäden, keine Juwelen, nicht einmal aufgestickte Blumen. Aber unter dieser schlichten Unterhose! Dort war sie unglaublich weich. War das ein Zeichen ihrer aristokratischen Abstammung oder ... natürlich nicht. Wie dumm von ihm. Sie verfügte über eine ganze Armee von Zofen, die sie pflegten und rasierten.

Das Bild, das er sich von ihr und ihren Zofen machte, war beinahe zu viel für ihn; es ähnelte einem Gemälde, das in der *La rose mouillée* hing. Henri strich mit einem Finger über ihre Spalte, und sie erbebte wie ein Pferd, das eine Fliege vertreiben will. Er spürte ihre feuchte Hitze und konnte dem Drang nicht widerstehen, ihre saftigen Schamlippen zu öffnen und seinen Finger in sie hineinzuschieben. Sie war so schlüpfrig wie geschmolzene Butter, längst bereit für ihn. Er erregte sie. Nein, dachte er, es ist wahrscheinlicher, dass die Situation sie erregt. Aber wer war er, sich darüber zu beklagen? Mit der freien Hand löste er die Kordel, die seine Hose hielt. Sein Schwanz drängte ins Freie.

Gestiefelte Füße trampelten durch den Korridor, jedoch zum Glück in einiger Entfernung. Sein fiebrig umherschweifender Blick entdeckte eine Polsterbank an der Wand. Er zog die Herzogin am Arm dorthin, hielt mit der freien Hand seine Hose fest und ließ ihr Kleid fallen. Sie stolperte und stieg aus ihrem Kleid. Dabei flüsterte sie eindringlich: „Ich höre die Wachen! Du musst ..."

Die Schritte wurden nicht langsamer, als sie sich näherten. „Sie kommen nicht unseretwegen", antwortete er. Sie würden es nicht wagen. Nicht in dem Moment, in dem er kurz davor war, in sie einzudringen. Tatsächlich entfernten sich die polternden Schritte wieder. Aufatmend sank die Herzogin in sich zusammen, doch dieser Augenblick der Schwäche währte kurz.

Auf der Bank, die er ausgewählt hatte, lag eine sorgfältig zusammengelegte Näharbeit. Vermutlich gehörte das Nähzeug einer ihrer Dienerinnen. Henri warf es zu Boden, das ganze Zeug. Mit eisigem Blick schaute sie ihn über ihre Schulter hinweg an. Nachdem er einen tiefen, zittrigen Atemzug genommen hatte, schob er die Stoffe behutsam mit dem Fuß aus dem Weg.

Er war erleichtert, als sie wieder nach vorne sah. Jetzt trug sie nur noch die Überreste ihres Unterhemds und ihre seidene Unterhose, außerdem ihre Ohrringe. Ihre Pantoffeln waren irgendwo auf dem kurzen Weg durchs Zimmer verlorengegangen, aber um ihren Hals lag eine schwere Brillantkette. Er hatte den Schmuck vorher nicht bemerkt, da die Pracht ihres Kleids ihn abgelenkt hatte. Obwohl ihr Haar zerzaust war, wirkte die Frisur immer noch kunstvoll, und auch die juwelenbesetzten Spangen steckten noch an ihrem Platz. Er konnte sich beinahe vorstellen, dass sie eine Hure war, die in einem der Bordelle in der Stadt die Herzogin spielte und für zehn Kupfermünzen das Lager jedes Mannes teilte.

Mit grazilen Armbewegungen zog sie ihr zerrissenes Hemd aus. Nie zuvor hatte er Haut gesehen, die so weiß und glatt war. Von ihrem nackten, erhitzten Fleisch stieg der Duft einer kostbaren Blütenessenz auf und weckte in ihm den Wunsch, sich tief vor ihr zu verbeugen, obwohl er es doch war, der in diesem Moment das Sagen hatte. Er zog seine Hose herunter, und zum Glück ragte sein Schwanz immer noch unerschrocken vor.

Mit geschickten Bewegungen löste sie die Schnur, die ihre Unterhose hielt. Und langsam, unendlich langsam schob sie den Stoff über ihre runden Hüften und die üppigen weißen Pobacken nach unten. Sie hat den Körper einer Frau, die geschaffen ist, Kinder zu gebären, dachte Henri und spürte, wie seine Erregung noch größer wurde.

Er konnte keinen Augenblick länger warten und stieß

von hinten mit einem einzigen, heftigen Ruck in sie hinein. Sie stöhnte auf, als hätte er sie geschlagen. Henri genoss die Hitze ihrer Möse, die ihn fest umschloss. Dann begann er, sie mit kurzen, heftigen Stößen zu nehmen. Jeder einzelne dieser Stöße wurde von seinem Keuchen und ihrem Stöhnen begleitet.

Erneut hörte er aus dem Flur das Trappeln von Stiefeln, die sich rasch näherten. Die Herzogin schnappte nach Luft, und er wusste nicht, ob aus Angst oder weil seine schwieligen Hände ihre Brüste jedes Mal zusammenpressten, wenn er sich aus ihr zurückzog. In diesem Moment kümmerten ihn die Wachen nicht mehr. Er konnte nicht aufhören. Oh, er *würde* auch nicht aufhören. Er war blind für alles außer für das bebende Fleisch unter ihm. Er drückte sie in die Polsterbank, spießte sie wieder und wieder auf. Ihre Möse zog sich um seinen Schwanz zusammen und er sog heftig die Luft ein. Wild packte er ihre Hüften, schob sich so tief in sie hinein, wie es nur ging, und presste dabei ihre Knospe fest gegen das Polster unter ihr. Er war zu grob, eigentlich hätte er zärtlicher zu ihr sein sollen, aber sie wand sich stöhnend unter ihm, und plötzlich fuhr es wie Feuer sein Rückgrat hinab. Er ergoss sich in ihre pulsierende Möse, bis sie ihn ganz und gar ausgelaugt hatte.

Danach herrschte Stille. Der Schweiß seiner Mühen trocknete schnell, und er kam unsanft wieder in der kalten und klebrigen Wirklichkeit an. Die Schritte draußen wurden langsamer und kamen näher.

Henri meinte zu zittern, doch dann wurde ihm bewusst, dass es die Herzogin war, deren Körper unter ihm bebte. „Seid still", hauchte er in ihr Ohr. Die Stiefel klapperten davon, zum anderen Ende des Flurs. Henri atmete vorsichtig aus und zog sich aus ihr zurück.

Er wollte nicht einfach gehen, während sein Samen noch

auf ihren Schenkeln trocknete; nicht einmal einer Hure hätte er das angetan. Die Herzogin richtete sich vorsichtig auf, wandte sich ihm jedoch nicht zu.

„Dreht Euch um“, forderte Henri, doch er brachte den Befehlston, der ihm vorhin gelungen war, nicht mehr zustande.

Sie wandte sich dennoch um. Eine Frau mit dichtem langen Haar, das ihre vollen Brüste bedeckte. Nur mit einem Juwelenhalsband und seidenen Strümpfen bekleidet, die ihr bis ans Knie reichten, wirkte sie auf ihn wie ein erotisches Gemälde. Sie versuchte nicht, ihre Blöße zu bedecken, sondern stand groß und stolz vor ihm. Henri wurde zum ersten Mal bewusst, dass sie sogar barfuss ein wenig größer war als er.

„Du hast deine Sache gut gemacht“, sagte sie ohne ein Lächeln.

Hatte schon einmal jemand sie lächeln sehen? Sein Ärger war verraucht. Er fühlte nur Traurigkeit, wenn er sie anblickte.

Henri dachte an die Geräusche, die sie noch vor wenigen Augenblicken hervorgestoßen hatte. Er glaubte, dass er ihr zumindest ein wenig Lust bereitet hatte.

„Werdet Ihr es mich wissen lassen, wenn Ihr Nachwuchs erwartet?“, fragte er und wandte den Kopf ab, als er die Hitze spürte, die ihm ins Gesicht stieg. Das ganze Herzogtum würde es erfahren, wenn sie guter Hoffnung war.

„Sieh mich an.“

Henri hob den Kopf. Ihre Wangen und ihre Brust waren noch immer gerötet, und das Zimmer war erfüllt vom Geruch ihrer Vereinigung. Dennoch machte sie auf ihn den Eindruck, unberührbar zu sein.

„Ja, Bursche, ich werde es dich wissen lassen, wenn ich ein Kind erwarte“, erklärte die Herzogin. „Aber jetzt musst du gehen. Du warst sehr mutig, aber es wäre nicht gut für dich, würde man dich hier ertappen. Der Herzog wacht eifersüchtig über seinen Besitz."

Er konnte den Gedanken nicht ertragen, sie schutzlos allein zu lassen. „Nein." Als er einen Schritt rückwärts machte, spürte er unter seiner nackten Ferse seine Hose. Langsam bückte er sich, hob die Hose auf und stieg hinein. Das alles tat er, ohne ihr den Rücken zuzuwenden. Sie sah ihm nicht zu. Ihr Blick ruhte auf einem Gemälde über dem Kamin, das drei kastanienbraune Pferde zeigte, die inmitten grüner Hügel grasten.

Das Leinen seiner Hose fühlte sich kratzig an nach den luxuriösen Stoffen, aus denen er den Körper der Herzogin geschält hatte. Er starrte auf seine Hände, während er den Knoten der Kordel festzog. „Madame", sagte er schließlich. „Wenn Ihr nicht schwanger seid – werdet Ihr mir auch das mitteilen?"

„Es wird keine Überraschung sein, wenn ich nicht schwanger werde."

Henri tastete auf dem Teppich nach seinem Hemd und fand es schließlich. Während er es sich über den Kopf zog, hakte er nach: „Werdet Ihr in den Stall kommen?"

„Mein Gemahl gestattet es mir nicht …" Sie zögerte. „Ja. Ich werde in den Stall kommen."

Ihre Stimme war so ruhig wie zuvor, aber er meinte, eine Spur Hoffnungslosigkeit herauszuhören. Ohne nachzudenken, streckte er die Hand nach ihr aus, ließ jedoch den Arm wieder sinken, bevor seine Finger ihre berührten, denn er fürchtete sich vor ihrer Zurückweisung. Vielleicht gelang es ihm, sie zu überreden. „Kommt des Nachts. Ich würde Euch retten, wenn ich nur könnte, Madame. Wenn Ihr nur mit mir fortgehen würdet. Ihr könnt reiten. Ihr müsst nicht sterben."

Die Herzogin verschränkte die Arme vor der Brust. Obwohl sie fast nackt war, strahlte jeder Zentimeter ihres Körpers die Macht einer Herzogin aus. „Ich glaube nicht", erwiderte sie, „dass es eine Möglichkeit gibt, diesem Leben zu entfliehen."

Er hatte sich den Palast noch nie als Käfig vorgestellt und fragte sich, ob sie sich je dagegen aufgelehnt hatte. „Ich hätte ja auch niemals geglaubt ... dass ich versuchen würde, Euch ein Kind zu machen."

Ihr Mund verzog sich zu einem nicht allzu überzeugenden Lächeln. „Wir werden sehen, Henri. Wir werden sehen. Und jetzt geh. Sylvie wird dich sicher zurück zu den Ställen geleiten."

Henri wusste, was dieses „wir werden sehen" bedeutete. Sie hatte einen Weg eingeschlagen und war gewillt, diesen Weg bis zum Ende zu gehen. Er kannte diesen Tonfall. Vom stursten seiner Onkel, der sein Ende als Fischfutter auf dem Meer gefunden hatte, weil er sich geweigert hatte, sich mit seinem Vater zu versöhnen. Und das alles nur wegen einer Frau, die er nicht einmal geheiratet hatte. Henri war in einer noch viel schlechteren Position, wenn er mit der Herzogin stritt. Er mochte gut genug sein, ihr zu dienen, aber es war unwahrscheinlich, dass sie den Rat eines dreckigen Stallburschen annahm.

Er senkte den Blick und verbeugte sich rasch vor ihr, ehe er zur Tür eilte. Es war das Beste für ihn, wenn er die Ereignisse in diesem Gemach so schnell wie möglich vergaß.

3. KAPITEL

Herzogin Camille saß auf der Bettkante. Die blaue seidige Samtdecke schmiegte sich an die nackte Unterseite ihrer Schenkel und die zurückgezogenen Vorhänge des Betthimmels streiften ihre nackten Schultern. Unter der gestrengen Aufsicht von Sylvie, die mit Adleraugen und scharfer Zunge ihr Regiment führte, stoben Bademägde in das Gemach und sammelten die Berge zerknüllter Handtücher, die unzähligen Flaschen mit Badeölen und Hautcremes, Rasiermesser und Abziehleder, Tiegel mit gemahlenen Mandelkernen und allen möglichen Arten parfümierter Öle und Balsame zusammen, die Laure in ihre Haut massiert hatte, während Tatienne und Solange ihre Beine und ihre Scham rasierten. Es war so schrecklich ermüdend. Sie war sich nie sicher gewesen, warum dies von Bedeutung war, denn niemand außer den Mägden und ihrem Mann sah sie je nackt. Manchmal fragte sie sich, ob die Rituale der Schönheitspflege bloß dazu dienten, Frauen die Zeit zu vertreiben, die weniger zu tun hatten als sie.

Jetzt war Camille dankbar, dass sie sich in einem der Salons und nicht in ihrem Schlafzimmer von dem Jungen hatte nehmen lassen. In dem betreffenden Salon hatte Sylvie eine nach Rose duftende Kerze entzündet, die jeden anderen Duft überdeckte. Sollten die Bademägde bemerkt haben, dass etwas anders war als sonst, so hatte keine von ihnen ein Wort darüber verloren.

Sie schloss für einen Moment die Augen und genoss die kühle Frühlingsluft, die das parfümierte Badewasser auf ihrem Körper trocknete. Ehe die Dunkelheit hereinbrach und ihr Mann nach ihr rufen ließ, musste sie in ihren Gedanken in die Wirklichkeit zurückkehren. Falls er nach ihr rufen ließ.

Nun war sie müde, und ihr Körper schmerzte. Sylvie

scheuchte die letzten Bademägde aus dem Gemach und rief zwei Wachsoldaten herbei, damit sie den Badezuber wegtrugen. Dann kehrte sie zurück und baute sich neben Camille auf.

„Madame, Ihr müsst etwas essen.“ Ihre Stimme war sehr viel sanfter, als wenn sie mit den ihr gleichgestellten Dienern redete. „Ich habe Euch Essen gebracht, während Ihr gebadet habt. Seht Ihr? Lauter Sachen, die Ihr gerne esst. Ich habe sie eigenhändig zubereitet.“

Auf einem der Tischchen stand ein silbernes Tablett. Es gab frisches, gewürfeltes Brot, dünne Scheiben eines scharfen Käses, ein Schälchen mit weichem Ziegenkäse, mehrere Baisers und eine saftige Birne, die fächerförmig aufgeschnitten war.

„Danke, Sylvie. Du kannst gehen.“

„Geht es Euch gut, Madame?“

Sylvie diente Camille seit zu vielen Jahren. Camille wusste, sie fragte in Wahrheit nach dem Jungen und danach, was sie mit ihm getan hatte. Camille widerstand dem Impuls, Sylvie nach ihrer Meinung zu fragen. „Es geht mir wunderbar“, erklärte sie. „Beim Essen brauche ich deine Hilfe nicht.“

„Ja, Madame.“ Sylvie verneigte sich und ging. Lustlos nahm Camille ein Stück Birne und zwang sich, es zu essen. Sie würde alle Kraft brauchen, die sie aufbringen konnte. Sie wollte den Herzog nicht sehen. Nicht jetzt. Aber sie musste ihm gegenübertreten. Sie musste Dinge tun, die ihr nicht gefielen, die aber zu ihren Pflichten gehörten.

Auf ihrem mit Intarsien verzierten Schreibtisch, der in einer Ecke zwischen Regalen seinen Platz hatte, stapelten sich die Schriftstücke. In den Regalen standen schwere Folianten, die sie von ihrem Vater geerbt hatte, welcher sie wiederum von seinem Vater übernommen hatte. In ihrer Sorge wegen der wachsenden Ungeduld, die der Herzog ihr gegenüber an den Tag legte, hatte sie ihre täglichen Pflichten vernachlässigt. Bis vor Kurzem pflegte sie stets aufmerksam die Berichte über Finanzangelegenheiten und Gerichtsverfahren durchzusehen, die ihr täglich von Graf Stagiaires Sekretär gebracht wurden. Mehr als fünf Jahre waren vergangen, seit der Herzog ihr den Sitz bei Gericht entzogen und ihr verboten hatte, die Fälle zu überprüfen. Aber sie konnte einfach nicht damit aufhören. Wenigstens ganz für sich wollte sie die Geschäfte des Herzogtums verfolgen. Graf Stagiaire war einst ihr Lehrer gewesen und hatte auch jetzt noch eine Vertrauensposition im Umfeld des Königs inne. Selbst wenn der Herzog herausfand, welche Informationen der Graf noch immer an Camille weitergab, würde ihn sein Amt als Würdenträger schützen.

Früher war es Camille möglich gewesen, sich völlig in ihre Arbeit zu vertiefen. Sie recherchierte Präzedenzfälle und alternative Urteile. Es war nicht das, womit sie sich die Zeit vertrieben hätte, hätte man sie wählen lassen, aber es war eine wertvolle Arbeit, und sie war dafür ausgebildet worden. Seit es ihr jedoch verwehrt war, den Vorsitz bei den Verhandlungen zu führen oder auch nur anwesend zu sein, wenn die Fälle entschieden wurden, die sie so sorgfältig studiert hatte, wurde ihre Arbeit immer wertloser. Man konnte sie mit dekorativen Stickereien vergleichen, die nie jemand zu Gesicht bekam. Als man ihr dann auch noch ihre Pferde verbot, hatte sie sich in sich selbst zurückgezogen. Der Anblick ihres verlassenen Schreibtischs versetzte ihr einen schuldbewussten Stich. Indem sie ihre Studien aufgab, hatte sie genau das getan, was der Herzog wünschte. Und hier war sie nun und versuchte, schwanger zu werden!

Sie erinnerte sich daran, wie die Tür hinter Sylvie und dem Jungen leise ins Schloss gefallen war. Nein, er war nicht bloß irgendein Junge, korrigierte sie sich, sondern Henri, den sie in ihren Körper aufgenommen hatte. Wenn sie erfolgreich gewesen waren, war er der Vater des Kindes, das sie unter dem Herzen trug. Ihr Kind wäre nicht das Kind eines namenlosen Burschen. Camille versuchte sich vorzustellen, wie es wäre, ein Kind zu haben. Es wachsen und lernen zu sehen. Würde es ein Junge oder ein Mädchen werden? Ein Junge war wohl das Einzige, was sie vor dem Tod bewahrte. Sie könnte ihm nie von seiner wahren Herkunft erzählen: Das wäre zu gefährlich. Es wäre vermutlich bereits zu gefährlich, Henri zu gestatten, das Kind zu sehen. Vielleicht würde es ihn auch gar nicht interessieren. Man hatte ihr erzählt, das niedere Volk schere sich nicht sonderlich um seine Kinder, da es zu oft geschah, dass sie sie an den Tod verloren. Sie hatte keine Möglichkeit zu ergründen, ob das stimmte. Kein Bauer würde seiner Herzogin eine ehrliche Antwort geben. Vielleicht wusste Sylvie mehr. Sie war sehr einfallsreich, wenn es darum ging, Dinge herauszufinden. Oder die Hebamme konnte ihr etwas darüber erzählen.

Nach ihrem ersten Ehejahr hatte Camille eine Hebamme aus der Stadt kommen lassen, um sich einer sorgfältigen Untersuchung zu unterziehen, da sie dem Palastarzt nicht traute. Soweit es die Hebamme beurteilen konnte, war körperlich alles mit ihr in Ordnung. Sie hatte Camille versichert, sie würde schon bald guter Hoffnung sein. Vor zwei Jahren hatte sie in ihrer Verzweiflung eine andere Hebamme kommen lassen, die Sylvie für sie ausfindig machte. Diese neue Hebamme war Annette. Das erste Mal schmuggelte Sylvie sie als Pagen verkleidet in den Palast. Annette untersuchte Camille sorgfältig, sowohl äußerlich als auch innerlich. Madame Annette versicherte Camille, sie sei kerngesund, und spottete über die Vorstellung, das Reiten im Herrensitz könnte eine Schwangerschaft verhindern.

„Man sollte eher der Wichse Eures Gatten die Schuld geben. Er geht allzu freigiebig damit um." Ihre Verachtung für den Herzog war sehr deutlich. Camille war plötzlich dankbar, dass er seine eigenen Lustbarkeiten ausrichtete und nie das Bordell in der Stadt aufsuchte. Wären ihm Annettes Worte zu Ohren gekommen, hätte er sie ohne jedes Zögern hinrichten lassen. Camille hatte alles geglaubt, was Annette ihr erklärt hatte. Aber damals war sie noch nicht verzweifelt genug gewesen, sich nach einem anderen möglichen Vater für ihr Kind umzusehen.

Jetzt wünschte sie, schon damals diesen Mut aufgebracht zu haben. Sie hatte viel zu viel Zeit damit verschwendet, weiter zu hoffen. Welche Ironie des Schicksals, dass ihre eigene Mutter ihr keine zehn Monate nach der Hochzeit das Leben geschenkt hatte. Doch danach hatte sie sich kaum noch um Camille gekümmert und sie vollständig der Amme überlassen. Nur zu offiziellen Anlässen hatte sie sich die Tochter bringen lassen, wie es sich gehörte, in Samt gewickelt und mit einem Spitzenhäubchen auf dem Kopf.

Camille wusste nicht, ob sie in der Lage sein würde, ihr Kind zu lieben. Wenn es ihr nicht gelang ... Wie grausam wäre es, wenn das Kind die Zusammenhänge begriff. Wenn es erfuhr, dass es nur lebte, um das Leben seiner Mutter zu retten. Wenn sie seine Geburt überlebte, hoffte sie allerdings sehr, dass sie Gefühle für ihr Kind entwickeln könnte. Zumindest würde sie es versuchen und ihr Kind nicht ausschließlich Kinderfrauen und Lehrern überlassen, während sie sich ihren eigenen Vergnügungen hingab.

Vielleicht spielte das alles aber ohnehin keine Rolle. Sie fühlte sich nicht schwanger. Wie lange es wohl dauern würde, bis sie es wusste? Sie war sich sicher, dass sie es irgendwie spüren würde. Tief in ihrem Körper würde das Wissen erwachen, noch bevor ihr Unwohlsein ausblieb oder sich andere körperliche Anzeichen zeigten. Sie versuchte sich vorzustellen, wie ihr Kind wohl aussehen würde. Sie konnte sich nur eine kleinere, rundere Version von Henri ausmalen. Dichtes braunes Haar, das ihm in die Stirn fiel, eine reizende Stupsnase. Große blaue Augen, die von Wimpern, so dicht und lang wie Sommergras, beschattet wurden. Eine verführerisch volle Unterlippe. Wenn sie nicht schwanger war – daran wollte sie jetzt nicht denken. Bis auf Weiteres lag es nicht mehr in ihrer Hand. Über ihren Untergang zu grübeln war genauso gefährlich wie der Gedanke an ihren Erfolg. Sie hatte bisher nur überlebt, weil sie von einem Moment zum nächsten lebte. Sie musste an die Gegenwart denken.

Mit gekreuzten Beinen saß sie auf dem Bett und aß eine weitere Scheibe Birne, dann wählte sie ein Stück Käse. Sie spürte, dass ihre Beinmuskeln von den nachmittäglichen Anstrengungen überdehnt waren. Tief in ihrem Inneren pochte ihre Möse angenehm. Es war lange her, dass sie es mit einem Mann getrieben hatte. Dem Herzog war es offenbar egal, ob sie schwanger wurde oder nicht. Eine jüngere und gefügigere Frau wäre wesentlich mehr nach seinem Geschmack. Das war zu Beginn ihrer Ehe vor über zwanzig Jahren schon so gewesen. Seine ideale Herzogin war eine junge Frau, die nie sprach und immer lächelte. Ach nein, Michel würde das Lächeln nicht bemerken, solange die Frau ihre Beine für ihn breit machte.

Wie ungerecht es wäre, sterben zu müssen, weil sie nicht das liebste Spielzeug eines Mannes war. Hätte er sie zugunsten seiner Konkubinen beiseitegeschoben und sie sogar in der Öffentlichkeit nicht länger an seiner Seite geduldet, hätte sie es ertragen und sich an der Würde als die einzige rechtmäßige Erbin des Herzogtums festgehalten. Ihre Untertanen hätten dem Herzog und nicht ihr die Schuld an dieser Situation gegeben. Das war es vermutlich, was er fürchtete, falls sie nicht mehr in seiner Gunst stand, aber immer noch am

Leben war. Obwohl er regierte, war er nicht im Herzogtum geboren. Ihr Volk würde sich daran erinnern. Jetzt akzeptierten sie ihn, da er von ihrem Vater gekrönt worden war. Aber was würde geschehen, wenn Camille *ihn* verstieß? Was sie natürlich nicht tun konnte, solange sie in ihren eigenen Gemächern eingesperrt war. Er könnte sie allzu leicht finden und ihr für immer den Mund verschließen, indem er ihre Kehle aufschlitzte. Sie hatte bereits den sicheren Kurs eingeschlagen, indem sie versuchte, ihm den Erben zu schenken, den er brauchte, um seine Position zu festigen.

Sie zog sich die Haare nach vorn über die Brüste und ließ sich rückwärts auf die Decke sinken. Die goldenen Seile mit Quasten an den Enden, die die Bettvorhänge zurückhielten, symbolisierten die Fesseln, die ihr Gatte ihr angelegt hatte. Vielleicht hätte sie darauf bestehen sollen, dass Henri sie in diesem Bett nahm, aber er war so ängstlich gewesen und trotz seiner Angst so mutig, dass sie getan hatte, worum er sie bat. Sie wollte nicht an den winzigen Augenblick ihrer eigenen Angst zurückdenken, als sie befürchtet hatte, sie könnte ihn nicht überreden zu tun, was sie von ihm wollte.

Er hatte ihre Erwartungen übertroffen. Wenn es darum ging, eine schwierige Aufgabe zu erfüllen, ging nichts über Enthusiasmus und Kraft. Es war für sie unerwartet gewesen, auf einer Polsterbank gevögelt zu werden. Sie hatte Dinge gefühlt, die sie nicht hatte voraussehen können. In manchen Augenblicken hatte sie nichts um sich herum wahrgenommen und sich in dem intensiven Gefühl verloren, von einem Mann gefickt zu werden, den sie nicht sah.

Wäre Henri der Herzog gewesen, hätte sie ihn während des Akts im Auge behalten wollen. Sie wäre nicht in der Lage gewesen, sich auch nur für den Bruchteil einer Sekunde zu entspannen. Als es aber mit Henri geschehen war … Ihre eigene Reaktion hatte sie überrascht. Vielleicht hatte es daran gelegen, dass sie wusste, sie konnte Henri jederzeit aufhalten. Obwohl die Bedrohung durch den Herzog die ganze Zeit in ihrem Hinterkopf gewesen war, hatte sie die Minuten mit Henri auch genossen. Wie groß wohl das Risiko war, wenn sie ihn erneut zu sich rief? Womöglich brauchte es mehrere Versuche, bis es ihm gelang, sie zu schwängern. Wenn er letztlich scheiterte, würde sie immer noch Hoffnung haben und versuchen, einen anderen potenziellen Erzeuger zu finden?

Schon bald würde sie sich dem Herzog hingeben müssen. Dabei ging es nur um seine Befriedigung. Und um ihr Leben.

Bis dahin konnte nur sie selbst sich Lust schenken. Sie hob die Hand und ließ sie zu ihrem Bauch hinabgleiten. Sie drückte den Fingernagel in die Haut, dann schob sie ihre Fingerspitze zwischen die Falten ihrer Möse. Sie umkreiste ihre Knospe, drückte sie fester. In ihrem Innern zuckte es, als würde ihr Körper sich an ihren letzten Höhepunkt erinnern. Selbst nach allem, was ihr zugestoßen war, war doch immer noch Leben in ihr. Sie streichelte sich weiter, schob auch ihre andere Hand nach unten und benutzte sie, um ihre äußeren Schamlippen zu massieren und sie in Richtung des Fingers zu drücken, der auf ihrer Perle lag. Ihre Erregung wuchs, breitete sich langsam in ihr aus wie ein goldenes Licht. Sie stellte sich vor, dass sie auf ihrer kastanienroten Stute Guirlande ritt und auf dem Rücken des Pferdes den Gipfel des Hügels nahe der östlichen Grenze in genau dem Augenblick erreichte, in dem die Sonne über der Hügelkette aufstieg. Ihre Pferdeburschen und die Soldaten waren weit hinter ihr zurückgeblieben. Es war ein Augenblick der Einsamkeit. Ein Moment des Friedens.

Bebend erreichte sie den Höhepunkt. Mit jeder der sanften Zuckungen durchlief sie ein weiterer Schauer der Lust. Als es vorbei war, schlüpfte sie unter die Decke, rollte sich auf der Seite zusammen, zog die Knie an und sank in einen tiefen, befriedigenden Schlaf.

„Madame la Duchesse."

Camille blinzelte und starrte zu Vilmos hinauf, den Kammerdiener des Herzogs. Er trug seine gewohnte blaue mit Goldlitzen besetzte Livree. Über dem angewinkelten Arm trug er einen ihrer Morgenmäntel aus schwerer Seide. Sein breiter Nacken, das helle Haar und die harten Gesichtszüge verleiteten manchen zu der Ansicht, er sei dumm. Doch sie wusste um seine Schläue. Vielleicht war er sogar klüger als sein Herr, der Herzog. Seine Augenlider waren stets halb geschlossen; sie wusste nie, was er dachte oder wie weit er dem Herzog ergeben war. Offenbar vertraute Michel ihm, sonst hätte er ihm keinen Zutritt zu seinem Schlafgemach gewährt. Sie anstelle ihres Gatten hätte mehr Vorsicht walten lassen.

Camille schluckte, bemühte sich, vollkommen munter zu werden und erkundigte sich: „Wo ist Monsieur le Duc, der Herzog?"

„Er wartet unten auf Euch", brummte Vilmos. „Ich wurde beauftragt, Euch und Eure Wachen zu ihm zu bringen."

Er ließ sie zu sich rufen wie eine seiner Konkubinen. Wieder einmal. Vilmos würde dafür sorgen, dass sie sich nicht weigerte. „Ich bin bereit."

Er hielt ihr die Halskette und ihre Ohrringe hin und wartete, während sie den Schmuck anlegte. Dann wickelte er sie ohne jede persönliche Regung in den roten Seidenmantel, kniete vor ihr nieder und schob ihre Füße in die bestickten Pantoffeln. Schließlich führte er sie durch ihre Zimmerflucht. Einen Moment lang war Camille dankbar, dass sie nicht nackt zum Herzog geführt wurde. Auch das war schon vorgekommen. Sie vermutete, der Befehl hatte auch heute so gelautet, aber Vilmos hatte ihr den Morgenmantel aus Gründen überreicht, die nur er kannte. Sie fragte sich, was das über sein Verhältnis zu ihrem Mann aussagte. Sah Vilmos sich vielleicht gezwungen, auf ihre Seite zu wechseln? Und wenn dem so war: Welchen Vorteil konnte sie daraus ziehen?

Sie blickte Vilmos an, aber er schien in seine eigenen Gedanken versunken zu sein. Seit sie in ihren Jugendjahren einige Zeit am Königshof verbracht hatte, kannte sie sich mit Ränkespielen aus. Doch Vilmos zeigte keine Anzeichen, die sie ermutigt hätten. Sie baute Luftschlösser. Eine einzige menschliche Geste bedeutete nicht zwangsläufig, dass Vilmos vorhatte, ihren Gatten zu verraten. Vielleicht hatte er auch nur umso mehr Mitleid mit ihr, je älter sie wurde.

Kaspar und Arno erwarteten sie im Korridor. Obwohl ihre Muskulatur aufgrund der frühen Kastration nicht so beeindruckend war wie Vilmos' Muskeln, waren sie doch ebenso groß wie er. Sofort fühlte sie sich weniger verletzlich.

Mit hoch erhobenem Kopf durchschritt sie die luxuriös ausgestatteten Flure, in denen sie ab und zu Höflingen, Wachen oder Zofen begegneten. Einmal kamen sie an einem Alkoven vorbei, in dem ein Höfling und eine Zofe es lautstark miteinander trieben. Solange bis sie den eisigen Blick bemerkten, mit dem Vilmos sie ansah. Unwillkürlich wich Camille zurück und spürte Kaspar hinter sich, während Vilmos' fleischige Hand vorschnellte und die Schulter der Zofe packte. Als er die Frau von ihrem vollkommen erstarrten Partner wegzerrte, war deutlich ein schmatzender Laut zu hören.

„Ihr!", sprach Vilmos den Mann an. Er war einer der niederen Landadeligen, doch Camille gab vor, ihn nicht zu erkennen. „Verschwindet."

Der Baron zerrte seine Hose hoch und stolperte rückwärts davon, ohne Vilmos aus den Augen zu lassen. Schließlich verschwand er um die nächste Ecke. Vilmos hielt den

Oberarm der Zofe fest, während er mit der anderen Hand ihr graues Kleid ordnete und über ihre Hüften nach unten zog.

„Marrine, du bist heute Abend zu spät mit deinen Pflichten dran“, sagte er vorwurfsvoll und zog sie mit, als sich die kleine Prozession wieder in Bewegung setzte. Vermutlich war Marrine eine der Mätressen des Herzogs. Sie reichte Vilmos kaum bis zum Ellbogen und war bis auf ihre gewaltigen Brüste dürr wie ein Gespenst. Unter ihrer schlichten grauen Haube lugten knallrote Haarsträhnen hervor. Auf ihrem Hals war deutlich ein Knutschfleck zu sehen.

Camille hoffte, dass Marrine sie nicht erkannt hatte. Doch wie sollte sie? Ohne ihr kostbares Kleid und ihre Schminke, mit dem offenen Haar, das über ihren Rücken floss, und während Kaspar und Arno sie mit ihren großen Körpern vor neugierigen Blicken schützten? Andererseits – was kümmerte es sie, ob das Mädchen sie erkannte? Das war weit weniger peinlich, als die beschämende Behandlung durch ihren eigenen Ehemann. Sie bezweifelte nicht, dass der ganze Palast um die lasterhaften Vorlieben des Herzogs wusste. Die Höflinge blieben ihm gegenüber loyal, obwohl sie wussten, wie er seine Herzogin behandelte. Vielleicht weil dieses Verhalten schlicht einfacher war. Wenn sie sich nicht gegen den Herzog auflehnte, warum sollten es ihre Höflinge tun? Und wie viele von ihnen wussten mit vollkommener Sicherheit, wie sie behandelt wurde? Wenn sie klug waren, hielten sie zwei Drittel des Geredes, das im Palast kursierte, für Gerüchte.

Vilmos führte sie durch eine Tür, die in der Wandtäfelung kaum sichtbar war. Es ging eine enge Treppe hinunter, die von Lampen beleuchtet wurde, deren Öl einen moschusartigen Duft verbreitete. Camille wollte die Nase rümpfen, unterdrückte diesen Impuls jedoch rasch. Offensichtlich waren sie zu einem der absonderlichen Szenarien unterwegs, die der Herzog regelmäßig plante, oft auch, um sie dabei zusehen zu lassen. Innerlich seufzte sie. Es verursachte ihr Übelkeit, die ganze Nacht dabei zusehen zu müssen, wie seine blassen Pobacken sich pumpend über einer willigen Magd bewegten, die er in irgendein merkwürdiges Kostüm gesteckt hatte. Unglücklicherweise blieb ihr keine andere Wahl. War das letzte Mädchen, mit dem er sich auf diese Weise vergnügt hatte, eine Melkerin gewesen oder eine extravagant gekleidete Hofdame? Nein, es waren zwei gewesen. Eine trug die Schürze eines Hufschmieds und nichts darunter, während die andere einen Blasebalg schwang und damit auf Camille eher einen komischen als einen erotischen Eindruck machte.

Als sie noch tiefer hinabstiegen, bestanden die Treppenstufen nicht mehr aus mit Teppich belegtem Holz, sondern waren aus dem blanken Fels geschlagen. Bisher war sie noch nie in diesem Teil des Palasts gewesen. Normalerweise stiegen nur Diener und Gefangene in die unteren Stockwerke hinunter. Vielleicht würde man sie hierher bringen, wenn der Herzog sie enthaupten ließ. Bei diesem Gedanken erschauderte sie, hielt aber ihren Blick starr auf Kaspars breite Schultern gerichtet, die sich vor ihr die Treppe hinabbewegten.

Mit lautem Klirren holte Vilmos einen Schlüsselbund hervor, um die rote Tür am Fuß der Treppe zu öffnen. Sie vermutete, dass sie sich in der Nähe der Kellergewölbe befanden, in denen der Käse gelagert wurde. Einen verrückten Moment lang stellte sie sich vor, welchen erotischen Nutzen der Herzog wohl aus dem scharfen Blauschimmelkäse zu ziehen gedachte, für den das Herzogtum berühmt war.

Camille betrat die Kammer. Ihre Wächter postierten sich eilig links und rechts neben ihr. Vilmos hatte Marrine bereits zum Herzog gezerrt, der sie unter dem Kinn tätschelte, ehe er mit der Hand auf einen Tisch wies, auf welchem mehrere Pelze übereinander ausgebreitet waren. Als würde sie nicht mehr als eine Feder wiegen, hob Vilmos die Magd hoch und legte sie auf die Pelze. Marrine wehrte sich nicht, als er ihr die Haube vom Kopf zog, sodass ihr rotes Haar hervorquoll; sie griff über ihre Schulter und begann, ihr Kleid aufzuknöpfen.

Der Herzog kam zu Camille herüber, streckte einen seiner manikürten Finger aus und schob ihn unter ihr juwelenbesetztes Halsband. Camille achtete darauf, nicht zurückzuzucken – sie wollte nicht von ihm gewürgt werden. „Ihr habt Euch heute der Lust hingegeben", bellte er. „Ich weiß es."

Er war sich nicht sicher, andernfalls hätte er weitaus rascher und entschiedener gehandelt.

„Ihr haltet Euch eine Armee Konkubinen, Monsieur le Duc", erwiderte Camille. „Neidet Ihr mir etwa meine Befriedigung? Ihr habt keine Anstalten gemacht, sie mir zu verschaffen."

„Es ist die Aufgabe der Frauen, den Männern zu gefallen", erklärte der Herzog. Seine vollen Lippen verzogen sich hinter seinem seidengrauen Bart, aber der Ausdruck seiner kalten blauen Augen änderte sich nicht. „Es ist lange her, seit *Ihr* mich befriedigt habt." Er schnaubte. „Es ist zu schade, dass Ihr Zeit gefunden habt, Euch anzukleiden, ehe Vilmos Euch herbrachte. Ich frage mich, ob es Euch gefallen hätte, nackt durch den Palast zu stolzieren? Hätte Euer Liebhaber Euch dann gesehen?"

Sein Finger klemmte noch immer unter ihrer Halskette, während er näher trat. Sein bodenlanger Morgenmantel aus dickem Samt war mit schwarzem weichen Pelz verbrämt. Noch ein Schritt, und der Pelz berührte ihren Mantel und verursachte ihr ein unangenehmes Prickeln auf der Haut.

„Sagt mir, wer es ist", befahl er. „Ich kann Euch ziemlich große Angst machen."

Sie *hatte* Angst. Ihr Leben lag in seinen Händen. Dabei ließ er es aber nicht bewenden. Er wollte sie jedes Mal aufs

Neue brechen. Wie ein kleiner Junge, der jeder Fliege, die er fing, die Flügel ausriss.

„Ich werde es aus dir herausbekommen, Camille."

„Ja, Monsieur", antwortete sie und hasste sich, weil sie zuließ, dass er sie tyrannisierte. Doch ihn hasste sie noch viel mehr.

Seine linke Hand, an deren heißen Fingern zahllose Ringe das Fleisch zusammenquetschten, rieb an ihrer Wange auf und ab. Die eingefassten Edelsteine reflektierten das Licht und glitzerten dumpf und bedrohlich: Rubin, Smaragd, Topas, Amethyst. Ein Armband aus quadratischen Goldplättchen, die sich mit Turmalinen abwechselten, umschloss sein dickes Handgelenk. Anstatt in sein Gesicht zu blicken, auf dem ein anzügliches Grinsen lag, starrte sie auf die Edelsteine. Dabei nahm sie den Geruch des parfümierten Öls in seinem Bart und den der Gewürznelken wahr, die er für einen besseren Atem kaute.

Schließlich ließ er ihre Halskette los. Seine Hand glitt an ihrem Morgenmantel hinunter, und er legte die Finger über dem Stoff um ihre Brust. Vielleicht war sie heute Nacht diejenige, mit der er sich vergnügen wollte. Er musste sie mindestens einmal ficken, für den Fall dass es ihr gelungen war, schwanger zu werden. Sie wusste nicht, wie sie diesen Teil der Angelegenheit meistern sollte, und schloss die Augen, während sie spürte, wie ihr Nippel unter der Hand des Herzogs steif wurde. Wenn ihr genug Zeit blieb, sich darauf vorzubereiten, konnte sie es ertragen. Nur ein einziges Mal noch und dann nie wieder. Nur ein Mal – Übelkeit stieg in ihr auf. Sie konnte es nicht. Alles hätte sie getan, nur um nie wieder seinen Schwanz sehen zu müssen.

Camille starrte seine Hand an, während sich seine Finger schmerzhaft in das weiche Fleisch ihrer Brüste gruben. Seine andere Hand krallte sich in ihre Schulter und zwang sie auf die Knie. „Hast du inzwischen gelernt, einen Schwanz zu schlucken? Ich habe mir sagen lassen, Atemnot kann sehr hilfreich dabei sein. Vilmos, vielleicht kannst du sie festhalten, damit sie endlich lernt, wie sie mir auf die richtige Art und Weise Lust verschafft."

Camille konnte nichts gegen ihr Zusammenzucken tun, während ein unterdrücktes Wimmern über ihre Lippen kam. Der Herzog schubste sie auf dem Boden beiseite. Mit dem Fuß folgte er ihren Fingern, als überlegte er, wie er sie am besten zertreten könnte. Dann änderte er seine Meinung und vergrub seinen Zeh in ihrem Schoß.

„Du bist auch schon unterhaltsamer gewesen", stellte er fest. Er legte den Kopf in den Nacken und rief: „Für meine Gattin steht ein Thron bereit. Führt sie dorthin."

Wieder war ihr die Rolle der Zuschauerin zugedacht. Erleichterung durchströmte sie. Arno blickte sie entschuldigend an, während er ihre Arme an den reich mit Schnitzereien verzierten Lehnstuhl fesselte. Dann ließ er sich wie ein treuer Hund zu ihren Füßen nieder, sodass sein glattrasierter Schädel beinahe ihr Knie berührte. Kaspar stand wie eine schützende Wand hinter dem Stuhl. Sie spürte die Wärme seines Körpers in ihrem Nacken.

Camille konnte den ganzen Kellerraum überblicken, der mit einem dicken, seidigen roten Teppich ausgelegt war. An den Wänden hingen Wandteppiche mit erotischen Motiven, die sie einst im Schlafgemach des Herzogs gesehen hatte. Schon immer hatte sie diese Bilder verabscheut, weil darauf sämtlich Frauen, nach ihren entsetzten Gesichtern zu schließen, von den Männer gegen ihren Willen genommen wurden. Auf einem Ebenholztisch standen eine Waschschüssel und eine Kanne, auf einem anderen Tisch befanden sich Wein und Becher. Sie hatte einen besonders guten Blick auf den seitlich von ihr stehenden, mit Pelzen bedeckten Tisch, auf dem

Marrine ruhte. Die Zofe war inzwischen nackt und hatte ein Kissen unter ihren Unterleib geschoben. Neben ihr lag ein kleiner Haufen Rosen, deren lange Stiele dicke Dornen trugen. Offenbar gab es heute Nacht keine Kostüme, falls nicht vorgesehen war, dass jemand die Rosen an seinem Körper befestigte.

Der Herzog öffnete seinen breiten juwelenbesetzten Gürtel und zog ihn aus den Schlaufen. Dann legte er sich den Gürtel über die Schulter, sodass die Schnalle vor seinem Bauch hing. Sein Morgenmantel öffnete sich und enthüllte seinen nackten Körper. Er war um die Hüften voller geworden, und seine Brust war eingesunken, doch seine Beine waren noch immer kräftig. Sein dicker Schwanz hing noch herunter. Er streichelte ihn, während er sich in einen Lehnstuhl lümmelte, der Camilles ähnelte, allerdings hatte sein Sessel eine gepolsterte und kunstvoll bestickte Sitzfläche.

Camille schaute Marrine an, dann den Herzog. Sie wusste nicht, was er plante, nur dass er nicht dazu neigte, sich zurückzuhalten. Mit vorgeschobenem Kinn wartete sie darauf, mit neuen Ängsten konfrontiert zu werden.

„Vilmos", sagte der Herzog.

Sein Diener drehte sich um und sah sie an. Zu seiner Livree trug er Kniebundhosen, Strümpfe und flache Schuhe. Nun öffnete er die Jacke und sein Hemd und entblößte eine breite Brust. Seine Brustbehaarung war nur wenige Nuancen dunkler als sein Kopfhaar und genauso üppig. Schließlich öffnete er die Knöpfe seiner Hose und holte seinen Penis hervor, der bereits auf den Umfang von Camilles Handgelenk angeschwollen war.

„Die Herzogin wird dich für einen Moment beherbergen", verkündete Michel mit einem bösen Lächeln. „Ihr Mund soll auch für etwas anderes nütze sein, als Beleidigungen von sich zu geben."

Vilmos trat aus seinen Schuhen, schob die Hose über seine Hüften und zog sie aus. Auf seinen bestrumpften Füßen tappte er zu ihr herüber, dabei umschloss er mit einer Hand sein Glied. Einen Schritt von ihr entfernt blieb er stehen. Arno starrte ihn von unten an.

„Arno“, sagte Camille leise. Sogleich erhob er sich, ohne Vilmos aus den Augen zu lassen. Sie hörte, wie Kaspar hinter ihr warnend zischte. Schließlich trat Arno zurück und legte eine warme Hand auf ihre Schulter. Eine Freiheit, die er sich gewöhnlich nicht herausnahm, die sie ihm aber in diesem Moment nicht verwehrte.

Vilmos drückte sich gegen ihre Beine und streckte ihr seinen Penis hin. Er konnte sein Unbehagen nicht verbergen, denn er verfügte nicht über ihre Selbstbeherrschung. Niemals würde sie dem Herzog zeigen, was sie dachte und fühlte.

Vilmos war so groß, dass sie sich kaum niederbeugen musste, um ihn mit ihren Lippen zu erreichen. Dankbar stellte sie fest, dass er sauber war. Seine heiße Haut roch nach Kamillenseife. Hatte er gewusst, dass das hier passieren würde? Falls es so war, dankte sie ihm im Stillen für seine Rücksicht.

Unter anderen Umständen hätte sie es vielleicht genossen, einen so großen Schwanz zu kosten, aber nicht vor den Augen des Herzogs. Sie öffnete ihren Mund und nahm Vilmos’ Keule auf, saugte heftig daran und fuhr mit ihrer Zunge durch die kleine Furche an der Spitze, um ihn so rasch wie möglich zum Höhepunkt zu bringen und dem Herzog so viel Vergnügen wie nur möglich zu verweigern. Vilmos schwoll rasend schnell an; erschrocken zog sie sich zurück, aber er drückte sich gegen ihre Lippen, bis sie sich ihm wieder öffnete. Während sie an seiner Eichel lutschte, begann er, seinen Schaft zu kneten und zu streicheln. Sie hörte ihn keuchen. Genau in dem Moment, in dem ihr Kiefer zu schmerzen begann, zog er sich aus ihrem Mund zurück und ließ die Hände an seinen Seiten herabfallen.

Der Herzog hob eine seiner beringten Hände. „Du und die Magd werden mich jetzt unterhalten."

Camille hätte fast aufgelacht, weil er so desinteressiert klang, während sein Schwanz beinahe seinen Bauch berührte. Die Eichel glänzte von seinen Säften. Hatte ihre Unterwerfung ihn erregt oder Vilmos' uneingeschränkter Gehorsam?

Sie wollte den Herzog nicht ansehen. Also tat sie so, als wäre er gar nicht da, und wandte sich Vilmos und Marrine zu.

Vilmos schob seine Hände unter Marrines Oberschenkel und legte ihre Beine um seine Hüften. Sie kreuzte ihre Knöchel und lächelte wie eine Tänzerin, die im Begriff war, die Bühne zu betreten. Vilmos' muskulöse Pobacken wölbten sich beeindruckend vor, als er sich in Marrine hineinschob. Zumindest drang er bis zu einem gewissen Punkt in sie ein – nicht weit über seine gewaltige Schwanzspitze hinaus. Dort verharrte er, während sich Marrine unter ihm aufbäumte. Ihre Hände, die sie zuvor aufreizend über den Kopf gelegt hatte, griffen dorthin, wo ihre Körper sich vereinigten, als wollte sie Vilmos tiefer in sich hineinziehen.

Camille fragte sich, ob sie einen Ratschlag erteilen durfte. Sie nahm an, dass es besser klappen würde, wenn Marrine von hinten genommen wurde. Aber sie vermutete ebenso, dass die Unbeholfenheit Teil des Spiels war. Was für eine Aufführung! Sie unterdrückte ein Lachen. Würden sie anschließend noch einen Besuch in einer Tierschau machen? Und wo waren die üblichen fliegenden Händler mit Speisen und Getränken?

Vilmos zog sich zurück, stieß erneut in Marrines Möse und drückte dabei mit den Händen ihre Schenkel weiter auseinander. Nach jedem Stoß hielt er einen Moment inne, dann schob er sich ein kleines Stück weiter in sie hinein. Marrine hatte ihre gekreuzten Knöchel gelöst, und ihre nackten Füße zuckten durch die Luft. Sie keuchte. Vilmos ließ ihre Beine los und zog stattdessen mit den Fingern ihre Schamlippen auseinander, während er mit dem Daumen über ihre Knospe rieb und dabei fortfuhr, in ruckendem Rhythmus weiter in sie zu stoßen. Camille konnte sehen, dass er inzwischen etwas weiter in sie eingedrungen war, und als sie genau hinschaute, bemerkte sie, dass er noch tiefer hineinstieß. Vilmos' Schwanz hatte eine dunkle rötlich-braune Farbe und schimmerte von Marrines Säften.

Vilmos stieß zu und Marrine stöhnte – es war ein überraschend tiefer Laut, der sich dieser kleinen Frau entrang. Camille war entsetzt, wie sehr das Geräusch sie erregte, weil es sie an ihren Nachmittag mit Henri erinnerte. Als Vilmos seine Bemühungen verstärkte und plötzlich vollständig in seiner Partnerin verschwand, sickerte es feucht aus Camille heraus. Danach dauerte es nicht mehr lange. Bei jedem von Vilmos' kraftvollen Stößen rutschte Marrine über die Pelze, während sie sich in die Nippel kniff. Ihr Stöhnen wurde lauter. Vilmos war still, doch seine Finger kneteten Marrines Unterleib, ihre Schenkel und ihren Bauch mit festen Griffen.

Camille atmete bewusst langsam und zeigte keine Regung, obwohl ihr Körper sich winden wollte. Arno verstärkte den Druck seiner Hand auf ihre Schulter, und sie blickte überrascht zu ihm auf. Sie hatte vergessen, dass er neben ihr stand. Er zeigte ein Lächeln, wie sie es normalerweise nicht auf den Gesichtern ihrer Wachen sah.

„Beeil dich!", befahl die Stimme des Herzogs. Camille zuckte unwillkürlich zusammen. Vilmos verdoppelte seine Bemühungen. Marrine kreischte, als sie kam, dann entspannte sie sich sichtbar, während Vilmos noch einige Mal in sie hineinstieß. Mit einem sinnlichen Lächeln rieb sie ihre Schultern an den Fellen.

Camille verspürte keine Entspannung. Ihre Knochen in Armen und Beinen summten. Ihre Handflächen juckten. Ihre Möse zog sich nutzlos um nichts zusammen, ihre Lustperle sehnte sich schmerzlich nach einer Berührung. Während sie tiefer in ihren Stuhl sank, konzentrierte sie sich auf Arnos Griff an ihrer Schulter. Sie würde den Herzog nicht anbetteln. Das hatte sie ein Mal getan und würde es nie wieder tun.

Sie hörte das Knarren von Holz, als der Herzog sich erhob. „Meinen Morgenmantel", befahl er Vilmos.

Für einen Mann seiner Größe bewegte Vilmos sich erstaunlich flink. Hinzu kam eine überraschende Würde, wenn man bedachte, dass sein Schwanz zwischen seinen Beinen baumelte. Er zog den Mantel von den Schultern seines Herrn und legte ihn über die Stuhllehne, während der Herzog zu Marrine ging. Als würde er eine Pastete prüfen, schob er zwei Fingern in ihre Möse. Anmutig hob sie die Beine und legte sie auf seine Schultern.

Der Herzog schnaubte. „Von deiner Schauspielerei hab ich nichts, Mädchen." Er hob die Hände, umfasste ihre Waden und schob sie auseinander. Nun ruhten sie an seinen Hüften. „Vilmos! Ich benötige deine Hilfe."

Camille meinte, in Vilmos' ausdruckslosem Gesicht leisen Verdruss zu erkennen. Doch der Moment verflog. Er verbeugte sich und kehrte an die Seite des nackten Herzogs zurück. Während der Herzog seinen Schwanz in Marrine schob – deren Lächeln diesmal, so kam es Camille vor, deutlich aufgesetzt wirkte –, wärmte Vilmos seine Hände unter den Armen. Dann legte er sie auf die pumpenden Hinterbacken des Herzogs.

Camille blinzelte. Sie hatte zugesehen, wie der Herzog für sein Vergnügen zwei Mätressen zugleich benutzte, sogar drei, aber nie hatte sie ihn bei etwas beobachtet, das dieser Situation glich. Und Vilmos zeigte nicht die leisesten Anzeichen von Erregung.

Sie wollte wegschauen, wollte dem Herzog nicht zusehen und heftete ihren Blick auf Marrines wippende Brüste, damit er nicht bemerkte, dass Camille ihn ignorierte. Aber ihre Neugier ließ sie wieder zu Vilmos blicken, der seinen Finger durch die Ritze zwischen den Hinterbacken des Herzogs zog. Als der Herzog aufhörte, sich zu bewegen und unerwartet seinen Namen rief, beugte Vilmos sich hinab und fuhr mit der Zunge über den Pfad, den seine Finger bereitet hatten. Zu Camilles Überraschung schob er dann die Pobacken des Herzogs auseinander und begann, ihn um seinen Hintereingang herum zu lecken. Sie meinte sogar zu erkennen, wie er seine Zunge in die Öffnung drückte, doch sie war sich nicht sicher.

„Genug!", rief der Herzog und fuhr fort, Marrine zu ficken. Mit ausdruckslosem Gesicht drückte Vilmos immer noch die Hände auf den Hintern seines Meisters. Als der Herzog erneut innehielt und seinen Namen rief, schob er zwei Finger in den Anus des Herzogs. Seine Hand zuckte, als würde er die Bewegungen eines abspritzenden Schwanzes nachahmen.

Der Herzog hörte nicht auf, Marrine zu vögeln. Doch dieses Mal machte auch Vilmos weiter. Nach einem Moment stieß der Herzog einen Schrei aus, wie Camille ihn noch nie von einem Mann gehört hatte. Er beschleunigte seine Stöße. Sein Gesicht hatte sich gerötet, und Schweiß tropfte von seinen Haarspitzen. Als sie Vilmos' Hand genauer beobachtete, erkannte sie eine nach oben gerichtete Bewegung, die dem Herzog seine lustvollen Schreie entlockte.

Der Herzog kam sehr schnell. So viel hat sich also nicht geändert, dachte Camille ironisch. Sie war dennoch beeindruckt von Vilmos' Kunstfertigkeit. So etwas hatte sie noch nie gesehen, und wenn sie die Penetration eines anderen Mannes und nicht ausgerechnet die ihres Gatten beobachtet hätte, wäre es vielleicht erregend gewesen. Zu wissen, dass er seine Lust von der Hand in seiner Hinteröffnung empfing. Der Gedanke, derart die Kontrolle abzugeben, erregte sie auf eine Weise, von der sie sicher war, dass sie nicht in der Absicht des Herzogs lag. Einen Augenblick lang hatte sie sogar ihre Zwangslage vergessen.

„Madame", sagte Arno leise. „Erlaubt mir, Euch das hier abzunehmen."

Einen Moment glaubte sie, er meinte ihren Mantel. Dann sah sie seine Hand, die auf der mit Pelz verbrämten Fessel ruhte, welche ihren Arm an den Lehnstuhl fesselte. Sie nickte und hoffte, dass ihr Nicken selbstbewusst und gelassen wirkte. Arno befreite den einen Arm, während Kaspar sich um den anderen kümmerte. Sie ignorierten beide völlig, was am anderen Ende des Raums vor sich ging. Sie vermutete, ihr Desinteresse hatte mit der Tatsache zu tun, dass sie Eunuchen waren. Zum ersten Mal fragte sie sich, ob für die beiden überhaupt irgendeine Form fleischlicher Lust möglich war. Soweit sie wusste, hatten beide noch ihren Penis, während ihre Hodensäcke leer waren.

Als ihre Fesseln gelöst waren, erhob sie sich vorsichtig, damit das Blut wieder in ihre Knie fließen konnte, bevor sie sich völlig aufrichtete.

„Braucht Ihr mich noch, Monsieur le Duc?", erkundigte sie sich mit ihrer befehlsgewohnten Stimme.

Ihr Mann hatte Wein von Marrines Brüsten bis hinunter zu ihren Schenkeln geträufelt. Jetzt vergrub er seine Nase in ihrer Fotze, während sie einige der Rosen an seinen Schenkeln zerquetschte. Nachlässig wedelte er mit der Hand. „Vilmos, begleite sie in ihre Gemächer und lass ihre Tür bewachen. Nächste Woche bringst du sie mir wieder, und wir werden sehen, ob sie dann zugänglicher ist." Dann widmete er seine Aufmerksamkeit wieder der Konkubine.

Sie war vergessen. Camille fröstelte. Die Art, wie der Herzog sie behandelte, machte deutlich, dass es ihn nicht länger kümmerte, ob sie schwanger wurde oder nicht. Für ihn war sie nur noch ein Spielzeug. Ein Spielzeug, dessen er schon bald müde sein würde.

Die Zeit lief ihr davon.

4. KAPITEL

Als Henri mit dem Ausmisten von Guirlandes Box fertig war und das verschmutzte Stroh zum Misthaufen gefahren hatte, war bereits der Mond aufgegangen. Er blieb auf halbem Weg zurück zum Stall stehen und blickte hinauf zu den Sternen.

Sogar ein Stallbursche konnte vom Glanz des Nachthimmels geblendet sein. Sein Herz schlug langsamer und wurde vor Ehrfurcht ganz weit. Er konnte nicht nach den Sternen greifen, dennoch hatte er die Herzogin berührt.

Seufzend schob er seine stinkende Schubkarre zurück in den Hof. Er musste aufhören, über den Nachmittag mit der Herzogin nachzudenken, musste aufhören, der Sache mehr Bedeutung zu geben, als sie hatte. Die Herzogin hatte ihn benutzt, nicht mehr und nicht weniger.

Er konnte nicht leugnen, dass er sie heimlich schon seit Jahren begehrte. Das Verlangen hatte langsam seine früheren Fantasien verdrängt, in denen sie ihn für das Training ihrer Pferde auswählte, weil sie etwas Besonderes in ihm sah. Nun, da die Gefahr der Entdeckung hinter ihm lag, kümmerte es ihn nicht einmal mehr, dass sie ihn benutzt hatte. Es gab keine andere Möglichkeit für ihn, mit ihr zusammen zu sein.

Wie dumm von ihm, damit herauszuplatzen, dass er ihr zur Flucht verhelfen könne. Als würde sie ausgerechnet ihn brauchen, wenn sie fliehen wollte. Ihre Zofe war ihr treu ergeben, ebenso ihre Eunuchen. Am Hof gab es noch andere, die weitaus mehr wert waren als ein Stallbursche. Er fragte sich, ob einer von ihnen sich wirklich um sie sorgte.

Er ging ein letztes Mal an den Boxen entlang, in denen seine Schützlinge standen und tätschelte die Nüstern der Pferde, die noch wach waren und über ihre Boxentüren spähten. Er würde morgen früh aufstehen, um Tulipe im Ring zu bewegen. Lilas musste an der Longe trainiert werden. Er spürte außerdem, dass Guirlande schon bald rossig sein würde. Vielleicht auch Tonnelle. Das bedeutete, dass er einen Ausflug zu einer der entlegenen Zuchtstationen unternehmen musste. Für ihn hieß das, eine Zeitlang in relativem Luxus zu leben. Nicht nur, weil er sich dort um weit weniger Pferde zu kümmern hatte. Man würde ihn auch nicht zu sonstigen Arbeiten einteilen, wie es der Fall war, wenn er im Blickfeld des Stallmeisters und der leitenden Stallburschen seine Arbeit verrichtete. Außerdem würde er während seiner Arbeit dort nicht ständigen Hieben ausgesetzt sein. Noch besser: Die Zuchtstationen waren zu Zeiten unermesslichen Reichtums erbaut worden, für einen Herzog, der seine Pferde liebte. Daher würde der Heuboden, auf dem Henri schlief, sogar dem Vergleich mit einem herrschaftlichen Schlafgemach standhalten – zumindest hatte er das bisher geglaubt. Aber heute war er eines Besseren belehrt worden. Egal, es war leichter, sich an bescheidenem Luxus zu erfreuen.

Erneut meinte er das Gewicht und das weiche Gewebe ihres Kleids in seinen Händen zu spüren, meinte, das blumige Parfüm einzuatmen, dessen Duft ihre Halsbeuge verströmte. Er hingegen stank nach Pferdeschweiß und Pferdemist. Und obwohl sie vor seiner Berührung nicht zurückgezuckt war, hatte er nicht den Mut aufgebracht, ihr Gesicht zu berühren oder ihre Lippen zu küssen. Jetzt wünschte er, er hätte es getan. Dann hätte er das Gefühl gehabt, dass sie einander gekannt hatten, wenn auch nur für kurze Zeit.

Es war kindisch von ihm, so viel zu erwarten. Sie stand so weit über ihm wie die Sterne am Nachthimmel. Zudem war sie alt genug, um seine Mutter zu sein. Allerdings gab es viele Männer, die sich Bräute nahmen, die weitaus jünger waren als sie, daher war es vielleicht nicht so schlimm. Denn warum konnte es nicht umgekehrt sein? Er stellte sich vor, wie sie in dem Haus seiner Träume vor ihm stand, in einem wunderschönen Kleid, während sie die Wiege schaukelte. Er musste lachen. Es war viel wahrscheinlicher, dass er das Baby wiegte und die Windeln wechselte.

Er wandte sich von Tonnelle ab und trat durch die Stalltür hinaus in die Nacht. Sein Körper war von einem Summen erfüllt. Er konnte noch nicht schlafen.

Es war spät, aber noch nicht zu spät, um ein Bad zu nehmen. Vielleicht würde er danach einem anderen Vergnügen frönen. Im *La rose mouillée* hatte man sich auf alle möglichen Arten der Entspannung spezialisiert. Er gab nie viel von seinem kargen Lohn aus, da er ja stets bei den Pferden schlief. Vielleicht würde er heute einen Teil seines Gelds mit den Mädchen des *La rose mouillée* teilen. Diese Möglichkeit hielt er sich stets offen, obwohl er sich meistens am Ende doch dafür entschied, das Geld zu sparen. Denn er wusste, dass der Traum von seinem eigenen Häuschen schon bald wahr werden würde, wenn er sparsam war.

Er ging in die Stadt, den Regierungssitz des Herzogtums. Auf den Straßen herrschte weitaus mehr Leben als in der Residenz. Betrunkene Zecher strömten aus einer Taverne nahe dem Stadttor, Kutschen ratterten über das Kopfsteinpflaster und der Lärm eines Würfelspiels hallte durch eine Gasse. Die meisten der Straßenhuren ignorierten ihn. Er sah aus, als hätte er kein Geld, und es war ihm nur recht, auf seinem Weg nicht behelligt zu werden. Die ausdruckslosen, leeren Blicke der Straßenmädchen taten ihm weh.

Das *La rose mouillée* war ein Haus aus massivem grauen Stein, das drei Stockwerke über den Nachbargebäuden aufragte, an die es sich eng anschmiegte. Die weißen Fensterbänke wurden täglich geschrubbt, und das mit Schindeln eingedeckte Dach war mit dekorativen Kupferstegen verziert. Die Bäder dort waren billig und allseits beliebt. Es kostete allerdings extra, wenn man mit einem der Mädchen nach oben gehen wollte, und erheblich teurer wurde es, wenn man sich für einen der jungen Männer entschied, die Madame Hubert aus einem Wüstenland weit im Süden geholt hatte. Henri hatte sie ein oder zwei Male auf seinem Weg ins Bad gesehen: schlanke Männer mit makelloser Haut und dunklem Kajal um die Augen, die nur in lange Seidenhosen gekleidet waren, zu denen sie mehrere Halsketten und silberne Zehenringe trugen. Die Herzogin hätte sich über einen Mittelsmann einen von ihnen kaufen können, wenn sie wollte. Allerdings war die Haut dieser Männer zu dunkel, als dass ein Kind, das ihren Lenden entsprang, als Erbe des Herzogs durchgegangen wäre.

Leise knisternde Fackeln brannten rechts und links des breiten Vordereingangs. Henri schob die reich verzierte Eichentür auf und stand im nächsten Augenblick einem älteren, riesigen Eunuchen gegenüber, der einen schwarzen Mantel trug. Stumm streckte er seine Pranke aus, und Henri legte eine Kupfermünze hinein. Die Hand des Eunuchen schloss sich über dem Geldstück, während er mit dem Daumen der anderen Hand zum Korridor zeigte, der sich hinter seinem Rücken erstreckte. Wildes Gelächter erklang aus dem Innern des Hauses und vermischte sich mit dem Klirren der Kelche, dem Klappern der Messer und leisen Harfenklängen.

Die Türen des Gastraums waren weit geöffnet, damit die Hitze entweichen konnte und die Gäste einen Vorgeschmack auf die Unterhaltung des Abends erhielten. Henri hatte vorgehabt, an der Tür vorbeizugehen, konnte aber doch nicht widerstehen, einen Blick zu riskieren. Er wollte feststellen, ob seine Erinnerungen an die Ausstattung des Raums dem Vergleich mit den Räumlichkeiten der Herzogin standhielten oder nicht.

Allerdings konnte er nicht viel von den Möbeln sehen. Der lange Tisch, auf dem das Büfett aufgebaut war, bot links und rechts Speisen und in der Mitte eine nackte Frau; zwei hemdsärmelige Männer leckten Honig und Wein von ihrem Bauch und ihren Brüsten. Ein Paar trieb es in dem Sessel direkt neben der Tür. Die Frau hatte das Mieder bis zur Taille hinabgeschoben und umklammerte die Lehnen des Sessels, um sich auf dem harten roten Schwanz ihres Partners auf und ab zu bewegen, während ihr kurzer Rock bei jeder Bewegung hochflog und ihre weißen Pobacken aufblitzen ließ. Henri starrte das Paar überrascht an. Es erstaunte ihn, dass es gestattet war, im öffentlichen Gastraum zu vögeln. Obwohl es sich um ein Bordell handelte, erschien ihm diese Freizügigkeit außergewöhnlich. Doch dann bemerkte er die Zuschauer, die die beiden Liebenden umringten. Das hier war eine inszenierte Vorstellung. Ebenso wie die beiden Frauen, die sich auf einer Chaiselongue nahe der Feuerstelle niedergelassen hatten und einander zärtlich streichelten, während eine von ihnen einen elfenbeinernen Dildo in sich hineinschob. Ein Lustknabe massierte ihre Füße. Plötzlich blickte die Dirne auf, als erwartete sie weitere Anweisungen. Henri folgte ihrem Blick zur Mitte des Raums und sah die Herzogin.

Er hatte dieses höfische Abendkleid schon einmal aus der Ferne gesehen, und die Silhouette ihrer Frisur, die von der Tiara gekrönt wurde, war ihm von der Münze vertraut, die er gerade erst dem Eunuchen in die Hand gelegt hatte. Die Haut um seinen Schwanz zog sich automatisch zusammen. Ausgeschlossen! Sie konnte nicht hier sein. Niemals würde sie an einem Ort wie diesem auftauchen. Er schaute genauer hin, und natürlich handelte es sich bei der vermeintlichen Herzogin nur um Madame Hubert, die Besitzerin.

Wenn er all sein Erspartes opferte und ihren Preis zahlte,

konnte er sie haben. Jedenfalls fast. In einem oder zwei Jahren hätte er genug gespart. Einen Augenblick lang zog er es ernsthaft in Erwägung – doch es wäre nur ein Verkleidungsspiel. Er schämte sich für den bloßen Gedanken.

Henri eilte den Korridor entlang, verließ das Gebäude und trat in den stillen Hinterhof, der fast vollständig von dem Badehaus eingenommen wurde. Die schmale Gasse zwischen seinen hölzernen Wänden und dem hohen Zaun war mit Kletterrosen bepflanzt. Ihr Duft umschmeichelte seine Nase und vertrieb den strengen Geruch von Parfüm, Wein und Schweiß. Durch den Rosenduft wurde auch der Holzrauch versüßt, der von den Öfen aufstieg. Er folgte einem weißen Kiesweg zum Eingang und öffnete die Tür.

Das Badehaus lag ungewöhnlich still da, er konnte das Wasser plätschern und tröpfeln hören. Die frühabendlichen Gäste waren bereits gegangen, und die Besucher des Bordells waren noch nicht aufgetaucht, um sich einer Waschung zu unterziehen, ehe sie nach Hause zurückkehrten.

Henri betrat die raue Strohmatte, mit der der schmale Flur ausgelegt war. Der Korridor erstreckte sich über die gesamte Länge des Gebäudes. Zur Rechten gab es eine Nische mit Wandhaken und Bänken, wo er seine Kleidung aufhängte und seine Stiefel zurückließ. Das Kind, das normalerweise die Habseligkeiten der Gäste bewachte, schlief auf einem Stapel Handtücher in der Ecke. Henri ließ den Jungen schlafen; er hatte ohnehin nichts, das zu stehlen sich lohnte, wenn man von seinen Stiefeln absah, die mit Pferdemist verklebt waren. Er nahm ein Handtuch vom Regal und betrat den nächsten Raum. Der Boden in diesem Raum war aus Kalkstein, der gerade so sehr angeraut war, dass man nicht ausrutschen konnte. Der Waschraum verfügte über Hocker und Steinschalen mit matschiger, rauer Seife der billigsten Sorte. Weiche und parfümierte Seifen musste man extra erwerben, also benutzte Henri stets das, was kostenlos angeboten wurde. Es genügte für seine Zwecke.

Er hängte sein Handtuch auf und schrubbte sich ab. Seine Schulter und einer seiner Ellbogen waren aufgeschürft, wo einer der Oberstallburschen ihn am Nachmittag gegen eine Wand geschubst hatte, weil er zu spät gekommen war. Er wusch die Wunden sorgfältig aus, aber sie bluteten schon seit Stunden nicht mehr, und die Schwellung ging bereits zurück. In der Zwischenzeit hatte er sie kaum bemerkt, und wenn die anderen den Grund für sein Zuspätkommen gekannt hätten, wäre es ihm schlimmer ergangen. Ein paar Beulen und Abschürfungen waren ein geringer Preis, den zu zahlen er gerne bereit war.

Aus mehreren Rohren floss warmes Wasser in Krüge; wenn sie voll waren, lief das Wasser über und verschwand gurgelnd in einem Abfluss in der Mitte des Raums. Wenn Andrang herrschte, wurde diese Verschwendung durch die Zeit ausgeglichen, die man sparte, weil in mehreren Gefäßen heißes Wasser bereitstand. Ohnehin war kein Wassermangel zu befürchten, da das Bordell eine natürliche Quelle nutzte. Auch diese Tatsache trug zu Madame Huberts Reichtum bei. Der Herzog verfügte ebenfalls über eine Quelle, irgendwo in den Kellern des Palasts. Einen Ort zu belagern, der über seine eigene Wasserversorgung verfügte, wäre der blanke Irrsinn; das war einer der Gründe für die Macht des Herzogs. Zumindest wurde das allgemein behauptet. Henri dachte, es wäre eine Kleinigkeit, den Palast von innen heraus zu erobern. Aber die Menschen dort schwelgten im Luxus und waren vermutlich durchaus zufrieden mit ihrem Los. Sie würden nicht auf ihre Annehmlichkeiten verzichten wollen. Nun, die Diener des Herzogs waren unter Umständen nicht so zufrieden wie die Höflinge, aber wenn er einer dieser Diener wäre, würde er zuerst den Herzog beiseiteschaffen. Erst hinterher würde er den Palast übernehmen, wie jeder kluge Mensch das tun würde. Ein verräterischer Gedanke drängte sich ihm auf: Auch die Herzogin würde er für sich wollen.

Weil er sich gerade Wasser über den Kopf goss, hörte er nicht, dass die Bademagd eintrat. Er schüttelte sich das nasse Haar aus den Augen und blickte überrascht auf die Gestalt, die reglos neben der Tür stand. Sie war etwa in seinem Alter oder ein wenig älter. Das tiefschwarze Haar war kurz geschnitten, sodass er ihre schöne Kopfform erkennen konnte. Durch die kurzen Haare wirkten ihre dunklen Augen noch größer, als sie ohnehin waren. Dieses Mädchen hatte er hier abends noch nicht oft gesehen, meistens arbeitete dann der einbeinige Mann hier oder eine junge Frau, die unaufhörlich redete.

Sie trug ein dünnes Hemd, das ihr nur bis an die Knie reichte. Es klebte feucht an ihren kleinen Brüsten und der Rundung ihrer Hüften. Zwischen ihren Beinen schimmerte ein dunkler Schatten durch den Stoff. Manchmal arbeiteten die Bademägde nackt, aber Henri stellte fest, dass die spärliche Bekleidung dieses Mädchens um ein Tausendfaches aufregender war. Ihre Brüste waren wie runde Pfirsiche, gerade so groß, dass er sie mit der Hand hätte umschließen können. Sie duftete nach Seife und Rosen.

Ihm wurde bewusst, dass er mit offenem Mund vor ihr stand, während Seifenschaum an seinen Beinen hinabrann und der Wasserkrug nutzlos in seiner Hand hing. Er blickte absichtlich nicht auf seinen Schwanz herunter. Er hatte sich geregt, als er ihn in die Hand genommen hatte, um ihn zu waschen, und er wollte jetzt nicht die Aufmerksamkeit der Magd auf sich ziehen. Vermutlich musste sie ständig mit lüsternen Männern klarkommen, Tag für Tag. Er wollte nicht wie diese Männer sein. Und schließlich war er an diesem Tag bereits zum Zuge gekommen. Leicht panisch überlegte er, wie es wohl wäre, wenn er ihr erzählte, dass er ein Bad nahm, weil er am Nachmittag die Herzogin gefickt hatte.

„Seid Ihr bereit für die Wanne, Herr?“, erkundigte sie sich.

Henri nickte und wollte hastig den Wasserkrug auf den Boden stellen, aber sie nahm ihm das leere Gefäß aus der Hand und griff nach einem vollen Krug. „Steht still“, sagte sie. „Ihr seid noch voller Seife.“

Henri schloss die Augen, während sie ihn zweimal von Kopf bis Fuß abspülte. Er stellte sich vor, das Wasser, das an seinem Körper herunter lief, wäre die Berührung ihrer schmalen Finger, die vom ständigen Kontakt mit Wasser spröde waren. Gewöhnlich machte man nicht so viel Aufhebens um ihn. Natürlich war der Raum normalerweise voll mit anderen Männern und sie spülten einander mit zurückhaltender Höflichkeit ab. Er war es nicht gewohnt, mit einer Bademagd allein zu sein, erst recht nicht mit einer so hübschen. Krampfhaft dachte er an etwas anderes, und seine Erektion sank ein wenig in sich zusammen.

Die Bademagd schlang ihm ein Handtuch um die Taille und führte ihn in den angrenzenden Raum. Bisher hatte man ihn noch nie so zuvorkommend behandelt. Vielleicht glaubte sie, er sei irgendein bedeutender Mann. Oder sie hoffte auf ein üppiges Trinkgeld. Aber wahrscheinlich dachte sie bloß, er wäre zu langsam, wenn er alles selbst erledigte, und wollte, dass er endlich fertig wurde und verschwand.

„Mein Name ist Nicolette“, sagte sie. „Nico.“

„Henri“, erwiderte er. Oder aber sie war einfach freundlich.

Sie lächelte ihn an. „Ich weiß. Ich habe dich schon mal hier gesehen.“

Im flackernden Schein der Lampe betrachtete er ihren sich wiegenden runden Hintern, während sie vor ihm her ging und sich dann bückte, um einen Absperrhahn zu öffnen. Dampfendes Wasser rauschte aus dem Rohr und ergoss sich in die Kupferwanne. Sie prüfte die Temperatur, fügte aus einem Eimer kaltes Wasser hinzu und tauchte erneut die Fingerspitzen in die dampfende Flüssigkeit. Schließlich deutete sie auf die Wanne, und er kletterte hinein.

Er hatte den ganzen Tag hart gearbeitet, sowohl vor als auch nach seinem Besuch bei der Herzogin. Die Wärme durchströmte seine müden Muskeln wie der Rausch eines Höhepunkts. „Das tut gut", stellte er fest, streckte die Beine aus und wackelte mit den Zehen.

„Lass mich dein Haar waschen", schlug Nico vor. „Lehn dich zurück und leg den Kopf auf das Handtuch."

„Ich habe dafür nicht bezahlt …" Er hoffte, sie bekam keine Schwierigkeiten, wenn sie ihm kostenlos ihre Dienste anbot.

„Es ist in Ordnung", beruhigte sie ihn. „Wir haben im Moment keine anderen Kunden, und falls welche kommen, wird Suzette sich um sie kümmern."

„Wenn du sicher bist, dass es in Ordnung ist …" In Erwartung der bevorstehenden Behandlung spannte Henri seinen Körper an und lehnte sich zurück.

„Suzette hat mir erzählt, du arbeitest in den Ställen des Herzogs?"

Suzette musste die Bademagd sein, die unaufhörlich redete. „Ich kümmere mich um die Pferde, die die Herzogin früher ritt", erzählte er. „Ich hoffe, eines Tages wird sie wieder reiten können."

„Das hoffe ich auch", antwortete Nico. „Ich habe sie immer bewundert. Sie wirkt so stark und würdevoll."

Henri dachte krampfhaft über eine nichtssagende Antwort nach. „Sie reitet wunderbar", sagte er schließlich. „Ich bin glücklich, von ihren Pferden lernen zu dürfen."

„Annette – sie ist die Hebamme hier im Bordell – Annette ist ihr sogar schon einmal begegnet. Im Palast. Die Herzogin kam natürlich nicht hierher. Ich habe Annette gefragt, wie die Herzogin ist, aber sie wollte es mir nicht erzählen. Sie wirkt nur sehr traurig, wenn sie an die Herzogin denkt. Dabei sieht Annette nie traurig aus, das ist ein Grund, warum wir … also, warum ich … ach, nein. Wenn ich so weiterschwatze, denkst du am Ende, ich bin wie Suzette. Du bist ein guter Zuhörer. Mach jetzt die Augen zu."

Sie goss warmes Wasser über seinen Kopf, dann tupfte sie die Tropfen von seinem Gesicht. Schließlich fuhr sie mit den Händen durch sein nasses Haar. „Dein Haar ist so dicht. Es ist ein Vergnügen, es anzufassen. Ich vermisse mein eigenes Haar, aber seit ich hier arbeite, ist es bei Weitem praktischer, es kurz geschnitten zu tragen. Madame Hubert besteht ohnehin darauf."

„Es steht dir … so kurz", stellte er fest. „Finde ich jedenfalls. Ich meine, es lässt dich sehr schön aussehen." Er spürte, wie Röte seine Wangen überzog, hoffte aber, sie würde es in der Dunkelheit, die im Raum herrschte, nicht bemerken.

„Danke", erwiderte sie. „Es ist sehr freundlich von dir, das zu sagen." Nachdem sie sich die Hände mit Seife eingerieben hatte, vergrub sie ihre Finger wieder in seinem Haar. Der Duft von Lavendel strich über ihn hinweg, während sie seine Kopfhaut schrubbte und den Schaum in sein Haar massierte. Er musste sich zusammennehmen, um nicht vor Wohlbehagen zu stöhnen. Jede Berührung ihrer Finger schien er auch an seinem Schwanz zu spüren.

„Gefällt dir das?", wollte sie wissen.

„Oh ja", sagte er. Es war wie betrunken zu sein, nur besser. So, wie es sich hätte anfühlen sollen, betrunken zu sein.

„Hast du Zeit, noch ein bisschen zu bleiben?", erkundigte sich Nico.

Sie hatte einsam geklungen, als sie von Annette gesprochen hatte. „So lange du willst“, antwortete er daher.

„Setz dich hin und schließ die Augen.“ Sie goss klares Wasser über seinen Kopf, noch einmal und noch einmal und löste mit jedem Mal einen weiteren heißen Rausch der Lust in ihm aus. Henri fühlte sich völlig entspannt. Nur sein Schwanz tänzelte wie ein eifriger Welpe im Badewasser.

„Fertig“, verkündete sie und fügte hinzu: „Ich möchte, dass du mich fickst.“

Er wollte sich zu ihr umdrehen, doch Nico legte die Hände auf seine Schultern und hielt ihn davon ab. „Du fragst dich sicher, warum.“

Das stimmte.

Nico begann, seine Schultern zu massieren. Ihre kräftigen Finger gruben sich in die Muskelstränge an seinem Hals, und er stöhnte wohlig. „Das gefällt dir? Gut.“

Es war mehr als bloßes Gefallen. Nie zuvor in seinem Leben hatte sich etwas so gut angefühlt – wenn er von dem Gefühl absah, den Schwanz in die feuchte Öffnung einer Frau zu schieben. Nachdem Nico sein Haar gewaschen hatte, war er bereit, alles zu tun, was sie wollte.

„Es wird hier im Badehaus bald wieder voll werden“, erklärte Nico. „Das ist immer so, wenn die Vorstellung im Haus vorbei ist. Der nächste Schwung Kunden kommt dann in den Morgenstunden. Jetzt ist der einzige Zeitpunkt, zu dem man ungestört ist. Und dann kamst du herein, und ich habe dich gesehen. Du bist immer nett zu uns. Nicht wie manch anderer.“

„Hmmm?“, machte Henri. Er hörte ihr zu, aber ihre Massage machte ihn einerseits schläfrig und erregte ihn gleichzeitig.

„Du grapschst nicht“, fuhr sie fort. „Das gefällt mir. Darum habe ich gedacht: Warum soll er nicht eine kleine Aufmerksamkeit bekommen? Und warum sollte ich nicht auch etwas davon haben? Wir können einander Lust schenken."

„Ich tue alles, was du willst", erklärte Henri. Sicherlich war das hier nur ein Traum. Für einen Tag wie den heutigen gab es keine andere Erklärung.

„Dann lass uns in die Schwitzstube gehen. Hast du die schon einmal ausprobiert?" Sie hob sein Handtuch vom Boden auf, nahm einen Stapel weiterer Handtücher und schob sie sich unter den Arm.

„Das kostet extra", wandte er ein und stand langsam auf. Er verspürte einen leichten Schwindel, denn all sein Blut strömte in Richtung seines Schwanzes.

Nico streckte die freie Hand nach ihm aus und er legte seine Hand in ihre. Es fühlte sich ganz natürlich an, so vertraut mit ihr zu sein. Sie war wie er. Sie wusste, was es bedeutete, den ganzen Tag zu arbeiten und sich dann nach Entspannung zu sehnen. Er drückte ihre Finger, und sie blickte sich über ihre Schulter nach ihm um und lächelte ihn an. Ihr breiter Mund war fast zu groß für ihr Gesicht, passte aber irgendwie zu der langen Nase und den großen braunen Augen. Als sie lächelte, kräuselte sich ihre Oberlippe und in ihren Augenwinkeln entstanden kleine Fältchen. Er wäre ihr überallhin gefolgt.

Die Schwitzstube war nicht besonders groß. An den gekachelten Wänden rannen Wassertropfen hinab, und aus einem Rohr nahe dem Boden strömte Dampf in den Raum. Durch den wogenden Dampf konnte er die drei breiten Bänke, die an den Wänden standen, kaum sehen.

Er nahm einen tiefen Atemzug und musste ein Husten unterdrücken. Die Luft war feucht und schwer. Er begann sofort zu schwitzen, vielleicht spürte er aber auch nur die Nässe des Dampfs auf seiner Haut.

„Ganz ruhig", riet ihm Nico.

Plötzlich konnte er atmen, viel tiefer, als er sich je hätte vorstellen können. Der Geruch von zerstoßener Pfefferminze stieg ihm in der Nase. Ein Gefühl der Entspannung machte sich in ihm breit.

Nico breitete die Handtücher auf einer Bank aus, und plötzlich verstand er, warum sie die Tücher mitgenommen hatte. Sein Schwanz, der ein bisschen schlapp gemacht hatte, erholte sich schnell. Nico drehte sich zu ihm um und lächelte erneut. „Würdest du mir hiermit helfen?“ Sie zupfte an ihrem inzwischen durchnässten Hemd.

Über dem Hemd legte Henri die Hände auf ihre Brüste, und sein leises Keuchen vermischte sich mit ihrem, als er den feuchten Stoff an ihren Brustwarzen rieb. „Ich würde sie am liebsten wie Äpfel verspeisen“, sagte er. Als ihm bewusst wurde, was er da gerade gesagt hatte, blickte er verlegen beiseite, aber Nico kicherte und legte ihre Finger an seine Wangen.

„Du bist süß“, sagte sie und küsste ihn. Ein Tropfen ihres salzigen Schweißes lief von ihrer Oberlippe in seinen Mund, und er fing ihn mit der Zunge auf. Unterdrückt stöhnte er in ihre Mundhöhle hinein, als sie an seiner Zunge saugte und er daran denken musste, wie es sich wohl anfühlte, wenn sich ihre Lippen um seinen Schwanz schlossen. Wieder und wieder fuhr er mit der Hand über die weichen Stoppeln ihres kurzen Haars. Seine andere Hand wollte nicht von ihrer Brust lassen, und er massierte sie rhythmisch, während sie sich immer weiter küssten. Er war sicher, dass ihre Brust das Weichste sein musste, was es auf Gottes Erdboden gab.

Es ist schon merkwürdig, dachte er belustigt, dass etwas so Weiches mich so hart machen kann.

Sie hielten einen Moment lang inne, um Atem zu schöpfen. Langsam atmeten sie den Dampf ein und ließen ihn wieder aus ihren Lungen strömen. Er half ihr, sich das nasse

Hemd über den Kopf zu ziehen, und war danach erneut verloren, als er den Schweiß auf ihrer Kehle und ihren Brüsten schmeckte, während seine Hände an ihren Oberarmen entlangglitten und er die von der Arbeit gestählten Muskeln unter der blütenblattweichen Haut spürte. Im Gegenzug packte Nico seine Arme und massierte sie, ließ die Hände zu seinen Schultern hinauf und von dort weiter zu seinem Rücken wandern. Als ihre Hände seinen Hintern erreichten, drückte er seinen harten Schwanz in ihren Bauch und drängte sich mit verführerischen, stoßenden Bewegungen gegen sie, sodass er sich an ihrer nassen Haut rieb.

Auch seine Haut war nass, aber sie fühlte sich an, als stünde sie in Flammen. Wenn er nicht aufpasste, würde er innerhalb kürzester Zeit kommen. Er zog sich von ihr zurück, schnappte nach Luft und ging zu der Bank, die sie mit Handtüchern bedeckt hatte. Spielerisch tänzelte Nico rückwärts vor ihm her. Als die Kante der Bank in ihre Kniekehlen stieß, setzte sie sich und streckte die Arme nach ihm aus.

Henri ließ sich neben sie fallen und zog sie auf seinen Schoß. Er wollte so schnell wie möglich in ihr sein, aber andererseits konnte er der Versuchung nicht widerstehen, sich an sie zu drücken und die köstliche Reibung nasser Haut an nasser Haut zu genießen. Er rieb sich mit seinen Händen, seinem Gesicht, seiner Brust und seinen Schenkeln an ihr. Nico saß jetzt wie eine Reiterin auf seinem Schoß, ihr Busen auf der Höhe seines Gesichts. Er vergrub die Nase zwischen ihren Brüsten, wo ihr Duft und ihre Hitze am stärksten waren, und es war ein Vorgeschmack darauf, in ihr zu sein. Er konnte ihren rasenden Herzschlag spüren.

Sie drängte ihren Unterleib gegen seine Erektion, drückte seinen Schwanz gegen seinen Bauch und rieb ihn zwischen ihren beiden glitschigen Körpern. Als sie leise keuchte, fuhr er drei Mal hintereinander rasch mit der Zunge in ihren Mund.

„Bitte, bitte, lass mich dich ficken", stieß er hervor. Ehe er die Worte ausgesprochen hatte, schloss sich ihre rissige Hand um sein Glied und führte es in ihre Möse. Sie senkte sich auf ihn, und er grunzte, als ihre nassen Schamlippen sich an seinen Eiern rieben.

Nico krallte sich schmerzhaft in seine Schultern und bewegte sich auf seinem Schwanz, als versuchte sie, den richtigen Halt auf ihm zu finden. Ihr Inneres sog an ihm, und dann schob sie ihre Hüften nach vorne. Er zwängte seine Hand zwischen ihre Körper, damit sie sich an seiner Handkante reiben konnte. Geradezu verzweifelt hoffte er, sie würde sich endlich auf und ab bewegen; zugleich wünschte er, sie würde nie aufhören, ihn auf so herrliche Art hinzuhalten und zu quälen.

„Mehr", stöhnte sie. „Mehr, mehr! Fick mich!"

„Ja!" Er stemmte seine Füße in den Boden und stieß mit so viel Kraft nach oben, dass sie auf seinem Schoß hochgehoben wurde. Schon bald passte sie sich seinen Bewegungen an und ritt ihn, bis er glaubte, sein Herz würde explodieren. Dann glaubte er zu spüren, wie sie zwei Mal hintereinander kam. Beim ersten Mal war er so sehr damit beschäftigt, die Kontrolle zu bewahren, dass er nicht sicher war, ob er ihr inneres Flattern spürte, aber beim zweiten Mal gab es keinen Zweifel. Ihre Schreie wurden lauter und lauter, ehe sie sich stumm in ihrer Lust verlor. Er pumpte ein paar letzte, tiefe Stöße in sie, und dann verströmte er sich in ihr. Seine Anspannung verlor sich in schmerzhaften, ekstatischen Zuckungen, und noch mehr Feuchtigkeit als zuvor rann über seine Beine. Keuchend warf er seinen Kopf nach hinten gegen die Wand. Es fühlte sich an, als würde er mit der hölzernen Bank verschmelzen. Nico beugte sich vor und knabberte an seiner Kehle.

„Du bist so süß, Henri", flüsterte sie. „Aber ich glaube, jetzt brauchst du noch ein Bad."

Dieses Mal wusch Nico ihn, und anschließend wusch er im Gegenzug sie. Dann rubbelten sie einander mit den Handtüchern trocken und verloren sich dabei in spielerischen Küssen und Zärtlichkeiten. Und nachdem sie einander mit duftenden Ölen eingerieben hatten, wünschte er sich, er könnte noch länger bleiben. Aber die Geräusche im Haus machten ihm klar, dass ihr gemeinsamer Abend zu Ende war. In der Tür küsste er Nico zum Abschied und versprach ihr zurückzukommen, sobald er konnte. Auf seinem eiligen Rückweg zu den Ställen beschloss er, dass Nico ein sehr guter Grund war, all seine dummen Träume zu vergessen, in denen die Herzogin die Hauptrolle spielte.

5. KAPITEL

Vilmos geleitete Camille persönlich in ihre Gemächer und wies Kaspar und Arno an, bei ihr zu blieben und sich nicht wie üblich links und rechts von der Tür zu ihrer Zimmerflucht zu postieren.

Sie wünschte, die beiden wären in der Gegenwart ihres Gatten nicht so sehr darum bemüht gewesen, sie zu beschützen. Der Wille des Herzogs stand grundsätzlich über ihrem, sogar wenn es um ihre persönliche Sicherheit ging. Vielleicht würden die beiden Männer später für ihre treue Ergebenheit bezahlen. Sie musste besser auf sie aufpassen. Aus der Residenz zu fliehen wäre ein guter erster Schritt.

Vilmos stand immer noch vor ihr, als wartete er auf etwas. Arno wandte sich ab und inspizierte die Ecken des Raums.

„Ja?", fragte Camille.

„Madame la Duchesse", sagte Vilmos und neigte den Kopf.

Camille hob ihr Kinn. Sie hatte vielleicht an seinem Penis gelutscht, aber sie würde auf keinen Fall darüber sprechen, auch nicht, wenn Vilmos das Gefühl hatte, sich für sein Verhalten entschuldigen zu müssen. Sie hatte keine Wahl gehabt, ebenso wenig wie er. Es schien ihr wenig sinnvoll, sich mit einer Demütigung zu beschäftigen, die nicht mehr rückgängig zu machen war.

Nach einer tiefen, respektvollen Verbeugung verließ Vilmos ihr Gemach und schloss die Tür hinter sich ab. Sie hörte, wie die Bolzen an ihren Platz glitten, bevor das große eiserne Schließband klirrte, in das des Herzogs Siegel eingeprägt war.

Mit diesem endgültigen Geräusch wurden Camilles Knie weich. Sie musste sich zwingen, aufrecht zu stehen. Vielleicht war sie in Sicherheit, solange der Herzog mit seinen privaten Vergnügungen beschäftigt war, aber … sie glaubte nicht daran, auch nur eine Sekunde vor ihm sicher zu sein, sobald sein Spaß vorbei war, selbst wenn es ihr gelang, schwanger zu werden. Und sie ertrug den Gedanken nicht mehr, sich vom Herzog nehmen zu lassen. Und wenn er sie nicht fickte, würde er sie ebenso schnell aufgrund ihrer Schwangerschaft töten lassen, wie er sie beseitigen lassen würde, weil sie unfruchtbar war. Sie hatte sich nur eingeredet, dass der Herzog sie am Leben lassen würde, wenn sie ihm einen Erben verschaffte.

Die Uhr auf dem marmornen Kaminsims – eine unglaublich scheußliche Kreation, die mit goldenen Engeln, weißlackierten Schafen und passenden Schäferinnen verziert war – zeigte ihr, dass Mitternacht gerade vorbei war. Sie hatte das Gefühl, es wären Tage vergangen, seit sie Henri zu sich hatte rufen lassen. Wie lange würde es dauern, bis der Herzog einen Weg fand, ihr das Leben zu nehmen? Was würde er mit ihr tun, ehe er sie enthaupten ließ? Stimmte es, dass man noch etwas sehen konnte, wenn einem der Kopf bereits abgeschlagen war? Sie fühlte sich wie ein Vögelchen, das gegen die Stäbe seines vergoldeten Käfigs flatterte. Ruhelos griff sie nach ihrem Skizzenbuch, legte es jedoch gleich wieder beiseite und rieb sich die Handgelenke, obwohl sie von der Fesselung keine Blutergüsse zurückbehalten hatte.

„Soll ich nach einem Bad für Madame schicken lassen?“, fragte Kaspar.

Es war immer Kaspar, der zuerst sprach. Das war ihr noch nie besonders aufgefallen, aber Arno überließ ihm immer den Vortritt. Vielleicht lag es daran, dass Kaspar älter war. Sie glaubte zu wissen, dass er fast dreißig Jahre alt war, wohingegen Arno im Alter von achtzehn Jahren in den Palast gebracht worden war und inzwischen nicht älter als dreiundzwanzig sein konnte. Sie hatte Sylvie nach Kaspars Alter gefragt; es war schwer, es genau zu sagen, da sie als Eunuchen nie männliche Muskeln ausgebildet hatten, zumindest nicht so, wie man es gewohnt war.

„Wo ist Sylvie?“, antwortete sie mit einer Gegenfrage. Bäder waren Sylvies Aufgabe.

„Sie schläft, Madame.“ Kaspar stand entspannt vor ihr, seine großen Hände ruhten auf seinen Zwillingsschwertern. Aus der Nähe konnte sie die winzigen weißen Narben sehen, die seine Unterarme überzogen, alte Verletzungen, die er sich beim Schwerttraining zugezogen hatte. Seine Augen waren blassgrau. „Soll ich sie wecken?“

„Nein“, entschied Camille. Sie wollte ein Bad nehmen, aber nicht so dringend, dass sie genug Geduld gehabt hätte zu warten, bis es für sie bereitet war. Sie musste nachdenken. Und Sylvie hatte in letzter Zeit wenig Schlaf bekommen. Stattdessen hatte sie fast die ganze vergangene Nacht und den darauffolgenden Tag damit verbracht, Henri ausfindig zu machen und ihn zu ihr zu bringen. Camille sah ein, dass sie Sylvie den Schlaf gönnen sollte, denn sie mussten heute Nacht aus dem Palast fliehen. Sie, Sylvie und auch ihre Eunuchen mussten gehen; sie konnte nicht zulassen, dass die drei ihretwegen den Tod fanden. In Ausübung ihres Dienstes zu sterben war die eine Sache. Für nichts und wieder nichts das Leben zu verlieren eine völlig andere.

Im Moment gingen ihre Gedanken im Kreis wie die Zahnräder einer Uhr und kamen zu keinem Ergebnis.

Arno trat vor und legte ihr seine Hand auf die Schulter. Für einen Augenblick wurde in ihr alles ganz still. Seine Hand war so warm, und seine Berührung gab ihr Kraft.

Mit seiner hohen, sanften Stimme sagte er: „Bitte, Madame! Lasst Euch von uns zu Bett bringen.“

„Wir werden Euch beschützen. Ihr seid in Sicherheit“, fügte Kaspar hinzu.

Bestimmt wussten die beiden, dass das unmöglich war. „Es

ist eure Pflicht", bemerkte sie, um die Reaktion zu testen.

„Es ist unsere Pflicht und unser Wunsch", erwiderte Kaspar. „Zweifelt nicht daran, dass wir Euch bis zu unserem Tod und darüber hinaus beschützen werden, Madame."

Sie konnte seinen dramatischen Worten kaum widersprechen. Wenn man sie ermordete, würde man auch ihre Wachen umbringen, also nickte sie.

Bevor er seine Hand von ihrer Schulter nahm, fügte Arno hinzu: „Ihr könnt alles von uns verlangen. Egal, was Ihr wollt, wir werden es für Euch tun. Heute Nacht wollen wir nur für Euch da sein."

Camille atmete tief durch. Sie konnte den Moment nicht länger hinauszögern und wollte es auch nicht tun. „Die Wachen an den äußeren Mauern vollziehen ihren Wachwechsel in den Stunden vor Sonnenaufgang. Das wird der Zeitpunkt unserer Flucht sein. Ihr zwei, Sylvie und ich, wir werden …" Sie zögerte einen winzigen Moment und dachte mit plötzlich aufwallender Zuneigung an Henri. „Der Stallbursche ist mir treu ergeben. Bis zu unserem Aufbruch wird er uns verstecken." Wenn Michel herausfand, was der Junge für sie getan hatte … Und wenn sie dann fort war, zusammen mit ihren treuesten Dienern und ihren Pferden … Nein. Sie konnte ihn nicht diesem Schicksal überlassen. „Der Junge Henri wird auch mit uns kommen."

Kaspar kniete vor ihr nieder und neigte seinen Kopf, bis seine Stirn ihren Fuß berührte. „Wie Ihr befohlen habt, ist alles für eine schnelle Flucht vorbereitet. Ich werde Euch folgen, Madame."

„Arno?"

Der jüngere Wächter kniete neben Kaspar nieder. „Madame, ich … ich denke, ich sollte nicht gehen. Nicht sofort."

Kaspar schnappte hörbar nach Luft.

„Nicht", sagte Arno und berührte sanft Kaspars Arm.

Camille beobachtete das Zwischenspiel aufmerksam. Kaspar würdigte den zweiten Eunuchen keines Blicks. Weil er glaubte, Arnos Plan sei unklug? Oder weil er um seinen Freund fürchtete?

„Jemand sollte hierbleiben und Informationen darüber sammeln, ob und wann die Verfolgung aufgenommen wird. Ich könnte später unterwegs zu Euch stoßen oder einen vertrauenswürdigen Boten schicken. Es ist am besten, wenn ich derjenige bin, der bleibt. Vilmos wird mich beschützen. Seine Mutter war die Kusine meiner Mutter. Es ist nicht seine Schuld, dass man mir die Männlichkeit nahm, und seitdem er mich hier fand, hat er auf mich aufgepasst. Außerdem schuldet er Euch jetzt etwas und wird bei den Palastwachen ein gutes Wort für Euch einlegen. Ich werde mich im Palast nicht offen zeigen, sondern bei Freunden in der Stadt Unterschlupf suchen."

„Madame, er wäre in Todesgefahr. Der Herzog …" Kaspar zögerte. „Es stimmt, Vilmos' Ergebenheit dem Herzog gegenüber ist nicht besonders stark, aber …"

Camilles Vermutungen, was Vilmos' mangelnde Loyalität betraf, wurden damit bestätigt. An Arno gewandt erklärte sie: „Es ist ein größeres Risiko, als ich von dir verlangen darf."

„Es ist Euer Recht, mich zu bitten, für Euch in den Tod zu gehen", erwiderte Arno. „Ich denke außerdem nicht, dass ich mein Leben riskiere."

Camille überlegte. Kaspar wirkte bekümmert, doch Arno hatte recht. Sein Vorhaben konnte sie alle vor dem sicheren Tod retten. Sie nickte knapp. „Arno wird hierbleiben. Wir werden Henri dabeihaben, der sich unterwegs um die Pferde kümmern kann."

Kaspar schloss für einen Moment die Augen, dann öffnete er sie wieder. Er bückte sich und küsste ihren Fuß.

Camille und ihre Wachen packten die wenigen persönlichen Dinge, die sie mitnehmen wollten. Das übrige, bereits vorbereitete Gepäck würden sie aus einem Versteck außerhalb der Palastmauern holen. Bald waren sie mit den Vorbereitungen fertig. Bis zu ihrem Aufbruch blieben ihnen noch sechs Stunden, die sich endlos lang vor ihnen auszudehnen schienen.

„Wir lassen Sylvie noch eine Weile schlafen", beschloss Camille. „Dann werde ich sie zu den Ställen schicken, damit sie den Jungen findet. Bis dahin solltet ihr euch ebenfalls ausruhen."

„Madame", sprach Kaspar sie an. „Lasst uns Euch heute Nacht zu Diensten sein."

Es war übliche Praxis, Eunuchen zu benutzen, um sich Befriedigung zu verschaffen. In all den Jahren, die die beiden Kastraten ihr schon dienten, hatte Camille nie darum gebeten. Sie war Michel treu gewesen, sogar nachdem er sie tausend Male betrogen hatte. Heute Nachmittag hatte sie ihn mit Henri betrogen. Dasselbe mit ihren Eunuchen zu tun – von denen einer sich um ihrer Sicherheit willen in Gefahr begab – schien ihr plötzlich ein wichtiges Zeichen dafür zu sein, wie sehr sie sich verändert hatte. Außerdem wäre es besser, als allein in ihrem Bett zu liegen, an die Decke zu starren und sich den Kopf zu zerbrechen.

„Ich danke euch", antwortete sie. „Das würde mir gefallen. Sehr sogar."

Sie ließ zu, dass Kaspar ihre Hand nahm und sie zu ihrem Schlafgemach führte. Arno folgte ihnen.

Kaspar entzündete die Wachskerzen auf ihrem Nachttisch und ihrem Toilettentisch. Dann setzte sie sich auf ihr Bett. Arno kniete vor ihr und zog ihr die Pantoffel aus. Die Stoppeln auf seinem Schädel schimmerten golden im Kerzenlicht. Er stellte die Schuhe beiseite, blieb aber mit gesenktem Kopf zu ihren Füßen hocken. Die Linie seines Nackens wirkte verletzlich.

Einige Sekunden verstrichen, und als er sich immer noch nicht regte, fragte Camille: „Woran denkst du, Arno?“

Er schüttelte den Kopf. Dann beugte er sich tiefer und küsste ihre Füße, viel sinnlicher, als Kaspar es eben getan hatte. Die warme, feuchte Berührung seiner Lippen ließ ein Beben an ihren Beinen herauftanzen. Sie legte die Handfläche auf seinen Kopf. Seine Haut war heiß, seine Stoppeln so rau wie die Zunge einer Katze. Es war ein Vergnügen, ihn anzufassen, und so fuhr sie mit der Hand immer wieder über seinen Kopf und zupfte zuletzt an seinem Ohr. Schließlich lehnte sie sich zurück und stützte sich auf ihre Ellbogen. „Kommt, ihr beiden. Gesellt euch zu mir.“

„Wenn ich darf, Madame?“, fragte Kaspar. Er wies auf seine Waffen. Sie nickte, und er streifte seine Gurte ab. Das Wurfmesser legte er auf ihren Nachttisch, die Schwerter auf den Teppich neben ihrem Bett. Arno folgte seinem Beispiel.

Ihre beiden Wächter zogen sich nicht vollständig aus. Das hatten sie vor Camilles Augen noch nie getan, und sie hatte auch nicht vor, es von ihnen zu verlangen. Kaspar behielt seine weite Hose, Arno die lange Unterhose an. Sie war nicht sicher, ob ihre Sittsamkeit eher daher rührte, dass sie sich vor Camilles Blick schützen wollten oder ob sie damit davor bewahrt werden sollte, zwei unvollständige Männer anschauen zu müssen. Sie überlegte, ob sie ihnen sagen sollte, dass dieser Anblick für sie kein Problem wäre, aber dann kam ihr ein anderer Grund in den Sinn. Vielleicht wollten sie Camille so von ihren Absichten überzeugen. Was sie jetzt taten, taten sie für ihre Herrin und nicht für sich.

Kaspar öffnete ihren Gürtel und schob ihr den Morgenmantel über die Schultern. Dann hob er sie in seine Arme, was er nie zuvor getan hatte. Schweigend drückte er sie gegen seine nackte Brust, während Arno ebenso stumm aus ein paar Kissen ein Nest baute. Sie wollte sich an ihn schmiegen – es war Jahre her, seit jemand sie so gehalten hatte –, aber sie wagte nicht, so deutlich ihr Bedürfnis nach Zärtlichkeit zu zeigen. In diesem Moment legte Kaspar die Hand an ihren Hinterkopf und drückte ihr Gesicht an seine Schulter. Sie schloss die Augen. Sein Daumen streichelte ihren Nacken, seine Finger gruben sich in ihr Haar. „Nur noch einen Moment", murmelte er.

Seine Stimme war heller als die eines richtigen Mannes, aber dennoch war sie angenehm. Was machte ihn zu einem unvollständigen Mann? Der Verlust seiner Hoden? Auf viele Arten war Kaspar ein weitaus besserer Mann als ihr Ehemann, obwohl sie derlei nie laut ausgesprochen hätte. Sie fragte sich, ob sich einer der beiden Eunuchen wirklich etwas aus ihr machte. Selbst wenn das nicht der Fall war, so war das, was sie ihr vortäuschten, auf jeden Fall besser als alles, was der Herzog je für sie empfunden hatte.

Arno nahm sie aus Kaspars Armen entgegen und bettete sie auf die Kissen. Sie sank in den Berg aus Samt und Satin, der so weich und bequem war, dass sie Mühe gehabt hätte, sich wieder herauszukämpfen. Aber sie wollte nicht kämpfen. Als Arno begann, eines ihrer Beine zu massieren, ließ sie den Kopf nach hinten sinken. Kaspar widmete sich dem anderen Bein. Sie begannen bei den Zehen und arbeiteten sich über ihre Füße zu den Waden vor. Beide verfügten bei der Massage über vergleichbare Fähigkeiten. Vielleicht – nein, vermutlich – machten sie dies regelmäßig füreinander. Sie hatten ja nur einander.

Camilles Kopf wurde leer, als sie sich ganz ihren Empfindungen hingab und auf diese Weise Zuflucht und Ruhe fand. Inzwischen hatten die Hände ihrer Wächter ihre Knie erreicht, und Arno arbeitete sich weiter nach oben vor. Seine kräftigen Finger massierten die verspannten Muskeln ihrer Oberschenkel, und dabei ließ er ab und zu seine Daumen über ihre Hüftknochen gleiten.

Die Matratze bewegte sich, als Kaspar aufstand. Doch schon bald war er zurück und brachte einen Wasserkrug und eine Schüssel sowie ein gefaltetes Tuch, das über seinem Unterarm lag. Arno schob seine Finger über ihren Unterleib und öffnete ihre Schamlippen. Camille schloss die Augen, als Kaspar sie in Rosenwasser badete. Der raue Stoff des Lappens und die über ihre weiche Haut rinnenden Wassertropfen reizten sie. Ruhelos bewegte sie sich unter Arnos Händen, und als sie unverhofft Kaspars Zunge spürte, spannten sich unwillkürlich ihre Muskeln an. Zunächst zuckte sie unter der Intensität dieser Berührung zusammen, doch schon bald hob sie die Hüften und ersehnte mehr. „Benutz deine Finger. Bitte", stieß sie atemlos hervor.

Kaspars Finger fuhr um ihre Öffnung, und sie unterdrückte einen Aufschrei.

Arno beugte sich über sie und leckte ihre Ohrmuschel. „Was wünscht Ihr Euch, Madame?", wollte er wissen. „Befehlt mir, was immer Ihr wollt."

„Meine Brüste", antwortete sie. „Saug an meinen Brüsten."

Zunächst reizte Arno ihre Brüste mit leichtem Lecken, aber schon bald, als sie den Rücken durchdrückte und ihm entgegenkam, biss er sanft in einen Nippel und sog daran, während er mit den Fingerspitzen in ihre andere Brustspitze kniff. Jede dieser Berührungen sandte Schauer in die Tiefe ihres Unterleibs, und die Lust war so heftig wie jene, die ihr Kaspar mit seinem großen, schwieligen Finger bereitete, mit dem er sie von innen massierte. Sie keuchte gegen die Spannung an, die sich in ihr aufbaute. „Mehr", keuchte sie.

Arno umschloss mit den Händen ihre Brüste und drückte sie zusammen. Camille balancierte über dem Abgrund der Lust. Kaspars Finger konnte nicht tief genug in sie eindringen, um ihr Befriedigung zu verschaffen. Sie schnappte nach

Luft und schob sich seiner Hand entgegen, aber es gelang ihr nicht, zu kommen.

„Arno. In der Schublade“, stieß sie hervor. „Neben dem Bett. Die Schnitzarbeit aus Elfenbein.“

Kaspar blickte auf. Sie machte ihm ein Zeichen, aufzuhören. Er hob den Kopf, doch er zog den Finger nicht aus ihr heraus. Seine Augen hatten sich verdunkelt, und Schweiß glänzte auf seiner Stirn. Sie konnte ihre eigenen Säfte sehen, die um seine Lippen glitzerten. „Ich habe solche Schnitzarbeiten schon mal benutzt, Madame“, sagte er. „Erlaubt Ihr mir, Arno zu zeigen, wie man es macht?“

Camille atmete langsam ein und aus, sodass ihr Herzschlag allmählich langsamer wurde. Nun war sie ein wenig ruhiger. „Ihr werdet es zusammen tun“, befahl sie.

Kaspar verneigte sich. Seine Stirn berührte ihr Knie. „Ich stehe Euch jederzeit zu Diensten.“

Der Herzog hatte ihr den Elfenbeinpenis geschenkt, um sich über sie lustig zu machen. Sie hatte ihn nie benutzt, einerseits aus Wut über ihren Gatten, zum anderen weil sie nicht von ihren Zofen dabei erwischt werden wollte. In diesem Moment war der künstliche Schwanz eine weitere Waffe gegen ihren Mann und bot ihr das, was zu tun er sich weigerte.

Kaspar nahm den Dildo aus der Schublade und befreite ihn aus dem Leinentuch, in das er gewickelt war. Er sah größer aus, als sie ihn in Erinnerung gehabt hatte, selbst wenn er in Kaspars riesigen Händen ruhte. „Arno“, sagte sie ruhig. „Hol mir das Öl in der roten Flasche.“

Arno wusste, dass er in dem mit Schnitzwerk verzierten Schrank nachsehen musste, in dem ihre Zofen die Bade- und Massageöle aufbewahrten. Anschließend trat er an die Feuerstelle und goss heißes Wasser aus dem Kupferkessel in eine Schüssel, um das Fläschchen mit dem Öl darin anzuwärmen.

Dann trug er die Schüssel und die Flasche zu ihr herüber, und sie zog den Stöpsel heraus, der aus rotem Glas geformt war, das sich spiralförmig wand und mit blauen Streifen durchsetzt war.

„Leg den Stöpsel auf das Leinentuch", befahl sie.

In der Zwischenzeit hatte Kaspar den Elfenbeinpenis ebenfalls im Wasser angewärmt.

„Arno, vielleicht könntest du das Öl auf mir verteilen. Von außen und von innen", schlug sie vor. „Danach wirst du, Kaspar, uns zeigen, wie man einen Dildo benutzt. Arno wird genau aufpassen, und vielleicht löst er dich ab, wenn er Lust verspürt."

„Und Ihr, Madame?", erkundigte sich Kaspar mit einem leisen Anflug von Humor.

„Ich hoffe, anderweitig beschäftigt zu sein", antwortete sie.

„Wenn Ihr gestattet, Madame?" Kaspar stieg aufs Bett und kniete sich neben sie. Dann legte er den Elfenbeinpenis auf das Bettlaken und drückte sie mit den Schultern in den Kissenberg. „Ich werde die Flasche halten", erklärte er. Arno reichte ihm das Öl, glitt neben ihr auf die Matratze, legte seine Hände auf ihre Knie und drückte sie auseinander, damit er sich zwischen ihre Beine schieben konnte. Camille konnte seinen raschen Atem hören. Sie blickte zu seinem Gesicht auf und sah in seine Augen, die dunkel und groß wirkten.

Er hat Angst, dachte sie. Er dachte nicht an das, was er gerade tat, sondern daran, was mit ihm geschehen würde, sobald sie mit Kaspar und Sylvie geflohen war. Er brauchte ihre Ermutigung. Sie gab Kaspar mit Blicken ein Zeichen.

Kaspar legte seine freie Hand auf Arnos nackte Schulter und rieb sie zärtlich. Dann beugte er sich vor und küsste Arnos Wangenknochen. „Streichle sie so, als würdest du zarte Blütenblätter berühren."

Seine Hände ruhten noch immer auf ihren Knien, als Arno fragte: „Würde Euch das gefallen, Madame?"

„Ja." Sie öffnete ihre Beine etwas weiter für ihn. „Du darfst das Öl nun benutzen, wie es dir gefällt."

Kaspar neigte die Flasche über ihrem Bauch. Das Öl rann auf ihren Unterleib und daran herunter. Es fühlte sich wie die Berührung von Fingern an, die in die Falten zwischen ihren Beinen glitten und ihren Venushügel liebkosten.

„Jetzt seine Hände", befahl sie. Arno wölbte die Hände, als wollte er eine Spende empfangen, und Kaspar benetzte seine Handflächen mit Öl.

„Ganz sanft", sagte Kaspar.

Camille war sich nicht sicher, was er damit meinte, aber der Gedanke verflüchtigte sich, als Arno seine Hände auf sie legte. Eine Hand schmiegte er an ihren Venushügel, und die andere drückte er zärtlich auf ihren Unterleib, als wollte er sie mit ihrem Körper verschmelzen.

Sie war bereits von ihren vorangegangenen Aufmerksamkeiten feucht und geschwollen, und als Arnos Finger sich zwischen ihre Schamlippen schoben, hielt sie den Atem an. „Zwei Finger", wies sie ihn an. „Verteil das Öl tief in mir."

Arno gehorchte. Sein Atem ging schnell und rau, aber seine Finger waren sehr vorsichtig. Wenn sie die Augen schloss, waren die Empfindungen zu viel für sie, darum starrte sie den Elfenbeinphallus an, den Kaspar gegen seine Brust drückte, um ihn zu warm zu halten. Schließlich beugte er sich zu ihr herab und sah sie fragend an. „Jetzt, Madame?"

Zuerst konnte sie nicht sprechen und nickte nur. Dann schluckte sie und stieß hervor: „Jetzt."

Arno rückte beiseite, hielt aber immer noch ihre Schenkel gespreizt. Kaspar ölte den geschnitzten Phallus ein, kniete sich zwischen ihre Beine und schob den runden, polierten Kopf des Elfenbeinpenis in ihre enge Öffnung. Ihre körperliche Anspannung war so groß, dass die Stimulation zu einem süßen Schmerz anwuchs. Sie konnte nicht länger warten.

„Schnell“, befahl sie. Kaspar stieß den Dildo mit kurzen, heftigen Bewegungen in sie hinein und drehte ihn leicht tief in ihr. Innerhalb weniger Augenblicke drückte sie den Rücken durch und wölbte sich seiner Hand entgegen. Ihr ganzer Körper spannte sich angesichts des bevorstehenden Höhepunkts an. Schon bald konnte sie ihre Schreie nicht länger zurückhalten, während sie unter dem Orgasmus erbebte. Mit jedem heftigen Zucken rang sie nach Luft.

Arno beugte sich zu Kaspar hinüber und küsste ihn, zunächst zärtlich, dann immer hungriger. Camille hätte sich vielleicht darüber gewundert, wenn sie nicht von Erschöpfung und den auslaufenden Wellen ihrer Erregung so satt gewesen wäre. Sie streckte die Arme aus und sogleich wurde sie von der Wärme und der weichen Masse der beiden Männerkörper umgeben. Die beiden küssten sie abwechselnd, indem sie ihre warmen Lippen kurz auf ihre Haut drückten.

Dann schlummerte sie ein und schlief tief und fest. Als sie wieder erwachte, kniete Kaspar neben dem Bett. Er war angekleidet, hatte seine Waffen wieder angelegt und wartete, dass sie die Augen aufschlug.

„Madame, Sylvie ist hier“, berichtete er. „Ich habe Arno fortgeschickt, damit er noch einige Kleinigkeiten besorgt und sich unauffällige Kleidung anzieht.“

Sylvie trug nur einen Morgenmantel. Ihr langes Haar hing in einem unordentlich geflochtenen Zopf über ihre Schulter, eine Wange zeigte die Abdrücke ihres zerknautschten Kissens. „Madame la Duchesse, stimmt es, was Kaspar mir erzählt hat?“, erkundigte sie sich. „Wir nehmen auch den Stallburschen mit?“

„Ja. Er hat mir aus freiem Willen seine Hilfe angeboten. Du wirst zu ihm gehen und ihm von mir ausrichten, dass ich ihn jetzt brauche. Er soll die Pferde und ein Packtier mitbringen, außerdem alles, was er zur Versorgung der Tiere braucht. Du erinnerst dich sicher, dass ich die Zuchtstation für geeignet halte, um uns dort bis zu unserem Aufbruch zu verbergen. Er wird wissen, wo wir uns dort am besten verstecken können. Und auch in anderer Hinsicht wird er uns nützlich sein."

„In anderer Hinsicht … Madame …"

„Nimm dich zusammen, Sylvie. Du hast gewusst, dass ich womöglich nicht sofort schwanger werde."

Sylvie errötete. „Ja, Madame. Ich werde tun, was Ihr befehlt. Allerdings mache ich mir Sorgen …"

„Überlass das Sorgenmachen mir."

Sobald Sylvie sich angekleidet hatte und aus dem Schlafgemach geschlüpft war, um Henri zu suchen, legte Kaspar Camille einen Kapuzenmantel um. „Könnt Ihr Euch darin gut bewegen und rasch laufen, Madame?"

Sie probierte den Faltenwurf aus und raffte den Stoff zusammen. Unter dem Mantel trug sie Reitkleidung mit einer Männerjacke, die ihre weiblichen Formen verbergen sollte. Sie fühlte sich eingezwängt, aber sie konnte sich bewegen. „Ich werde tun, was notwendig ist", sagte sie, während Kaspar in ein Hemd schlüpfte, das er über seinen Messergurten trug und die Schnürung am Halsausschnitt verschloss. Er sah völlig fremd aus, wenn seine haarlose Brust bedeckt war: größer und massiver.

Arno kam zurück ins Zimmer. Er schob Kaspars Ärmel hoch und befestigte an seinen Handgelenken Ledergurte, in denen sich zwei kurze Messer befanden. Währenddessen gab Kaspar ihm eine ganze Reihe Anweisungen. Sein Murmeln war so leise, dass Camille seine Worte nicht verstehen konnte.

Sie wandte sich von den beiden miteinander flüsternden Eunuchen ab und ließ ein letztes Mal den Blick durch ihre

Gemächer schweifen. Womöglich kehrte sie nie wieder hierher zurück. Vielleicht wurde sie auf der Reise gefangen genommen und getötet. Wenn es ihr nicht gelang, Michel zu stürzen, starb sie vielleicht, wenn sie sich ihm entgegenstellte. Es war wahrscheinlich besser, überlegte sie, im Kampf zu sterben, statt zu einem Richtblock geführt zu werden. Aber sie fand keinen Trost bei dem Gedanken, der Hinrichtung zu entkommen und auf andere Weise den Tod zu finden. Sterben hieß sterben, und sie wollte leben. Schließlich hatte sie gerade erst begonnen, auf eine bessere Zukunft zu hoffen.

Arno zog seine schlichte Kappe vom Kopf, kam zu ihr und kniete vor ihr nieder. Sie küsste ihn auf den Scheitel und zog ihn hoch. Dann nahm sie sein Gesicht in die Hände und küsste ihn zuerst auf die Wangen und zum Schluss ganz leicht auf den Mund. Sie hielt seinen Blick fest und sagte: „Ich will nicht, dass du für mich stirbst, Arno. Gib gut auf dich Acht."

„Das werde ich, Madame", versprach er. „Ich sollte jetzt besser gehen, wenn ich unbemerkt bleiben will."

Camille nahm seine Hand und schloss seine Finger über ihrem Siegelring. In seiner riesigen Hand wirkte der Ring wie das Schmuckstück einer Puppe. „Du wirst deine Sache gut machen", versicherte sie ihm. „Und nun geh."

Nachdem Arno verschwunden war, legte Kaspar die größere ihrer Taschen über seine breiten Schultern. Dann griff er nach Camilles kleinerer Tasche, aber sie kam ihm zuvor. „Es ist mir lieber, wenn du die Hände für deine Waffen frei hast", erklärte sie ihm und nahm selbst ihre Tasche. „Wir können nicht während der ganzen Reise das Hofzeremoniell befolgen. Jedenfalls nicht, ohne aufzufallen."

„Also gut, Madame." Kaspar legte eine Hand auf ihre Schulter und führte sie zu der verborgenen Tür, die ihre Zofen benutzten. Camilles Herzschlag beschleunigte sich. Sie verließ tatsächlich den Palast.

Seit ihrer Jugend war sie nicht mehr durch diese Flure gegangen. Damals war sie durch den ganzen Palast geschlichen, um zu den geheimen Treffen mit Maxime zu gelangen. Die für die Dienstboten gedachten Gänge wirkten heute dunkler und schmaler als zu jener Zeit, und eine unnatürliche Stille umgab sie, während die Absätze ihrer Reitstiefel über die zerschrammten Holzfußböden klapperten. Die Wände zwischen diesen Fluren und den Räumlichkeiten, die dahinter lagen, waren dick genug, um notfalls auch Geräusche von laut klapperndem Geschirr zu verschlucken. Darum brauchte sie nicht zu fürchten, gehört zu werden – logisches Denken half ihr in dieser Situation allerdings nicht. Die Luft schien schwer auf ihr zu lasten und war durchdrungen vom Geruch der brennenden Talgkerzen. Der Rauch kratzte sie in der Kehle.

Kaspars Stimme ließ sie zusammenzucken. „Thérèse wird frühestens in einer Stunde im Palast unterwegs sein, um die Feuer zu schüren“, erklärte er ihr. „Bis dahin sind diese Flure normalerweise verlassen.“

„Und die Wege, die aus der Festung führen?“, wollte sie wissen. Selbst als junges Mädchen war sie nachts nicht außerhalb der Mauern des Palasts gewesen, was daran lag, dass damals der Eunuch Jarman so gut auf sie aufgepasst hatte.

„Diese Wege sind weniger sicher“, gestand Kaspar. „Manchmal sind dort nachts ziemlich viele Wächter und Höflinge unterwegs, die aus der *La rose mouillée* zurückkommen. Oder Konkubinen, die nach Hause zurückkehren. Ich werde Euch beschützen, Madame.“

Camille wünschte, sie könnte sich selbst beschützen, und ärgerte sich, weil sie so viel Unterstützung brauchte. Es fühlte sich feige an, und sie war lange genug ein Feigling gewesen. Nie war sie mutig genug gewesen, Michel entgegenzutreten. Sie hätte die Gelegenheit gehabt, aber hatte nichts unternommen, um ihren Vorteil aus der Situation zu ziehen. Beim nächsten Mal werde ich nicht so vorsichtig sein, sagte sie sich. *Das nächste Mal werde ich aus einer Position der Stärke heraus handeln.*

Kaspar führte sie auf direktem Weg zum Hinterausgang des Palasts. An der Tür griff er nach der Kapuze ihres Mantels und zog sie ihr tiefer ins Gesicht. Camille schob seine Hand weg. „Ich bin kein Kind“, erklärte sie. In ihrer Stimme lag eine Schärfe, die sie nicht beabsichtigt hatte. Kaspar neigte den Kopf, dann lockerte er das Schwert, das an seiner rechten Hüfte hing. Einen Moment lang drückte er lauschend sein Ohr gegen die Tür, bevor er sie öffnete.

Dunkelheit und kalte Luft drangen herein, und der Geruch nach feuchter Erde und geschnittenem Gras umwehte sie. Camille atmete den Duft tief ein. Die Luft draußen vor dem Tor fühlte sich auf ihrer Haut nach Freiheit an. Sie kämpfte gegen den plötzlichen Wunsch an, so schnell sie konnte auf das freie Feld unterm Sternenhimmel zu laufen und sich im Grün zu wälzen. Stattdessen bemühte sie sich, ruhiger zu atmen, während sie an Kaspars Arm vorbei in die Dunkelheit starrte. In der Ferne hörte sie Männerstimmen, die versuchten, sich im Grölen von Zoten zu überbieten. Drei Männer? Vier? Sie schrak zurück.

Kaspar schob sie vorwärts. „Kommt. Wir müssen hier weg sein, bevor sie den Eingang erreichen.“

Camille ließ sich von ihm durch die Tür schieben. Sie wandten sich nach links und hielten sich im Schatten der Mauer. Vor ihnen erstreckte sich eine Wiese, auf der ein paar schlafende Kühe lagen. Da jemand, der die Grünfläche überquerte, leicht zu sehen war, hatte sie dieselbe Funktion wie ein Burggraben. Die hintere Grenzmauer ragte jenseits der Wiese auf. Im Licht ihrer Laternen ragten die Schatten von vier Wachmännern schwarz vor den strahlend weißen Steinen der Mauer auf.

„Rührt Euch nicht“, murmelte Kaspar und drückte sie dicht neben der Palastmauer in die Hocke. Ihr dunkler Mantel würde hoffentlich mit dem dunklen Granit verschmelzen. Er ließ die Tasche neben ihr von der Schulter gleiten und trat ins Licht.

Zitternd beobachtete Camille unter dem Saum ihrer Kapuze hervor, was geschah. Es war Eunuchen verboten, sich außerhalb der Palastmauern zu bewegen, und obwohl sie diese Regel nie sonderlich ernst genommen hatte, gab es keine Garantie, dass diese Wachmänner das ebenso sahen. Wenn sie beschlossen, Kaspar für die Nacht einzusperren, konnte sie den Weg zur Zuchtstation immer noch allein zurücklegen. Aber es würde schwierig sein, ihn freizubekommen, und es würde ihre Abreise erheblich verzögern. Und wenn die Wachmänner entschieden, Kaspar in ihre Gemächer zurückzubringen und feststellten, dass sie verschwunden war, wäre das eine Katastrophe.

„Ho!“, rief der kleinste der Wachmänner. „Kaspar!“

Es wurde immer schlimmer. Camille erkannte die Stimme – es war Léopold, der zu Michels persönlicher Ehrengarde gehörte. Diese Männer waren dem Herzog direkt unterstellt und erstatteten ihm persönlich Bericht. Die Hände in die Hüften gestemmt, stand Léopold mitten auf dem Kiesweg. „Was fehlt dir, Eunuch? Suchst du zwischen den Kuhfladen nach deiner Männlichkeit?“

„Vielleicht findest du sie bei den Lustknaben in der *La rose mouillée*“, bemerkte ein anderer und rülpste. Daraufhin versetzte ihm ein dritter Wachmann eine Ohrfeige und zwischen den beiden begann eine Rauferei.

Kaspar ignorierte die Streitigkeiten und sagte: „Ich bin auf der Suche nach Vilmos. Habt ihr ihn gesehen?“

„Er vögelt höchstwahrscheinlich den werten Herzog“, meinte Léopold höhnisch. „Ehe ich das täte, würde ich meinen Dienst im Palast aufgeben.“

„Es ist immer noch besser, den Herzog zu vögeln, als seine Eier zu verlieren", stellte der vierte Wachmann fest.

Mit kühler Stimme bemerkte Kaspar: „Es ist zweifellos besser, keine Eier zu haben, als dem Herzog am dreckigen Arsch herumzuspielen."

Wenn Kaspar sie so sehr provozierte, dass sie ihn töteten, würde Camille ihn wegen seiner Dummheit in Gedanken ein zweites Mal umbringen. Sie schloss die Augen, als die Beleidigungen immer schneller und gröber hin und her flogen. Schon bald erklang das fleischige Klatschen von Fäusten auf Fleisch; das Klirren einer zu Boden fallenden Laterne; das dumpfe Geräusch schwerer Körper, die zu Boden gingen; Grunzen und Flüche und Keuchen. Nach ein paar Minuten öffnete sie die Augen und sah, wie zwei der Wachmänner Kaspar von Léopolds kraftlosem Körper zogen. Der vierte Wachmann krümmte sich im Gras und musste sich übergeben.

„Du verschwindest besser, bevor Léopold wieder zu sich kommt", riet einer der Männer. Camille erkannte seine Stimme. Es war Rodrigue, ein weiterer Mann aus Michels Ehrengarde. „Eugène, du auch. Du kannst dir keine Schwierigkeiten mehr leisten. Warst du nicht für den Wachwechsel zum Sonnenaufgang eingeteilt?"

Eugène fluchte und rannte zu der Tür, die in das Innere des Palasts führte. Camille zuckte zusammen, als die Tür hinter ihm ins Schloss flog.

„Danke", sagte Kaspar.

„Du verschwindest besser wieder und gehst zur Herzogin, falls Léopold es sich in den Kopf setzt, Schwierigkeiten zu machen", sagte Rodrigue. Er beugte sich hinab und wuchtete Léopold über seine Schulter. Den vierten Wachmann packte er beim Ärmel und zog ihn mit sich in Richtung Tür. „Wenn ich Vilmos sehe, lasse ich ihn wissen, dass du nach ihm gefragt hast. Nimm die Laterne."

„Ich danke dir vielmals." Kaspar sah zu, wie Rodrigue und sein betrunkener Kumpan Léopold durch die enge Tür manövrierten. Dabei stieß Léopolds Kopf mehr als einmal gegen die Wand.

Dann wischte Kaspar sich mit dem Ärmel übers Gesicht. Im Licht der Laterne erkannte Camille einen dunklen Blutfleck unter seiner Nase.

Langsam richtete sie sich auf und stützte sich mit einer Hand an der Mauer ab. Kaspar blickte in ihre Richtung und löschte die Laterne. Sie hörte seine Stiefel über den Kies knirschen, dann ein leises Klacken, als er die Laterne neben der Tür auf den Boden stellte. Camille atmete tief ein und gesellte sich zu ihm. „Danke", sagte sie leise.

„Léopold könnte uns Probleme bereiten", stellte Kaspar fest.

„Dann sollten wir uns beeilen."

Er griff in der Dunkelheit nach ihrer Hand, und als er sie zum hinteren Tor führte, spürte Camille, wie Freude in ihr aufstieg. Schon bald würde sie frei sein.

6. KAPITEL

Henri hätte den Weg vom Badehaus nach Hause am liebsten tanzend zurückgelegt, wenn er nicht so schrecklich erschöpft gewesen wäre. Er hatte den ganzen Vormittag gearbeitet, der Nachmittag war ein Wechselbad aus Leidenschaft und Todesangst gewesen, und anschließend hatte er wieder bis weit in den Abend im Stall gearbeitet. Und schließlich war da noch das erschöpfende Liebesspiel mit Nico im Bad gewesen. Dennoch musste er vor Sonnenaufgang aufstehen, um die Pferde vor der Hitze des Tages zu trainieren.

Als das Pony Poire, der treue Gefährte der Herzogin aus Kindertagen, im vergangenen Sommer auf der Koppel tot umgefallen war, hatte man keinen Ersatz besorgt. Seitdem schlief Henri normalerweise in Poires verlassener Box am Ende des Gangs. Dort lagen seine Decken und sein zweites Hemd, das er jetzt aber trug, weil er nach dem Bad immer reine Kleidung anzog. Er fühlte sich so sauber, dass ihm die Vorstellung widerstrebte, am nächsten Morgen das dreckige Hemd für die Arbeit wieder anzuziehen. Doch beim Erwachen würde ihm diese wundersame Nacht ohnehin wie ein Traum erscheinen. Das hoffte er zumindest. Früher oder später musste er sich wieder mit seinem Alltag abfinden. Es würde einfacher für ihn sein, wenn er nicht zu viel über das nachdachte, was er vermisste.

So leise wie möglich hob Henri den Balken, mit dem das Stalltor gesichert war. Keiner der älteren Stallburschen schlief hier. Nicht mehr. Aber lautes Krachen würden sie auch im Nachbarstall hören, wo sie auf Liegen neben den Jagdpferden des Herzogs schliefen. Des Herzogs Pferde fraßen oft nachts und liefen manchmal in ihrem Auslauf herum. Henris Pferde – besser gesagt die Pferde der Herzogin – waren hingegen in bester Verfassung. Er sorgte dafür, dass es so blieb, denn auch wenn die Herzogin nie mehr reiten durfte, sah sie die Tiere vielleicht aus der Ferne, und er wollte sie nicht enttäuschen. Außerdem liebte er seine Pferde.

Er verriegelte das Stalltor von innen und tappte den Gang hinunter, an den die geräumigen Boxen grenzten. Mondlicht fiel in silbrigen Streifen auf den Boden. Tonnelle wieherte, also blieb er bei ihr stehen, tätschelte ihre Schulter und ließ sie in sein Haar schnauben. „Warum schläfst du nicht?", fragte er leise. Natürlich gab sie ihm keine Antwort. Guirlande war ebenfalls noch wach und blinzelte ihn verschlafen über die untere Hälfte der Tür an, auf der in verblasster Goldschrift ihr Name stand. Henri zog ihren Kopf zu sich heran und presste seine Stirn an die des Pferdes. Er sog den vertrauten Pferdegeruch ein. Am liebsten hätte er mit ihr geredet und ihr all die wundersamen Dinge erzählt, die ihm heute passiert waren, aber das wäre mehr als dumm gewesen, weil ihn jemand hätte belauschen können. Er durfte nie darüber sprechen, ja nicht einmal daran denken, was heute zwischen ihm und der Herzogin passiert war. Es könnte sie das Leben kosten und würde für ihn den sicheren Tod bedeuten.

Henri gähnte und begann, über die niedrige Boxentür zu klettern, auf der *Poire* geschrieben stand. Auf halbem Weg schnappte er nach Luft und wollte sich hastig zurückziehen. Doch die dunkle Gestalt, die er gesehen hatte, packte ihn bei den Schultern und zerrte ihn hinunter ins Stroh.

Er landete auf etwas Weichem, aber augenblicklich wurde er herumgeworfen und auf den Boden gedrückt. Strohhalme bohrten sich hart in seinen Nacken, als sein Angreifer den Unterarm gegen seinen Hals drückte. Henri rang nach Atem, und der Griff lockerte sich. Abrupt ließ die Gestalt ihn los und trat zurück.

„Du hast mich überrascht", sagte sie. Als wäre es sein Fehler, dass sie versucht hatte, ihn zu erwürgen.

Er erkannte die Stimme. Es war Sylvie, die Zofe der Herzogin, die ihn am Nachmittag abgeholt hatte. „Oh", sagte er verwirrt und zitterte dabei von Kopf bis Fuß.

„Du hättest nicht so spät heimkommen dürfen", erklärte Sylvie. „Ich musste über eine Stunde auf dich warten." Mit ihrer behandschuhten Hand klopfte sie sich den Staub ab und öffnete den Blendschutz ihre Laterne. Sie trug eine eng anliegende Reithose, ein Männerhemd und derbe Stiefel, ihr Haar hatte sie unter einer Kappe verborgen. Seine Augen weiteten sich. Wenn er sie aus der Entfernung gesehen hätte, wäre er nicht auf die Idee gekommen, eine Frau vor sich zu haben. Vielleicht war das der Sinn ihrer Verkleidung. Eine einsame Frau, die zu dieser Nachtstunde in den Stallhöfen herumlief, konnte leicht in Schwierigkeiten geraten.

„Worauf hast du gewartet?", erkundigte sich Henri.

Ihr harter Schlag gegen seine Schulter traf ihn völlig unerwartet, und es gelang ihm nicht, sich rechtzeitig zu ducken, um die Wucht des Hiebs zu mildern. „Das ist also die Ergebenheit eines Stallburschen", zischte Sylvie. „Du hast es bereits vergessen! Madame wird sehr enttäuscht sein!"

Henri setzte sich ins Stroh. Er hatte nicht beabsichtigt, sich zu setzen, aber plötzlich saß er dort und suchte mit den Fingern im Stroh Halt. „Madame?", flüsterte er.

„Ja, Dummkopf! Hast du nicht gesagt, du könntest ihr helfen zu fliehen, wenn es nötig ist? Nun, jetzt ist es nötig. Sie muss fliehen, und sie geht *nirgendwo* ohne mich hin, außerdem werden wir einen Wächter bei uns haben, einer der Eunuchen wird uns begleiten. Und sie sagt – *sie* sagt –, wir brauchen dich. Obwohl ich kaum sehe, wo du uns von Nutzen sein kannst. Der Eunuch und ich können uns genauso gut um die Pferde kümmern, wenn wir uns darin abwechseln, sie zu beschützen. Aber Madame soll bekommen, was sie will. Darum musst du mit uns kommen."

Henri blinzelte verwirrt. „*Jetzt?*"

Sylvie packte sein Hemd, riss ihn hoch und schüttelte ihn. „Ich bin nicht um meiner selbst willen hier, du dummer Junge! Bereite alles vor, wir brechen morgen auf."

Sofort fing Henri an, im Kopf wild zu rechnen. Wenn es um komplizierte Berechnungen ging, brauchte er einen Stecken, mit dem er die Zahlen in den Staub schreiben konnte. Aber selbst ohne dieses Hilfsmittel wusste er, dass er nicht genug Geld hatte, um sich auf einer Reise, egal wie lang sie war, zu versorgen. Es reichte erst recht nicht für die Herzogin und ihr Gefolge, selbst wenn das nur zwei Personen waren. Es würde ihm auch nicht möglich sein, unterwegs genügend zu verdienen. „Es wird nicht reichen", gestand er und versuchte, es der Zofe zu erklären. „Ich gebe ihr nur zu gern alles, was ich habe, aber es wird nicht lange reichen. Was werden wir tun, wenn mein Geld ausgeht?"

Sylvie warf die Hände hoch. Befreit von ihrem Griff rutschte Henri von ihr fort. „Du bist verrückt", stellte sie mit offenkundig gespielter Geduld fest. Henri fragte sie nicht, was sie meinte. Er konnte es sich denken.

„Wo werden wir hingehen? Brauchen wir dort kein Geld?"

„Ich will deine armseligen Münzen nicht", fauchte Sylvie. „Alles ist vorbereitet, wir haben ausreichende Geldmittel zur Verfügung, und ich habe zudem Edelsteine in die Gewänder eingenäht. Was wir brauchen, ist ein Versteck. Du kannst uns doch verstecken, nicht wahr? Nur zwei von uns, Madame und mich. Der Eunuch wird kommen und uns abholen, sobald der Zeitpunkt für die Flucht günstig ist."

„In der Stadt sind viele Menschen", sagte Henri. „Wir könnten uns mitten unter ihnen verbergen."

„Nein. Dort gibt es zu viele Leute, die sie kennen. Madame hat mir von der Zuchtstation erzählt. Du kannst uns dorthin bringen. Ich werde mich um ihre Sicherheit kümmern, du aber brauchst nur die Suchtrupps des Herzogs ablenken."

Natürlich. Er hätte selbst an die Zuchtstation denken können. „Wir haben Glück. Guirlande steht kurz vor ihrer Rossigkeit", sagte er. „Andernfalls würde man mich nicht gehen lassen."

„Ich bin froh, dass du mir zustimmst", erklärte Sylvie und warf ihm einen vernichtenden Blick zu. „Habe ich dir nicht gesagt, du sollst deine Sachen holen?"

Alles stellte sich als viel einfacher heraus, als Henri zunächst gedacht hatte. Es war sogar so einfach, dass er das sichere Gefühl hatte, es würde schiefgehen, wenn er es am wenigsten erwartete. Es sei denn, sein Glück hatte sich gewendet. Er hatte von Leuten gehört, die verflucht waren und denen Eiterbeulen wuchsen. Oder sie verloren ihre Manneskraft, und aus ihrem Mund sprangen lebende Frösche. Was war, wenn er verflucht war, von nun an Glück zu haben? Er lächelte still in sich hinein. Ach, das war ein dummer Gedanke. Sylvie bestrafte ihn für seinen verträumten Gesichtsausdruck, indem sie ihm eine Kopfnuss verpasste. Es schien ihr gefallen, ihn zu schlagen. Er vermutete, dass sie einen kleinen Bruder hatte. Oder auch mehrere.

Kurz nach Sonnenaufgang führte Henri Guirlande, Tonnelle, Lilas, Tulipe und ein Maultier namens Tigre über einen Pfad am Rande der herzoglichen Wälder. Sein Herz wurde leichter, als er den frischen Geruch des Nebels wahrnahm, der aus dem Gras aufstieg. Der Tag würde erneut heiß werden, doch das kümmerte ihn nicht, da er ausnahmsweise nicht draußen sein würde. Die Stuten blieben während der paar Tage, die es dauerte, die geeigneten Deckhengste auszuwählen und zur Zuchtstation zu bringen, immer auf den Koppeln. Wenn die Hengste kamen, würden er und die Stuten jedoch bereits fort sein, zusammen mit der Herzogin.

Und mit Sylvie. Und einem Eunuchen. Wenn sie bis dahin nicht gefangen genommen und umgebracht worden waren. Er beschloss, über diese Möglichkeit nicht weiter nachzudenken. Wenn die Pferde seine Angst spürten und dadurch unruhig wurden, könnte jemand bemerken, dass irgendetwas nicht stimmte.

Trotz seiner Sorgen begegnete er auf dem Weg zur Zuchtstation niemandem, nicht einmal einem Gärtner oder einem Jäger. Der Fußmarsch dauerte über eine Stunde. Der Stall lag so weit vom Palast oder den umliegenden Häusern der Höflinge entfernt, damit sich niemand vom durchdringenden Wiehern der Deckhengste gestört fühlte. Der Weg war aber auch nicht so weit, dass Henri ein schlechtes Gewissen hätte haben müssen, weil er Tigre vier Sätze Sattelzeug aufgeladen hatte. Wenn sie wirklich zu einer langen Reise aufbrachen, wollte er die Pferde nicht mit billigen, schlecht sitzenden Sätteln quälen, wenn es doch für sie maßgefertigte gab.

Als er in der Zuchtstation ankam, sah er weder die Herzogin noch Sylvie. Er wollte nicht nach ihnen rufen, weil er fürchtete, Aufsehen zu erregen. Vielleicht waren die Frauen noch nicht angekommen. Er brachte die Stuten auf die kleine Koppel direkt neben dem Stall und lud das Sattelzeug von Tigres Rücken, ehe er auch dem Maultier etwas Auslauf ermöglichte. Noch immer wies nichts auf die Ankunft der Frauen hin. Sein Herz, das sich beruhigt hatte, während er die Routinearbeiten erledigte, begann wieder schneller zu schlagen. Sein Nacken kribbelte. Er stapelte Guirlandes Sattel auf den von Tulipe, legte die Zügel über seine Schulter und brachte alles in die Sattelkammer. Den Schlüssel dazu hatte ihm der oberste Stallbursche, garniert mit einigen wilden Drohungen, am Morgen überreicht.

Mitten in dem dunklen Raum erstarrte er plötzlich, denn er war sicher, dass er nicht allein war. Er hörte, wie jemand

Luft holte, und ein leichter Rosenduft erfüllte die Kammer. Nachdem er ein paar Schritte weiter gegangen war und den Geruch tief eingesogen hatte, entspannte er sich. Er legte die Sättel auf dem nächsten Bock ab. „Madame", sagte er leise. „Ich habe Eure Pferde hergebracht. Soll ich sie hereinholen, damit Ihr sie begrüßen könnt?"

„Henri." Sie trat aus der Dunkelheit. Über ihrer Reitkleidung trug sie eine lange Männerjacke.

Henri sank auf die Knie und sah hinunter auf den gefliesten Boden.

„Du brauchst nicht vor mir niederzuknien", sagte die Herzogin. „Steh auf."

Mit wild klopfendem Herzen erhob Henri sich. Er hielt den Kopf gesenkt und entdeckte ein paar Strohhalme, die an seinem Hemd klebten. Ob er es wagen konnte, die Halme wegzuwischen? Würde sie ihn dann für respektlos halten? War es nicht viel respektloser, wenn er das Stroh an seiner Kleidung ließ? Er riskierte einen Blick in ihr Gesicht. Sie lächelte.

„Willst du mir ein treu ergebener Diener sein, Henri?", fragte sie in ernstem Ton.

„Wenn … wenn Ihr mich haben wollt, Madame."

Die Herzogin trat dichter an ihn heran und legte ihre behandschuhten Fingerspitzen an seine Wange. Henri spürte, wie das Blut heiß in sein Gesicht schoss.

„Mein treuer Stallbursche", flüsterte sie.

„Ja, Madame." Zögernd blickte er ihr in die Augen und hoffte, sie würde seine Ergebenheit erkennen. Ihre Blicke versenkten sich ineinander.

Das leise Geräusch von Stiefeltritten vor der Sattelkammer unterbrach ihr Schweigen. Benommen machte Henri einen Schritt nach hinten. „Ich muss das Sattelzeug ordentlich verstauen …"

Die Herzogin verschwand wieder einige Schritte in die Schatten am Ende der Kammer. Henri wirbelte in dem Moment zur Tür herum, in dem Sylvie eintrat. Sie war noch immer wie ein Mann gekleidet und trug einen Berg dunkler Sachen über dem Arm. Unter ihrer ledernen Jagdkappe lugten blonde Haarsträhnen hervor, aber ihre strenge Miene ließ ihre scharfen Gesichtszüge noch unerbittlicher erscheinen. „Bursche!", herrschte sie ihn an. „Lass das jetzt." Mit ihrem freien Arm stieß sie ihn gegen die Wand.

Ihr Stoß war nicht allzu kräftig gewesen, und so erlangte Henri rasch das Gleichgewicht zurück. Er wünschte, er könnte sich überwinden, gegen eine Frau zu kämpfen. Sylvies Grobheit wurde langsam lästig. „Das Sattelzeug ... ich ..."

„Zieh das aus."

„Ausziehen?" Henri blickte sich um und fragte sich, was sie meinte.

„Runter damit, du dummer Junge! Runter mit den dreckigen Klamotten! Ich lasse nicht zu, dass du Madames Augen beleidigst. Wenigstens stinkst du nicht. Nicht mehr als jeder andere Mann. Es gibt Männer im Palast, die um einiges schlimmer riechen. Also zieh dich aus." Sie wedelte mit dem Kleiderbündel vor ihm herum, von dem ein Duft nach Zedernholz aufstieg. „Wenn du dich nicht beeilst, wird sie dich so sehen, wie du jetzt bist!"

„Aber ..."

„Still! Du brauchst dein kleines Hirn, um die Knöpfe zu öffnen."

Die Herzogin verharrte stumm in der Dunkelheit, und ohne ihre Erlaubnis würde Henri nichts über ihre Anwesenheit sagen. Sein Wissen, dass sie ihm vertrauen konnte, machte ihn stark. An Sylvie gewandt verkündete er: „Meine Sachen haben keine Knöpfe."

Sylvie machte ein Geräusch wie eine Katze, die Gewölle hochwürgt. Sie warf die Kleidungsstücke auf die Bank und begann, die Kordel an seinem Halsausschnitt zu lösen. Ihre heißen, rauen Finger berührten dabei sein Schlüsselbein, seinen Hals, seine Brust. Wenn er Zeit gehabt hätte, darüber nachzudenken, so wäre er zu dem Schluss gekommen, ihre Hände müssten weich und eiskalt sein. Neugierig atmete er ihren Duft nach Lavendel und Leder ein. Ihr Atem roch süßlich nach Anis. Aus der Nähe wirkte sie nicht so beängstigend, aber er wagte es dennoch nicht, sie herauszufordern.

„Arme hoch!“, befahl sie, ganz in ihre Aufgabe vertieft. „Schnell.“

Henri gehorchte. Sie riss sein Hemd über den Kopf und schleuderte es zu Boden. Bevor er sie davon abhalten konnte, begann sie den Knoten seiner Hose zu lösen. Henri schloss die Augen und ließ seinen Kopf gegen die Wand in seinem Rücken sinken. Er wusste nicht, was er mit seinen Händen tun sollte. In wenigen Augenblicken würde er *nackt* sein. Vor den Augen der Herzogin. *Und* vor Sylvie. Was sollte er dagegen tun? Er würde Sylvie nicht schlagen. Er konnte ihre geschäftigen Händen festhalten und sie beiseiteschieben, er konnte auch wegrennen. Aber wenn er fortlief, würde sie ihm das bis in alle Ewigkeit vorhalten. Schlimmer noch: Die Herzogin würde sehen, wie er davonlief.

Seine Hose rutschte herunter und bauschte sich um seine Knöchel. Er unterdrückte einen Protest. Es machte ihn verlegen, dass sein Schwanz bereits hart wurde. Wenn Sylvie an ihm hinunterblickte, würde sie es sehen.

Es ist wie im Badehaus, versuchte er sich zu beruhigen. Wie im Bade... – nein, das war kein guter Gedanke. Im Badehaus zog er sich eigenhändig aus und alle anderen waren auch nackt. Und letzte Nacht hatte er im Badehaus ... Das hier war etwas anderes. „Gib mir die Sachen“, forderte er Sylvie auf. Plötzlich war er wütend genug, um den Mut dazu aufzubringen.

Sylvie trat einen Schritt zurück. Wenn er es wagte, konnte er jetzt weggehen. Er traute sich nicht. „Noch nicht“, erwiderte sie.

„Warum tust du mir das an?“, fragte Henri.

„Ich tue es für Madame.“ Sylvie blickte an ihm hinauf und wieder herunter. „Alles was ich tue, tue ich für Madame.“ Henri versuchte etwas zu sagen, doch Sylvie legte ihre Hand auf seinen Mund. „Du glaubst vielleicht, du bist ihr treu ergeben, aber du bist bloß ein Junge. Du kannst es gar nicht begreifen. Aber nun werde ich etwas tun, das du begreifen kannst.“

Graziös kniete Sylvie vor ihm nieder und streifte ihre Jägerkappe vom Kopf. Ihr Haar hielt einen Moment in dem verdrehten Knoten an ihrem Hinterkopf, dann löste sich die Pracht, breitete sich wie ein Traum auf ihrem Rücken und ihren Schultern aus und fing das Licht ein, das durch die offene Tür in die Kammer fiel. Henri konnte den Blick nicht abwenden. Er wollte seine Hände in dem Glanz vergraben. Es war mehr Gold, als er je in seinem Leben sehen würde. Eigentlich bevorzugte er dunkle Haare, aber blonde Haare waren auch nicht schlecht.

Er griff nach ihrem Haar, erstarrte jedoch mitten in der Bewegung. Mit schmalen Augen blickte Sylvie zu ihm auf. Nach langem Schweigen erklärte sie: „Ich werde dir gestatten, mich zu berühren.“ Ehe er seine Finger nach ihr ausstrecken konnte, beugte sie sich vor und ließ ihre Zunge über seinen Schwanz gleiten.

Henri schnappte nach Luft und krallte sich in ihren Schopf, als ginge es um sein Leben.

„Halt still“, zischte Sylvie. Ihre Faust drückte sich in seine Hüfte. „Und pass gefälligst auf.“

Mit weit aufgerissenen Augen nickte Henri. Er würde bestimmt aufpassen. Als ihr Mund ihn erneut berührte, verschluckte er seinen Aufschrei. Er war immer schon neugierig gewesen, wie sich das hier anfühlte, hatte oft versucht, es sich vorzustellen. Seine Vorstellungskraft reichte nicht an die Realität heran, denn in seinen Träumen gab es nicht dieses aufreizende Lecken, Knabbern und Schaben, das wie die Funken eines hell brennenden Feuers kribbelnd bis zu den Nerven seiner Arme, seiner Beine und seines Nackens aufstieg. Er konnte nicht mehr ruhig atmen. Als sie mit den Fingerspitzen seine Vorhaut zurückschob und ihre Lippen um seine Eichel schloss, wimmerte er wie ein Welpe, nach dem man trat. Und als sie das erste Mal an ihm saugte, glaubte er, er würde im nächsten Moment vor lauter Lust aufschreien.

Sylvie drückte ihn mit der flachen Hand gegen die Wand und lehnte sich zurück. „Ich habe doch gesagt, du sollst still sein."

Henri konnte nicht sprechen, aber er machte ein Geräusch, das sie offenbar als Zustimmung durchgehen ließ. Bitte, hör nicht auf, dachte er. Er stellte sich vor, wie die Herzogin vor ihm kniete und wie sich das lange dunkle, von schimmernden silbrigen Strähnen durchzogene Haar über ihren Rücken ergoss. Stellte sich vor, wie ihre Augen zu ihm aufblickten, ihr Lächeln ... Sylvies Lippen schlossen sich erneut um sein Glied, und er schob entsetzt seine fiebrige Fantasie beiseite, begrub sie tief in sich. Er durfte sich solcher Anmaßung nicht hingeben, durfte nie wieder daran denken.

Er blickte auf Sylvie hinab und konzentrierte sich ganz und gar auf ihr seidiges Haar zwischen seinen Fingern, auf die heiße Nässe ihres Mundes. Das war nicht schwierig. Alles, was sie tat, fühlte sich so überraschend *gut* an. Er wusste, welche Empfindung ihn als Nächstes überrollen und auf welche Weise sie sie auslösen würde. Es kümmerte ihn nicht, solange es nicht aufhörte. Auch wenn es Sylvie war, die sich ihm gegenüber bisher nicht besonders freundlich gezeigt hatte. Für das, was sie gerade tat, vergab er ihr alles.

Sylvies hielt seinen Schwanz umklammert, um ihn so zu führen, wie sie ihn wollte. Jetzt legte sie ihre andere Hand um seine Eier und rieb mit dem Daumen über die empfindliche Haut seines Hodensacks. „Oh“, machte Henri. Er wollte sie bitten, genau so weiterzumachen, aber ihm fiel gerade noch rechtzeitig ein, dass Sylvie für seine Vorschläge vermutlich nicht empfänglich war.

Sylvie zog seinen Schwanz aus ihrem Mund. „Du passt doch auf?“

„Ja.“ *Oh, ja. Mach weiter. Lutsch ihn. Ich bin dem Höhepunkt so nah. Bitte, mehr davon. Schneller.* Die Luft strich kühl über seinen feuchten Penis, und er schauderte, gleichermaßen von Lust und Schmerz erfüllt.

„Gut.“ Sie liebkoste erneute seine Hoden, und er biss sich auf die Lippe, um nicht aufzuschreien.

Nachdenklich sagte sie: „Ich liebe es über alles, wenn ein Mann so aussieht. So.“ Sie fuhr mit dem Fingernagel die Länge seines Schafts entlang. Es fühlte sich an, als würde sie gleichzeitig auch an seinem Rückgrat entlangschrammen. „Du würdest alles tun, nicht wahr? Alles würdest du tun, damit mein Mund dich zum Höhepunkt bringt?“

Henri hielt den Atem an. War das eine Falle? „Nein, ich würde nicht …“, keuchte er.

„*Was* würdest du nicht tun, Junge?“ Sie schnippte mit dem Finger gegen seinen Unterleib. Seine Hüften zuckten ihr entgegen.

„Ich würde nicht … wenn es *ihr* wehtun würde … Madame, der Herrin …“

„Das sagst du jetzt. Aber du würdest mir im Augenblick alles versprechen, oder nicht?“

„Nein, das würde ich nicht." Henri kämpfte sich aus ihrem Griff frei. Die Herzogin schaute ihnen vielleicht zu, aber das war ihm egal. Er ließ sich nicht schikanieren. Erst vor wenigen Minuten hatte er der Herzogin den Treueeid geleistet, und in seinem Herzen war er ihr schon seit Langem ergeben. „Ich … ich mag das, was du mit mir machst, aber … aber du gehst jetzt besser." Er schloss die Augen. Sicher sah er lächerlich aus, mit seinem eisenharten, geschwollenen Schwanz, während ihm die Hose auf die Füße hing. Wenn er einen Schritt machte, würde er wahrscheinlich stolpern. „Ich habe mein Leben für sie riskiert, oder nicht? Was verlangst du noch von mir?"

Sylvie schnaubte abfällig. „Vermutlich ist ein Stallbursche nicht in der Lage, sich klar ausdrücken", spottete sie. „Aber ich lasse mir nicht nachsagen, dass ich etwas nicht zu Ende bringe." Ihre Hand schnellte vor und krallte sich in seinen Oberschenkel. „Madame wäre nicht erfreut, wenn ich zuließe, dass du dich nicht auf deine Arbeit konzentrieren kannst." Sie drückte seinen Schaft mit der Hand, ihre Zunge folgte den Spuren ihrer Finger.

Henri war zu verwirrt, um sich mit ihr zu streiten. Und ein paar Augenblicke später verlor er sich erneut völlig in seinen Gefühlen. Es störte ihn nicht einmal, als Sylvie kurze Zeit darauf rief: „Jetzt! Komm jetzt!"

Er gehorchte und kam so heftig, dass er glaubte, er würde zu Boden sinken.

Sylvie lachte und wischte sich seinen Samen von den Lippen. „Du bist ein dummer Junge", stellte sie fest, „aber für eine halbe Stunde Vergnügen reicht es. Und jetzt zieh diese Sachen an."

7. KAPITEL

Henri war schließlich und endlich nur ein Junge. Nur ein Junge, und ein Stallbursche noch dazu. Für Camille gab es keinen Grund, sich darum zu kümmern, was er mit ihrer Zofe oder irgendeiner anderen Frau trieb, solange es ihre Sicherheit nicht bedrohte. Außerdem würde Sylvie niemals erlauben, dass ihr etwas zustieß, denn wenn sie nicht gewesen wäre, hätte Sylvie das Erwachsenenalter niemals erreicht. Daneben gab es aber noch weitere Beweise für Sylvies Loyalität: In der Vergangenheit wäre es bei vielen Gelegenheiten ein Leichtes für sie gewesen, Camille zu verraten. Sie vermutete, nein, sie wusste, dass Sylvie sie liebte oder zumindest glaubte, sie zu lieben. Denn sie kannte Camille nicht und würde sie nie wirklich kennen. Camille konnte nicht zulassen, dass irgendjemand ihr wirklich nahe kam. Das war zu gefährlich.

Es hatte Camille gefallen, Sylvie zuzusehen, während sie dem Jungen Lust bereitete. Sie war ein wenig eifersüchtig gewesen und schuldbewusst, aber dennoch hatte sie den Blick nicht von seinem Gesicht abwenden können. Sie konnte sich nicht vorstellen, wie es sein mochte, diejenige zu sein, die vor ihm kniete und ihn verwöhnte. Er war so offen in seiner Leidenschaft, so … rein. Sie versuchte, sich auszumalen, wie er diesen Liebesdienst von ihr empfing, obwohl er zu ihr als seiner Herzogin aufschaute und sie nicht als einfache Frau sah. Vermutlich würde er vor ihr niederknien und sie anflehen, nie wieder einen so erniedrigenden Akt auch nur zu erwähnen. Camille hatte das nie als besonders erniedrigend empfunden, aber nun fragte sie sich, woher sie das eigentlich wissen sollte? Sie und Maxime hatten sich nur ein einziges Mal gegenseitig mit Lippen und Zunge befriedigt. Der Herzog hatte sie nie darum gebeten; schließlich hatte er geschickte Konkubinen, die diese Pflicht erfüllten. Sylvie musste diese Fähigkeit außerhalb der Palastmauern gelernt und praktiziert haben. Anderenfalls wäre Camille jedes Detail zugetragen worden. Sie sollte froh sein, dass das Mädchen Freiheiten hatte, über die sie selbst nicht verfügte, und nicht eifersüchtig sein.

Als wäre sie durch ihre Gedanken herbeigerufen worden, kam Sylvie in die Scheune. Sie sah aus wie ein adrett gepflegter Page. Ohne Umschweife kam sie zur Sache: „Madame, seid Ihr sicher, dass wir den Jungen brauchen?"

„Wir können ihm vertrauen."

„Wir hätten auch allein herkommen können", gab Sylvie zu bedenken. „Es ist nützlich, dass er die Aufmerksamkeit von uns ablenkt, aber sobald wir diesen Ort verlassen, wird er ein Hindernis sein."

Camille sah ihre Dienerin streng an. „Er wird sich um meine Pferde kümmern."

„Kaspar und ich ..."

„Du und Kaspar seid da, um *mich* zu beschützen. Das ist einfacher, als meine Pferde zu pflegen, und verlangt weniger Fertigkeiten von euch."

„Madame! Ihr steht unter dem Einfluss von diesem ... diesem ..." Sylvie wedelte mit der Hand. Camille beschloss, diese Handbewegung nicht als obszöne Geste zu verstehen.

„Du vergisst dich", tadelte Camille sie kühl. „Ich trage die Verantwortung für die ganze Angelegenheit. Nicht du."

Sylvie kniff die Lippen zusammen. Bevor sie nach draußen eilte, verbeugte sie sich flüchtig vor Camille. Seufzend schaute Camille ihrer Zofe nach. Sie hätte nicht zulassen dürfen, dass das Mädchen einen Streit mit ihr begann. Das war Sylvies Schwäche und zugleich Camilles Trost, denn sie hatte es satt, nie etwas anderes zu hören als *Ja, Madame.*

Henri kehrte am Nachmittag zu den Ställen des Herzogs zurück, um einen der Deckhengste zu holen. Der Hengst würde nicht mit ihnen kommen, aber Henri wusste, dass er die übliche Prozedur durchlaufen musste, damit kein Verdacht aufkam. Camille hatte ihn gebeten, Guirlande mit Rhubarbe, einem Warmblüter aus der Bergregion, zusammenzubringen. Gleichzeitig machte Sylvie sich in ihrer Männerkleidung auf den Weg, um Vorräte zu besorgen. Kaspar begleitete sie. Mit einem Hut, einem Hemd und einer Jacke war Kaspar viel unauffälliger als in seiner üblichen Uniform und blieb hoffentlich unerkannt.

Camille blieb allein zurück. Anspannung und Zweifel zerrissen sie, und sie wünschte, sie hätte Henri gebeten, ihre Pferde in den Stall zu bringen, damit sie wenigstens ihre Bekanntschaft mit den Tieren erneuern könnte. Den Pferden so nahe zu sein und sie dennoch nicht sehen zu können, schmerzte sie. Camille verdrängte ihre Angst, die Pferde würden sich vielleicht nicht mehr an sie erinnern. Sie versuchte, ein Buch mit mythologischen Gedichten zu lesen, aber sie konnte sich nicht auf die Lektüre konzentrieren. Schließlich holte sie ihr Skizzenbuch und einen Kohlestift aus der Satteltasche, setzte sich neben die Tür der Sattelkammer, zeichnete Pferde und dachte nach.

Im Palast hatte man ihre Abwesenheit wahrscheinlich noch nicht bemerkt. Ihr Mann war durch die Orgie abgelenkt gewesen, die vermutlich die ganze Nacht gedauert hatte. Nach solchen Gelagen stand er nicht vor dem Nachmittag auf und verlangte dann sogleich nach viel Cognac gegen seine unvermeidlichen Kopfschmerzen. Anschließend ließ er sich von seinen Mätressen verwöhnen. Nun da sie sich schon fast befreit hatte, vermischte sich ihre Angst vor ihm mit Verachtung und einem Gefühl der Erleichterung. Sie zeichnete ihn hinter den erhobenen Schweif eines Hengstes, der Pferdeäpfel auf ihn regnen ließ, und musste wegen ihres kindischen Benehmens über sich selbst lachen.

Sie hatte ihren Mann nie geliebt. Ihr Vater hatte ihn für sie ausgewählt. Er war der jüngere Sohn eines Herzogs, dessen Reich an das ihre grenzte. Mit der Hochzeit sollte ein Vertrag zwischen beiden Herzogtümern besiegelt werden, zudem bedeutete die Verbindung einen steten Strom von Geld und Besitztümern in die Privatschatulle ihres Vaters. Der junge Michel war hübsch und eifrig darum bemüht, sinnliche Genüsse zu erfahren. Er war so leidenschaftlich, dass sie manchmal sogar Vergnügen empfand, was sie von einer arrangierten Ehe gar nicht erwartet hatte. Eine Zeit lang versuchte er, ihr Lust zu bereiten, oder schien sich zumindest zu bemühen. Er ließ sie vor dem Rat sprechen und einige Male pro Woche durfte sie zu Gericht sitzen. Außerdem hatte er den einen oder anderen der Höflinge, die sie ihm empfahl, in den Stand einen Barons erhoben und versprach ihr sogar, über ihre Vorschläge nachzudenken, wie Maximes Protektorat am besten zu besteuern und zu verwalten sei.

Zu Beginn hatte sie gehofft, in der Ehe mit Michel so etwas wie Zufriedenheit zu erlangen. Sie war gewillt, Kompromisse einzugehen, und hatte geglaubt, sie könnte ihn überzeugen, ihr manchmal ebenfalls entgegenzukommen. Er stammte ebenso wie sie aus einer Welt, in der Politik und das höfische Zeremoniell eine wichtige Rolle spielten, und sie hatte gedacht, er würde ihren Wunsch verstehen, ihre Verbindung zum Wohle ihres Landes zu nutzen. Sie hatte nicht erwartet, dass er ihr nach und nach jede Möglichkeit nehmen könnte, sich mit ihm auszutauschen, und er schon bald ausschließlich daran interessiert sein würde, allein zu herrschen. Am Beispiel ihrer eigenen Mutter hätte sie voraussehen können, dass es so kommen würde. Allerdings war ihre Mutter die jüngere Tochter eines Grafen gewesen und nicht die Alleinerbin eines Herzogs. Camille war so dumm gewesen zu glauben, das würde einen Unterschied bedeuten. Für Michel aber war sie jedoch in allen Belangen und in erster Linie eine Frau und damit sein Eigentum.

Selbst angesichts dieser Umstände hätte Camille vielleicht versucht, Michel zu lieben oder wenigstens Zuneigung zu empfinden, wenn er nicht ihren Dienern und auch ihr gegenüber schon bald eine gedankenlose Grausamkeit offenbart hätte. Zur damaligen Zeit war ihr nichts aufgefallen, aber jetzt verdächtigte sie Michel, irgendwie den Tod von Jarman, dem Offizier ihrer Eunuchengarde, arrangiert zu haben. Jarman hatte sie seit ihrer Kindheit beschützt; er war wenige Tage vor ihrer Verlobung mit Michel gestorben. Und nach dem Tod ihres Vaters war Michels Gefühlskälte immer schlimmer geworden, sobald niemand mehr da war, dem er etwas vormachen musste. In der Nacht vor dem Begräbnis ihres Vaters fand sie zum ersten Mal eine Mätresse – nein, es waren sogar zwei gewesen – im Bett ihres Gemahls. Camille hatte sich Michel, der nun der neue Herzog war, nie verwehrt. Schließlich waren sie durch Recht und Gesetz miteinander verbunden. Aber schon bald konnten seine erotischen Fertigkeiten sie nicht mehr darüber hinwegtäuschen, dass sie einen heftigen Widerwillen gegen seine Arroganz und seine Selbstsucht entwickelt hatte. Auch seine unverhohlenen Ausschweifungen störten sie zunehmend.

Nach und nach verlor sie ihre Macht. Er übernahm einen ihrer Gerichtstage, dann noch einen und noch einen. Zunächst behauptete er, das täte er, damit ihr mehr Zeit mit ihren Pferden blieb, dann unterstellte er ihr, ihre weibliche Nachgiebigkeit führe zu viel zu milden Urteilen. Sie stritt mit ihm und schien sich zunächst auch durchsetzen zu können. Doch dieser Sieg war nur vordergründig, denn sie fand bald heraus, dass er ihre Urteile widerrief. Als Nächstes hatte er Casimir fortgeschickt, den Eunuchen, der seit ihrer

Jugend über sie wachte, und behauptete, er habe ihn vorzeitig aus seinen Diensten entlassen, um ihn für seine Treue zu belohnen. In Wahrheit wollte er auf diese Weise nur einen ihren standhaftesten Beschützer und Getreuen loswerden. Es kam der Tag, an dem er ihr verbot, in Begleitung der Palastwachen auszureiten, und behauptete, es wirke sonst so, als hätte sie ihnen mehr zu befehlen als er. Und wenn man sie dabei beobachte, wie sie mit den Männern lachte und scherzte, könne man denken, sie hätte sich den einen oder anderen von ihnen zum Liebhaber genommen. Dieser Verdacht dürfe auf keinen Fall aufkommen, denn das würde die Erbfolge in Gefahr bringen.

Das Kohlestück zerbrach zwischen ihren Fingern, und Camille ließ ihr Skizzenbuch sinken. Die beiden Kohlestücke waren zu klein, um sie noch zum Zeichnen zu benutzen. Sie zerbröselte die Kohle immer weiter, bis nur ein paar Bröckchen übrig blieben, von denen keines größer war als der Fingernagel ihres kleinen Fingers. Nachdenklich legte sie ein Stück Kohle nach dem anderen auf den Boden, um es unter ihrem Stiefel zu Staub zu zermalmen.

Dann schob sie ihr Skizzenbuch wieder in die Satteltasche, ebenso den Gedichtband und eine flache Schachtel mit ihren Kosmetika und anderen Dingen, die für ihre Verkleidung notwendig waren. Sylvie würde deshalb beleidigt sein, denn es war ihre Aufgabe, Camilles Sachen zu packen. Das kümmerte Camille jedoch nicht. Sie konnte nicht tatenlos herumsitzen und warten. Nachdem ihre Satteltaschen gepackt waren, begann sie, das Sattelzeug für die Pferde zusammenzusuchen. Zufrieden stellte sie fest, dass Henri ihren eigenen Sattel für Guirlande mitgebracht hatte. Der Sattel sah so gepflegt aus, als würde er jeden Tag benutzt. Henri schien sich gewissenhaft darum zu kümmern, denn Leder und Metall waren ordentlich poliert. Aber ein bisschen zusätzliche Pflege konnte nie schaden. Außerdem liebte sie den Duft von Leder und Öl, der sie an Pferde und Freiheit erinnerte.

Ihre Gedanken wanderten zu Henri. Sie wollte ihn schon wieder. Sehnsüchtig bebte ihr Körper. Sie konnte Henri jederzeit haben, sie brauchte es ihm bloß zu befehlen. Aber wollte er sie wirklich? Oder war er ihr nur zu Diensten gewesen, weil er glaubte, es sei nötig, um ihr Leben zu retten? Und wie konnte sie die Wahrheit herausbekommen? Wenn sie ihn um ein Stelldichein bat und er einwilligte, tat er vielleicht nur so, als würde er sie wirklich wollen. Und wenn es so war, verhielt sie sich dann nicht ebenso rücksichtslos wie der Herzog?

Sie sagte sich, dass es darauf nicht ankam, solange sie nur Henri in ihrer Nähe wusste. Sogar ein Liebhaber, der nur Mitleid mit ihr empfand, war besser als der Herzog. Aber es fiel ihr schwer, sich selbst diese Lüge abzunehmen. Henri war so sanft zu ihr gewesen. Selbst als er sie herumkommandiert hatte, war er dabei zärtlich geblieben. Genau das wollte sie, nur häufiger. Sie war nicht sicher, ob ein gleichberechtigtes Geben und Nehmen mit Henri überhaupt möglich war. Selbst wenn man von ihrem Standesunterschied absah, war sie doch zwanzig Jahre älter als er, und außerdem hatte sie keine Ahnung, wie so etwas überhaupt funktionierte. Sie hatte nie jemanden gehabt, der ihr ebenbürtig war. Außer vielleicht Maxime, und mit ihm war sie nur kurze Zeit zusammen gewesen. Sich auf ein solches Experiment einzulassen wäre in ihrer augenblicklichen Situation vermutlich schrecklich unklug. Nie wieder wollte sie sich so verletzlich machen.

Henri besaß hübsche, jugendliche Gesichtszüge und lange Wimpern. Selbst in schlecht sitzenden und dreckigen Kleidern bewegte er sich mit Anmut. Es konnte leicht passieren, dass eine reiche Dame am Hof ein Auge auf ihn warf und ihn unter ihre Fittiche nahm und aushielt. Zum Beispiel Baroness Cornaline oder Gräfin Ramier, eine junge Witwe. Mit einem unwilligen Laut auf den Lippen knetete Camille das Poliertuch in den Händen. Im nächsten Augenblick gewann sie ihre Disziplin zurück und machte sich wieder an die Arbeit.

Etwa eine Stunde später hörte Camille sich näherndes Hufgetrappel. Ein Pferd galoppierte heran. Um festzustellen, was dort vorging, lief sie zum Tor, das Zaumzeug in der einen Hand, den Lappen in der anderen. Zu ihrem eigenen Erstaunen hatte sie einen Großteil ihrer Furcht im Palast zurückgelassen. Schon von Weitem erkannte sie durch das offene Tor, dass keine Gefahr drohte. Henri ritt auf Rhubarbes blankem Rücken und trieb den Hengst hier und da über Hindernisse: einen kleiner Busch, eine beschnittene Hecke. Er ließ das Tier einen Teil seiner überschüssigen Energie abarbeiten. Camille spürte, wie sich ein Lächeln auf ihre Lippen stahl. Der Sitz des Jungen war nicht bloß sicher, sondern auch schön anzusehen.

Er sah sie vom anderen Ende der Koppel aus und kam in einem kurzen Galopp zur Scheunentür herüber. Ein breites Grinsen erhellte sein Gesicht. Er hat ja keine Ahnung, wie lieblich sein Lächeln ist, dachte Camille. Bei ihm gab es keine Spur von Eitelkeit. Nachdem sie so vielen Höflingen begegnet war, die sich ständig herausputzten, wurde ihr bewusst, dass dies eine seiner besonders attraktiven Seiten war.

„Madame, er ist prächtig!“, rief er. „Wollt Ihr ihn reiten? Er ist sehr gehorsam.“ Plötzlich errötete er. „Oh. Er gehört Euch ja auch, nicht wahr? Ihr könnt ihn reiten, wann immer Ihr wollt.“

Camille hängte das Zaumzeug und den Lappen an einen Haken und nahm den Männerhut, den Sylvie ihr als Verkleidung gegeben hatte. Mit dem Hut und der weit geschnittenen Jacke war sie aus der Ferne vermutlich nicht zu erkennen. Sie wusste jetzt, dass die Ankunft eines Pferds nicht zu überhören war, ohnehin würden die Palastwachen zu mehreren kommen. Nachdem sie rasch ihr Haar bedeckt und die Handschuhe angezogen hatte, betrat sie den Innenhof. Die Stuten und der Wallach waren auf der anderen Seite der Koppel – das war zu weit, um rasch hinzugehen. Sie würde ihren Pferden später einen Besuch abstatten. Jetzt wollte sie reiten. Vor Aufregung schlug ihr Herz schneller. „Gib mir deine Hand, damit ich aufsteigen kann."

Henri reichte ihr die Hand und streckte den Fuß aus, damit sie ihn als Steigbügel benutzen konnte. Er errötete heftig. Camille raffte mit einer Hand den Rock ihres Reitkleids zusammen, schwang sich hinter Henri auf den Hengst und saß wenige Herzschläge später zum ersten Mal seit vier Jahren auf dem Rücken eines Pferdes.

In der kommenden Minute kostete sie einfach nur die Bewegungen der Muskeln unter sich aus, die schiere Lebenskraft des Tieres. Das kräftige Pferdearoma stieg ihr in die Nase. Laut lachend schlang sie die Arme fest um Henris schlanke Taille. Sie konnte auch die Bewegungen seiner Muskeln spüren. Sein Geruch erinnerte sie an Glühwein. „Prächtig!" stimmte sie ihm zu.

Henri blickte sie über die Schulter an. „Wo würdet Ihr gerne hinreiten, Madame?"

„Es gibt in der Nähe einen Fluss. Kennst du den?"

Henri trieb den Hengst an, erst bewegten sie sich in gemächlichem Schritt vorwärts, dann trabten sie, ehe er das Pferd zum Kanter trieb. Das hohe Gras streifte ihre Stiefel wie kleine Peitschen. Die Hufe des Pferdes zerdrückten die Gräser und wirbelten den köstlichen Duft von Frühling auf. Camille spürte, wie sich Muskeln ihres Körpers, die sie lange nicht benutzt hatte, streckten und schmerzten. Doch das kümmerte sie nicht. Solange sie auf dem Rücken eines kraftvollen Pferds im Sonnenlicht ritt, war die Welt für sie in Ordnung.

Nach einigen Minuten sprach Henri sie an. „Madame …“

„Ja, Henri?“

„Ich … ich …“

„Warum lassen wir ihn nicht den Rest des Weges galoppieren?“, schlug Camille vor, weil sie merkte, dass er keine Worte fand. Sie legte eine Hand auf ihren Hut, damit er bei der schnellen Geschwindigkeit nicht davonflog.

„Ja, Madame.“

Camille nahm den würzigen Geruch des Flusses wahr, kurz nachdem der Hengst neugierig den Kopf gehoben hatte. Früher, als es ihr noch erlaubt gewesen war zu reiten, war sie oft am Wasser entlanggeritten. An manchen Tagen war sie an einer seichten Stelle durch den Fluss geritten, manchmal aber hatte sie die Breite des Stroms mit einem Sprung überwunden. Das Reiten war schon immer ihr Trost und ihre Zuflucht gewesen. Als Kind war sie nach ihrem Unterricht in den Stall gelaufen, hatte ihr Pony Poire gesattelt und war aufgebrochen, nur von einem Eunuchen begleitet.

Heute sah es anders aus. Die Bäume erschienen ihr größer, der Uferstreifen schmaler. Nachdem sie abgestiegen war, schlenderte sie durch das hohe Gras und die üppigen Wildblumen zum Wasser. Es strömte über algenbewachsene Steine und schimmerte so kostbar wie die wertvollsten Smaragde.

Henri band Rhubarbe an einen Busch und untersuchte rasch die Beine und Hufe des Pferdes. Camille lächelte, als sie sah, mit welcher Sorgfalt er sich um das Tier kümmerte. Er drehte sich um, ehe das Lächeln von ihrem Gesicht verschwand, und als er es bemerkte, errötete er. Seit jenem zeitlosen Moment an diesem Morgen in der Scheune hatte er offenbar seine Nervosität wiederentdeckt. Er bückte sich und wischte mit einer Handvoll Gras etwas von seinen Stiefeln. Dann setzte er sich hin und zerrte sich die Stiefel von den Füßen. Vermutlich wollte er damit Zeit schinden.

„Gehen wir ein Stück", schlug Camille vor.

„Ja, Madame."

„Henri." Sie blickte ihn streng an. „Du brauchst nicht in jedem Satz, den du an mich richtest, *Madame* zu sagen."

„J...ja." Er blickte konzentriert auf den Boden, während sie gingen. Die Stiefel hatte er im Gras zurückgelassen. Ihr kam eine Idee. Sie hielt ihn am Arm fest, und er blickte zu ihr auf.

„Wir werden lange auf staubigen Straßen unterwegs sein. Hilfst du mir, meine Stiefel auszuziehen? Ich möchte gerne im Gras laufen, bis es Zeit wird, zurückzureiten."

Seine Augen weiteten sich, doch dann nickte er. „Natürlich, Madame."

Camille seufzte unterdrückt. Sie fand einen Fels, auf den sie sich setzte, und schob ihre Röcke mit beiden Händen bis zu den Knien hoch. Der rotbraune Spitzenbesatz an ihrem Saum berührte gerade noch die Stiefel. Sie streckte einen Fuß aus und Henri kniete vor ihr nieder. Seine breiten Hände, die langen, kantigen Finger und die geröteten Knöchel sahen neben der filigranen Einlegearbeit aus Gold um den Absatz ihres Stiefels rau und männlich aus. Camille stellte sich vor, wie seine Hand sich um ihren nackten Fuß schmiegte, ihn ganz umschloss und streichelte. Seine raue Haut, die sanft ihren weichen Fußrücken streichelte ... Sie beugte sich vor und drückte ihren Stiefel in seine Hände.

Henri erkundete die Schnalle über ihrem Knöchel und umfasste die zarte Spange mit zwei Fingern, als hätte er Angst, sie zu zerbrechen. Camille drehte ihren Knöchel, damit sie ihre

Zehen gegen sein Knie drücken konnte. Er blickte zu ihr auf, erneut errötend. Dann senkte er den Blick und starrte auf das Gras. „Es tut mir so leid!"

„Es gibt nichts, was dir leidtun müsste", erwiderte Camille knapp, doch sofort bereute sie ihre Worte, denn sie klang wie seine Mutter. Sie schluckte und fuhr fort: „Du brauchst die Schnalle nicht zu öffnen. Sie ist nur zur Dekoration da. Halt einfach den Absatz fest und zieh."

Henri atmete tief ein und begann, ihr den Stiefel Stück für Stück vom Fuß zu ziehen. Den Blick hielt er starr auf die Stiefelspitze gerichtet. Camille schloss die Augen. Sie war nicht sicher, ob er schlicht zu viel Angst hatte, ihr mit einem Ruck den Stiefel auszuziehen – wie Sylvie es getan hätte –, oder ob er einfach den Moment voll auskosten wollte. Fast unmerklich zog sie ihren Rock höher und zeigte ihm ein Stück der Seidenstrümpfe, die sie darunter trug.

Henri bemerkte nicht, was sie tat, bis er den Stiefel ganz von ihrem Fuß gezogen hatte und zu ihr aufblickte; dann errötete er bis zu den Ohren und beugte sich hastig über den zweiten Stiefel. Diesen zog er ihr schneller aus als den ersten, dann stand er auf, nahm beide Stiefel in die Hand und fragte sie: „Soll ich Euch beim Aufstehen helfen, Madame?"

Camille zupfte sich die Handschuhe von den Händen, einen Finger nach dem anderen, und steckte sie in ihre Jackentaschen. Dann streckte sie, die Handflächen nach oben, ihre nackten Hände nach Henri aus. Er schaute erst ihre Hände an, dann ihr Gesicht. Es schien, als wollte er etwas sagen. Camille wartete. Er nahm ihre Hände und zog sie auf die Füße.

Als er seinen Griff lösen wollte, ließ sie seine Finger nicht los. „Wenn du mich nicht willst, solltest du es mir jetzt sagen, Henri."

Seine Hände zuckten in ihren. „Ihr müsst das hier nicht

tun, Madame“, brach es plötzlich aus ihm hervor. „Ich werde mein Bestes geben, Euch zu beschützen. Ihr müsst mir nicht … Ich erwarte nicht von Euch …“ Er atmete tief durch. „Es ist ja nicht mehr von Bedeutung, ob Ihr schwanger werdet.“

Camille ertrug seine Worte nicht. „Hör auf damit.“ Sie zog ihn an den Händen zu sich heran, bis er seine dreckigen nackten Zehen nur eine Handbreit von ihren entfernt ins Gras bohrte. Sie vermutete, dass hier statt Verführung Befehle nötig gewesen wären, wenn sie ihren Willen hätte durchsetzen wollen. „Es ist nicht deine Pflicht, mich zu beschützen, Henri. Das ist Kaspars Aufgabe. Du hast dich um meine Pferde zu kümmern. Und um mich. Du musst tun, was immer ich von dir verlange, ob ich nun will, dass du mich schwängerst oder nicht. Kannst du das für mich tun?“

„Ja, Madame“, flüsterte er. Er hob ihre Hände zu seinem Mund, drückte seine Lippen auf ihre Haut. Es war weitaus leidenschaftlicher und verführerischer als jeder Kuss eines Höflings, den sie je empfangen hatte. „Ich bin nicht geeignet, Euch …“

„Du bist, was ich von dir verlange“, sagte Camille. Er sah verängstigt aus. Klang sie schon wie der Herzog? Sie zwang sich zu einem Lächeln. „Ich habe dich nicht gebeten, eine Heer Barbaren zu bekämpfen, oder? Es ist eine einfache Sache. Ich will, dass du bei mir bist, wenn ich nach dir verlange. Wenn dir diese Pflicht zu mühsam ist, brauchst du nur abzulehnen.“

„Seid Ihr sicher, dass ich derjenige bin, der …“

„Willst du das für mich tun?“

Henri zögerte nicht. „Ich würde alles für Euch tun, Madame.“ Erneut küsste er ihre Hände.

Ihr wurde bewusst, dass sie noch immer nicht wusste, was Henri von seiner neuen Pflicht hielt. War er wirklich aus freien Stücken bereit, ihr zu dienen? Und spielte das überhaupt eine Rolle, solange seine Handlungen und Worte ihr aufrichtig erschienen? Sie hatte einen Großteil ihres Lebens damit verbracht, niemandem zu trauen. Sie konnte auch jetzt ohne Vertrauen weitermachen, wenn sie dabei nicht allein sein musste. Sie würde ihre Furcht der letzten zwei Jahrzehnte durch sinnliche Leidenschaft ersetzen, die sie sich nahm, wann immer es ihr, und nur ihr, gefiel. Damit musste sie sich zufriedengeben.

8. KAPITEL

Seit einem Tag waren sie auf der Flucht, und bisher fühlte es sich wie eine gewöhnliche Reise an, beispielsweise zu einem Jahrmarkt. In Wahrheit aber juckte Henris Nacken unaufhörlich, und er konnte nicht verhindern, dass er jedes Mal zusammenzuckte, wenn ihnen andere Reisende begegneten. Die Herzogin hatte ihm gesagt, er solle sofort fliehen, wenn er einen der Männer der Palastgarde sah. Aber natürlich würde er sie nicht so schmählich im Stich lassen, sondern wenigstens versuchen, sie zu verteidigen. Sylvie mochte ihn zwar nicht, aber sie würde seine Hilfe brauchen, bis der Eunuch, der die Nachhut bildete, zu ihnen aufgeschlossen hatte.

Abgesehen von der Gefahr, gefangen genommen und getötet zu werden, war diese Reise für Henri ein Vergnügen. Regen prasselte auf seine Kapuze und seine Schultern nieder, und er staunte, wie trocken er unter seinem Mantel blieb. Und wie warm ihm trotz der kühlen Frühlingsnächte war! Er hatte noch nie einen Wollmantel besessen und glaubte auch wirklich nicht, dass er jetzt einen besitzen sollte, denn ein Junge und sein Privatlehrer würden ihren Stallburschen kaum verhätscheln. Aber Sylvie hatte darauf bestanden, und jetzt war er froh um den Mantel, denn sonst wären seine neuen Kleidungsstücke vollständig durchnässt wie schon seine Hemdaufschläge und Tulipes Fell. Vielleicht hatte Sylvie recht. Wenn der Junge, als der sie sich ausgab, der Sohn eines Adeligen war, waren auch seine Diener gut gekleidet. Besonders ein hochgestellter Diener wie der Lehrer, denn diese Rolle hatte die Herzogin eingenommen. Obwohl Sylvie ihm das Gefühl gab, dumm und ungeschickt zu sein, war er froh um ihre Anwesenheit, denn sie kümmerte sich um die Verkleidungen der Reisegesellschaft und viele andere Dinge.

Er fragte sich, wie Sylvie wohl Kaspar verkleiden würde,

wenn sie ihn morgen im Gasthaus trafen. Als reisenden Söldner? Als Kaufmann? Als Großmutter eines Mitreisenden?

Außerdem überlegte er, wie gut der Eunuch wohl reiten könnte. Henri hatte sich bei dem Gedanken erwischt, dass er sich als Besitzer der Pferde fühlte. Er hatte Sylvie Lilas zugeteilt, damit er zusammen mit der sanfteren Tonnelle das Packtier führen konnte. Immer wieder ertappte er sich dabei, wie er die Zofe beobachtete und jeden kleinen Fehler ihrer Haltung bemerkte. Sie sollte dem Pferd mehr Zügel geben und weniger Druck mit ihrem äußeren Schenkel ausüben. Er war sicher, dass es Sylvie nicht gefallen würde, wenn er ihr diese Hinweise gab. Und vielleicht würde es der Herzogin ebenso wenig gefallen. Es war seine Aufgabe, sich um die Pferde zu kümmern und sie zu trainieren, falls es nötig war. Es gehörte nicht zu seinen Pflichten, Respektspersonen zurechtzuweisen. Ohnehin vermutete er, dass es keine Rolle spielte, wie gut Sylvie reiten konnte, solange sie nicht im Damensattel ritt, denn dadurch würde sofort klar werden, dass sie nur als Junge verkleidet war.

Diese Gedanken konnten ihn aber irgendwann nicht mehr von der Herzogin ablenken.

Als er sich daran erinnerte, wie sie in den frühen Morgenstunden zum ersten Mal seit Jahren wieder mit Guirlande zusammengekommen war, musste er den Kloß, der sich in seinem Hals gebildet hatte, krampfhaft hinunterschlucken. Einige Minuten lang hatte sie bewegungslos auf der matschigen Koppel gestanden, die Arme um den Widerrist der Stute geschlungen und das Gesicht an Guirlandes Hals gedrückt, während der Regen an ihr und dem Tier hinabrann. Sylvie wollte zu ihr gehen, um sie in den Stall zu ziehen, aber Henri hatte eine Hand auf ihren Arm gelegt und sie daran gehindert. „Wir alle werden ohnehin bald völlig durchnässt sein", hatte er gesagt.

Er blickte nach vorne, wo sich der große Mantel über Guirlandes Kruppe breitete. Der Sitz seiner Herzogin war absolut perfekt; er konnte es sogar daran erkennen, wie Guirlande sich bewegte. Die Stute schritt zuversichtlich und ausbalanciert voran und ging perfekt an der Hand. Er war froh, dass die Herzogin im Herrensitz ritt. Ein Damensattel wäre für jemanden mit dieser Haltung ein Sakrileg. Es war das Erste, was er einst an ihr bewundert hatte, und zugleich das, was er am meisten bedauerte, als der Herzog ihr das Reiten verbot. Als kleiner Junge hatte er sie beim Reiten beobachtet, bevor er wusste, dass sie die Herzogin war. Es gefiel ihm, sich daran zu erinnern. Zwar war er ihr nicht ebenbürtig, aber er konnte zumindest ihre Gefühle für die Pferde teilen.

Es war eine große Freude für ihn gewesen, gestern allein mit ihr auszureiten. Als er ihr vom Wind zerzaustes Haar, die geröteten Wangen und das Glänzen ihrer Augen gesehen hatte – da hätte er sie am liebsten geküsst.

Er ertappte sich dabei, wie er auf ihren Rücken starrte und anschließend auf ihre vom Stiefel umschlossene Wade, die sich an Guirlandes Leib drückte. Es war nicht derselbe Stiefel wie gestern, sondern ein einfacheres Modell mit einer quadratischen Stiefelspitze. Eher ein Stiefel, wie ihn ein Mann tragen würde. Zum Glück waren ihre Füße nicht allzu klein.

Er schluckte hart, als er an ihre nackten Füße im Gras denken musste. Sie waren lang und elegant, blaue Venen zeichneten sich unter der Haut ihres Fußrückens ab und ihre langen Zehen krümmten sich, als sie sich in das Erdreich gruben. Ihre Füße krümmten sich vielleicht genauso, wenn sie …

Ein Ast schlug ihm ins Gesicht und ließ kaltes Regenwasser in seinen Kragen rinnen. Henri prustete und versuchte seine Ungeschicklichkeit zu verbergen, indem er sich im Sattel nach Tonnelle und dem Packesel Tigre umdrehte. Unbeeindruckt von dem strömenden Regen trotteten die beiden Tiere gehorsam hinter ihm her. Dennoch befestigte er die Führleine fester an seinem Sattelknauf, bevor er sich kurz in den Steigbügeln aufrichtete, um seine Beine zu strecken und die neuen, eng anliegenden Lederstiefel zurechtzuziehen. Die Herzogin mochte ihm zwar befehlen, ihr Lust zu bereiten, überlegte er dabei, aber das hieß nicht, dass sie ihm die Intimitäten gewährte, von denen er träumte, Intimitäten, bei denen es um mehr als körperliche Befriedigung ging.

Irgendwann würde er Nicolette wiedersehen oder einer anderen Frau begegnen, der er all die Liebe und Zärtlichkeit schenken konnte, die er zu geben hatte. Diese Frau würde die Herzogin niemals für ihn sein. Zwar bewunderte er sie von ganzem Herzen, doch er kannte seinen Platz in der Welt. Er musste sich stets vor Augen halten, dass sie ihm schon einmal Gold angeboten hatte. Für sie war er nur eine flüchtige Laune. Eine spezielle Art von Diener.

Als sie schließlich den Gasthof *Le premier cygne* erreichten, war Henris Mantel durchweicht und er selber bis auf die Haut durchnässt. Bevor er sich um die Pferde kümmerte, zog er den Mantel aus, denn ein Knecht, der ein so teures Kleidungsstück besaß, wäre im Gasthaus aufgefallen. Als er seine Aufgaben erledigt hatte, war ihm eiskalt, doch die Pferde und das Maultier waren trocken und satt und hatten es warm.

Die Herzogin hatte ihn zum Essen in den öffentlichen Gastraum beordert, nachdem es einige Streitereien mit Sylvie darüber gegeben hatte, ob es nicht sicherer wäre, sich die Mahlzeit hinauf ins Zimmer bringen zu lassen. Durchgesetzt hatte sich schließlich die Herzogin, indem sie erklärte, im Speisesaal könnten sie die anderen Gäste beobachten.

Als er sich durch die Tür in den Gastraum schob, prallte er gegen eine Wand aus Hitze und stickiger Luft. Riesige

Öfen glühten auf beiden Seiten des lang gestreckten Zimmers, einer umringt von alten Männern auf Stühlen, um den anderen hockte eine Gruppe lebhaft durcheinanderrufender Würfelspieler. Große Kerzen flackerten in einem in der Mitte des Raumes angebrachten Kronleuchter aus getriebenem Eisen und warfen ihr Licht auf einige schwere, zerschrammte Holztische. In einer Ecke spielten ein paar Männer Karten, in einer anderen ging es um einen Wettbewerb, bei dem Pfeile auf ein Holzbrett geworfen wurden. Eine Gruppe Dirnen besetzte die dritte Ecke. In der vierten Ecke fand sich ein keuchendes Paar, halb verdeckt von einigen an Haken aufgehängten Mänteln, bereits weit über den Punkt erster Verhandlungen hinaus. Rasch wandte Henri den Blick ab und atmete den Geruch von bratendem Lammfleisch und ungewaschenen Menschen, geschmolzenem Talg und beißendem Rauch ein.

Zunächst konnte er Sylvie und die Herzogin nicht entdecken, bis ihm einfiel, dass sie wahrscheinlich ihre Mäntel oben gelassen hatten. Dann erspähte er in der Nähe der Ecke, wo die Huren sich aufhielten, Sylvies Mütze, die sich soeben über einen großen Krug beugte. Direkt daneben sah er den weichen, hohen Hut der Herzogin. Obwohl er darauf gefasst war, sie in ihrer Verkleidung zu sehen, zuckte er zusammen, als er den falschen grauen Bart sah, den sie sich angeklebt hatte. Er hing bis hinunter auf ihre Brust und sah noch hässlicher aus, nachdem sie den ganzen Tag damit im Regen unterwegs gewesen war. Dieser Bart stellte einen bemerkenswerten Kontrast zu ihren weiblichen Formen dar oder jedenfalls zu dem, was davon noch übrig geblieben war, nachdem Sylvie das meiste davon kunstvoll mit Hilfe von Leinenbandagen und Lederfetzen verborgen hatte.

Henri war froh, dass Sylvie sich nicht in den Kopf gesetzt hatte, ihn als Mädchen zu verkleiden. Allerdings hatte sie bereits angekündigt, ihre Verkleidungen würden sich während der Reise ändern, sodass er diesem Schicksal noch nicht endgültig entgangen war.

Mithilfe seiner Ellenbogen verschaffte er sich Platz und drängte sich durch die Menge zu dem kleinen Tisch, an dem Sylvie und die Herzogin saßen. Dort angekommen, nahm er seine Mütze ab und senkte den Kopf. „Ich grüße Euch, meine Herren“, sagte er, für den Fall, dass jemand ihn hörte.

Sylvie sah zu ihm auf. „Du bist tropfnass, Bursche“, stellte sie fest.

Stumm deutete die Herzogin auf den Hocker zwischen sich und Sylvie. Die drei Dirnen in der Ecke begannen zu rufen und zu klatschen, um die Aufmerksamkeit der übrigen Gäste zu gewinnen. Dann kündigten sie eine Vorführung an. Im Moment gelüstete es Henri nur nach Nahrung, aber inmitten der vielen Menschen, von denen ein großer Teil plötzlich etwas zu trinken bestellen wollte, gelang es ihm nicht, eine Schankmagd auf sich aufmerksam zu machen.

Die Herzogin legte einen Arm um seine Schultern und zog ihn an ihren schweren Schulmeistertalar, der nach nassem Schaf roch, aber auch nach ihr – zumindest bildete er sich das ein. Er rückte seinen Hocker näher an sie heran und lehnte sich an ihren Busen, wobei er sich erst wieder an den falschen Bart erinnerte, als er ein Kratzen im Nacken spürte.

Man würde ihn für den Lustknaben eines anderen Mannes halten. Als ihm dieser Gedanke durch den Kopf fuhr, schnappte er nach Luft und versuchte sich aufzurichten, doch die Herzogin hielt ihn fest. Sylvie kicherte hinter vorgehaltener Hand. Unter seinen gesenkten Wimpern hervor schaute Henri die Herzogin forschend an. Sie lächelte, das erkannte er an den Fältchen in den Winkeln ihrer silbern leuchtenden Augen. Seufzend entspannte er sich in ihrer Umarmung. Es war seine Pflicht, ihr zu gehorchen, sie war warm, und er wollte ihr nahe sein, sooft er nur konnte.

Als die Dirnen bei ihrer Darbietung vom Singen schlüpfriger Lieder zum Tanzen übergingen, war es Henri gelungen, Brot, eine Schüssel mit gebratenem, klein geschnittenem Lammfleisch und einen Teller mit gekochtem Gemüse und Zwiebeln zu erlangen. Er vertilgte alles bis auf den letzten Bissen. Eine Schankmagd brachte ihnen einen Krug Rotwein, der so stark war, dass ihm Tränen in die Augen traten und sich in seinem Bauch Wärme ausbreitete. Inzwischen konnte er seine Finger, die vor Kälte steif gewesen waren, wieder bewegen, und in der Hitze des Zimmers begannen auch seine Haare zu trocknen. Irgendjemand spielte Flöte, und viele der Männer klopften mit ihren Händen oder den vor ihnen stehenden Zinnbechern den Takt dazu. Henri war zu müde zum Zuschauen. Der Lärm trat in den Hintergrund, er schloss seine Augen und lehnte sich an die Herzogin.

Sie fuhr ihm mit ihrer behandschuhten Hand durchs Haar, berührte seine Wange und schlang dann ihren Arm fest um seine Taille, um ihn noch dichter an sich heranzuziehen. Schließlich näherte sie ihren Mund seinem Ohr und flüsterte: „Schau zu, Henri."

Ihr heißer Atem strich kitzelnd über seine Haut, er erschauderte und richtete gehorsam den Blick auf die drei Dirnen. Zwei von ihnen tanzten miteinander und hielte sich dabei an den Händen. Beide hatten unter den Miedern ihre Brüste nicht eingeschnürt, und während sie sich rasch zur Musik bewegten, lugten ihre dunklen Brustwarzen immer wieder unter dem Stoff hervor. Henri begann, aufmerksamer zuzuschauen. Ab und zu stießen die Brüste der Frauen gegeneinander, und er war sicher, dass das nicht zufällig geschah.

Eine der Frauen, die magere mit den dunklen Locken und der gebräunten Haut, lächelte träge vor sich hin, als würde sie sich im Stillen über die Zuschauer lustig machen, während sie gleichzeitig ihre Partnerin neckte. Die andere, eine bleiche, üppige Frau, die unübersehbar schielte, machte einen fast wilden Eindruck, als sie immer wieder versuchte, sich ihrer Partnerin zu nähern, die jedes Mal zurückwich. Henri war sich nicht sicher, ob das zur Darbietung gehörte oder nicht. Er hatte das Gefühl, einer Auseinandersetzung zwischen zwei Liebenden zuzusehen.

Die dritte Dirne war auf einen der Tische gestiegen. Sie bewegte sich langsam und wohlbedacht, während sie auf einem Fuß balancierte und verschiedene Haltungen einnahm, die Blicke auf ihre nackten Beine ermöglichten, dann auf ihre aus dem Mieder quellenden Brüste und schließlich auf ihren runden Hintern. Trotz der Pockennarben in ihrem Gesicht war sie sehr schön. Schließlich streckte sie den Arm aus, und ein schlanker junger Mann trat unter den groben Bemerkungen und den lauten Bravorufen der Zuschauer zu ihr an den Tisch. Die zwei umarmten sich, küssten einander mit weit geöffneten Mündern und ließen dabei die Hände über Hüfte und Hinterteil ihres Gegenübers wandern. Während er ihnen zusah, meinte Henri ihre Berührungen auf seiner eigenen Haut zu spüren.

Der Arm der Herzogin, der ihn immer noch umschlang, spannte sich an. Ihre andere Hand ruhte auf seinem Bein. Sie trug Handschuhe, um ihre weiblichen Hände zu verbergen, aber dennoch konnte Henri die Wärme ihrer Haut fühlen. Sie drückte den Muskel oben an seinem Schenkel, ein einziges Mal nur; und es durchfuhr ihn bis hinauf in die Hüfte wie ein Blitz.

Er wagte nicht, in Sylvies Richtung zu schauen, um festzustellen, ob sie etwas bemerkt hatte. Er befürchtete, dass die Herzogin ihn von sich schob, wenn er sich bewegte oder sie auch nur direkt ansah.

Auf dem Tisch, der zu einer Bühne geworden war, lockerte der schlanke Mann das Mieder seiner Partnerin und zog zu diesem Zweck erst mit der einen, dann mit der anderen Hand an den Bändern, während sie sich in perfekter Balance zurücklehnte, wobei sie sich hinter ihrem Körper mit den Armen abstützte und die Brüste vorreckte. Henri beugte sich vor. Seine Hände kribbelten, so sehr wollte er selbst ihren Busen umfassen. Seine Zunge lechzte danach, ihre Haut zu kosten.

Eine Hand legte sich fest auf seinen Bauch und presste die Luft aus seinem Körper, während er wieder nach hinten gezogen wurde. Die Herzogin liebkoste seinen Nacken mit dem Mund. Ihre Lippen fühlten sich zwischen den kratzigen Pferdehaaren des falschen Bartes weich und feucht an. Ein heißer Schauer durchlief ihn bis hinunter zu den Zehen. Er senkte den Kopf, damit sie seinen Hals besser erreichen konnte, und sie flüsterte ihm ins Ohr: „Schau ihnen zu. Sind sie nicht wunderschön? Sie begehren einander. Sie sind auch in Wirklichkeit ein Liebespaar."

Henri war sich nicht sicher, ob in ihrer Stimme tatsächlich Verlangen mitschwang. Mit weit aufgerissenen Augen starrte er das Paar auf dem Tisch an. Das Mieder der Frau fiel auseinander und genau so, wie Henri es sich für sich selber gewünscht hatte, fing ihr Partner ihre hervorquellenden Brüste mit den Händen auf, umfasste sie und begann, sie mit seiner Zunge zu baden. Sie legte die Hände um seinen Nacken, dann zog sie ihm die Mütze vom Kopf. Langes Haar fiel bis über seine Schultern, und er bäumte sich auf und presste seinen Oberkörper gegen ihre Brüste.

Die Herzogin öffnete Henris Jacke. Sie ließ ihre Hand von seinem Bauch hinauf zu seiner Brust gleiten und rieb durch den feuchten Stoff des Hemdes seinen Nippel, was ein fast schmerzhaftes Ziehen in seinem Leib auslöste. Ihre

Zähne kratzten über seinen Nacken, dann legte ihre Zunge eine feuchte Spur unter seinem Kinn und abwärts über seine Kehle. Sein Mund wurde trocken, so sehr sehnte er sich danach, sie zu küssen und mit seinen eigenen Zähnen Male auf ihrer Unterlippe zu hinterlassen. Ihre andere Hand hatte sich in seinen Schenkel gekrallt, losgelassen und erneut zugepackt, und jedes Mal, wenn er den Druck ihrer Finger spürte, schoss mehr Blut in seinen Schwanz. Da er sich von den Gefühlen, die ihre Berührungen in ihm auslösten, nicht ablenken konnte, indem er sie seinerseits anfasste, hob er den Kopf und schaute wieder zu der Vorführung hinüber.

Die Frau schob dem Mann seinen Mantel von den Schultern. Das schwere Kleidungsstück fiel auf den Tisch unter dem Paar. Dann legte die Dirne die Hände auf die Brust ihres Partners und verschob dabei sein Hemd, sodass ein breites Band aus rotem Stoff sichtbar wurde, das er um den Oberkörper gewickelt trug. Sie beugte den Kopf und berührte ihn dort mit ihrem Mund, wobei sie nasse Flecke hinterließ und ihn grob anfasste. Er warf den Kopf zurück und spreizte weit die Beine; sie stieß ihren Schenkel zwischen seine, und er ritt auf ihr, bewegte sich zu dem rascher werdenden Rhythmus der Hände auf den Tischen. Oder vielmehr ritt *sie*. Es waren beides Frauen. Die Frau im Rock wickelte der anderen die rote Brustbandage ab, ließ das Band durch ihre Finger hinunter auf den Boden gleiten, und mit jeder Lage, die sie entfernte, wölbte sich der üppige Busen, der sich darunter verbarg, ein wenig mehr vor. Henri meinte fast mit seinen Händen fühlen zu können, wie das feste Fleisch seine natürliche Form wiedergewann.

Die Hand der Herzogin strich in Kreisen über seinen Bauch, eine beruhigende Berührung, bis sie einen einzelnen Finger über seinen geschwollenen Schwanz gleiten ließ. Ihm blieb die Luft weg. Was hier geschah, konnte nicht unbemerkt bleiben. Doch es war ihm egal. Sie musste ihn noch einmal genau dort berühren oder er würde innerlich verglühen. Seine Lippen formten bittende Worte; und als hätte sie sein stummes Flehen gehört, ließ sie ihren behandschuhten Finger an seinem Glied aufwärtswandern, umspannte es dann mit zwei gespreizten Fingern und strich über seine ganze Länge. Als die Naht ihres Handschuhs sich gegen seine Eichel drückte, keuchte er auf. „Schau ihnen zu“, wisperte ihm die Herzogin ins Ohr.

Die Körper auf dem Tisch waren nun völlig ineinander verschlungen. Die Frau mit den Hosen rieb sich heftig am Schenkel der anderen Frau, während sie mit einer Hand unter den Rock ihrer Partnerin getaucht war, deren Hinterbacken sie jetzt heftig knetete. Gleichzeitig schnippte sie mit den Fingern der anderen Hand gegen die steifen roten Nippel der zweiten Dirne. Beide schrien auf, und die Geräusche, die sie hervorstießen, klangen nicht, als würde es sich um eingeübte Lustschreie handeln: Es waren raue, sinnliche Töne, die abwechselnd anschwollen und leiser wurden, deutlich hörbar in der Stille, als plötzlich die Flöte und das Klopfen auf den Tischen verstummten. Dann setzte die Musik wieder ein, noch lauter als zuvor.

Jetzt umfasste die Herzogin ihn fest mit der ganzen Hand, strich langsam an seiner ganzen Länge hinab, noch einmal, rascher und doch immer noch quälend; nicht annähernd so schnell, wie Henri selbst sich gestreichelt hätte, um sich Erleichterung zu verschaffen. Er warf den Kopf zurück, und sein Hinterkopf fiel gegen ihr Schlüsselbein. Die Schreie der beiden Dirnen hallten in seinem Inneren wider, Töne der Lust, die er unterdrücken musste. Seine Hände machten sich selbstständig und zuckten zu seinen Hosenknöpfen. Die freie Hand der Herzogin legte sich über seine. „Mach sie auf“, flüsterte sie ihm zu. „Ich will, dass du kommst.“

Ihre Worte fühlten sich in seinem Ohr an wie die Zärtlichkeiten einer streichelnden Zunge. Voll ungeschickter Hast machte er sich an den Knöpfen zu schaffen. Sie schob ihre behandschuhte Hand in die Öffnung, und das Ziegenleder berührte ihn wie eine seltsame fremde Haut, tastete ihn ab, folgte seiner Form und packte ihn schließlich fest, trieb ihn der Erlösung entgegen. Flüssigkeit tropfte aus dem winzigen Mund seiner Keule. Mit ihrem Daumen verteilte sie die Feuchtigkeit auf der Spitze seines Schwanzes und befeuchtete ihren Handschuh damit, sodass sie leichter über seine Haut gleiten konnte. Der Tisch, an dem sie saßen, verbarg ihre Hände; er hoffte, dass tatsächlich nicht zu viel zu sehen war. Alle Gäste verfolgten die Darbietung auf dem Tisch und übersahen großzügig die Schwächen anderer Zuschauer.

„Schau zu", wiederholte die Herzogin. Die Darstellerinnen sanken auf den Tisch. Die behoste Frau schob ihrer Partnerin den Rock bis zur Taille hoch, hockte sich zwischen ihre Knie und beugte sich vor, um der anderen Frau die Möse zu küssen und zu lecken. Das Trommeln auf den Tischen und die Flöte wurden noch lauter. Er spürte, wie seine Hüften zuckten, als die Herzogin den Druck ihres Daumens erhöhte. Tränen stiegen ihm in die Augen, an seinen Schenkeln lief Schweiß herab. Inzwischen war ihm völlig egal, ob irgendjemand sie beobachtete. Die Herzogin biss in den angespannten Muskel an der Seite seines Nackens und streichelte wieder seinen Schwanz, langsamer diesmal, als wollte sie ihn beruhigen. „Zeig mir, dass es dir gefällt", forderte sie ihn auf und schob ihre Zungenspitze in sein Ohr.

Er konnte ihr nicht widerstehen, rollte seinen Kopf zur Seite und stöhnte in ihren Nacken: „Bitte", keuchte er. „Nur noch, nur noch ..."

„Du gehörst mir. Nun fühl, was ich mit dir mache."

Henri schloss die Augen und fühlte es. Er presste die Lippen zusammen, um seine Schreie zurückzuhalten. Sekunden später schoss ein Brennen wie von reinem Alkohol an seinem Rückgrat entlang, und er spritzte in ihre Hand, während er sich rückwärts gegen sie presste, als seine Muskeln wild zu zucken begannen.

Er gehörte ihr, daran gab es keinen Zweifel. Doch nun würde er zum Schlafen in die Scheune gehen. Ganz gleich, was sie miteinander taten, ganz gleich, wie gut es sich anfühlte, sie würde niemals wirklich die Seine sein.

9. KAPITEL

In dem kleinen Zimmer oben im Gasthaus schob Sylvie krachend den Riegel vor und rückte dann den Waschtisch unter die Klinke. Angesichts der aufgepeitschten Menge unten, die Camille durch den Boden hören konnte, war das eine weise Vorsichtsmaßnahme. Natürlich war das Zimmer nicht so vornehm eingerichtet wie die Räume im Herzogspalast, aber es war sauberer, als sie erwartet hatte. Die einzigen Gasthöfe, in denen sie bisher gewohnt hatte, waren die an der Straße zwischen dem Herzogtum und dem Königshof gewesen, und das waren Herbergen, in denen nur Adlige logierten. Dieses Gasthaus aber beherbergte normalerweise Kaufleute, von denen einige sehr wohlhabend waren, sowie Reisende aus höchst unterschiedlichen Ständen. Sie hatte unten einige Männer gesehen, die sehr abgerissen wirkten, aber sie wusste nicht, ob sie so ärmlich gekleidet waren, weil sie sich keine anständige Kleidung leisten konnten oder ob der Zustand ihres Äußeren auf eine weite, beschwerliche Reise zurückzuführen war. Jedenfalls hatten sie sich sehr selbstbewusst verhalten und immer wieder die Schankmägde herbeigewinkt, bevor die Dirnen mit ihren Darbietungen begonnen hatten.

Das Zimmer, das sie selber gemeinsam mit Sylvie bewohnte, enthielt ein Einzelbett, das jedoch breit genug für zwei Personen war, wenn diese keine Scheu hatten, einander zu berühren. Anstelle eines Schrankes gab es ein paar Haken an der Wand. Der Tisch bot gerade eben genug Platz für ein Tablett. Von dem einzigen Stuhl im Raum aus betrachtete Camille Sylvies rundes Hinterteil, während ihre Zofe sich bückte, um die Satteltaschen als zusätzliches Hindernis vor die Tür zu stellen. Zum Glück reichte der Männermantel, den Sylvie tagsüber getragen hatte, bis zur Hälfte ihrer Schenkel, sonst wäre ihre Verkleidung leicht zu durchschauen gewesen. Wie verräterisch bestimmte Körperteile sein konnten, war Camille nicht bewusst gewesen, bevor sie früher am Abend die Darbietung unten im Gastraum gesehen hatte.

Verstohlen strich sie mit der Hand über ihren schwarzen Schulmeistertalar. Sie meinte immer noch, Henris heißen, harten Schwanz zwischen ihren Fingern zu fühlen, obwohl sie ihn nicht mit der nackten Hand berührt hatte. Sie hatte ihn im öffentlichen Speisesaal dazu gebracht, alles um sich herum zu vergessen und sich stöhnend in seiner Lust zu verlieren: Er war in ihrer Hand gekommen. Danach hatte sie sich Sylvies Serviette borgen müssen, um sich und ihn abzuwischen, bevor Henri zum Schlafen in den Stall gegangen war. Sie selber hatte zwar nicht den Höhepunkt erlebt, aber ihn so weit zu bringen, hatte ein Feuer in ihr entfacht. Ein mächtiges Feuer, das immer noch in ihr brannte.

Wenn sie jetzt dort hinausging, konnte er sie in einer leeren Box nehmen, konnte von hinten in sie hineinstoßen, während sie sich über einen Futtertrog beugte.

Offenbar war sie dabei, den Verstand zu verlieren. Sie hatte gehört, dass es Männern manchmal so ging, wenn sie das mittlere Alter erreichten, doch woher kamen die heißen Lüste, die plötzlich in ihr zum Leben erwachten?

Offensichtlich zufrieden mit der Barrikade, die sie innen vor der Tür errichtet hatte, befreite sich Sylvie von dem kurzen Schwert und dem Messer, die sie an ihrem Gürtel befestigt hatte, und legte die Waffen auf den Waschtisch. Sie berührte den Nachttopf mit ihrer Fußspitze und wandte sich an Camille: „Ich denke, wir sollten dieses Zimmer heute Nacht nicht verlassen, Madame." Mit einem missbilligenden Unterton fügte sie hinzu: „Wir habe schon genug riskiert, als wir uns im öffentlichen Gastraum gezeigt haben."

Das hatte Camille getan, um ihre Ängste zu besiegen, was

ihr auch gelungen war, nachdem sie sich mit Henris Hilfe Ablenkung verschafft hatte. Mit hochgezogenen Brauen erwiderte Camille: „Glaubst du, einer der Wüstlinge, die sich dort unten mit ihren Lustknaben vergnügen, interessiert sich auch nur im Geringsten für eine umherreisende Herzogin?"

„Das muss Madame entscheiden", stellte Sylvie mit gerunzelter Stirn fest.

„Sylvie", seufzte Camille. „Du weißt, dass ich keine Herzogin mehr bin. Nicht auf dieser Reise. Mittlerweile wird der Herzog mich für tot erklärt haben. Oder Schlimmeres."

„Davon habe wir nichts gehört, und es wäre uns heute Abend zu Ohren gekommen." Sylvie kniete sich vor Camille hin, um ihr die Stiefel und anschießend die Strümpfe auszuziehen. Dann hob sie den Kopf und schaute Camille von unten an. „Es tut mir leid, dass ich Madame kein Bad bereiten kann."

„Du musst dich nicht für Dinge entschuldigen, von denen ich sehr gut weiß, dass ich sie nicht haben kann", antwortete Camille. Sie stand auf, und Sylvie löste den Bindegürtel des Schulmeistertalars, bevor sie Camille, die sich umgewandt hatte, das Kleidungsstück von den Schultern zog. Darunter trug Camille ein schlichtes Leinenhemd und Unterhosen, die durch häufiges Tragen fast so weich wie die Seide waren. Wären ihre Brüste nicht so fest eingeschnürt gewesen, hätte sie sich in dieser Kleidung fast behaglicher gefühlt als in den Sachen, die sie in ihren eigenen Gemächern im Palast zu tragen pflegte.

„Setzt Euch bitte, Madame", sagte Sylvie. Sie löste Camilles Haar und massierte für ein paar Minuten ihre Kopfhaut, bevor sie Öl auf den Klebstoff träufelte, mit dem der falsche Bart befestigt war. Camille schloss die Augen und genoss es, umsorgt zu werden. Gleichzeitig bedauerte sie, dass Kaspar nicht da war. Er hätte sich um andere ihrer Bedürfnisse kümmern können, die gestillt werden mussten.

Nachdem sie den Bart gelöst hatte, legte Sylvie ihn sorgfältig beiseite, sodass sie ihn am nächsten Morgen wieder ankleben konnte. Dann beugte sie sich vor und reinigte Camilles Gesicht mit einem weichen Tuch, das sie mit pflegender Creme getränkt hatte. Camille spürte Sylvies Atem sanft auf ihrer Wange.

„Madame?“ Sylvie schaute sie abwartend an.

„Heraus damit“, forderte Camille sie auf. Nur selten zögerte Sylvie, das auszusprechen, was ihr auf der Zunge lag, und Camille wollte es so; sie brauchte die Offenheit und Ehrlichkeit ihrer Zofe.

Sylvie machte Camille ein Zeichen aufzustehen. Sie löste das Band im Nacken von Camilles Hemd, das daraufhin bis zu ihrer Taille hinunterrutschte, und begann die Brustbandage zu lockern. Über ihre Arbeit gebeugt, bemerkte sie: „Der Junge hätte Euch nicht so verkleiden können, wie ich es kann.“

Amüsiert erwiderte Camille: „Du hast keinen Grund zur Eifersucht.“

„Er steht weit unter Euch.“

„Nun, es würde mir gefallen, wenn er unter mir liegen würde.“ Lächelnd leckte Camille sich die Lippen.

Mit einem Ruck zog Sylvie das Lederstück weg, mit dessen Hilfe sie Camilles Kurven gebändigt hatte. Camille seufzte und wollte sich die schmerzenden Brüste reiben, doch Sylvie schob ihre Hände weg. „Ich bin noch nicht fertig.“

Es würde nicht ausreichen, zu sagen, dass sie in Ruhe gelassen werden und sich selbst fertig ausziehen wollte. Außerdem stimmte es nicht. „Vielleicht kannst du mich massieren, wenn du fertig bist.“ Mit schwacher Stimme fügte sie hinzu: „Das Reiten hat mich all meine Kraft gekostet, und meine Muskeln sind ziemlich steif.“

„Natürlich, Madame. Aber das wird Euch nicht vom Denken abhalten.“

„Ich habe nicht gesagt, dass ich …"

„Ihr könnt Eure Gedanken nicht vor mir verbergen, Madame. Ihr sorgt Euch, und das zu Recht. Wir haben dort unten für jedermann sichtbar am Tisch gesessen und gegessen, nachdem wir mit so vielen prachtvollen Pferden hier angekommen waren. Wenn wir Glück hatten, sind wir unterwegs durch den strömenden Regen, mit dem andere Reisende auch ihre Schwierigkeiten hatten, nicht weiter aufgefallen, aber ich glaube trotzdem …"

„Genug! Hilf mir lieber." Camille wünschte, Sylvie hätte ihre Gedanken für sich behalten. Es war völlig unnötig gewesen, sie an die Risiken zu erinnern, die sie eingegangen war. Sie war schon angespannt genug.

„Natürlich ist es mir eine Ehre, Euch zu massieren, aber ich denke, eine gründlichere Ablenkung wäre noch besser." Sie wickelte die Reste des Brustverbandes ab, zog ihrer Herrin das Hemd über den Kopf und umfasste dann Camilles Brüste mit ihren Händen.

Verwirrt schaute Camille hinunter auf ihren Busen, der zwischen Sylvies kleinen Händen hervorquoll. „Sylvie …"

„Bitte, Madame. Erlaubt mir, Euch zu zeigen, dass ich mich ebenso gut um Euch kümmern kann wie dieser dumme Junge." Plötzlich berührte sie Camille ganz anders als vorher. In einem Moment war es noch der vorsichtige, neutrale Griff, den Camille seit jeher gewöhnt war und an jedem Tag ihres Lebens gespürt hatte; im nächsten Augenblick fühlte sie, wie Sylvie mit ihren rauen Händen, die niemals so sorgfältig gepflegt worden waren wie Camilles eigene, voll Erfahrung und Wärme ihre Brüste rieb und streichelte.

Camilles Brüste waren so empfindlich – einerseits weil sie den ganzen Tag über fest umwickelt gewesen waren, andererseits von dem, was sie unten mit Henri getan hatte –, dass von Sylvies Zärtlichkeiten Hitze bis hinunter in ihren Bauch ausstrahlte. Sie wäre nie auf den Gedanken gekommen, sie könnte durch die Berührungen einer Frau erregt werden. Vielleicht wurde nach dem ersten Betrug an Michel, den sie mit Henri begangen hatte, jeder nachfolgende Betrug einfacher und bereitete ihr dadurch auch mehr Vergnügen. Hatte es für Michel genauso begonnen? Nein. Sie weigerte sich anzunehmen, sie könnte ihrem Gemahl auf irgendeine Weise gleichen.

Als Camille nichts sagte, hob Sylvie eine Hand zum Gesicht ihrer Herrin und strich ihr mit dem Daumen über den Wangenknochen. Camille musste schlucken. „Du hast wohl Angst, dass du auf dem Fußboden schlafen musst", bemerkte sie nach einem raschen Blick hinüber zu dem schmalen Einzelbett.

Sylvie machte einen Schritt rückwärts und ließ die Arme neben ihrem Körper herabhängen. „Ich bin sehr erfahren, Madame", erklärte sie. „Ihr würdet es nicht bereuen."

„Ich dachte, du bevorzugst Männer", wunderte sich Camille.

„Männer sind anders. Meine ersten Erfahrungen habe ich mit einem anderen Mädchen gemacht."

Fast hätte Camille verraten, dass sie noch nie ein Liebeserlebnis mit einer Frau gehabt hatte. Doch dann beschloss sie, dass das dumm und wahrscheinlich auch verletzend geklungen hätte, als würde sie es nur in Erwägung ziehen, um neue Erfahrungen zu machen. Obwohl der wahre Grund für ihr Handeln vielleicht ebenso verletzend war, wie Camille sich schuldbewusst eingestand. Sie wusste, und zwar bereits seit Jahren, dass Sylvie sie so sehr liebte, dass Camille es fast schon als Vernarrtheit bezeichnet hätte. Sylvies Loyalität ging so weit, dass sie sich selbst Schaden zugefügt hätte, um Camille zu dienen. Dagegen hatte Camille ihre Zofe niemals so geschützt, wie sie es hätte tun sollen; mehr als ein Mal war sie bei den Ränkespielen am Hof unterlegen. Einer von Michels Günstlingen hatte Sylvie seine Liebesbezeugungen gegen ihren Willen aufgedrängt, einzig und allein, weil er wusste, Camille besaß nicht die Macht, ihre Zofe zu schützen. Dass Sylvie am Ende nicht gegen ihren Willen im Bett jenes Höflings gelandet war, verdankte sie mehr ihrem eigenen Kampfesmut als Camille, ihrer angeblichen Beschützerin. Und nun hatte Camille sich einen Stallburschen als Geliebten genommen, anstatt ihre Zärtlichkeit dem Mädchen zu schenken, das ihr gedient hatte, seit es sechzehn war.

Sylvie hatte Besseres verdient, selbst wenn das, was Camille zu geben hatte, schon lange seinen Glanz und seine Schönheit verloren hatte. Sie wusste sehr genau, was sich das Mädchen als Gegenleistung für seine Dienste erhoffte. Camille legte die Hände auf Sylvies schmale Schultern und schob die Zofe in Richtung Bett. Sylvie stemmte die Füße auf den Boden. „Erlaubt mir, Euch zu zeigen, was ich für Euch tun kann", flehte sie. „Ihr könnt mir vertrauen."

„Später", erwiderte Camille, um die Kontrolle zu behalten. Sie drückte wieder gegen Sylvies Schultern, und dieses Mal ging die Zofe rückwärts, bis sie mit den Kniekehlen gegen die Bettkante stieß.

„Lasst mich meine Stiefel ausziehen", bat Sylvie.

Camille setzte sich neben sie auf das Bett und überlegte, was sie als Erstes tun sollte. Sie hätte Sylvie die Führung überlassen können, doch da sie gegenüber ihrer Zofe ihre Autorität bewahren wollte, wäre dieses Verhalten unklug gewesen. Sie wollte, dass Sylvie sich vor Lust auflöste, Sylvie, die niemals die Beherrschung verlor. Sie selber konnte es sich nicht leisten, die Kontrolle aufzugeben.

Im Herzogspalast wäre so etwas niemals geschehen. Dort hatten die Dinge ihren geregelten Ablauf. Jede einzelne Person im Palast hatte ihren Platz und ihre genau festgelegte

Rolle. Es hatte Camille große Anstrengung gekostet, herauszufinden, wie sie sich außerhalb der üblichen Wege und Regeln bewegen konnte. In ihrer alten Welt bestimmte der Herzog über sie; ihre Eunuchen waren für ihre Sicherheit und ihr Vergnügen da; Sylvie und die anderen Dienstmädchen kümmerten sich um die Pflege ihres Körpers. Doch die Eunuchen und Sylvie hatte ihr dabei geholfen, ihr Leben zu retten. Nun würde Camille Sylvie Lust bereiten und Sylvie ihr.

Als Sylvie sich ihr halb zuwandte, lag ein seltsamer Ausdruck auf ihrem Gesicht, und Camille erkannte, dass es Scheu war. Sylvie zeigte sich plötzlich schüchtern. Sie ähnelte Henri, war ebenso jung und vertrauensvoll wie er. In ihren Zügen war alles zu lesen, was Camille verloren hatte und was sie nur noch auf diese Weise spüren konnte.

Camille legte die Hände um Sylvies Gesicht und küsste zunächst vorsichtig die Stirn des Mädchens, dann ihre beiden Wangen und schließlich ihren Mund, ganz leicht, als würden Schmetterlingsflügel ihn streifen. Bevor sie sich zurücklehnen konnte, kam Sylvie ihr entgegen und erwiderte den Kuss mit geöffneten Lippen, die gegen ihre stießen, während die Zungenspitze der Zofe ganz kurz vorzuckte. Mit einer Hand auf Sylvies Schulter sorgte Camille dafür, dass sie sich nicht bewegte, dann erwiderte sie die Zärtlichkeit mit einem ein wenig festeren Kuss.

Unter ihren Lippen fühlte Sylvies Mund sich kleiner und weicher an als der eines Mannes. Es gefiel ihr, nicht von Bartstoppeln gekratzt zu werden, doch gleichzeitig vermisste sie die raue Berührung. Während sie sich küssten, glitt Sylvies Hand hinunter zu Camilles Brüsten und drückte sie leicht; es fühlte sich gut an, aber ganz anders als Henris nachdrückliches Streicheln. Etwas, das sie nicht hätte in Worte fassen können, fehlte, etwas wie ein vager Duft oder ein Lufthauch.

Vielmehr – es fehlte nicht wirklich, nur fast. Camille konzentrierte sich auf die besondere Form von Sylvies Mund, auf ihren Geschmack, ihre Haut, die so glatt und weich war wie Blütenblätter. Nach einigen Minuten gelang es ihr, die sanften Freuden der Küsse einer Frau zu genießen.

Sylvie war nicht so beherrscht. Das erkannte Camille daran, wie fest sich das Mädchen an sie klammerte und an ihren raschen Atemzügen, wenn Camille ihre Schulter oder ihren Arm streichelte.

Es fühlte sich gut an, diejenige zu sein, die die Situation unter Kontrolle hatte. Sie öffnete den Kragen von Sylvies Hemd, beugte sich vor und presste ihren Mund an die Stelle, wo dicht unter der Haut das Blut pulsierte, saugte dort ganz sanft. Das Stöhnen, das Sylvie daraufhin ausstieß, vibrierte unter Camilles Lippen, und so setzte sie ihre Erkundung fort, während ihre Hände sich gemeinsam mit Sylvies daran machten, das Männerhemd, das die Zofe trug, abzustreifen. Mit dem enttäuschenden Ergebnis, dass ihre Fingerspitzen hart gegen das Leder und die Bandagen stießen, unter denen der Busen des Mädchens verborgen war.

„Lasst mich das machen“, stieß Sylvie hervor. Ihre normalerweise flinken Hände zitterten ungeschickt, als sie an den Leinenstreifen riss, das Lederstück herauszog und alles zusammen in einem Haufen auf den Boden warf. Es gelang Camille trotzdem, ihr Lachen zu unterdrücken. Sie drückte Sylvie rückwärts auf die Federmatratze und veränderte ihre Lage so lange, bis sie beide vollkommen ausgestreckt waren.

Camille stützte sich neben Sylvies Schultern ab und betrachtete das Mädchen. Die Pupillen der Zofe waren geweitet und dunkel; ihre Lippen von Camilles Küssen geschwollen und ihre Wangen und die Kehle vor Erregung gerötet. Camille legte ihre Hand um eine von Sylvies kleinen Brüsten, strich mit dem Daumen über den Nippel und drückte ihn sachte in das weiche Fleisch. Es war fester als das ihrer eigenen Brüste, die Nippel größer und mehr rosa als braun. Sylvies Lider zuckten, bevor ihre Augen sich schlossen, gleichzeitig öffneten sich ihre Lippen. Der Anblick faszinierte Camille. Es war, als würde sie in einen Spiegel sehen und könnte sich selbst dabei beobachten, wie sie von einem geheimnisvollen Gegenüber erregt wurde.

Camille spreizte die Beine über Sylvies Hüften und fuhr fort, Sylvies Brüste zu erkunden, wobei sie jedes Mal ein Schauer der Erregung durchlief, wenn Sylvie den Atem anhielt. Schließlich ergab sie sich ihrer Neugier und beugte sich hinunter, um eine von Sylvies Brustspitzen mit den Lippen zu umschließen.

„Madame …“, keuchte Sylvie. Ihre Finger krallten sich in Camilles Schultern.

Camille betrachtete diese Reaktion als Bestätigung und rollte den Nippel zwischen ihren Lippen. Er war heißer, als sie erwartet hatte, heißer als Sylvies Mund oder die Haut ihres Nackens. Versuchsweise presste Camille die Lippen zusammen, wobei sie darauf achtete, nicht die Zähne zu benutzen.

Sylvie bäumte sich auf und stöhnte. Bei diesem Geräusch verspürte Camille ein seltsam hohles Gefühl in der Magengrube, und sie machte weiter. Als sie fortfuhr, heftig an Sylvies Knospen zu saugen, erkannte sie, wie ihr Unterleib sich im selben Rhythmus zusammenzog.

Mit den Fingerspitzen folgte sie den Linien von Sylvies Rippen, liebkoste die dünne Haut über dem vorstehenden Hüftknochen und schob dann die Finger unter den Bund der ledernen Reithosen, als Hinweis auf die Dinge, die noch folgen würden. Als ihr plötzlich einfiel, was sie unten im Gastraum gesehen hatte, rutschte sie ein wenig nach unten, um ihren Venushügel an Sylvies Schenkel zu pressen. Im

Takt ihrer saugenden Lippen ruckte sie dann mit ihren Hüften vor und zurück. Die Bänder ihrer leinenen Unterhosen lösten sich mehr und mehr, und die Hose rutschte ihr bis zu den Hüftknochen hinunter; Camille hielt einen Moment lang inne, um sich die Hose auszuziehen, bevor sie sich wieder an Sylvie presste. Kurz darauf war ihre Haut glitschig vom Schweiß.

In ihrem Kopf verwandelte sich der Lärm, der aus der Gaststube nach oben drang, in das gleichmäßige Klopfen der Hände auf die Tische während der Darbietung, die sie gesehen hatte. Camille stellte sich vor, dass sie selber und Sylvie auf dem Tisch lagen und Männer um sie herumstanden, die ihnen aufmerksam zusahen und dabei miteinander redeten und Kommentare zu dem abgaben, was Sylvie und sie zusammen taten. Das war etwas anders, als wenn der Herzog ihr zusah. Diese Männer kannten sie nicht, wussten nichts über sie, außer dass sie jemand war, der Lust spendete. Sie musste gut sein, um die Zuschauer zu beeindrucken; davon hing ab, ob sie ihren Lebensunterhalt verdienen konnte oder nicht.

Anstelle ihrer Lippen liebkosten nun wieder ihre Finger Sylvies Brüste, und sie küsste erneut Sylvies weichen Mund, schmeckte die Innenseite ihrer Wangen und saugte an ihrer Zunge. Sylvie reagierte voller Begeisterung und ließ ihre Hände auf Camilles Rücken nach unten gleiten. Dann schlang sie ein Bein um Camilles Hüfte und stieß ihren Unterleib aufwärts, wodurch sich ihre lederne Hose auf höchst lustvolle Art an Camilles nackter Möse rieb.

Ihre imaginären Zuschauer würden begeistert sein, aber unruhig werden. Camille rieb sich ein letztes Mal an Sylvies Schenkel, dann richtete sie sich auf, öffnete die ledernen Hosen und zog sie über die schlanke Hüfte der Zofe nach unten. Camille war erstaunt, keine Unterhose zu finden, aber wo sollte Sylvie sie auch in den engen Hosen verbergen? Sie trug bereits ein Taschentuch zwischen den Beinen, um das Vorhandensein eines Schwanzes vorzutäuschen. Dieses Tuch benutzte Camille nun, um damit Sylvies Brüste und ihren Nacken zu liebkosen.

Sylvie griff nach dem Taschentuch und warf es auf den Boden. „Bitte, Madame, macht schnell."

Ernst schaute Camille auf das Mädchen hinunter. „Ich werde in genau dem Tempo weitermachen, das mir gefällt."

Sylvies Augen weiteten sich, und einen Augenblick lang dachte Camille, sie würde widersprechen. Dann senkte das Mädchen langsam den Blick und wandte ihren Kopf zur Seite. Ihr Atem wurde schneller, und sie fuhr sich mit der Zunge über die Lippen. „Ihr dürft mich ruhig schlagen, wenn Ihr es wünscht."

Camille hätte Sylvie gern einen Klaps auf das runde Hinterteil versetzt. Es war klar, dass Sylvie die Schläge genossen hätte, sonst hätte sie den Vorschlag nicht gemacht. Doch Camille hatte keinen Dienstboten mehr geschlagen, seit sie kein ungebärdiges junges Mädchen mehr war, und die Vorstellung, es nun zu tun, selbst unter diesen Umständen, ließ sie sich unbehaglich fühlen. Sie konnte dieses Mädchen nicht schlagen, selbst wenn es nur im Spiel war. Den Blick auf den Pulsschlag in Sylvies Kehle geheftet, atmete sie tief ein. „Zieh deine Hose aus."

Gehorsam zerrte Sylvie die lederne Reithose bis zu den Knien hinunter. Camille zog sie ihr vollständig aus und betrachtete dann aufmerksam Sylvies Spalte. Üppige goldbraune Locken knisterten unter ihrer Berührung. Sie dachte einen Moment nach, dann befahl sie: „Ich will keinen Ton von dir hören, ganz gleich, was ich tue."

„Ja, Madame", hauchte Sylvie und wand sich unter ihrer sanft forschenden Hand.

Camille ließ ihre Fingerspitzen durch Sylvies feuchte Locken gleiten und versuchte, ihr Gleichgewicht wiederzufinden. Indem sie ihre Hand über Camilles legte und ihre Finger mit denen ihrer Herrin verflocht, lenkte Sylvie Camilles Bewegungen. „Du bist ein sehr ungeduldiges Mädchen“, stellte Camille lächelnd fest.

Sylvie erwiderte das Lächeln und legte ihre andere Hand auf ihren eigenen Mund.

Wieder und wieder ließ Camille einen Finger an Sylvies Schlitz entlanggleiten und erhöhte dabei jedes Mal ein wenig den Druck. Als sie sich vorbeugte, sah sie die winzigen Tröpfchen, die wie Tau aus Sylvie herausperlten. Mit der Handfläche verteilte Camille die Flüssigkeit und zog dann die Schamlippen des Mädchens auseinander. Sie blies über die zarte Haut, unter der sich die Perle verbarg, und war erstaunt, als Sylvie erschauderte. Sie hatte vorgehabt, das Mädchen dort zu küssen, doch das hier war unterhaltsamer: Dieses Mal pustete sie direkt auf das heiße Fleisch, das ihre Hände freigelegt hatten. Sylvie griff Halt suchend ins Leere und krallte sich dann in die Decke. Camille schob ihren Mittelfinger in Sylvies feuchte Öffnung und stieß wie ein winziger Schwanz in die Enge, während sie abwechselnd mit der freien Hand und ihrem Atem Sylvies Lustpunkt reizte.

Als die heftigen Atemzüge der Zofe sich in lautes Stöhnen verwandelten, wuchs auch Camilles Erregung. Ihre eigene Feuchtigkeit lief an ihren Schenkeln hinab, wo sie sich verteilte, als Camille ihre Haltung änderte. Sie legte sich wieder dicht neben Sylvie und zog das Bein des Mädchens fest zwischen ihre eigenen, sodass sie sich selbst Lust verschaffen konnte, indem sie ihre Hüften nach vorne stieß. Sie schob noch einen Finger in Sylvie hinein, dann einen weiteren und keuchte selber ein wenig, als die Muskeln in Sylvies Innerem sich um ihre Finger krampften. „Nimm dich zusammen", befahl Camille. „Ich verbiete dir, jetzt schon zu kommen."

Tief sog Sylvie den Atem ein. Camille zog ihre Finger wieder heraus. Sie glaubte nicht, dass Sylvie den Höhepunkt noch lange würde hinauszögern können, aber sie erkannte an der Röte, die in die Wangen des Mädchens geschossen war, dass der Befehl sie erregt hatte. Camille wartete einen Moment, wobei sie träge mit einer Locke spielte, dann näherte sie ihren Mund Sylvies Ohr. „Ich werde dich jetzt zum Höhepunkt bringen", flüsterte sie. „Jetzt will ich dich hören", damit schob sie ihre Finger wieder in Sylvies Möse und drückte gleichzeitig mit dem Daumen fest auf ihre Kirsche.

Das lang gezogene Stöhnen, das Sylvie hervorstieß, schien aus den Tiefen ihres Bauches zu kommen, und als sie das hörte, konnte Camille nicht anders, als mit einem Keuchen zu reagieren. Sylvie klammerte sich verzweifelt an ihre Herrin. Camille rieb und stieß und trieb sie dem Höhepunkt entgegen, wobei sie vor Anstrengung rasch und heftig atmete.

Als Sylvie kam, spürte Camille das Zucken um ihre Finger, die heftigen Kontraktionen und den Strom von Flüssigkeit, der gleichzeitig mit den letzten, wimmernden Schreien kam. Camille war nicht in der Lage wegzusehen oder sich abzuwenden oder irgendetwas anderes zu tun, als verwundert in Sylvies Gesicht zu starren, während diese von der Erfüllung geschüttelt wurde. Als Sylvie schließlich erschöpft auf die Matratze zurückfiel, konnte Camille den Anblick kaum ertragen, so sehr berührte er sie. Ihre Augen waren feucht von Tränen, die sie sich selbst nicht erklären konnte.

Sie hätte es nicht tun sollen. Sie durfte sich Sylvie gegenüber nicht so verletzlich zeigen, wie sie eben ihre Zofe gesehen hatte, wenn sie sich aber weigerte, würde sie Sylvie furchtbar verletzten. Camilles Herz zog sich vor Furcht zusammen.

Dann streckte Sylvie die Hände nach ihr aus, und Camille glitt in ihre Arme. Sie war gut darin, die Kontrolle zu behalten. Außerdem würde sie einfach ihr Gesicht verbergen.

10. KAPITEL

Als Sylvie erwachte, umgab sie der Geruch der Liebe, gleichzeitig spürte sie, dass ihr Kiefer schmerzte. Sie lag auf dem Bauch, ein Teil ihres Körpers hing über den Rand des schmalen Bettes, und ihre Nase hatte sie in die äußerste Ecke eines Kissens gebohrt. Als sie mit einem Auge blinzelte, schaute sie direkt gegen eine Masse dunklen, von grauen Strähnen durchzogenen Haars, das sie im ersten Tageslicht gerade eben erkennen konnte. Die Herzogin, ihre Herrin. Das war sie nun in mehr als einer Hinsicht.

„Gnade", flüsterte sie sehnsüchtig vor sich hin, während die Erinnerung wiederkam. Es war furchtbar schade, dass Madame nicht mehr Vergnügen gehabt hatte. Oh, sie hatte ihren Spaß gehabt – dafür hatte Sylvie gesorgt –, aber es war klar, dass sie keine Vorliebe für Frauen als Bettgefährten entwickelt hatte. Sie war auch nicht wie Sylvie selber, die Frauen ebenso interessant fand wie Männer und manchmal ihrem eigenen Geschlecht gegenüber tiefere Gefühle entwickelte.

Sylvie seufzte. Madame hätte sich völlig anders verhalten können. Ein winziger Hinweis von ihr, und Sylvie hätte sich willig fesseln, knebeln, sich die Augen verbinden, sich schlagen und auspeitschen lassen. Hätte die Herzogin diese Dinge mit ihr getan, wäre es die reine Ekstase für sie gewesen. Allein bei der Vorstellung erschauderte Sylvie vor Erregung. Wenn sie ihr die Möglichkeit gab, würde Sylvie der Herzogin beibringen, all diese Dinge zu lieben und zu genießen. Ja, es war jammerschade, dass Madame nicht vergessen konnte, wie der Herzog sie allzu oft behandelt hatte. Das war die Wurzel des Übels. Wenn es ihn nicht gäbe, hätte Madame viele der Dinge genossen, die er ihr für alle Zeit verdorben hatte.

Nachdem Sylvie aufgestanden war, drehte sie ihr Haar zu einem unordentlichen Knoten zusammen, dem sie mit einigen Schreibfedern Halt gab, welche sie in den Taschen des Schulmeistertalars fand. Dann suchte sie nach einem Tuch und wusch sich. Sie hatte Zahnpuder zur Hand, aber ihre Zahnbürste war in den Tiefen der Satteltaschen vergraben, also behalf sie sich mit ihren Fingern. Anschließend nahm sie sich einen Moment Zeit, ihren Kiefer zu massieren. Sie hatte allein mit ihrem Mund wie eine Wilde gearbeitet, um Madame zu befriedigen.

Schon bald würde das Zimmermädchen kommen. Sie würde nicht wissen, dass in der vergangenen Nacht angeblich ein Junge und ein Mann in dem Zimmer geschlafen hatten, sodass es nicht nötig war, ihre Verkleidung bereits jetzt wieder anzulegen. Falls sie sich dennoch herausreden mussten, hatte Sylvie sich eine Geschichte zurechtgelegt. Sie würde behaupten, sie seien zwei Dirnen, die der Schulmeister zu sich bestellt hatte, und der arme Junge sei in den Stall geschickt worden, um dort beim Reitknecht zu schlafen. Nach dem, was Madame beim Abendessen in der Gaststube mit dem Knecht angestellt hatte, würde niemand diese Geschichte bezweifeln.

Sylvie entfernte das Hindernis, das sie am vergangenen Abend vor der Tür aufgebaut hatte, wobei sie darauf achtete, die Satteltaschen anzuheben und sie nicht über den Fußboden zu schleifen, um die Herzogin nicht zu wecken. Den Waschtisch zu bewegen war schwieriger, aber sie zog ihn vorsichtig Stück für Stück beiseite, bis die Tür wieder passierbar war. Die Herzogin schlief immer noch tief.

Sylvie ging zum Bett und setzte sich dicht neben sie. Bewundernd betrachtete sie die sanfte Kurve, in der ihr Rückgrat in ein üppiges Hinterteil überging, und die festen Sehnen an den Rückseiten ihrer Schenkel. Sie dachte darüber nach, von oben nach unten über den nackten Körper ihrer Herrin zu streichen, entschied sich dann aber dafür, sich wieder ins

Bett zu kuscheln. Dort schlang sie den Arm um die Taille der Herzogin, sodass ihre Fingerspitzen ganz leicht den sorgfältig enthaarten Venushügel berührten. Vielleicht war es ihre letzte Chance, ihrer Herrin so nah zu sein.

Als von außen jemand mit den Fingerknöcheln gegen die Tür klopfte, fuhr Sylvie aus dem Halbschlaf hoch. Bevor sie aus dem Bett springen konnte, wurde die Tür geöffnet. Sylvie versuchte, gelangweilt und übersättigt zu wirken, scheiterte aber kläglich, als sie feststellte, dass nicht das Zimmermädchen in den Raum getreten war, sondern der Stallbursche in der Türöffnung stand.

„Mach die Tür zu!", zischte sie ihn an, während sie sich aus dem Bett rollte. Sie hob ihre ledernen Reithosen vom Fußboden auf, stieg hinein, ließ aber den Taillenbund offen. Wenigstens hatte Henri genug Verstand, um zu tun, was man ihm sagte. Er lehnte sich gegen die geschlossene Tür und starrte zum Bett hinüber. Sylvie rollte mit den Augen. Dachte er etwa, Madame würde ihm allein gehören?

„Eifersüchtig?", erkundigte sie sich ironisch.

„Nicht ... direkt", erwiderte Henri. Sein Blick wanderte zu Sylvies Brüsten. Er machte einen Schritt nach vorn und ging wieder zurück, um den Türriegel vorzuschieben. „Ich dachte nicht, dass die Tür einfach so aufgehen würde."

„Ich habe sie für das Zimmermädchen geöffnet", erklärte Sylvie.

„Aber würde ihr nicht auffallen ..."

„Ich habe mir eine Erklärung für sie ausgedacht", fauchte Sylvie. „*Dir* bin ich jedenfalls keine schuldig."

Henri streckte seinen Rücken und sagte: „Madame la Duchesse ist niemandem eine Erklärung schuldig." Sie hätte ihn für diese Bemerkung mehr respektiert, wenn sie nicht die Beule in seiner Hose gesehen hätte. Er war scharf auf Madame. Sie bezweifelte, dass er wahre Liebe und Loyalität von seinen männlichen Gelüsten unterscheiden konnte.

In diesem Moment bewegte sich die Herzogin, richtete sich auf und strich sich die Haare aus den Augen. Sylvie bemerkte, wie Henris Blick über ihre nackten Brüste glitt, bevor er ihr ins Gesicht schaute. Es war klar, was ihn am meisten interessierte – die Brüste einer Frau.

„Hört auf zu zanken. Besteht irgendeine Gefahr für uns, Henri?"

„Nein, Madame." Er trat einen weiteren Schritt näher. „Es regnet sehr stark. Die Brücke, über die wir müssen, steht unter Wasser. Die anderen Stallknechte haben gesagt, es wäre besser, wenn wir noch einen Tag hierblieben."

Sylvie seufzte erleichtert. Auch Verfolger würden von überfluteten Straßen und Brücken aufgehalten werden.

„Ich denke, wir sind nicht in Gefahr, solange wir dieses Zimmer nicht ohne unsere Verkleidungen verlassen", überlegte die Herzogin. „Hoffentlich ist Kaspar so klug zu warten und später zu uns zu stoßen."

Sylvie hätte am liebsten gesehen, dass die Herzogin den Jungen fortschickte. Er hätte zum Beispiel Wasser holen können, sodass sie ihrer Herrin beim Waschen helfen konnte. Stattdessen sagte die Herzogin: „Komm her zu mir, Henri."

Obwohl Sylvie nicht die Absicht gehabt hatte zu protestieren, hatte sie wohl unwissentlich einen Laut ausgestoßen. Madame warf ihr genau den Blick zu, der die meisten der Frauen bei Hofe immer hatte zusammenzucken und zurückweichen lassen. Sylvie trat beiseite, hob die Kleidung auf, die sie auf den Boden geworfen hatten, beschnitt den Docht und zündete die Lampe an. Allerdings schaute sie über ihre Schulter, als der Junge zur Herzogin trat. Er kniete sich neben das Bett; sie legte ihm die Hand auf den Kopf, zerwühlte seine Haare und zupfte ein paar Strohhalme heraus. Sylvie kräuselte die Lippen.

„Heute ist ein guter Tag, um dich zum ersten Mal deinen anderen Pflichten zu widmen“, bestimmte die Herzogin. „Hinterher kannst du unser Frühstück hierher aufs Zimmer bringen.“

„Madame“, widersprach Sylvie. Sie würde das Frühstück holen, denn sie hatte ganz sicher nicht vor, im Zimmer zu bleiben und zuzusehen, wie der Junge die Herzogin beschmutzte. Wenn die Eunuchen Madame befriedigten, war das etwas anderes. Sie waren das Eigentum der Herzogin und ein Privileg, das sie genoss, während den Eunuchen Lust verboten war. Sylvie wusste, dass Madame ganz anders zu dem Jungen stand. Das erkannte sie an den unnötigen Zärtlichkeiten, die sie ihm schenkte, an dem liebevollen Unterton in ihrer Stimme, den sicher niemand außer Sylvie selber wahrnahm.

„Vielleicht möchtest du dich zu uns gesellen“, schlug die Herzogin vor. Es war keine Frage. Sylvie wollte das nicht tun, aber … aber. Sie hatte die Herzogin aufgefordert, sie zu quälen, und das tat sie nun, indem sie den Jungen als Folterinstrument benutzte. Für Madame würde Sylvie leiden, und sie würde das Beste daraus machen. Außerdem würde sie dem Jungen zeigen, wie man sich zu verhalten hatte, wenn die Herzogin einen Wunsch äußerte. Vielleicht würde sie ihn sogar zum Schreien bringen, das würde für Madame zusätzliche Unterhaltung bedeuten.

Mit schwingenden Hüften ging sie zum Bett und sorgte dafür, dass ihr lockiges Schamhaar durch den offen stehenden Schlitz der ledernen Reithose zu sehen war. Vor der Bettkante zog sie sich die Federn aus dem Haar und schüttelte es zu einer wilden Wolke auf. „Was befiehlt Ihr, Madame?“

Die Herzogin stieg aus dem Bett und streckte sich, und Sylvie konnte den Blick nicht von ihr abwenden. „Ich werde jetzt meine Zähne putzen“, erklärte Madame. „Du wirst inzwischen Henri ausziehen. Er sieht in seinen neuen Kleidern gut aus, aber ich möchte ihn ohne sie sehen."

„Kann ich es so machen, wie ich möchte?", erkundigte sich Sylvie, die den nervösen Gesichtsausdruck des Jungen bemerkt hatte.

„Sei nicht zu grob zu ihm", bestimmte die Herzogin. „Das würde dir nicht gefallen, nicht wahr, Henri?"

„Nein, Madame", erwiderte er. Langsam erhob er sich von den Knien und setzte sich aufs Bett, wobei er darauf achtete, die Wand im Rücken zu haben. Sylvie näherte sich ihm und bewegte sich dabei so energisch, wie sie nur konnte. Sie hatte viel Übung darin, Männer einzuschüchtern, hatte schon mehr als einen dazu gebracht, darum zu betteln, von ihr erniedrigt zu werden. Der Lohn für ihre Bemühungen waren Henris ängstlich aufgerissene Augen.

Er trug seine neuen Stiefel – lederne Reitstiefel ähnlich wie ihre –, ein locker fallendes Hemd und eine dunkle Livreejacke mit Verschlüssen aus gleichfarbigen Kordeln. Die dunkle Kleidung ließ ihn nicht erwachsener wirken. Vielmehr sah er wie ein kleiner Junge aus, der sich zum Spaß und um sich zu verkleiden die Uniform seines Vaters angezogen hatte. Madame verdiente etwas tausend Mal Besseres als ihn. Allerdings musste Sylvie zugeben, dass er nicht zu den hochmütigen Angebern gehörte, die sie grundsätzlich verabscheute. Sie fand ihn nicht vollkommen abstoßend. Aus diesem Grund und um Madame zu erfreuen, beschloss sie, sich Mühe mit ihm zu geben.

Die Herzogin hatte ihren seidenen Morgenmantel aus einer der Satteltaschen gezogen und ihn sich übergeworfen. Sie setzte sich auf den Stuhl, stützte die Füße auf Sylvies Satteltasche und öffnete den Deckel der Dose mit dem Zahnpulver. „Fangt an", befahl sie. „Ich geselle mich später zu euch."

Sylvie hatte beschlossen, sich mit gespreizten Beinen vor

Henri zu knien. Sein Blick glitt von ihrem Busen bis hinunter zu der Stelle, wo ihre Schenkel zusammenstießen. Sie griff nach einem seiner Stiefel und zog daran. Dabei beugte sie sich so, dass er den Anblick, welcher sich ihm bot, ganz sicher genießen würde. Auf seinen Wangenknochen bildeten sich rote Flecke. Mit dem zweiten Stiefel ließ sie sich mehr Zeit, und als sie ihn davon befreit hatte, legte sie die Hand um seinen Knöchel und drückte ihn, zog an seinen Zehen und ließ ihren Daumen über die Wölbung seines Fußes gleiten. Als er sich zurücklehnte und mit den Ellenbogen abstützte, konnte sie direkt auf Höhe ihrer Augen die Beule in seiner Hose sehen. Die engen ledernen Reithosen mussten ihm inzwischen sehr unbequem sein. Gut!

Sylvie stand auf, fasste nach den Aufschlägen seiner Jacke und zog ihn vom Bett hoch. Auch ohne seine Stiefel war er immer noch ein wenig größer als sie. Rasch öffnete sie seine Jacke, zog sie ihm aus und warf sie über den Berg aus Satteltaschen neben sich, bevor sie ihm das Hemd aus der Hose zerrte. Es fiel über seine Hüften und verbarg die Wölbung zwischen seinen Schenkel vor ihren Blicken, was nicht hieß, dass sie nicht mehr daran dachte.

„Vielleicht solltest du dich lieber zu Madame umdrehen." Sie legte ihm die Hände auf die Schultern und sorgte dafür, dass er sich umwandte.

Die Herzogin hatte inzwischen ihre Zähne geputzt und bürstete sich nun das Haar. Knisternd fiel es über den seidenen Morgenmantel und hob sich dunkel von dem blassen Goldton ab. Sie lächelte ihnen zu. „Danke. Macht bitte weiter."

Sylvie packte Henris Oberarme und zog sie hinter seinen Rücken. Er stieß einen unterdrückten Laut aus, wehrte sich aber nicht. Sein Blick ruhte auf der Herzogin, die ihn anerkennend betrachtete. Sylvie nahm sich einen Augenblick Zeit, seine Muskeln zu betasten; schwere Arbeit hatte sie so ausgeprägt werden lassen, dass sie sie deutlich durch den papierdünnen Stoff seines Hemdes fühlen konnte. Hätte sie etwas zur Hand gehabt, um ihn zu fesseln, hätte sie der Herzogin einen hübschen Anblick bieten können. So aber verbrachte sie einige Zeit damit, ihn in die Muskelstränge zu beißen, die sich über seinen Nacken zogen. Es fühlte sich gut an, wenn er sich aufbäumte und rückwärts gegen sie drängte, und sicher hatte auch die Herzogin ihr Vergnügen daran.

Als sie schließlich damit aufhörte und über Henris Schulter griff, um die Bänder am Halsausschnitt seines Hemds zu lösen, atmete er rasch und heftig. Sie zog das Hemd von einer seiner Schultern und entdeckte dort und an seinem Arm blaue Flecke, die ihr nicht aufgefallen waren, als sie ihn in der Scheune zum ersten Mal ausgezogen hatte. Mit einem Finger strich sie vorsichtig über seine Haut, und er erschauderte. Dann zog sie ihm das Hemd über den Kopf, wobei sie den Stoff fest über seine Nippel rieb und ihn an der Brust und im Nacken damit reizte.

Er lehnte sich an sie, sodass sich die Muskeln an seinem Rücken gegen ihre Brüste pressten, und als er mehrmals seine Schultern hochzog und wieder senkte, wurden ihre Nippel steif. „Du kleiner Hurenbock!“, zischte sie. „Ich habe dir nicht erlaubt …“

„Oh, lass ihn doch, Sylvie. Es hat dir gefallen, nicht wahr?“ Die Herzogin klopfte sich mit der Haarbürste gegen den Schenkel und zog eine Braue hoch. Sylvie schluckte eine Erwiderung hinunter, warf Henris Hemd auf den Boden und drückte sich gegen seinen Rücken. Mit den Fingern folgte sie dem Taillenbund seiner Reithose, ertastete seine Hüftknochen und bemerkte zu ihrer Zufriedenheit, dass er sich jedes Mal auf die Zehenspitzen stellte, wenn ihre Hände über die Vorderseite der Hose glitten. Immer noch rieb er seinen Rücken an ihr, nutzte jede Gelegenheit, sie noch mehr zu reizen.

Eines Tages würde sie ihn fesseln, und er würde sie anflehen, ihm Erleichterung zu verschaffen, während sie vollkommen kühl und gelassen blieb. Jetzt aber fühlte sich sein harter Körper an ihrem gut an. Sie versuchte, sich vorzustellen, welchen Anblick sie beide der Herzogin boten. Es war zu schade, dass es in diesem Zimmer keine Spiegel gab, wie sie die Räume des Herzogspalasts schmückten.

Sie konnte nichts sehen, aber sie konnte fühlen. Sie ließ ihre Hand weiter nach unten gleiten und grub ihre Finger in das Fleisch seines Schenkels. Sein Atem stockte. Sie rieb sich an seinem Hintern und spürte, wie das Leder seiner Hose an ihren unteren Locken zerrte. Bebend vor Erregung stellte sie sich sein Grinsen vor und spürte gleichzeitig sein unterdrücktes Lachen. Sie rächte sich, indem sie mit der freien Hand fest über seine harten Schaft strich. Unter ihren Fingern wurde sein in der Hose eingesperrter Schwanz länger und dicker. Sie tastete nach seiner Spitze. Ihn dort mit dem Mund zu reizen, direkt unter dem kleinen Wulst an der Rückseite, war in der Scheune besonders erfolgreich gewesen. Allerdings war es schwierig, ihn dort zu fassen zu bekommen, seine Hose war im Weg. Sie öffnete die Knöpfe und befreite sein Glied.

Henri warf den Kopf in den Nacken, sodass er an ihrer Schulter lehnte, als sie seine Vorhaut vor- und zurückschob. Sylvie lächelte. „Du bist viel zu leicht zu erregen“, flüsterte sie, bevor sie ihm die Zunge ins Ohr schob. Er antwortete nicht, schnappte nur nach Luft. Vielleicht hatte er nichts zu seiner Verteidigung vorzubringen.

„Madame“, wandte Sylvie sich an ihre Herrin. Sie ließ ihren Daumen kreisen und verteilte die Flüssigkeit, die aus ihm heraustropfte, sodass die Herzogin den Anblick seiner glänzenden Eichel genießen konnte. Henri erschauderte, und sie presste sich noch ein wenig dichter an seinen Rücken. „Was soll ich mit ihm machen? Oder gehört er nun Euch?“

Die Herzogin leckte sich über die Lippen und packte den Griff der Haarbürste fester. „Henri", sagte sie. „Möchtest du Sylvie vögeln? Ich würde gern dabei zusehen. Du musst es aber nicht tun."

Eigentlich hätte Sylvie nicht erstaunt sein sollen. Immerhin hatten die beiden ihr bereits eine saftige Vorstellung gegeben. Würde Madame ihr erlauben, ihn zu schlagen, wenn er sich weigerte, oder war sie seinen mädchenhaften Wimpern bereits vollkommen verfallen? Sie spürte, dass sie wütend werden würde, wenn der Junge sie nicht wollte. Sie wollte mit ihrer Vorführung für Madame weitermachen. Als sie sich vorstellte, wie es weitergehen würde, sickerte es feucht aus ihrer Ritze heraus.

Henri legte seine Hand über ihre und hielt sie fest. „Es würde mir gefallen", erklärte er. Dann zog er ihre Hand von seinem Schwanz weg und drehte sich um, sodass er sie ansehen konnte. „Ist dir das recht?"

Er hatte nicht die leiseste Ahnung, wie dieses Spiel funktionierte. Wenn Madame ihr nur erlauben würde, ihn gründlich in die Regeln einzuführen. Aber wahrscheinlich würde er die Feinheiten nicht einmal begreifen, wenn man versuchte, sie ihm zu erklären. Sylvie lächelte ihn so verheißungsvoll an, wie sie nur konnte. „Ganz und gar recht", erwiderte sie.

Sie ging zurück zum Bett und zog ihn an der Hand hinter sich her. Seine Wangen waren gerötet, ebenso wie – und es amüsierte sie, das zu sehen – seine Nasenspitze. Offenbar gelang es ihm nicht, den Blick von ihren Brüsten zu lösen. Das nutzte sie aus, indem sie ihn zum Stolpern brachte und über sich auf das Bett zog. Er wehrte sich nicht. Sekunden später lag sie mit gespreizten Beinen auf der Matratze. Henri spreizte sich über ihrem Bein und schaute auf sie herunter.

„Sylvie", bat er, „darf ich dich küssen?"

Sie war sich nicht sicher, was sie ihm antworten sollte.

Noch nie zuvor hatte jemand sie um Erlaubnis gefragt. Unter normalen Umständen hätte sie nicht zugestimmt, aber Madame sah zu und sein Atem war süß.

Sie legte die Hände auf seine Schultern und zog ihn zu sich herab, weil sie den Druck seiner Brust auf ihren Nippeln spüren wollte. Sein Schwanz bohrte sich in ihren Bauch, und sie rieb sich an ihm, während er sich über ihren Mund hermachte, zuerst ganz sanft und süß wie ein Mädchen. Er war noch nicht einmal zwanzig, fast noch ein Kleinkind. Obwohl sie nur wenige Jahre älter war, kam es Sylvie vor, als hätte sie ihm an Erfahrung Jahrzehnte voraus. Während sie sich küssten, grub sie die Fingerspitzen in sein Haar, und sein Stöhnen vibrierte auf ihrer Zunge. Sie öffnete den Mund weiter und saugte ihn in sich hinein, nicht um mit ihm zu kämpfen, sondern um eine schlichte Freude mit ihm zu teilen. Sie konnte nicht umhin, sich einzugestehen, dass sein Eifer ansteckend war.

Henri beugte sich tief über sie, verdrehte seine Hüften und krallte die Hände an beiden Seiten ihres Kopfes ins Laken. Zwischen seinen Küssen keuchte er. Sylvie zog ihre Fingernägel an seinem Rücken hinunter und grub die Finger in seine Hinterbacken, zuerst durch das Leder seiner Hose, dann zerrte sie sie nach unten, um seine Haut zu spüren. Als sie feststellte, dass sie mit den Armen nicht weit genug reichte, um seine Hoden anfassen zu können, schob sie eine Hand zwischen ihren und seinen Körper und umklammerte seinen Schaft. „Hoch, hoch“, stieß sie hervor, nachdem sie ihren Mund von seinem befreit hatte.

Er stützte sich mit seinen Ellenbogen ab und schmatzte ihr einen feuchten Kuss auf die Wange. „Er steht hoch, merkst du das nicht?“, erkundigte er sich grinsend.

Mit ihrer freien Hand klatschte Sylvie ihm auf den Hintern. „Gib das Kissen her. Ich will es bequem haben. Und zieh deine Hosen aus." Während sie das sagte, schaute sie hinüber zur Herzogin. Madames Morgenmantel war oben bis zum Ansatz ihrer Brüste auseinandergefallen und durch den Stoff konnte Sylvie die steifen Knospen ihrer Herrin erkennen. Die Hände der Herzogin lagen ineinander verkrampft in ihrem Schoß, und sie sah mit geöffneten Lippen zu.

Sylvie machte eine kleine Vorführung daraus, wie sie sich aus ihrer eigenen Reithose schlängelte. Das untergeschobene Kissen hob ihre Hüften in einem einladenden Winkel. Henri reagierte jedoch nicht wie gewünscht. Den Blick auf die Herzogin gerichtet, warf er seine Hose auf den Boden.

„Madame?", wandte er sich an sie. „Möchtet Ihr Euch zu uns gesellen?"

„In ein paar Minuten", erwiderte die Herzogin.

Sylvie fand, dass sie melancholisch aussah. Sie würden sich mit ihrer Vorstellung viel Mühe geben müssen, für sie. „Henri!", bellte sie. „Komm her und fick mich. Oder hast du vergessen, wohin du deinen Schwanz stecken musst? Er gehört in das Loch hier." Sie zeigte es ihm mit der Hand, dann zog sie einladend ihre Spalte auseinander.

Nach einem Augenblick des Zögerns brummte er: „Befehle, Befehle, Befehle. Gibt es nichts, was dich dazu bringt, mich in Ruhe zu lassen?"

„Nein", stellte sie fest. „Hör auf, den Schwächling zu markieren."

Nachdem er ins Bett gestiegen war, schob Henri mit beiden Händen ihre Knie noch weiter auseinander. Dann verbrachte er einige Minuten damit, ihre Möse zu betrachten, während er mit einer Hand abwesend seinen Schwanz streichelte. Sylvie schob einen Finger in sich hinein und rieb sich dort für einen köstlichen Moment, dann zog sie ihn wieder heraus, verteilte die Flüssigkeit und reizte dabei ihre Schamlippen und die bereits geschwollene Perle. Da sie wusste, dass Madame ihr zuschaute, bestrich sie auch ihre Nippel. Sie war schon dicht davor zu kommen, konnte kaum noch ihre eigenen Berührungen ertragen.

Henri beugte sich herunter und küsste sie wieder, sehr tief dieses Mal, bevor er zielte und seine Schwanzspitze in sie hinein schob. Er dehnte sie auf köstliche Weise. „Mehr“, befahl sie, während sie die Beine hob und sich in seine Hüften krallte. „Ich will das ganze Ding.“

Er glitt in sie hinein, und sie erbebte bei dem schmatzenden Geräusch und der köstlichen Reibung. Sein Schambein stieß gegen sie; er stöhnte und ließ seine Hüften kreisen, presste sich heftig an ihr weibliches Zentrum. Überrascht schrie Sylvie auf, als sie die rauen, fast schmerzhaften Stöße spürte; sie war noch nicht wieder zu Atem gekommen, als sie ohne jede Ankündigung von einer Woge der Erlösung überrollt wurde. Tief in ihr zog sich etwas wieder und wieder ganz leicht zusammen, gleichzeitig überliefen Schauer ihre Haut und nach jedem einzelnen wollte sie mehr und mehr davon. „Los, verdammt noch mal!“, keuchte sie. „Fick mich!“

Sie seufzten beide tief, als er sich zurückzog und stöhnten gleichzeitig, als er sie wieder vollkommen ausfüllte. Sylvie leckte sich über die Fingerspitzen und spielte mit ihren Nippeln, während Henri wieder und wieder zustieß. Das Bett knarrte. Sie warf den Kopf zurück, schloss die Augen und hoffte, dass der Herzogin gefiel, was sie zu sehen bekam. Sie konnte sich nicht länger auf etwas anderes konzentrieren als auf das, was sie fühlte; all ihre Aufmerksamkeit galt dem, was in ihrer nassen Möse geschah, galt dem feuchte Hin und Her von Henris hartem, heißen Schwanz.

Ihr erster Höhepunkt hatte den größten Druck genommen. Sie bemühte sich, tief und gleichmäßig zu atmen, um den zweiten so lange wie möglich hinauszuzögern, wollte länger durchhalten als Henri. Doch als er keine Anzeichen von Ermüdung zeigte, beschloss sie, ihn trocken zu melken. Als er wieder bis zum Anschlag in sie hineinstieß, spannte sie ihre inneren Muskeln an und hielt ihn für einen langen Moment dort drinnen fest, bevor sie ihn wieder freigab. Nachdem sie das zum dritten Mal getan hatte, zog er sich nicht wieder ganz zurück. Er presste sein Gesicht seitlich an ihren Hals, schnappte nach Luft und zuckte mit seinen Hüften rasch und wild nach vorn. Jedes Mal umklammerte Sylvie ihn tief in sich. Sie krallte sich in seine Hinterbacken. Spürte einen winzigen Höhepunkt, wie eine Hitzewelle, die über ihre Haut glitt, gleich danach kam noch eine, und sie konnte nicht aufhören zu stöhnen. Sie war immer noch nicht dort, wo sie hinwollte, spürte immer noch nicht das wilde Beben, nach dem sie sich sehnte. „Schneller", fauchte sie. „Härter."

Sie war dicht davor, laut zu schreien, als Henri in ihren Armen erstarrte, bevor er mit heftigen Zuckungen kam. Sein Samen schien ihre Möse zu verbrennen; heiße Tropfen rannen an den Innenseiten ihrer Schenkel hinab. Wieder umklammerte sie ihn fest mit ihren inneren Muskeln, und er stöhnte lang gezogen und tief; dann schüttelte ihr eigener Orgasmus sie, grelle Lichter zuckten hinter ihren Lidern, und sie konnte nur noch zittern und wimmern.

Ihre Arme fühlten sich schwer und schlaff wie nasse Wäsche an, als sie Henri den Hintern tätschelte. Sie kam sich sehr großmütig vor, nachdem sie ihm gezeigt hatte, wie die Dinge zu laufen hatten. „Hoffentlich hast dir noch ein bisschen was für Madame aufbewahrt", nuschelte sie. „Ich glaube, sie ist jetzt für dich bereit."

Camilles Knie zitterten, als sie das Zimmer durchquerte und zum Bett ging. Sylvie, träge und zufrieden wie eine Katze, schob Henri beiseite und richtete sich auf. Sie lächelte Camille an und leckte sich die Lippen. „Ich fürchte, für uns beide ist hier nicht genug Platz, aber ich werde einen Stuhl holen."

Es mochte lieblos sein, doch in diesem Moment konnte Camille ihrer Zofe nicht in die Augen sehen. Es schien dem Mädchen zwar zu gefallen, herumkommandiert zu werden, aber Camille fühlte sich beschmutzt, nicht zuletzt, weil sie von dem, was die beiden ihr auf ihren Befehl hin geboten hatten, so sehr erregt worden war. Es hätte jedoch nichts geändert, wenn sie Sylvie von ihren Gefühlen erzählt hätte. Sie beugte sich vor und küsste Sylvies Mund, dann ihre Stirn. Sylvie lächelte sie noch einmal an, bevor sie vom Bett glitt und Camille mit einer Handbewegung aufforderte, ihren Platz einzunehmen.

Henri stützte seinen Kopf mit einem Arm ab und streckte ihr den anderen entgegen. Camille legte ihre Hand in seine und verflocht seine mit ihren Fingern. Während ihr Blick in seine Augen tauchte, die sie schläfrig und satt ansahen, schmiegte sie sich in seine Arme. Sie streckten sich beide aus, und dabei glitten ihre Körper aneinander entlang, ihre Beine umschlangen einander, ihr Busen rieb sich an seiner Brust. Camille umschlang ihn mit einem Arm auf Höhe seiner Rippen, den anderen legte sie flach gegen seine Brust, die Fingerspitzen dort, wo sie seinen Herzschlag spürte. Henri hob eine Hand und rutschte näher an sie heran, erstarrte plötzlich und zog sich wieder zurück. Ihr Bauch wurde kühl. Bis jetzt hatten sie sich noch nie geküsst. Sie wusste, sie sollte es ihm nicht erlauben, aber er hatte Sylvie geküsst, und nun ersehnte sie sich dieses Vergnügen auch für sich selber. Also beugte sie sich vor und küsste ihn zum ersten Mal, so sinnlich sie nur konnte, so wie Maxime und sie sich einst geküsst hatten.

Aus Henris Kehle kam ein tiefer Ton. Er legte die Hände um ihren Kopf, drehte sie ein wenig weiter zu sich herum und tauchte seine Zunge in ihren Mund. Sie spürte mehr, als dass sie hörte, wie ihm ein weiteres leises Stöhnen entglitt; und aus ihrem Mund kam das Echo. Er schob ihren seidenen Morgenmantel beiseite und umfasste ihre Brust, küsste sie erneut und murmelte dann: „Ich brauche … einen Moment …" Seine Augen fielen zu. Camille schloss ebenfalls ihre Lider. Als sie sicher war, dass er schlief, schmiegte sie sich so eng an ihn, wie sie es wagte. Sie konnte ihm diesen kurzen Augenblick der Ruhe schenken.

Sylvie berührte ihre Schulter. „Madame? *Schläft* er etwa?"

Camille streichelte Henris Nacken. „Ich glaube schon."

„Ich wecke ihn für Euch, diesen undankbaren Kerl."

„Nein, es ist besser, ihn ein wenig ausruhen zu lassen, dadurch wird seine Darbietung umso besser", erklärte sie. Über ihre Schulter schaute sie Sylvie an und blies dabei eine Haarsträhne fort, die sich über ihren Mund gelegt hatte. Vielleicht konnte Sylvie ihr dabei helfen, sich gefühlsmäßig nicht zu sehr auf Henri einzulassen. „Ich möchte, dass du auch mitmachst. Würdest du das für mich tun?"

Sylvie schaute sie finster an. „Das müsst Ihr mich nicht fragen. Ich werde alles tun, was Ihr von mir wollt, immer." Sie zog den Stuhl näher ans Bett heran. Mit ihren wild auf die Schultern herabhängenden Haaren und ihrem kecken Gesicht sah sie aus wie ein ungezähmter Baumgeist, entschlossen, alle Sterblichen zu verführen.

Während ihrer Darbietung mit Henri war Sylvie anders gewesen als in der vorherigen Nacht; selbstsicherer und dreister, mehr die Sylvie, die Camille gemeint hatte zu kennen. Sie hatte keine Ahnung, wohin das sanfte, zärtliche Mädchen verschwunden war, das sie in der Nacht erlebt hatte, ob sie sie jemals wiedersehen würde und ob sie das überhaupt wollte. Das, was sie gemeinsam erlebt hatten, war zu gefährlich: Camille hatte zu viel gedacht, war unfähig gewesen, die Freiheit zu finden, die sie brauchte, während sie sich so sehr von Sylvie hatte leiten lassen. Sie wollte nicht alles über Sylvies tiefstes Inneres erfahren, nachdem sie all die Jahre Sylvie als freche Göre gekannt und gemocht hatte, die es genoss, Macht über andere zu haben.

Camille drehte sich halb und griff nach Sylvies Hand. „Ich möchte, dass du das hier genießt. Ich dachte, du hättest mit Henri Spaß gehabt."

„Oh, den hatte ich, Madame, das könnt Ihr mir glauben." Widerwillig fügte sie hinzu: „Er ist ... nun, er ist Euer dennoch nicht würdig, aber er ist eine nette Ablenkung. Und ich denke nicht, dass er Euch verraten würde, um seine eigene Haut zu retten."

„Das ist zweifellos ein großes Lob", stellte Camille fest. „Komm her. Du bist so klein, ich glaube, du passt auch noch mit ins Bett, wenn wir uns eng aneinanderschmiegen."

„Vielleicht wenn Ihr den riesigen Kerl an die Wand schiebt", erwiderte Sylvie.

Henri erwachte, als Sylvie an seinem Bein zog, und sah die beiden Frauen verwirrt an, bevor sich seine Augen plötzlich verstehend weiteten. „Habe ich lange geschlafen?"

Camille lächelte. „Vielleicht solltest du ruhig liegen bleiben und noch ein wenig ruhen." Indem sie sich auf ihn legte, schaffte sie an der Bettkante Platz für Sylvie.

Das Mädchen beugte sich über Henri, küsste ihn und zerzauste ihm die Haare. „Würdest du mir gehören, wäre ich nicht so nachsichtig", stellte sie fest. „Männer sind dazu da, uns Frauen Vergnügen zu bereiten."

Er grinste, obwohl er gleichzeitig errötete. „Ich bin glücklich, Euch zu Diensten sein zu können."

Camille legte die Hände auf seine Brust und beschrieb mit den Handballen einen Kreis. „Vielleicht sollten wir ihn auf seine Aufgaben vorbereiten, Sylvie."

„Fangen wir mit den Füßen an", beschloss Sylvie, kletterte aus dem Bett und stieg am unteren Ende wieder hinein. Sie zog seine Füße auf ihren Schoß und rückte sie zurecht, bis eine seiner Fersen sich gegen ihren Venushügel presste. Camille überließ das Mädchen seiner Beschäftigung und wandte sich wieder Henri zu. Als sie ihm nickend zu verstehend gab, dass er nun anfangen könne, hob er die Arme und begann, ihre Brüste zu streicheln, während er ab und zu zusammenzuckte, weil Sylvie irgendetwas mit seinen Füßen machte.

Camille hatte sich selbst nicht berührt, während sie Henri und Sylvie zugeschaut hatte, und nun kehrte die Erregung, die während der Darbietung der beiden größer und größer geworden war, mit Macht zurück. Jeder einzelne Nerv in ihrem Körper brannte, in ihrer Magengrube vibrierte es. Sie ließ ihre Fingerspitzen über Henris Körper gleiten, während er ihre Brüste streichelte und knetete, und rieb ihre Möse an seinen Hoden und dem Ansatz seines Schwanzes. Jugend war ein unbestreitbarer Vorteil; sein Schaft schwoll bereits wieder an und wurde steif. Sie beugte sich über ihn, um ihren Mund mit seinem zu vereinigen und seufzte zufrieden, als ihre Brüste sich gegen seinen Brustkorb pressten und über ihrer beider Schweiß glitten. Er schlang die Arme um sie und streichelte ihren Rücken, während sie seinen Kopf zwischen ihren Unterarmen hielt. Sie liebte die hungrige Art, mit der er an ihren Lippen und an ihrer Zunge saugte und mit der seine Zungenspitze ihre Mundwinkel, die empfindliche Stelle unter ihrer Nase und ihr Kinn liebkoste. Sie konnte sich nicht erinnern, jemals so gründlich geküsst worden zu sein.

Er schien so ausschließlich auf sie konzentriert zu sein, dass Camille das Gefühl hatte, sie könnte sich in ihm verlieren. Vielleicht fand sie aber auch sich selber, die Seite an sich, die selten zum Vorschein kam. Sie konnte nicht an den Herzog denken, während Henri versuchte, seinen Körper vollständig mit ihrem zu verschmelzen, nur daran, was Henri mit ihrer Haut tat, und an das verzweifelte Sehnen tief in ihrem Inneren. Sie musste ihn jetzt bald in sich spüren, sonst würde sie schreien. Als sie in sein Gesicht schaute, das von Leidenschaft gezeichnet war, wünschte sie, sie hätte es nicht getan. Er fühlte zu viel, und sie konnte all diese Gefühle sehen. Hastig schloss sie die Augen.

Ein Kribbeln überzog ihr Hinterteil, und sie bemerkte, dass Sylvie angefangen hatte, ihre Pobacken zu massieren, und sie dabei immer fester gegen Henris anschwellenden Schwanz stieß. Zustimmend murmelte Camille vor sich hin und biss in den hervorstehenden Muskelstrang seitlich an Henris Hals. Seine Hüften zuckten nach oben, und fast wäre sie durch die plötzliche Bewegung von ihrem Platz auf ihm heruntergefallen.

Sylvies kräftige Hände bearbeiteten den unteren Teil ihres Rückens und ihre Seiten und schoben sie dabei hoch und nach vorn. Camille bäumte sich auf, stemmte sich mit einer Hand neben Henris Kopf auf die Matratze und umschloss mit der anderen seinen Schwanz. Er wandte den Kopf zur Seite und leckte an ihren Fingern. Inzwischen presste sie seine Eichel an ihre Öffnung und ließ die Hüften kreisen, entschlossen, jedes winzige Stückchen zu genießen, das er tiefer in sie hineinglitt. Mit angehaltenem Atem schob sie ihre Möse langsam über seinen Schaft. Als sie ihn ganz in sich aufgenommen hatte, griff Henri nach ihrer Hand und saugte an ihren Fingern.

Camille wollte sich enger an ihn schmiegen, wollte mehr

von seiner Haut spüren. Doch der Winkel, in dem er in ihr steckte, fühlte sich zu gut an; die Spitze seines Schwanzes stieß genau gegen die Stelle in ihrer Möse, wo sie es am liebsten hatte. Und wenn sie aufrecht auf ihm saß, konnte sie sich genau so bewegen, wie es ihr gefiel. Als hätte sie Camilles Verlangen gespürt, presste Sylvie die weiche Wärme ihres Körpers gegen Camilles Rücken und kniff in ihre Nippel. Dabei legte sie immer wieder Pausen ein, die Camille rasend vor Verlangen machten. Henri umfasste mit beiden Händen ihre Hüften und bewegte sich eher mit ihr, als er ihr seinen Takt aufdrängte. Sein keuchender Atem klang fast wie Schluchzen, während er offensichtlich gegen das Bedürfnis ankämpfte, aufwärts in sie hineinzustoßen und damit ihren eigenen Rhythmus zu zerstören.

Sie beschleunigte ihren Ritt. Unter ihrer Haut flammte wildes Feuer auf. Während der Höhepunkt kam, hatte sie das Gefühl, in ihren eigenen Tiefen zu versinken, ihre Bauchmuskeln zogen sich zusammen und schienen sie aus ihrem eigenen Körper herauszuschleudern. Aus ihrer Kehle stiegen Schreie, die sie nicht unterdrücken konnte; sie kniete sich hin, weil ihre Möse plötzlich so empfindlich war, dass sie keinerlei Berührung mehr ertragen konnte und hielt sich mühsam aufrecht, während die Erlösung durch ihren Körper tobte. Sylvie umschlang ihre Taille, ein Rettungsanker, der verhinderte, dass sie sich in ihre Einzelteile auflöste.

Als sie die Augen wieder öffnete, war Henri immer noch hart und lachte sie an. „Ihr seid so wunderschön!", sagte er. „So wunderschön, wenn Ihr kommt."

Camille unterdrückte den unerwarteten Drang, in Tränen auszubrechen. Sie war nicht schön, und in ihrem ganzen Leben hatte sie noch nichts Schönes getan. Doch das konnte sie diesem unschuldigen Jungen nicht sagen. Sie legte ihm die Hand ans Gesicht und schob seinen Schwanz wieder in sich hinein. „Nimm dir dein Vergnügen, Henri."

Die Bewegungen von Henris Schaft in ihr, seine Hände auf ihren Brüsten und Sylvies Hände an ihrer Perle verschafften ihr einen weiteren Höhepunkt, bevor Henri seinen erlebte, doch dieses Mal war die Lust nicht so aufwühlend und heftig. Und als sie sich kurz darauf alle drei auf dem schmalen Bett aneinanderschmiegten, hatte sie ihre Fassung schon so weit wiedergefunden, dass sie in der Lage war, sich nach Sylvies Befriedigung zu erkundigen.

Sylvie gluckste. „Oh, Madame. Ich bin durchaus in der Lage, mich selbst um mich zu kümmern."

Jemand klopfte an die Tür, und Sylvie kämpfte sich aus der Enge des Bettes. „Wenn es das Zimmermädchen ist, schicke ich sie weg." Sie hob Camilles Morgenmantel vom Boden auf und zog ihn an, anschließend warf sie die Decke über Camille und den bereits wieder schlummernden Henri. Dann ging sie zur Tür, zog den Riegel zurück und spähte durch den Türspalt. Im nächsten Moment riss sie die Tür weiter auf, packte Kaspar, zerrte ihn ins Zimmer, warf hinter ihm die Tür wieder ins Schloss und schob den Riegel vor. Er trug Reitstiefel, einen langen, geölten Mantel und einen Hut, den er sich tief in die Stirn gezogen hatte. Mit ihm kam der Geruch von Blitzen und Regen in den Raum.

Camille sprang aus dem Bett. „Was ist passiert, Kaspar?"

Er runzelte die Stirn. „Ihr habt befohlen, dass ich hier im Gasthof zu Euch stoße." Nachdem er ihr einen auffordernden Blick zugeworfen hatte, zog Sylvie den Morgenmantel aus und reichte ihn Camille, die hineinschlüpfte.

Sylvie schien es nichts auszumachen, nackt zu sein. „Wir haben dich nicht erwartet", stellte sie fest. „Man kann die Brücken nicht benutzen, und so können wir hier heute noch nicht weg."

„Die Brücke zwischen dem Herzogspalast und diesem

Dorf war heute Morgen noch passierbar, obwohl sie völlig überschwemmt war", erklärte Kaspar mit einem schiefen Lächeln. „Ich hielt es nicht für klug zu warten und dann womöglich auf der falschen Seite festzusitzen. Ich dachte, es ist sicherer zu Fuß, weil ich viel weniger wiege als ein Pferd oder ein Ochsengespann." Er schaute hinüber zum Bett. „Wie ich sehe, hat sich hier genügend Beschäftigung gefunden."

Mit Interesse stellte Camille fest, dass er niemals einen solch amüsierten Kommentar abgegeben hätte, bevor sie ihm gewisse Intimitäten gestattet hatte. Sie ignorierte seine Bemerkung. „Wenn du die Brücke überquert hast, gelingt das auch unseren möglichen Verfolgern."

Grinsend berührte Kaspar seine Hüfte, wo er ein Messer trug. „Sie sind nicht über die Brücke gekommen."

Camille spürte, wie sie blass wurde. „Du hast gekämpft? Mit wem?"

„Ja, Madame. Mit zwei Wachen des Herzogs, Claude und Francis. Ich habe sie so zugerichtet, dass keiner der beiden uns weiter verfolgen kann, und ihre Rückkehr in den Palast dürfte sich auch ziemlich verzögern."

„Danke, dass du sie hast leben lassen." Die Palastwachen unterstanden dem Herzog, doch im Laufe der Jahre war sie mit vielen von ihnen ausgeritten und hatte sie bei Reiterwettspielen unterstützt. Sie war sich nicht sicher, ob sie skrupellos genug war, den Befehl zu geben, einen von ihnen zu töten. „Ich glaube, es wäre nicht klug, noch länger hier zu bleiben. Wir sollten heute Nachmittag aufbrechen. Gibt es in der Nähe einen anderen Gasthof?"

Sylvie hatte dieses Dorf für die Übernachtung ausgewählt. „Nein, dies ist das einzige Gasthaus", erklärte sie. „Wir könnten vielleicht unsere Verkleidung verändern."

„Es gibt hier im Ort ein Freudenhaus", berichtete Kaspar nachdenklich. „Ich bin auf dem Weg hierher dort vorbeigekommen. Es ist gleichzeitig eine Kutschenstation. Sie haben wahrscheinlich Zimmer für Reisende."

„Dort sitzen die Leute ebenso fest wie wir hier", bemerkte Sylvie. „Die Räume werden alle belegt sein."

„Nicht unbedingt." Kaspar schüttelte den Kopf. „Ich kann versuchen, mit dem Besitzer etwas auszuhandeln."

„Wir wollen nicht all unser Geld schon hier ausgeben, schließlich sind wir noch ganz am Anfang unserer Reise", bremste Camille ihn. „Wir wissen nicht, wo wir die Juwelen gefahrlos verkaufen können. Oder hatte einer von euch Zeit, es noch vor unserer Flucht herauszufinden?"

„Ich habe nicht vor, die Leute im Freudenhaus mit Geld zu bezahlen", erklärte Kaspar. „Ihr wisst, ich habe spezielle Fähigkeiten, Madame. Es wäre eine Schande, sie nicht einzusetzen, wenn sie sich als nützlich erweisen."

Der Gedanke, dass die kleine Gruppe sich schon wieder trennen sollte, gefiel Camille nicht, dennoch schickte sie Kaspar los, um mit dem Besitzer des Freudenhauses zu verhandeln, während Sylvie, wieder als Junge verkleidet, die Rechnung für den angeblich betrunkenen Schulmeister bezahlte.

Bereits eine Stunde später kam Kaspar mit vier vergoldeten Spielsteinen zurück. „Es ist allgemein bekannt, dass dort die allergrößte Diskretion herrscht", versicherte er seiner Herrin. Da sie ohnehin keine Alternative hatte, tat Camille ihr Bestes, ruhig zu bleiben, während Sylvie die Satteltaschen packte und Henri die Pferde vorbereitete. Sie hoffte, das Bordell würde nur wenig Ähnlichkeit mit dem entsprechenden Etablissement des Herzogs in den Mauern des Palasts haben.

Innerhalb kurzer Zeit erreichte die kleine Gruppe ein Freudenhaus, das deutlich größer war als das im Herzogtum. Camille hatte erwartet, ein schlichtes, stabiles Gebäude vorzufinden, das Ähnlichkeit mit dem Gasthaus hatte. Doch hier wurde offensichtlich Wert darauf gelegt, die Reisenden mit mehr als den Annehmlichkeiten, die die Dirnen boten, anzulocken. Außerdem, fiel ihr ein, würden die Steuern an diesem Ort niedriger sein als im Umfeld des Palasts. Was sie wiederum daran erinnerte, dass ein Etablissement dieses Ranges nur gut ausgebildete und hoch bezahlte Professionelle beschäftigte. Sie hatte miterlebt, wie die Lizenzen für Bordelle vom Gericht geprüft worden waren, und einmal hatte sie in einem Fall urteilen müssen, bei dem es um eine Gruppe Dirnen ging, die in fernen Ländern besondere Fertigkeiten erlernt hatten und nun zusätzliche Bezahlung dafür verlangten, um so für die investierte Zeit und die Reisekosten entschädigt zu werden. Sie hatte ein Urteil zugunsten der Frauen gefällt. Das Freudenhaus, wo sie arbeiteten, hatte seinen Gewinn mehr als verdoppelt, nachdem sich herumgesprochen hatte, welch auserlesene Dienste dort angeboten wurden. Während sie an diesen Fall zurückdachte, fragte sich Camille, was in der Zwischenzeit aus den Dirnen geworden war.

An der Tür des Bordells wurden sie von einer Frau begrüßt. Sie war groß und gertenschlank und in pechschwarzen Samt gekleidet, der ihre blasse Haut und die langen weizenfarbenen Locken hervorhob. Die Art und Weise, wie ihre schweren Röcke über den polierten Marmorboden glitten und die mit kleinen Glaskristallen geschmückten Ärmelaufschläge elegant über ihre Handgelenke fielen, deuteten auf einen hervorragenden Schneider hin. Hätte Camille sie in einer anderen Umgebung gesehen, hätte sie sie nie für eine Prostituierte gehalten. Allerdings hatte sie auch noch nicht viele Dirnen gesehen. Ihr Vater und Michel pflegten sich ihre Konkubinen nicht in Freudenhäusern zu beschaffen. Oft ging es um eine Schuld gegenüber dem Herzog, eine Schuld, die niemals zurückgezahlt werden konnte. Die Loyalität der herzoglichen Konkubinen war auf diese Weise durch etwas gesichert, das weit über die Bezahlung mit Gold hinausging.

Die Frau führte sie durch eine prächtige Eingangshalle zu einem Treppenaufgang. Zwei muskulöse junge Männer nahmen ihnen ihre Taschen ab und trugen sie fort. Das geschah mit derselben gelassenen Tüchtigkeit, wie sie die Diener in einem aristokratischen Haus besaßen – wenn auch ihre offenbar schon mehrmals gebrochenen Nasen und die narbigen Gesichter über einer herrschaftlichen Livree fehl am Platz gewirkt hätten.

Im mittleren Teil des ersten Stocks, den sie gleich darauf über eine Treppe erreichten, schienen vor allem Zimmer zu liegen, die für kleinere Zusammenkünfte gedacht waren. Durch die eine oder andere offen stehende Tür sah Camille Sofas, dicke Teppiche und Anrichten, auf denen unzählige Flaschen im Licht funkelten. „Wo sind die Schlafzimmer?“, fragte sie ihre Führerin.

Die Frau wandte sich ihr zu. Ihre Miene blieb unverändert. „Im Westflügel. Der ist jedoch für Gäste reserviert, die länger als eine Nacht bleiben. Ihr seid im Ostflügel untergebracht.“

Die Einrichtung ihres geräumigen Zimmers war weit davon entfernt, überladen zu sein, und obwohl ihr das selbst seltsam erschien, wirkte der deutliche Unterschied zum prunkvollen Stil, in dem der Herzogspalast eingerichtet war, beruhigend auf sie. Auf dem Fußboden und den beiden großen Betten waren Schaffelle verteilt. Die Kopf- und Fußteile der Betten bestanden aus Holzlatten, ähnlich wie Zäune. Die Vorhänge und Wandteppiche waren aus Wolle gewebt und zeigten die groben, geometrischen Muster, die Schäfer bevorzugten, während sie im Winter tagein, tagaus an ihren Webrahmen saßen. Anstelle von Schränken gab es Regale, die ebenfalls aus Holzlatten gebaut waren, und an den Fußenden der Betten boten gepolsterte Holzkrippen Platz für Satteltaschen.

Sylvie schwang ihr Bein über die lebensgroße Nachbildung eines Schafbocks mit wolligem Körper und echten Hörnern auf dem geschnitzten hölzernen Kopf. Sie saß auf dem unechten Tier wie auf einem Schaukelpferd, umfasste jedes der Hörner mit einer Hand und verkündete: „Madame, ich glaube, ich habe mich verliebt." Bei diesen Worten küsste sie den Kopf des Schafbocks.

Henri saß auf einem hohen Hocker und hakte die Füße hinter die Holzbeine. „Ich glaube nicht, dass ich wissen will, welche Besonderheit sie hier anbieten", bemerkte er.

Kaspar lachte. „Nicht das, was du denkst. Die hochherrschaftlichen Damen und Herren lieben es zu spielen, sie wären Schäfer und Schäferinnen. Sie glauben, ländliche Freuden würden die Potenz eines Mannes stärken."

Natürlich weiß er solche Dinge, ging es Camille durch den Kopf. Es war gleichermaßen seine Aufgabe, sie zu beschützen und ihren fleischlichen Gelüsten zu Diensten zu sein, und er war auf beiden Gebieten ausgebildet. Sie musste an den Eunuchen ihrer Mutter denken, der sie während ihrer Kindheit bewacht hatte. Nach dem Tod ihrer Mutter war er in seine Heimat zurückgekehrt und hatte dort ein Bordell eröffnet, das ihn wohlhabend gemacht hatte. Seinen Reichtum hatte er dem jungen Mann hinterlassen, den er als seinen Nachfolger herangezogen hatte. Früher hatte Camille sich gefragt, ob die beiden Männer ein Liebespaar gewesen waren, doch wie sollte das möglich sein?

Camille trat neben Kaspar und sagte mit ruhiger Stimme: „Du musst das hier nicht mit deinen Diensten bezahlen. Wir haben Geld."

Er schüttelte den Kopf. „Nein, Madame. Alles Geld der Welt wäre nicht genug. Die Leitung des Bordells will meine Dienste für die Nacht und nichts anderes. Das ist der Preis, den wir für Ruhe und Schutz bezahlen müssen. Sonst müss-

ten wir auf der Straße schlafen, und es regnet noch immer."
„Sie wird dir nichts Schlimmes antun, nicht wahr?"
„Er", verbesserte Kaspar sie. Ein sonderbares Lächeln zuckte um seine Mundwinkel. „Nein, er wird mir nichts Schlimmes antun."
Camille hob ihr Kinn. „Bist du mir immer noch ergeben?"
Mit einem erschütterten Gesichtsausdruck sank Kaspar auf die Knie und küsste ihre Füße, dann stieß er hervor: „Für immer und ewig, Madame."
Sie konnte nicht zulassen, dass Kaspar ohne jeden Schutz einem Mann diente, den sie nicht kannte, als wäre er ein Sklave oder eine Dirne. „Dann mach es, wenn du willst, aber ich werde dabei sein."
Am Ende wurden sie und Sylvie und Henri alle gemeinsam in ein schmales, lang gezogenes Zimmer geführt, in dem es hohe, gepolsterte Hocker und einige im Raum verteilte Tische mit Erfrischungen gab. In einer Wand befanden sich Bullaugen, die wie die eines Schiffes aussahen. Allerdings waren sie von der anderen Seite mit goldfarbenem Stoff verhängt, durch den man zwar hindurchsehen konnte, der aber vor den Augen derjenigen auf der anderen Seite der Wand die runden Glasfenster verbarg.
Henri zog seinen Hocker dicht neben Camilles und nahm ihre Hand. Sylvie machte es sich bequem und ließ die Beine baumeln. Camille zog in Erwägung, sie zu fragen, was ihrer Meinung nach hier wohl geschehen würde, entschied sich aber dagegen, weil sie weder nervös noch unwissend erscheinen wollte.
„Bitte unterhaltet Euch hier im Zuschauerraum nicht, das könnte die Teilnehmer stören. Jede Unterbrechung ist verboten", wies eine weitere Bedienstete des Freudenhauses sie an.
„Ich denke nicht im Traum daran, hier irgendetwas zu unterbrechen", stellte Sylvie grinsend fest. Sie trug ihre Jun-

genverkleidung, doch das lange Haar fiel ihr lose über die Schultern und den Rücken. Sie schien entschlossen zu sein, sich zu vergnügen, ganz egal, was passierte. Camille dachte einen Moment nach und nickte schließlich. Nachdem er das gesehen hatte, senkte auch Henri zustimmend seinen Kopf. Die Dienerin bot ihnen Wein an, dann ging sie.

Vor lauter Besorgnis fröstelte Camille, und sie war dankbar für die Wärme von Henris Fingern, die er mit ihren verflochten hatte. Kaspar hatte hoch und heilig versprochen, dass ihm nichts passieren würde. Sie hätte seinen Worten Glauben schenken sollen, aber sie war in ihrem Leben schon so oft belogen und betrogen worden, dass es schwierig für sie war, selbst ihren eigenen Dienern zu vertrauen.

Henri beugte sich zu ihr herüber und näherte seine Lippen ihrem Ohr. Fast gegen ihren Willen verzog sich ihr Mund zu einem Lächeln, als sie spürte, wie sein Atem sie kitzelte. „Madame“, murmelte er, und ihr Lächeln wurde breiter, während sie seine Hand drückte.

Nun legte sie ihre Lippen an sein Ohr. „Camille“, wisperte sie.

Errötend schüttelte er den Kopf.

„Dann eben später“, sagte sie und wandte sich dem Bullauge zu, hinter dem sie saß.

Wie das Zimmer, in dem sie sich befanden, war der Raum auf der anderen Seite der Wand viel länger als breit. Einzelne Bienenwachskerzen brannten in Wandleuchtern, und ihr Licht flackerte über einen aus schwarz-weißen Quadraten bestehenden Mosaikboden, dessen unruhiges Muster vor den Augen verschwamm. Eine mit schwarzem Samt bezogene Chaiselongue stand an der den Bullaugen gegenüberliegenden Wand. Drei passende Stühle, deren Polster schlichter und flacher waren, als Camille es jemals zuvor gesehen hatte, waren direkt daneben aufgereiht. Ein vierter mit Samtpolster versehener Stuhl, dieser mit einem luxuriösen Kissen belegt, stand in einer entfernten Ecke. Die Wände waren kahl: Bis auf die Tücher, die die Bullaugen verbargen, gab es keine Bilder oder Vorhänge.

In der Mitte des Raumes stand ein mehr als mannshohes, lederbezogenes Gestell in Form des Buchstabens X. Von den Balken baumelten Lederriemen und etwas anderes, das im Kerzenlicht metallisch glitzerte. Einen solchen Aufbau hatte Camille noch nie zuvor gesehen.

In der gegenüberliegenden Wand öffnete sich eine Tür, und ein hochgewachsener Mann kam ins Zimmer. Er trug einen leuchtend orangefarbenen, üppig mit Brokat verzierten Morgenmantel. Hinter dem Mann trat ein Diener durch die Tür, dann Kaspar, der nichts als einen Lendenschurz aus schwarzer Seide am Körper hatte. Er machte einen Schritt zur Seite, während der große Mann, offenbar der Inhaber des Freudenhauses, seinen Morgenmantel auszog und ihn dem Diener über den Arm legte. Nun war er vollständig nackt, und im Schein der Kerzen war deutlich zu erkennen, wie sich seine Haut, die den Ton goldbraunen Tees hatte, straff über seiner Brust und den erfreulich muskulösen Armen und Beinen spannte.

Camille betrachtete ihn aufmerksam. Er schien ein unversehrter Mann zu sein, doch außer den krausen Locken auf dem Kopf war er völlig haarlos. Auch konnte sie keine Vorhaut bei ihm erkennen, aber am seltsamsten erschien ihr das in die Haut seines Unterleibs tätowierte Bild einer Krake, deren biegsame Glieder sich in Richtung seines Schwanzes krümmten.

Der Bordellbesitzer ging in die Mitte des Raumes und blieb neben dem Gestell stehen. Aus der Nähe konnte Camille die alten Narben auf seiner Brust und seinen Armen erkennen, die offenbar von Schwertkämpfen stammten. Er war wohl früher Soldat gewesen.

Bevor der Diener das Zimmer verließ, überreichte er Kaspar zwei Samtbeutel. Mit ernster Miene befestigte Kaspar die Beutel an seinem Gürtel. Dann näherte er sich dem Bordellbesitzer und sprach ihn an. „Monsieur Fouet. Seid Ihr bereit, Euch in meine Hände zu geben?“

„Das bin ich.“ Fouets Stimme war tief und voll. Er verbeugte sich vor Kaspar und richtete sich wieder zu seiner vollen Größe auf. Kaspar griff in einen der Beutel und zog einen Lederriemen daraus hervor. Diesen legte er Fouet um den Hals und zog ihn mithilfe der Schnalle fest zusammen. Camille erschauderte, weil sie sich daran erinnerte, wie es sich angefühlt hatte, wenn der Herzog an ihrem Juwelenhalsband gezogen hatte. Henri legte den Arm um sie, und seine Nähe beruhigte sie so weit, dass sie bemerkte, wie Fouets Keule anschwoll, während er den Kopf hin und her bewegte. Offensichtlich genoss er das Gefühl der Enge an seiner Kehle.

Als Nächstes zog Kaspar eine lederne Augenbinde hervor, an der seitlich wattierte Klappen angebracht waren, um Fouets Ohren abzuschirmen und ihn daran zu hindern, deutlich zu hören, was um ihn herum vorging. Diese legte Fouet selber an und befestigte sie so, wie es ihm angenehm war. Dann streckte er eine fleischige Hand aus. Kaspar führte ihn zu dem Gestell und fesselte ihn mit dem Gesicht zum Kreuz an die Balken, die Beine gespreizt, die Arme zur Seite gestreckt, die Handgelenke von gepolsterten metallenen Handschellen umschlossen. Nun holte Kaspar schmalere Lederstreifen hervor, um sie an verschiedenen Stellen fest und dekorativ um Fouets Körper zu wickeln: zwischen seine Zehen und über den Spann seines Fußes, um seine Brust, sodass die Nippel fest zusammengepresst waren, zwischen seine Zähne. Ganz zum Schluss schnürte er seinen Schwanz und die Hoden ein.

Fouet stand seitlich zu ihnen, und Camille konnte deutlich sehen, wie sein Glied stieg wie ein Drachen, der sich in kleinen Rucken und mit Pausen zum Himmel hebt. Sie war erstaunt. Hätte sie sich in einer ähnlichen Situation befunden, wäre sie in Panik geraten. Als sie zu Sylvie hinüberschaute, stellte sie fest, dass ihre Zofe die Szene mit einem lüsternen Lächeln verfolgte. Natürlich gefiel es ihr, zuzuschauen, wie ein Mann gefesselt wurde. Sylvie hatte nie ein Geheimnis daraus gemacht, wie sie über Männer dachte und dass es ihrer Meinung nach diesem Geschlecht nur zum Vorteil gereichte, wenn man es züchtigte.

Allerdings unterzog sich Fouet freiwillig dieser Prozedur. Er hatte sich aus freien Stücken Kaspar unterworfen. Warum? Sie konnte sich nicht vorstellen, irgendjemandem so sehr zu vertrauen. Um ihre Panik zu unterdrücken, musste sie langsam und tief atmen.

Kaspar ging um das Gestell herum und begutachtete sein Werk, während er in einem der Samtbeutel herumwühlte. Fouet bewegte den Kopf zur Seite, als versuchte er festzustellen, wo Kaspar gerade stand. Seine Brust bewegte sich rasch auf und nieder. Vor Angst oder vor Erwartung? Camille zuckte zusammen, als Kaspars Hand vorschnellte und er mit einer kurzen, breiten Lederklatsche gegen Fouets Hinterbacken und seine Schenkel schlug, wieder und wieder, bis die Haut tiefrot war. An Fouets Rücken lief Schweiß hinab, und hart und glänzend wie Metall ragte sein Schwanz durch eine Öffnung im Gestell. Camille schaute wieder zu Sylvie hinüber, die sich auf ihrem Hocker vorgebeugt hatte und die Finger in ihre Schenkel krallte. Henri sah Camille an, nicht Fouet. Camille rückte ein wenig zur Seite, sodass sie Henri nicht mehr berührte, dann richtete sie den Blick wieder auf das Bullauge.

Kaspar war ein wenig vom Gestell zurückgetreten. Nun klatschte er laut in die Hände. Die Tür öffnete sich. Eine Frau trat ein. Sie trug einen langen Rock zu einem dunklen Lederharnisch, der ihre Brüste zusammenpresste. Unter einem Arm hielt sie eine Trommel. Nachdem sie einen Blick mit Kaspar getauscht hatte, setzte sie sich auf den bequemen Stuhl in der Ecke und schob die Trommel zwischen die Knie. Dann ließ sie einen kurzen Trommelwirbel ertönen. Die kahlen Wände und der nackte Fußboden warfen den Klang zurück.

Kaspar löste die Samtbeutel von seinem Gürtel. Den leeren legte er auf den Boden, sodass er nicht im Weg war, dann öffnete er das Band, mit dem der zweite Beutel verschlossen war. Bevor er hineingriff, rief er mit lauter Stimme: „Monsieur Fouet! Ihr habt einschwänzige Katzen gewählt. Nickt, wenn Ihr immer noch damit einverstanden seid."

Camille bemerkte, dass sie den Atem anhielt, als würde sie ein Theaterstück ansehen. Fouet nickte entschlossen und ließ dann seine Stirn auf den Balken des Andreaskreuzes sinken. Camille hörte Sylvie seufzen.

Kaspar konnte doch nicht wirklich den Bordellbesitzer auspeitschen! Welche Lust konnte aus Schmerzen entstehen? Was sollte sie tun, wenn Blut floss? Ihr war schon einmal bei einer ähnlichen Szene übel geworden, als der Herzog einen Diener ausgepeitscht hatte, der sein Missfallen erregt hatte. Und dabei hatte ihr Gemahl einen Stock und nicht etwa mehrere Peitschen benutzt, wie die extrem langen, die Kaspar nun in der Hand hielt und deren Riemen sich zu seinen Füßen über den Boden ringelten. Der Herzog hatte oft gedroht, sie auszupeitschen und ihre Haut mit Striemen zu überziehen. Sie hielt sich die Hand vor den Mund. Da war ein Zischen, dann zweimal kurz hintereinander das Geräusch von Leder, das auf nacktes Fleisch klatschte, und schließlich das Stöhnen eines Mannes.

Sie spürte, wie Sylvie von hinten die Arme um sie schlang, während Henri sie von vorne hielt, die Wange fest gegen ihre gepresst. „Madame, Madame", flüsterte Sylvie dicht an ihrem Ohr. „Kaspar bereitet ihm Vergnügen, keinen Schmerz. Er wird ihn nur leicht zeichnen, Ihr werdet sehen. Schaut hin, schaut hin, und Ihr werdet es sehen."

Camille hatte Kaspar versprochen zuzusehen, und sie würde ihr Wort halten. Sie nahm sich zusammen und schaute an Henris Ohr vorbei. Kaspar bewegte seine Handgelenke in gleichmäßigem Rhythmus, und dabei rührten sich seine Arme kaum. Die Peitschenriemen überkreuzten sich in der Luft, verknoteten sich aber nicht, senkten sich wieder und wieder auf ihr Opfer, so sanft, wie der Habicht über seine Beute, bis sich ein perfektes rosafarbenes Muster vom Rücken bis hinunter zu den Schenkeln abzeichnete. Die Trommlerin bearbeitete ihr Instrument in gleichmäßigem Takt. Fouet keuchte und stöhnte bei jedem Schlag, während sich seine kräftigen Hinterbacken an- und wieder entspannten. Aus seinem Haar tropfte Schweiß.

Es floss kein Blut, obwohl die Peitschen auf seiner Haut Striemen hinterließen. Camille deutete mit dem Kinn auf Sylvies Hocker, und die Zofe setzte sich wieder. Dann machte Camille Henri ein Zeichen, sich in ihrem Armen umzudrehen, sodass auch er zusehen konnte, während ihr Kinn auf seiner Schulter ruhte.

Es gefiel ihr, zu beobachten, wie geschickt Kaspar die Peitschen durch die Luft sirren ließ, nachdem sie nun wusste, dass Fouet Lust empfand. Sie fragte sich, wie lange er diese Behandlung ertragen würde. Ihr Zeitgefühl war bereits verloren gegangen: die Schläge der Trommel, das Schnalzen der Peitschen, Fouets tiefes Stöhnen, all das verschwamm zu einem nebelhaften Geschehen außerhalb von Raum und Zeit. Nur allmählich wurde ihr bewusst, dass Kaspar den Rhythmus seiner Schläge beschleunigte, während gleichzeitig Fouets Keuchen lauter und lauter wurde.

Plötzlich fuhr Fouet heftig zusammen und erschauderte in seinen Fesseln, sein Schwanz bewegte sich ruckartig auf und ab, aber die Riemen, die um Glied und Hoden gewickelt waren, verhinderten den erlösenden Erguss. Kaspars Peitschenschläge und die Schläge der Trommel steigerten sich zu einem Crescendo. Camilles Puls raste. Nun folgten Kaspars Schläge langsamer aufeinander, wurden schwächer, und schließlich ließ er die Peitschen ruhen. Die Trommel schwieg ebenfalls. Fouet sackte in den Fesseln in sich zusammen. Kaspar senkte die Arme. Er schwitzte ebenso stark wie Fouet. Nachdem er jede Peitsche noch ein letztes Mal durch die Luft geschlenzt hatte, rollte er die Riemen ordentlich in seiner Hand zusammen. „Monsieur Fouet", rief er. „Seid Ihr zufrieden?"

Fouet nickte schwach. Unter ihrem Kleid rann Schweiß an Camilles Rücken hinunter, und sie wünschte sich, sie könnte in sich zusammensinken wie Fouet. Kaspar nahm sich Zeit dabei, die Peitschen ordentlich zu verstauen, dann löste er Fouets Fesseln, beginnend mit der Mundsperre. Dabei sagte Kaspar so leise etwas zu Fouet, dass Camille ihn nicht verstand, und strich mit seinem Daumen über Fouets harten Schwanz. Fouet antwortete. Kaspar lächelte. Er drehte sich um und rief: „Sylvie! Bist du bereit, unserem Gastgeber zum Schluss einen weiteren Dienst zu erweisen?"

Mit einem breiten Grinsen glitt Sylvie von ihrem Hocker. „Wenn es um so einen Mann geht, bin ich bereit, ihn für den Rest der Nacht zu unterhalten!"

Sie konnte ihn gerne haben. Alles, was Camille wollte, war, sich in Henris starkem Körper zu verlieren und die vergangenen Tage zu vergessen. Unglücklicherweise würde sie damit aber Schwäche zeigen, und ihre Autorität als Herzogin war alles, woran sie sich noch festhalten konnte.

„Ich werde allein schlafen", erklärte sie, nachdem Sylvie den Raum verlassen hatte. „Geh du zu Kaspar, Henri. Er soll dir beibringen, wie man sich mit dem Messer verteidigt. Damit kann er genauso gut heute Abend anfangen."

Henri senkte den Kopf. „Seid Ihr sicher, Madame?"

„Geh", wiederholte sie.

Nachdem auch er gegangen war, nahm sie einen langen und tiefen Atemzug, dann noch einen. Sie schaute durch das Bullauge ins Nebenzimmer und sah, wie Monsieur Fouet Kaspar küsste. Deutlich konnte sie erkennen, dass seine Hand auf der Hüfte des Eunuchen ruhte. Camille schaute genauer hin, um festzustellen, ob der Bordellbesitzer Kaspar zu dieser Intimität zwang, doch der Eunuch schien sich ihm entgegenzulehnen; dann legte er seine Hände gegen Monsieur Fouets Brust und schob ihn sanft von sich fort.

Die Worte des Bordellbesitzers drangen nur als leises Gemurmel an ihr Ohr, doch Kaspars hellere Stimme war deutlich zu verstehen. „Ja, ich bin sicher. Ich habe jemand anders meine Treue geschworen."

Monsieur Fouet sagte noch etwas und versetzte Kaspar einen kameradschaftlichen Schlag auf die Schulter.

„Macht Euch keine Sorgen. Sylvie wird Euch überraschen. Geht zu ihr. Ich werde ein Bad nehmen", beendete Kaspar das Gespräch.

Camille sah zu, wie Fouet und Kaspar gemeinsam das Zimmer verließen. Hatte Kaspar gemeint, dass er ihr gegenüber einen Treueschwur abgelegt hatte? Die Gesetze des Herzogtums untersagten Eunuchen, die in den herrschaftlichen Dienst getreten waren, die körperliche Liebe mit anderen auszuüben. Sie hatte diese Vorschrift für mehr oder weniger bedeutungslos gehalten, nur dafür gedacht, den alleinigen Anspruch der Gebieter und Gebieterinnen von Eunuchen zu sichern. Denn welches Begehren sollte ein Eunuch schon empfinden können?

Nun, an diesem Abend hatte sie erlebt, dass ein intimes

Zusammentreffen zweier Menschen mehr bedeuten konnte, als dass sich ein Körper in einen anderen hineinbohrte. Kaspar konnte ganz unterschiedliche Arten von fleischlichen Beziehungen unterhalten, das wahrscheinlichste Objekt dafür war Arno. Sie erinnerte sich, einmal gesehen zu haben, wie die beiden sich zärtlich küssten, und plötzlich war sie sich ziemlich sicher, dass die beiden etwas Besonderes verband. Kaspar und Arno hatten ihr lange und treu gedient und eine lustvolle Entlohnung stand ihnen mehr als zu. Sie würde darüber nachdenken, wenn sie allein in ihrem Bett lag.

Camille lag viele Stunden lang wach. Wieder und wieder sah sie die Peitsche durch die Luft sirren, und zwei Mal fuhr sie erschrocken aus dem Schlaf hoch, weil sie gemeint hatte, der Riemen würde sie ins Fleisch schneiden. Kurz nach Mitternacht war sie wieder wach und lag zitternd da, die Brust kalt vom Schweiß. Sie konnte sich nicht an ihre Träume erinnern. Da war nur noch ein vages Gefühl, gefesselt gewesen zu sein und einen Knebel im Mund getragen zu haben. Sie hatte nicht sprechen können.

Sylvie schlief nicht bei ihr im Zimmer, sie war wohl noch bei Monsieur Fouet. Schließlich holte Camille ihren Skizzenblock hervor und zeichnete Pferde, bis endlich der Morgen kam.

12. KAPITEL

Tage vergingen, es hörte auf zu regnen und die Brücken waren wieder passierbar. Die ersten Reisenden, die bereits unterwegs waren, berichteten über Unruhen im Herzogspalast. Henri verbrachte jede freie Minute damit, den Gerüchten zu lauschen, in der Hoffnung, nützliche Informationen zu bekommen, bevor sie ihre Reise fortsetzten. Die Herzogin war verrückt geworden und in eine Höhle gesperrt worden. Die Herzogin war tot, und das schon seit Jahren. Die Herzogin war wegen ihrer Unfruchtbarkeit verrückt geworden, aus dem Palast geflohen und versuchte nun eine Streitmacht aus Bauern zusammenzustellen, um ihren Ehemann zu überwältigen und in kleine Stücke zu schneiden. Die unterschiedlichen Geschichten, wie weit ihr das gelungen war, wichen stark voneinander ab. Ein immer wiederkehrendes Gerücht besagte, der Herzog habe sie verstoßen, die Ehe für nichtig erklärt und als Gründe wahlweise ihren Wahnsinn und ihren Tod angeführt. Er verhandle nun mit dem Herrscher des benachbarten Herzogtums über eine Heirat mit dessen vierzehnjähriger Tochter oder versuche die Ehe mit der Prinzessin eines kleinen Königreichs in den Bergen zu arrangieren, die eine ganze Armee von Eunuchen und barbrüstigen Kriegerinnen besaß, oder er plane eine niedere Konkubine in den Stand seiner Gemahlin zu erheben. Oder waren es gleich zwei Konkubinen?

Einige, meist Frauen, gaben dem Herzog die Schuld daran, dass das Herzogtum noch keinen Erben hatte, und glaubten, Camille habe sich verkleidet aufgemacht, einen würdigen Vater für den Erben zu finden. Andere befürchteten, sie sei getötet worden, und wieder andere wagten zu bemerken, sie hätte stattdessen den Herzog töten sollen.

Die Herzogin weigerte sich, irgendetwas zu einem dieser Gerüchte zu sagen, aber sie verbrachte viele Stunden damit, mit Sylvie und Kaspar die nächsten Stationen der Reise zu planen. Vor hier aus bis zu Maximes an der Küste gelegenen Protektorat würden sie nur noch schmale, wenig befahrene Straßen benutzen. Die nächsten Nächte würden sie in den Wäldern kampieren. Kaspar würde ihren bezahlten ortskundigen Führer darstellen und die Herzogin eine Witwe spielen, die Mutter von Sylvie, welche ihre Verkleidung als Junge beibehalten wollte. Henri sollte weiterhin ihr Stallbursche sein, eine Rolle, die ihm keine Schwierigkeiten bereiten würde.

Henri wusste, dass er das komfortable Freudenhaus und all die Erfahrungen, die er hier gemacht hatte, vermissen würde. Das erste Mal in seinem Leben war er aus seiner täglichen Arbeitsroutine herausgerissen worden. Während des Aufenthalts im Bordell hatte er die Pferde nur besucht, sie aber nicht selbst versorgt. Das hätte ihn vielleicht sogar traurig gemacht, wenn die Herzogin ihn nicht bei seinen Besuchen begleitet hätte. Sie hatte ihr Lieblingspferd Guirlande mit Karotten gefüttert und zugelassen, dass sämtliche Pferde ihr mit den Köpfen sanft gegen die Brust stießen. Jedes Lächeln, das sie den Pferden schenkte, löste in Henri eine Welle des Stolzes und der Zärtlichkeit aus.

Von Sylvie hatte er nach dem Ankunftstag wenig gesehen. Sie hatte sich rasch mit Monsieur Fouet angefreundet, der ihr sogar eine Stellung angeboten hatte. Sie hatte jedoch abgelehnt, weil sie die Herzogin nicht verlassen wollte, solange sie noch gebraucht wurde. Außerdem erklärte sie, sie wolle, dass Kaspar ihr beibrachte, wie man mit einer einschwänzigen Katze umging.

Während ihres Aufenthalts im Freudenhaus war Kaspar die meiste Zeit mit Henri beschäftigt gewesen.

Als sie vom Bordell fortritten, drehte Henri sich um,

warf einen letzten Blick auf den eingezäunten Hinterhof und dachte an seinen ersten Unterricht im Umgang mit Waffen zurück. Kaspar hatte ihm ein Messer in die geöffnete Hand gelegt. Henri betrachtete es. Die Klinge war dünn wie ein Blatt, das Metall ein wenig zerkratzt vom Schärfen. Der Griff bestand aus blau gefärbtem Schweineleder, das an einer Stelle beschädigt war, wo Kaspar wohl das Siegel der Herzogin entfernt hatte. „Es sieht aus wie das, was es ist. Etwas, womit man töten kann“, stellte Henri fest.

„Es kann notwendig werden, für sie zu töten“, erwiderte Kaspar. „Bist du bereit dazu? Ich sage es dir besser gleich, du weißt nicht, ob du es *kannst*, bevor der Moment da ist – aber bist du bereit?“

Henri schloss die Finger um den glatten ledernen Griff und wog das Messer in der Hand. Die Klinge war fast gewichtlos. Er konnte seinen Arm nach vorn stoßen, und aus seinen Fingern würde der scharfe Tod wachsen, sein Hieb wäre tödlich. Er stellte sich eine nebelhafte Gestalt vor, die wie vom Huftritt eines Pferdes rückwärts umfiel, mit fliegenden Armen und Beinen und aus dem Mund strömenden Blut – während er selbst, die blutende Klinge in der Hand, über den zusammengesunkenen Körper gebeugt dastand und zusah, wie das Lebenslicht in den Augen erlosch. Er schüttelte sich und sah Kaspar an. „Ich weiß es nicht“, antwortete er. „Ich bin bereit zu töten, um sie zu verteidigen. Wenn ich auf ihren Befehl hin jemanden töten soll … ich weiß nicht, ob ich das kann.“

„Ich bezweifle, dass es dazu kommen wird“, beruhigte ihn Kaspar.

Henri balancierte das Messer auf seiner Handfläche. „Was ist mit dem Herzog? Wird sie … Glaubst du, sie könnte ihn eines Tages töten lassen?“ Er konnte sich nicht vorstellen, dass sie das Todesurteil über jemanden aussprechen würde, aber wie gut kannte er sie denn wirklich? Ihr Vater und ihr Ehemann hatten viele Todesurteile gefällt. Er wusste, dass sie selber die Macht ergreifen wollte, nicht um der Macht willen, sondern um vor dem Herzog sicher zu sein. Henri befürchtete, der einzige Weg, den Herzog davon abzuhalten, Rache zu nehmen, war, ihn zu töten.

Der Gedanke, dass der Herzog vielleicht getötet werden musste, schien Kaspar nicht sonderlich aufzuregen. „Du wärest ohnehin nicht derjenige, der die Tat ausführen müsste, falls die Herrin entscheiden sollte, dass es nötig ist", stellte er fest. Er tätschelte den langen Dolch, der an seiner Hüfte hing.

So weit hatte er nicht gedacht. „Hast du ..." Er stockte, weil er sich plötzlich nicht sicher war, wie viel er wissen wollte. Hatte Kaspar schon einmal jemanden getötet? Hatte er auf Befehl der Herzogin getötet?

Für einen Moment legte Kaspar seine fleischige Hand auf Henris Schulter. „Madame hat mir nie befohlen, für sie zu töten", erklärte er, „aber ich würde es sofort tun. Es ist meine Pflicht, sie zu verteidigen, notfalls mit meinem Leben. Im Vergleich dazu ist es eine Kleinigkeit, für sie zu töten."

„Du würdest sogar den Herzog töten, wenn sie es sagte?"

Kaspar verzog sein Gesicht zu einer wilden Grimasse, und Henri machte einen Schritt rückwärts. „Würdest du den Herzog kennen, würdest du mir diese Frage nicht stellen. Ich war Zeuge, was für schreckliche Dinge er ihr angetan hat. Das Einzige, was mich davon abgehalten hat, mit meinen bloßen Händen auf ihn loszugehen, war das Wissen, dass ich gleich nach ihm sterben und Madame dann allein und ohne Schutz zurückbleiben würde."

Henri nahm einen tiefen Atemzug. „Ich werde mein Bestes geben."

Kaspar nickte. „Gut, eine wichtige Voraussetzung. Hast du nun also schon einmal gekämpft?"

„Mit meinen Fäusten“, erwiderte Henri. „Allerdings war ich da noch ein Junge.“ Als er Kaspars Grinsen bemerkte, verbesserte er sich. „Nicht während der vergangenen paar Jahre. Ich kann auch ringen, darin bin ich gar nicht so schlecht.“ Unter den jüngeren Stallburschen waren Ringkämpfe ein beliebter Zeitvertreib.

„Du weißt, wie du dich richtig fallen lassen musst?“

„Ich glaube schon.“

„Dann gib mir jetzt erst einmal das Messer zurück, und wir beginnen damit.“

Wenn er nicht damit beschäftigt war, Henri die Grundzüge des Schwert- und Messerkampfes beizubringen, verbrachte Kaspar die Zeit im Bordell damit, sich wie ein König behandeln zu lassen. Er hatte ein eigenes Schlafzimmer und zwei Pagen, die ihn mit heißen Bädern, köstlichen Mahlzeiten, Massagen und allem, was er sonst noch wünschte, versorgten. Natürlich war er zwei Mal am Tag bei der Herzogin erschienen, um zu sehen, ob sie etwas brauchte, aber sie hatte ihn jedes Mal weggeschickt und stattdessen ihre Zeit mit Henri verbracht.

Als er daran dachte, wie sie diese gemeinsame Zeit genutzt hatten, musste Henri seinen Sitz im Sattel verändern, um sich wegen des Drucks, den er plötzlich spürte, ein wenig Erleichterung zu verschaffen. Sie hatte begonnen, ihn in die Kunst der Massage einzuführen, und ihm an seinem Körper vorgemacht, wie es ging. Sobald Monsieur Fouet hörte, womit sie sich beschäftigten, sandte er einen seiner eigenen Masseure, einen gedrungenen, haarigen Mann, unter dessen Händen Muskeln sich in Wachs verwandelten. An ihrem letzten Abend im Bordell probierte Henri seine neu erworbenen Kenntnisse aus, als er zwei Stunden allein mit der Herzogin verbrachte und sich an jedem leisen Stöhnen, welches er ihren Lippen entlockte, aufs Neue berauschte. Sie war unter seinen Händen eingeschlafen, sodass sie nicht mehr dazu gekommen waren, sich zu vereinigen, aber er hatte die ganze Nacht in ihrem Bett verbracht, und das war für ihn schon fast genug der Seligkeit; sie hatte so tief und süß geschlummert.

Einen Abend hatte die Herzogin in den Bädern des Bordells verbracht. Dort war sie gewaschen, mit wohlriechenden Dämpfen behandelt und rasiert worden. Am wichtigsten war jedoch, dass man ihr Haar schwarz gefärbt hatte, um ihre Verkleidung perfekter zu machen.

Henri hatte denselben Abend in einem der Zuschauerräume verbracht. Das Paar, welches er beobachtete, bestand aus einer jungen Frau etwa in Sylvies Alter, die als Gast ins Bordell gekommen war, und einem älteren Mann, einem von Monsieur Fouets leitenden Dienern. Fast die ganze Zeit küsste und leckte der Mann Spalte und Perle seiner Partnerin mit den unterschiedlichsten Techniken. Soweit Henri es erkennen konnte, kam sie sieben Mal, aber vielleicht war es auch noch häufiger passiert und er hatte es nur nicht bemerkt. Vor dieser eindrucksvollen Darbietung hatte er nicht einmal geahnt, dass eine Frau zu so etwas fähig war; ihm selber waren niemals so viele Höhepunkte hintereinander gelungen, nicht einmal als er seine Männlichkeit frisch entdeckt hatte und an nichts anderes hatte denken können. Kein Wunder, dass der weibliche Gast diese besondere Dienstleistung gewählt hatte.

Henri hatte äußerst aufmerksam zugeschaut und später darüber nachgedacht, wie er der Herzogin gegenüber das Thema zur Sprache bringen könnte. Er konnte sich keine bessere Art vorstellen, ihr zu Diensten zu sein.

Außerdem hätte er gerne ausprobiert, ob es ihm gelang, sie dazu zu bringen, in einer einzigen Nacht sieben Mal zu kommen. Oder auch noch häufiger. Er hatte nichts dagegen, wenn sie ihm auf diese Weise ausgeliefert war, jedenfalls für eine gewisse Zeit. Ganz egal, wie oft sie miteinander schliefen, sie hielt ihn immer auf Distanz. Natürlich wusste er, dass das nun einmal der Lauf der Welt war – er war ihr nicht gleichgestellt und würde es auch niemals sein –, ihm war jedoch vorher nicht klar gewesen, wie quälend es war, sich als stets verfügbare Annehmlichkeit benutzt zu fühlen.

Am Morgen ihrer Abreise aus dem Bordell schlüpfte Henri aus den ihnen zugewiesenen Räumen, bevor die Herzogin ihn zu sich rufen konnte, und kümmerte sich selbst um die Pferde und das Maultier. Es fühlte sich gut an, sich selber daran zu erinnern, wer er in Wahrheit war, und die Zuneigung, die ihm die Tiere entgegenbrachten, tat nicht weh.

Wieder unterwegs zu sein, war ein seltsames Gefühl. Henri kam sich um Jahre älter vor als zu Beginn der Reise. Sie schlugen ihr Lager am frühen Abend auf, damit er genügend Zeit hatte, sich vor Einbruch der Dunkelheit um alle Tiere zu kümmern. Zu seiner Überraschung half ihm die Herzogin, und dadurch war die Arbeit viel schneller erledigt. Sylvie sammelte Feuerholz und machte Wasser heiß, damit sie sich waschen und Tee kochen konnten. Als die Dämmerung kam, aßen sie Brot, Käse und Obst und tranken Wein aus geschnitzten Holzbechern.

Dann rollte sich die Herzogin in der Nähe des heruntergebrannten Feuers zwischen einigen Decken zusammen und schlug ihr Skizzenbuch auf. Während Henri noch überlegte, ob er sich neben sie legen sollte, sah er, wie Sylvie nach Kaspars Hand griff und ihn dorthin zog, wo die Bäume dichter standen. Neugierig folgte er ihnen. Er wusste, dass sie ihn gesehen hatten, aber keiner von beiden protestierte. Nach einigen Schritten blieb Sylvie stehen und wartete, bis er sie eingeholt hatte.

Alle drei trugen wegen der Frühlingskühle ihre Umhänge, und Henri sah die Gesichter nur als verschwommene, helle

Flecke. Als sie sich noch weiter vom Feuer entfernten, waren nicht einmal mehr diese Flecke zu erkennen. Henri stolperte über eine Baumwurzel und dann gegen Kaspars massigen Körper. Sylvie packte ihn bei den Armen, er erkannte sie an ihren kleinen Händen.

„Hier können wir bleiben", sagte sie. „Ich glaube, hier stören wir Madame nicht."

Kaspar seufzte. Es war Henri schon häufiger aufgefallen, dass er oft seufzte, wenn Sylvie in der Nähe war. „Was willst du? Ich habe die einschwänzige Katze nicht bei mir, und ohnehin würde ich nicht zulassen, dass du den Riemen mit diesen Ästen hier verhedderst und das Leder verdirbst."

„Ich möchte dir danken", erklärte Sylvie. „Du hast dafür gesorgt, dass wir eine sichere Unterkunft hatten, als ich es nicht konnte. Und außerdem hatte ich mein Vergnügen mit Monsieur Fouet."

„Du kannst deinen Dank ausdrücken, indem du mich in Ruhe lässt", erwiderte Kaspar ungnädig. „Warum spielst du nicht hier draußen mit Henri, während Madame und ich schlafen, wenn du so viel überschüssige Energie hast? Außerdem, was glaubst du, was du für mich tun kannst, Mädchen?"

„Ich bin nicht Sylvies Spielzeug", warf Henri ein.

Ohne ihn zu beachten, sprach Sylvie weiter mit Kaspar. „Ich bin kein Dummkopf, Kaspar. Was glaubst du, worüber Monsieur Fouet und ich in den Nächten gesprochen haben, in denen wir zusammen waren? Ich weiß, dass es Möglichkeiten gibt, einem Eunuchen Lust zu verschaffen. Und ich kann mir nicht vorstellen, dass du selber sie nicht kennst."

„Tatsächlich?", entfuhr es Henri, bevor er sich auf die Zunge beißen konnte. „Wie?"

„Ich bin ebenfalls nicht dein Spielzeug, Sylvie", stellte Kaspar fest.

„Ich wollte nur nett sein. Warum musst du mich immer so

unfreundlich behandeln?“ An ihrer Stimme erkannte Henri, dass Sylvie schmollte.

„Ich habe dich mit Monsieur Fouet zusammengebracht. Das sollte an Freundlichkeit für die nächsten paar Monate ausreichen.“

„Bist du eifersüchtig? Inzwischen hatte ich Madame schon, und Henri hatte sie auch. Glaubst du, wir nehmen dir deine Aufgaben weg? Oder liegt es einfach daran, dass du Arno vermisst? Mir fehlt er jedenfalls. Er ist viel netter als du.“

Voller Mitleid fragte Henri sich, ob Arno überhaupt noch lebte. Wie seltsam, dass er zu Beginn dieses Abenteuers größere Angst vor den Eunuchen gehabt hatte, als vor irgendjemand anderem, den Herzog eingeschlossen.

„Arno geht dich nichts an“, versetzte Kaspar.

„Er fehlt mir aber wirklich“, beharrte Sylvie. „Sag ihm das, wenn du ihn das nächste Mal siehst. Madame wird nichts dagegen haben.“

„Offenbar ist deine Nase viel zu lang, Sylvie, denn ich bin sicher, du wolltest sie gar nicht in meine Angelegenheiten stecken.“

Henri hörte trockenes Laub unter der Sohle eines Stiefels knistern, dann ein Rascheln, und er nahm an, dass sie Kaspar umarmte. Erst nach einer Weile schob der Eunuch sie von sich. Henri fragte sich, was er wohl für ein Gesicht machte, und überlegte gleichzeitig, ob er nicht besser ins Lager zurückkehren sollte.

„Vielleicht können wir dich ein bisschen von dem ablenken, was eigentlich überhaupt nicht unsere Angelegenheit ist“, erklärte Sylvie. „Du würdest Madame furchtbar gern ein Geschenk machen, nicht wahr, Kaspar? Komm her, Henri.“

„Ich?“

„Steht hier noch irgendjemand anders in der Dunkelheit

herum? Und warum fragst du vorher jedes Mal dumm, wenn du doch genau weißt, dir wird gefallen, was ich tue?"

Er wusste nicht genau, warum das so war. Die Art, wie sie ihn behandelte, missfiel ihm oft, aber sie selbst gefiel ihm. Henri stolperte vorwärts, bis er gegen etwas Weiches, Warmes stieß. Hände griffen nach ihm. Sylvies kleine und Kaspars riesige Pranken.

„Halt einfach still", befahl Sylvie ihm. „Du willst doch Kaspar helfen, oder nicht?"

Henri spürte den Lufthauch von Kaspars leisem Lachen in seinem Haar. Der Eunuch ließ seine Hand an Henris Rücken hinabgleiten, bis er Henris Hinterbacken zusammendrücken konnte. Henri stellte sich auf die Zehenspitzen, als Kaspars Finger in gefährliche Nähe zu seinem Hodensack gerieten. „Du bist völlig schamlos, Sylvie", stellte Kaspar fest, während er seine Hand noch weiter nach unten schob und die Finger um Henris Hoden legte. Er zog sachte daran und folgte mit den Fingerspitzen den runden Linien. Henris lederne Reithosen wurden rasch zu eng.

Sylvie presste sich fest an seinen Rücken, sodass Kaspars Arm zwischen ihrem und Henris Körper klemmte. Dann schlang sie die Arme um Henris Taille, schob die Hände unter den Bund seiner Hose und streichelte ihn sanft. Sie knöpfte die Hose auf, zog seinen Schwanz heraus und zog daran. Henri keuchte. Sylvie und Kaspar zogen in unterschiedliche Richtungen, und er hatte das Gefühl, im nächsten Moment zu zerreißen.

Sylvie legte die Finger um seine harte Keule, eine Hand direkt unter der Eichel, die andere dicht am Körper. „Ich habe so einen Spaß mit dir, lieber Henri", erzählte sie ihm. „Mach dir keine Sorgen, wir schicken dich bald zu Madame zurück."

Für den Moment gab Henri nach. Kaspar lachte vor sich

hin. Noch nie zuvor hatte Henri ihn laut lachen hören. Nun kniete er sich hinter Henri, zog ihm die Reithose weiter hinunter und begann, seinen Hodensack zu lecken, während er ihn zwischen der Handfläche und den Fingern knetete. Auch Sylvie sank auf die Knie und tupfte Küsse an seinem Schaft entlang, bevor sie ihre Lippen um seine Eichel schloss und saugte.

Henri presste sich die Hand vor den Mund, um sein Stöhnen zu dämpfen. Er brauchte einige Augenblicke, um sein Keuchen unter Kontrolle zu bringen, bevor es ihm gelang hervorzustoßen: „Aufhören. Bitte. Aufhören."

Mit einem schmatzenden Laut gab Sylvie ihn frei. Kaspar knetete ein letztes Mal seine Hinterbacken, stand auf und klopfte ihm auf die Schulter. „Geh zu ihr. Und stolpere nicht über … irgendetwas." Er begann wieder zu lachen, während Henri sich zurückzog, wobei er an seinen Reithosen zerrte und sie so weit nach oben zog, wie es im Moment ging.

Er ließ sein Hemd über die Hose fallen, um die riesige Beule zu verbergen, und stolperte zurück ins Licht des Feuers. Die Herzogin richtete sich auf und zog sich eine Decke um die Schultern. „Henri?" Sie betrachtete ihn genauer, dann begannen ihre Mundwinkel zu zucken. „Komm her", befahl sie ihm.

Einen Augenblick lang wünschte Henri sich, irgendjemand würde ihn ernst nehmen. Wäre er nicht so furchtbar erregt gewesen, hätte er die Herzogin vielleicht gebeten, Sylvie zu sagen, sie solle ihn in Ruhe lassen, obwohl er mit so einer Sache eigentlich allein hätte fertig werden sollen. Er konnte sich nicht ständig hinter der Herzogin verstecken. Doch nun sank er einfach neben ihr nieder. Sie zog sein Hemd hoch und dann eine Augenbraue.

Henri schluckte. „Darf ich … was wünscht Ihr?"

Sie betrachtete ihn von den Knien bis zum Gesicht. Ihr

Gesichtsausdruck blieb unverändert, aber er wusste, dass sie nachdachte. Schließlich sagte sie: „Streichle dich so, wie du gern gestreichelt werden würdest. Schließe deine Augen. Tu so, als wäre ich nicht hier.“

„Ja, Madame“, wisperte Henri. Er schloss die Augen, ließ seine Hand nach unten wandern und umfasste die Spitze seines Schwanzes. Er drückte und zog und dachte daran, wie Sylvies Mund sich angefühlt hatte, dann umfasste er sein Glied unter der Eichel. Bei dieser nicht ganz so unmittelbaren Stimulation konnte er sich ein wenig entspannen. Er strich nach unten, dann wieder nach oben, zog die Vorhaut zurück und wieder über den Schaft, benutzte beide Hände, als er noch mehr Druck brauchte, ließ die Finger an der kleinen Erhebung an der Rückseite seines Schwanzes entlanggleiten. Von Zeit zu Zeit schob er die Spitze seines Daumens unter die Vorhaut und erschauderte vor Lust, wenn die Schwielen über seine empfindlichste Hautstelle rieben.

Er erinnerte sich an Kaspars Zunge auf seinem Hodensack und griff nach unten, als seine Eier anschwollen, als wollten sie im nächsten Moment überlaufen. Er umfasste sie mit einer Hand und hielt mit der anderen immer noch seinen Schwanz fest, während er tief ein- und ausatmete.

Als die Herzogin seine Schulter berührte, zuckte er zusammen und riss die Augen auf. „Und jetzt fick mich“, sagte sie und zog ihre Röcke bis zur Taille hoch. Sie lehnte sich zurück, stützte sich auf ihre Ellenbogen und winkte ihn heran. Ihr Blick war verschwommen, ihre Wangen vor Verlangen gerötet.

Er hatte nicht gewollt, dass es so schnell passierte, denn er hatte noch keine Chance gehabt, ihr zu sagen, was er wollte. Dennoch konnte er jetzt nicht streiten, weder mit ihr noch mit seinem hartnäckigen Schwanz.

Henri schob ihre Knie auseinander, presste seine Eichel

gerade eben in ihre Öffnung und bebte am ganzen Leib, als ihre feuchten Schamlippen sich um ihn krampften. Ihre inneren Muskeln schienen ihn in sich hineinziehen zu wollen; er hörte auf, sich selbst zu quälen und stieß zu. Nicht tief genug. Er hakte seine Arme unter ihre Schenkel und zog sie nach oben, während er sich mit einem Seufzer der Befriedigung weiter in sie hineinbohrte. Dort verharrte er, während er spürte, wie sein Schwanz unter den Zärtlichkeiten ihrer inneren Hand zitterte, dann beugte er sich ihr entgegen und küsste ihren Mund. Seine Hände wanderten zu ihren Brüsten, er zupfte an ihren Nippeln. Als er sich wieder aufrichtete, forderte sie ihn auf: „Fick mich!"

Henri zog sich zurück und glitt noch tiefer in sie hinein, die Lider über seinen geschlossenen Augen vor Lust flatternd. Er musste seinen Schwanz vollkommen aus ihr herausziehen und tief durchatmen, bevor er sprechen konnte: „Erteilt mir bitte keine Befehle. Es ... es ist schwierig für mich, wenn ich immer wieder daran erinnert werde, dass Ihr mir befehlen könnt."

Erstaunt schaute die Herzogin zu ihm auf. „Das sind keine Befehle." Sie berührte seinen Arm, was ihm Mut machte, weiterzureden.

„Ihr wisst, dass das nicht stimmt", erwiderte Henri. „Nicht, wenn man bedenkt, wie es nun einmal zwischen uns ist. Niemand würde das glauben. Aber wenn wir, nur wenn wir ganz allein sind ..."

„Henri", unterbrach sie ihn.

Er spürte, dass sie ihn wegen seiner Einfalt bemitleidete, und konnte es kaum ertragen. „Ihr glaubt, es ist ganz unmöglich, zu vergessen, was ich im Vergleich mit Euch bin. Das ist es auch, wenn Ihr es nicht einmal versucht."

Lange musterte die Herzogin ihn mit einem prüfenden Blick. Schließlich sagte sie: „Ich werde immer die Herzogin sein. Das zu leugnen ist ein Fehler."

Henri schloss für einen Moment die Augen, dann sagte er: „Dann könntet Ihr mich vielleicht um das bitten, was Ihr wollt. Nicht weil Ihr es für richtig haltet oder weil Ihr denkt, dass ich es mag, sondern weil Ihr es auch so wollt. Und ich werde versuchen, dasselbe zu tun."

„Und was möchtest du jetzt, Henri?", erkundigte sich die Herzogin.

Das, was er sich wirklich wünschte, konnte Henri nicht haben, also nannte er ihr das, wovon er wusste, dass sie es ihm geben konnte. „Ich würde Euch jetzt wirklich, wirklich gerne ficken, und vielleicht könnt Ihr dabei weiter mit Euren Brüsten spielen, sodass ich Euch dabei zuschauen kann."

Sie schenkte ihm ein schwaches Lächeln. „Ich denke, damit werde auch ich sehr zufrieden sein. Und … und ich würde es auch sehr mögen, wenn du mich bei meinem Namen nennen könntest."

Henri hatte das Gefühl, im nächsten Moment würde sein Herz aufhören zu schlagen. Er beugte sich zu ihr hinab und strich mit seinen Lippen an ihrem Wangenknochen entlang in Richtung ihres Ohrs. „Camille", hauchte er.

13. KAPITEL

Früher einmal war es Camille nicht so schwer gefallen, anderen ihre Träume und Sehnsüchte zu verraten, auch wenn damals, vor langer Zeit, ihr Vertrauen letztlich nur auf Lügen aufbaute, die andere ihr erzählten. Sie war acht Jahre alt gewesen, als ihr Vater das an der Küste gelegene Herzogtum besetzt und den dortigen Herzog getötet hatte, sodass er den Landstrich und die einträglichen Häfen als sein eigenes Herrschaftsgebiet beanspruchen konnte.

Im folgenden Jahr hatte er den jungen Maxime nach Hause gebracht. Maxime sollte nach außen die Regierung des eroberten Herzogtums übernehmen und auf diese Weise Camilles Vater aus dem Blickfeld etwaiger Rebellen halten, die ein Attentat gegen ihn, den Besetzer, planen könnten. Da er keinen leiblichen Sohn hatte, hoffte er außerdem, der Junge würde ihm gegenüber im Laufe der Jahre eine starke Loyalität entwickeln. Er erzählte Camille sehr behutsam von seinen Plänen und erklärte ihr, es gebe für sie keinen Grund zur Eifersucht. Da sie nun einmal niemals ein Mann sein könne, sei es seine Pflicht als Vater, einen männlichen Verbündeten für sie zu finden, der ihr zur Seite stand, bis sie den Mann heiratete, der der nächste Herzog sein würde.

Mit acht hatte Camille bereits begriffen, dass im Palast Intrigen gesponnen wurden und dass es Kriege gab, aber sie sah hauptsächlich die offensichtlichen Ergebnisse, nicht die Ziele, die dahintersteckten. Wenn ihre Eltern sich überhaupt die Mühe machten, mit ihr zu reden, glaubte sie ihnen, was sie ihr erzählten. Die Wahrheit, die sie zu dieser Zeit kannte, lautete, ihr Vater habe einen gefährlichen, seeräuberischen Herzog entmachtet, der sie alle in Gefahr brachte: Maximes Vater habe den Unmut aller benachbarten Regenten auf sich gezogen, was früher oder später unweigerlich zu Kriegen führen würde. Der Pirat habe sich geweigert, in Verhandlungen zu treten, also hatte ihr Vater ihn getötet. Die Frau des Herzogs war während der folgenden Kämpfe ebenfalls umgekommen. Auf diese Weise war Maxime elternlos zurückgeblieben, deswegen kümmerte sich Camilles Vater nun um ihn.

Weil Maxime ein Junge war, war er mehr wert als sie, selbst wenn sie mehr Privilegien genoss als er. Er konnte niemals Herzog werden, daher musste sie wenigstens nicht an ihn als ihren Bruder denken. Sie konnte den Jungen nicht hassen. Er hatte weder Vater noch Mutter, und sogar sein Hund war tot. Auf ihren Vater böse zu sein, weil er Maxime in den Palast geholt hatte, hätte man als kindisches Verhalten bestraft. Also vergrub sie ihre Wut tief in ihrem Inneren, wo sie schwelen würde, bis eines Tages ihr künftiger Ehemann sie befreite.

Im täglichen Leben sah sie Maxime kaum. Er war zwar immer im Palast, doch er wurde getrennt von ihr unterrichtet und nahm die Mahlzeiten mit seinen Lehrern ein. Die meiste Zeit dachte sie nicht an ihn. Ihr Leben drehte sich um Unterricht in gutem Benehmen, in Fremdsprachen und im Reiten. Von ihrem Vater erhielt sie nicht mehr und nicht weniger Aufmerksamkeit als vor Maximes Ankunft; sie hatte immer gewusst, dass sie ihm weniger bedeutete als seine Lieblingskonkubine. Ihre Mutter zeigte an Maxime ebenso wenig Interesse, wie sie Camille seit ihrer Geburt entgegengebracht hatte. Sie zog es vor, ihre Zeit in Gesellschaft adliger Damen zu verbringen, mit denen sie um hohe Einsätze, die manchmal die Dienste ihrer Eunuchen einschlossen, Karten spielte und würfelte. Drei Monate im Jahr verbrachte sie am Königshof und sammelte dort den neusten Klatsch und die neuste Mode, um ihre Kenntnisse im Frühjahr mit zurück ins Herzogtum zu bringen.

Als Camille elf Jahre alt war, starb ihre Mutter unerwartet an einem Herzanfall, und während des ganzen nächsten Jahres oder auch länger war in ihrem Leben für nichts anderes Raum als für Trauer. Sie trauerte nicht um ihre Mutter, sondern um die Mutterliebe, die sie niemals gespürt hatte. Dann wurde sie für zwei Jahre an den Königshof geschickt, um dort jenen Schliff zu erhalten, der ihr später den Umgang mit den allerhöchsten Würdenträgern erleichtern sollte. Sie war froh, dass sie wegen der offiziellen Trauerzeit ein Jahr später an den Hof musste, denn die Pflichten, die ihr dort oblagen, nahmen fast den ganzen Tag in Anspruch, sodass sie nur in den frühen Morgenstunden ausreiten konnte.

Die anderen Frauen und Mädchen am Hof waren zunächst freundlich zu ihr, aber sie begriff schon bald, dass sie diese Freundlichkeit nur dem neuen Reichtum ihres Vaters zu verdanken hatte, nachdem dieser Maximes Vater umgebracht und dessen Ländereien an sich gebracht hatte. Sobald die anderen Hofdamen sie jedoch besser kennengelernt hatten und wussten, dass sie sich mehr für Pferde als für Mode interessierte, beobachteten sie sie misstrauisch, als würden sie jeden Moment erwarten, dass sie Hosen anzog und davongaloppierte wie eine Frau in einer Abenteuergeschichte. Die Jungen in ihrem Alter grinsten, wenn sie sich vor ihr verbeugten, und machten derbe Scherze, wenn sie im Herrensattel ritt.

Als sie nach Hause zurückkehrte, war ihr Vater bereits dabei, Listen mit möglichen Heiratskandidaten für sie aufzustellen. Maxime war nicht unter ihnen. Obwohl Camille und er keine Freunde waren, war er ihr doch vertrauter als die jungen Leute bei Hofe, und sie ertappte sich dabei, dass sie sich darauf freute, ihn wiederzusehen. Während ihrer Abwesenheit war Maxime zu einem großen, gut aussehenden Mann geworden. Sie fing an, auf den Fluren nach ihm Ausschau zu halten, und ritt zu den Zeiten aus, wenn auch er auf seinem Pferd unterwegs war. Die anderen Frauen im Herzogspalast hatten ebenfalls längst bemerkt, wie gut er aussah, aber Camille wusste, dass am Ende sie ihn bekommen würde. Die anderen mochten ihm ihre Körper geben, aber sie würde sich nicht von Höflingen, Dienern und Eunuchen davon abhalten lassen, ihn wirklich kennenzulernen.

Maxime war nur ein Jahr älter als sie, und es dauerte nicht lange, bis auch er ihre Nähe suchte. Ihre ersten Unterhaltungen waren nur kurz. Sie fragten sich gegenseitig nach ihrem Befinden und redeten über ihren Unterricht oder die Vorzüge und Fehler ihrer jeweiligen Reitpferde; dabei mieden sie jedes Thema, das der Eunuch, der Camille begleitete, oder Maximes Diener, der stets in seine Nähe war, auffällig finden könnten. Camille sprach am liebsten mit ihm über Pferde. Eines Tages erzählte Maxime ihr vom Meer. Es war, als würde er sie zum ersten Mal wirklich sehen, und genauso ging es ihr mit ihm. Camille genoss seine glühenden Blicke und bat ihn, ihr noch mehr zu erzählen. Doch er fragte sie stattdessen nach ihrem neuen Fohlen und sah ihr tief in die Augen, während sie sprach. Noch nie zuvor hatte ihr jemand so aufmerksam zugehört. Niemand hatte sich für das interessiert, was sie zu sagen hatte.

Rasch wurden ihre Unterhaltungen länger, und sie redeten über andere Dinge. Maxime sprach über seinen Unterricht in Politik und Landeskunde und ermutigte Camille, ihm über ihre Schulstunden zu berichten. Im Flüsterton erzählte er ihr, wie das Herzogtum seiner Eltern regiert worden war und was die Unterschiede zur Regierung ihres Vaters waren. Seine Mutter hatte die Hälfte der Regierungspflichten wahrgenommen, doch davon sprach außer Maxime niemand mehr. Frauen hatten auch als Wachen und Soldaten gedient, und es hatte keine Eunuchen gegeben, bis auf die, die als Verfolgte ins Land gekommen waren.

Camille fand die Unterschiede faszinierend und fragte sich bei manchen Dingen, warum ihr Vater sie nicht übernommen hatte. So kam es, dass sie zum ersten Mal etwas infrage stellte. Heimlich begann sie Pläne zu schmieden, wie sie das Herzogtum regieren würde, wenn sie erst einmal Herzogin war.

Eines Wintertages verbrachte sie den Vormittag damit, den Ball anlässlich ihres sechzehnten Geburtstags zu planen. Es sollte ihr erster offizieller Auftritt in der höchsten Gesellschaft sein. Unter den Gästen würden Heiratskandidaten aus sechs verschiedenen Herzogtümern sein, unter ihnen, obwohl sie es zu diesem Zeitpunkt noch nicht wusste, ihr künftiger Ehemann. Maxime würde ebenfalls dabei sein, gekleidet in die Farben ihres Vaters, eine Tatsache, die ihm wahrscheinlich nicht sonderlich gefiel, obwohl er im Laufe der Zeit gelernt hatte, seine wahren Gefühle zu verbergen. Auch Camille hatte sich diese Fähigkeit angeeignet, nachdem sie eine Zeit lang die Intrigen ihres Vaters und seiner Günstlinge beobachtet hatte.

An jenem Tag schneite es so heftig, dass sich der Schnee im Laufe des Vormittags bereits hoch auftürmte, und es wäre sehr unklug gewesen, ihren täglichen Ausritt zu unternehmen. Dennoch war sie nicht gewillt, auf die wenigen kostbaren Stunden zu verzichten, die sie am Tag für sich allein hatte, und so entschlüpfte sie der Aufsicht ihrer Wache und ging zu den Ställen. Dort wartete Maxime auf sie. Auch er war seiner Wache entwischt oder hatte die Garde bestochen: Wie sie wusste, bestach er normalerweise die Wache, wenn er sein Vergnügen bei den Dienstmägden oder den Näherinnen im Palast suchte. Camille unterdrückte ihre Eifersucht, indem sie sich fragte, wie es wohl sein mochte, selber solche Freiheiten zu haben.

Mit vor der Brust verschränkten Armen, die Füße in den Stiefeln überkreuzt, lehnte Maxime selbstbewusst in der Nische, wo die Eimer aufbewahrt wurden. Er war schwarzhaarig, und sogar schon damals musste er sich zwei Mal am Tag rasieren, wenn er abends an einer Gesellschaft teilnehmen wollte. Camille fragte sich, ob die Haare auf seinen Handrücken drahtig oder weich waren und wie sich im Vergleich damit sein Kopfhaar anfühlen mochte. Seine langen Locken kräuselten sich im Nacken und hingen ihm einladend in die Stirn. Seine Augen waren dunkel, von einem satten Braun, das seine Gefühle verbarg, und wenn er beim Lächeln seine Zähne zeigte, waren sie fast unerträglich weiß und gerade.

Obwohl Camille gehofft hatte, er würde dort sein, hatte sie es nicht wirklich erwartet. Einen Augenblick fragte sie sich, ob sie vielleicht träumte. Die Fantasien, die sie nächtelang wach gehalten hatten, waren jedoch ganz anders als diese Wirklichkeit: die leisen Geräusche der Pferde, wenn sie sich in ihren Boxen bewegten, ihr Geruch, der sich mit dem des Mists und des lange gelagerten Winterheus vermischte, das Rascheln des Strohs unter ihren Stiefeln, als sie langsam auf ihn zuging.

„Ich habe gewusst, du würdest mich hier finden." Maximes tiefe Stimme löste ein Kribbeln in ihrer Kehle und in ihrer Brust aus. Während sie sich ihm näherte, meinte sie bereits, die Wärme seines Körpers spüren zu können. Er hatte seine Jacke über einen Haken gehängt, und im offenen Kragen seines locker fallenden Hemds sah sie ein Büschel schwarzer Haare, das sie faszinierte. Hatte er überall Haare? Auch auf dem Bauch und den Beinen? Wie mochte es sich anfühlen, sie zu berühren? Gefiel es ihm selber, haarig zu sein anstatt glatt und weich? Diese und viele andere Fragen hätte sie ihm gern gestellt. Wenn sie es täte, würde er lachen.

Vielleicht würde er auch lachen, wenn sie ihn so berührte, wie sie es gern getan hätte.

Doch er lachte nicht, als sie die Hand auf seinen Unterarm legte. Durch das dünne Leinen des Ärmels spürte sie die Hitze seiner Haut. Sie krümmte die Finger, als ein Gefühl wie das Streicheln von Samt an ihrem Arm aufwärtsglitt. „Was wünscht du dir, Camille?“, fragte er.

Dass er sie beim Namen nannte, ließ sie zusammenzucken. Ihr Vater redete sie mit ihrem Titel an, ebenso hielten es alle anderen Leute im Schloss, wenn sie sie nicht mit *Herrin* oder *Madame* ansprachen. Sie glaubte nicht, dass ihr Vater Maxime erlaubt hätte, sich diese Freiheit herauszunehmen, wenn er davon gewusst hätte. Sie lächelte und versuchte, ihre Nervosität nicht zu zeigen. „Maxime. Ich wünsche mir natürlich, mit dir allein zu sein.“

„Ich glaube nicht, dass du weißt, was das bedeutet. Schließlich und endlich hast du nur deine Eunuchen.“

In Wahrheit hatte sie auch die Eunuchen nicht, nicht so, wie er es meinte. Jarman, der Eunuch, bewachte sie, doch er war ihr nicht so zu Diensten, wie sie es hatte flüstern hören. Niemals hätte sie gewagt, ihn darum zu bitten, aus Angst, ihr Vater könnte es herausfinden. Falls Jarman nicht darüber redete, würden es die Zofen tun. Wenn sie erst einmal verlobt war, würde sich das ändern; Jarman und Casimir, der jüngere der beiden Eunuchen, würden ihren Körper auf die Ehe vorbereiten. Doch ihr Vater war der Meinung, bevor es so weit sei, würde die Art von Unterricht, den sie ihr erteilen könnten, zu gefährlich sein. Wenn sie sich erst einmal an die Eunuchen gewöhnt hatte, würde sie möglicherweise den Geschmack an einer Beziehung mit einem richtigen Mann verlieren, wie ihr künftiger Ehemann einer sein würde.

„Mag sein, dass ich nicht weiß, was ich will. Möchtest du, dass ich gehe? Wartest du auf jemand anders?“, erkundigte sie sich und zog eine Augenbraue hoch. Sie hatte Stunden damit zugebracht, diesen Gesichtsausdruck vor dem Spiegel zu üben und wusste, sie konnte damit jemanden in den Wahnsinn treiben.

Maxime gelang eine ähnliche Miene, allerdings ohne die hochgezogene Braue. „Du wirst einmal jemand sehr viel Ärger machen", stellte er fest. „Zu schade, dass es nicht dein Vater sein wird."

„Lass uns nicht gerade jetzt über ihn reden."

„Du willst nicht reden? Gut!" Er umfasste hart ihre Schultern und zog sie an sich. Erregung durchströmte Camilles Körper und stieg immer höher, als sein offener Mund über ihren strich. Der Kuss war feuchter und glitschiger, als sie es sich vorgestellt hatte. Sie war überrascht, wie sehr sie es mochte, während die Bewegungen seiner Zunge ihren Körper bis zu der Stelle zwischen ihren Beinen erbeben ließen. Er war groß, fest und warm, und er roch einfach köstlich. Sein Geschmack war der einer verbotenen Frucht.

Während sie sich küssten, stand sie auf den Zehenspitzen und krallte sich mit den Fingern in sein Hemd. Er hielt ihren Kopf mit beiden Händen fest und drehte sie so, dass er mit seiner Zunge noch tiefer zwischen ihre Lippen dringen konnte, bevor er für eine nicht enden wollende Zeit wieder und wieder in ihre Mundhöhle hineinstieß. Sie presste ihre Schenkel aneinander und erhöhte so den Druck auf das schwellende Fleisch ihrer Möse. Sie stöhnte und spürte, wie es feucht an ihren Beinen hinunterrann. Sobald Maxime die Hände um ihre Brüste legte, zuckte sie erstaunt zusammen und umklammerte seine Finger mit ihren, damit er nicht aufhörte, sie dort zu streicheln.

Maxime küsste ihren Hals und die weiche Haut unter ihrem Kinn, ließ die Zunge über ihre Haut gleiten und murmelte dann: „Du bist schon ganz feucht, stimmt's? Ich würde deinen Saft gerne fühlen. Ich könnte meinen Finger in dich stecken und dich dazu bringen zu schreien – wie ein Falke hoch in den Wolken. Hast du das schon einmal getan? Hast du schon einmal den Finger in deine Möse gesteckt?"

„Oh", hauchte Camille und ließ zu, dass er sie rückwärts gegen die Wand drückte. Er sprach Dinge aus, die sie bisher nicht einmal zu denken gewagt hatte. Verboten, das war alles verboten und erschütterte sie bis ins Mark.

Er öffnete den Mund und saugte an ihrer Kehle. Seine Hände glitten an ihrem Rücken abwärts und krallten sich in ihre Hinterbacken, wobei er den Stoff ihres zweigeteilten Reitrocks zwischen seinen Händen zerknüllte. Dann zog er sie noch dichter an sich, an etwas Hartes, und stieß dabei einen unterdrückten Laut aus. „Ja", ächzte er. „Das ist so gut! Fühlst du das? Spürst du, wie hart ich bin? Ich möchte ihn in dich hineinschieben. Das würde sich gut anfühlen, ich verspreche es dir. Du würdest stöhnen, dich winden und um mehr betteln, und ich würde noch tiefer hineinstoßen und schieben und pressen, bis ich ganz in dir stecken würde, und dann würde ich dich reiten, bis du schreist. Oh, ich möchte dich ficken." Er ruckte mit den Hüften gegen sie, und sie keuchte, als ihre Eingeweide sich vor Verlangen zusammenzogen.

„Bitte", stieß sie mühsam hervor.

„Bitte hör auf, oder bitte fick mich?"

„Bitte fick mich." Mühsam atmend zuckte Camille zusammen. Niemals zuvor hatte sie diese Worte ausgesprochen. Ihre Möse lief über, cremig rann es an ihren Schenkeln hinab, ihre Nippel brannten und schmerzten unter ihrer Jacke. Ihr Mund fühlte sich ebenso weit und feucht an wie ihre Möse. „Nein", stöhnte sie. „Hör auf. Wir dürfen es nicht tun."

Maxime keuchte und ließ sie los. „Verdammt!" Er wandte sich ab, und seine Schultern hoben und senkten sich, während er um Atem rang. Als sie einen Blick auf seinen Schwanz erhaschte, der aus dem Bund seiner Reithose herausragte, war sie erstaunt, wie dick und glänzend er aussah. *Das* sollte in sie hineinpassen?

„Ich wollte dich nicht ..."

Er drehte sich wieder zu ihr um und stützte sich mit einem Arm gegen die Wand. Sein Gesicht war rot. „Verdammt. Ich glaube nicht, dass ich noch länger warten kann." Mit einer Hand öffnete er die Knöpfe seiner ledernen Hose, und sein Schwanz sprang heraus und klatschte gegen seinen Bauch. Schwarzes Haar ringelte sich darum, sodass sie den unteren Teil nicht sehen konnte. „Und wie ist es mit zusehen? Willst du mir zusehen?"

Camille konnte den Blick nicht von seinem riesigen Schaft abwenden. Sie leckte sich über die Lippen. „Du verstehst nicht. Ich habe noch nie ... noch niemals ..."

Maxime stutzte. „Ist das wahr?" Er griff um seine Keule und strich einmal vom Ende bis zur Spitze daran entlang. Dabei stöhnte er auf. „Der alte Bastard gönnt dir aber auch nicht das geringste bisschen Vergnügen." Wieder strich er an seinem Schwanz auf und ab. „Nun, dies ist deine Gelegenheit. Die letzte Gelegenheit. Bleib hier oder lauf fort."

Camille wollte ebenfalls seinen Schwanz berühren, wollte über die blauen Venen unter der geröteten Haut streichen, aber sie war nicht in der Lage, sich zu rühren. „Ich möchte zuschauen", erklärte sie und ging rückwärts, bis sie gegen einen Strohballen stieß, auf den sie sich setzen konnte. „Maxime, ich mag alles andere. Das Küssen und ... was du sonst noch gemacht hast. Es war schöner, als ich es mir vorgestellt hatte. Aber zu mehr bin ich dieses Mal einfach noch nicht bereit. Es ist zu viel auf einmal. Können wir ... zeigst du mir ein anderes Mal mehr, später?"

„Solange du begreifst, dass es nur ums Vergnügen geht,

haben wir den ganzen Winter über Zeit", erklärte er, während er zweimal an seinem Glied zog. An der Spitze wurde es dicker. Das sah aus wie der Kopf eines Pilzes oder ein Helm. Flüssigkeit tröpfelte heraus. Diese Feuchtigkeit verteilte er auf dem Helm und dem Schaft, dann spuckte er in seine Hand und fügte auch den Speichel hinzu. „Sieh genau hin. Dann kannst du es später einmal für mich tun. Und du kannst es auch mit dem Mund machen."

Camille ballte die Hände in ihrem Schoß. Durch ihren Kopf huschten Bilder von dem, was er ihr eben beschrieben hatte, bevor er seine Hände wieder bewegte und sie dadurch von ihren Fantasien abgelenkt wurde. Einige Sekunden lang streichelte er die Eichel, dann keuchte er und legte beide Hände um seinen Schwanz, um ihn in rascher Folge vom Körper wegzuziehen und wieder zurück gegen seinen Bauch klatschen zu lassen. Sein Hemd war bereits dunkel vom Schweiß. Fasziniert starrte Camille ihn an. Sie konnte seinen Schweiß und etwas anderes, Moschusartiges riechen. Bisher hatte sie nicht gewusst, dass das Geschlecht eines Mannes seinen eigenen Geruch hatte, ebenso wie ihres. Heftig atmend presste sie die Hände gegen ihre Scham. Maximes Bewegungen wurden rascher und rascher. Er warf den Kopf in den Nacken und keuchte bei jedem Strich. Plötzlich erstarrte er, und sein Schwanz begann zu zucken und weiße Flüssigkeit zu spucken. „Oh", ächzte er. „Verdammt. Verdammt. Verdammt."

Camille rieb sich an ihren Fäusten. Sie hatte das Gefühl, als wäre sie selbst dort unten zwischen ihren Beinen riesig angeschwollen, würde überfließen, ihre Unterwäsche durchnässen und die Vorderseite ihres Rocks gleich mit. Sie starrte Maximes zuckenden Schwanz an und stellte sich vor, er würde sich an sie pressen, sich in sie hineinrammen. Sie brauchte es, brauchte irgendetwas, sonst würde sie platzen.

Durch die Wäsche hindurch drehte sie ihre Faust über ihrer Möse. Ihr Atem kam stoßweise. Tief in ihr zog sich etwas zusammen, und ein süßes Ziehen durchfuhr sie. „Oh", stöhnte sie. „Oh, das ist so gut." Als es vorbei war, starrten sie und Maxime einander voller benommener Befriedigung an.

Nach diesem Tag wusste Camille, was sie wollte, aber unglücklicherweise ergab sich keine Gelegenheit, es auch zu tun. Maxime bekam einen neuen Hauslehrer, der ihn in höherer Mathematik unterrichtete, und ein neuer Reitlehrer sollte ihm den letzten Schliff auf dem Pferderücken verleihen. Camille überredete den Reitlehrer, sie in den Abendstunden zu unterrichten, doch zu dieser Zeit saß Maxime bereits wieder über seinen Mathematikaufgaben. Fast ein Jahr lang begegneten sie einander nur in den Fluren, wo sie jede Gelegenheit wahrnahmen, einander im Vorbeigehen zu streifen und heiße Blicke zu tauschen. Sie war kaum in der Lage, ein Wort mit ihm zu reden, ohne daran zu denken, wie sein Schwanz in seiner Hand gezuckt hatte. Ganz selten gelang es ihnen, ein paar hastige Küsse zu tauschen, indem sie sich in Wandschränken, den Vorhängen von Alkoven und einmal in einem Garderobenschrank versteckten. Das war nicht einmal annähernd genug. Wenn sie allein in ihrem Bett lag, erkundete Camille sich mit ihren Fingern und biss sich dabei auf die Lippen, um jeden Laut zu unterdrücken, der ihre Zofen wecken könnte, während sie sich vorstellte, wie sie Maximes riesigen Schwanz in den Mund nahm oder er ihn in ihre Möse schob. Bei mehr als einer Gelegenheit verwendete sie ihre kurze gemeinsame Zeit darauf, ihre Fantasien gegen seine raue Wange zu flüstern und ihn damit zum Keuchen zu bringen.

Beim Ball anlässlich ihres siebzehnten Geburtstags tanzte sie den gestelzten Eröffnungstanz mit Maxime, und sie wagten beide nicht, einander zu nahe zu kommen. Als sie am Ende des Tanzes auseinandergingen, steckte Maxime ihr einen Zettel zu. Sobald wie möglich zog sie sich in den Ruheraum für Damen zurück und entfaltete den Zettel, nachdem sie sich vergewissert hatte, dass sie dort ganz allein war. Auf dem Blatt stand *In der Bibliothek.* Hastig warf sie den Zettel ins Feuer und eilte für den nächsten Tanz hinaus.

„Man sagte mir, dass Ihr gern reitet“, bemerkte Prinz Michel. Seine Finger ruhten auf ihrer Taille, und sie spürte den leichten Druck durch das Kleid, das Mieder und das Unterhemd hindurch. Mit der anderen Hand hielt er ihre und umklammerte sie ein wenig zu fest, durch den weißen Stoff seines Handschuhs erkannte sie die Umrisse eines riesigen Siegelrings und mindestens zweier weiterer Ringe. Sie fragte sich, wie es ihm gelang, seine Handschuhe so sauber zu halten, falls er nicht ständig einen Diener in der Nähe hatte, der unauffällig beschmutzte gegen frische austauschte.

Sie war froh, als ihre Runde beendet war und er sie loslassen musste, um zur nächsten Dame weiterzugehen. Sie mochte ihn nicht besonders, er wusste nicht viel zu sagen und verhielt sich fast allen Anwesenden gegenüber ungemein herablassend. Wenigstens war er nicht zu alt, hatte noch all seine Zähne und sprühte seine Spucke nicht in kleinen Tröpfchen durch die Gegend, wenn er in Gelächter ausbrach. Seine blauen Augen hätten wahrscheinlich hübsch sein können, wenn sie jemals freundlich dreingeblickt hätten, und sein Blick war so durchdringend, dass ihr Magen sich zusammenzog, wenn er sie ansah. Doch als sie zu ihrem nächsten Tanzpartner weiterging, dachte sie nicht mehr an ihn, außer ein einziges Mal, als sie quer durch den Raum spürte, wie sein Blick auf ihr ruhte.

Man erwartete von Camille, dass sie während des gesamten Balls anwesend war, aber sie hatte ihre Zofen früh zu Bett geschickt, sodass sie nicht wissen würden, wann sie zurückkam. Der Ball endete um zwei Uhr nachts. Zum Abschied schüttelte sie den Gästen die Hände, bis ihre Finger geschwollen waren und schmerzten. Maxime war nirgends zu sehen.

Dennoch raffte sie ihren seidenen Rock, sobald der letzte Gast gegangen war, und schlüpfte in die Bibliothek, die nachts nur von einer einzigen Lampe mit schwacher Flamme beleuchtet wurde. Die tiefen Nischen mit den Fenstersitzen waren hinter langen Vorhängen verborgen. Sie wählte einen in der Nähe der großen Chaiselongue, setzte sich auf die gepolsterte Bank, zog die Füße hoch und achtete sorgfältig darauf, dass ihre Röcke unter dem Vorhang nicht zu sehen waren. Dann zog sie die Vorhänge wieder so weit auseinander, dass sie durch einen schmalen Schlitz in den Raum sehen konnte, und wartete mit pochendem Herzen.

Maxime betrat die Bibliothek, als die Uhr die halbe Stunde schlug. Bevor Camille den Vorhang wegziehen konnte, kam eine Frau ins Zimmer. Kichernd schloss sie die Tür hinter sich. Bei diesem Geräusch fuhr Maxime herum. Camille riss erstaunt die Augen auf. Es war Madame Visser, die verwitwete Tochter des Finanzministers. Sie hatte drei Kinder.

„Ihr trefft Prinzessin Camille hier, nicht wahr?“, fragte sie. „Schande über Euch. Wenn ich das dem Herzog erzähle, kastriert er Euch. Was für ein Verlust das wäre.“

Camille biss sich in die Hand. Ihre Brust fühlte sich vor Schreck ganz eisig an. Maxime straffte die Schultern. Camille hoffte inständig, er möge alles abstreiten, doch er schwieg.

„Mein Schweigen hat seinen Preis“, fuhr Madame Visser fort. „Meine Zofe sagt, sie hätte Euch ein paar Mal gehabt. Ist es wahr, dass Ihr … erstaunlich seid?“

Die Zeit verrann. Maxime würde sich weigern, und ihr Vater würde alles herausfinden. Er konnte sie nicht töten, aber was würde er stattdessen tun, um sie dafür zu bestrafen, dass sie sich selbst einen Mann ausgesucht hatte? Und was würde er Maxime antun, da er nicht vorhatte, ihm seine Tochter zur Frau zu geben? Würde er ihn wirklich kastrieren?

Maxime atmete tief durch. „Urteilt selbst, Madame." Er nahm die Hand der Witwe und presste sie gegen die Beule in seiner Hose.

Madame Visser schnappte nach Luft und massierte ihn. „Lasst mich ihn sehen", verlangte sie.

„Lasst mich Eure Brüste sehen", konterte Maxime. Er zog ihr Mieder herunter, schob seine Hände in ihr Korsett und zog das Wenige von ihren Brüsten heraus, was noch nicht entblößt war. Camille keuchte und presste sich die Hand vor den Mund. Madame Vissers rechte Brustwarze wurde von einem Metallstab durchbohrt, an dessen beiden Enden jeweils ein winziger Smaragd baumelte. Maxime saugte ein Ende des Stabs in seinen Mund, und sofort begann sie zu stöhnen. Er schob sie rückwärts zur Chaiselongue. Sie fielen beide der Länge nach darauf nieder. Die Lehne des Sofas zeigte zur Tür, von ihrer Fensternische aus hatte Camille einen ungehinderten Blick auf das Paar.

Während Maxime an ihr saugte, bebten Madame Vissers Schultern. Grob kniff sie in ihren anderen Nippel und zog zwischendurch daran, mit ihrer freien Hand hielt sie Maximes Kopf fest. „Ja, ja, ja", rief sie.

Camille riss die Augen weit auf, als Madame Visser ein Bein hob und es um Maximes Körper schlang. Er zog ihren Rock hoch und rieb sich an ihr.

Camille spürte, dass sie feucht wurde. Ihr war klar, sie hätte nicht zusehen, geschweige denn, es auch noch genießen sollen. Maxime war zum Mitmachen gezwungen worden. Dennoch wandte sie den Blick nicht ab, als Madame Visser seine Abendhose öffnete und seinen Schwanz mitsamt seinen Eiern herauszog.

„Was für eine Pracht", säuselte sie und ließ ihre Hände an dem dicken Schaft entlanggleiten. „Wie lang ist er?"

„Ich habe nie nachgemessen, Madame."

„Ich könnte ein Notenblatt um diesen Zinken wickeln und die Ränder würden sich nicht berühren", stellte sie fest und schob Maxime von sich herunter. „Ich werde dich reiten müssen. Leg dich für mich hin."

Mühsam unterdrückte Camille einen Aufschrei. Zuvor hatte sie Madame Visser kaum jemals beachtet, doch nun hasste sie sie. Sie zwang Maxime, ihr gefällig zu sein, sie musste ihn nicht noch zusätzlich demütigen.

Maxime stützte sich mit einem Fuß auf dem Boden ab und hielt Madame Vissers Taille, während sie sich langsam auf ihn hinabsenkte. Camille ertappte sich dabei, wie sie mit angehaltenem Atem zusah. Maximes Schwanz war wirklich riesig. Es war schockierend, zu sehen, wie er Stück für Stück verschluckt wurde. Sie schaute Maxime ins Gesicht. Seine Augen waren geöffnet, er betrachtete Madame Vissers Brüste, doch seine Kiefer waren aufeinandergepresst.

Als Madame Visser ihn zur Hälfte aufgenommen hatte, begann sie, sich auf und ab zu bewegen, ließ sich dabei jedes Mal ein wenig tiefer auf ihn hinab und stieß bei jeder Bewegung kleine, spitze Schreie aus. Schon nach kurzer Zeit berührte ihr Unterleib Maximes. Nun schaukelte sie auf ihm vor und zurück und ächzte dabei: „Du Tier, du riesiges Tier. Nicht stoßen. Wag es nicht. Gleich komme ich."

Ohne es zu wollen, erregte Camille das, was sie sah. Sie konnte nicht aufhören, sich vorzustellen, sie selbst wäre an der Stelle der anderen Frau. Außer dass sie netter zu Maxime wäre.

Als sie den Höhepunkt erreichte, brachte Madame Visser klagende Laute hervor, danach streckte sie langsam ihre Arme und ihren Rücken. „Nicht bewegen!“, befahl sie. Sie kreiste mit den Hüften, bevor sie sich auf die Lehne der Chaiselongue stützte und von ihm herunterstieg. Als sie seinen immer noch steifen Schwanz sah, schüttelte sie erstaunt den Kopf und kicherte. Anschließend zog sie ihren Rock herunter und begann, die Schnüre ihres Korsetts wieder festzuziehen. „Hätte ich doch bloß ein Maßband bei mir. Aber ich glaube, das muss für heute reichen. Ich muss gehen. Mein Vater wird sich fragen, wo ich bleibe, und ich muss meinen Kindern ihre Gutenachtküsse geben. Geht davon aus, dass Euer Geheimnis bei mir sicher ist. Bei Gelegenheit einmal wieder?“

„Natürlich“, erwiderte Maxime mit deutlichem Sarkasmus in der Stimme. „Bei Gelegenheit.“ Mit auf und nieder wippendem Schwanz rappelte er sich hoch und schaffte es dennoch, dabei anmutig zu wirken, als er sich in Madame Vissers Richtung verbeugte, während diese aus der Tür eilte. Sobald sich die Tür hinter ihr geschlossen hatte, ließ er sich wieder niedersinken. „Camille?“, flüsterte er.

Camille riss die Vorhänge auf und warf sich ihm zu Füßen. „Ich danke dir, Maxime. Vielen, vielen Dank. Sie war furchtbar.“

„Du *warst* hier“, stellte er fest, stieß seinen Schwanz mit der Fingerspitze an und sah zu, wie er wippte. „Wenigstens hatte es dieses eine Mal einen Sinn.“ Behutsam wischte er die Feuchtigkeit mit der Ecke seines Hemdes von seinem harten Schaft. „Sie muss mir gefolgt sein. Ich bin so dumm.“

Camille holte eine Karaffe mit Wasser und eine Serviette, mit deren Hilfe Maxime sich sorgfältig wusch. „Sie hätte dir oder mir ebenso gut irgendwann während der vergangenen Monate folgen und uns dann zusammen sehen können. Sie hat noch nicht einmal zugelassen, dass du … Maxime.“ Zaghaft streckte Camille eine Hand aus. „Kann ich … darf ich dir helfen?"

Er schaute hinunter auf seinen Schwanz. „Ich bin schon dicht davor", stellte er fest. „Dieses Mal werde ich nichts für dich tun können."

„Das macht mir nichts aus", erwiderte sie. „Sag mir, wenn ich etwas falsch mache." Sie leckte sich über die Handflächen und umfasste seinen Schaft mit beiden Händen, so wie sie es vor langer Zeit bei ihm gesehen hatte. Während sie an der Spitze leckte und saugte, bemühte sie sich, ihre Hände in gleichmäßigem Takt zu bewegen.

„Ein bisschen stärker", bat er nach einiger Zeit, und sie saugte so heftig, dass ihre Wangen hohl wurden. Seine Eichel rieb sich an ihrem Gaumen, und er stöhnte, dann stöhnte er wieder. „Ich kann nicht … Ich … Verdammt!"

Camille würgte und spuckte, doch gleichzeitig musste sie lachen, erstaunt über die Macht, die sie besaß.

„Nächstes Mal", versprach Maxime, nachdem er sich erholt hatte, zog sie auf ihre Füße und küsste sie. „Ich werde dir zeigen, wie es sich anfühlt, wenn ich deine Möse lecke. Ich möchte, dass du verstehst, warum ich das heute für dich getan habe."

An dieses Versprechen hatte sie sich geklammert, bis ihr Vater Maxime eine Woche später fortschickte. Er sollte vor dem König den Treueeid leisten und dann sofort zum Protektorat an der Küste weiterreisen, um dort in die Regierungsgeschäfte eingeführt zu werden. Diese Reise war erst Monate später geplant gewesen. Sie vermutete, dass ihr Vater zumindest etwas von ihrem Interesse an Maxime ahnte.

Seitdem hatte sie Maxime nicht wiedergesehen. Einige Jahre später hatte er ihr über Graf Stagiaire einen Brief gesandt, in dem er der Hoffnung Ausdruck verlieh, sie könnten nun, als Erwachsene, miteinander in Verbindung bleiben. Doch zu diesem Zeitpunkt war sie bereits verheiratet gewesen und hatte ihm dummerweise nicht geantwortet, weil sie geglaubt hatte, es sei illoyal gegenüber Michel, die Freundschaft zu einem anderen Mann aufrechtzuerhalten, den sie einmal beinah geliebt hatte.

Sie war eine Närrin gewesen. Doch nun war sie keine Närrin mehr.

Bisher war Henri auf der Reise ziemlich verwöhnt worden. Daher war er nach drei Nächten, in denen er auf dem harten Boden geschlafen und sich nur flüchtig gewaschen hatte, höchst dankbar, als sie wieder an einem Gasthof hielten. Auch wenn es nur darum ging, einen Kurier zu treffen, den die Verbündeten der Herzogin aus dem Palast dorthin gesandt hatten, würden sie wahrscheinlich nicht wieder mitten in der Nacht fliehen müssen.

Dieses Mal würde er nicht in der Scheune schlafen, denn seine neue Rolle war die von Sylvies älterem Bruder. Er achtete darauf, sie bei jeder Gelegenheit „kleiner Bruder" zu nennen, und ein oder zwei Mal schnippte er ihr mit dem Zeigefinger gegen den Hinterkopf, wenn jemand auf der Straße zu ihnen hersah oder er genug Platz hatte, sich vor ihr in Sicherheit zu bringen. Kaspar spielte mit viel Lärm und Getöse ihren Vater und die Herzogin seine stille, bescheidene Frau.

Henri hatte sogar die Pferde und Maultiere so gut es ging unkenntlich gemacht, indem er ihre Mähnen abgeschnitten und das Aussehen ihrer edlen Körper durch schlechte Pflege und das Beschmieren mit Lehm und Pflanzensäften verändert hatte. Er hoffte, dass niemand das Sattel- und Zaumzeug erkannte. Schon zu Beginn der Reise hatte er alle Verzierungen entfernt, sodass die Sättel wirkten, als wären sie aus zweiter oder dritter Hand gekauft worden, aber ein geübtes Auge würde ihre hervorragende Qualität erkennen.

Trotz ihrer Verkleidungen fühlte sich Henri auf der belebten Küstenstraße, die zum Gasthaus führte, unsicher. Weil Sylvie ihn für seine Neckereien nicht umbrachte, glaubte er zu wissen, dass es ihr ebenso ging. Zu Kaspars Verkleidung gehörte eine riesige Axt, die aussah, als wollte er damit quer über der Straße liegende Bäume beiseiteschaffen, die er aber ausgewählt hatte, weil er sie als gefährliche Waffe benutzen konnte. Ihnen allen war klar: Wenn der Kurier ihrer Verbündeten sie finden konnte, konnten es auch die Spione des Herzogs. Einzig die Herzogin schien ungerührt, obwohl sie zum ersten Mal seit mehreren Tagen wieder mit anderen Reisenden zusammentreffen würden. Allerdings, überlegte Henri, erschien sie fast immer ungerührt.

Das Dorf, das sie am Abend erreichten, bestand aus der Hütte und der Werkstatt eines Hufschmieds, fünf schäbigen Häusern und einem Wirtshaus, in dem es drei Gästezimmer gab. Eines davon war bereits an einen Hausierer vermietet, der es gemeinsam mit seinem Lehrjungen, seinem kräftigen Hund und einem zahmen Äffchen bewohnte. Eine Familie, wie sie es vorgaben zu sein, würde nicht für zwei Zimmer zahlen, wenn eines ausreichte. Dort würde Kaspar nicht genug Platz haben, um Henri im Messerkampf zu trainieren. Auf der Straße hatte Henri sich an die Übungen gewöhnt, sodass sie ihm fehlen würden. Er richtete sich darauf ein, die Nacht auf dem Fußboden zu verbringen, von wo aus er Sylvies Schnarchen und dem unablässigen *Witsch* lauschen würde, mit dem Kaspar seine Klinge schärfte, während er die Tür bewachte. Wenn Sylvie in den frühen Morgenstunden die Wache übernahm, trat sie im Vorbeigehen stets nach Henri, einfach aus Prinzip.

Während Henri und Sylvie ihre Satteltaschen nach oben schleppten, kam ein dritter Reisender im Gasthaus an, ein etwa fünfzigjähriger Mann mit glänzenden Stiefeln und einem modischen Haarschnitt. Die Herzogin redete leise mit Kaspar und betrachtete den neu angekommenen Gast aus den Augenwinkeln. Henri sah niemanden ein Zeichen des Erkennens machen, aber er bemerkte, dass sein Nacken prickelte, als der Fremde aufmerksam das lange dunkle Haar der Herzogin betrachtete, das sie mit einem kurzen Halstuch zurückgebunden hatte.

Sylvie schwang eine Satteltasche gegen seinen Hintern. „Beeil dich“, knurrte sie in ihrer fast perfekten Imitation der Töne, die ein Junge im Stimmbruch von sich gab. Je eher sie in ihrem Zimmer verschwanden, umso eher konnte Kaspar sich auch wieder nach draußen schleichen, um auf der Straße Wache zu halten.

Doch bevor er hinausging, sorgte er dafür, dass aus der Küche des Gasthauses Essen in ihr Zimmer gebracht wurde.

Während sie ihm nachsah, stellte die Herzogin fest: „Er ist ein besserer Mann als mein ... früherer ... Ehemann und eine bessere Mutter, als ich es jemals sein würde.“

Henri kreuzte die Finger und schwang sie über seine Schulter, um Unglück zu verhüten. Sie konnte bereits mit seinem Kind schwanger sein. Die Herzogin bemerkte seine Geste und zog eine Augenbraue hoch, während sie ihn strafend ansah. Henri schob sein Kinn nach vorn. Wenn sie sein Kind zu Welt brachte, würde sie die Bürde der Verantwortung nicht allein tragen müssen.

Sylvie unterbrach sie, indem sie mit einem Stapel sauberer Bettwäsche unter dem Arm ins Zimmer kam. Sie und Henri machten gemeinsam das Bett, dann half sie der Herzogin aus den Reitstiefeln und bürstete ihr Haar. Derweil saß Henri auf dem Boden, sah ihnen zu und drehte dabei unablässig einen Hufauskratzer in seinen Händen. Müde und hungrig, wie sie waren, sprach keiner von ihnen, bis die Herzogin Sylvie die Bürste aus der Hand nahm.

„Geh und hilf Kaspar“, befahl sie.

Henri stand auf, doch sie schüttelte den Kopf. „Nein. Sylvie soll gehen.“

„Sie werden niemanden haben, der Wache hält“, protestierte Sylvie.

Die Herzogin straffte ihren Rücken. „Wenn irgendetwas Unvorhergesehenes passiert, sag uns Bescheid. Jetzt geh."

Sylvie zog ein missmutiges Gesicht, während sie sich sehr viel Zeit dabei ließ, die Kleidungsstücke zusammenzusuchen, die zu ihrer Verkleidung gehörten. Dann belegte sie in aller Gemütsruhe ein Stück Brot mit Käse und Fleisch. Als die Herzogin schließlich mit dem Kinn zur Tür deutete, ging Sylvie endlich und warf mit lautem Knall die Tür hinter sich ins Schloss. Das Klappern ihrer Stiefelabsätze hallte durchs Haus.

Am liebsten hätte Henri die Herzogin sanft ermahnt und sie daran erinnert, dass Kaspar und Sylvie es als ihre Aufgabe ansahen, sie zu beschützen – und dass sie die beiden das auch weiterhin tun lassen sollte, weil sie sich als so fähig und treu erwiesen hatten. Er hätte sie daran erinnern sollen, aber Sylvie war fort, und sie beide waren nun allein im Zimmer. Also rutschte er über den Fußboden, auf dem er sich wieder niedergelassen hatte, und lehnte sich ohne ein Wort gegen ihr Bein.

Sie schob die Finger in sein Haar und rieb ihm über die Kopfhaut. Henri ließ den Kopf nach vorne fallen. Er schloss die Augen. Es wäre leicht gewesen, dort zu ihren Füßen einzuschlafen. Dann hörte sie jedoch auf ihn zu streicheln und legte die Hand auf seine Schulter. „Möchtest du dich nicht neben mich setzen?"

Henri hatte eigentlich mehr Appetit aufs Essen als aufs Vögeln. Andererseits hatte er sie seit dem vergangenen Tag kaum berührt. Er setzte sich neben sie auf das Bett und nahm sie in die Arme. Die mit Rosshaar ausgestopfte Matratze, die auf dem Bett lag, war steinhart; sie hätten ebenso gut auf dem harten Fußboden schlafen können, und der Boden hätte auch nicht so unangenehm nach den Gästen gerochen, die vor ihnen in diesem Bett gelegen hatten. Sauberes

Stroh hätte er diesem Lager vorgezogen, doch er nahm an, auch das Bett würde in Ordnung sein, wenn sie erst einmal angefangen hatten.

Die Herzogin lehnte ihren Kopf an seine Schulter und seufzte. Vielleicht wollte auch sie ihn nicht jetzt sofort haben. Henri zögerte, dann küsste er sie aufs Haar.

In diesem Moment klopfte jemand an die Tür, und Henri wäre vor Schreck fast das Herz aus der Brust gesprungen Es war nicht das Klopfzeichen, das den Boten ankündigen sollte, den sie erwarteten. „Ich schicke sie fort", sagte Henri, ohne zu wissen, wer vor der Tür stand.

Die Herzogin öffnete den Mund, schloss ihn wieder und presste ihre Finger auf die Lippen. Mit der anderen Hand deutete sie auf Henri. Er sollte derjenige sein, der für sie beide sprach, falls es notwendig war.

Das Klopfen hörte auf. Eine Magd hätte nicht angeklopft. Henri öffnete die Tür einen Spaltbreit und erblickte den Reisenden, dessen Ankunft er beobachtet hatte. Der Fremde schaute ihn ausdruckslos an. Eine dunkle Vorahnung durchfuhr ihn, und seine Kopfhaut kribbelte vor Angst. Der Reisende hielt einen Degen in der Hand. Er schob die Klinge durch den Türspalt und zwang Henri zurückzuweichen. Dann drückte er die Tür mit der Schulter auf, trat ein und warf sie mit dem Fuß wieder hinter sich ins Schloss, das alles, ohne die Waffe zu senken.

Auf dem Griff des Schwerts funkelten zahlreiche purpurrote Steine. Henri erkannte die Krone, die direkt unter dem Griff ins Schwert geprägt war. Der Fremde war ein Untertan des Herzogs. Wäre er nicht bewaffnet gewesen, hätte Henri ihn ohne Warnung niedergeschlagen. So aber konnte er sich dem Mann nicht nähern, ohne von ihm aufgespießt zu werden. Allerdings trug Henri nun immer ein Messer bei sich. Es steckte in seinem Hosenbund. Fast meinte er, Kaspars geduldige Stimme zu hören: Sein Messer eignete sich nicht zum Werfen, er musste näher an den Mann heran.

Hinter sich hörte Henri die Herzogin vom Bett rutschen, sich auf die Füße stellen und durch den Raum gehen. Sie wollte mit dem Höfling reden, der sie sicher erkennen würde. Henri musste nicht erst seinen Mut sammeln. Sein Selbstvertrauen war bereits da, schoss ihm in die Kehle und kam von seinen Lippen, bevor er auch nur nachdenken konnte. „Was wollt Ihr? Wer seid Ihr?", hörte er sich selber in energischem Ton fragen.

Der Höfling hielt inne. Er senkte jedoch nicht sein Schwert. „Ich bin Baron Belette", erwiderte er. Und lächelte. „Ich frage mich, wer Ihr wohl sein mögt. Die Dame habe ich selbstverständlich erkannt." Fast unmerklich senkte er den Kopf. „Madame. Oder sollte ich besser sagen Madame-nicht-mehr-Duchesse?"

Henri schaffte es nicht zu lachen, aber er streckte beide Hände vor, als hätte er keinerlei Angst vor dem Schwert. Wenn er die Arme nur ein winziges Stück weiter vorstreckte, konnte er die Klinge packen und Belette vielleicht die Waffe entwinden. „Da siehst du, wie einfach es ist, Marie! Wenn du einen Mann von Rang wie Baron Belette täuschen kannst, werden die Bauerntölpel in den Dörfern ringsum vollkommen überwältigt sein!"

Die Schwertspitze presste sich gegen seinen Bauch, und Henri schnappte erschrocken nach Luft. „Geh von ihr weg. Ganz langsam", befahl ihm Belette.

Henri wagte nicht, die Herzogin fragend anzuschauen; das hätte ausgesehen, als würde er von ihr Befehle entgegennehmen. Außerdem wollte er keine Furcht zeigen oder schuldbewusst wirken. Ohne sich von der Stelle zu rühren, polterte er los: „Mein Herr! Was nehmt Ihr Euch heraus … Ich werde den Wirt rufen …"

Belette stieß ihm das Schwert gegen die Rippen. „Niemand wird sich darum scheren, wenn ich dich töte“, erklärte er. „Hör auf, sie zu beschützen, dann lasse ich dich gehen.“

„Beschützen – nein, mein Herr! Sie ist nicht die, für die Ihr sie haltet. Sie ist nur eine Dirne! Die neuste Attraktion in Monsieur Fouets Etablissement ein Stück weiter die Straße hinunter. Wir sind auf dem Weg dorthin.“

Offensichtlich hatte Belette schon etwas von Monsieur Fouets Bordell gehört. Er senkte sein Schwert ein winziges Stück. Henris Angst wuchs erneut, als Belette sagte: „Ich hörte schon vor einiger Zeit das Gerücht, Monsieur Fouet verfüge bereits über genau diese Attraktion.“

Es gelang Henri, einen empörten Laut auszustoßen. „Diese sogenannte Attraktion kann man mit meiner Marie überhaupt nicht vergleichen. Monsieur Fouet hat mir hoch und heilig versichert, dass diese Kreatur nach unserer Ankunft nur noch als Zweitbesetzung dienen wird.“

Das Schwert sank noch weiter herab, und Belette trat zur Seite, um über Henris Schulter die Herzogin zu begutachten. „Die Ähnlichkeit ist verblüffend.“

„Noch verblüffender, wenn sie die richtigen Kleider trägt“, versicherte Henri eilig. „Monsieur Fouet wird ihr die passenden Kostüme für jeden Geschmack zur Verfügung stellen.“

Belette trat einen Schritt näher an die Herzogin heran, und Henri wich zurück, wofür er sich im nächsten Moment am liebsten selbst geohrfeigt hätte. Hätte ein Kuppler seine Stellung behauptet? Seine Reaktion war instinktiv gewesen.

„Madame ist älter“, stellte Belette fest. „Ihr Haar wird bereits grau. Obwohl auch deine Marie älter ist, als sie aus der Entfernung aussieht.“

„Männer mögen es nicht, wenn die Wirklichkeit sich in ihre Fantasien einmischt“, erklärte Henri kühn. „Und wie viele Kunden wird sie wohl haben, die der Herzogin schon einmal in Wirklichkeit begegnet sind?“

„Ich habe sie schon gesehen“, erzählte Belette. „Ich stand am anderen Ende des Saals und sah sie am Arm des Herzogs. Sie ist sehr hoheitsvoll. Ein Jammer, dass sie unfruchtbar ist und die Erbfolge nicht sichern kann. Der Herzog wird sie durch eine andere Frau ersetzen müssen. Deine Marie könnte also rascher aus der Mode sein, als du es dir vorstellen kannst.“

In scharfem Ton erwiderte Henri: „Das ist dann meine Angelegenheit, nicht die Eure.“

„Vielleicht solltest du mich sie ausprobieren lassen.“

Bis zu diesem Augenblick hatte Henri nicht gewusst, dass eifersüchtiger Zorn von ihm Besitz ergreifen könnte. Doch bevor die Worte aus seinem Mund sprudeln oder er Belette attackieren konnte, hatte die Herzogin ihn mit ihrer Schulter beiseitegeschoben. Die Hände in die Hüften gestemmt, musterte sie Belette von oben bis unten. „Der sieht fast aus wie ein Frauenzimmer“, urteilte sie dann in einer Stimmlage, die höher war als ihre natürliche.

Während sein Herzschlag ihm schmerzhaft in den Ohren pochte, erklärte Henri: „Er ist ein Paradiesvogel aus dem Herzogspalast, Schatz. Du hast doch schon mehr als einen davon gesehen.“ Nicht, dachte er. *Bitte, Camille, tu es nicht.*

„Der sieht mehr wie ein Frauenzimmer aus als irgendeiner von denen, die ich schon gesehen habe“, beharrte sie. „Ich glaube nicht, dass er irgendetwas besteigen kann, was ein Kleid trägt.“

„Sei nicht unhöflich zu dem Herrn, Marie“, versuchte Henri verzweifelt, sie aufzuhalten. „Ich werde ihn jetzt hinausbegleiten. Du brauchst deine Ruhe.“

Die Herzogin warf ihm über ihre Schulter einen Blick zu. „Ich werde nicht zulassen, dass dieser verweichlichte Bastard behauptet, ich bin nicht gut. Das ist schlecht fürs Geschäft, wie du weißt." Damit warf sie ihr Haar zurück und begann, ihre Röcke zu raffen. An Belette gewandt fuhr sie fort: „Kommt schon her, Baron. Zeigt mir, was Ihr zu bieten habt."

„Du bist zu vorlaut, Dirne", stellte Belette fest. „Madame würde niemals so ungehobelt daherreden."

„Nun, ich bin nicht Madame", erwiderte die Herzogin. „Und du bist nicht Manns genug für sie."

Belette zog einen seiner Mundwinkel zu einem unattraktiven, einseitigen Grinsen hoch. „Deine Meinung steht hier nicht zur Debatte, Dirne. Raus hier, Lude."

„Oh nein", widersprach die Herzogin. „Mein Beschützer bleibt hier. Wir wissen nichts über Euch. Ihr könntet hinterher alle möglichen Lügen erzählen." Zu Henris Entsetzen stieg sie aufs Bett, ließ sich dort auf allen Vieren nieder und zog die Röcke hoch. „Nun mach schon. Oder kriegst du ihn nicht hoch?"

Henri trat zwischen sie und Belette. „Ich will nicht, dass er dich beschmutzt. Du hast recht, er könnte vorgeben, jemand zu sein, der er nicht ist. Du bist wenigstens ein ehrlicher Schwindel."

Die Herzogin schnaubte, während Belette Henri beim Arm packte und zur Seite zog. Henri befreite sich, erstarrte aber im nächsten Moment, als sie sagte: „Ich werde schon mit ihm fertig, Monsieur. Das kostet mich nur ein Fingerschnippen."

Belette warf sein Schwert auf das Fußende des Bettes und öffnete den Hosenschlitz. „Ihr seid unverschämt, alle beide", stieß er wütend hervor. „Sie will es, also bekommt sie es."

Henri ballte die Hände zu Fäusten.

Die Herzogin hatte sich nicht gerührt und auch nicht auf Henris Versuch reagiert, sie zu verteidigen. „Bringen wir es einfach hinter uns“, sagte sie gelangweilt. „Er wird das Zimmer nicht verlassen, bevor er befriedigt wurde, Meister. Also können wir es genauso gut tun.“

„Geh mir aus dem Weg, Lude“, befahl Belette.

Zögernd wich Henri zurück, bis er mit der Schulter gegen die Wand stieß, und versteckte seine geballten Fäuste hinter dem Rücken, sodass Belette sie nicht sehen konnte. Sein Körper fühlte sich wie ein einziger großer Knoten an, und wenn er es gekonnte hätte, hätte er Belette in diesem Moment getötet, ihn von der Herzogin heruntergezerrt und sein Gesicht zu Brei geschlagen. Stattdessen zwang er sich zuzusehen, wie Belette mit ein paar ruckartigen Bewegungen rasch dafür sorgte, dass er hart wurde, und dann nach den Brüsten der Herzogin grapschte.

Nein!

Henri machte einen Satz nach vorn, packte Belette bei den Schultern und schleuderte ihn gegen die Tür. „Schwein!“, brüllte er und rammte seine Faust in Belettes Eingeweide.

Die Herzogin rief etwas. Erst nach einer Weile begriff er, was sie gesagt hatte. Sie verlangte ihren Lohn.

„Eine Krone!“ Henri schüttelte Belette kräftig durch.

Der Höfling keuchte und grinste dabei höhnisch. Dann schob er die Hand in seine Westentasche und warf eine Münze auf den Boden. „Wenn ihre Möse auch nur die geringste Ähnlichkeit mit ihrer Zunge hat, wäre ich mit einer Kuh auf der Wiese besser bedient.“

Henri presste seinen Unterarm gegen Belettes Kehle. Er spürte, wie seine Kopfhaut vor Wut prickelte. „Bastard!“, schrie er.

Die Finger der Herzogin gruben sich in seine Schulter. „Meister! Ich habe mit ihm geredet. Das ist es, wofür er bezahlen muss! Zehn Kronen für ein Mal, wenn ich auch mit den Herren rede, das haben Sie mir versprochen!“

„Zehn Kronen!“, keuchte Belette. „Das ist unglaublich für eine alte Hexe wie die da!“

„Das ist der Preis“, beharrte Henri. Durch den roten Schleier vor seinen Augen konnte er das Gesicht des Mannes kaum noch erkennen. „Her mit dem Rest!“

„Ich habe keine zehn Kronen bei mir! Ich zahle später.“

„Das sagen sie alle“, bemerkte die Herzogin in finsterem Ton. „Durchsucht ihn, Meister.“ Henri hörte ein Klirren; sie hatte das Schwert vom Bett genommen und die Spitze in Belettes Gürtelschnalle geschoben.

„Mit Freuden“, brummte Henri. Nach einer groben und gründlichen Suche stellte er fest, dass Belette die Wahrheit gesagt hatte. Als ihm plötzlich sein Messer wieder einfiel, benutzte er es, um damit Belettes Gürtel zu zerschneiden. Die Hose des Mannes rutschte herunter, Henri stieß ihn zur Seite und trat zurück, um es der Herzogin zu überlassen, ihn mit dem Schwert zu bedrohen. „Vielleicht solltest du dir deine Bezahlung auf andere Art holen, und es ihm in gleicher Münze heimzahlen“, schlug er vor und freute sich über Belettes Erblassen und das Lächeln der Herzogin.

„Ich glaube, das werde ich tun.“ Sie trat näher an Belette heran, ließ die Schwertspitze zum Boden sinken und zielte mit ihrem Knie sehr sicher und wirkungsvoll auf den Schritt des Mannes. Als er sich stöhnend nach vorn krümmte, reichte sie Henri das Schwert und flüsterte ihm zu: „Hol den Richter. Sie werden ihn als Schuldner so lange festhalten, bis er jemanden findet, der für ihn bürgt.“

Henri gab ihr das Schwert zurück. „Behaltet das hier, nur für den Fall.“

Er streckte die Hand aus, um sie zu berühren, doch sie wich rasch zurück. Belette hatte sich auf dem Boden zusammengerollt, sie versetzte ihm erneut einen Tritt in die Weichteile und sagte laut: „Nun macht schon, Meister. Ich habe

Besseres zu tun, als auf diesen Sohn einer räudigen Hündin aufzupassen."

Henri zögerte, dann senkte er hinter Belettes Rücken so ehrerbietig, wie er nur konnte, den Kopf und verließ das Zimmer, um zu tun, was sie ihm befohlen hatte.

15. KAPITEL

Sylvie ritt auf Lilas in einer Wagenspur entlang, in einer Hand die Zügel, in der anderen ihr Brot. Wenn sie Kaspar fand, würde er sie wahrscheinlich auslachen, weil sie so übel gelaunt war; schließlich und endlich war es ihre Pflicht, sich dem Willen der Herzogin zu beugen. Wenn Madame wünschte, den Stallburschen zu ficken, sollten ihre anderen Untertanen bereitstehen, ihm die Kleider auszuziehen und ihn zu ihr ins Zimmer zu schaffen.

Sie seufzte. Vielleicht sahen Eunuchen diese Dinge anders. Vielleicht war die fleischliche Liebe für sie nur so etwas wie Essen und Schlaf. Bestimmt hätten sie kein Problem damit, wenn Madame ihr Abendessen sozusagen allein einnehmen wollte. Allerdings war das hier etwas anderes als im Palast. Hier war sie nicht sicher. War es nicht auch ihre Pflicht, für Madames Sicherheit zu sorgen? Freiheit war sehr unsicher. Es gefiel ihr nicht, wenn Madame ihre Sicherheit in die eigenen Hände nahm.

Sylvie erspähte Tonnelle, die an einen Ast gebunden war und seelenruhig die Blätter vom Baum zupfte. Als Sylvie Lilas daneben festband, achtete sie darauf, dass die beiden Pferde in entgegengesetzte Richtungen schauten, wie Henri es ihr beigebracht hatte, weil so ein Tier dem anderen mit dem Schwanz die Fliegen vom Kopf fernhielt. Warum dachte der Junge ständig an Madames Pferde? Er sorgte für sie, als wären es seine Kinder. Bei dem Gedanken, dass Henri Kinder haben könnte – falls sein Samen in Madames Leib aufgegangen war –, brummte Sylvie vor sich hin, während sie in den Satteltaschen nach den Pistolen wühlte und sich anschließend durch das dichte Gebüsch kämpfte, bis sie Kaspars Versteck fand. Mit gekreuzten Beinen hockte er hinter einer stacheligen Hecke, aus der er einige Zweige herausgebrochen hatte, um einen besseren Blick auf die Straße zu haben. Sylvie machte absichtlich Lärm, während sie sich ihm näherte, damit er sie nicht versehentlich tötete. Sobald sie ihn erreicht hatte, erklärte sie: „Madame sagt, ich soll mit dir zusammen Wache halten."

„Das hat sie tatsächlich gesagt, nicht wahr?" Kaspar warf ihr einen kurzen, spöttischen Blick zu, bevor er wieder in Richtung Straße schaute. „Versuch dich ganz ruhig zu verhalten. Falls der Bote nicht der ist, den wir erwarten, brauche ich dich, um zur Herzogin zu laufen und ihr Bescheid zu sagen."

Wenn das von Anfang an der Plan gewesen war, mussten Madame und Kaspar ihn besprochen haben, ohne sie einzuweihen. Traute Madame ihr nicht? Weil sie sie nicht mit Kuhaugen ansah, wie es der Junge machte? Sylvie rutschte ein wenig weiter zurück, um sich hinter einem Busch wilder Rosen zu verstecken, und schlang sich den Pistolengürtel um die Brust. Wo sie saß, gab es keine passenden Felsen oder Baumstämme, an die sie sich hätte lehnen können. Sie streckte die Beine aus und beugte sich vor. Während sie versuchte, die angespannten Muskeln ihrer Schenkel und ihres Rückens zu lockern, überlegte sie, wen Kaspar wohl als Boten erwartete. Arno? Natürlich war Arno von allen denkbaren Männern der loyalste, doch seine Rolle bei ihrer Flucht war gefährlich gewesen. Es hätte sie nicht überrascht zu erfahren, dass der junge Eunuch tot war. Auch Kaspar wusste, in welcher Gefahr Arno schwebte. Es sah ihm nicht ähnlich, auf etwas zu hoffen, das unwahrscheinlich war.

Es sei denn, sie hatte mit ihren Neckereien recht gehabt, als sie Kaspar unterstellt hatte, er sei in Arno verliebt. Obwohl es ihr unwahrscheinlich erschien. Den Eunuchen am Hofe war jegliche Fleischeslust verboten, es sei denn im Dienste ihrer Herrin oder ihres Herrn. Sie konnte sich nicht vorstellen, dass Kaspar dieses Gesetz brach.

Sylvie kannte Arno nicht besonders gut, obwohl er inzwischen seit fast fünf Jahren im Dienst der Herzogin war. Er hatte sich mit allem immer an seinem Mentor Kaspar orientiert, so wie Kaspar sich an seinen eigenen Lehrer, Casimir, gewandt hatte. Außer ... Sylvie erinnerte sich an den Tag, an dem Madame ihr aufgetragen hatte, Henri im Stall zu suchen und in ihre Gemächer zu bringen. Als Madame ihn für den Nachmittag weggeschickt hatte, war Arno nicht sonderlich begeistert gewesen; er hatte Angst gehabt, die Wachen des Herzogs könnten ihren Plan durchschauen und sie auf der Stelle töten. Einen kurzen Moment hatte Sylvie gedacht, er würde tatsächlich gegen den Befehl der Herzogin protestieren. Kaspars Gesichtsausdruck und sein Verhalten waren beherrschter gewesen. Er hatte den jungen Eunuchen beim Arm gepackt und aus dem Zimmer gezogen. Nachdem Sylvie von ihrem Botengang zurückgekehrt war, hatte sie die beiden auf einer Bank sitzen sehen, so dicht nebeneinander, dass ihre Schenkel sich berührten, obwohl sie einander nicht ansahen. Damals hatte sie sich darüber gewundert. Auf der anderen Seite des Raumes hatte ein Stuhl gestanden, den einer von ihnen hätte benutzen können. Vielleicht hatte der Stuhl für eine vertrauliche Unterhaltung zu weit entfernt gestanden. Vielleicht.

Sylvie beobachtete Kaspar, während sie weiter über diese Frage nachdachte. Das war besser als an die Steine auf dem Boden zu denken, die sich schmerzhaft in ihr Hinterteil bohrten.

Es dämmerte. Als die Sonne unterging, tastete sie in ihrer Jackentasche nach dem Feuerstein und dem Stahl. Wenn sie ein Feuer machten, würden sie mehr wie normale Reisende wirken – jedenfalls solange niemand bemerkte, dass sie keinerlei Gepäck bei sich hatten.

Sie seufzte. Kaspar würde nicht wollen, dass sie sich

durch ein loderndes Feuer möglicherweise feindseligen Blicken aussetzten. Manchmal glaubte sie, er erwartete hinter jedem Busch einen Späher des Herzogs. Allerdings wäre sie auch vorsichtig geworden, wenn jemand sie gefesselt und ihr die Hoden abgeschnitten hätte.

Das Mondlicht war hell genug, um in seinem Schein Umrisse erkennen zu können. Sie konzentrierte sich so sehr auf die vagen Schatten der Bäume und Büsche, dass sie Kaspars rasche, lautlose Bewegungen fast nicht bemerkt hätte. Angespannt horchte Sylvie in die Dunkelheit. Sie hörte Hufe durch den Staub traben und dann die Tritte von Stiefeln. Das Gebüsch knackte, und Kaspar brach auf die Straße durch. „Arno!“, rief er.

Während sie versuchte, ihm möglichst rasch zu folgen, stolperte Sylvie. Unterdrückt fluchend befreite sie ihren Ärmel aus dem Rosenbusch und zog einen Dorn aus dem weichen Fleisch ihrer Hand. Kaspars Axt fuhr krachend durch die Hecke, um einen Durchgang für Arno und sein Pferd zu schaffen, und Sylvie fuhr erschrocken zurück.

„Wie äußerst vorsichtig!“, spottete sie, sobald sie wieder zu Atem gekommen war. „Ich glaube nicht, dass irgendjemand diesen Lärm überhört hat.“

Eine große Hand fiel auf ihre Schulter herab, wodurch sie fast in die Knie ging. „Ich hätte nie geglaubt, dass ich mich eines Tages freuen würde, eine deiner Schimpftiraden zu hören!“, stellte Arno fest.

„Und ich hätte nie geglaubt, dich lebend wiederzusehen“, gestand Sylvie und griff nach seinem Unterarm, der so kräftig war, dass ihre Finger nicht darum herumreichten.

„Ich bin selber erstaunt, dass ich noch lebe“, erwiderte er.

Auf dem Weg zurück zu Lilas und Tonnelle führte Kaspar das Pferd, während Sylvie und Arno ihm folgten. Dann ritten sie gemeinsam zurück zum Gasthaus. Als sie sich dem beleuchteten Hof vor den Ställen näherten, sah Sylvie, dass Arno als Knecht verkleidet war. Eine gute Wahl. Seine Größe war auffällig, doch sein Haar war inzwischen lang genug, um unter der Hutkrempe sichtbar zu sein, und die wirre Mähne passte zum Bild eines Bauerntrampels, wie man ihnen durchaus auch nachts auf den ländlichen Straßen begegnete. Sie beschloss, ihn im Gasthof als Freund aus ihrem Heimatdorf vorzustellen. Sie seien ihm zufällig unterwegs begegnet, und er habe eingewilligt, mit ihnen gemeinsam im Gasthaus zu übernachten, obwohl er bereits sein Nachtlager neben der Straße aufgeschlagen hätte. Diese Erklärung würde sie spätestens morgens benötigen, wenn Arno plötzlich beim Frühstück erschien.

Sie hoffte, dass Madame inzwischen mit Henri fertig war, denn sie hatte keine Lust, die Nacht auf dem Flur zu verbringen.

Vor der Tür zu ihrem Zimmer erstarrte Sylvie und tastete nach den Pistolen unter ihrem Umhang. Irgendetwas stimmte nicht. Aus dem Zimmer hätten Geräusche dringen müssen, Atemzüge und Geraschel, doch sie hörte nichts. Mit ängstlich pochendem Herzen öffnete sie die Tür. Als ihr die abgestandene Luft entgegenschlug, wusste sie sofort, dass das Zimmer leer war.

Nachdem sie wieder einigermaßen ruhig atmen konnte, zündete Sylvie die Kerze an. Zwei der Satteltaschen waren fort, und Madame hatte eine Nachricht hinterlassen, die sie mit einer Nadel an der Bettdecke befestigt hatte. Als ob eine Familie, wie sie sie versuchten darzustellen, eine gute Stahlnadel zurücklassen würde! Sylvie steckte die Nadel sorgfältig ins Futter ihre Jacke und hielt die Nachricht in die Nähe der Kerze. Wieder einmal war sie froh darüber, dass sie der Herzogin eine einfache Geheimschrift beigebracht hatte. Sie hatten so viel Zeit damit verbracht, die Zeichen zu üben, dass

Sylvie die Sätze lesen konnte, ohne die Formen mit dem Stift nachzuzeichnen.

Die Nachricht lautete: *Wir sind geflohen. Belette sitzt im Gefängnis. Wir treffen uns unterwegs. Bringt das Maultier mit.* Offensichtlich in großer Eile hatte sie hinzugefügt: *Wir sind in Sicherheit. Der Bote soll sich erst ausruhen.*

Kaspar und Arno stürmten ins Zimmer, gerade als Sylvie mit dem Entziffern der Sätze fertig war. „Die Pferde", zischte Kaspar. „Die Pferde sind weg!"

„Und Madame und der Junge", fügte Sylvie hinzu. „Wir haben den Befehl, hier zu warten, bis Arno sich ausgeruht hat, und dann auf der Straße wieder zu ihnen zu stoßen. Baron Belette hatte sie hier entdeckt."

„Dieser Schwachkopf? Was ist passiert?"

Sylvie zuckte die Achseln. „Hier steht, dass er im Dorfgefängnis sitzt oder in einem anderen Gefängnis in der Nähe. Vielleicht hat Madame einen Weg gefunden, ihn zu beschuldigen."

„Das werde ich herausfinden", schwor Kaspar.

„Nicht mehr heute Abend, dazu ist keine Zeit", erklärte Sylvie. „Erst einmal müssen wir hören, was Arno uns zu sagen hat. Es macht keinen Sinn, wenn er den ganzen Weg mit seinen Neuigkeiten zurückgelegt hat und sie dann nicht an uns weitergibt."

„Ich glaube nicht, dass ich schlafen kann, bevor ich alles erzählt habe. Ich konnte Vilmos zum Reden bringen", berichtete Arno. Nachdem er Sylvie fragend angeschaut und sie genickt hatte, setzte er sich aufs Bett. Müde ließ er die Schultern nach vorn fallen. Kaspar setzt sich neben ihn, legte seine riesige Hand auf Arnos Nacken und rieb ihn sanft.

„Ehrlich gesagt, musste ich nicht besonders viel Druck ausüben", fuhr Arno fort. „Vilmos war mit Graf Maxime befreundet, als die beiden noch Kinder waren, obwohl er den jungen Herrn eigentlich für den damaligen Herzog ausspionieren sollte. Er korrespondiert immer noch mit Graf Maxime, wenn die Steuerberechnungen verschickt werden. Sollten Madame und Graf Maxime ihm den Befehl dazu erteilen, würde er den Herzog gefangen nehmen."

„Das dürfte nicht so einfach sein", vermutete Sylvie. „Was ist mit den Wachen des Herzogs?" Sie nahm Arno den Hut vom Kopf, kniete sich hin und begann an seinem rechten Stiefel zu ziehen. Prompt nahm Kaspar sich den anderen vor. „Halt still", befahl sie, als Arno versuchte, sie an ihrem Tun zu hindern.

Kaspar stellte Arnos Stiefel beiseite, legte den Strumpf daneben und erklärte: „Für einen der Kammerdiener wäre es einfach, mit dem Herzog fertig zu werden. Denk daran, welche Möglichkeiten wir im Dienst hätten."

„Vilmos hat sich bemüht, einige der Wachen auf unsere Seite zu bringen. Die meisten von ihnen kennen Madame gut, weil sie sie auf ihren Ausritten begleiteten und von ihr immer für die Extradienste belohnt wurden. Der Herzog hält sie bei der Bezahlung knapp. Sie waren nicht glücklich darüber, wie Madame behandelt wurde. Die Höflinge des Herzogs werden nicht erfahren, dass er gefangen wurde, jedenfalls nicht sofort. Vilmos kann das eine Weile geheim halten. Das hat er auch schon gemacht, wenn der Herzog indisponiert oder mit seinen Konkubinen beschäftigt war."

Arnos Stiefel noch in den Händen, setzte Sylvie sich auf die Fersen. „Das hört sich gar nicht mehr so unmöglich an", gab sie zu. „Aber die Entscheidung muss Madame treffen. Morgen früh werden wir ihr folgen. Nachdem wir Baron Belette besucht haben. Ich dachte, wir wären ihn los, als er sein ganzes Geld bei diesem Kanalbauprojekt verloren hat. Wir müssen dafür sorgen, dass er nicht zu früh zum Herzogspalast zurückkehrt."

„*Ich* muss dafür sorgen." Kaspar verbeugte sich.

„Ich werde dir helfen", erklärte Arno störrisch. „Auf keinen Fall lasse ich dich allein gehen."

Sylvie brauchte nur einen Moment, um zu begreifen, worüber die beiden sprachen. Sie hätte Belette mit Freuden selbst getötet, wenn die Eunuchen ihr nur erlaubt hätten, auch einen Teil der Waffenpflichten zu übernehmen. Allerdings hätte Madame dem niemals zugestimmt, und Sylvie hätte so etwas nicht vor ihr geheim gehalten.

„Niemand wird umgebracht", bestimmte sie energisch. „Das würde Madame nicht gefallen. Und nun ruhen wir uns aus." Als Kaspar sie spöttisch ansah, fügte sie hinzu: „Falls es dir recht ist, Kaspar? Du trägst die Verantwortung."

Gedankenverloren stellte Arno fest: „Ich nehme an, Belettes Tod würde Madame la Duchesse angelastet werden, selbst wenn sie nichts damit zu tun hätte. Der König könnte ihr wegen einer solchen Sache Schwierigkeiten machen."

„Na gut. Zum Glück für Belette habe ich im Moment andere Sorgen", stellte Kaspar seufzend fest und bückte sich, um Arnos nackten Fuß zu küssen.

„Hör auf!", rief Arno. „Das ist verboten!"

Sylvie stand auf und ließ den Stiefel auf den Boden fallen. „Ich glaube, er meint: ‚Hör *nicht* auf!'", stellte sie fest.

Arno zog den Fuß weg, aber Kaspar ließ seinen Knöchel nicht los. „Wenn du nicht willst, dass ich das tue, warum hast du mich dann geküsst, als wir uns verabschiedet haben? Ich bezweifle, dass du vor lauter Leidenschaft nicht wusstest, was du tatest. Und du hast es vor den Augen der Herzogin getan." Er warf Arno einen wütenden Blick zu. „Ich dachte, du bist tot! Ich dachte, ich würde dich nie mehr wiedersehen! Was hätte ich dann tun sollen? Nun? Kannst du mir das sagen?"

„Ich würde euch nicht hindern", beteuerte Sylvie, mehr

an Arno als an Kaspar gewandt, der ohnehin nicht auf sie achtete. Sie hatte noch niemals gesehen, wie sich die Eunuchen küssten. Das konnte durchaus unterhaltsam sein. Es war zu schade, dass sie das Schauspiel beim letzten Mal verpasst hatte.

„Aber Madame", sagte Arno. „Wir haben ihr Treue geschworen. Und es ist uns verboten zu …"

„Halt ihm den Mund zu, Kaspar", fuhr Sylvie dazwischen. „Keiner von uns will diesen Unsinn hören. Auch Madame nicht, glaube ich. Kannst du dir vorstellen, dass sie euch nach allem, was sie vom Herzog ertragen musste, ein bisschen Glück missgönnen würde? Ihren treuen Eunuchen? Sie hat euch nicht zurückgelassen und dem Herzog ausgeliefert. Glaubst du, sie würde euch verraten und dafür sorgen, dass euch die Eingeweide durchbohrt werden? Das würde sie niemals tun. Wenn du das annimmst, beleidigst du sie."

Kaspar stand auf und verschränkte die Arme vor der Brust. „Wir haben nun die Freiheit, zusammen zu sein. Ich liebe dich und dachte, du würdest mich auch lieben. Doch du wehrst dich?"

Trotz seines riesigen Körpers erinnerte Arno Sylvie an ein Hündchen, das soeben von den Zitzen der Mutter getrennt wurde. „Ich dachte … Ich dachte …", stammelte er.

Kaspar starrte ihn an, sagte aber nichts.

„Und ich habe geglaubt, Henri wäre ein Dummkopf", stellte Sylvie fest. „Ich werde mir einen Platz zum Schlafen suchen. Ihr beide könnt meinetwegen die ganze Nacht herumstreiten."

„Du kannst nicht weggehen, Sylvie", widersprach Kaspar. „Ich brauche jemanden, der die Tür im Auge behält. Allerdings wäre ich froh, wenn du deinen Mund geschlossen hieltest, solange du das tust."

„Ich kann …", begann Arno.

„Du kannst die Tür nicht bewachen, weil du mit mir beschäftigt sein wirst“, unterbrach ihn Kaspar. „Oder sehe ich das falsch? Wenn ja, sag es mir jetzt.“

Die Sache zwischen den beiden wurde nun deutlich interessanter, stellte Sylvie fest. Sie nahm sich eine Decke und ein Kissen von dem Stapel in der Ecke und machte sich daraus einen Sitz, auf dem sie sich niederließ, mit dem Rücken gegen die Tür gelehnt. Wenn die Eunuchen ihr nicht genügend Unterhaltung boten, konnte sie immer noch ihre Pistolen reinigen.

„Kaspar.“ Arno stand vom Bett auf. „Können wir wirklich ... Ich habe nicht gedacht ...“

„Ich werde es dir zeigen“, erwiderte Kaspar.

„Ich habe noch nie ...“

„Er wird es dir *zeigen*“, mischte Sylvie sich ungeduldig ein. „Zieh deine Kleider aus.“

Kaspar warf ihr einen drohenden Blick zu. Sylvie machte es sich auf ihrem Platz noch ein wenig bequemer und vollführte eine verächtliche Handbewegung. Daraufhin seufzte Kaspar, beugte sich vor und küsste Arno auf den Mund, wobei er eine Hand so um sein Gesicht legte, dass er Sylvie nicht sehen konnte.

Langsam und sinnlich rieben die beiden Eunuchen ihre Körper aneinander. Sylvie wusste, dass man ihnen beigebracht hatte, das zu tun, weil es ihre Aufgabe war, ihrer Herrin oder ihrem Herrn sowohl körperlich als auch durch ihren Anblick Lust zu bereiten. Doch Sylvie schaute genau hin und erkannte die kleinen Zeichen von tiefem Gefühl in ihren Handlungen: Kaspars Hand, die sich zärtlich um Arnos Schädel legte, Arnos Augenlider, die sich bebend schlossen, und sein kurzes Saugen an Kaspars Kehle, bevor sich ihre Münder wieder vereinten. Sie pressten sich noch enger aneinander, schienen miteinander zu verschmelzen.

Sylvie stellte fest, dass sie nicht ungeduldig war, mehr zu

sehen. Sie würde sich entspannen und einfach abwarten, was die beiden ihr noch boten.

„Ist das gut?", erkundigte sich Kaspar und lehnte seine Stirn gegen Arnos.

Arno öffnete Kaspars Hemd. „Das kenne ich schon." Er presste seine Hände flach auf Kaspars Brust, über der der Gurt lag, an dem sein Messer befestigt war. „Ich hatte gehofft, wenn ich erst einmal hier bin, könntest du mich massieren. Es war eine lange Reise."

„So ist es besser", erklärte Kaspar, nachdem er Arnos Hände beiseitegeschoben und seine Waffen abgelegt hatte. „Zieh dich auch aus", sagte er, als Arno bewegungslos dastand.

„Ich schaue dich an", gestand Arno. „Ich habe dich schon so oft gesehen, aber jetzt ist es anders."

„Das ist wichtig", erklärte ihm Kaspar. „Denk immer daran, dass das hier anders ist. Das hier ist nur für uns."

Ohne weiteren Widerstand zog Arno sein Hemd aus, zögerte aber, seine Hose zu öffnen. Er schaute zu Sylvie herüber und riss sie aus ihren Beobachtungen, in die sie völlig versunken gewesen war. „Bitte", stieß er hervor, sonst nichts.

„Ich werde mich nicht über dich lustig machen", beteuerte sie erstaunt. „Du musst dich nicht schämen. Wofür solltest du dich schämen?"

„Lass mich das machen." Kaspar öffnete Arnos Hosen und zog sie herunter, ebenso verfuhr er mit den langen Unterhosen, die er auf den Fußboden fallen ließ. „Nun bist du dran." Er legte Arnos Hand auf den Knoten in seiner eigenen Taille.

Es war seltsam, nackte Männer zu sehen, die sich gegenseitig berührten, deren Schwänze aber schlaff herunterhingen. Sie waren beide beschnitten, wie Monsieur Fouet, nur dass er noch über beachtliche Hoden verfügte. Ihre leeren

Hodensäcke rollten sich zierlich hinter ihren weichen Schäften zusammen. Sylvie wünschte sich, sie zu liebkosen; sie sahen weich aus, als könnte man gut an ihnen saugen, sie hätscheln und zwischen den Fingern rollen. Es mochte sein, dass sie nicht steif wurden, aber sie war sich sicher, dass sie solche Zärtlichkeiten dennoch genießen würden.

Kaspar forderte Arno auf, sich auf dem schmalen Bett auszustrecken, und zwängte sich selbst ebenfalls hinein, seine Brust an Arnos gepresst. Sylvie wünschte sich, sie könnte die beiden besser sehen. Doch sie beschloss, sich zurückzuhalten und bei der Tür sitzen zu bleiben, weil es die beiden Eunuchen sicher gestört hätte, wenn sie sie in der Nähe des Bettes bemerkt hätten. Sie konzentrierte sich auf ihr leises Gemurmel und ihre Seufzer und die Geräusche ihrer feuchten Küsse.

Von ihrem Platz aus konnte sie Arnos Hand sehen, die auf Kaspars Schulter ruhte. Ganz langsam ließ er die Hand tiefer gleiten und liebkoste die Rippen seines Geliebten, zunächst ganz vorsichtig, dann griff er immer fester zu. Plötzlich hielt er abrupt inne, seine Finger wurden ganz steif. Kaspar, schloss sie daraus, musste etwas sehr Lustvolles getan haben, das sich ihren Blicken entzog. Sie ärgerte sich darüber, dass sie es nicht sehen konnte.

Als hätte er ihre Gedanken gelesen, wandte Kaspar den Kopf und sprach sie an: „Hast du noch das Öl, das Monsieur Fouet dir gegeben hat, Sylvie?“

„Natürlich“, antwortete sie. „Was bekomme ich dafür, wenn ich dir etwas davon gebe?“

Kaspar rollte sich vom Bett und baute sich wie ein Turm vor ihr auf. Sie war überrascht, dass sein Schwanz zumindest teilweise steif war; nach kurzer Überlegung entschied sie, dass es wohl so funktionieren musste, weil er sonst nicht hätte pinkeln können. Wie faszinierend. „Wenn du mir etwas von dem Öl gibst, werde ich dir nicht den Hintern versohlen."

Arno richtete sich auf dem Bett auf. „Ich auch nicht."

Sylvie seufzte. „Das ist noch ungerechter, als mich nicht zusehen zu lassen. Wenn ich euch etwas gebe, müsst ihr mir irgendwann später beide den Hintern versohlen. Darauf bestehe ich."

„Das mache ich mit Freuden, wenn du mir jetzt endlich das Öl gibst."

„Was hast du damit vor?", erkundigte sie sich neugierig, während sie aufstand, um nach der Flasche zu suchen, die sie in ihr Ersatzhemd eingewickelt hatte.

Hinter sich konnte sie Kaspars ungeduldige Atemzüge hören, und sie grinste. Er war so leicht zu reizen. „Ja, Liebster, was hast du mit dem Öl vor?", mischte sich Arno ein.

Wieder war das Geräusch leidenschaftlicher Küsse zu hören. Sylvie wirbelte gerade rechtzeitig herum, um zu sehen, wie sich Kaspars Hand in die Spalte zwischen Arnos Hinterbacken stahl. Also hatte Monsieur Fouet ihr die Wahrheit gesagt: Eunuchen hatten zwar keine Hoden mehr, aber das kleine Organ in ihrem Hintereingang konnte sie ersetzen, wenn es richtig stimuliert wurde. Sie wartete, bis die beiden mit dem Küssen aufhörten und Kaspar die Hand ausstreckte.

Sylvie legte das Fläschchen hinein. „Darf ich aus der Nähe zusehen?", bat sie. „Ich bin wirklich sehr neugierig."

„Kaspar!", flehte Arno.

„Raus!" Kaspar sprang vom Bett hoch, griff nach ihrem Arm und ihren Satteltaschen und zerrte sie zur Tür. „Halt draußen Wache. Reinige deine Pistolen."

Sylvie zog einen Schmollmund, tat aber, was er ihr sagte. „Ihr seid mir beide etwas schuldig", erklärte sie. „Das werde ich nicht vergessen. Und glaubt ja nicht, dass ihr mir beide gleichzeitig den Hintern versohlen dürft. Nein, nein, da wird es heißen, einer nach dem anderen ...“ Die Tür wurde ihr vor der Nase zugemacht.

„Hmph“, machte sie, lehnte sich mit dem Rücken gegen die Tür und ließ sich daran hinunterrutschen. Sie würde auf eine andere Gelegenheit warten müssen, ihnen zuzusehen, irgendwann später einmal.

Ihre Gedanken wanderten zurück zu dem Vormittag, den sie mit Monsieur Fouet verbracht hatte. Er hatte ihr gezeigt, wie sie ihm mit ihren Fingern und ihrer Zunge auf eine Weise Lust bereiten konnte, die sie vorher noch niemals ausprobiert hatte. Zuerst hatte ihr der Gedanke nicht gefallen, weil sie selbst eine schlechte Erfahrung gemacht hatte, was das Herumspielen am Hintereingang betraf. Als sie allerdings sah, wie der große, muskulöse Karl Fouet beim leichtesten Druck mit einer Fingerspitze keuchte und wimmerte, verlor sie alle Hemmungen.

Auch von seiner Selbstbeherrschung war sie fasziniert gewesen. Selbst ohne seinen Schwanz abzuschnüren, war er in der Lage, beeindruckend lange seine Ejakulation zurückzuhalten, und das nicht nur einmal, sondern immer wieder und wieder, während er dennoch den Höhepunkt erreichte. Sylvie wäre fast selbst gekommen, als sie gesehen hatte, wie er minutenlang von höchster Lust geschüttelt wurde. Es war fast so gewesen, wie eine Frau zu ficken.

Hinterher hatte sie in ihrer Lieblingsstellung auf seiner Brust gelegen, mit ihren Fingern an seinem Oberarm entlanggestrichen und jeden einzelnen der hervortretenden Muskelstränge verfolgt, jede sichtbare Vene und jede Narbe, während er mit den Fingerspitzen Muster auf ihr Rückgrat gezeichnet hatte, keine beruhigenden Muster, sondern solche, die ihre Erregung größer und größer werden ließen. „Ich würde das gern wieder für dich tun“, flüsterte sie. „Es ist die schönste Befriedigung, dir dabei zusehen zu können.“

Fouet lachte in sich hinein. „Morgen vielleicht. Du möchtest doch gern, dass ich noch genügend Kraft habe, dir heute noch Vergnügen zu bereiten, kleine Tigerin, nicht wahr? Ich bin nur ein alter Mann. Was du für mich getan hast, würde ausreichen, um einen Eunuchen auf den Gipfel der Lust zu führen."

„Wirklich?"

„Ich habe es erlebt, sogar selbst getan. In meiner Jugend habe ich einmal einen Eunuchen geliebt. Er war vom Hof des alten Herzogs geflohen und kam mit all seinen besonderen Fähigkeiten in das Haus, wo ich meine Ausbildung erhielt. Er brachte mir bei, dass die Hoden tatsächlich eine Rolle spielen, dass es aber eine ähnliche Wirkung hat, wenn man diese besondere Stelle reibt, solange man sich nicht daran stört, dass kein Sperma fließt. Ihn störte es nicht, und mich auch nicht. Er schrie dabei. Es war ... wie hast du es genannt? Befriedigend."

Einen Moment lag Sylvie nachdenklich da. „Hast du Kaspar angeboten, das für ihn zu tun?"

„Ja. Aber er hat es abgelehnt." Fouet versetzte ihr einen leichten Schlag auf den Hintern. „Ich glaube nicht, dass er mich zurückgewiesen hat, weil er so dienstbeflissen ist."

„Ich denke, er ist in jemanden verliebt", verriet Sylvie ihm. „Vielleicht schreibe ich dir irgendwann einmal und berichte dir, ob seine Liebe ein glückliches Ende fand."

„Das wäre schön." Fouet schlug sie wieder mit der hohlen Hand, dieses Mal ein wenig heftiger. Bei dem klatschenden Geräusch erschauderte Sylvie. „Das gefällt dir, stimmt's?", wollte Fouet wissen.

Sie spürte bereits, wie heiße Wellen ihren Unterleib durchliefen. Nachdem sie die Schenkel über seinen Hüften gespreizt hatte, rieb und wand sie sich an seiner schweißnassen Haut, bis ihre Möse sich über seinem Oktopus-Tattoo weit öffnete. „Schlag mich noch mal“, keuchte sie. „So, dass ich es auch morgen noch spüre.“

„Du bist eine wirkliche Freude“, stellte Fouet fest. Er klatschte eine hohle Hand gegen ihre rechte Hinterbacke, die andere gegen ihre linke, sodass ihre Möse heftig gegen seinen Körper stieß.

„Stärker“, hauchte sie.

„Jetzt noch nicht. Du hast mir gesagt, du möchtest auch später noch etwas davon haben, kleine Tigerin.“

Sie atmete zweimal tief durch, bevor er sie wieder schlug, nun endlich in einem langsamen, sich steigernden Takt. Tief atmend ließ sie jeden Schlag durch ihren Körper fließen, ließ den grellen Schmerz sich ausbreiten, an ihren Beinen hinunter, an ihrem Körper herauf, bis in ihre Fingerspitzen und schließlich als erregendes Prickeln auf ihrer Kopfhaut. Ihre Haut begann zu glühen. Bevor es wirklich schmerzhaft wurde, veränderte er seinen Rhythmus und achtete darauf, dass die Hitze vom unteren Teil ihres Rückens in Richtung ihrer Oberschenkel zog.

Weil Fouet regelmäßig schlug, genau mit der richtigen Geschwindigkeit und immer dann schneller wurde oder härter zuschlug, wenn sie es brauchte, ließ die Intensität ihrer Empfindungen keinen Moment lang nach, durchlief eine neue Welle sie bereits, wenn die vorherige noch nicht verebbt war. Bald spürte sie nur noch prickelnde Hitze, ging darin unter und konnte die einzelnen Schläge nicht mehr unterscheiden. Wie aus weiter Ferne hörte sie sich selber stöhnen: Die Töne hätten auch von jemand anders kommen können. Sie schwebte durch ihren eigenen Körper. Ihr war nicht einmal genug Selbstbeherrschung geblieben, um ihre Möse weiter an ihn zu pressen. Das war auch gar nicht nötig; seine Hiebe taten das für sie. Allerdings reichte das nicht aus, um sie zum Höhepunkt zu katapultieren.

Fouet sorgte dafür, dass sie auf einer Hochebene verharrte, und genau in dem Moment, in dem sie dachte, sie könne es nicht länger ertragen, trieb er sie noch weiter hinauf. Das Stöhnen, das sie hörte, verwandelte sich in Schluchzen. Ihre Haut brannte dort, wo er sie schlug, wie Feuer. Schließlich spürte sie, dass die Erlösung nahte. Zuerst war es ein heißes Prickeln, das über ihre Haut huschte und sie wahnsinnig machte, dann verkrampfte sich alles, sodass sie kaum noch atmen konnte. Fouet hörte auf, sie zu schlagen und quetschte und massierte stattdessen ihre zarte Haut. Das bescherte ihr endlich eine Reihe fast unerträglich lustvoller Zuckungen, die während der nächsten Stunden wieder und wieder in Wellen zurückkehrten. Sie konnte sich nicht sonderlich gut daran erinnern. All das war auf seltsame Weise außerhalb ihrer normalen Welt geschehen, sogar außerhalb ihres Körpers. Die übrigen Erfahrungen, die sie mit Fouet gemacht hatte, hatten sie auch angenehm befriedigt, doch das war das überwältigendste Erlebnis ihres Lebens gewesen.

Sie fragte sich, was Kaspar und Arno jetzt gerade fühlten. Vielleicht würde sie die beiden am nächsten Morgen fragen. Und dann könnte sie Fouet einen Brief schreiben.

„Bitte tut es nicht.“ Henri umklammerte die Zügel von Tulipe und Guirlande so fest, dass seine Fingerknöchel weiß wurden, während die Herzogin auf einem Haufen welker Blätter hockte und mit einer winzigen Schere ihre Haare bearbeitete.

„Sei nicht töricht.“ Sie griff nach dem nächsten Haarbüschel und säbelte daran herum. Die Klingen waren zu kurz, um wirkungsvoll zu sein.

„Madame“, flehte er. „Ihr müsst nicht …“

„Es sind nur Haare, und man erkennt mich besonders daran.“

Hätte sie irgendwelche Emotionen gezeigt, wäre Henri nicht so besorgt gewesen. Und, das gestand er sich selbst ein, wäre Sylvie bei ihnen gewesen, hätte er sich nicht so hilflos gefühlt. Sylvie war ebenfalls eine Frau, und es wäre ihr vielleicht gelungen, die Herzogin irgendwie zu trösten oder sie zu beruhigen oder irgendetwas anderes zu tun, was sie von Henri nicht angenommen hätte. Er hingegen konnte nicht mehr tun, als seine Schulter an Guirlande zu lehnen.

Eine weitere Handvoll Strähnen fiel zu Boden. Henri meinte fast, sie zwischen seinen Fingern zu spüren. „Der Wind wird einen Teil davon wegwehen, und den Rest werden die Blätter bedecken“, sagte die Herzogin. „Außerdem werden wir beide unsere Kleider wechseln, bevor wir auf die Straße zurückkehren.“

„Camille“, stammelte Henri. „Ich mache mir Sorgen, dass Ihr …“

Sie schaute zu ihm auf und zog die Brauen hoch. „Du hast eine falsche Vorstellung von dem, was ich ertragen kann.“ *Peng.*

„Es tut mir leid“, beteuerte er. „Wenn ich Belette davon

hätte abhalten können, Euch zu berühren …"

„Sei nicht töricht", wiederholte sie. „Du scheinst auch eine völlig falsche Vorstellung von deinen Aufgaben und Pflichten zu haben."

Henri zuckte zusammen und starrte hinunter auf seine Stiefelspitzen. Offensichtlich wollte sie nicht über das reden, was zwischen Belette und ihr passiert war, ebenso wenig wie sie irgendeine Hilfe von Henri annehmen wollte. Jedenfalls nicht im Moment. Unter seinen Wimpern hervor wagte er einen weiteren Blick in ihre Richtung. Mit ruhigen Händen schnitt sie ihr Haar. Sie sah nicht so aus, als würde sie irgendeine Unterstützung von ihm brauchen. Wenn sie ihn aber doch brauchte, würde er dann fähig sein, es zu erkennen? Ratlos hob er die Hand zum Mund und kaute an seinem Fingerknöchel. Es vergingen einige Minuten, dann sagte sie: „Henri."

„Ja, Madame."

„Es geht mir gut", erklärte sie. „Ich schneide meine Haare ab, damit ich anders aussehe als bei unserer letzten Rast. Ich bin nicht verrückt geworden."

„Nein, Madame."

Sie seufzte. „Du darfst mich ruhig ansehen, Henri. Du hast nichts falsch gemacht. Im Gegenteil."

„Ich habe zugelassen, dass er …"

„*Ich* habe es zugelassen", verbesserte sie ihn. „Es ging nicht anders. Ich bereue es nicht."

„Ja, Madame."

„Und jetzt vergiss es. Ich habe es schon vergessen."

„Ja, Madame." Henri wandte sich Tulipe zu und kraulte das Tier unter seinem Stirnhaar. „Hat er Euch wehgetan?"

„Das heilt. Du musst Belette gegenüber keine Rachegedanken hegen. Ich ziehe es vor, wenn du am Leben bleibst und dich nützlich machst. Wenn du tot bist, bist du nur noch ein seelenloser Körper."

„Ja, Madame." Er band die Zügel des Pferdes um einen Ast, setzte sich im Schneidersitz zwischen die welken Blätter, sah sie an und bemühte sich, nicht nachzudenken. Wenn er über das nachdachte, was sie gesagt und nicht gesagt hatte, ging es in seinem Kopf drunter und drüber.

Als die Herzogin schließlich mit dem Schnipseln aufhörte, reichten ihr die Haare kaum noch über die Ohren. Es sah aus, als hätte sie sie mit einem stumpfen Messer bearbeitet. Er versuchte seine Bestürzung zu verbergen, war aber offenbar nicht sonderlich erfolgreich damit, denn sie lächelte ihn verschmitzt an und streckte ihm die Schere entgegen. „Bring ein bisschen Ordnung in die Sache."

Henri konnte nicht anders, als sie anzugrinsen. Ihr schelmisches Lächeln hatte ihm gefallen, und er bemühte sich, es genauso warm und übermütig zu erwidern. Willig machte er sich an die Arbeit, legte dabei seine freie Hand auf ihren warmen Nacken oder gegen ihre Wange, um ihren Kopf festzuhalten. Er schnitt ihr Haar sorgfältiger, als er es normalerweise bei seinem eigenen Haar tat. Es war allerdings auch einfacher, ordentlich zu schneiden, wenn man es bei jemand anders machte.

Sobald er fertig war, beugte er sich vor und küsste sie sanft auf die Lippen. Er hatte ihr Haar am Hinterkopf kurz geschnitten, während fedrige Strähnen in ihre Stirn, über ihren schmalen Nacken und die zart geformten Ohren fielen.

„Es kribbelt mich überall unter meinem Kleid", stellte die Herzogin fest. „Ich werde die abgeschnittenen Haare wohl dort dulden müssen, bis wir wieder baden können."

„Es war Eure eigene Idee, sich jetzt die Haare zu schneiden", erinnerte Henri sie zaghaft.

„Das stimmt. Ich bin selbst schuld." Sie stand auf, wühlte in ihrer Satteltasche herum und zog den zerdrückten Hut hervor, den sie ganz zu Beginn ihrer Reise getragen hatte.

„Komm, hilf mir aufs Pferd."

Obwohl Henri fand, dass die Herzogin mit kurzen Haaren mehr auffiel, als vorher mit ihren langen, legten sie den Rest ihres Weges an diesem Tag ohne irgendwelche Zwischenfälle zurück. Vielleicht lenkte der Hut von der Frisur ab. Am auffälligsten an ihnen war, dass sie weder Kaufleute noch Viehhändler waren, wie sie sonst auf dieser Straße unterwegs waren. Einmal mussten sie am Straßenrand warten, damit eine Gänseschar vorbeiziehen konnte. Tulipe reagierte nervös auf ihr lautes Geschnatter und das wilde Flügelschlagen, doch schon bald hatten die beiden gefleckten Hunde des Viehtreibers die Gänse vorbeigejagt, und zurück blieb nur eine Spur aus Kot, der härter und klebriger war als der von anderen Vögeln. Henri beschloss, dass die Pferde abends ausgiebige Pflege für Hufe und Fesseln brauchen würden.

Am häufigsten begegneten sie auf der Straße Ochsenkarren, von denen einige so hoch beladen waren, dass es der Größe von zwei Männern entsprach. Einmal kamen sie an einem Wagen vorbei, der Glasflaschen voller Schnaps transportierte. Dieser Wagen wurde von sechs Maultieren gezogen, von denen Henri annahm, dass sie mehr wert waren als alle Pferdeknechte und Burschen eines großen Stalls in einem ganzen Jahr verdienten. Neben dem Kutscher saß eine gefährlich bewaffnete Wache auf dem Bock, und ein zweiter Wachmann ließ hinten seine Beine aus dem Wagen baumeln. Im Vorbeifahren hoben die Kutscher der verschiedenen Wagen lässig die Hände zum Gruß, aber keiner von ihnen schien die beiden Reiter auf den staubigen Pferden sonderlich zu beachten.

Henri geriet in den besonderen Schwebezustand, den er auch immer erreichte, wenn er die Pferde auf der Reitbahn trainierte. Sein Blick senkte sich und alles, was er noch wahrnahm, war die ständige, kaum merkliche Verständigung zwischen seinem Körper und dem des Pferdes. Tulipe war nervöser als gewöhnlich, und er konzentrierte sich darauf, die Stimmung des Tiers als Übung zu nutzen, wobei er fast vergaß, dass er an der Seite der Herzogin ritt. Deshalb bemerkte er auch die drei Reiter, die aus dem Wald sprengten, erst in dem Moment, als Tulipe auf sie reagierte.

Die beiden vorderen zwei Reiter hielten Schwerter in den Händen. Henris spontane Reaktion war, Tulipe die Sporen zu geben, aber er zog sofort wieder die Zügel an, als er sah, wie der dritte Reiter einen gespannten Bogen mit einem spitzen, tödlichen Pfeil auf ihn und die Herzogin richtete, offenbar in der Absicht zu töten.

Henri schoss der Gedanke durch den Kopf, dass dies seine Chance war, seine Herzogin zu retten. Er hatte bloß keine Ahnung, wie er das anstellen sollte. Sein Messer war nur dazu geeignet, Feinde anzugreifen, die direkt vor ihm standen, die Herzogin war nicht bewaffnet, und er konnte nichts anderes als reiten, grobe Arbeiten verrichten und leidlich mit dem Messer umgehen. Tulipe würde jedem seiner Befehle gehorchen, aber ganz gleich, was er tat, der Pfeil konnte sein Ziel finden. Die Herzogin hatte gesagt, er solle sich nicht selbst in Gefahr bringen, und sicher wollte sie auch nicht, dass Tulipe verwundet wurde. Außerdem konnte der Bogenschütze sie ebenso leicht treffen wie ihn. Sein Herz pochte wild bei dem Gedanken an den Fehler, den er fast begangen hätte, als er auf die Reiter zu galoppieren wollte. Andererseits würde der Bogenschütze Zeit brauchen, um einen neuen Pfeil einzuspannen. Wenn er auf Henri schoss, würde es der Herzogin vielleicht gelingen zu fliehen. Er verlagerte sein Gewicht im Sattel. Doch noch bevor er Tulipe antreiben konnte, sagte die Herzogin: „Nein."

Henri zwang sich, seine Hände zu senken und sich zu entspannen. In diesem Moment fiel ihm ein, dass sie Schmuck und Geld bei sich trug. Es war nicht alles, was sie mit auf die Reise genommen hatten, aber vielleicht genug, um die Angreifer zufriedenzustellen, ganz gleich, ob der Herzog sie geschickt hatte oder nicht. Wenn sie sich ein Mal hatten kaufen lassen, würden sie auch ein zweites Mal käuflich sein. Er und die Herzogin würden nicht mehr viel Geld brauchen; sie hatten ihr Ziel fast erreicht, und bald würden Sylvie und Kaspar sie einholen und den Rest ihres Vermögens mitbringen. Die Herzogin war sicher der Meinung, dass ihrer beider Leben gegen Geld und Edelsteine ein guter Tausch war. Aber was würden die Banditen über den Schmuck denken? Wenn der Herzog sie *nicht* geschickt hatte, würden sie es dann nicht verdächtig finden, wenn zwei unscheinbare Reisende solche Geschmeide mit sich führten? Vielleicht konnten die Herzogin und er vorgeben, reiche Kaufleute zu sein, die sich schäbig angezogen hatten, um nicht aufzufallen.

Seine vorläufigen Pläne erwiesen sich als überflüssig. „Rückt die Pferde raus oder Ihr seid tot“, verlangte der Anführer. Er war ein riesiger Mann mit einem dichten Bart und trug, ebenso wie die anderen Räuber, eine Maske über Mund und Nase.

„Nein!“, antwortete die Herzogin.

Henri verzog den Mund zu einem angespannten, zustimmenden Grinsen – alles, aber nicht die Pferde! –, dann spürte er, wie sich sein Magen in eisigem Schreck verkrampfte. Er hätte sofort sagen sollen, dass sie Geld hatten. Allerdings hätten die Banditen dann das Geld *und* die Pferde verlangt. Spielte das eine Rolle? Es gab noch andere Pferde auf der Welt, sosehr er diese auch liebte. Es gab aber nur diese eine Herzogin für ihn.

Mit erhobenem Schwert ritt der Anführer auf die Herzogin zu. Kunstfertig ließ sie Guirlande rückwärtsgehen, sodass der Abstand zwischen ihr und dem Mann bestehen blieb.

„Nun, meine Dame, wir könnten ein paar hübsche Pferde wie diese da gut gebrauchen“, stellte der Räuber fest.

Henri öffnete den Mund. Sie warf ihm einen warnenden Blick zu, und er schloss ihn wieder. „Ich bin sicher, das könntet Ihr“, erwiderte sie. „Allerdings sind es nun mal meine.“

„Ihr würdet gern auf der Straße sterben, sehe ich das richtig?“, fragte der Bandit.

„Ihr könnt uns nicht beide gleichzeitig erschießen“, stellte sie fest. „Der Überlebende würde Euch eine Menge Ärger machen.“

„Seid Ihr sicher, dass es einen Überlebenden geben wird?“, mischte sich der Bogenschütze ein.

Henris Gedanken rasten. Er könnte Tulipe steigen lassen und dadurch vielleicht die Pferde der Räuber zum Scheuen bringen, was der Herzogin Gelegenheit zur Flucht geben würde. Allerdings würde dadurch der Bauch seines Pferdes ungeschützt Pfeil und Schwert ausgesetzt sein, und sie würden Tulipe vielleicht töten. Wie konnte er sein Messer benutzen? Kaspars Peitsche wäre in dieser Situation nützlicher. Er ließ Tulipe nach links gehen, dann nach rechts und versuchte auf diese Weise die Aufmerksamkeit der Schurken von der Herzogin abzulenken. Vielleicht würde eine Ablenkung ausreichen, um ihr und Guirlande die Flucht zu ermöglichen.

„Nicht bewegen!“, rief jemand.

Henri erstarrte. Als er in Richtung der Bäume schaute, erspähte er zunächst Lilas, dann die kleine Gestalt auf ihrem Rücken. Sylvie hielt in jeder Hand eine langläufige Pistole. Die Banditen waren in ihrer Schussweite, und er zweifelte keinen Moment, dass sie treffen würde, worauf auch immer sie zielte.

Der vorderste Reiter wendete sein Pferd, um sie anzusehen, während der Räuber hinter ihm die Aufgabe übernahm, die Herzogin zu bedrohen. „Wir sind zu dritt, falls du das übersehen hast", rief der Anführer Sylvie entgegen.

Ein Schuss zerriss die Luft. Henri zügelte rasch Tulipe. Guirlande zuckte kaum zusammen. Der Schütze hatte seinen Bogen fallen lassen und hielt sich die Schulter. Sylvie ließ die benutzte Pistole fallen, zog eine andere aus ihrem Gürtel und rief: „Jetzt seid ihr noch zwei. An eurer Stelle würde ich mich aus dem Staub machen, wenn ihr am Leben bleiben wollt."

Die Banditen wussten offenbar, wann sie verloren hatten, und flohen. Henri beruhigte die Pferde, während Sylvie über das abgeschnittene Haar der Herzogin jammerte. Aus der Entfernung hörte er Sylvies Worte: „Arno ist in Sicherheit", und erkannte an der Körperhaltung der Herzogin, wie erleichtert sie war. Sylvie griff wieder nach Lilas' Zügeln, und er sagte zu ihr: „Vielen Dank."

„Du bist mir nun etwas schuldig", erklärte sie ihm mit einem breiten Grinsen. „Wirst du mich für meine Mühe entschädigen, wenn ich dich darum bitte?"

„Das werde ich tun", schwor ihr Henri. Er streckte ihr seine Hand entgegen, und als Sylvie ihre hineinlegte, hob er ihrer beider Hände an die Lippen und küsste Sylvies Fingerknöchel. „Madame hätte um Guirlande geweint, wenn sie sie verloren hätte."

„Ich würde nicht weinen, doch ich würde trauern", erklärte die Herzogin. „Aber ich wäre noch trauriger, wenn ich einen von euch verlöre." Sie stieß einen tiefen Seufzer aus. „Es war dumm von mir, mich zu weigern, ihnen die Pferde zu geben, aber ich konnte nicht anders. Lass dir das eine Lehre sein, Henri. Niemals darf dein Herz über deinen Verstand siegen. Wenn Sylvie nicht gewesen wäre, könnten wir jetzt die Leichen sein, von denen ich gesprochen habe."

„Ich sehe, dass ich Euch nicht für einen Moment aus den Augen lassen darf", stellte Sylvie fest. „Es ist zu schade, dass wir diese Banditen nicht der Obrigkeit melden können."

Henri senkte den Kopf. „Es tut mir leid, dass ich Euch nicht beschützen konnte, Madame." Je mehr seine Erleichterung nachließ, umso mehr wuchs sein Ärger auf sich selbst, weil er nicht in der Lage gewesen war zu helfen. Er war entsetzt über seine eigene Unfähigkeit. Seine Hände begannen zu zittern.

„Ich werde Euch nie wieder allein lassen", schwor Sylvie der Herzogin. Keiner von ihnen erwähnte, dass die Herzogin ihr befohlen hatte, mit Kaspar zurückzubleiben.

„Lasst uns weiter reiten", sagte die Herzogin schließlich. „Kaspar und Arno werden uns in einem von zwei möglichen Gasthäusern treffen. Eins davon ist nicht weit von hier, nicht wahr, Sylvie?"

Nie zuvor hatte Henri ein Gasthaus mit einem so großen Schild gesehen, wie es draußen am *La sirène fuyant* befestigt war. Anstatt an einem Metallstab über dem Straßenrand zu hängen, erstreckte es sich über die ganze Länge des Gebäudes, vom unteren Rand des Daches bis zur Oberkante der Fenster. Das Schild, stellte er fest, erzählte eine ganze Geschichte.

Eine Meerjungfrau schwamm in einem Schwarm leuchtend bunter Fische. Ihr langes Haar wirbelte um ihre Brüste, die von kunstvoll auf dem Schild angebrachten, echten rosafarbenen Muscheln bedeckt waren. Auf dem nächsten Bild sah man dieselbe Meerjungfrau, die sich mit ihrem Haar in einem Fischernetz verfangen hatte. Schließlich war die Nixe wieder frei und schwamm von dem zerrissenen Netz fort. In einer Hand hielt sie die rosafarbene Muschel, mit der sie das Fischernetz zerschnitten hatte. Dort endete die Geschichte, die auf dem Schild erzählt wurde. Würde die Meerjungfrau jemals wieder zu ihrem Zuhause und ihrem wahren Selbst zurückfinden?

Henri fragte sich außerdem, ob ihre nackten Brüste beim Schwimmen wirklich so aufrecht stehen würden, ganz besonders angesichts ihrer beeindruckenden Größe. Doch er beschloss, dass es ihm egal war, das Bild jedenfalls war wunderschön. Und das Wasser des Ozeans, der dort dargestellt war, schien ziemlich kalt zu sein, wie Henri an den steifen Nippeln der Nixe zu erkennen glaubte.

„Aua!", schrie er, und griff sich an den Hinterkopf.

Sylvie zog ihre Hand zurück. „Aufwachen! Kümmere dich um die Pferde!"

Henri nahm sich viel Zeit für die Pferde. Zuerst redete er sich ein, dass Tulipe und Guirlande nach dem schrecklichen Nachmittag besondere Aufmerksamkeit benötigten, aber schließlich gestand er sich ein, dass er derjenige war, der Trost benötigte. Noch lange, nachdem er mit dem Striegeln fertig war und Unmengen von Matsch von Lilas' Fesseln abgewaschen hatte, stand er in Guirlandes Box, einen Arm über ihren Rist gelegt und die Nase an ihren Hals geschmiegt.

Schließlich wandte die Stute den Kopf und knabberte an seinem Haar und seiner Jacke. Er ging zum Eimer an der Stalltür, um jedem der Pferde eine Karotte zu geben. Nachdem er noch mehrmals die Runde gemacht hatte, war der Eimer leer. Er war immer noch nicht bereit, ins Haus zu gehen und von der Herzogin zurückgewiesen zu werden, wenn er ihr Trost anbot. Die Pferde begriffen wenigstens, dass er sie liebte und es gut mit ihnen meinte. Henri nahm den Eimer hoch, schwang ihn gedankenverloren eine Weile hin und her und ging endlich zum Hintereingang des Gasthauses, wo er die Küche vermutete.

Die Küche war in einem separaten Gebäude untergebracht, das durch einen überdachten Gang mit dem Haupthaus verbunden war. Als er näher kam, bemerkte er die geöffneten Holzläden an allen Fenstern, die wahrscheinlich als Schutz vor schlechtem Wetter gedacht waren. Henri duckte sich unter dem Dach durch und sah, dass die Hintertür offen stand und von einem Ziegelstein am Zuschlagen gehindert wurde. Nachdem er in den Gang getreten war, hörte er leise, gehetzte Stimmen, die nicht bis hinaus in den Hof gedrungen waren.

„Ich sage dir, sie ist es“, flüsterte eine Frauenstimme. „Ich habe sie auf den Münzen gesehen.“

„Erzähl keinen Unsinn, Blanche. Du bist eine Träumerin.“

„Und du bist ein Dummkopf, Charles. Es ist eine Belohnung ausgesetzt. Wir könnten reich werden!“

„Wir haben genug zum Leben. Warum bist du bloß nie zufrieden? Warum musst du … Ach, vergiss es! Wir reden später darüber. Mach das Essen fertig, wir haben Gäste.“

Ein stämmiger Mann mit grauer Mähne stapfte aus der Tür. Mit pochendem Herzen duckte sich Henri hinter einen der Fensterläden, bis der Wirt verschwunden war. Eigentlich mussten sie so rasch wie möglich fliehen, doch das würde die Frau nur in ihrer Überzeugung bestätigen, die Herzogin erkannt zu haben – und sie würde vielleicht dafür sorgen, dass sie verfolgt wurden. Außerdem mussten sie hierbleiben und auf Kaspar und Arno warten. Oder sie ritten zum zweiten der ausgemachten Treffpunkte, doch der war nicht weit entfernt, und sie konnten dort zu leicht entdeckt werden, wenn die Frau Alarm schlug. Sie musste überzeugt werden, dass sie sich täuschte, und Henri musste die Sache selbst in die Hand nehmen.

„Hallo?“, rief er und stampfte laut mit seinen Stiefeln auf, bevor er den Kopf durch die Küchentür steckte.

„Ja?“ Madame Blanche wirkte aufgeregt, ihre Hände steckten in einer Schüssel voll Teig. Sie war sehr klein, reichte

Henri kaum bis zur Brust, hatte aber einen Busen, dessen Größe besser zu einer viel stattlicheren Frau gepasst hätte. Henri musste an das Bild der Meerjungfrau denken und stellte mit einem leichten Schreck fest, dass auch ihr Gesicht das der Nixe war, obwohl sie viel älter war, vielleicht ein paar Jahre älter als die Herzogin.

„Ich komme aus dem Stall", erklärte Henri. „Ich wollte fragen, ob Ihr noch ein paar Karotten für den Eimer habt. Leider habe ich sie alle für unsere Pferde verbraucht." Weil er wusste, dass er sie dazu bringen musste, ihn zu mögen, schenkte er ihr ein zögerndes Lächeln.

Jetzt hob sie zum ersten Mal den Kopf und fixierte einen Moment lang unbewegt sein Gesicht. Henri scharrte mit den Füßen, und sie schaute abrupt wieder hinunter auf ihre Teigschüssel, während sie erwiderte: „Ich schicke den Spüljungen jeden Tag in den Stall, um den Eimer aufzufüllen. Ihr – unsere Gäste – müsst Euch nicht bemühen."

Henri spürte, wie sein Lächeln verblasste. „Tut mir leid. Ich wollte nur ein wenig behilflich sein. Wir sind gerade angekommen." Mit festerer Stimme fügte er hinzu: „Meine Mutter, mein Bruder und ich. Falls das Euer Mann war, den ich eben hier herauskommen sah, war er derjenige, der uns in Empfang genommen hat."

„Nein, Charles ist mein Bruder. Ich bin Madame Blanche", erklärte sie und hob den Teigklumpen aus der Schüssel, um ihn auf einem mit Mehl bestäubten Brett kräftig durchzukneten. „Die Frau ist Eure Mutter?"

„Ja, Madame."

„Ich habe gehört, dass sie kinderlos ist", bemerkte Blanche.

„Ihr kennt meine Mutter?" Henri schaute sie fragend an.

„Vom Hörensagen. Ich glaube nicht, dass Ihr ihr Sohn seid, ebenso wenig wie Euer Bruder. Ihr drei seht Euch überhaupt nicht ähnlich.“ Sie stockte. Als Henri nichts erwiderte, teilte sie den Teig und formte die einzelnen Teile zu langen Laiben in der Form von Meerjungfrauen.

Henri stellte den Eimer ab. „Bitte sagt es niemandem.“

„Was soll ich nicht sagen?“, erkundigte sich Blanche. Sie wischte sich die Hände an einem Handtuch ab und stemmte sie in die Hüften. „Nun?“

Henri musste sich keine Mühe geben, beschämt dreinzuschauen. „Wir wollten in einem anständigen Gasthaus übernachten. Und Euer Schild mit den Meerjungfrauen ist so wunderschön. Ich beschloss, hierher zu kommen, obwohl die anderen am Straßenrand schlafen wollten, wo niemand uns bitten würde …“ Er wagte einen Blick in ihr Gesicht.

Nun sah Blanche eher verwirrt als streitlustig aus. „Worum würde man Euch bitten?“

„Um unsere Dienste“, stieß Henri hervor. „Und Marie ist so erschöpft – sie möchte sich erholen. Wir sind auf der Reise – Ihr seid eine Frau, und obwohl Ihr eine anständige Frau seid, könnt Ihr vielleicht verstehen, wie es für Marie ist? Immer tun zu müssen, was die Männer von ihr verlangen und nie einen Moment für sich zu haben?“

Blanches Lippen öffneten sich. „Ihr wollt sagen …“

„Wir sind keine respektablen Leute“, behauptete Henri und errötete bei dieser Lüge heftig. „Wir haben gemeinsam … Wir haben gemeinsam in einem Etablissement gearbeitet. Für vornehme Herren. Und im letzten Gasthaus, in dem wir übernachtet haben, war ein Mann … Er hat Marie gezwungen … Oh, ich kann es Euch nicht sagen. Bitte behaltet unser Geheimnis für Euch und lasst uns für diese Nacht hierbleiben. Ich tue … Ich tue alles, was Ihr von mir wollt.“ Er schaute sie zögernd an. „Ich werde mein Bestes geben, Euch zufriedenzustellen, wenn Ihr uns nur bleiben lasst.“

Er machte einen Schritt auf sie zu, dann noch einen. Der

Tisch stand zwischen ihnen, aber er streckte ihr die Hand entgegen. Er musste nicht so tun, als würden seine Finger zittern. „Bitte!"

Blanche kam um den Tisch herum. „Du armer Junge. Was für schreckliche Dinge du erlebt haben musst."

Henri senkte den Blick. „Ich gehe nie wieder dorthin zurück."

„Das hoffe ich", erklärte sie. „Ich möchte dir gern ein paar schönere Erinnerungen schenken." Sie nahm seine Hand zwischen ihre und drückte sie. Die Berührung erregte ihn nicht, aber er fand sie auch nicht unangenehm. Er würde sich einfach nur sehr bemühen müssen, so zu tun, als würde er sie wirklich begehren, und vielleicht würde es am Ende sogar so sein. Wenigstens würde diese fremde Frau ihn in die Arme nehmen und ihm erlauben, sie zu umarmen.

Henri atmete tief durch, hob ihre Hand zum Mund und küsste sie ausdauernd. „Vielen, vielen Dank, meine Dame! Ich werde mich bemühen, Euch Erinnerungen an mich zu verschaffen, die Ihr nie vergessen werdet."

17. KAPITEL

Schon bald nach ihrem Aufbruch vom Gasthof *La sirène fuyant* trafen sie am anderen Morgen Arno und Kaspar, die auf ihren Pferden saßen und den Packesel mitführten. Das Maultier Tigre wirkte gesund und munter. Arno ritt einen stämmigen, ruhigen Wallach namens Pivoine, von dem Camille noch wusste, dass er besser springen konnte, als man es bei seinem Anblick vermutet hätte.

Camille ritt zu Arno hinüber und legte eine Hand auf seinen Arm. Pivoine brach seitlich aus; und sie beschloss, Arno Reitunterricht zu erteilen, sobald sich die Gelegenheit bot. „Das hast du gut gemacht", lobte sie ihn. Sein Blick streifte ihr Gesicht, dann schaute er Kaspar an. Er schien verlegen zu sein. Camille entfernte sich wieder ein wenig von ihm. Vielleicht hätte sie ihn nicht berühren sollen.

„Ich möchte, dass du mir berichtest, während wir weiter reiten", erklärte sie ihm. Sylvie hatte ihr bereits Arnos Nachrichten überbracht, aber sie wollte auch alle Einzelheiten wissen.

„Natürlich, Madame", erwiderte er.

Camille fragte nach den Wachen ihres ehemaligen Gemahls, den Höflingen und den Bürgern. Was dachten sie über ihr Verschwinden? Hatte jemand die Wahrheit herausgefunden? Wie wirkte sich das auf die Meinung über den Herzog aus, oder waren ihm alle Untertanen immer noch ebenso treu ergeben wie vorher? Wie viele schienen nun unzufrieden mit dem Herzog zu sein? Gingen Gerüchte um? Was war mit den Gästen, die an den Hof kamen? Hatte der König einen Boten geschickt? All diese Dinge musste sie wissen, wenn sie sich irgendwann wieder öffentlich zeigte. Sie wollte keine blutige Revolution auslösen, denn dann würden auch ihre Leute getötet werden. Ganz egal, wie „unblutig" ein Umsturz geplant war, es verloren dabei immer Menschen ihr Leben, und wenn sie ihre Untertanen unnötig opferte, war sie ihrer Aufgabe als Herzogin nicht gerecht geworden.

Sie war erfreut zu hören, dass die Hebamme Annette eine von Arnos Informantinnen gewesen war und ihm ihre Hilfe angeboten hatte. Sie war keine Person von Rang und Namen, hatte keine Macht und konnte nur wenig tun, um den Herzog aus seiner Position zu verdrängen – aber es war ihr nicht egal, was mit ihrer Herzogin geschah. Bei dieser Erkenntnis wurde es Camille warm ums Herz.

Nachdem sie Arnos Befragung beendet hatte, ignorierte sie Henris hoffnungsvollen Blick und ritt ein wenig abseits von den anderen weiter, um über die Dinge nachzudenken, die sie erfahren hatte. Der Herzog hatte ihre Abwesenheit erst nach mehreren Tagen bemerkt, obwohl ihren Zofen und denjenigen seiner Wachen, die sie gelegentlich begleitet hatten, sofort aufgefallen war, dass sie sich nicht mehr im Palast aufhielt. Es kam zu Gerede unter den Wachleuten, dem übrigen Personal im Palast und den Bürgern in der Stadt. Das sittenlose Verhalten des Herzogs konnte leichter hingenommen werden, solange seine Gemahlin mit ihm zusammenlebte. Als sie nun nicht mehr da war, fiel seine Ruchlosigkeit mehr ins Gewicht. Selbst das hätten seine Untertanen vielleicht hingenommen, wäre er nicht so unzuverlässig in finanziellen und diplomatischen Angelegenheiten geworden. Es könnte ihr tatsächlich gelingen, genügend Unterstützung zu finden, um den Herzog aus der Regierung zu drängen. Wenn sie Maxime auf ihre Seite brachte, würden sie gemeinsam den größten Teil des Handels im Herzogtum kontrollieren. Dann hätte sie nichts zu befürchten.

Sie richtete sich im Sattel auf und schob das Kinn vor. Es war höchste Zeit, sich daran zu erinnern, dass sie die rechtmäßige Herzogin war. Während der ersten Rast an diesem

Tag zog sie bessere Kleider an, als sie bisher während der gesamten Reise getragen hatte: einen Reitrock mit einem passenden Mieder in leuchtendem Grün, dazu eine Jacke aus braunem Leder und einen Schal, unter dem sie ihr Haar verbarg.

Nachdem sie ihren Weg fortgesetzt hatten, wurde sie von ihren beiden Eunuchen flankiert, die eine Barriere zwischen ihr und der übrigen Welt darstellten. Auf diese Weise von ihnen bewacht, fühlte sie sich nicht etwa sicherer. Es ging vielmehr darum, dass ihre Wachen zum Auftreten der Frau gehörten, die vorhatte, mit Maxime zu verhandeln. Während der Tage auf der Straße war Camille eine andere gewesen, doch während sie sich Maximes Wohnsitz näherten, musste sie sich daran erinnern, wie es sich anfühlte, ein lebendes Symbol der Macht zu sein.

Maxime lebte in der großen Burg seiner Vorfahren am Meer. Sie stand auf einem gigantischen Erdwall, von dem aus man einen weiten Blick über schroffe graue Felsen hatte, zwischen denen Tausende von kreischenden Seevögeln lebten. Camille hatte gehört, von den Burgtürmen aus könne man die Ziegen erkennen, die auf den Inseln ganz weit draußen in der Bucht lebten. Sie glaubte allerdings nicht, dass Maxime Ziegen ausspionierte. Er beobachtete die Schiffe, die an seinem Küstenstreifen entlangfuhren, und notierte sich von jedem einzelnen das Herkunftsland, die Größe, die Fracht, den Tiefgang und die Bewaffnung. Jeder Kapitän, der in Sichtweite die Anker warf, kam an Land und zahlte Liegegebühren, von denen jeden Monat ein Zehntel landeinwärts zum Herzogspalast geschickt wurde. Da sie die Höhe dieses Anteils kannte, wusste Camille, welch unvorstellbar hohe Summen für Liege- und andere Gebühren Maxime einnahm – und wäre sie Maxime gewesen, hätte sie dem Herzog niemals die volle Summe ihrer Einkünfte genannt. Diese Einnahmen beinhalteten sicher auch geschmuggelte Luxusgüter, Gegenstände, auf denen im restlichen Herzogtum eine hohe Steuer lag, von edlen Schnäpsen über purpurrote Seide bis hin zu seltenen, in exotischen Ländern gezüchteten Schoßhündchen.

Der Tag war heißer als all die Tage zuvor, und sie hatte es für klug gehalten, dem Maultier und den Pferden eine Rast zu gönnen, bevor sie auf den Burgberg hinaufritten. Auch sie selber konnte etwas Zeit gebrauchen, um sich zu sammeln. Eine Gruppe windzerzauster Bäume mit einer Quelle und einem Wassertrog schien wie geschaffen zu diesem Zweck. Camille zog sich das Tuch, das sie sich um den Kopf gewickelt hatte, ein wenig aus dem Gesicht und nahm es dann doch ganz ab. Die Straße zur Burg hinauf war recht belebt, aber ihr abgeschnittenes Haar würde dafür sorgen, dass sie nicht erkannt wurde. Und falls doch, nun, das war ihr inzwischen fast egal. Sie war es müde, sich ständig zu verstecken, es war zu schwierig, Kaspar und Arno zu verkleiden, und sobald sie mit den beiden Eunuchen neben sich in der Öffentlichkeit erschien, würde ihre aristokratische Stellung nur zu offensichtlich sein.

Sie schaute zu Henri hinüber, der die Pferde grasen ließ, und sah dann Sylvie an, die gerade aus ihrer Wasserflasche trank. Es war vielleicht besser, so zu tun, als wären diese beiden für sie lediglich Dienstboten und nicht mehr, und sie auch in den Dienstbotenunterkünften wohnen zu lassen. Sie konnte sich während der Verhandlungen mit Maxime keinerlei Ablenkung leisten, und vielleicht würde es ihn stören, dass sie diese beiden jungen Leute wichtiger nahm als gewöhnliche Untergebene. Vielleicht dachte er dann, sie wäre verrückt geworden oder so hilflos, dass sie bei jeder Schwierigkeit Rückhalt haben musste, oder ganz einfach so verdorben wie ihr Gemahl. Vielleicht sollte sie schlicht aufhören, sich Gedanken darüber zu machen, was Maxime wohl denken würde. Ihr Verhältnis zu ihren Dienern ging ihn nichts an. Nach allem, was sie über ihn wusste, ging es in seinem Haus verderbter zu als bei ihr.

Ihre Verhandlungen mit Maxime mussten im Mittelpunkt ihrer Aufmerksamkeit stehen. Obwohl sie Maxime zwanzig Jahre nicht gesehen hatte, hatte sie während dieser Zeit von ihm verfasste Dokumente gelesen, ganz besonders Urteilssprüche. Er war sowohl intelligent als auch gerissen und durchtrieben. Camille verfügte ebenfalls über einige dieser Eigenschaften – sonst hätte sie sie seinen Schriftstücken nicht entnehmen können –, aber sie hatte sich nicht wie er zwei Jahrzehnte lang täglich in geschäftlichen und diplomatischen Fragen üben können. Hinter ihr lagen lediglich zwei Jahrzehnte genauer Beobachtung, in denen sie viel nachgedacht, aber selten gehandelt hatte.

Maxime hatte wahrscheinlich nicht dieselbe Kenntnis über sie, wie sie über ihn. Ihre Aufzeichnungen über Gerichtsverhandlungen waren nicht öffentlich, und in letzter Zeit hatte es natürlich gar keine gegeben. Ihre Briefe an ihn – die sie ihm normalerweise schrieb, um ihm für irgendetwas zu danken, was er ihr geschickt hatte – waren auf kurze Neuigkeiten über ihre Pferde beschränkt gewesen. Und zuletzt hatte sie ihm gar nicht mehr geschrieben.

Camille fragte sich, ob er eine Mätresse hatte. Sie wusste, er war unverheiratet geblieben, und konnte sich nicht vorstellen, dass er enthaltsam lebte. Es würde Sylvie vielleicht gelingen, Maxime zu verführen oder sich von ihm verführen zu lassen. Ob das von Nutzen wäre? Erschrocken über ihre eigenen Gedanken, hielt Camille inne. Sie war nicht Michel und würde Sylvie nicht für diese Art von Diensten ausnutzen. Ob es bei Sylvie als Befehl ankommen würde, wenn sie sie einfach nur fragte? Falls Sylvie von sich aus diesen Schritt tat, wäre das akzeptabel. Doch vielleicht würde Sylvies Einmischung auch eher störend bei dem wirken, was Camille zu erreichen hoffte. Vielleicht würde es nötig sein, dass sie selber Maxime verführte.

Camilles Körper reagierte freudig auf diesen Gedanken. All ihre Vorstellungen von Maxime hatten irgendetwas mit Verführung zu tun. Es mochte viele Jahre her sein und sie mochten niemals wirklich gefickt haben; aber er war ihre erste große Leidenschaft gewesen. Er war der Erste gewesen, der sie wirklich erregt hatte, ihren Körper und ihren Geist, und auch der Letzte, bevor sie Henri begegnet war. Maxime hatte einen unglaublichen Eindruck auf ihren Körper und ihren Geist gemacht. Oder vielmehr hatte die Vorstellung, die sie von ihm hatte, diese Spuren hinterlassen. Der Funke, den ihre wenigen Zusammentreffen mit Maxime in ihr entzündet hatten, war die Quelle ihrer erotischen Fantasien gewesen. Er hatte ihren Körper zum Glühen gebracht, und dadurch war sie zu einer anderen geworden. Heute wünschte sie sich, dieser neue Mensch hätte niemals Michel geheiratet. Doch selbst während dieser Ehe hatten ihr die Fantasien manchmal Halt gegeben, indem sie ihr einen Ort in ihrem Inneren eröffneten, an den sie sich zurückziehen konnte.

Doch nun würde sie kein Wesen aus ihren Fantasien treffen. Sie würde einem erwachsenen Mann gegenüberstehen, und noch dazu einem sehr klugen. Sie erinnerte sich, wie er sie in ihrer Jugend durchschaut hatte, wie er Sehnsüchte erkannte, die sie noch gar nicht ausgesprochen hatte oder von denen sie sogar selber noch nichts wusste. Es war nicht anzunehmen, dass er während der Jahre, die inzwischen vergangen waren, diese Fähigkeit verloren hatte. Maxime war gefährlich. Sie sollte ihn ebenso sehr fürchten, wie sie den Herzog fürchtete, oder vielleicht sogar mehr, weil es ihr wichtig war, wie Maxime über sie dachte. Sie wollte ihn wiedersehen und die Verbindung, die einmal zwischen ihnen bestanden hatte, wieder zum Leben erwecken, denn sie brauchte nichts nötiger als einen Freund. Mehr noch, sie brauchte jemanden, der ihr ebenbürtig war und dem sie vertrauen konnte.

Wenn Maximes Sympathien, wie sie hoffte, ihr und nicht dem Herzog galten, würde sie eine Chance haben. Wenn sie sich in ihm getäuscht oder er sich seit seiner Jugend vollkommen verwandelt hatte ... nun, dann blieb ihr nur die Hoffnung, dass er sie wenigstens in guter Erinnerung hatte, ihr einen gnädigen Tod schenkte und Sylvie und Henri begnadigte. Sie befürchtete, Kaspar und Arno würden sie mit ihrem Leben verteidigen, und hoffte, durch ihr Handeln nicht in eine Situation zu geraten, in der sie genau das tun mussten. Vielleicht konnte sie Maxime dazu bringen, sie in seine Dienste zu nehmen und als Wachen auf einem Schiff oder im Hafen zu beschäftigen.

Solche Gedanken nahmen ihr womöglich alle Kraft. Sie musste aufhören, sich Sorgen zu machen, und sich auf ihre augenblicklichen Pflichten konzentrieren. Viel wahrscheinlicher als ihre herbeifantasierten Ängste war es, dass sie Maxime in Fleisch und Blut sehen und feststellen würde, dass sie nichts mehr für ihn fühlte.

Vor lauter Nervosität zog sich ihr Magen zusammen. „Ich denke, wir machen hier eine etwas längere Rast“, sagte sie und führte ihr Gefolge ein wenig weiter von der Straße weg, sodass die Bäume sie vor zufälligen Blicken schützten. „Henri, sattle die Pferde ab und lass sie grasen. Und das Maultier auch. Arno wird dir helfen. Wir wollen frisch und erholt vor Graf Maximes Tür treten.“

„Ich werde die Pferde striegeln.“ Henri streichelte Guirlandes Hals, bevor er die Schnalle an ihrem Sattelgurt öffnete.

„Und du achtest auf die Leute, die auf der Straße vorbeikommen, Sylvie“, befahl Camille. „Von deinem Platz aus hast du einen freien Blick, nicht wahr?“

„Ja, Madame."

„Ich werde ebenfalls aufpassen, aber vier Augen sehen mehr als zwei. Es kann nicht schaden, wenn wir wissen, wer Maxime besucht und welchen Grund die Besucher für ihr Kommen haben." Camille kümmerte sich um die Satteltaschen und nahm die belegten Brote heraus, die sie aus dem Gasthaus mitgenommen hatten, bevor sie die Taschen zu bequemen Sitzen zurechtdrückte. Das erste Brot gab sie Kaspar, der sich, einen gespannten Bogen auf dem Schoss, auf den günstigsten Aussichtspunkt setzte.

Zunächst fiel Camille auf, dass einige Reisende von derselben Küstenstraße kamen, auf der auch sie und ihr Gefolge entlanggeritten waren, andere kamen aus Südosten. Dort lag die Stadt, erinnerte sie sich auf der Landkarte gesehen zu haben, und zwar nicht die Gasthöfe und die Versorgungseinrichtungen für den Hafenbetrieb, sondern die Wohnhäuser der Handwerker und Baumeister und anderer Gewerbetreibender, die im Schutz von Maximes Burg lebten. Die Straßen von der Stadt zur Burg und die von der Stadt zur Küste, waren sorgfältig in Ordnung gehalten und wurden offenbar viel benutzt. Maxime war sogar so weit gegangen, Pflastersteine auf der Straße verlegen zu lassen, damit die Wagen nicht in den Matsch einsanken. Camille fragte sich, ob die Straßen, die von den umliegenden Farmen in die Stadt führten, ebenfalls gepflastert waren. Wenn sie über das nachdachte, was sie über die Geschichte des Herzogtums gelesen hatte, ging sie davon aus, dass die Straßen zu Zeiten von Maximes Vater nicht gepflastert gewesen waren.

Die Leute, die auf der Straße unterwegs waren, schienen zufrieden, obwohl es natürlich das übliche Geschrei gab, wenn andere Wagen die Straße blockierten, oder das gewohnte Gebrüll, mit dem widerspenstige Ochsen oder Maulesel zum Weitergehen bewegt werden sollten. Bis auf kurze

Blicke im Vorbeifahren schenkte niemand Camille und ihren Begleitern Beachtung, als wäre es völlig normal, dass Reisende unter den Bäumen lagerten. Jetzt gerade sah Camille keine anderen Menschen am Straßenrand sitzen, aber das hieß nicht, dass es nicht vorkam. Da die Mittagszeit nahte, nahm sie an, dass einige Kutscher anhalten würden, um ihr Essen zu verzehren und ihren Tieren die Futterbeutel umzuhängen.

Sie nahm einen weiteren Bissen von ihrem Brot. Henri war mit den Pferden fertig und kam, um sich, einen Arm über die Augen gelegt, zu ihren Füßen auszustrecken. Camille nahm ein eingewickeltes Brot, warf es auf seinen Bauch und lächelte ein wenig, als er zusammenzuckte.

„Madame“, sprach Sylvie sie an. „Ich weiß nicht, wo all diese Leute herkommen. Seht nur! Der Vogel da in dem Käfig, er hat alle Farben des Regenbogens!“

Camille hatte gehört, dass die ganze Welt im Seehafen zusammentraf, und nun hatte sie den Beweis. Sie sah mehr dunkelhäutige Menschen als weiße: Einige von ihnen waren so schwarz, dass sie im hellen Sonnenlicht fast wie Schatten aussahen, andere hatten die unterschiedlichsten Hautfarben zwischen Oliv und Braun, und einige wenige waren noch blasser als Camille, mit sommersprossiger, von der Sonne verbrannter Haut. Die Kleidung der Reisenden reichte von langen Hosen und Stiefeln bis zu wallenden Gewändern mit Sandalen. Eine ganze Gruppe trug Pluderhosen zu kurzen, kragenlosen Mänteln und hochhackigen Holzschuhen, die über das Pflaster klapperten. Einige der Vorbeikommenden sahen exotisch aus, waren aber wie Einheimische gekleidet und benahmen sich auch so. Und manche der Gruppen waren so bunt gemischt, dass es Camille schwerfiel, die Herkunft der einzelnen Reisenden zu bestimmen.

In einem Wagen saßen mehrere Orientalen. Die ersten, die sie sah, seit sie in ihrer Kindheit einen orientalischen

Botschafter mit seinen Begleitern getroffen hatte. Ihre Kutsche wurde von einem kleinen Mann mit einem langen Zopf gelenkt, neben dem als Wache ein riesiger Eunuch saß, der nicht viel mehr als einen Lendenschurz mit Lederträgern am Leib hatte. Hinter dem Kutscher saß auf einer gepolsterten Bank ein älterer bärtiger Mann, der von Kopf bis Fuß in mit Brokat verzierte gelbe Seide gekleidet war. Er warf ab und zu einen prüfenden Blick auf das Gepäck, bei dem es sich um ordentlich gestapelte Kisten handelte, die in Leinen gewickelt und mit roten Bändern verschnürt waren. Camille vermutete, dass sie Porzellan enthielten. Maxime hatte ihr einmal zusammen mit der Steuer eine jener speziellen Kisten geschickt. Umgeben von Stroh hatte darin eine einzelne Tasse gelegen, hauchdünn, verziert mit einem Bild, das einen Fluss mit Bäumen am Ufer zeigte, auf dem Boote entlangfuhren. Jede einzelne Linie war sorgfältig mit feinstem blauen Pinselstrich gezeichnet. Der Herzog hatte ihr die Tasse später weggenommen, und sie war ihm in der Hand zerbrochen.

Camille stand auf und wischte sich die Erdkrumen vom Rock. „Es ist Zeit zum Aufbruch“, verkündete sie.

Maximes Burg war aus den in der Gegend vorkommenden weißen und grünen Steinen gemauert, immer abwechselnd eine Reihe von einer Farbe. Diese Farbstreifen, die fantasievollen, flügelartigen Zinnen und die mit spitzen Zacken versehenen Wachtürme erinnerten sie an einen farbenprächtigen Fisch in einem Glas oder an eine Torte mit Zuckerschaumverzierungen. Als sie näher kamen, stellte sie fest, dass die Burg größer war, als sie erwartet hatte; sogar größer als ihr eigener Palast. Wie war es ihrem Vater gelungen, eine solche Festung zu erobern? Durch einen Trick? Durch Verrat?

Die äußerste Mauer war nicht höher als ein Pferd und aus den gleichen grünen und weißen Steinen gebaut wie die Burg.

Sie standen direkt vor einem weit geöffneten, glänzend polierten Bronzetor, das mit Reliefen verziert war, welche Fische und Oktopoden zeigten.

Maxime wartete direkt hinter dem Tor, um sie zu begrüßen. Er war unbewaffnet und trug einen langen leuchtend blauen Mantel, der mit schwarzen, grünen und grauen Seetieren bestickt war. An seinen Fingern steckte bis zu den Fingerknöcheln reichender Schmuck aus Goldfiligran, um seinen Hals war ein breites goldenes Band geschlungen. Rubine so groß wie ein Daumennagel schmückten seine Ohrläppchen und funkelten prächtig im Kontrast zu seinen dunklen Haaren und seinem dunklen Bart. Mit seiner locker fallenden Hose und dem schulterlangen Haar, in dem der Seewind spielte, sah er großartig und ein wenig wild aus.

Camille und Guirlande waren die Ersten, die das Tor passierten. Bevor sie auch nur absteigen konnte, verbeugte Maxime sich tief, sodass sie einen herrlichen Blick auf seine breiten Schultern und den kräftigen Rücken hatte. „Madame Camille", sagte er, nachdem er sich wieder aufgerichtet hatte. „Ich heiße Madame und Eure Gefolgschaft als meine Gäste herzlich willkommen." Dann lächelte er, und seine Zähne waren blendend weiß inmitten des dunklen Bartes, sein Blick fühlte sich an wie eine Berührung.

Camille wollte sein Lächeln erwidern, unterließ es aber im letzten Moment und senkte den Kopf. „Ich danke Euch. Das hier ist mein Gefolge: Sylvie, Henri, Kaspar und Arno."

Maxime musterte die kleine Gruppe mit einem raschen, aufmerksamen Blick und machte keine Bemerkung darüber, dass es nicht nötig gewesen wäre, ihm die Namen ihrer Dienstboten zu nennen. Er verstand ihre Botschaft, dass sie in ihrem Gefolge mehr sah als Diener. „Ich werde persönlich dafür sorgen, dass alle gut untergebracht werden."

Als er in die Hände klatschte, erschien ein Schwarm von

Maximes Stallpersonal, sowohl männlich als auch weiblich, wie Camille erstaunt feststellte, um die Pferde in die Ställe an der äußeren Burgmauer zu bringen. Andere Dienstboten, einheitlich gekleidet in blaue Hemden und zum größten Teil männlich, stiegen die Treppen herab, die auf den Burghof führten, nahmen ihr Gepäck und verschwanden in den Türen. Maxime persönlich führte sie zu einer riesigen Zimmerflucht, die im selben Flur lag wie seine eigene, während noch weitere männliche Dienstboten, vielleicht waren es auch dieselben, tragbare Badewannen brachten und begannen, sie mit dampfendem Wasser zu füllen. Keiner von ihnen zuckte auch nur mit einer Wimper, als Sylvie das Kommando übernahm; wie unkonventionell sie auch in ihrer Verkleidung erscheinen mochte, so hatte sie doch den Überblick und beherrschte ihre Aufgaben.

Henri packte die Satteltaschen aus, und eines der Hausmädchen riss ihm die schmutzigen Kleidungsstücke aus den Händen, um sie zu den Wäscherinnen zu bringen. Kaspar untersuchte die Ein- und Ausgänge des Zimmers, Arno wich ihm nicht von der Seite. Alle waren beschäftigt, und es wurde sich um sie gekümmert. Camille konnte ihre Verantwortung für sie vergessen, zumindest für den Augenblick.

Sie schlüpfte hinaus auf den Flur, um dem Betrieb zu entgehen. An den Wänden flackerten Öllampen. Jede Flamme war von geriffeltem, farbigem Glas umgeben, das blaue, rote und gelbe Muster auf die weißen Steinwände warf, die der dunkelgrüne See des Bodens jedoch nicht spiegelte. Sie war auf der Suche nach Maxime; die offizielle Begrüßung genügte ihr nicht. Ihr Herz sehnte sich nach der Vertrautheit, die zwischen ihnen geherrscht hatte, als sie noch jung und hoffnungsvoll gewesen war. Sie wollte seine Stimme wieder hören, wollte ihn berühren, falls das möglich war, ohne Schwäche zu zeigen. Danach, so nahm sie an, konnte sie mit ihm vertraulich sprechen. Sie schloss die Tür hinter sich und atmete tief durch. Maxime lehnte nur ein paar Schritte von ihr entfernt an der Wand.

„Vielen Dank für deine herzliche Begrüßung“, stieß sie hervor.

„Und ich begrüße dich noch einmal sehr herzlich“, erwiderte Maxime, doch sie konnte weder seinem Ton noch seiner Miene entnehmen, wie er über ihren Besuch dachte. Es war, als hätte es seine Blicke am Tor nie gegeben. „Komm, gehen wir in ein Zimmer, wo wir unter uns sind“, fügte er hinzu.

Er führte sie in einen Raum, in dem es fast keine Möbel gab, und wo blendend helles Licht durch zahlreiche hohe, unverhüllte Fenster fiel. Camille setzte sich auf den einzigen Stuhl, eine nicht sehr vertrauenerweckende, äußerst zierliche Konstruktion, auf der ein in Oliv- und Gelbtönen gestreiftes Kissen lag. Vor ihr stand ein leerer Tisch.

Maxime ließ sich auf einer gepolsterten Fensterbank nieder, sodass ihm die Nachmittagssonne auf den Rücken schien und seine breitschultrigen Umrisse golden nachzeichnete. Sein Gesichtsausdruck blieb Camille allerdings verborgen.

Zunächst schwieg er, ebenso wie sie; sie war nicht bereit, jeden Vorteil aufzugeben, den sie vielleicht hatte, wenn doch so viel – das Herzogtum, ihr Leben – davon abhing, dass es ihr gelang, Maxime auf ihre Seite zu ziehen. Seine Begrüßung war herzlich gewesen, doch sie hatte in der Öffentlichkeit stattgefunden. Camille unterdrückte den Impuls, über ihre Schulter zur geschlossenen Tür zu sehen.

Jemand klopfte leise an. „Herein“, sagte Maxime. Ein Schwarm Diener brachte Silberlöffel mit langen Griffen, große und kleine Silberbecher und ein Tablett, auf dem ein silbernes Gefäß von der Form und Größe eines Eimers stand, und stellte das alles auf dem Tisch ab. Einer der Diener füllte

Eiscreme aus dem Eimer in die Becher. Dann reichte er Camille einen der Becher und einen Löffel. Sie hielt beides vorsichtig in den Händen, und das kalte Metall begann dort, wo ihre Finger es berührten, zu schwitzen.

Maxime probierte sofort von seinem Eis. „Es ist nicht vergiftet", beruhigte er sie. „Haben sich die Dinge im Herzogspalast so entwickelt, dass du so etwas befürchtest?" Er schaute hinüber zur offenen Tür und entließ die Diener. Der letzte zog die Tür hinter sich zu. „Allerdings bist du zu mir gekommen, was du nie zuvor getan hast. Falls du dich also nicht noch immer nach mir sehnst ..."

Camille schluckte das kühle säuerliche Zitroneneis hinunter. „Stell dich nicht dumm. Du kannst nicht so tun, als würdest du nicht absolut alles mitbekommen, was sich innerhalb der Grenzen dieses Protektorats tut. Du warst für meine Ankunft festlich gekleidet."

„Vielleicht laufe ich immer so herum."

„Das könnte wohl sein, aber stehst du auch immer wartend hinter dem Tor?"

Er senkte den Kopf. „Du hast deine Ankunft nicht gerade geheim gehalten, sondern bist schnurstracks auf das Haupttor zugeritten. Dein Gesicht war deutlich zu erkennen. Spätestens bei Einbruch der Dunkelheit wird jeder im Protektorat wissen, dass du hier bist, und nicht viel später wird die Neuigkeit den Herzogspalast erreichen. Dem Herzog wird dein Verrat nicht gefallen. Michel könnte sehr leicht mich für dein Verhalten verantwortlich machen. Wie wird er sich an mir und meinen Leuten rächen, Camille? Hast du daran gedacht, dass du nicht nur dein eigenes Leben, sondern auch mich in Gefahr bringst?"

Wenn Maxime tatsächlich Angst vor ihrem Gemahl hatte, würde sie nicht nur den Tisch, sondern auch gleich noch den Eiskübel aufessen. „Du wohnst in einer Festung und hast

Dutzende von Schiffen unter deinem Kommando."

„Siebenundachtzig", erklärte er. „Doch das heißt nicht, dass ich sie zu meiner Verteidigung benutzen will. Der Sinn und Zweck von Schiffen ist, gewinnträchtigen Handel zu treiben und einflussreiche Freunde zu gewinnen."

„Du kannst mich zur Freundin haben", erwiderte Camille. „Ich bin eine wertvolle Verbündete."

„Und was bin ich für dich? Willst du mich zum Freund haben?"

„Ja." Sie sah ihn an und nickte.

„Du hast mich zwanzig Jahre lang nicht gesehen und solltest dir nicht so sicher sein", erinnerte er sie.

Camille stellte ihren Becher weg und straffte den Rücken. Sie suchte seinen Blick. „Ich habe dich jetzt als Freund ausgewählt."

„Vielen Dank. Ich bin erleichtert", erklärte Maxime grinsend.

Sie konnte nicht anders, als bei seinen überraschenden Worten die Stirn zu runzeln. „Erleichtert?"

„Ich habe mir Gedanken darüber gemacht, dass Michel ein besserer Liebhaber sein könnte als ich."

Sie kicherte, bevor es ihr gelang, das Geräusch mit ihrer vorgehaltenen Hand zu ersticken, aber wahrscheinlich war es Maximes Absicht gewesen, sie zum Lachen zu bringen. „Ich hätte nie gedacht, dass du dich mit solchen Zweifeln herumschlägst."

„Vielleicht werde ich alt." In ernsterem Ton fragte er: „Warum hast du ihn verlassen? Warum ausgerechnet jetzt, nach so langer Zeit?"

„Spielt das eine Rolle?"

„Für mich ja." Er beugte sich vor und stützte die Ellenbogen auf die Knie, sodass sie sein Gesicht sehen konnte. Seine dunklen Augen studierten aufmerksam ihre Züge.

Camille wandte den Blick ab. Helle, leichte Wandteppiche waren über die Steinmauern drapiert. Sie zeigten Schwärme von Fischen, die mit Goldfäden gestickt waren und im Licht glitzerten. Es war einfach für ihn, ihr in diesem hellen sonnigen Raum solche Fragen zu stellen. Ihre Kehle war wie zugeschnürt, sie war nicht sicher, ob sie ihm würde antworten können. Vor ihr saß Maxime, der nur beschränkte Macht erhalten und etwas daraus gemacht hatte, während sie viel größere Möglichkeiten gehabt und sie sinnlos verschenkt hatte. Sie schämte sich, ihm ihr Versagen zu gestehen, und ihre Schwäche und ihre Dummheit während der vergangenen zwanzig Jahre. Schließlich sagte sie: „Ich hatte Angst, was im Falle meines Todes mit meinen Leuten geschehen würde."

Maxime richtete sich abrupt auf. „Bist du krank?"

„Nein. Nein. Michel …" Sie stockte. Schluckte.

Er hob die Hand und kam ihrem Versuch weiterzusprechen zuvor. „Willst du sagen, dass er versucht, dich loszuwerden?"

Sein ruhiger Ton gab ihr Kraft. „Ich werde ihm mein Herzogtum nicht kampflos überlassen."

„Gut." Er schwieg eine Weile. „Du sollst wissen, dass ich versucht habe, mich laufend über dein Wohlergehen zu informieren, doch in letzter Zeit wurde es immer schwieriger, etwas zu erfahren. Ich gestehe, ich war erleichtert, als ich hörte, dass du den Palast verlassen hast. Vorher sind höchst alarmierende Gerüchte die Küste entlang zu mir vorgedrungen."

„Dagegen war nichts zu machen", erklärte Camille, „aber es tut mir leid, dass die Neuigkeiten dich in Sorge versetzt haben."

„Sorge ist ein sehr mildes Wort für das, was ich gefühlt habe. Seit ich von deiner Flucht weiß, habe ich meine Boten immer wieder ausgeschickt, um etwas herauszufinden. Ich habe sehr gehofft, dass du zu mir kommst."

„Boten" wiederholte Camille in ironischem Ton, denn sie wusste, dass er Spione meinte. „Was wolltest du mir anbieten?" Aufmerksam sah sie ihm ins Gesicht. Maximes Lippen wirkten, umgeben von seinem kurz geschnittenen dunklen Bart, sehr voll, und sie wusste noch genau, wie es sich angefühlt hatte, ihn zu küssen. Energisch verdrängte sie die Erinnerung. Jetzt war nicht der richtige Zeitpunkt, daran zu denken, welche Gefühle er in ihr ausgelöst hatte.

„Einen sicheren Unterschlupf und, falls du es wünschst, Rat und Unterstützung für die Rückreise", erwiderte er. „Allerdings sind da einige Dinge, die ich mir als Gegenleistung wünsche."

„Es gibt Dinge, die ich dir nicht geben kann. Die ich dir nicht geben *darf*, oder ich werde mich in einer ebenso schlimmen Situation wiederfinden, wie ich sie im Herzogspalast hinter mir gelassen habe."

„Du musst nichts befürchten. Deine Macht über mich ist ebenso groß wie meine über dich."

Camille nahm einen weiteren Löffel von ihrem schmelzenden Zitroneneis. „Das ist nicht dasselbe. Ich bin eine Herzogin, aber auch eine Frau. Wenn man mir gestattet hätte, nach dem Tod meines Vaters mein Herzogtum selbst zu regieren, wäre all das nicht passiert. Aber der König verweigerte seine Erlaubnis – mein Vater wollte es ebenfalls nicht –, und hier bin ich nun also. Ich habe beschlossen, mir die Macht selbst zu nehmen, solange es mir noch möglich ist. Das ist jetzt wichtiger als jede Gegenleistung, die du von mir erwartest. Glaubst du mir, dass ich mein Wort halten werde?"

„Ich vertraue dir weitaus mehr, als ich Michel traue. Was ist mit dem König?"

„Ich hoffe, dass er die Richtigkeit meiner Entscheidung

erkennt." Camille hatte keine Alternative, wenn sie die Macht erringen und behalten wollte. Es war eine von mehreren schwierigen Aufgaben.

„Dich mit mir zu verbünden, hilft dir womöglich nicht besonders, wenn du den König überzeugen willst", gab Maxime zu bedenken. „Er hat auf dieses Protektorat immer ein besonders wachsames Auge gehabt, denn es ist reicher und verfügt über mehr Einnahmequellen als die anderen Herzogtümer. Der König könnte etwas dagegen haben, dass ich wieder die Regierung im Land meiner Väter übernehme, und das ist die Bedingung, die ich für meine Hilfe stelle. Ich bin sicher, du hast nichts anderes erwartet."

„Der König wird verstehen, dass es eine weise Entscheidung ist, wenn du und ich als legitime Nachfolger unserer Väter unsere Herzogtümer regieren. Graf Stagiaire wird am Königshof für mich eintreten", erklärte Camille. „Es könnte hilfreich sein, wenn du eine beachtliche Summe als Schenkung an die Schatulle seiner Majestät zahltest. Ich hatte schon immer den Verdacht, dass die Zahlen, die du meinem Vater und Michel über deine Einnahmen zukommen ließest, nicht der Wahrheit entsprachen."

Er schnaubte. „Ah, ja, Gold ist ein besseres Schmiermittel, als die meisten Menschen denken. Ich finde, dafür, dass ich ein solches Opfer überhaupt in Erwägung ziehe, habe ich einen Kuss verdient."

„Du willst Küsse kaufen? Ich dachte, so etwas hast du nicht nötig."

„Würdest du mich denn ohne Bezahlung küssen, Camille?"

„Du versuchst, mich zu verwirren", beschuldigte sie ihn, obwohl in Wahrheit allein das Wort *Kuss* ausgereicht hatte, sie durcheinanderzubringen.

Er lächelte träge. „Wäre es hilfreich für mein Anliegen, wenn ich mich auszöge?"

Camille wollte sich vor Lachen ausschütten. „Später, Maxime."

Daraufhin stieß er einen tiefen, dramatischen Seufzer aus. „Hast du die Sache mit dem König genau durchdacht? Es wäre sehr ärgerlich, Michel zu stürzen und anschließend nicht die Unterstützung des Königs zu haben, wenn es darum geht, die Herrschaft zu übernehmen."

„Wenn der Plan erst einmal durchgeführt ist, wird der König keine Wahl haben. Er kann kein Interesse daran haben, die Kräfteverhältnisse in seinem Reich ins Wanken zu bringen."

„Und wenn er der Meinung ist, dass das Herzogtum unter seiner Oberherrschaft eine stabilere Regierung hat?"

„Das Gesetz verbietet …"

„Gesetze können geändert werden", unterbrach Maxime sie. „Das weißt du."

Sie hatte gehofft, die anderen Herzöge würden es nicht wollen, wenn die Macht des Königs wuchs, und deswegen ihre Pläne als die ungefährlichere Alternative ansehen und sie unterstützen. Aber Maxime hatte recht; es war eine gute Idee, sich zusätzlich abzusichern. „Hast du einen Vorschlag, wie ich den König dazu bewegen könnte, mir nicht im Wege zu stehen?"

Maxime überraschte sie erneut, als er sofort sagte: „Meine Tante Gisèle." Er nahm einen Schluck aus seinem Becher. „Sie ist schon seit fünf Jahren meine Gesandte am Hof und eine hervorragende Strategin. Wir werden sie um Rat fragen."

Camille spürte, wie eine Welle der Erleichterung sie durchlief, und musste sich Mühe geben, nicht entspannt in sich zusammenzusinken. Bisher hatte sie nicht gewusst, was genau sie von ihm zu erwarten hatte. Was er vor allem erreichen wollte, war klar: Er wollte die Macht wiedererlangen, die ihm als Erben seines Vaters zustand und sie dann auch bewahren. Dieser Wunsch war dem ihren sehr ähnlich. Was sie bis jetzt jedoch nicht gewusst hatte, war, wie weit er gehen würde, um seine Sehnsüchte zu befriedigen. Sie war sehr beruhigt, dass er nicht vorgeschlagen hatte, gegen den König Krieg zu führen, sondern den diplomatischen Weg wählen wollte. Das war ihr nur recht. „Und wenn wir damit Erfolg haben?"

„Dann will ich zwei Dinge. Erstens meinen Titel und mein Herzogtum. Ich nehme an, das wusstest du bereits. Wir können die genauen Bedingungen später ausarbeiten. Ich wäre sogar bereit, als Zeichen meiner Dankbarkeit einige Jahre lang weiter Steuern an dich zu zahlen."

Sie hätte mit Freuden all seine Bedingungen angenommen und ihm auch noch mehr Zugeständnisse gemacht, aber es wäre ein Fehler gewesen, ihm das jetzt schon zu sagen. „Und was ist die zweite Sache, die du willst?"

Wieder erschien ein zurückhaltendes Lächeln auf seinen Lippen. „Das kannst du dir doch sicher denken. Es ist lange her, aber ich habe niemals vergessen, was ich dir versprochen habe."

Camilles Herz begann wie wild zu klopfen. „Ich erinnere mich, dass du damals, vor all den Jahren, sagtest, das zwischen uns sei nur zum Vergnügen. Ich verlange nicht von dir, dass du irgendein Versprechen hältst, das du damals gabst."

„Ich will mein Versprechen nicht aus Sentimentalität halten. Ich denke, wir sollten zusammen sein, wenigstens ein einziges Mal, als Teil unserer Verhandlungen. Es ist nicht so leicht, mit dem Körper zu lügen, wie mit Worten."

„Ich glaube nicht, dass das stimmt", widersprach Camille. Wie konnte ein Mensch wissen, was im Kopf eines anderen verborgen war? Wie konnte das, was die Körper taten, die Grundlage für gegenseitiges Vertrauen bilden? Sie hatte viele Male mit ihrem Körper gelogen, hatte manchmal sogar sich selbst belogen. Abgesehen von bewusster Täuschung konnte schlichte Lust fast jeden in Versuchung führen, sich Gefühle vorzugaukeln. Vor ihrem inneren Auge erschien Henris Bild, doch sie schob es rasch beiseite. Er war noch nicht einmal zwanzig und von ihr betört. Es stimmte, dass auch er sie betört hatte, aber was sollte werden, wenn er älter wurde … nun, er würde nicht mit ihr zusammen sein wollen, wenn sie faltig wurde und gebeugt ging. Es war nicht gut, wenn sie sich selbst in der lächerlichen Leidenschaft für einen Stallburschen bestärkte.

Maxime stellte seinen Becher auf den Tisch. „Du willst mich also nicht?“ Er erhob sich von seinem Sitz, und auch sie stand von ihrem Stuhl auf.

Das hier hatte nichts mit Henri zu tun. Es gehörte zu den Verhandlungen und war notwendig. „Das habe ich nicht gesagt“, widersprach sie.

Maxime streckte ihr die Hand entgegen. Sie war groß und kräftig. So lebhaft, als würde es gerade jetzt geschehen, erinnerte sie sich daran, wie er seine Hände auf ihre Brüste gelegt und seine Handballen an ihren Nippeln gerieben hatte. Sie legte ihre Hand in seine und dachte, er würde sie den Flur entlang in irgendein anderes Zimmer führen, doch stattdessen zog er sie an sich und liebkoste ihren Hals. Sie hatte das Gefühl, in seinen Armen zu schmelzen. Es war, als wären sie niemals getrennt gewesen. Vertraute sie ihm wirklich, oder war es nur das körperliche Verlangen, das ihren Geist umnebelte?

„Du riechst köstlich“, murmelte er an ihrer Kehle. Seine Fingerspitzen lösten auf ihrem unbedeckten Nacken ein heftiges Kribbeln aus, und sein Atem strich prickelnd über ihre Haut. Sie spürte, wie sich seine Lippen, umgeben von seinem weichen Bart, bewegten, dann nahm sie die sanfte Berührung seiner Zunge wahr. Sie erschauerte.

„Alles könnte viel einfacher sein, wenn du mich heiraten würdest", stellte Maxime fest und strich ihr mit den Fingern durchs Haar. Sie fühlte, wie seine Muskeln sich an ihrem Körper bewegten. „Mir fällt auf, dass du diese Möglichkeit nicht erwähnt hast."

Camille wich seinem Blick aus. „Du vergisst, dass ich bereits verheiratet bin. Michel mag zwar erklären, er habe mich verstoßen, aber nur der König kann unsere Ehe auflösen."

„Es sei denn, einer von euch ist tot", stellte er nachdenklich fest, während er mit den Daumen über ihre Wangen strich. Camille unterdrückte den Wunsch, sich an seinen harten Körper zu pressen. „Ich würde ihn für dich töten, wenn du mich darum bätest", fügte er hinzu.

„Nein, das tätest du nicht", widersprach sie. „Erstens werde ich dich nicht darum bitten. Zweitens stünde dieses Privileg meinen Eunuchen zu, falls der König die Exekution des Herzogs anordnen würde." Die Vorstellung verursachte ihr Übelkeit. So sehr sie Michel auch hasste, konnte sie doch den Gedanken nicht ertragen, ihm das Leben zu nehmen, selbst wenn es nur indirekt wäre. Sie war nicht sonderlich stolz auf ihre Unfähigkeit zur Härte – eine Regentin zu sein erforderte die Bereitschaft zu schwierigen Entscheidungen –, aber sie war nun einmal so. Ganz gleich, ob es eine typisch weibliche Eigenschaft oder ihre ganz persönliche Schwäche war, sie akzeptierte diesen Wesenszug an sich.

„Es wird nicht nötig sein, ihn zu töten", erklärte sie. „Ich habe einen anderen Plan." Weil sie keine Anstalten machte, ihm Näheres zu erklären, machte Maxime einen Schritt rückwärts, um ihr ins Gesicht sehen zu können.

„Es ist nicht nötig, dass du jetzt schon Genaueres erfährst", entschied sie.

„Ist das so?" Er stockte. „Nun. Wenn du mir vertrauen sollst, muss auch ich dir vertrauen."

Camille lächelte ihn mit steifen Lippen an. „Ich danke dir. Es wird Zeit, dass ich gehe. Meine Dienstboten wissen nicht, wo ich bin. Ich muss es ihnen sagen." Tat sie das nicht, würden Kaspar und Sylvie und Arno und wahrscheinlich auch Henri zu ihrer Rettung herbeieilen.

Der tiefe Seufzer, den Maxime ausstieß, fühlte sich an ihrem Ohr wie ein heißer Windstoß an. Dann ließ er sie los und trat zurück. „Und dann?" Sein Blick war wachsamer und unsicherer als bei ihrer ersten Begegnung am Tor. Er musterte aufmerksam ihr Gesicht, und sein Atem wurde ein wenig rascher.

Camille traf ihre Entscheidung. „Und dann werde ich zu dir zurückkommen, und wir werden zu Ende bringen, was wir vor so vielen Jahren begonnen haben."

Als Camille in ihre geräumige Zimmerflucht zurückkehrte, bestand Sylvie darauf, dass sie ein Bad nahm, seifte sie persönlich ein und wusch ihr die Haare, was viel einfacher war, seit sie sie abgeschnitten hatte. Camille ließ die Prozedur schweigend über sich ergehen. Sie war noch nicht bereit, über ihr Treffen mit Maxime zu reden, und ganz besonders wollte sie nicht darüber sprechen, was sie noch am selben Abend vorhatte, mit ihm zu tun. Träume waren die eine Sache, ganz besonders wenn es um Träume der Jugendzeit ging, doch nun war sie eine erwachsene Frau und wusste sehr genau, was sie tat. Sie begehrte Maxime immer noch, und sie wusste, er würde ein wunderbarer Liebhaber sein. Ihr war aber auch klar, dass die frühere Romanze zwischen ihnen beiden nicht wieder aufleben durfte. Sie hatte beschlossen, sich Maxime hinzugeben, um ihre Abmachung zu besiegeln, weiter nichts.

Sylvie salbte Camilles Körper mit einer duftenden Creme und half ihr in ein sauberes graues Kleid, das von der langen Reise in der Satteltasche nur leicht zerknittert war. Als sie auf dem Weg nach draußen den großen Wohnraum durchquerte, schaute Henri sie an, als wollte er etwas sagen, doch Camille tat, als würde sie nichts bemerken, und lächelte ihm nur freundlich zu.

Maxime stand vor der Tür zu ihren Räumen und wirbelte eine Rose zwischen seinen Fingern. Er hatte seinen leuchtend blauen Mantel geöffnet, sodass nun das strahlend weiße Hemd mit dem Seidenbesatz an den Manschetten und am Hals zu sehen war. Der helle Stoff bildete einen starken Kontrast zu dem dunklen Brusthaar, das sich in seinem offenen Kragen kringelte. Er hielt ihr die Blume hin. „Für dich."

Als Junge war er längst nicht so galant gewesen. Obwohl sie sich sagte, dass er versuchte, sie zu manipulieren, ließ seine freundliche Geste ihr Herz schneller schlagen. Sie nahm die Rose aus seiner Hand und nutzte die Gelegenheit, den Blick zu senken, anstatt ihm in die Augen zu sehen, indem sie die Blume an ihre Nase hielt. Als die Blütenblätter ihre Lippen streiften, meinte sie, Meersalz zu schmecken. Sie befestigte die Rose an ihrem Mieder. „Gehen wir?"

Lächelnd griff Maxime nach ihrer Hand und führte sie den Flur entlang zu seinen eigenen Gemächern. Camille erinnerte sich noch sehr genau daran, wie sie ihm vor vielen Jahren nachgesehen hatte, wenn er davoneilte. Sie hatte sich in einer Nische oder hinter einer Tür versteckt, bis sie sicher war, dass niemand sie sehen würde, wenn sie ebenfalls ging, und war ihm von dort mit ihren Blicken gefolgt. Zusammen waren sie niemals irgendwohin geeilt, immer waren sie getrennt zu ihren geheimen Treffen gekommen und getrennt wieder gegangen. Wer den vereinbarten Treffpunkt zuerst erreichte, wartete dort, atemlos vor Erwartung, vor jugendlichem Verlangen und aus Angst vor Entdeckung. Das hier war entschieden besser; fast hatte sie das Gefühl, als gäbe es eine Verschwörung zwischen ihnen.

Während er die Tür öffnete, spähte Maxime über seine Schulter nach hinten. „Ich habe beinah das Gefühl, als wäre ich wieder ein Junge", erklärte er mit einem schiefen Grinsen, nachdem sie das Zimmer betreten und hinter sich die Tür geschlossen und verriegelt hatten. „Normalerweise zerre ich meine Geliebten nicht so linkisch an der Hand hinter mir her."

„Es ist immer noch mehr als eine?", fragte Camille. „Du hast dich nicht geändert."

Maxime nahm ihr Gesicht zwischen seine Hände und zog sie so dicht an sich, dass ihre Hände an seiner Brust gefangen waren. Sie konnte der Versuchung nicht widerstehen, sich gegen ihn fallen zu lassen und ihre Finger in die glatte Seide seiner Kleidung zu graben. Sie war ihm so nah, dass sein Duft sie umgab. Bei der Erinnerung an die Lust, die er ihr früher geschenkt hatte, wurde ihr Körper weich und nachgiebig. Maxime schob die Finger unter ihr Kinn und hob ihr Gesicht, sodass sie ihm in die Augen sehen musste. „Du bist noch schöner, als ich dich in Erinnerung hatte", stellte er fest. „Dein kurzes Haar ist so verführerisch, dass ich mich kaum beherrschen kann, dir nicht wie ein Hengst in den unbedeckten Nacken zu beißen."

Bei seinen Worten durchlief sie ein Schauer. Sie hatte schon immer seine Art geliebt, ihr genau zu sagen, was er wollte und wovon er hoffte, dass sie es auch wollte. Die Vertrautheit seines Verhaltens half ihr, sich zu entspannen. Sie lehnte sich ein wenig zurück, sodass er seinen Griff lockern musste. „Es ist nicht nötig, dass du mir schmeichelst."

„Ich schmeichle niemals einer Frau. Bei der Ausstattung, wie ich sie habe, ist es nicht nötig, auch nur ein Wort zu sagen." Grinsend zuckte er mit den Brauen.

Fast wäre Camille in Gelächter ausgebrochen. Stattdessen zog sie eine Augenbraue hoch und fasste nach unten, um durch seine seidene Hose an seinem Schwanz entlangzustreichen. Ihre Hand glitt über den Stoff, als wäre er geölt. Ihr lief das Wasser im Mund zusammen und zwischen ihren Beinen wurde es feucht. Es kribbelte ihr in den Fingern, ihn zu berühren.

„Da sind Schnüre", erklärte Maxime ihr, während er sich ihren Händen entgegenschob. „Du könntest sie öffnen."

„Dann würdest du entwischen", scherzte Camille und massierte ihn noch fester durch den Stoff. Mit ihrer freien Hand umfasste sie seine Hoden und grub ihre Finger in das weiche Fleisch, während Maxime sie näher an sich heranzog, um sie inbrünstig zu küssen.

Auch seine Küsse waren noch immer so wie früher. Er stieß seine Zunge tief in ihren Mund, und sein Bart reizte sie zusätzlich, sodass sie dachte, sie würde verrückt werden, während ein samtiges Kribbeln ihre Haut vom Gesicht bis zu den Zehen überlief. Der leiseste Gedanke daran, wie sein Bart sich zwischen ihren Schenkeln anfühlen würde, ließ sie noch nasser werden. Sie wollte ihn zu Boden schubsen und seinen Kopf unter ihre Röcken drängen, doch er hörte nicht auf, ihren Mund, ihr Kinn, ihre Kehle und dann wieder ihre Lippen zu küssen. Bald gab es nichts mehr außer ihren Mündern, die sich fanden und aufeinanderpressten und aneinander saugten. Sie fürchtete sich nicht davor, ihm ihr Verlangen zu zeigen. Er spürte nicht zum ersten Mal, wie sehr sie ihn wollte.

Maxime öffnete mit ungeduldigen Fingern genügend Knöpfe, um ihre Haut berühren zu können. Seine Nägel glitten an ihrem Rückgrat hinunter, und seine Berührungen hinterließen heiße Spuren auf den Rundungen ihres Hinterteils. Ihr eigenes Keuchen klang ihr immer lauter in den Ohren und wurde nun von Maximes rauer Stimme unterbrochen. „Gib mir deinen Saft. Du kannst dir gar nicht vorstellen, wie lange ich darauf gewartet habe. Ich will, dass du dich über meinen Schaft schiebst, dass dein Saft aus dir herausfließt und auf meine Eier tropft und deine Möse mich ganz und gar verschlingt", keuchte er ihr stoßweise in die Ohren und knabberte zwischendurch an ihren Ohrläppchen. Er krallte sich mit beiden Händen in ihr Fleisch und quetschte es so fest zwischen seinen Fingern zusammen, dass ein süßer Schmerz sich tief in ihr Inneres bohrte. Das hier war nicht kühl berechnet. Es war pure Lust, die jede Angst und jeden Zweifel vertrieb. Camille umarmte ihr Verlangen ebenso, wie sie Maxime umarmte.

Es gelang ihr nicht, seinen Seidenmantel zu zerreißen, und sie fand die mit Fransen verzierten Verschlüsse erst, als sie bemerkte, dass es die dicken Knoten sein mussten, die sich so angenehm in ihre Brust gruben. Ihre Schenkel waren bereits glitschig von ihren eigenen Säften. „Verdammt, fick mich, ich will, dass du mich jetzt fickst", stieß sie hervor, während sie sich abmühte, ihn auszuziehen, was besonders schwierig war, weil er sie so eng an sich presste.

„Ich versuche es ja", antwortete Maxime und lachte beim Sprechen in sich hinein. Gleichzeitig saugte er an ihrem Hals und rieb seine Brust an ihrem Busen. „Ich will dich auf dem Tisch da drüben nehmen. Ich will dich an eine Wand drücken und ficken. Ich will dich auf dem Boden ficken. Ich will …"

Camille gab den Plan auf, ihm den Mantel auszuziehen, öffnete die Bänder, die seine Hose hielten, und stöhnte auf, als sein riesiger Schwanz ihr entgegensprang und sie sich an ihm reiben konnte. Ihre Hände zitterten wie wild.

„Oh, verdammt", keuchte Maxime. „Tu das nicht. Nicht …"

„Wenn du dich nicht beeilst …", stieß Camille hervor.

„Bett!" Maxime hob sie hoch und warf sie auf die dicken, weichen Decken. Camille wand sich auf dem seidenen Überwurf und zerrte sich das Kleid von den Schultern und bis hinunter zu den Knien. Im nächsten Moment sprang Maxime neben ihr aufs Bett, zog ihr das Kleid völlig aus und entledigte sich dann seines Mantels.

Die Strahlen der Nachmittagssonne fielen durch die seidenen Bettvorhänge und badeten sie beide in den Farben des Sonnenuntergangs. Camille hatte vorgehabt, die Kontrolle zu übernehmen und sich entspannt mit ihm zu vergnügen. Stattdessen stürzten sie sich aufeinander, umschlangen sich, als hätte es die vergangenen zwanzig Jahre nicht gegeben, oder als hätte jedes dieser Jahre den Schmerz und das Verlangen in ihnen nur noch größer werden lassen. „Küss mich", verlangte sie. „Küss mich jetzt!"

Sie hatte vergessen gehabt, wie groß er war, so groß, dass sie ihm nicht hätte entkommen können, selbst wenn sie es gewollt hätte, als er sich neben ihrem nackten Körper ausstreckte, einen Arm über ihren Bauch legte und den anderen unter ihren Nacken schob, während sie sich wild und verzweifelt küssten. Sein muskulöser Oberarm war fast so dick wie ihr Schenkel; sein Bein, das er über ihre beiden Beine gelegt hatte, spürte sie als schweres, doch angenehmes Gewicht. Seine vertraute Wärme hüllte sie ein, und es war ein viel sichereres und tröstlicheres Gefühl, als sie es früher erlebt hatte. Und doch wollte sie noch mehr davon. Sie vergrub ihre Nase in seinem Nacken und atmete ihn ein. Mit den Handflächen strich sie ihm fest über die Rippen, um seinen Duft in ihre Haut zu reiben. Wenn es doch nur mit Henri auch so sein könnte! Wenn sie sich doch nur mit ihm auch frei genug fühlen könnte, um sich im Wahnsinn der Leidenschaft zu verlieren!

„Du bist so weich", flüsterte Maxime und zog sie noch enger an sich. Er senkte seinen Kopf hinunter auf ihre Brust, küsste die sanft abfallende obere Rundung, küsste die Seiten und dann den äußersten Rand des Warzenhofs. „Ich war schon damals fasziniert von dir. Noch Jahre später habe ich von dir geträumt. Manchmal träume ich immer noch von dir. Hast du auch an mich gedacht? Hast du überhaupt noch an mich gedacht, nachdem ich fort war?“ Er sog ihren Nippel so heftig in seinen Mund, dass Camille aufschrie.

„Ja“, gestand sie, während sie seinen Kopf umklammerte und ihre Hüften seinem harten Schwanz entgegenschob. Ihre Worte kamen stoßweise, im gleichen Rhythmus, in dem er saugte. „Du warst der Erste. Wenn Michel – wenn er mir wehtat – dachte ich an dich zurück und an das, was du für mich getan hast. Maxime – das ist zu heftig. Hör auf, hör auf.“

Er zog sich langsam zurück, leckte zuerst noch sanft ihren Nippel und beschrieb dann mit der Zungenspitze einen Kreis darum herum. Seine Hände glitten an ihren Rippen hinab, folgten den Kurven ihrer Hüfte und strichen dann an den Außenseiten ihrer Schenkel entlang, bevor er ihre Beine auseinanderschob. „Ich möchte deine Möse küssen. Ich möchte deine Säfte in meinen Mund saugen und dich mit meiner Zunge auslecken. Ich will dich mit meinem Mund ficken, bis du schreist, und dann wirst du nie mehr an ihn denken.“

„Tu es“, keuchte Camille. „Ich will genau jetzt genau hier sein. Ich will die Vergangenheit vergessen.“

„Du wirst alles außer mir und deiner Möse vergessen.“ Maximes Bart strich an ihren Schamlippen entlang, eine fast unmerkliche Berührung, die sie funkelnde Sterne in der Luft über sich sehen ließ, sodass sie sich unter seinen Händen aufbäumte.

„Mehr!“, verlangte sie.

Seine Zunge glitt durch ihren Schlitz, und die Stoppeln, die dort während der Reise gewachsen waren, kribbelten heftig. Ihre Hüften zuckten. Sie schloss die Augen, und unter ihren Lidern bildete sich eine Träne der Enttäuschung, die langsam aus ihrem Augenwinkel rollte, weil sie seine Zunge nicht mehr spürte. Stattdessen teilte er mit den Fingern sachte ihr Schamlippen, tippte immer wieder sanft dagegen und hielt sie so in einem Zustand der Erregung, der nach Erlösung schrie. „Ich will, ich muss jetzt kommen!", stöhnte sie, obwohl sie wusste, dass er es wusste und ihr den Höhepunkt nicht verweigern würde.

Maxime beugte sich tiefer, hob ohne jede Anstrengung ihre Schenkel auf seine Schultern und presste sein Kinn gegen ihre Möse. Camille krallte sich mit beiden Händen in die Bettdecke und warf den Kopf zurück. „Nun bist du erst einmal dran", erklärte er mit einem leisen, atemlosen Lachen. „Vielleicht auch zweimal." Dann öffnete er sie wie eine köstliche Frucht und saugte sie aus, bis sie schrie. Das Kratzen seines Bartes auf ihrer empfindlichen Haut war genauso erregend, wie sie es sich vorgestellt hatte, fast unerträglich aufreizend, bis er sie erlöste, indem er einen Finger in sie schob und dabei diese besondere Stelle traf. Ihr Orgasmus kam, bevor sie auch nur Luft holen konnte; vor ihren Augen zuckten grelle Blitze, während sie um seinen Finger herum und gegen seinen Mund zuckte und bebte. Maxime brachte sie sanft wieder auf den Boden zurück, indem er noch ein paar Mal genüsslich leckte und sich dann langsam zurückzog.

„Besser?", erkundigte er sich, als er sah, wie ihre Hände sich lockerten.

Camilles Muskeln zitterten immer noch. Sie wollte mehr. „Bist du jetzt dran?" Sie streckte sich, atmete tief durch, um ihre Beherrschung zurückzugewinnen, dann streckte sie den Arm nach unten und streichelte seinen Kopf.

Maxime betrachtete nachdenklich erst ihr Gesicht, dann

ihre Möse, die er mit seiner Nasenspitze rieb. „Du bist nicht so schwach, wie ich es gehofft hatte. Es könnte sein, dass du mir meinen Titel nicht gibst. Ich werde dafür sorgen, dass du noch einmal kommst. Dieses Mal werde ich zwei Finger in dich hineinstecken und dabei an deiner Perle saugen. Vielleicht kann ich es schaffen, dass du zweimal hintereinander kommst. Oder sogar dreimal. Ich bin sicher, das könnte ich schaffen, wenn dir das gefällt. Dann wirst du wunderbar entspannt sein, wenn du endlich meinen Schwanz zu schlucken bekommst. Da du wahrscheinlich zu müde sein wirst, um dafür sorgen zu können, dass ich mehr als einmal komme, will ich dich zum Ausgleich sehr lange ficken. Weil es sonst mir gegenüber nicht fair wäre. Du möchtest doch nicht, dass ich mich betrogen fühle, nicht wahr?"

„Aber, Maxime ..."

„Du hast noch nicht geschrien. Das verlange ich von dir, um zu sehen, dass du mir vertraust. Außerdem will ich dir zeigen, dass ich immer meine Versprechen halte." Er rieb mit der Handfläche über ihren Bauch aufwärts und kniff sie in die Brust. Ein Nachbeben zuckte durch ihren Unterleib und brachte sie zum Stöhnen. Er schob seinen Finger tiefer in sie hinein, presste ihn gegen ihr weiches Fleisch und streichelte sie. Ihr Atem stockte.

„Sag ja."

„Ja, Maxime", stieß sie hervor.

„Erzähl mir von deinen Dienstboten", forderte er sie auf. „Wir werden ihre Hilfe brauchen, wenn wir die Macht im Herzogtum an uns bringen wollen."

„Das ist mir klar", erwiderte Camille. Sie nahm einen zittrigen Atemzug, bevor sie Maximes Handgelenk packte und seine Hand wegschob. „Dachtest du, ich hätte keinerlei Pläne geschmiedet? Der Kammerdiener des Herzogs ist bereit, ihn einzusperren, falls es nötig sein sollte."

Maxime ließ zu, dass sie ihn zur Seite drückte, lag jedoch im nächsten Augenblick schon wieder auf ihr und um sie herum und zeigte dabei trotz seiner Größe die Anmut einer Katze. Eine seiner heißen Hände spreizte er auf ihrem Bauch, mit der anderen liebkoste er ihren Nacken, wobei er ab und zu ihre unbedeckte Haut küsste und leckte und auf diese Weise dafür sorgte, dass heftige Schauer sie durchliefen. Sie dachte bereits, das Thema wäre erledigt, als er fortfuhr: „Vilmos hat jeden Grund, Michel zu verraten, nach allem, was dein und Michels Vater seiner Familie angetan haben. Michel ist ein Dummkopf, ihn in seiner Nähe zu dulden."

„Michel weidet sich gern am Unglück anderer", stellte Camille fest, und die Worte schmeckten bitter auf ihrer Zunge. „Mein Eunuch, Arno, gehört ebenfalls zu dieser Familie."

„Tatsächlich? Das ist ein glücklicher Zufall. Vilmos war immer sehr freundlich zu mir, während ich im Schloss wohnte."

„Ich habe euch nie zusammen gesehen."

„Wir waren sehr vorsichtig", erklärte Maxime. „Wusstest du, dass der Verrat von Vilmos' Familie allein darin bestand, dass sie den Mund aufmachten, als meine Eltern getötet wurden? Vilmos' Großvater hat sich öffentlich dagegen ausgesprochen."

Beschämt wurde Camille bewusst, dass sie niemals danach gefragt hatte. Sie hatte nur gewusst, dass der angebliche Verrat weit in der Vergangenheit stattgefunden hatte und dass Vilmos selber nichts damit zu tun gehabt hatte. „Ich dachte daran, Vilmos für seine Hilfe mit einer entsprechenden Stellung zu belohnen", erläuterte sie ihre Pläne. „Hofmarschall oder Kämmerer."

„Er ist bestens ausgebildet", bemerkte Maxime. „Als

Kämmerer würde er sich sehr gut machen."

„Ich werde es in Erwägung ziehen", erwiderte sie knapp. Sie wollte Maxime nicht glauben machen, er könnte ihr Handeln beeinflussen.

„Und die anderen? Die Dienstboten, die du mit hierher gebracht hast?", wollte Maxime wissen.

„Kaspar bewacht mein Leben", erklärte Camille. „Ebenso wie Sylvie. Sie macht sich auch als Spionin nützlich. Ich verlasse mich in vielen Dingen vollkommen auf sie."

„Und Henri?"

„Mein Stallbursche."

„Das ist alles? Du hast einen Stallburschen mit auf die Flucht genommen?"

„Zu Fuß hätte ich nicht sonderlich schnell fliehen können", fauchte Camille ihn an.

Maxime hob besänftigend die Hand. „Ich bin der Letzte, der etwas dagegen hätte, dass du deinen Liebhaber mitbringst. Es ist gut, jemanden zur Hand zu haben, wenn man Entspannung braucht."

Fast hätte Camille protestiert. Henri war mehr als nur Entspannung für sie! Sie wandte den Kopf ab.

Maxime legte die Hand um ihre nackte Schulter. Mit sanfter Stimme fragte er: „Ist er dein Vertrauter?"

„Nein. Er ist ein Junge."

„Jugend muss nicht unbedingt seinen Wert für dich schmälern."

„Vielleicht." Sie legte sich auf den Rücken, zog Maximes Hand von ihrer Schulter und verschlang ihre Finger mit seinen. Sie konnte ebenso gut vom Thema ablenken wie Maxime.

Vielleicht auch nicht. Er ignorierte ihren Blick hinunter zu seinem Schwanz und fragte: „Wie lange ist er schon dein Liebhaber?"

„Er ist nicht mein Liebhaber."

„Du hast ihn nie gefickt? Dann …"

„Doch, das habe ich", gestand sie. Es fiel ihr schwer, die Worte über die Zunge zu bringen. „Ich habe ihn benutzt. Um schwanger zu werden. Er ist nicht mein Liebhaber."

„Er sieht dich so an, als ob …"

„Der Junge ist vernarrt in mich."

„Vernarrt genug, um dich den ganzen weiten Weg bis hierher zu begleiten. Was erhofft er sich davon?"

„Er hat mich um nichts gebeten." Außer vielleicht, einen größeren Raum in ihren Gedanken und Gefühlen einzunehmen, und das auch nur mit seinen Blicken.

„Wenn du Henri für die Durchführung deiner weiteren Pläne nicht benötigst, solltest du ihn vielleicht hierlassen, wenn du abreist. Er ist ein ansehnlicher Bursche, und ich könnte einen vertrauenswürdigen Pferdefachmann gut gebrauchen. Es gibt ausländische Rassen, die durch die Zucht und bei Rennen viel einbringen könnten, wenn ich nur jemanden hätte, der genug davon versteht."

„Er wird mit mir ins Herzogtum zurückkehren", erklärte Camille mit schwacher Stimme.

Maxime zog die Brauen hoch. „Nun gut." Er zögerte, bevor er fortfuhr: „Du weißt, dass ich dich heiraten würde."

„Ich habe dir doch gesagt, dass das … schwierig wäre. Nein, ich kann dich nicht heiraten."

„Ein Treffen dann und wann? Es könnte deine Steuer an mich sein." Er hauchte einen Kuss auf die Innenseite ihres Schenkels. „Vergiss nicht, wie groß der Schwanz ist, den ich in diesen Handel einbringe."

Camille kicherte. „Ich fange an, mir Sorgen über deine ständige Beschäftigung mit deinem Schwanz zu machen."

Er ließ seine Zunge über die Wölbung ihres Bauches gleiten und strich dabei sachte mit seinem Bart über ihre Haut.

Seine riesige Hand presste das Fleisch ihres Schenkels zusammen, und sie stöhnte. „Von denen, die groß sind, wird viel erwartet.“ Mit diesen Worten küsste er ihre immer noch höchst empfindliche Möse. „Ich bin sicher, es wird Stunden dauern, bis ich deine Bedürfnisse vollkommen erfüllt habe.“

18. KAPITEL

„Es ist Zeit", sagte Sylvie zu Henri. „Du hattest dein Mittagessen, und du hast versprochen, das für mich zu tun, was ich von dir will. Wir sind jetzt schon seit zwei Tagen auf dieser Burg. Ich habe keine Lust mehr zu warten." Und wenn sie ihn noch *ein einziges Mal* vor der Tür herumlungern und darauf warten sah, dass Madame von einem weiteren Treffen mit Maxime zurückkehrte, würde sie ihn fesseln müssen, um ihn umzubringen und nicht um Spaß mit ihm zu haben.

„Oh", stieß er hervor. „Ja." Er klang nicht im Geringsten so, als würde er irgendetwas begreifen. Das würde niemals funktionieren.

Sylvie schlug die Handflächen gegeneinander. „Knie gefälligst nieder, wenn du meine Befehle entgegennimmst!"

Henri zuckte bei dem Lärm zusammen, den sie veranstaltete. „Hör auf damit, Sylvie! Ich bin nicht in der Stimmung für Spielchen."

Sie stemmte die Hände in die Hüften und baute sich vor ihm auf. „Dann bring dich gefälligst in Stimmung", bellte sie. *„Das schuldest du mir.* Oder brichst du einfach so deine Versprechen?"

„Was spielt das für eine Rolle? Am Ende geht es doch nur darum, dass wir miteinander vögeln. Warum überspringen wir nicht einfach all diese ... diese ..." Er wedelte mit der Hand durch die Luft.

„Albernheiten?", schlug sie vor. „War es albern, als Kaspar Monsieur Fouet ausgepeitscht hat? Fandest du das lächerlich?"

„Ich habe nicht gesagt, dass es albern war!"

„Aber du hast es gedacht. Auf die Knie! Das ist es, was ich von dir will. Und du wirst tun, was ich will. Ja?"

„Ja." Henri seufzte und kniete sich vor ihr auf den Boden.

„Ein bisschen mehr Begeisterung bitte“, befahl ihm Sylvie. „Du könntest zum Beispiel meine Füße küssen.“

Henri beugte sich vor und betrachtete ihre Stiefel. „Wirst du vorher deine Stiefel ausziehen?“

„Nein.“

„Soll ich sie dir ausziehen?“

„Nein.“

Er setzte sich auf seine Fersen. „Dieses Spiel mag für vornehme Herrschaften und ... und für dich ... lustig sein, Sylvie, aber ich bin mein ganzes Leben lang von Leuten herumkommandiert worden. Für mich ist es nicht dasselbe. Wenn ich geschlagen werden wollte, könnte ich zurück in den Stall des Herzogs gehen.“

Sylvie runzelte die Stirn. Das hier verlief nicht nach Plan. Das Verhältnis zwischen ihnen hatte sich im Laufe der Reise zu sehr verändert, und sie konnte ihn nicht länger wie einen ihrer kurzfristigen Bettgefährten behandeln. Sein unübersehbarer und keineswegs gespielter Widerwille schmerzte sie, und das auf eine Weise, die ihr keinerlei Freude bereitete. „Dann probieren wir etwas anderes aus.“

„Ich könnte mich ausziehen“, schlug Henri hoffnungsvoll vor.

„Zuerst mal gehen wir woanders hin. In diesem Flur kann jederzeit jemand auftauchen. Du darfst hochkommen.“

„Ich werde es versuchen“, erwiderte er mit einem schiefen Grinsen.

Sylvie versetzte ihm einen Schlag auf den Hintern, allerdings keinen wirklich festen. „Unverschämtheit.“

Sie hatte mehrere Diener über die verschiedenen Flügel von Graf Maximes riesigem Schloss mit den verschlungenen Gängen befragt und sich nach Orten erkundigt, an denen zwei Gäste sich unbeobachtet intimen Spielen hingeben konnten. Zunächst hatte sie den kleinen Weinkeller in

Erwägung gezogen, wo kostbare Weine lagerten, aber dort herrschte zu viel Betrieb, ebenso wie im Kühlraum, wo Käse und Milch aufbewahrt wurden, in der Wäscherei und in den riesigen Bädern. Wie auch immer, ein hilfsbereiter Kammerdiener hatte ihr von einem bestens geeigneten Turmzimmer erzählt.

Graf Maxime hatte eindeutig eine Schwäche für sehr spezielle Freuden, wie an dem kreuzförmigen Gestell, den gepolsterten Lederbänken und den ledernen, mit glänzenden Ketten verbundenen Handschellen zu erkennen war. In den Ecken des Raumes standen lebensgroße Bronzestatuen: Meerjungfrauen und Meermänner, die Arme gefangen in Schlingen aus Seegras und gefesselt mit ihren eigenen langen wilden Haaren. Die oberen Teile der Wände waren mit brokatverzierten grünen Tüchern verhängt, darunter hingen geflochtene Bambusmatten, die die ins Mauerwerk eingelassenen Ringe zum Befestigen von Ketten verbargen und Geräusche dämpften. Es gab einen gepolsterten Stuhl mit Armlehnen, groß genug für ein Paar, das sich darauf amüsieren konnte, ohne sich die Knie oder Ellenbogen anzustoßen. Besonders verlockend erschien Sylvie ein großer Tisch, weich gepolstert mit mehreren Lagen Gänsedaunen unter der Lederoberfläche und mit zahlreichen Eisenringen an jeder Seite, um viele verschiedene Positionen zu ermöglichen. Sie hatte keine Paddel oder Peitschen gefunden; diese Dinge bewahrte Graf Maxime wahrscheinlich eingepackt und sicher verstaut in seinem Schlafzimmer auf. Doch das spielte keine Rolle. Henri würde diese Erfahrung ohnehin nicht zu schätzen wissen.

Sylvie genoss den Ausdruck auf seinem Gesicht, während er durch die schwere Holztür in das Zimmer trat. Sie brauchte beide Hände, um die Tür hinter ihm zu schließen und den Riegel vorzuschieben. Als sie sich ihm wieder zuwandte, saß er mit gespreizten Beinen auf einer Bank, die einem Pferderücken nachempfunden war, hatte die Hände auf die Knie gestützt und seine Miene wieder unter Kontrolle. Was die Selbstbeherrschung betraf, hatte er einiges von Madame gelernt. Sylvie war sich nicht sicher, ob sie darüber froh sein sollte oder es eher bedauerte.

Sie klopfte sich den Staub von den Händen und betrachtete Henri aufmerksam. Es schien ihr, als wäre er gewachsen, seit sie ihn das erste Mal zu Madame gebracht hatte. Auch seine Schultern wirkten breiter, aber das lag vielleicht nur daran, dass er sich nicht länger duckte. Wegen des ordentlichen Haarschnitts, den ihm einer von Graf Maximes Kammerdienern verpasst hatte, und der neuen Kleider, die nicht an ihm herumschlotterten, erwartete sie nicht mehr unweigerlich, Stallmist an seinen Stiefeln kleben zu sehen. Seine Augen verrieten jedoch immer noch sein verletzliches Wesen. Das würde er vielleicht niemals verlieren.

„Zieh dich aus", befahl Sylvie.

Henri schwang ein Bein über das lederne Pferd und knöpfte seine Jacke auf. „Was werden wir tun?"

„Es hätte dir sicher gefallen, mit einem Rohrstock geschlagen zu werden", erklärte ihm Sylvie. „Wirklich, es ist herrlich."

„Nein, das ist es nicht", erwiderte er finster. Er hängte seine Jacke an einen Haken, setzte sich auf eine niedrige Bank und begann, seine Stiefel auszuziehen. Als er zu ihr aufsah, leuchteten seine Augen plötzlich vor Eifer. „Wenn du möchtest, dass ich es dir mit dem Mund mache, kann ich das tun. Ich habe Monsieur Fouet zugesehen. Ich könnte alles Mögliche mit dir anstellen."

Enthusiasmus hatte immer etwas Erregendes. Sylvie genoss den leisen Schauer, der bei seinen Worten über ihre Haut glitt, dann lehnte sie sein Angebot ab. „Vielleicht später einmal. Heute werde ich dich fesseln und deinen Schwanz und deine Eier so fest einschnüren, dass du nicht kommen kannst, bevor ich es wünsche. Das wird dir sehr gefallen."

„Wirklich?"

„Ja, bestimmt, und wenn nicht, werde ich wissen, warum nicht." Sylvie griff in ihre Gürteltasche und zog ein ordentlich aufgerolltes Lederband hervor. „Als Erstes muss ich dir das hier anlegen, bevor du anfängst, die ganze Sache zu sehr zu genießen."

Henri stellte seine Stiefel in der Ecke auf den Fußboden. „Was ist das?"

„Hast du nicht zugesehen, wie Kaspar Monsieur Fouet gefesselt hat?"

Henri zuckte die Achseln und knöpfte sein Hemd auf. Mit den Daumen zog er seine lederne Hose ein Stück herunter und entblößte krauses Haar. Es kribbelte Sylvie in den Fingern, in seine Hose zu greifen und ihn anzufassen, nachdem sie die lässige Art beobachtet hatte, mit der er sich auszog.

„Ich habe Madame beobachtet, während sie zusah", erklärte Henri.

„Was bedeutet, dass du immer noch keine Ahnung hast. Das hier ist ein Geschirr für deinen Schwanz und deine Eier. Auch die werde ich so fesseln, wie ich es will. Es ist ein einfacheres Geschirr als das, was Kaspar benutzt hat, aber es funktioniert genauso gut. Eigentlich sollte ich dich rasieren, bevor ich es dir anlege …"

„Was?!"

„… aber ich glaube nicht, dass das Madame gefallen würde. Also werde ich mir Mühe geben, dir nichts auszurupfen." Sie ließ das Lederband zwischen zwei Fingern baumeln.

Henri versuchte, näher an sie heranzutreten, um besser sehen zu können, stolperte über seine herunterhängenden

Hosen und landete rückwärts auf der Bank. „Das Ding tut doch nicht weh?"

Sylvie lächelte über die dunkle Vorahnung, die in seiner Stimme mitschwang. „Ich würde es nicht gerade *wehtun* nennen." Sie schob das Geschirr in den Taillenbund ihrer Reithose, zog ihre Jacke aus und hängte sie sorgfältig an einen Wandhaken. Dann fasste sie ihr Haar zu einem festen Knoten zusammen und öffnete die oberen Knöpfe ihres Hemds. Da sie weder ein Korsett trug, noch ihre Brüste mit den Leinenstreifen umwickelt hatte, die eigentlich zu ihrer Verkleidung gehörten, würde Henri auf diese Weise einen verführerischen Blick auf ihren Busen haben – den er aber natürlich nicht würde berühren können und dürfen. Als sie sich ihm wieder zuwandte, stand er splitternackt da. Seine Arme baumelten an seinen Seiten herab, und er sah sie nervös an.

Sie ging langsam auf ihn zu. „Du bist aus deinem eigenen freien Willen hier?", fragte sie. „Sag mir die Wahrheit, Henri."

Er atmete tief durch. „Das bin ich", erklärte er dann. „Es mag verrückt sein, dir zu vertrauen, aber ich tue es. Du hast mir bis jetzt niemals wehgetan."

Sylvie konnte ihr Lächeln nicht unterdrücken. Jedes Mal, wenn ein Mann ihr sein Vertrauen schenkte und seine Lust in ihre Hände legte, überlief sie ein freudiger Schauer. Sie würde ihr Bestes geben, ihm Lust zu verschaffen, mehr Lust, als er jemals zuvor gespürt hatte. Oder – das war das Mindeste – eine völlig andere Lust. Er würde erfahren, wie weit man gehen konnte, wenn man keine Angst hatte.

„Dann halt deinen Schwanz für mich fest", wies sie ihn an. Er begann bereits anzuschwellen und das würde ausreichen, ihn empfindlich zu machen. Sie umfasste seine Hoden mit der Hand und achtete dabei darauf, dass sie ihn nicht zu aufreizend berührte, während sie das Lederband unter seinem Hodensack durchführte und es über dem Schaft seines Penis befestigte. „Lass los“, befahl sie, bevor sie den Sitz des Geschirrs überprüfte und es ein wenig fester zog.

„Fühlst du es?“, erkundigte sie sich der Form halber, da sie sehr genau wusste, dass er bereits die Abschnürung spürte.

„Ja. Aber was passiert, wenn …“ Sein Schwanz schwoll an, während sie ihn betrachtete.

„Nun, siehst du es?“

„Ja.“ Er bewegte unruhig die Hüften. Dabei schaute er sie unter seinen langen Wimpern hervor an. In seinem Blick mischten sich Ergebenheit, Angst und Erregung.

„Das wird noch viel besser“, versprach sie ihm. „Vielleicht kannst du dich auf den Tisch legen.“

Sylvie nahm sich viel Zeit, während sie ihn dort festband. Sie liebte den Geruch von Leder und seine glatte, feste Oberfläche; sie liebte die Sicherheit, die ein Lederband bot, das durch die Schnalle glitt. Als sie fertig war, zog sie kurz an jedem der Lederbänder, weil es sich so gut anfühlte. Henris Beine waren natürlich gespreizt, sodass sie seinen Schwanz und alles, was darunter lag, gut erreichen konnte. Nachdem sie kurz nachgedacht hatte, band sie seine Handgelenke auf der Höhe seiner Taille fest, von seinem Körper entfernt, aber nicht so hoch, dass seine Muskeln zu sehr gedehnt wurden. Er war völlig unerfahren in diesem Spiel. Mit sehr wenig würde sie bei ihm sehr viel erreichen.

Nachdem sie ihn gefesselt hatte, trat sie zurück, ließ sich in einen Sessel sinken, schmiegte sich mit dem Rücken an eine der Armlehnen und ließ über die andere die Beine baumeln. Henri wandte den Kopf, um ihr mit seinem Blick zu folgen. „Was machst du da?“, erkundigte er sich.

„Ich mache es mir bequem“, erwiderte sie und betrachtete ihr Werk. Für einen so jungen Mann waren seine Muskeln sehr durchtrainiert, besonders an den Schenkeln und den Schultern. Das kam vom Reiten, vermutete sie. Und vom Ausmisten der Ställe. Als er überprüfte, wie fest sie ihn gebunden hatte, spannten sich die Muskeln in seinen Oberschenkeln an.

„Wäre es nicht schön, wenn Madame hier wäre?“, bemerkte sie leichthin.

Henri erstarrte.

„Du würdest dich von ihr fesseln lassen, nicht wahr? Ich würde es ihr sofort erlauben.“

„So ist es mit ihr nicht“, protestierte er in angespanntem Ton.

„Vielleicht würde sie es genießen, dich zu fesseln. Mit ihren Händen über deine Arme zu streichen, von den Schultern bis zu den Handgelenken. Und wenn sie sie berührt, richten sich die Härchen auf deiner Haut auf. Deine Finger wollen nach ihr greifen, aber es ist zu spät! Du bist ihr Gefangener. Du musst dich ihrem Willen beugen und dich ihrer Lust unterwerfen. Und ihre Lust ist deine Lust. Es gefällt dir, sie dazu zu bringen, zu keuchen und zu stöhnen. Und ihr gefällt es auch. Schreit sie deinen Namen, wenn sie kommt? Schreist du ihren?“

Henris Atem war rascher geworden, während sie sprach. „Das werde ich dir nicht sagen.“

Sylvie verriet ihm nicht, dass es hier nicht um die Wahrheit ging. Sie malte genüsslich ihre Fantasie aus, baumelte dabei lässig mit den Beinen und öffnete ab und zu einen weiteren ihrer Hemdknöpfe, bis Henri nicht mehr sie ansah, sondern hinauf zur Decke starrte, während sein Bauch sich mit seinen heftigen Atemzügen hob und senkte. Inzwischen war er hart; das Geschirr quetschte ihn zusammen, wie Finger, die ihn umklammerten. Allerdings würden und konnten die Lederbänder ihn nicht streicheln, wie er es zweifellos ersehnte. Sie konnte seine Erregung riechen. Ihr Duft vermischte sich mit dem des Leders und dem zitronigen Geruch von Holzpolitur; sie inhalierte die Düfte wie süßes Parfüm.

Sie beendete ihre Beschreibung, auf welche Art und wo Madame ihn wohl am liebsten lecken würde, wartete ein paar Minuten, damit die Vorstellung sich in ihm festsetzen konnte, dann ging sie zu ihm und ließ ihre Hand zwischen seinen gespreizten Beinen über die Tischoberfläche gleiten. Seine Muskeln zuckten, als sein Körper instinktiv versuchte, eine Berührung zu erhaschen, so wie eine Pflanze sich der Sonne zuwandte. Sie zeichnete die Linie seines Beins nach, ohne ihn wirklich zu berühren. „Kannst du das fühlen?“, fragte sie. Die Haare auf seinen Beinen hatten sich aufgerichtet, und sie strich mit den Fingerspitzen an seiner Wade entlang.

„Bitte!“, keuchte Henri.

„Oh, du bist also bereit für die Behandlung, stimmt's?“ Sylvie trat näher an seinen Oberkörper heran und schnippte mit den Fingernägeln gegen seinen Nippel. Henris Schultern spannten sich an, sodass sein Brustmuskel sich ihren Fingern deutlich darbot. „Auf diese Weise kann ich mich ziemlich lange amüsieren.“ Sie schob eine Hand in sein Haar und kratzte ihm leicht die Kopfhaut, weil sie wusste, dass ihm das gefiel. Dabei sagte sie: „Madame möchte vielleicht, dass ich dich für sie vorbereite. Es könnte sein, dass sie wartet und uns beobachtet. Vielleicht verteilt sie die Creme, die aus ihrer Möse fließt, mit den Fingerspitzen …“

„Verdammt, Sylvie, du bringst mich um!“

„Sei still. Du bist noch nicht annähernd weit genug, um zu platzen.“

„Bitte, sag nicht *platzen*.“ Henri hob seine Schultern und ließ sie wieder auf die Polsterung fallen, während seine Hüften unruhig zuckten. „Wie lange muss ich hier so liegen?“

„Natürlich so lange, bis ich dich wieder befreie. Wo bliebe denn das Vergnügen, wenn ich dich tun ließe, was du willst?" Mit ihrem kleinen Finger zeichnete Sylvie die Linie seiner Ohrmuschel nach und schob dann die Fingerspitze in seinen Gehörgang. „Ihr Männer, immer habt ihr es eilig, eilig und noch eiliger."

„Nicht immer", protestierte er.

„Fast immer. Gib es zu."

„Das kommt darauf an, was du unter *Eile* verstehst", erwiderte Henri und schnappte nach Luft, als sie mit ihren Fingernägeln in sein Ohrläppchen kniff.

„Vielleicht kannst du es mir sagen." Sylvie schnippte gegen seinen Wangenknochen und kratzte mit ihrem Nagel quer über seine Brust. Er erschauerte.

„Wie soll ich dir erklären …"

„Erzähl mir, wie du es anstellen würdest, nicht so schnell zu machen. Wenn du eine ganze Nacht mit Madame hättest und nichts zu tun, als ihr Lust zu bereiten. Vielleicht könntest du mir als Erstes sagen, wo das stattfinden würde."

„Ich weiß nicht, ob das richtig ist. Sie würde vielleicht nicht wollen, dass ich …"

„Das hier hat nichts mit Madame zu tun. Du bist nicht ihr Sklave. Und selbst wenn du es wärest, deine Gedanken gehören dir allein."

Henri schaute sie direkt an. „Du würdest es ihr nicht verraten? Was ich dir sage?"

„Ich würde Madame niemals verletzen", versicherte Sylvie ihm. „Wie oft muss ich dir das noch sagen?" Sie stupste ihm heftig mit der Fingerspitze gegen den Bauch, doch er reagierte kaum. Also gab sie ihm einen Klaps mit der flachen Hand und beschrieb dann mit der ganzen Handfläche kleine Kreise auf seiner Haut, dabei stellte sie zufrieden fest, wie er weiter anschwoll. „Und wenn du es unbedingt wissen willst, ich würde auch dich nicht verletzen. Weil du Madame wichtig bist."

Diese Bemerkung hatte gefühlvoller geklungen, als sie beabsichtigt hatte. Mit ihrem Fingernagel schnippte sie gegen die Spitze seines Schwanzes und beobachtete grinsend seine Reaktion.

„Eines Tages werde *ich dich* fesseln und dann sehen wir, wie dir das gefällt", beschloss Henri.

„Das würde mir sehr gut gefallen." Sylvie rieb ihren Daumen an seinen Hoden. „Und jetzt sag mir: Wo würdest du mit Madame gern Sex haben?"

„Bindest du mich los, wenn ich es dir sage?"

„Vielleicht. Was würdest du als Erstes tun? Mit Madame, nicht mit mir. Über unser eigenes Fantasietreffen werden wir gleich noch sprechen."

„Wirst du mich dabei weiter anfassen?", fragte Henri errötend.

„Ich sehe, dass du anfängst, dieses Spiel zu verstehen. Natürlich könnte ich dich einfach so liegen lassen und mich selbst anfassen", schlug sie vor.

Henris Röte vertiefte sich. „Vielleicht ein andermal."

Sylvie beugte sich über ihn, sodass ihr Busen direkt über seinem Brustkorb hing, ohne ihn zu berühren. Sie spürte die Wärme seiner Haut, und er schaute an seiner Nase entlang und versuchte, in ihr Hemd zu blicken. „Was tun Madame und du? Mach die Augen zu."

Henri schloss die Augen. „Wir gehen zusammen reiten."

Typisch, dachte Sylvie. Sie waren beide verrückt nach Pferden. So verrückt, dass Henri nicht eine einzige Fantasie zustande brachte, in der die Tiere keine Rolle spielten. Offensichtlich brauchte er in diesem Bereich eine Lehrmeisterin.

„Wir können nur zu Pferd an den Ort gelangen, wo ich

hin will“, fügte er hinzu.

Nicht schlecht. Sylvie mochte realistische Details. Sie verliehen einer Fantasie eine größere Intensität und Schärfe. Lässig umkreiste sie seine Nippel mit den Fingerspitzen und fragte sich, ob ihn schon einmal jemand dort gebissen hatte. Sie würde es später tun und sehen, wie er reagierte.

„Es ist kein Ort, den es wirklich gibt“, erklärte Henri. „Diesen Ort kann es nirgendwo geben, wo ich schon einmal war. Überall im Bereich des Palasts wird uns beiden bewusst sein, wer ich bin. Sie würde nicht vergessen können, dass ich nicht … Sie könnte nicht vergessen, wo ich herkomme.“

Sylvie strich mit den Daumen über seine Nippel und wurde damit belohnt, dass er die Luft anhielt, bevor er weitersprach.

„Wir reiten über die Hügel zu einer Hütte, die mir gehört, und dort versorgen wir gemeinsam unsere Pferde. Ihre Pferde lieben sie, wie du weißt, und sie liebt die Pferde. Ich habe eine Koppel, sodass die Tiere nicht festgebunden werden müssen. Sie können sich im Gras wälzen und im Schatten der Bäume schlafen. Es könnten Obstbäume sein.“

Sylvie rollte mit den Augen, doch er konnte sie nicht sehen. „Und was ist in deiner Hütte?“

„Das Schlafzimmer liegt nach hinten hinaus“, erzählte Henri. „Sie schließt die Tür hinter uns und schiebt den Riegel vor. Dann kommt sie zu mir, und ich knöpfe ihren Mantel auf.“ Er beschrieb in allen Einzelheiten, wie er sie entkleidete, und vergaß dabei auch nicht die Stoffe ihrer Kleidung und den Anblick ihrer Haut, die er enthüllte. Dann fuhr er damit fort zu erklären, welche Zärtlichkeiten er ihr schenken wollte. Es war faszinierend, ihm zuzuhören, während er auch die kleinste Kleinigkeit erwähnte. Sylvies Interesse wuchs mit jedem Moment. Sie streichelte seine Hüften und seine Schenkel.

„Und dann?“, fragte sie. „Vielleicht legst du dich neben sie aufs Bett.“

„Nein“, widersprach Henri gedankenverloren. „Zuerst würde sie sich auf die Bettkante setzen, und ich würde zwischen ihren Füßen knien.“

„Was würde sie sagen?“, erkundigte sich Sylvie.

„Du sollst nicht vor mir niederknien.“

„Und was würdest du antworten?“

„Ich würde sagen, dass ich knien will, und würde ihre Knie mit meinen Händen auseinanderdrücken und ihre Möse küssen. Ich würde ganz vorsichtig sein und genau aufpassen, dass ich sie nicht mit meinen Bartstoppeln kratze. Ich würde über ihre Haut lecken, die so weich ist, oder vielleicht würde sie sich dann nicht mehr die Mühe machen, sich zu rasieren, denn sie könnte tun, was immer sie tun möchte, und ich würde mit meiner Nase über ihr lockiges Haar reiben. Und sie würde sich rückwärts aufs Bett legen und *mir* erlauben zu tun, was immer ich tun möchte. Ich würde alles an ihr schmecken wollen, jedes winzige Fleckchen, auch die kleine Haube, unter der ihre Kirsche verborgen ist. Ich möchte meine Zungenspitze darunter schieben und ganz sanft pressen, und das würde eine Weile dauern, weil sie mich nicht so dicht an sich heranlassen will, aber dann würde sie dieses *Geräusch* machen, das Geräusch, das ich am meisten liebe, oder sie würde noch wunderbarere Töne ausstoßen, wie ich sie noch nie zuvor gehört habe. Ich würde ganz langsam machen, bis sie mich um mehr anfleht.“

Als er aufhörte zu sprechen, nahm Sylvie sich einen Moment Zeit, aus ihrer Trance zu erwachen; sie hatte an ihre eigene Nacht mit Madame zurückgedacht, und nun war ihr Atem fast so rasch wie Henris. Langsam beugte sie sich über ihn, gab ihm genügend Zeit, Erwartung aufzubauen, und strich dann sachte mit ihrer Oberlippe über die Spitze seines Schwanzes. „Sieh mich an“, befahl sie ihm, bevor sie sich seinen Saft von den Lippen leckte. Eine Ader an seinem Hals pulsierte heftig, und als sie ihr Gesicht wieder seinem Schwanz näherte, sah sie den Puls in seinem Schaft pochen.

„Gefällt dir das?“, fragte Sylvie und ließ ihren heißen Atem über seine Eichel streichen. Sie schob die Zungenspitze unter seine Vorhaut, reizte ihn dort sachte und spürte einen erregenden Schauer, als er aufstöhnte. Gleichzeitig versuchte er, sich ihrem Mund entgegenzubäumen, und sie legte die Hand auf seinen Hüfte und hielt ihn unten.

„Du tust mir weh“, keuchte Henri, und seine Atemzüge kamen wie Schluchzer.

„Wirklich? Dann höre ich auf.“

„Sylvie! Aufhören – nein! Nicht aufhören!“

Am liebsten hätte sie triumphierend aufgelacht, doch mit vollem Mund war das schwierig. Sie löste ihren Mund von der Spitze seines Schwanzes und leckte sich über die Lippen. „Nun habe ich wirklich Spaß“, erklärte sie ihm. „Ich frage mich, wie lange ich dich hier wohl festhalten werde?“

„Du bist überhaupt nicht nett zu mir“, ächzte Henri. „Nimm mir das verdammte Geschirr ab!“

„Vielleicht sollte ich dich so, wie du bist, Madame übergeben. Ich könnte sie holen gehen.“

„Tu das nicht!“ Er keuchte, während sein Schwanz noch größer wurde, was sie nicht für möglich gehalten hätte. „Sie … sie ist mit *ihm* beschäftigt!“

Heiß strich Sylvies Seufzer über seine Haut, und sie folgte ihrem Atem mit einer kaum spürbaren Berührung ihrer Fingerspitzen. „Stimmt. Wir wollen sie nicht stören. Vielleicht kannst du warten, bis sie ihre Pflichten erledigt hat.“

„Nein!“ Henri schlug seinen Kopf heftig gegen das Polster. Ein Mal, ein zweites und ein drittes Mal. „Das wird dir noch leidtun, Sylvie!“

„Du hast mir Unterwerfung versprochen“, erinnerte sie ihn.

„Verdammt!“ Er knallte seinen Kopf ein letztes Mal auf den Tisch, dann biss er sich auf die Lippe. „Gut! Mach mit mir, was du willst!“

Sylvie grinste. „Das war schon alles, was ich wollte“, erklärte sie und drückte seinen Schaft ein letztes Mal zwischen ihren Fingern zusammen, bevor sie das Geschirr löste. „Nun werde ich dich so heftig kommen lassen, dass du bis hinauf zur Decke spritzt. Nun, ist das kein Spaß?“

19. KAPITEL

Jemand hämmerte an die Tür. „Beeilt euch da drinnen, ihr werdet gebraucht!"

Mühsam öffnete Henri die Augen. Es fühlte sich an, als müsste es bald Zeit fürs Abendessen sein, denn er begann, hungrig zu werden. Dann stellte er fest, dass er nicht mehr gefesselt war, obwohl er noch auf dem gepolsterten Tisch lag. Neben ihm hatte Sylvie sich zusammengerollt. Sie war fast vollständig bekleidet, ihr Kopf ruhte auf seiner Schulter. Sie streckte sich, rammte ihm dabei ihren Ellenbogen gegen den Kiefer und fragte: „Sollen wir diese aufdringliche Person hereinlassen? Es könnte sein, dass Madame uns braucht."

„Ich bin nackt!", protestierte Henri und versuchte hastig, sich aus Sylvies Griff zu befreien.

„Sie braucht dich auch oft nackt", stellte Sylvie fest und gab ihm einen Schubs. Seine Füße berührten den kalten Steinfußboden. „Zieh dich an. Ich öffne die Tür."

Henri duckte sich hinter einen großen Sessel und kämpfte sich in seine Kleider, während Sylvie „Ja, ja!" rief, zur Tür ging und auf dem Weg dorthin ihr Hemd zuknöpfte. Sie schob den Riegel zurück, riss die Tür auf und erstarrte.

Henri spähte über die Sessellehne. Im Türrahmen stand eine kahlköpfige Frau, deren Kopfhaut über und über mit blauen, weißen und roten Mustern verziert war; Tätowierungen, stellte er bei sich fest. Sie trug ein lose fallendes, bauschiges Hemd in leuchtendem Orange, braune knielange Hosen aus Leder, und in ihrem Gürtel steckte ein Krummsäbel. Ihre Füße waren nackt und zeigten noch mehr Muster. Sie war die größte Frau, die er jemals gesehen hatte, ebenso groß wie Graf Maxime.

Henri bemerkte, dass er seinen Schwanz in der Hand hielt, und stopfte ihn eilig in seine Hose, dann machte er sich mit ungeschickten Fingern an den Knöpfen zu schaffen. Die große Frau sah an ihrer spitzen Nase entlang zu Sylvie hinunter und sagte: „Ich bin Kommandant Leung. Graf Maxime will den Jungen sehen."

„Ich möchte Euren Schädel lecken", erwiderte Sylvie atemlos.

Leung zog die Brauen hoch. „Vielleicht später. Wo ist der Junge?"

Henri griff nach seinen Stiefeln und trat hinter dem Sessel hervor. „Hier bin ich."

Leung musterte ihn von Kopf bis Fuß. „Du?" In ihren Augenwinkeln bildeten sich kleine Fältchen. Ihre Augen hatten eine ungewöhnliche Farbe. Sie waren moosgrün, wie von der Sonne beschienenes Wasser, und bildeten einen starken Kontrast zu ihrer honigfarbenen Haut.

„Ja", antwortete Henri und erwiderte ihren Blick. Ihre Lippen verzogen sich zu einem Lächeln, bei dem ihre weißen Zähne aufblitzten.

„Ich bin keineswegs ein Junge", bemerkte Sylvie, wurde jedoch ignoriert.

„Zieh deine Stiefel an", befahl Leung. Sobald Henri das erledigt hatte, nahm sie seinen Arm und führte ihn aus dem Zimmer, eine Treppe hinunter, über einen Absatz zu einer weiteren Treppe und durch drei verschiedene Flure zu einer letzten, abwärtsführenden Treppe. Leungs Schweigen war einschüchternd, aber sie wirkte nicht zornig oder grausam. Ihre nackten Füße und die Tatsache, dass sie nur eine einzige, kleine Waffe bei sich trug, beruhigten Henri zusätzlich. Da sie ihn zweifellos ohne jede Hilfe hätte töten können, spielte es ohnehin keine Rolle, wie er versuchte, sich zu verteidigen. Doch er war sich sicher, dass sie ihm nichts Übles antun wollte.

Vor einer Tür, die über und über mit geschnitzten Kraken

verziert war, gab sie ihm einen leichten Schubs nach vorn. „Da drinnen ist Graf Maxime." Sie wandte sich ab und ging mit geschmeidigen Schritten zurück zur Treppe.

Henri, der ins Taumeln geraten war, stützte sich an der Tür ab und atmete tief durch. Graf Maxime konnte unmöglich gewusst haben, was er und Sylvie dort oben gemacht hatten. Aus welchem Grund hatte er nach ihm geschickt? Es sei denn, die Herzogin war bei Maxime und hatte nach Henri verlangt; aber warum hatte Leung dann gesagt, der Graf habe den Befehl gegeben, ihn herbeizuschaffen?

Henri öffnete die Tür. Dampf schlug ihm entgegen. War hier die Wäscherei? Nein, sicher Bäder. Im Keller? Er trat in den Raum, der von Öllampen beleuchtet wurde, die hinter buntem Glas flackerten, das rot, golden und orangefarben wie ein Sonnenuntergang glühte. Auf den zweiten Blick erkannte er, dass die gläsernen Lampenschirme die Form von zwiebelartigen Kraken mit bronzenen Tentakeln hatten. Andere sahen aus wie Blasen, um die bronzene Delfine herumschwammen. Die Wände waren aus verschiedenen großen, gewölbten Steinen gemauert, in die Nischen für die Lampen gehauen waren, in den Fußboden war mit roten und orangefarbenen Steinchen ein Muster eingelassen. Die Luft roch nach Wasser, Mineralien und Rauch. Als er seine Wahrnehmungen überdachte und versuchte, den richtigen Schluss daraus zu ziehen, begriff er, wo er sich befand. Das hier war eine Höhle, in der sich heiße Quellen befanden.

Auch Graf Maxime befand sich hier: fast nackt, ein rotes Handtuch um die Lenden geschlungen, lag er auf einer in die Wand gehauenen Steinbank. „Willkommen, Henri", sagte er. „Ich befehle dir, dich auszuziehen und dich dort drüben zu waschen." Er deutete mit der Hand in die Richtung, die er meinte. „Dann können wir vielleicht anschließend gemeinsam baden."

„Vielen Dank, Monsieur le Comte." Was sollte er sonst sagen? Trotz seiner Nacktheit war Graf Maxime immer noch viel größer und stärker als Henri, außerdem war er ein ausgebildeter Kämpfer. Henri wusste nicht, ob er eine andere Wahl hatte, als zu bleiben.

Er zog sich aus und hoffte, dass sein Körper keine Male von der Sonderbehandlung durch Sylvie trug. Seine Kleidung legte er auf eine Holzbank, auf der sich bereits eine Hose, ein Hemd, eine Jacke und ein kleines Porzellangefäß voller juwelenbesetzter Ohrringe befanden. Er stellte fest, dass Graf Maxime normalerweise schlichte Kleidung trug und nicht solche auffallenden Stücke wie den bestickten Mantel, den er zur Begrüßung seiner Gäste angehabt hatte. Henri schob seine Stiefel neben Graf Maximes unter die Bank und ging in den Bereich, wo Eimer voller dampfendem Wasser standen. Der Boden unter seinen Füßen war warm, fast heiß.

„Dort im Regal liegt Seife", erklärte Graf Maxime ihm. War das ein freundliches Angebot, oder wollte er Henri klarmachen, dass er nach Stall roch und seine Nase beleidigte? Das Handtuch um die breiten Schultern gelegt, kam er zu Henri herüber und sah dabei so kraftvoll wie eine Bulldogge aus. Henri hielt sich kerzengerade, obwohl sein Körper sich am liebsten zusammengerollt hätte. Er fand die Seifen und einen Lappen und reichte beides Graf Maxime. Obwohl er hier Gast war, konnte er dennoch nicht den Unterschied im Rang vergessen. Der Graf war derjenige, der sich als Erster waschen sollte.

„Vielen Dank, Henri", sagte er. „Du musst mich Maxime nennen. Ich bin sicher, Camille würde nicht wollen, dass du dich vor mir verbeugst und einen Kratzfuß machst." Er tauchte das Tuch in einen der Eimer, verrieb Seife darauf und griff nach Henris Handgelenk.

Henri fuhr erstaunt zusammen, hielt aber still, während

Maxime seinen Unterarm reinigte. Schließlich tat er ihm nicht weh. Seine Hand war angenehm warm, und er drückte nicht zu fest zu. Das raue Tuch fühlte sich gut auf Henris Haut an. Es war klar, dass Maxime die Absicht hatte, Henri wie einen Gleichgestellten zu waschen. Nun drehte er Henris Handgelenk herum und strich über die Innenseite seines Unterarms, dann hinauf zu seinem Bizeps und wieder hinunter zur empfindlichen Beuge. Henri zuckte unfreiwillig; Maxime lächelte ihn an, ließ sein Handgelenk aber nicht los. Er machte weiter, indem er, einen nachdenklichen Ausdruck im Gesicht, Henris Schulter und die Seite seines Halses wusch. Als er schließlich Henris Handgelenk freigab, machte Henri keine Anstalten zu fliehen. Die Herzogin wäre nicht geflohen.

Nachdem er sich mehrere Nächte schlaflos herumgewälzt und sich Gedanken über Camilles Reaktion auf die Bedrohung durch Baron Belette gemacht hatte, war er zu dem Schluss gekommen, dass ihr direkter Angriff die beste Strategie gewesen war. Er hätte nicht gewagt, ein solches Handeln vorzuschlagen, dazu hätte er zu viel Angst gehabt. Er glaubte, dass auch sie Furcht empfunden haben musste, aber sie hatte sich davon nicht beherrschen lassen. Stattdessen hatte sie ihre Angst in den Widerstand von Marie, der Hure, umgewandelt. Sie war damit so erfolgreich gewesen, dass sie Belette vollkommen von seinem ursprünglichen Verdacht abgebracht und ihn außerdem davon abgehalten hatte, sie noch weiter zu verfolgen.

Allerdings, überlegte Henri, hatte er Tage gebraucht, um zu verstehen, wie unglaublich gut ihre Lösung gewesen war, besonders wenn man bedachte, dass sie nur Sekunden gehabt hatte, um ihren Plan zu erdenken und in die Tat umzusetzen. Seine Verführung der Wirtin im Gasthaus *La sirène fuyant* war im Vergleich damit eine geradezu erbärmliche Tat gewesen. Er würde sich sehr anstrengen müssen, wenn er eines Tages ähnliche Fähigkeiten erlangen wollte wie die Herzogin. Er hatte sich geschworen, so bald wie möglich damit zu beginnen, sich nützlicher für sie zu machen. Das hier schien eine gute Gelegenheit zu sein, ihre Methoden nachzuahmen und herauszufinden, wie weit er damit kam.

Er verschränkte die Arme vor der Brust und fragte Maxime: „Warum habt Ihr mich hierher bringen lassen?"

„Damit wir reden können", erwiderte Maxime in beiläufigem Ton. „Weißt du bereits, dass ich Camille nicht liebe?"

Henris Muskeln verkrampften sich. „Es geht mich nichts an, wen die Herzogin liebt und wer sie liebt." Maxime wusste also, was Henri für seine Herzogin getan hatte. Hatte sie es ihm erzählt? Hatten sie über Henri gesprochen und über ihn gelacht? Warum hätten sie sich die Mühe machen sollen? Ganz sicher war er ihnen nicht so wichtig. Dieser Gedanke machte ihn wütend. Er bemühte sich, seinen Zorn nicht zu zeigen.

„Ich bin sicher, dass sie mich nicht liebt", erklärte Maxime, obwohl Henri ihn nicht gefragt hatte. Er klang sehr ernsthaft. Maxime trat ein wenig näher an Henri heran, nahe genug, um Henri Gelegenheit zu geben, dankbar festzustellen, dass Maxime nicht nach der Herzogin roch. Maxime begann, Henris Brust zu waschen, und tat das in jenen kreisförmigen Bewegungen, die Henri von der Pferdepflege her kannte. Es wirkte beruhigend auf ihn, erstaunlich beruhigend. Ob die Luft irgendwelche Drogen enthielt?

Durch den Waschlappen hindurch spürte Henri die Wärme von Maximes Hand, dennoch erschauerte er unter der Reibung. Mit seiner freien Hand packte Maxime Henris Schulter und rubbelte ein wenig heftiger. Nur wenn er das Tuch über die Nippel gleiten ließ, verminderte Maxime den Druck. Nun bebte Henri am ganzen Körper, obwohl er versuchte, das Zittern zu unterdrücken. Normalerweise begehrte Henri keine Männer, doch Graf Maximes Berührungen waren außergewöhnlich verführerisch. Jetzt verstand Henri, was die Herzogin so faszinierend an ihm fand. Es fiel ihm außerordentlich schwer, nicht neidisch auf die ganz besondere Anziehung zu sein, über die Maxime offensichtlich verfügte.

„Camille und ich begehrten einander sehr, als wir noch halbe Kinder waren", erklärte Maxime. „Nun sind wir uns als Erwachsene wieder begegnet, und dieses Begehren ist immer noch da, doch es fühlt sich für uns beide anders an."

„Sie kann tun, was sie möchte", erwiderte Henri. Er wusste, dass die Herzogin seit ihrer Ankunft hier mit Maxime gevögelt hatte, aber er wollte nicht, dass sein Gastgeber das aussprach. Ganz besonders wollte er nicht aus Maximes Mund hören, dass die Herzogin jemanden in ihrem eigenen Alter und von ihrem eigenen Stand wollte und keinen Stalljungen.

„Sie will mich nicht heiraten, aber du wirst bei ihr bleiben, nicht wahr?" Bei diesen Worten seines Gastgebers blinzelte Henri erstaunt. Ein paar Sekunden hatte er geglaubt, das Gegenteil gehört zu haben. „Du bist es, den sie braucht", fuhr Maxime fort.

Henri riss Maxime den Seifenlappen aus der Hand. „Wo ist Madame?"

„Als ich ging, schlief sie in meinen Räumen. Später wird sie sich noch mit meiner Tante treffen."

Henri schluckte seinen Ärger hinunter. Er hatte kein Recht, eifersüchtig zu sein. Camille hatte Graf Maxime schon gekannt, als er selbst noch gar nicht geboren gewesen war. „Warum habt Ihr mich hierher kommen lassen, wenn sie mich zwar braucht, aber mit Euch schläft?" Falls sie ihn tatsächlich brauchte, hatte sie ihn in letzter Zeit dennoch nicht zu sich gerufen. Seit ihrer Ankunft auf der Burg hatte er nicht ein einziges Mal in ihrem Bett geschlafen.

„Sie kommt zu mir, weil sie meine Hilfe benötigt."

„Dann helft ihr. Ich habe weder Geld noch Soldaten." In bitterem Ton fügte er hinzu: „Ich bin keine Gefahr für irgendjemanden."

„Das ist nicht der Grund, warum ich mit dir sprechen wollte", erklärte Maxime. „Du bist ihr sehr zugetan, nicht wahr?"

Ein kalter Schauder lief über Henris Rücken. „Ich bin ihr …" Er war sich nicht sicher, was er für die Herzogin war oder wie er es ausdrücken sollte.

„… Liebhaber", vollendete Maxime. „Und darüber bin ich froh."

„Ihr seid froh." Henri hatte das Gefühl, auf einem durchgehenden Pferd zu sitzen, das jedes Mal, wenn er Luft holte, in eine andere Richtung galoppierte.

„Ja. Obwohl ich nicht den Titel Herzog trage, weiß ich doch sehr gut, wie es ist, zu regieren. Man braucht verlässliche Menschen um sich. Und noch viel mehr braucht man einen sicheren Hafen. Das können Camille und ich nicht füreinander sein. Die Gefahr, dass wir beide darum kämpfen, den anderen zu beherrschen, ist zu groß. Außerdem … es ist so viele Jahre her. Wir haben uns beide verändert. Es gibt eine andere Frau, mit der ich zusammen sein möchte. Und ich glaube, dass Camille *dich* bei sich haben will. Hat sie dir das nicht gesagt?"

Henri schüttelte den Kopf. „Natürlich nicht."

„Natürlich würde sie das nicht tun", stellte Maxime nachdenklich fest und fuhr nach einer Pause fort: „Ich werde dir helfen, wenn du das willst. Wenn sie glücklich ist und jemand sich um sie kümmert, wird unser aller Leben viel besser sein, meinst du nicht auch? Ihr Herzogtum wird dann umso mächtiger sein, und ich werde nicht länger um meines fürchten müssen."

Wenn Maxime aufrichtig war, konnte es sinnvoll sein, sein Angebot anzunehmen. Während er darüber nachdachte, begann Henri, Graf Maximes muskulöse Schultern und seine breite Brust zu waschen.

Es war Henri klar, dass er nicht viel über Politik wusste, doch dann fiel ihm ein, dass er dafür die Beweggründe anderer Menschen leicht durchschaute. Er hatte gespürt, dass Sylvie nichts gegen ihn persönlich einzuwenden hatte, noch bevor sie es ihm bewiesen hatte; er hatte gewusst, es würde ihm gelingen, die Wirtin der *La sirène fuyant* von ihrem Verdacht abzulenken. Als er sich fragte, ob er Maxime vertrauen konnte, stellte er fest, dass er es bereits tat. Er glaubte, dass Maxime die Wahrheit sagte. Wenn er seinen eigenen Gefühlen nicht traute, hatte er nichts, worauf er sich verlassen konnte.

Er war sich nicht sicher, ob er von einem so mächtigen Mann wie Graf Maxime überhaupt beachtet werden wollte, aber es war zu spät, er war bereits in Maximes Blickfeld geraten. Das alles geschah, weil er sich damals, als Camille ihn zum ersten Mal zu sich befohlen hatte, ihrem Befehl nicht widersetzt hatte. Außerdem – ermahnte er sich selbst – war das, was *er* wollte, längst nicht so wichtig wie das, was *sie* wollte. Zwar sprach sie es niemals aus, aber auch er glaubte, dass sie ihn auf irgendeine Weise brauchte, auch wenn es dabei vielleicht nur um fleischliche Gelüste ging. Bis jetzt hatte er nicht viel mehr gehabt, was er ihr hätte geben können. Falls sie aus diesem Grund während der vergangenen Tage und auch grundsätzlich Maxime ihm vorgezogen hatte, dann hätte er ... es wäre ihm sehr schwer gefallen, aber er hätte sie gehen lassen, um ihretwillen. Das hätte er getan ... oder vielleicht doch nicht? Aber wenn er sie nun nicht aufgeben musste … wenn er sich ihrer sogar würdig erweisen könnte … Er musste aufhören, den Dingen vorzugreifen.

„Wie würdet Ihr mir denn helfen?“, fragte er Maxime.

„Ich werde dir beibringen, dich wie jemand zu benehmen, der auf einer Stufe mit ihr steht.“

Dieser Gedanke gefiel ihm. Er wusste, dass er es konnte, wenn er die Chance bekam. „Glaubt Ihr, dass das wirklich möglich ist?“, fragte er.

„Wir werden es möglich machen. Du musst in der Lage sein, sie überallhin zu begleiten, sogar an den Königshof, wenn es nötig ist. Du musst wissen, wie es bei Hofe zugeht, musst die inneren Strukturen verstehen, musst helfen, sie vor Intrigen zu beschützen und sie bei ihren Plänen unterstützen. Um dazu fähig zu sein, musst du lernen, dich wie ein Höfling zu verhalten. Das kann ich dir beibringen.“

„Dann werde ich versuchen, es zu lernen.“

„Sehr gut. Jetzt werden wir erst einmal ein Bad nehmen und anschließend bei einem gemeinsamen Mahl in meinen Räumen mit deiner Ausbildung beginnen.“

20. KAPITEL

Als Camille erwachte, hatte sie das Bedürfnis, sich ausgiebig zu strecken. Der Schmerz zwischen ihren Schenkeln erinnerte sie lebhaft an Maximes Stärke und Kraft. Sie drehte sich zu ihm um, spürte aber schon im gleichen Moment, dass sie allein in seinen Räumen war. Sie lag quer auf mehreren grünen Seidendecken, die bis auf den Boden herunterhingen, wo Maximes und ihre Kleider wild durcheinanderlagen. Auf dem Tisch neben dem Bett stand ein weißer Porzellankrug neben einer passenden Tasse. Camille goss sich kaltes Wasser ein und trank. Sie wusste nicht, wie lange sie geschlafen hatte, aber es fühlte sich für sie an, als wäre es bereits Morgen. Das Zimmer wurde von einer einzelnen Öllampe auf dem Kaminsims erleuchtet. Ohne ihr Gefolge um sich erschien ihr der Raum totenstill. Früher hatte sie sich oft danach gesehnt, allein zu sein, doch nach so vielen Tagen in der engen Gemeinschaft mit Sylvie, Kaspar und Henri, machte es sie nervös, niemanden zu hören und zu sehen. Sie fragte sich, wo Henri jetzt gerade war.

Es spielte keine Rolle, was Henri in diesem Augenblick machte. Momentan brauchte sie seine Dienste nicht.

Sie war allein und unbewacht in Maximes Privatgemächern zurückgelassen worden. Ein windschiefer Stapel ledergebundener Bücher, jedes von ihnen mit einem seidenen Lesezeichen mit einer Quaste versehen, lag direkt neben dem wuchtigen Bett aus geschnitztem Holz auf dem Fußboden. Nicht weit davon entfernt hatte Maxime auf einem kunstvoll verzierten Gestell sein rot und schwarz lackiertes tragbares Schreibpult stehen lassen. Das Pult war nicht abgeschlossen, und Camille fand darin mehrere noch nicht beantwortete Briefe in verschiedenen Sprachen. Er hatte mit dem Entwurf eines Dokuments begonnen, in dem er die Gründe aufführte, die dafür sprachen, dass sie das Herzogtum gut regieren würde. Offensichtlich hielt er sie nicht für eine Bedrohung und hatte vor, seine Versprechen zu halten.

Camille wählte einen Morgenmantel aus dem Schrank – er war aus tiefgrüner Seide – und wagte sich hinaus auf den Flur. Maxime hatte dort eine Zofe zurückgelassen, eine füllige dunkelhäutige Frau, die ihre Stickarbeit weglegte, aufstand und in einem Knicks versank. Angesichts der Tatsache, dass sie locker geraffte Hosen und eine lange Tunika trug und ein Schwert umgegürtet hatte, wirkte das etwas seltsam. Vielleicht war sie keine Zofe oder, wie zum Beispiel bei Sylvie, war das nur ein Teil ihrer Aufgaben. Sie wirkte wie eine Wache. „Madame", sagte sie. „Wie kann ich Euch dienen?"

„Wisst Ihr, wo Graf Maxime hingegangen ist?"

„Zur Quelle, Madame." Als Camille ihr einen fragenden Blick zuwarf, fügte sie hinzu: „Unter der Burg liegen Höhlen, und in einigen davon gibt es natürliche heiße Quellen."

Camille überlegte. Sie wollte sich waschen, und sie wollte essen. Es war nicht nötig, Henri zu finden, bevor sie diese Dinge erledigt hatte. „Ich werde hier ein Bad nehmen", entschied sie. „Und ich hätte gern ein Frühstückstablett. Anschließend werde ich Madame Gisèle treffen. Begleitet Ihr mich dorthin?"

„Kommandant Leung wird Euch abholen", erklärte die Wache. Camille entschied, nicht zu fragen, wer genau Kommandant Leung war. Wahrscheinlich handelte es sich ebenfalls um eine Wache, jedoch um eine ranghöhere.

Nachdem Camille ihr Bad genommen und gefrühstückt hatte, trat eine große, wohlgeformte Frau mit einem rasierten Schädel ins Zimmer. Ihre Kopfhaut und ihre nackten Füße waren vollkommen mit farbigen Tätowierungen bedeckt, ihre hellen Augen mit dunklem Kajal umrahmt. Im Gürtel trug sie einen großen Dolch mit einer Scheide aus geschnitztem Holz, deren Verzierungen so winzig und verschlungen waren, dass Camille nicht erkennen konnte, was sie darstellen sollten.

Kommandant Leung verbeugte sich wie ein Mann aus der Hüfte vor Camille und sagte: „Madame la Duchesse? Seid Ihr bereit für Euer Gespräch mit Madame Gisèle?"

Leung hatte das kühle, sichere Auftreten sowohl eines Soldaten als auch eines Befehlshabers, und Camille beneidete sie darum. „Ich bin bereit, danke", erwiderte sie.

An Kommandant Leungs Seite ging sie durch mehrere Flure, deren Wände mit grünen und weißen Streifen bemalt waren, durchquerte einen kleinen, mit Sand ausgestreuten Hof, in dem männliche und weibliche Wachen sich im Ringen übten, und erreichte schließlich über eine kurze Treppe ein Turmzimmer. Dort standen zahlreiche gepolsterte Diwane in den verschiedensten zwischen Creme und Butter changierenden Gelbtönen, außerdem Teetische aus Korb und Topfpflanzen, von denen einige so groß wie kleine Bäume und andere als Schlingpflanzen über die Wände drapiert waren oder von der Decke hingen.

Während sie unterwegs waren, unterhielt Leung sie mit einer Geschichte über aus fernen Landen herbeigebrachtem Prunk, dessen Besteuerung und den als Racheakt verübten seeräuberischen Taten. All das war offenbar vor zwei Jahrhunderten geschehen. Bei anderer Gelegenheit, wenn sie nicht mit ihren Gedanken woanders gewesen wäre, wäre Camille ganz in der Geschichte versunken, in der unter anderem eine runzelige alte Frau vorkam, die, einen kleinen Hund mit flacher Schnauze auf dem Schoß, Hunderte von Schiffen befehligte. Sie beschloss, noch einmal nachzufragen, wenn sie Leung das nächste Mal begegnete. Camille hatte erfahren, dass Kommandant Leung Herrin ihres eigenen Schiffs und Maximes rechte Hand war; also würden sie sich auch wiedersehen, und zwar sehr oft. Dann würde sie auch herausfinden, wie Leung eine solche Position erreicht hatte und wie sie sich in einem Beruf behauptete, in dem normalerweise Männer das Sagen hatten.

Madame Gisèle war noch nicht da. Anmutiger als jeder Höfling machte Kommandant Leung eine Handbewegung in Richtung der Diwane. „Setzt Euch bitte, Madame la Duchesse. Ich bin sicher, ich finde Madame Gisèle oben in ihrem Gewächshaus."

Camille wählte einen Diwan, von dem aus sie sowohl die Tür, durch die sie eben gekommen waren, als auch einen offenen Alkoven sehen konnte. Leung teilte einen Perlenvorhang und verschwand eine Treppe hinauf, während Camille überlegte, wie sie Kommandant Leung für ihre eigene Armee abwerben könnte. Wahrscheinlich hatte das keinerlei Aussicht auf Erfolg. Ihr Herzogtum besaß keine Küste.

Als Höflichkeitsbezeugung der älteren Frau gegenüber erhob sich Camille, als Madame Gisèle, dicht gefolgt von Leung, das Zimmer betrat. Gisèle reichte Camille nur bis zur Schulter, und sie besaß die gemütliche Rundlichkeit eines Bären im Herbst. Ihre Augen und ihr Mund lächelten. Ihr graues Haar war jedoch zu einem kurzen, militärisch wirkenden Zopf geflochten, und der Griff des Dolches, den sie trug, war vom Gebrauch vieler Jahre zerkratzt. Die mollige Hand, die sie Camille reichte, war über und über mit kleinen Narben bedeckt, und eine gezackte weiße Linie verschwand in ihrem Ärmel. „Madame la Duchesse", begrüßte sie Camille.

Camille senkte den Kopf. Es war am besten, mit den eigenen Verbündeten offen und ehrlich umzugehen. „Ich bedauere die Verluste sehr, die Ihr durch die Hand meines Vaters erlitten habt, Madame."

Gisèle schüttelte energisch den Kopf. „Ihr wart damals noch ein Kind. Meine Schwester und mein Schwager ...

Nein, wir werden ein anderes Mal darüber reden. Jetzt ist nur wichtig, wie Ihr Euer Herzogtum zurückerobert und wie Ihr dann dort an der Macht bleiben könnt.“ Sie lächelte. „Und natürlich, wann Ihr meinem Neffen offiziell die herzogliche Autorität verleiht, die er bereits ausübt.“

„Madame Camille“, mischte sich Kommandant Leung ein. „Ich bin keine Bürgerin des Protektorats, aber Graf Maxime genießt meine vollkommene Loyalität. Seid Ihr damit einverstanden, dass auch ich an dieser Unterredung teilnehme? Ich würde gerne mich selbst, mein Schiff und meine Mannschaft in den Dienst Eurer Sache stellen.“

„Ich wäre in Eurer Schuld, wenn Ihr das tätet“, erwiderte Camille. „Allerdings bin ich verpflichtet zu fragen, ob Ihr Euch bewusst seid, welche Risiken Ihr eingeht.“

„Dessen bin ich mir vollkommen bewusst“, erklärte Leung. „Ich würde noch viel mehr riskieren, um zu erreichen, dass eine Frau auf dem Thron Eures Landes sitzt, die Gerechtigkeit gegenüber der Königin meines Landes walten lässt.“

„Sollen wir uns setzen?“, fragte Gisèle. „Ich werde Erfrischungen kommen lassen.“

Während sie Tee tranken und kleine, mit rosa Zuckerguss überzogene Kuchen aßen, berichtete Camille, was sie von Arno über die augenblickliche Situation im Herzogtum erfahren hatte. Sie sah keine andere Möglichkeit, als in den Herzogspalast zurückzukehren, um Michel seines Amtes zu entheben. Dabei ging es nur zum Teil um ihre eigene Genugtuung. Sie musste zu dem Zeitpunkt im Palast sein, zu dem Michel die Macht verlor, sodass der König keine Zeit hatte, einen Mann seiner Wahl zum Herzog zu machen.

„Ich bin sicher, wenn Ihr genügend Zeit hättet, wäre es gar nicht nötig, sich dem Herzog persönlich entgegenzustellen. Dasselbe, was der Bericht Eures Eunuchen besagt, hörte auch ich von meinen Boten. Sie fanden in jeder Stadt und jedem Dorf Zeichen der Unterstützung für Euch, Madame", erklärte Madame Gisèle.

„Es ist meine Abwesenheit, die mir Macht verleiht", stellte Camille ironisch fest. „Viele Menschen beruhigt es zu wissen, dass in der Ferne jemand darauf wartet, zu ihrer Rettung herbeizueilen. Es ist ziemlich leicht, sich mich in der Rolle des Ritters in schimmernder Rüstung vorzustellen. Allerdings befürchte ich, dass die Menschen die Hoffnung verlieren werden, wenn mehr und mehr Zeit vergeht. Ich muss den Palast erobern, sobald ich kann, und meinen Untertanen zeigen, welche Verbesserungen sie von meiner Herrschaft zu erwarten haben."

Gisèle nickte. „Dann sollten wir das in Angriff nehmen."

Beim Pläneschmieden verging der Nachmittag im Nu. Camille fand rasch heraus, dass Madame Gisèle nicht nur die Gesandte des Protektorats am Königshof war, sie kommandierte auch die Verteidigungskräfte des Protektorats, zu denen Kommandant Leung gehörte. Mit dem umsichtigen Einsatz von Söldnern wurden unauffällig die Restriktionen umgangen, die ihr Vater über das Protektorat verhängt hatte. Maxime handhabte alle sonstigen rechtlichen und finanziellen Angelegenheiten, doch mit Madame Gisèle sprach er nur über die Wachen, um sich über deren Ränge und die Entscheidungen seiner Tante zu informieren. Camille fühlte sich, als wäre sie urplötzlich auf die andere Seite der Welt gefallen. Sie hatte schon vorher gewusst, dass Frauen im Protektorat einen größeren Einfluss hatten, als sie es kannte, bis jetzt hatte sie das allerdings noch nicht miterlebt.

Nachdem sie sich von Madame Gisèle und Kommandant Leung verabschiedet hatte, befolgte Camille Gisèles Rat und machte einen Spaziergang im Rosengarten. Die Rosenbüsche wuchsen an den Kanten eines spiralförmig angelegten Pfades, wobei die Farben und Düfte der Blumen nach und nach dunkler und schwerer wurden, je näher sie der Mitte des Gartens kam. Der Sparziergang beruhigte sie mehr und mehr. Ihre Gedanken wurden klarer und schärfer. Als sie eine sonnengewärmte Steinbank vor einer mit üppigen granatfarbenen Rosen überwucherten Wand erreichte, fühlte sie sich, als wäre sie aus einem langen Schlaf erwacht. Sie inhalierte die scharfe Süße der Rosen und den warmen, weichen Geruch der Erde, all das gewürzt mit einem Hauch von Seeluft.

Wenn sie genau hinhörte, konnte sie das Echo von Stimmen aus dem Burghof vernehmen. Kleine grüne und gelbe Vögel ließen sich auf den Rosenbüschen nieder und zwitscherten ein paar kurze einförmige Melodien.

Camille schloss die Augen. Hier konnte sie einfach nur sein und die Welt um sich herum als einen Teppich aus den verschiedensten Sinneswahrnehmungen empfinden. Nur zu bald meldeten sich jedoch wieder ihre Ängste, die Furcht vor Unzulänglichkeit und Versagen. Sie erinnerte sich an den Ausdruck in Baron Belettes Gesicht, als er geglaubt hatte, sie in die Falle gelockt zu haben: Abscheu und Verachtung hatten in seinen Augen gestanden, und das hatte sich nicht geändert, ganz gleich ob er sie für eine Herzogin oder für eine Dirne gehalten hatte. Zum damaligen Zeitpunkt war sie kühl geblieben, hatte ihren Zorn und ihren Ärger hinter einer Mauer aus Eis verborgen, doch nun brachen diese Gefühle über sie herein, überschwemmten sie wie geschmolzenes Metall. Was hatte dieser Mann sich dabei gedacht? Was erlaubte sich dieser dahergelaufene Bote und ruinierter Spekulant, ihre Flucht verhindern zu wollen, nur um eine läppische Belohnung einzustreichen? Was erlaubte er sich, sie oder irgendeine andere Frau wie Abschaum zu behandeln?

Sie erinnerte sich, wie seine Hände sich auf ihrem Körper angefühlt, wie sie sich in ihr Fleisch gegraben hatten, und erschauderte. Nun, da es zu spät war, wünschte sie, sie hätte Henris tröstende Umarmung angenommen, nachdem sie Freiheit und Sicherheit erlangt hatten. Nun lechzte sie nach dem Trost, den sein Körper spenden konnte. Wenn sie das nur bekommen könnte, ohne dass er bemerkte, wie sehr sie es brauchte, wie sehr sie ihn brauchte. Vielleicht würde sie sich stark genug fühlen, Henri ihre Schwäche zu zeigen, nachdem sie Michel besiegt hatte.

Falls – das war die Frage – Henri bei ihr blieb. Würde er mit ihr ins Herzogtum zurückkehren, sich in diese Gefahr begeben, oder würde er lieber hierbleiben? Ohne es zu bemerken, war sie lange davon ausgegangen, dass Henri etwas für sie empfand, aber in solchen Dingen hatte sie sich schon häufiger getäuscht, am offensichtlichsten, was Michel betraf.

Gefühle und Sehnsüchte – diese Dinge waren gefährlich. Selbst wenn man sie einem Jungen zeigte, der keinerlei Rang und Stellung hatte. Falls er keinen Verrat an ihr übte, würden ihre Gefühle diesen Verrat begehen und sie zu den schlimmsten Torheiten verführen. Ganz besonders jetzt, da es so wichtig war, einen klaren Kopf zu bewahren.

Eine kalte Ruhe kam über sie, als sie den Entschluss fasste. Sie konnte – wollte – sich von Henri zurückziehen, und damit würde auch das Durcheinander aufhören, das er in ihrem Kopf und ihrem Herzen anrichtete. Logik und ihr praktischer Verstand würden sie durch die gefährlichen Fahrwasser geleiten, die vor ihr lagen. Sie hatte sich eine angenehme Zerstreuung gegönnt, doch nun war es Zeit, in ihr wahres Leben zurückzukehren.

21. KAPITEL

Nach einem langen Tag, angefüllt mit Übungen im Ringen und Messerkampf mit Kaspar und Arno und dem Benimmunterricht durch Maxime, war Henri hocherfreut über Camilles Einladung, mit ihr gemeinsam die heißen Quellen zu genießen. Er hoffte, ihr Vorschlag bedeutete, dass sie sich nun darauf einließ, ihn in ihre Pläne einzubeziehen. Tagelang hatte er keine Gelegenheit gehabt, mit ihr allein zu sein, und seit ihrer Ankunft auf Maximes Burg hatten sie nicht mehr das Bett miteinander geteilt. Es war ein seltsames Gefühl, nun plötzlich allein mit ihr zu sein. Er fühlte sich seltsam. Anders. Mit geschlossenen Augen lauschte er den Geräuschen, die sie beim Baden machte.

Plötzlich hörte das Wasserplätschern auf, und als ihm die Stille bewusst wurde, flogen seine Lider auf. Offenbar war er eingeschlafen, denn wie aus dem Nichts stand Camille vor ihm, ein seifiges Tuch in der Hand. Das farbige Licht der Lampen schimmerte in ihren Augen. „Entschuldigung", stieß er hervor und hatte Mühe, auf der schmalen Ruhebank das Gleichgewicht zu halten. „Was kann ich für Euch tun?"

Camille berührte seine Schulter. „Sitz still", befahl sie, als ob er die Absicht gehabt hätte, davonzulaufen.

„Ich dachte, Ihr wolltet ..."

Sie presste die Lippen auf seine. Henri ließ bewegungslos zu, dass sie ihn küsste. Als es ihm endlich gelang, seine Hände dazu zu bringen, ihm zu gehorchen, und er sie hob, um Camille zu umarmen, hatte sie sich bereits wieder zurückgezogen und angefangen, seine Brust einzuseifen. Er ließ die Arme wieder fallen. „Ihr solltet das nicht tun. Ich kann mich selbst waschen."

„Ich kann tun, was mir gefällt", widersprach sie. „Sitz still. Mach die Augen zu."

„Aber es ist nicht …“

„Ich habe dich nicht nach deiner Meinung gefragt.“ Sie stockte. „Wenn du es unangenehm findest, höre ich auf.“

Henri schüttelte den Kopf. Angesichts der ungewohnten Behandlung, die sie ihm angedeihen ließ, schwirrte sein Kopf, aber seinem Körper gefiel es nur zu gut, was sie da tat. Ihre Hand mit dem Tuch hatte nicht aufgehört, sich zu bewegen, während sie miteinander sprachen, und unter ihren Finger erwachten alle Nerven in seiner Haut zum Leben. Er konnte sich fast vorstellen, dass sie ihn aus reiner Zärtlichkeit wusch. Ihre Berührungen waren sanft, aber er war sich nicht sicher, ob er ihr vertrauen konnte. Er konnte jeden anderen besser einschätzen als sie. Manchmal hatte er das Gefühl, dass zwischen ihnen beiden ein breiter Graben klaffte.

Sie ließ den Lappen über seinen Bauch gleiten, dann bückte sie sich und wusch seine Schenkel, wobei sie sich mit der freien Hand an ihm festhielt, um nicht aus dem Gleichgewicht zu geraten. Er fragte sich, ob sie wusste, wie man jemanden wusch, weil sie selber so oft gewaschen worden war. Wasser rann über seine Haut, bis sie es wegwischte. Er war so müde, dass sein Schwanz gar nicht wie üblich auf ihre Nähe reagierte, obwohl er von oben ihre bloßen Brüste sehen konnte und die süße Rundung ihrer Hüfte und die leichte Wölbung ihres Bauchs, auf den er so gern seine Lippen presste. Anstelle von Erregung spürte er Wärme überall dort, wo ihre Finger ihn berührten. Sie hauchte einen Kuss auf die Innenseite seines Schenkels, und er fühlte eine andere Art von Hitze, feuchter und aufregender, doch immer noch wie ein ferner Traum. „Das könntest du noch einmal tun“, schlug er vor.

„Wenn ich fertig bin“, erwiderte sie. Dann fuhr sie mit dem Waschen fort, indem sie ganz vorsichtig seinen Schwanz und seine Hoden reinigte. Er hatte vergessen gehabt, wie klein ihre Hände waren, und starrte sie nun an, als hätte er sie noch nie zuvor gesehen. Sie hatte ihm erlaubt, diese Finger in seinen Mund zu saugen. Bevor ihre Beschäftigung mit seinem seifigen Schwanz ihn zu sehr erregte, wusch sie den Schaum fort und machte mit seinem Bauch weiter.

Henri dachte daran zurück, wie sie ihn in Monsieur Fouets Bordell massiert und ihm dabei erklärt hatte, was sie tat. Nach einiger Zeit hatte sie nicht mehr weitersprechen können, während ihre Hände immer noch mit sanften Bewegungen über seinen Rücken geglitten waren. Das Öl, das sie für die Massage benutzt hatte, hatte nach Tannennadeln geduftet. Seitdem hatte er niemals durch einen Wald gehen können, ohne an ihre Hände auf seinem Körper zu denken.

Er hatte es genossen, auch sie massieren zu dürfen, weil er sie dieses eine Mal so anfassen durfte, wie es ihm gefiel, so lange es ihm gefiel, sodass er jedes winzige Fleckchen ihres Körpers kennengelernt hatte. Es war wunderschön gewesen, die weichsten, verborgensten Stellen an ihr zu finden: die Falte, wo ihre Hinterbacken in die Schenkel übergingen, das Stückchen Haut direkt unter ihren Ohrläppchen, die Unterseite der winzigen Haube ihrer Perle, die dünne Haut, die sich über den Knochen ihrer Füße spannte. Er hatte ihr mit seinen Händen seine Gefühle zeigen können, ohne Gefahr zu laufen, ausgelacht zu werden, weil sie nicht wissen konnte, was genau er ihr sagen wollte.

Wenn er versucht hätte, ihr mit Worten zu sagen, was er für sie empfand, hätte sie ihm bestimmt nicht erlaubt, zu Ende zu sprechen. Oder schlimmer noch, sie würde seine Worte ablehnen. Inzwischen kannte er sie besser als zu Beginn. Offen gezeigte Gefühle verunsicherten sie. So verbarg er seine Leidenschaft und seine Zärtlichkeit so gut er konnte vor ihr, außer wenn sie miteinander schliefen. Dann konnte er nichts vor ihr verheimlichen.

Er fragte sich, ob sie wusste, was er für sie fühlte. Angesichts ihrer Klugheit war es kaum vorstellbar, dass sie es nicht zumindest ahnte. Allerdings würde er das nie erfahren; sie verbarg alles tief in ihrem Inneren, und ihr Gesicht war normalerweise so unbewegt wie ihr Profil auf den Münzen des Herzogtums. Er hatte gelernt, auf die leisesten Zeichen zu achten. Diese Fähigkeit hatte er sich durch den Umgang mit Pferden angeeignet, die nicht mit ihm sprechen konnten. Oft hatte er die Herzogin beobachtet und sich gefragt, wie es ihr gelang, so undurchschaubar zu sein, und ob andere Menschen ebenso wenig wie er sehen konnten, was sie fühlte. Ob sie vielleicht sogar selber ihre eigenen Gefühle nicht wahrnahm. Er hatte sich vorgestellt, derjenige zu sein, der es ihr beibrachte, und tausend Wege erdacht, auf welche Weise er das tun könnte.

Doch das war nur ein Traum. Sein Leben lang war er mit dem zufrieden gewesen, was er bekommen konnte, und hatte nicht vom Unmöglichen geträumt. Wenn er sich weiterhin an diese Regel hielt, würde er glücklicher sein. Er hatte einen bescheidenen Ehrgeiz entwickelt, seiner Herzogin zu zeigen, wie sehr er sie achtete und respektierte, und er sollte dankbar sein, dass sie ihm erlaubte, ihr zu dienen. Wenn er sie darum bat, würde sie ihm wahrscheinlich sogar die Hütte geben, die er sich so sehr wünschte. Er war dankbar – und konnte doch nicht aufhören, mehr zu wollen. Alles, was sie tat, hatte einen Grund. Er wollte all diese Beweggründe kennen. Er wollte ihre Träume und ihre Gefühle kennen. Er wollte nicht für zuverlässige Dienste belohnt werden und dann irgendwann in seiner lang ersehnten eigenen Hütte sitzen und sich für den Rest seiner Tage fragen, was aus ihnen beiden hätte werden können.

Er wollte eine Verbindung mit ihr und ihr Eingeständnis, dass etwas zwischen ihnen war. Er wollte von ihr hören, dass er ihr etwas bedeutete. Vielleicht sah Camille ihn mit denselben Augen wie ihre Eunuchen, die, bis sie alt waren und aus dem Dienst entlassen wurden, so etwas wie Sklaven waren. Henri hatte ihr den Treueeid geleistet und ihr damit stillschweigend das Recht gegeben, sie wie einen Leibeigenen zu behandeln. Er hatte diesen Eid aus freien Stücken abgelegt und geglaubt, er könnte auf irgendeine Weise ihr Leben und auch seins verändern. An diesem Entschluss und diesem Glauben konnte er nur sich selbst die Schuld geben. Er war kein Kind, das seine Meinung ändern konnte, sobald es schwierig wurde.

Wenn sie ihn jedoch nicht brauchte, war es besser, sie zu verlassen. Bloß war das nicht so einfach. Er war sich sicher, dass sie jemanden brauchte. Jeder brauchte einen Menschen, dem er vertrauen konnte. Und sie hatte niemanden.

Camille legte die Hand auf seinen Nacken und drückte seinen Kopf herunter. Als sie ihm Wasser über die Haare goss, kniff er die Augen zu. Vielleicht hatte sie gar nicht darüber nachgedacht, was es bedeuten könnte, ihn zu waschen. Vielleicht war es für sie dasselbe, als würde sie sich um eines der Pferde kümmern, es bürsten und reinigen. Wen sie wohl lieber hatte, Guirlande oder ihn?

Es war schrecklich ermüdend für ihn, immer wieder zu versuchen herauszufinden, was sie dachte und fühlte. Wenn sie ihm einfach erlauben würde, sie zu lieben, wäre alles viel einfacher. Er fragte sich, ob sie wusste, wie viel leichter alles hätte sein können.

Trotz seiner Jugend hatte er eine Mutter und eine Großmutter und für kurze Zeit auch eine Schwester besessen, hatte sie alle geliebt und alle verloren. Auch Camille hatte ihre Mutter verloren, als sie noch sehr jung gewesen war, und ihr Vater war ein grausamer Gebieter gewesen und hatte sie mit dem jetzigen Herzog verheiratet. Henri glaubte nicht, dass es zwischen Camille und ihrem Vater oder zwischen ihr und ihrem Gemahl viel Zuneigung gegeben hatte. Manchmal behandelte sie Sylvie mit einer solchen Gleichgültigkeit oder Verärgerung, dass es nicht den leisesten Hinweis darauf gab, dass die beiden einmal miteinander geschlafen hatten, und er war sich sicher, dass es kein zweites Mal passiert war. So gern sie die Eunuchen auch hatte, behandelte sie sie doch wie Dienstboten. Maxime hatte beteuert, sie würde ihn nicht lieben. Was war mit Henri? Verglichen mit all diesen anderen, war er nicht mehr als ein Lidzucken, eine Annehmlichkeit, die sie sich für einen Moment erlaubte.

Camilles Hand, stark vom Führen der Zügel, drückte das letzte Wasser aus seinen Haaren. Weil er Angst hatte, sie in seine Augen schauen zu lassen, hob er nicht den Kopf. Sie strich mit der Hand über seinen Nacken und seinen Rücken, als würde sie Guirlande streicheln. Das Schweigen zwischen ihnen dehnte sich immer weiter aus. Würde er jemals den Mut finden, mit ihr über seine Gefühle zu sprechen?

Auch sie redete nicht über dieses Thema, und er glaubte nicht, dass sie es jemals tun würde. Oder tun konnte. Sie war nicht nur eine Herzogin, die in den Grenzen ihres Standes gefangen war, sie war auch furchtbar verletzt worden. Diese Verletzungen rührten wahrscheinlich aus der Zeit vor seiner Geburt. Es war lächerlich, sich einzubilden, ausgerechnet er könnte sie heilen. Das hier war kein Märchen. Er besaß keinen Zauberstab.

Er dachte an eines der Jagdpferde des Herzogs zurück, einen Fuchs, den der Herzog mit der Gerte mehrmals auf den Kopf geschlagen hatte. Henri war nicht dabei gewesen, als das passiert war, aber alle Reitknechte und Stallburschen wussten davon. Der Wallach war anschließend nicht mehr zu gebrauchen gewesen. Er war so nervös, dass niemand sich ihm nähern konnte, ohne dass er in Panik auf die Hinterbeine stieg. Schließlich, Wochen später, hatte ihm der oberste

Stallbursche die Kehle durchgeschnitten. Henri war damals zehn gewesen. Er erinnerte sich heute noch daran, wie er sich auf dem Hängeboden versteckt und geweint hatte. Der Herzog hatte Camille wahrscheinlich viel Schlimmeres angetan als dem Wallach.

Tränen stiegen ihm in die Augen, und er wischte sie ärgerlich mit dem Handrücken weg. Sie war kein verschrecktes Pferd, sie war eine Herzogin, und sie war nicht mehr allein. Sie sollte sich nicht mit weniger zufrieden geben, als dem, was ihr zustand. Und sie sollte nicht allein sein. „Ihr solltet Graf Maxime heiraten“, hörte er sich sagen.

Stille. Dann kam ein „Nein!“. Sie bewegte sich von ihm fort und setzte sich auf eine Bank knapp außerhalb seiner Reichweite.

Er konnte sie nicht ansehen, während er diese Dinge sagte, während er das Wenige, was sie verband, zerstörte. „Denkt an den Verbündeten, den Ihr auf diese Weise gewinnen würdet.“

„Weil es das letzte Mal so gut funktioniert hat“, stellte sie in bitterem Ton fest.

„Er wird Euch ficken, wie auch immer Ihr es wünscht und sooft Ihr wollt. Und er wird Euch nicht beschämen.“

„Ich erwarte ein bisschen mehr, als nicht beschämt zu werden“, erklärte sie.

„Tatsächlich? Mir scheint, als hättet Ihr keinen größeren Wunsch.“

Sie schob ihr Kinn vor. „Du hast nicht die geringste Ahnung, was ich mir wünsche.“

Diese Ahnung würde er wohl auch niemals bekommen, wenn er nichts änderte. „Ihr habt mir nie *gesagt,* was Ihr Euch wünscht, nicht wahr? Ich würde alles für Euch tun, was immer Ihr von mir verlangt. Alles. Aber Ihr wollt nichts von mir, außer meinen Schwanz.“

Ihre nackten Füße glitten über den Steinfußboden, als sie aufstand und von ihm fortging, nein, fortschritt. Das bedeutete, sie war aufgebracht. Nicht so sehr, dass man es von ihrem Gesicht hätte ablesen können, aber doch genug, dass er es erkennen konnte. „Bis jetzt hast du mich kein einziges Mal zurückgewiesen."

Henri versuchte, es ihr zu erklären. „Ihr habt nichts von mir angenommen. Ich habe gegeben. Wieder und wieder. Aber *Ihr* wollt nicht nehmen. Ihr wollt nicht ..." Es tat ihm weh, weggestoßen zu werden. Aber er brachte es nicht über sich, ihr das zu sagen.

Stille. „Ich verstehe nicht."

„Ich könnte ebenso gut mit Eurem steinernen Standbild auf dem Marktplatz schlafen."

„Wenn ich dich nicht befriedigen kann, solltest du nicht mit mir vögeln", erklärte sie steif.

Er konnte nicht anders, als sie ansehen, und wandte sich zu ihr um. Mit hocherhobenem Kopf stand sie da und umschlang ihren Oberkörper mit den Armen. „Ihr seid es, die Befriedigung braucht! Zum Ficken gehört mehr als zwei Körper!"

Camilles Stimme klang immer noch sicher und kühl. „Was willst du von mir? Soll ich mich vor dir verletzlich zeigen? Dir all meine Sorgen erzählen? Dir erlauben, mich zu fesseln? Das ändert nichts für mich, Henri. Nichts würde sich ändern."

Er stieß heftig seinen Atem aus, um nicht wieder laut zu werden. „Das ist es nicht, was ich will", erklärte er. „Ich will einfach nur mit Euch zusammen sein. Und ich möchte, dass Ihr mit mir zusammen seid."

„Ich bin genau hier, bei dir."

Er schüttelte seinen Kopf. „Nein. Das seid Ihr nicht. Ihr denkt an alles Mögliche, aber nicht an uns zwei. Ihr gebt mir

Äpfel zu essen und erlaubt mir, mit meinem Kopf auf Eurer Brust zu ruhen, aber Ihr erlaubt mir nicht, Euch zu lieben."

„Ich habe dich nie gebeten, etwas für mich zu empfinden."

Er spürte, wie seine Schultern nach vorn fielen. „Warum tun wir dann überhaupt irgendetwas? Warum machen wir uns die Mühe?"

Stille. Als er wieder aufsah, streckte Camille ihm ihre Hand entgegen. „Komm her und setz dich neben mich", forderte sie ihn auf.

Henri ging mit ihr, weil seine unbedeckte, feuchte Haut kalt war. Er sah absichtlich an ihrem nackten Körper vorbei, als er ihr in das Becken mit heißem Wasser half. Dann setzte er sich ihr gegenüber, sank bis zu den Schultern in die warme Nässe und ließ seinen Kopf nach vorne fallen, sodass seine Haare seine Augen verbargen.

Er hätte zu Nico zurückkehren sollen oder zu einer anderen Frau wie ihr, einer Frau seines Standes, die wusste, dass im Leben noch andere Dinge zählten als Macht. Einer Frau, die sich eingestand, dass Menschen einander brauchten.

„Was sollte es mir helfen, wenn ich irgendetwas von dir annehme?", wollte Camille von ihm wissen.

Henri starrte ins Wasser. „Fühlt Ihr Euch nie allein?"

Wenigstens tat sie nicht, als würde sie nicht verstehen, was er meinte. „Was sollte das für eine Rolle für mich spielen? Was die Menschen sehen – das ist es, was wirklich zählt. Wenn ich ihnen Schwäche zeige, wie soll ich dann regieren? Das ist ganz besonders jetzt von größter Bedeutung. Niemand wird den Herzog entthronen, wenn er nicht sieht, dass ich die bessere Regentin bin."

Sie hatte gute Gründe für das, was sie tat. Und doch wusste Henri, dass sie unrecht hatte. Wie sollte er es ihr erklären? „Ihr seid sehr gut darin, Eure Gefühle zu verbergen", fing er schließlich an.

„Aber?“ Sie klang nicht, als würde sie seine Antwort ernst nehmen wollen.

Henri zwang sich, sie anzusehen, ihre kurz geschorenen Haare, die entschlossene Miene und ihre wunderschönen silbergrauen Augen. „Ich denke, dass es Euch von innen heraus vergiftet“, sagte er. „Wenn Ihr alles da drinnen verbergt, das Gute und das Schlechte, dann bleibt dort kein Raum mehr. Es eitert. Zunächst bemerkt Ihr es vielleicht gar nicht. Ihr seid vielleicht in der Lage, immer weiterzumachen. Bis es dann eines Tages zu viel wird und Ihr einen Wundarzt braucht. Nur werdet Ihr dann keinen haben. Ihr brauchtet ihn vorher nicht und schicktet ihn deshalb fort. Oder … nein, anders. Ein gutes Pferd, wenn Ihr es nur im Stall stehen lasst, tagein, tagaus. Es kann nirgendwohin, hat nichts anderes zu tun, als nur dazustehen und all den anderen Pferden zuzusehen, die kommen und gehen. Dann beginnt seine Haut zu jucken, es kaut an seinem Futtertrog, es rollt mit den Augen und seine Hufe fangen an zu faulen.“

Sie schaute ihn an, ohne ein Wort zu sagen, bis er verlegen wegsah. „Ihr könnt mir nicht vormachen, dass Ihr vollkommen glücklich seid. Das könntet Ihr nicht behaupten, ohne zu lügen.“ Nachdem er sich mit einem kurzen Seitenblick vergewissert hatte, dass sie ihm zuhörte, fuhr er fort: „Versteht Ihr denn nicht? Ich würde niemals weitererzählen, was Ihr mir anvertraut! Niemals!“

„Henri …“

„Könnt Ihr nicht für einen Moment vergessen, weise und mächtig zu sein? Wenn es nötig sein sollte, Euch wieder daran zu erinnern, würde ich es tun.“ In Schwung gekommen fügte er hinzu: „Wie bei Guirlande. Ihr gebt Euch Guirlande hin, und sie gibt sich Euch hin.“

Camille legte ihre Fingerspitzen auf seine Lippen. Er war erstaunt, dass sie ihn so lange hatte sprechen lassen, ohne ihn zu unterbrechen. Dann presste sie ihren Mund dorthin, wo eben ihre Finger gewesen waren, vergrub ihre Zähne mit einem fast schon schmerzhaften Biss in seiner Unterlippe und öffnete schließlich seinen Mund mit ihrer Zunge. Sie wollte ihn zum Schweigen bringen, aber glaubte er nicht daran, dass auch sein Körper zu ihr sprechen konnte? Selbst wenn sie ihm nicht zuhörte.

Er legte den Arm um sie und zog sie zu sich heran. Als sie abrupt jeden Widerstand aufgab und plötzlich zwischen seinen Knien stand, wäre er fast von der Bank gerutscht. Während sie sich küssten, grub er seine Finger in die seidige Haut ihres Rückens und unterdrückte den Drang zu atmen, denn dann würde er für eine Sekunde seinen Mund von ihrem lösen müssen.

Ihre Hände auf seinen Schultern waren sanft und zärtlich, ihre Daumen strichen über seine Haut. Nun zog Henri sich doch zurück. „Nein", sagte er.

„Du willst mich", stellte Camille fest.

„Ich will Euch immer", erwiderte Henri. „Doch das spielt keine Rolle." Er wusste nicht mehr weiter und legte seine Hände um ihr Gesicht. „Ich liebe Euch", sagte er. „Das ist es, was ich Euch sagen will. Auch wenn Ihr keine Gefühle für mich habt oder Euch nicht erlaubt, welche zu haben."

„Du möchtest mich ficken, das ist alles", stellte Camille fest. „Du bist ein Junge, du bist verwirrt, und du verstehst nicht …"

„Woher wollt Ihr das wissen? Woher?" Am liebsten hätte Henri sie geschüttelt. Stattdessen zog er seine Hände weg. Er befürchtete, weinen zu müssen, wenn sie noch irgendetwas sagte. Er taumelte rückwärts aus dem Wasserbecken und kämpfte dabei um Selbstbeherrschung. Während er sich ungeschickt aus dem Wasser hievte, spürte er ihren Blick auf seiner Haut. „Ich werde jetzt nach Euren Pferden schauen", erklärte er. „Wenn Ihr wollt, könnt Ihr mich begleiten."

Henri zog seine Reithosen an und knöpfte sie mit zitternden Händen zu. Er wusste nicht genau, wie man von hier zu den Ställen kam. Es war ihm egal, er würde schon irgendwie hinfinden. Er hatte vergessen, zuerst seine Strümpfe anzuziehen, und stopfte sie mühsam unter den Saum seiner Hose, bevor er sich hinsetzte, um in seine Stiefel zu schlüpfen.

Hinter sich hörte er das Plätschern von Wasser. Camille war aus dem Becken gestiegen. Beim Zuschnüren ihres Kleides würde sie Hilfe brauchen. Er war jedoch nicht ihre Zofe. Er war überhaupt nichts für sie. Nachdem er sein Hemd ausgeschüttelt hatte, zog er es sich über den Kopf. Der Ärmel war immer noch verdreht. Er musste es wieder ausziehen, um alles auf die richtige Seite zu wenden.

„Bist du fertig?", erkundigte sich Camille.

Bevor er sie ansah, zog er das Hemd wieder an. Sie trug ein langes, locker fallendes Gewand mit offenem Kragen. Der Stoff war grün, rostrot und schwarz gestreift. Sie musste dieses Kleidungsstück aus dem Regal mit den Handtüchern genommen haben, sie sah darin nicht wie sie selber aus.

Henri fühlte sich nicht wie er selber. „Ja", antwortete er. „Wir können gehen."

Schweigend gingen sie nebeneinander her. Henri folgte dem Weg, den Leung ihn entlanggeführt hatte, bis sie auf einen der mit blauen Hemden bekleideten Diener stießen. Er zeigte ihnen, in welcher Richtung die Ställe lagen, die dicht bei den äußeren Wällen der Burg in den Felsen geschlagen waren. Eigentlich hätte er schon längst einmal dort gewesen sein sollen, doch er hatte Maximes Dienern erlaubt, sich um Camilles Pferde zu kümmern. Er hatte die Verantwortung abgegeben. Nun hatte er seine Meinung geändert. Wenn er Camille nicht haben konnte, wollte er wenigstens das behalten, was er schon früher von ihr gehabt hatte.

Die Ställe hatten mit Schnitzereien verzierte Holztüren, auf denen ganze Armeen mit Kupfer überzogene Seepferdchen prangten. Henri nahm eine brennende Laterne, die draußen vor dem Stall hing, öffnete die Tür und hielt sie für Camille auf. Zwei Stallburschen schliefen auf Feldbetten in der Nähe des Eingangs. Der Dunkelhäutige richtete sich verschlafen blinzelnd auf, und Henri sah, dass die Burschen eigentlich junge Frauen waren, deren lange Haare zu vielen mit Perlen verzierten Zöpfen geflochten waren. Sie öffnete den Mund, vielleicht um gegen die Störung zu protestieren, doch Guirlande wieherte freudig. Die junge Frau lächelte, machte ihnen ein Zeichen, sich ruhig den Pferden zu nähern, und streckte sich wieder auf ihrem schmalen Bett aus. Das andere Mädchen hatte nicht eine Sekunde aufgehört zu schnarchen.

Als Erstes ging Henri zu Pivoine, der länger und schneller geritten worden war, als die übrigen Pferde. Der Wallach schlief. Vorsichtig betastete Henri die Beine des Pferds, um festzustellen, ob sie ungewöhnlich heiß waren. Es war alles in Ordnung, Pivoine hatte sich von der Reise erholt. An einem leeren Eimer vor der Box erkannte Henri, dass die Stallmädchen dem Wallach eingeweichte Kleie gegeben hatten. Er erkannte neben dem Geruch der Kleie auch den von Melasse. Tigres Fell glänzte, und seine schüttere Mähne war mit bunten Bändern verflochten. Von der sorgfältigen Pflege schimmerten Lilas und Tonnelle von ihren Nasen bis hinunter zu den geölten Hufen. Tulipe stieß Henri mit der Nase gegen die Brust, schnaubte ihm ins Ohr und prustete ihm in die Haare. Henri sammelte einen Strohhalm von der Nase des Pferdes.

Aus einer anderen Box hörte er Guirlande erneut sanft in jenem Ton wiehern, den sie für eine bestimmte Person reserviert hatte. Henri schaute zu ihr hinüber. Camille hatte den

Arm um den Hals der Stute gelegt. Ihre Stirn lehnte an der des Pferdes. Ihre Augen waren geschlossen. Die sonst so angespannte Linie ihres Kiefers wirkte weich und nachgiebig. Dann hob sie die Hand, um Guirlande unter dem Halfter zu kraulen, und die Bewegung ihrer Finger war langsam, träumerisch.

Henri hatte das Gefühl, keine Luft zu bekommen. Er klopfte Tulipe auf den Hals und trat aus der Box. „Camille“, sagte er. Sie reagierte nicht. „Camille“, wiederholte er ein wenig lauter. Sie öffnete die Augen und wandte den Kopf, sodass nun ihre Wange an Guirlandes Nase ruhte.

„Genau das hier ist es, was ich meinte“, erklärte er ihr. „Genau das, was du gerade tust.“

Ihre Lider schlossen sich wieder. „Ich kann nicht“, flüsterte sie.

„Doch, du kannst.“ Henri ging zu ihr und nahm sie in seine Arme.

22. KAPITEL

Henri roch nach Pferd. Camille schmiegte ihre Nase in seine Halsbeuge und atmete tief ein. Ihr Kinn grub sich in den Muskel an der Stelle, wo sein Hals in die Schulter überging. Sie spürte, wie sein Kinn über ihre Haare strich. Ihre Kopfhaut kribbelte, als sich ihr Haar in seinen Bartstoppeln verfing. Während seine Hände auf ihrem Rücken auf und ab glitten, murmelte er etwas vor sich hin. Sie verstand kein einziges Wort.

Eigentlich hätte sie ihm diese Freiheiten nicht erlauben sollen, aber sie war müde, und es fühlte sich so unglaublich gut an, umarmt zu werden. Henri hatte recht. Das war es, was ihr fehlte. Sie war dicht davor gewesen, Maxime zu gestehen, dass sie jemanden an ihrer Seite brauchte, aber letztendlich war es Henri, den sie wollte. Und er wollte sie. Er hatte sie nicht angelogen. Dazu war er wohl auch gar nicht fähig. Schließlich vertrauten die Pferde ihm. Es wäre dumm von ihr, sich nicht auf den Instinkt der Pferde zu verlassen, der einzigen Wesen, die sie nie im Stich gelassen hatten.

Sie musste seine Zärtlichkeiten erwidern. Es fiel ihr schwer, ihre Arme zu heben und ihn zu umschlingen. Auch die kleinste Bewegung tat ihr bis in die Seele weh; er würde spüren, dass sie nichts mehr wollte, als ihn zu berühren und zu halten. Aber sie hatte in ihrem Leben schon schwierigere Dinge getan, als jemanden wissen zu lassen, dass sie ihn wollte. Sie hatte dem Herzog erlaubt, sie zu berühren, nachdem er sie zum ersten Mal betrogen hatte; sie hatte sich selbst auf Kommando zur Schau gestellt; sie hatte den Herzog ebenfalls betrogen. Sie hatte einen Fremden aufgefordert, sie zu schwängern. Das hier hätte ganz leicht für sie sein müssen. Andere Menschen taten es jeden Tag.

Sie umklammerte Henris Taille und presste ihre Hüfte an

seine. Guirlandes Nase stupste sie gegen den Rücken, und sie erinnerte sich, dass sie mitten in Maximes Stall standen. Strohhalme kitzelten sie an ihren nackten Knöcheln über den leichten Schuhen, die sie trug. Zwei Frauen, die sie nie zuvor gesehen hatte, schliefen nur wenig Schritte entfernt.

Guirlande schnaubte. Bevor sie sie wieder anstupsen konnte, trat Henri einen Schritt zurück und zog Camille sachte an der Hand mit sich. „Pass auf, wo du hintrittst", raunte er.

„Wo gehen wir hin?"

„Ich weiß es nicht."

Das stimmte in mehr als einer Hinsicht. Sie sollte auf ihren einmal eingeschlagenen Weg zurückkehren. Womöglich suchte schon jemand nach ihr. Sie musste Pläne schmieden und verschiedene Dinge mit Maxime, Kaspar und Gisèle besprechen. Die Gedanken an all das fühlten sich an wie Mühlsteine um ihren Hals. Doch nun, hier, im schummerigen Stall, wo ein Junge, dessen einziges Ziel ihr Vergnügen und ihre Freude war, sie zu einer verbotenen Tat drängte … hier fühlte sie sich leicht und fast wie neugeboren.

Die abgedunkelte Laterne, die Henri außen an Tulipes Box gehängt hatte, warf ihr Licht nicht bis in den Teil der Stallgasse, wo Henri sie hinzog. Sie ließ zu, dass er sie in die Dunkelheit führte, die sich durch den warmen, reichen Geruch der Pferdekörper und des Pferdemists vertraut und heimelig anfühlte. In den dunklen Boxen verlagerten die Pferde ab und zu ihr Gewicht, und unter ihren Hufen knisterte das frische Stroh. Sie gingen an mehreren leeren geöffneten Boxen vorbei und erreichten zwei Türen. Camille strich mit der Hand über die erste. Auf dem Holz war eine Schnitzerei, die Sattel und Zaumzeug darstellte. Die zweite Tür war mit einem geschnitzten Eimer gekennzeichnet; wahrscheinlich handelte es sich um einen Raum, wo Breie für Umschläge und fürs Futter gemixt wurden. Sie nahm einen schwachen Geruch nach Melasse und gekochtem Hafer wahr.

Henri wählte die Sattelkammer. Wie passend: Es war eine Sattelkammer gewesen, in der er sich ihr in einer Scheune in der Nähe des Herzogspalasts verpflichtet hatte. Damals hatte sie nur sichergehen wollen, dass er sie auf ihrer Reise begleiten würde, anstatt zurückzubleiben und von den Wachen des Herzogs verhört zu werden.

Nein. Ganz so war es nicht gewesen. Sie hatte gewollt, dass er ihr gegenüber aus freiem Willen seinen Eid ablegte. Das hatte vor ihm niemand getan. Selbst Sylvie war nur in ihre Dienste getreten, weil es keinen anderen Ort gab, wo sie hätte hingehen können. Sie hatte gewollt, dass Henri sich ihr verpflichtete. Denn dann gehörte er ihr, mitsamt seinem Draufgängertum, seinen zärtlichen Blicken und seiner jugendlichen Zuversicht – als würde auch sie diese Eigenschaften besitzen, wenn sie ihn besaß. Zur damaligen Zeit hatte sie nicht einmal darüber nachgedacht, sich ihm ebenfalls mit Haut und Haaren zu überantworten.

Wenn sie sich nicht selbst so oft und so lange belogen hätte, hätte sie es vielleicht früher begriffen. Alles hätte ganz anders kommen können. Wann hatte das alles begonnen? Wo und wann hatte sie sich zum ersten Mal verloren? Wer wäre in der Lage gewesen, ihr zu helfen, wenn sie um Hilfe gebeten hätte? In Gedanken packte sie sich selbst bei den Schultern und schüttelte sich. Sie durfte nicht ständig über die Fehler der Vergangenheit nachdenken, oder diese Fehler würden sie verschlingen.

Camille folgte Henri in die Sattelkammer, in den Geruch nach Leder, Öl und Politur. Sie ließ seine Hand los, um die Tür hinter sich zu schließen, und fand sich ganz allein in der fast vollständigen Dunkelheit wieder. Nur unter der Tür war ein leichter Lichtschimmer zu erkennen, ebenso durch ein paar Risse im Holz. Schwach nahm sie Henris Duft nach Sandelholzseife und den Salzen der heißen Quelle wahr, doch sie konnte ihn nicht sehen. Sie musste an eine Nacht vor zehn Jahren denken, in der sie in der Dunkelheit ihres Schlafzimmers gelegen hatte. Ihre Handgelenke waren ans Bettgestell gefesselt, und sie wartete auf Michel, der seine Gelüste an ihr stillen würde. Bei jedem leisen Geräusch war sie zusammengezuckt. Nie zuvor in ihrem Leben hatte sie sich so allein gefühlt. Sie war so froh gewesen, als er schließlich kam und eine brennende Kerze mitbrachte. Das Licht hatte ihre Angst schwinden lassen. Sie war ihm fast dankbar dafür gewesen, bis er das geschmolzene Kerzenwachs auf ihre Brustwarze gegossen hatte.

Henri stieß gegen irgendetwas, schrie auf und fluchte. Als sie auf diese Weise in die Gegenwart zurückgeholt wurde, begann sie zu lachen. Das hier war die Wirklichkeit: Das hier war es, was sie in ihrem Leben wollte. Sie wollte die Möglichkeit, zu stolpern und zu fallen und schließlich doch noch ihr Ziel zu erreichen. Endlich war sie frei. Sie hatte sich selbst befreit. Und sie hatte einen wunderschönen, kraftvollen Liebhaber, der sich bestens aufs Fluchen verstand.

Henri stieß gegen ihren Arm, ließ seine Hand daran entlang bis zu ihren Schultern wandern und zog sie in seine Arme. Eine Weile lachte sie noch über die Absurdität ihres Lebens und klammerte sich dabei an der Vorderseite seines Hemds fest. Schließlich küsste er sie, was ihr auch komisch erschien. Seine Bartstoppeln kitzelten sie. Seine Zunge glitt in ihren Mund, sie griff mit beiden Händen nach seinem Kopf, zog ihn näher zu sich heran und dann küssten und küssten und küssten sie sich.

Als sie aufhören musste, um nach Luft zu schnappen, stellte sie fest, dass ihr Rücken gegen eine Wand gepresst war. Durch ihr dünnes Kleid konnte sie die rauen Steine fühlen, und sie rieb genüsslich ihre Schultern daran, während sie eine Hand über Henris Wange und Kinn gleiten ließ und sich mit der anderen an seinem Hemd festhielt. „Ich habe keine Ahnung, warum ich das hier eigentlich tue“, stellte sie fest. „Wir sollten in unser Zimmer gehen und uns bequem hinlegen.“

„Du willst jetzt nicht aufhören“, stieß Henri nervös hervor.

„Nein. Dazu ist es zu spät.“ Camille strich mit einer Fingerspitze an seiner Nase entlang und folgte dann der Linie seiner Lippen. „Was soll nur aus uns werden? In einem Palast gibt es keine Geheimnisse.“

Henri berührte ihr Gesicht. Zunächst nur ganz leicht, dann mit zärtlichem Nachdruck, in dem mehr Sicherheit lag. Seine Daumen glitten über ihre Wangenknochen. „Ich möchte nicht, dass du dich für mich schämst“, erklärte er. „Irgendjemand wird herausfinden, wer ich bin und wo ich herkomme, ganz egal, was wir sagen oder tun. Vielleicht … wenn ich nur selten zu dir käme …“

„Nein“, widersprach Camille. „Keine halben Sachen. Du wirst bei mir im Palast leben.“ Als er nichts erwiderte und seine Hände plötzlich bewegungslos auf ihrer Haut lagen, fragte sie: „Würdest du das für mich tun?“

„Ich habe Angst“, antwortete er mit ganz leiser Stimme. „Aber … du gibst mir genug Gründe zu versuchen, mehr als nur ein Stallbursche zu sein. Das war das Erste, was ich von dir gelernt habe, als ich neu im Stall war und dich reiten sah. Ich wollte reiten wie du. Wenn es mir nicht darum gegangen wäre, hätte ich niemals das Training deiner Pferde übernommen, und du und Sylvie hättet mich vielleicht nie gesehen, und wir hätten vielleicht niemals … Du hättest mich niemals auserwählt.“

Camille dachte über das nach, was er gesagt hatte. Dann beugte sie sich vor und presste ihre Lippen erst auf seine

Stirn, dann auf seinen Mund. „Was wir tun, hat oft größere Folgen, als wir meinen“, erklärte sie schließlich. „Selbst wenn wir es zunächst gar nicht ahnen. Wenn du mit mir im Palast lebst, wird der Hofstaat mich mit anderen Augen sehen, und die Bürger auch. Ich muss dafür sorgen, dass dies eine Veränderung zum Guten ist. Du wirst eine höhere Position erhalten, eine, die zwischen der eines Adligen und eines Dieners liegt. Stallmeister vielleicht. Dann werden wir weitersehen.“

„Ich werde mein Bestes geben“, versprach Henri. Er gab ihr einen raschen Kuss, dann strich er mit einer Hand an ihrem Hals hinunter, an ihrer Schulter entlang und schließlich weiter zu ihrer Brust, die er mit seiner Handfläche umschloss. „Ich hätte gern einen Ort, von dem mich niemand vertreiben kann“, gestand er. „Dann müsste ich mich nicht vor jedem fürchten, der ... Maxime gibt mir Unterricht“, verriet er ihr spontan. „Denn wenn die Höflinge auf mich herabsehen, sehen sie auch auf dich hinab.“

„Maxime wird dir sicher helfen“, erklärte Camille. „Ich habe nicht vor, ihn aufzugeben, Henri. Er hat nicht dieselbe Bedeutung für mich wie du. Das sage ich dir, damit du keine Angst hast. Er und ich haben eine gemeinsame Vergangenheit. Diese Erinnerung möchte ich mir bewahren, und er ist mir wichtig.“

Henri liebkoste ihre Brust und rieb seine Wange an ihrer. „Darf ich zusehen?“, fragte er nach langem Schweigen.

Camille unterdrückte ein weiteres lautes Lachen. „Du hast zu oft mit Sylvie herumgespielt.“

„Und mit dir.“

Camille seufzte und entspannte sich unter seinen zärtlichen Händen und Lippen. „Spiel jetzt mit mir. Nur mit mir. Und ich werde nur an dich denken.“

Henri küsste ihre Wangen, ihre Mundwinkel, die weiche Stelle an ihrem Hals, und jede Berührung seiner Lippen war wie Samt, der über ihre Haut strich. Seine Hände glitten über ihre Brüste, und es dauerte nicht lange, bis er den Weg unter den Stoff ihres Kleids fand. Dort wanderten seine Fingerspitzen mit fedrigen Berührungen über ihre Haut, und ihre Möse zog sich vor Verlangen zusammen. Henris Mund streifte ihren Nippel, bevor er die Lippen darum schloss und fest an ihr saugte. Ihre Knie zitterten und schienen unter ihr nachzugeben. Ihre Schultern stießen rückwärts gegen die Mauer, und sie war dankbar für die Stütze der festen Steine, als er fortfuhr, erst an einer Brust zu saugen, dann an der anderen, während seine Finger ihre Hüfte packten, über ihre Rippen aufwärtsglitten, wobei seine Daumen die Zwischenräume erforschten, wieder abwärts wanderten und schließlich die Stelle direkt über ihrem Schoß kneteten, zum Verrücktwerden dicht bei ihrer geheimen Perle.

Henri küsste ihre Kehle, und seine Hüften zuckten gegen ihre. Sie erwiderte den Stoß und öffnete ihre Schenkel, um ihm ein Nest zu bieten. Mit einem leisen Stöhnen, dessen Echo ohne ihr Zutun aus ihrem Mund kam, stieß er erneut gegen sie. „Oh, bitte, mach das noch einmal", bat sie, und als er sie wieder stieß, zuckte auch sie ihm entgegen, und in diesem Moment gab es für sie nichts außer der gleitenden Reibung und der unglaublichen Lust, die jede Berührung durch ihren Schoß schießen ließ.

Sie griff an die Knöpfe seiner Reithose und befreite seinen Schwanz. Als sie den Schaft umfasste, ihn in Richtung ihrer pochenden Spalte drängte und die Eichel an ihren Schamlippen rieb, stöhnte er leise. „Ich möchte dich in mir haben", flüsterte sie.

„Eine Decke?", keuchte Henri in ihr Ohr. „Soll ich eine Decke suchen?"

„Nein. Hier und jetzt." Sie konnte nicht warten und wollte es auch nicht. Sie presste ihre Hüften an seinen Körper und rieb sich wild an ihm. Das fühlte sich so schwindelerregend gut an, dass sie es noch einmal machte und dabei stöhnte. Sie konnte nicht stillhalten.

„Oh, verdammt", stieß Henri hervor und stieß ebenfalls ruckartig mit seinem Unterleib gegen ihren. „Lass mich … höher …"

Er packte ihre Hinterbacken und hob sie mühelos hoch. Camille umklammerte seine Hüften mit den Schenkeln, versuchte sich irgendwo hinter ihrem Rücken abzustützen und hielt sich dann an seinen angespannten Schultern fest. „Rein", forderte sie ihn auf.

Henri verlagerte ihr Gewicht in seinen Armen, verlagerte es noch einmal, und dann spürte sie, wie sich sein Schwanz in die feste Umschlingung ihrer Möse schob. Es fühlte sich an, als würde es sie bis hinauf in ihre Brust durchbohren. Das Gefühl der Lust war so intensiv, dass sie für einen Moment den Druck ihrer Schenkel lockerte. Sie wand sich an seinem Körper und schnappte erstaunt nach Luft, als ihr Nippel sich dabei an seiner Brust rieb. Sein Hemd war rau auf ihrer Haut. Sie presste sich fester an ihn, wollte seinen harten Körper spüren, und dadurch änderte sich auch der Winkel ihrer Spalte. Wieder schnappte sie nach Luft, während er keuchte und noch tiefer in sie hineinglitt.

Sie grub die Finger in seinen Rücken, in seinen Hintern, in alles, was sie erwischen konnte. Der Winkel war wunderbar, ihre Verbindung so eng, dass sie auch die kleinste Veränderung seiner Haltung und jedes winzige Stück seines Fleisches in sich spürte. Ihr Honig tropfte aus ihr heraus und ließ sie beide glitschig und feucht werden.

„Ja", stöhnte sie. „Ja, ja, bitte, fick mich jetzt."

„Camille", presste er hervor. Er packte sie fester und stieß zu. Seine Stirn fiel auf ihre Schulter. Er stieß wieder zu und noch einmal, die Falten seines zerknitterten Hemds rieben sich an ihren nackten Brüsten. Es war schrecklich. Sie konnte sich weder an ihm noch an der Wand hinter sich festhalten, und er konnte nicht gleichmäßig zustoßen. Deshalb machte jeder Stoß und jede seiner Bewegungen sie verrückt und trieb sie einem Gipfel entgegen, dem sie sich nicht weit genug näherte, um ihn sehen zu können. Sie schlug nicht vor aufzugeben und auch Henri tat das nicht. Sie bemühten sich gemeinsam um etwas Unmögliches. Camille spürte ihren Körper nur noch dort, wo er sich an seinem rieb und über seine Haut glitt, am deutlichsten aber dort, wo er in ihr steckte. Und sie spürte Henri: Seine Hände und sein Mund sprachen zu ihr, ebenso sein vertrauter Duft und seine schützende Umarmung.

Unter ihren Händen zuckten seine Muskeln. „Ich kann dich nicht länger festhalten", stieß er hervor. „Wenn wir uns umdrehen ..." An seinem Körper entlang ließ er sie zu Boden rutschen. Camille schrie auf, als sein Schwanz aus ihr herausglitt.

„Das hier wird besser funktionieren", erklärte er, während er ihre Schultern packte. Sie bemerkte, dass er nun seinen Rücken an der Wand abstützte, um ihr Gewicht besser tragen zu können. Sie spreizte die Beine über ihm und konnte sich nun auch an seinen Schultern festhalten, während er seinen Schwanz wieder in sie hineinschob. Inzwischen war sie so empfindlich und geschwollen, dass jedes Stückchen, das er sich vorarbeitete, Tränen der Lust in ihre Augen trieb. „Ich will, dass es schön für dich ist." Sein Atem kam stoßweise. „Wirklich schön."

Camille atmete tief durch, dann erinnerte sie sich. Sie musste sich nicht vor ihm verstecken. Als er zustieß, öffnete sie den Mund und ließ ihre Schreie heraus, einen für jeden der süßen, brennenden Stöße in ihr tiefstes Inneres.

Henris Atemzüge klangen wie Schluchzer. Seine Bewegungen folgten rascher aufeinander und ließen sie, eine kleine Ewigkeit lang, so erschien es ihr, am Rande des Abgrunds schweben. Ganz plötzlich hielt er inne, zuckte in ihr, stieß noch einmal zu und keuchte: „Komm für mich, Camille. Komm. Ich möchte dich hören, wenn du kommst. Du bist so wunderschön ... Du fühlst dich so wunderbar an ... Ich liebe dich so sehr ...“ Er hämmerte in sie hinein, rasch und heftig, und sein Schambein stieß wieder und wieder gegen das verborgene Zentrum ihrer Lust. Es war, als würde sie einen Berg hinunterrasen, immer schneller und schneller. Sie konnte spüren, wie ihr Höhepunkt nahte, und sie konnte ebenso wenig dagegen tun, wie sie aufhören konnte zu atmen. Seine Worte gingen in einem Rauschen unter, sie fühlte nichts mehr außer dem, was in ihrer Möse passierte. Sie raste darauf zu, kam näher und näher heran, und dann flog sie.

Vielleicht hatte sie aufgeschrien. Sie war sich nicht sicher. Sie wusste nur, dass sie in seiner Umarmung zuckte, dass sie ihren Griff lockerte und halb zu Boden rutschte, bevor er sie auffing. Sie bebte in seinen Armen und wimmerte bei jeder der langsam schwächer werdenden Kontraktionen, bis sie spürte, wie sein Schwanz wild gegen ihren Bauch schlug. Da umschlang sie seine Hüften mit den Armen, glitt auf den Boden und nahm ihn tief in den Mund.

Henris Schrei war laut und tief. Camille saugte ihn in ihre Mundhöhle hinein, tief und heftig, grub ihre Finger in seine Hinterbacken und leckte ihre eigenen Säfte von seinem Schaft. Dann umfasste sie den unteren Teil seines Schwanzes mit den Händen und streichelte ihn mit raschen, heftigen Bewegungen, während sie ohne jede Finesse an der Eichel saugte. Henris Hüften ruckten, bevor sein Glied in ihrem Mund heftig zu zucken begann, als wollte er sich gegen die Lippen, die ihn hielten, auflehnen. Sie schluckte, hustete und spuckte, dann wandte sie sich ihm wieder zu, streichelte ihn durch seinen Höhepunkt hindurch und leckte ihn hinterher sauber.

Henri fiel auf die Knie und lehnte seine heißen, schweren Schultern gegen sie. Camille streichelte seinen Rücken und seine Arme. Langsam beruhigte sich sein Atem. „Das hier sollte doch eigentlich nur für dich sein“, sagte er schließlich.

„Das war es auch“, versicherte sie ihm. „Ich hatte vorher einfach …“ Sie schaffte es nicht, ihm zu sagen, dass sie bis jetzt immer zu viel Angst gehabt hatte. „Ich wollte dir zeigen, dass du recht hattest.“ Sie fühlte sich sicher bei ihm. Entspannt. Friedlich.

Henri legte die Arme um sie. „Ich fühle mich, als hätten Tulipe und ich gerade das große Eingangstor des Palasts übersprungen und wären ohne den geringsten Fehler wieder gelandet. Dir kann ich sagen, was kein anderer verstehen würde.“

Das Tor tauchte vor Camilles innerem Auge auf, die weißen Steinquader mit dem filigranen Eisengitter darauf, die massiven Eichentüren mit ihren Riegeln und Griffen. Sie sah sich selbst auf einer Seite stehen und den Herzog auf der anderen, und plötzlich war ihr eiskalt.

23. KAPITEL

In der Burg am Meer waren zwei Monate vergangen, Monate, die für Henri Freude, aber auch Enttäuschung mit sich brachten. Camille verbrachte ihre Zeit damit, ihre Rückkehr in den Herzogspalast zu planen und darüber nachzudenken, was danach geschehen sollte und wie es geschehen sollte. Henris Rolle war kleiner. Er war nun in Seide gekleidet, in feines Leinen und helle Wolle, die so weich wie Wolken war. Seine Haare hatte er im Nacken zu einem stoppeligen Zopf zusammengebunden, weil er sie nicht abschneiden durfte, und immer wieder lösten sich einzelne Strähnen und fielen ihm ins Gesicht.

Maxime sorgte dafür, dass er sich jeden Tag in einem anderen Stil kleidete. Außerdem bestand er darauf, dass er das, was er anhatte, so trug, als würde es untrennbar zu ihm gehören und als hätte er sich niemals anders gekleidet. Einige der Kleidungsstücke gefielen ihm, ganz besonders die, die er zu Stiefeln tragen konnte – er war ganz verliebt in die Stiefel, die sorgfältig nach Maß für ihn angefertigt worden waren, anstatt nur ungefähr in seiner Größe –, und gewöhnte sich sogar daran, manchmal helle Farben anzuziehen. Es war viel einfacher, helle Kleidung sauber zu halten, wenn er keinen Mist schaufeln musste.

Einige der Sachen, wie die bodenlangen, weiten, zum Tragen in der Wüste gedachten Gewänder, waren ein furchtbares Ärgernis. Er fragte sich, wie Camille nur mit ihren langen Kleidern zurechtkam. Sylvie brach in lautes Gelächter aus, als er sie danach fragte, und verbrachte einen ganzen Nachmittag damit, ihn in die Kunst, Röcke zu tragen, einzuweihen. Dann ging sie zur Körperhaltung über, doch auf diesem Gebiet war Henri ihr überlegen; sein Gleichgewichtssinn war hervorragend, und er konnte sogar Treppen steigen, während er mehrere Bücher auf dem Kopf balancierte.

Maxime schleifte ihn durch alle für offizielle Angelegenheiten gedachten Räume der Burg und hielt ihm dabei endlose Vorträge. „Du darfst keine Zweifel haben! Du ziehst an, wonach auch immer dir der Sinn steht! Du gehörst an Camilles Seite! Benimm dich, als wäre das eine unumstößliche Tatsache, und es wird so sein.“ An dieser Stelle verdunkelte sich normalerweise seine Miene. „Wenn du allerdings aufgeben willst, werde ich nur zu gern deinen Platz einnehmen.“

„Ich sehe sie nie, außer nachts“, murrte Henri. Er saß auf einem schweren, geschnitzten Stuhl im Speisesaal und starrte auf eine Anordnung von Bestecken vor sich auf dem Tisch hinunter. An diesem Tag trug er eine kurze, wattierte Jacke und eine enge Strickhose zu niedrigen Wildlederstiefeln, alles in einem dunklen Braun. Er sah aus wie ein Rübensack und kam sich auch so vor, abgesehen von seinen Beinen, die sich dünn und nackt anfühlten. Er war froh, dass der Tisch seinen Schritt verbarg, denn er wollte nicht, dass jeder im Schloss erfuhr, auf welcher Seite er seinen Schwanz trug. Maximes gedankenvoller Blick und sein anschließendes vergnügtes Lächeln hatten ihm nicht so viel ausgemacht, weil er nichts anderes von ihm erwartete, aber im Vorbeigehen hatte er mehr als eines der Hausmädchen hinter der vorgehaltenen Hand kichern hören.

„Ich sehe sie fast überhaupt nicht mehr. Alles, was mir bleibt, ist, mir vorzustellen, was ihr zwei wohl so in meinem besten Gästezimmer treibt“, erklärte Maxime, während er Henri die Hummerzange hinschob. „Die nimmt man.“

„Jedenfalls essen wir niemals Hummer“, betonte Henri. Er nahm die Zange und führte Maxime vor, dass er wusste, wie man sie benutzte. Er kannte hundert verschiedene Arten, ein Pferd zu kurieren. Das hier war wesentlich leichter zu erlernen. Das Schwierige war nicht, die Tatsachen zu kennen. Es war die tiefere Bedeutung dieser Tatsachen und das Wissen darum, was es für Auswirkungen hatte, wenn er sich ihrer bediente. Ihm war klar, dass genau das der Grund sein würde, wenn er stolperte und fiel; er würde eine Antwort kennen, aber er würde seine Antwort im falschen Moment falsch formulieren. Er war nicht sicher, ob er jemals lernen würde, sich wie ein Aristokrat zu *fühlen* – er war sich nicht einmal sicher, ob er tief in seinem Inneren einer sein wollte. Aber er musste wenigstens lernen, so zu tun, als ob, um Camilles willen, damit sie sich seiner nicht schämen musste. Und um seiner selbst willen, damit er auch weiterhin erhobenen Hauptes durchs Leben gehen konnte.

Maximes nächste Bemerkung bestätigte seine Gedanken. „Es spielt keine Rolle, ob du die Zange benutzt oder nicht. Du musst nur wissen, was das ist, ohne wichtig zu nehmen, dass du es weißt. Zeige niemals Stolz über dein Wissen."

„Ich *nehme* es nicht wichtig", erwiderte Henri. „Jeder könnte lernen, dass das hier eine Hummerzange ist. Nur reiche Leute interessieren sich dafür, ob man es weiß." Er hielt die Hände hoch. „Ja, ja, ich gebe mir so viel Mühe, wie ich nur kann, so zu tun, als wäre ich reich." Er veränderte seinen Tonfall und ahmte einen der besonders aufgeblasenen Knechte aus dem Stall des Herzogs nach: „Zu was soll denn jemand nütze sein, der nicht einmal weiß, wie man mit einer Hummerzange umgeht?"

„Gut. Du lernst hinzu. Die Reichen tun, als wäre es ihnen egal, obwohl es in Wahrheit eine Frage von Leben und Tod für sie ist", verriet Maxime ihm grinsend.

Henri schwieg einen Moment und spielte mit einem Knipser herum, der für das Zerkleinern von Teeblättern gedacht war. „Woher wisst Ihr all diese Dinge?"

Maxime lehnte sich auf seinem Stuhl zurück, der gefährlich knarrte. „Ich habe einige Reisen unternommen. Das ist der einzige Weg, wirklich etwas zu lernen. Du solltest es ausprobieren. Es wäre mir ein Vergnügen, dich in ein Schiff zu setzen, das, sagen wir, in die Reiche im Osten fährt. Dann kannst du selber feststellen, wie es ist, wenn alle um dich herum mit zwei spitzen Hölzern geschickt Reiskörner zum Mund führen, während du in Erwägung ziehst, mit den Fingern zu essen."

„Eines Tages werde ich auf Reisen gehen", versprach Henri und fügte sarkastisch hinzu: „Ich nehme an, Ihr wärt nur zu gern bereit, Euch während meiner Abwesenheit um Camille zu kümmern?"

„Natürlich. Wie kannst du überhaupt fragen." Maxime hob einen speziellen Löffel hoch, der zum Entfernen von Fischaugen benutzt wurde, wenn das Meeresgetier im Ganzen gebraten und serviert worden war. „Nun, was ist das hier?"

Wenn Henri am Nachmittag Freizeit hatte, ging er in die Ställe. Die beiden Mädchen kümmerten sich sorgfältig um die Tiere, aber die Pferde erwarteten seine täglichen Besuche, und er wollte sie nicht enttäuschen, denn sie hätten seine Entschuldigungen nicht verstanden. Er hatte herausgefunden, dass er die Zeit im Stall brauchte, so kurz sie auch sein mochte, um alles andere zu vergessen und nur er selbst zu sein.

Wenn er abends in die Zimmerflucht zurückkehrte, die er mit Camille bewohnte, saß er ein paar Augenblicke stumm in ihrer Nähe. Oft war sie dann in eine Unterhaltung mit Kommandant Leung vertieft, die sie mit ihrem Schiff die Küste entlangsegeln würde, oder sie sprach mit Maximes Tante Gisèle. Später kam Kaspar und ebenso oft Arno, um ihn und Sylvie mit Beschlag zu belegen, damit sie den sicheren Umgang mit Klinge, Bogen und Pistole erlernten. Henri hasste Pistolen. Sie waren laut, schmutzig und langsam, und hinterher stanken seine Hände beißend nach Pulver. Das Bogenschießen hingegen liebte er. Weil er als Kind eine Schleuder benutzt hatte, fiel ihm das Zielen nicht schwer, und auf ein unbewegliches Ziel zu schießen, war fast ein Kinderspiel. Manchmal vergaß er, dass das Training für sein zukünftiges Leben im Palast äußerst wichtig war.

Er schlief mit Camille in einem Bett. Normalerweise war sie noch nicht da, wenn er sich schlafen legte. Oft erwachte er irgendwann in den Stunden nach Mitternacht und sah sie ihr Kleid mit so müden Bewegungen abstreifen, wie sie sie niemals einem anderen Menschen gezeigt hätte. Mit einem verschlafenen Blinzeln richtete er sich dann auf und streckte die Arme nach ihr aus. Diese Stunden waren ihm die allerliebsten. In seiner Umarmung wurde Camilles Körper weich, ihre Muskeln entspannten sich, sie schmiegte ihr Gesicht an seinen Hals und murmelte unverständliche Worte vor sich hin, während er ihr übers Haar strich und ihren Nacken streichelte. Er hätte gern mit ihr geredet, aber dazu war sie eindeutig viel zu erschöpft.

Einmal gab er seiner schon lange dauernden Sehnsucht nach und befriedigte sie mit dem Mund. Sie genoss es, das spürte er genau, die leisen Schreie, mit denen sie kam, klangen süß, doch sofort danach schlief sie ein, und ihre Finger in seinem Haar wurden schlaff. Wehmütig erinnerte er sich selbst daran, dass er mehr als einmal eingeschlafen war, während sein Schwanz noch in ihr steckte, also konnte er ihr wohl kaum einen Vorwurf machen. Das eine Mal, das sie früher als gewöhnlich in das gemeinsame Bett gekommen war, waren ihre Absichten eindeutig gewesen; er erwachte davon, dass sie ihn zärtlich mit der Hand reizte.

Ihr Daumen strich an seinem Schwanz entlang, als wäre

er unfassbar empfindlich, so sachte, dass Henri zunächst gar nicht richtig wach wurde, sondern sich in einem erotischen Traum wähnte. Während sie die Finger um ihn schloss und an seinem Schaft auf und ab strich, tauchte er langsam aus der Tiefe des Schlafes empor und sah blinzelnd zu ihr auf. Sie kniete neben ihm, ihre Brüste schwangen sanft mit der Bewegung ihres Armes, ihr Gesichtsausdruck war entschlossen. Henri hob die Hand und berührte ihren Unterarm, um ihr zu zeigen, dass er wach war. Sein Blick begegnete ihrem.

„Ich sehe dir gern beim Schlafen zu", flüsterte sie. „Dann weiß ich, dass du ganz allein mir gehörst."

„Ich gehöre immer noch nur dir", erklärte er, ließ seine Hand aufs Laken fallen und streckte sich genüsslich unter der seidigen Bettwäsche. „Bitte, mach mit mir, was du willst." Er ließ seine Wimpern flattern und wurde von Camille mit einem sanften Lachen belohnt.

Sie beugte sich vor und leckte ihn, liebkoste ihn zart mit der Zunge, folgte der Linie, wo seine Beine und seine Hüfte zusammenstießen, und den Umrissen des Nests seiner lockigen Haare. Sanft ließ sie die Finger durch die Locken gleiten, dann zog sie daran. Sie nahm einige davon zwischen die Zähne und zupfte sachte, dann kehrte sie zum Lecken zurück. Henris Atem wurde unregelmäßig, während er unter jeder neuen Welle süßer Lust, die ihn durchfuhr, zusammenzuckte. „Helft mir, Madame la Duchesse", stieß er hervor. „Ich werde von Schmetterlingen überwältigt."

Camille lachte direkt gegen seinen Schwanz, dann zog sie sich zurück und ließ ihren Atem an seinem Schaft entlangstreichen. „Er hebt sich", stellte sie mit gespielter Überraschung fest. „Er entwischt mir, Henri!"

„Dann fang ihn schnell wieder ein", forderte er sie auf und bog seinen Rücken, um sein Glied näher an ihren Mund zu bringen. Sie leckte sich über die Lippen, und Henri keuchte:

„Bitte?" Er hob die Arme über den Kopf und klammerte sich an das Bettgestell. Das mochte sie. Er wusste es, weil sie immer einen Moment innehielt und hinsah. In dieser Position standen die Muskeln in seinen Armen auf eine Weise hervor, die ihr gefiel.

Camille richtete sich auf und fuhr mit den Fingernägeln in langen Strichen an der Rückseite seiner Arme entlang. Er erschauerte. Seine angespannten Muskeln ließen ihn noch intensiver fühlen. Mit der Zunge folgte sie den Spuren ihrer Nägel, dann leckte sie über seine kitzelige Armbeuge und fuhr schließlich über seine Nippel. Niemals zuvor hatte Henri erlebt, dass jemand seiner Brust so viel Aufmerksamkeit widmete. Seine Nippel wurden fast sofort hart, und jedes Mal, wenn Camille mit ihren Fingerspitzen über sie hinwegglitt, durchlief ihn eine fast schmerzhafte Welle des Begehrens. Als sie schließlich begann, an ihnen zu saugen, schrie er erschrocken auf, so heftig war die Reaktion seines Körpers. Kein Wunder, dass Frauen das mochten.

Vor lauter Lust verschleierte sich sein Blick, und nach einer Zeit fiel er schlaff auf die Laken, nur sein Schwanz stand stramm aufrecht. Camille legte ihre Lippen fest um die Eichel und saugte einmal lange und heftig. Seine Hoden zogen sich zusammen, als hätte sie sie mit ihrer Hand angehoben. Sein Rücken wölbte sich wieder über der Matratze. „Verdammt", keuchte er. „Mehr … Camille … ich brauche mehr."

Camille saugte heftiger und benutzte ihre Hände, um ihn dort zu umschlingen, wo ihr Mund es nicht konnte. Henri hätte nicht mehr sagen können, ob er stöhnte oder nicht. Seine ganze Welt bestand nur noch aus ihrem Mund, dem Mund, der ihn anlächelte, dem Mund, der ihn küsste.

Er kam in ihrem Mund, während seine Hüften unkontrolliert zuckten. Es war fast mehr, als er ertragen konnte. Bei jedem Zucken seines Schwanzes glitten glühend heiße Blitze an seinem Rückgrat entlang. Als es vorbei war, hatte er kaum die Kraft, die Hand zu heben, um ihr Haar zu berühren. Erschöpft fragte er: „Und was ist mit dir?"

Camille schob sich an seinem Körper nach oben und schmiegte sich in seine Arme. „Zu müde und zu sehr in Sorge", gestand sie. „Aber ich wollte sehen, wie du kommst. Erinnerst du dich, was du mir einmal gesagt hast?"

Henri dachte zurück. Es stimmte noch immer. „Du bist wunderschön, wenn du kommst."

„Ja", sagte sie, küsste ihn und lenkte ihn damit von der Frage ab, worüber sie sich solche Sorgen machte und ob er ihr irgendwie helfen konnte.

An einem Nachmittag etwa eine Woche später kam Sylvie auf der Suche nach Henri in den Stall. Den Tag hatte er damit verbracht, die angemessene Begrüßung eines hochwohlgeborenen Gastes zu üben, und war entsprechend gelaunt. Missmutig beobachtete er nun, wie sie sich näherte. Sie hatte nie aufgehört, sich wie ein Junge zu kleiden, und er konnte sich kaum noch erinnern, wie sie in einem Kleid ausgesehen hatte. Natürlich war sie herrisch, egal, was sie anhatte. Er gab Tigre ein letztes Stück Pastinake, trat aus der Box und wandte sich ihr zu. Sylvie legte ihm die Hände auf die Schultern, stellte sich auf die Zehenspitzen und küsste ihn auf beide Wangen.

Henri blinzelte. „Ich habe nichts getan", erklärte er vorsorglich und fragte sich, ob das die richtige Antwort war.

Sylvie verschränkte die Arme und funkelte ihn an. „Madame liegt in ihrem Bett. Sie will keine Oliven, und auch überhaupt keinen Käse, nicht einmal Weintrauben."

„Aber sie liebt ..." Henri stockte. „Sie ist ... krank."

„Ich glaube, das ist deine Schuld", stellte Sylvie fest. „Du hättest ja wohl warten können, bis wir auf dem Schiff sind! Nun wird ihr während der ganzen Reise übel sein!"

Den Rest von Sylvies Wortschwall nahm Henri nicht mehr wahr. Er stürzte durch den nächstgelegenen Ausgang aus dem Stallgebäude, lief viele Treppen hinauf und durchquerte mehrere Höfe, bevor er die Treppe erreichte, die direkt zu der Zimmerflucht führte, die er mit Camille teilte. Als er endlich die Tür zu ihrem gemeinsamen Schlafzimmer aufstieß, rang er nach Atem. Camille sah nicht krank aus. Bis auf die Schuhe vollständig bekleidet, lag sie im Bett und hatte eine Landkarte vor sich ausgebreitet. Madame Gisèle hielt ihr ein Tablett hin, auf dem eine kleine Teekanne und eine einzelne Tasse standen.

Henri stützte sich an den Bettpfosten und versuchte, wieder zu Atem zu kommen. „Bist du sicher?", fragte er. „Haben wir es geschafft? Du wirst einen Erben zur Welt bringen?"

„Wir werden einen haben", erwiderte sie. „Und falls du dich das fragst: Ich glaube nicht, dass Maxime der Vater ist."

Henri blinzelte verwirrt. „Das war mir eigentlich egal ... du hast es dir so sehr gewünscht." In Wirklichkeit war es ihm überhaupt nicht gleichgültig, weil er ein Teil von ihr sein wollte. Aber es wäre unhöflich gewesen, unnötige Eifersucht zu zeigen, da er wusste, dass sie ihn schon vor einiger Zeit Maxime vorgezogen hatte.

Camille lächelte. „Ich glaube dir nicht. Jetzt komm her und küss mich."

Madame Gisèle stellte das Tablett auf dem Nachttisch ab. „Ich komme später zurück", erklärte sie und verschwand.

Sobald sich die Tür hinter ihr geschlossen hatte, stolperte Henri zum Bett und küsste Camille zärtlich auf den Mund. „Geht es dir gut?", erkundigte er sich.

Sie wich seinem Blick aus. „Ich fühle mich wohl. Manche Speisen schmecken ein wenig seltsam, das ist alles."

Er setzte sich neben sie aufs Bett und strich ihr über die kurz geschnittenen Haare. „Bist du glücklich? Ich meine, das war nicht das, was du eigentlich geplant hast. Ich bin froh, dass ich in der Lage war, dich ... aber ..."

„Du willst kein Kind haben?"

Henri dachte darüber nach. Er hatte sich um einige Kleinkinder gekümmert, als er noch zu jung gewesen war, um im Stall wirklich von Nutzen sein zu können. Die Kleinen konnten eine Menge Ärger machen. Woran er sich allerdings am besten erinnerte, war ihr milchiger Duft, ihre Haut, die weicher als eine Pferdenase war, und, das Wunderbarste von allem: das warme, weiche Gewicht in seinen Armen. Es spielte keine Rolle, dass sie vielleicht mit dem Erben des Herzogtums schwanger war. Wichtig war, dass es um etwas ging, das einen Teil von ihr und einen von ihm in sich trug. Eine Welle der Liebe für das noch ungeborene Kind durchlief ihn. „Wenn es ein Mädchen ist, soll sie regieren und nicht der Mann, den sie heiratet." Das würde doch wohl möglich sein? Wenn er etwas von Maxime gelernt hatte, dann, dass auf Erden alles möglich war.

„Ich glaube nicht, dass wir uns darüber schon jetzt Gedanken machen müssen", erwiderte Camille. „Es wird noch mindestens sieben Monate dauern, bis wir wissen, ob es ein Junge oder ein Mädchen ist. Außerdem gebe ich Michel vorher noch die Chance, mich in dem Moment zu töten, in dem ich durch das Tor des Herzogspalasts reite."

Ihre Stimme war ruhig geblieben, doch Henri legte seinen Arm um sie. „Ich werde bei dir sein", versprach er.

Sie sah aus, als wollte sie widersprechen. Henri presste sie an sich. „Bitte, erlaube es mir", bat er. Er nahm ihre Hand in seine, küsste die Innenseite und presste dann ihrer beide Hände gegeneinander, als wollte er seinen Kuss vor neugierigen Augen verbergen. Seufzend verschlang Camille ihre Finger mit seinen.

„Ich habe ein seltsames Gefühl", gestand sie.

„Fühlst du dich krank?" Mit der freien Hand rieb Henri ihren Rücken.

„Nein. Ich komme mir vor, als wäre ich … zwei Menschen. Was ich ja auch bin. Da ist jemand in mir." Sie legte sich die Hand auf den Bauch. „Ich habe mich gefragt, ob ich es ohne irgendein deutliches Zeichen wissen würde. Ich habe es nicht gewusst. In dem Moment, in dem es passiert sein muss, habe ich nichts gespürt. Aber nun meine ich, etwas zu fühlen. Ich weiß nicht, wie das funktioniert. Vielleicht bilde ich es mir auch nur ein."

„Spielt es eine Rolle, ob es Wahrheit oder Einbildung ist?"

„Ich glaube nicht." Camille seufzte. „Du darfst mir nicht erlauben, rührselig zu werden. In meinem Bauch trage ich den Erben des Herzogtums. Ich erfülle meine Pflicht, indem ich dieses Kind gebäre. Was ich fühle, ist nebensächlich."

Henri lauschte ihr ernst und küsste dann ihre Wange. „Trotzdem bin ich sehr aufgeregt. Vielleicht ist das meine Aufgabe. Auch wenn dein Bauch groß und rund sein wird, werde ich dich immer noch schön finden, selbst wenn du anderer Meinung bist."

Camilles Schwangerschaft bedeutete, dass sie früher als geplant in den Herzogspalast zurückkehren musste, denn sie wollte nicht, dass der Herzog ihren Zustand erkennen und gegen sie verwenden konnte. Außerdem wusste sie nicht, wie sehr ihre Schwangerschaft sie behindern würde.

Sie hatte beschlossen, Henri mehr in ihre Planungen einzubeziehen. Bei der nächsten Sitzung, in der Strategien besprochen wurden, war er dabei. Das Treffen fand in einem fensterlosen Zimmer im Erdgeschoss der Burg statt. Die Einrichtung bestand aus einem einzigen langen Tisch in der Mitte, harten Holzstühlen und einigen Kartentischen mit geneigten Platten an den Wänden. Der Raum hätte kalt erscheinen können, doch der Fußboden war dick mit einer bunten Mischung kleiner Teppiche belegt, und an den Wänden hingen Gobelins, die die kriegerischen Erfolge von Herzogin Elisabeth, Maximes Großmutter, darstellten.

Er hatte erwartet, dass er sich allein unter so vielen Aristokraten vollkommen verschüchtert fühlen würde, doch er stellte fest, dass er sich außerdem noch sehr jung und vollkommen unerfahren in allen Kriegsfragen vorkam. Was nicht so schlimm war. Diese Dinge würden sich mit der Zeit geben. Er saß neben Kaspar und Arno ganz am Ende des Tisches und erinnerte sich selbst immer wieder daran, selbstbewusst zu erscheinen, ganz gleich, wie er sich fühlte. Es half ihm, Camille zu beobachten, die Dokumente studierte und nicht bemerkte, dass er jede ihrer Bewegungen verfolgte und dabei versuchte, den schwachen rosa Fleck zu erspähen, den er mit seinem Mund gemacht hatte und der nun halb vom Kragen ihres Kleides verdeckt wurde.

Als nach einiger Zeit Maxime, gefolgt von seiner Tante Gisèle und Kommandant Leung, ins Zimmer kam, musste Henri nicht mehr vorgeben, entspannt zu sein, er war es mittlerweile wirklich. Maxime reichte ihm einen Becher mit Wein, und er nahm ihn selbstbewusst entgegen und vollführte das kleine Ritual, das er schon so oft bei Maxime beobachtet hatte: Er ließ die Flüssigkeit im Glas kreisen, prüfte das Bouquet und nahm schließlich nur einen winzigen Probeschluck. Amüsiert nahm Maxime sein Verhalten zur Kenntnis und hob seinen eigenen Weinbecher, um ihm zuzuprosten.

Madame Gisèle, die aussah wie eine freundliche Großmutter (was sie auch war – es war Henri bisher nicht gelungen, ihre Enkel zu zählen), saß am Kopfende des langen Tisches, Maxime auf ihrer einen Seite, Camille auf der anderen. Kommandant Leung glitt auf den Stuhl neben Henri und stellte ihren Becher vor sich ab. Er nahm den Duft des blumigen Tees wahr, den sie bevorzugte, doch dieser Geruch wurde überlagert von einem Hauch des bitteren Aromas von Schießpulver, eine verwirrende Mischung, wie Henri fand. Leung ergriff als Erste das Wort. „Einer von Graf Maximes Spionen ..."

„Boten ...", unterbrach Maxime sie.

Sie funkelte ihn an. Als Geste der Kapitulation hob er die Hände, lehnte sich auf seinem Stuhl zurück und kreuzte die Knöchel. „Der Spion kehrte soeben mit einem Postschiff auf der Küstenroute zurück. Skeat wirkte sehr glaubhaft als Fischer, der neue Märkte erkunden wollte. Er hatte keinerlei Schwierigkeiten, das Herzogtum zu betreten und wurde während seines Aufenthalts dort kein einziges Mal als Verdächtiger befragt oder gar festgenommen. Zunächst stellte er fest, dass eine allgemeine Atmosphäre des Wohlstands herrschte. Die Märkte waren gut besucht, und das Angebot an Lebensmitteln war vielfältig, genau wie er es bei seinem letzten Besuch vor etwa zwei Jahren erlebt hatte. Auf den Straßen erlebte er keine Gewaltszenen."

„Was hatte er denn dann überhaupt zu berichten?", erkundigte sich Camille.

„An Skeats zweitem Tag in der Stadt versammelten sich Hunderte von Bauersfrauen und Ladenbesitzern – fast ausschließlich Frauen, unter ihnen sogar einige Dirnen – in den Straßen und blockierten den Eingang des Palasts."

„Womit?", wollte Madame Gisèle wissen.

„Mit ihren Körpern", erklärte Leung. „Sie waren sehr erfinderisch und bildeten lange Schlangen, indem sie ihre Arme miteinander verhakten. Skeat sagte, es sei ein überwältigender Anblick gewesen."

Madame Gisèle machte sich einige Notizen.

„Und was wollten sie damit erreichen?", erkundigte sich

Camille. „Ich habe diese Sache nicht veranlasst." Sie erschien Henri ein wenig verwirrt über die Geschehnisse im Herzogtum.

„Sie verlangten zu wissen, was mit ihrer Herzogin geschehen sei", erklärte Leung mit zufriedenem Gesicht. „Ihre Anführerinnen, eine Hebamme und eine Badefrau, ketteten sich an das Tor. Einige der anderen Frauen brachten ihnen zu essen und zu trinken." Sie hielt kurz inne und fügte dann mit einem schiefen Grinsen hinzu: „Ich bin nicht darüber informiert, wie sie gewisse hygienische Probleme gelöst haben."

„Annette", stieß Camille hervor.

Alle Anwesenden sahen sie fragend an.

„Die Hebamme. Ich kenne sie. Sie hat mir bei mehreren Gelegenheiten beigestanden."

Henri blinzelte. „Madame la Duchesse – meint Ihr die Annette, die in der *La rose mouillée* arbeitet?" Hatte sie wirklich eine Hebamme aus einem Bordell rufen lassen?

„Ja – sie kennt sich sehr gut aus. Und sie hat weitaus vielfältigere Erfahrungen als die Hebamme, die früher den Frauen im Palast in solchen Dingen gedient hat."

Das stimmte wahrscheinlich. „Ich glaube, ich kenne auch die Badefrau." Er spürte, dass seine Wangen anfingen zu glühen. „Wir … haben uns einmal unterhalten. Ihr Name ist Nicolette. Sie ist Euch gegenüber sehr loyal, Madame. Und sie war früher Annettes Geliebte."

Leung rieb sich erfreut die Hände. „Sehr gut! Diese Information wird die Sache später einfacher machen. Darf ich fortfahren? Ich versichere Euch, dass keiner der Anführerinnen etwas geschehen ist."

Henri stieß einen Seufzer der Erleichterung aus. Camille forderte Leung auf, weiterzureden.

Leung nippte an ihrem Tee. „Die Palastwachen machten keine Anstalten, die Frauen anzugreifen, die weder bewaffnet waren noch irgendeine Absicht zeigten, Waffen zu benutzen. Der Haushofmeister des Herzogs ließ verlauten, der Herzog sei krank und nicht in der Lage, irgendwelche Befehle zu erteilen."

„Das könnte eine List gewesen sein, um zu vermeiden, dass die Palastgarde sich weigert, gegen die Frauen vorzugehen und es zu einem Aufstand kommt", gab Maxime zu bedenken.

„Möglich", erwiderte Kaspar. „Oder es ist Vilmos bereits gelungen, den Herzog gefangen zu nehmen."

„Wir haben bisher noch nichts von Vilmos gehört", berichtete Camille. „Aber er hat Arno vorgewarnt, dass es vielleicht nicht möglich sein wird, eine Nachricht zu übermitteln. Wurde er im Palast gesehen? Wissen wir überhaupt, ob er noch lebt?"

„Es ist Skeat nicht gelungen, in den Palast zu kommen", erklärte Leung in entschuldigendem Ton. „Die Blockade der Frauen dauerte drei Tage, und er hatte den Befehl, nicht über die Mauer zu klettern. Abgesehen von der Tatsache, dass er dafür schon ein wenig zu alt ist, hätte er ertappt und verhört werden können. Außerdem hatte er Sorge, die Flut zu verpassen, und dann hätten wir überhaupt keine Nachrichten erhalten."

„Ich habe Skeat nicht gesagt, dass wir auch Kamah ins Herzogtum geschickt haben", erklärte Maxime. „Sie ist das Mädchen, das gestern Abend zurückgekehrt ist. Sie war rascher wieder hier, weil sie ein schnelles Pferd hatte, auf dem sie zur Küste reiten konnte, wo im Schutze der Nacht ein Schiff auf sie wartete. Sie sagte mir, sie habe keine Schwierigkeiten gehabt, den Wallach aus dem Stall zu befreien und in dem Dorf zu lassen, in dem die Salzbauern leben. Dort wird man für ihn sorgen, bis sie zurückkehrt."

Camille suchte Henris Blick. „Preste", nannte sie den Namen des Pferdes, von dem die Rede war. „Welche Neuigkeiten hat Kamah mitgebracht?“

„Am vierten Tag der Blockade löste sich die Gruppe der Frauen von selbst auf“, berichtete Maxime. „Sie hatten aus dem Inneren des Palasts nichts gehört und waren von außen nicht angegriffen worden. Die Anführerinnen verschwanden in ihrem Versteck. Dann tauchte eine Gruppe Männer auf, angeführt von einem alten Soldaten, der vor ihrem Tod unter meiner Mutter gedient hatte.“

„Das war kein Zufall“, stellte Camille fest. In ihrer Stimme schwang leises Missbehagen mit.

„Auf gar keinen Fall“, erklärte Maxime fröhlich. „Karl war nur allzu bereit, diese Aufgabe zu übernehmen. Tatsächlich hast du ihn kennengelernt, und er war sehr erfreut festzustellen, dass du anders bist als dein Vater und dein Gatte. Er nennt sich jetzt übrigens Fouet.“

Henri schaute sich um. Niemand schien von dieser Neuigkeit überrascht zu sein.

„Du scheinst ziemlich geübt darin zu sein, Revolten anzuzetteln, Maxime“, bemerkte Camille. „Werde ich mir Sorgen machen müssen, sobald ich die Regierung übernommen habe?“

„Im Gegensatz zu Michel wirst du mir für meine Waren Gegenleistungen zukommen lassen“, erwiderte Maxime. „Außerdem habe ich nicht vergessen, dass es deine Idee war, Michel ein Problem nach dem anderen aufzuhalsen.“

„Und welches Problem hat Monsieur Fouet dem Herzog mitgebracht?“, erkundigte sich Kaspar.

„Eine Menge Schriftstücke aus den Dörfern und Städten, die alle die Rückkehr von Herzogin Camille fordern und Karl als ihren Bevollmächtigten geschickt haben.“

„Der Herzog hätte sich weigern können, ihn zu empfangen“, bemerkte Arno.

„Nicht angesichts Hunderter bewaffneter Männer, die mit Karl gekommen waren. Möglicherweise bist du zu jung, um dich zu erinnern, Arno, aber nachdem Camilles Vater meinen Vater getötet hatte, verwüstete er im ehemaligen Herrschaftsgebiet meiner Familie einige sorgfältig ausgewählte Landstriche, um sicherzustellen, dass die Leute begriffen, wer nun die Macht im Land hatte. Viele Einwohner der betroffenen Dörfer flüchteten in Camilles jetziges Herzogtum und blieben dort bis heute. Es war daher nicht sonderlich schwierig für Karl, eine kleine Streitmacht zusammenzubringen. Besser noch, jene, die nicht unter meiner Mutter gedient hatten, erinnerten sich wenigstens an sie und an Gisèle. Sie sehen in Camille die rechtmäßige Erbin des Herzogtums, nicht in Michel."

„Aber was ist passiert?", fragte Henri.

„Kamah sagt, der Herzog sei nicht aufgetaucht. Er habe überhaupt nichts getan. Als sie das Herzogtum verließ, kampierten die Männer immer noch draußen vor dem Palast und tauschten freundschaftliche Beschimpfungen mit den Wachen."

Camille faltete ihre Hände auf dem Tisch. „Das klingt, als wäre Vilmos erfolgreich gewesen. Falls nicht, werden wir das demnächst herausfinden. Ich möchte so bald wie möglich lossegeln."

Zwei Tage später wurde das letzte der Pferde auf Kommandant Leungs Schiff gebracht. Henri sah vom Dock aus zu und hüpfte auf den Zehenspitzen herum. Er war noch nie zur See gefahren, obwohl das Meer weniger als eine Tagesreise vom Herzogspalast entfernt lag.

Sylvie stieß ihm den Ellenbogen in die Seite. „Steh still. Du bist nicht mehr fünf."

Henri grinste sie an. „Wir stechen in See."

„Wahrscheinlich werden wir untergehen", orakelte sie

mürrisch. „Und werden von Haien gefressen. Oder von Tintenfischen, die in ganzen Schwärmen angreifen und dir das Fleisch von den Knochen reißen."

„Die gibt es nur in Flüssen", sagte Kommandantin Leung.

„Flüsse fließen ins Meer, und Fische schwimmen mit den Flüssen", erklärte Sylvie. „Du wirkst unerträglich zufrieden mit dir selber. Das kann einem ziemlich auf die Nerven gehen. Es könnte einen Unfall geben. Kannst du schwimmen?"

Henri stellte sich erneut auf die Zehenspitzen, dieses Mal um zu sehen, wie Lilas zurechtkam, als ihre Hufe das Deck berührten. Dann schaute er Sylvie über seine Schulter hinweg an. „Sie hat dich abgewiesen, stimmt's? Ich meine Kommandant Leung?"

„Wir haben nicht alle so viel Glück wie du", brummte sie und stapfte davon.

Kaspar schlenderte herbei. „Und sie wird auch noch jedes Mal seekrank, wenn sie ein Schiff betritt", verriet er Henri. „Das dürfte eine lustige Reise werden."

Henri hoffte, dass ihm nicht schlecht werden würde. Er hatte Pläne für sich, Camille und die Kabine, die sie ganz für sich allein haben würden. Bevor er Kaspar eine Antwort geben konnte, winkte Camille ihn zu sich. Soeben war Maxime gekommen. In seinem knielangen Mantel, der über und über mit Vögeln und Eidechsen in leuchtenden Farben bestickt war, bot er einen herrlichen Anblick. Skeptisch betrachtete Henri Maximes hohe Stiefel aus strahlend blauer Reptilienhaut, die an den Spitzen und den Absätzen mit Gold überzogen war. Ob er nun daran gewöhnt war oder nicht, er konnte sich nicht vorstellen, jemals so etwas zu tragen, ohne sich dabei vollkommen lächerlich vorzukommen.

Maxime klopfte ihm auf die Schulter. „Ich habe ein Geschenk für dich", sagte er.

„Danke", erwiderte er. Ihm war nie in den Sinn gekommen, dass Maxime so etwas tun könnte. „Es tut mir leid, ich habe nichts für Euch."

Maxime legte Henris Finger um einen kleinen Lederbeutel und lächelte dabei leise. „Vielleicht kommst du mich später einmal besuchen und bringst mir dann ein Geschenk mit."

Henri musste heftig schlucken. „Das verspreche ich."

Grinsend beugte Maxime sich vor und küsste ihn sanft. Sein Bart strich weich über Henris Lippen. Dann zog er sich zurück und berührte zögernd Henris Wange. „Leb wohl. Und pass auf Camille auf."

Henri nickte. In dem Lederbeutel lag etwas Kleines, Schweres. Er schloss seine Finger darum. Er konnte sich nicht daran erinnern, wann ihm zuletzt jemand etwas geschenkt hatte.

„Leb wohl, Maxime", verabschiedete sich Camille. Sie gab Maxime einen raschen Kuss und legte ihm dabei die Hand auf die Brust.

„Ich würde gern mit dir kommen", sagte er.

„Wir haben bereits darüber gesprochen", erwiderte sie. „Du bist ein Mann."

„Daran kann ich nichts ändern."

„Wenn ich mit dir an meiner Seite auf das Tor des Herzogspalasts zureite, wird mich niemand beachten", erklärte sie.

„Ich glaube, du unterschätzt dich."

„Wie auch immer, ich sehe, du bist nicht für eine Seereise gekleidet. Du wusstest, dass ich dein Angebot ablehnen würde."

„Du kannst mir nicht vorwerfen, noch einen Versuch gemacht zu haben", stellte Maxime lächelnd fest. „Komm, meine Schöne, noch ein Kuss, dann lasse ich dich ziehen."

Henri schaute weg, froh, dass hohe Kistenstapel die beiden vor den Augen der anderen Menschen auf dem Dock verbargen. Als er wieder hinsah, stand Maxime mit gesenktem Kopf einen Schritt von Camille entfernt. Camille legte die Hand auf sein Haar. „Ich werde eine Nachricht schicken, wenn alles geregelt ist, Monsieur le Duc."

„Leb wohl, Camille." Er ging davon. Die Stiefel sahen würdevoller aus, als Henri es sich jemals hätte vorstellen können. Er öffnete die Hand und starrte den kleinen Lederbeutel an.

„Was hat er dir gegeben?", fragte Camille.

Henri lockerte die Kordel des Beutels und schaute hinein. „Einen Ring", stellte er fest. Das schwere Goldsiegel glänzte leicht und fühlte sich in seiner schwieligen Hand unglaublich glatt an. Das Wappen zeigte ein galoppierendes Pferd.

„Wirst du ihn tragen?", wollte sie wissen.

Henri schob sich den Ring auf den Finger und machte eine Faust. Das Schmuckstück sah aus, als würde es dorthin gehören. „Ich werde ihn tragen", erwiderte er.

„Dann komm. Lass uns nach Hause fahren."

24. KAPITEL

Vor Anker liegend, schaukelte das Schiff sachte auf den Wellen, während Camille Kamah beobachtete, das braunhäutige Mädchen, das Maximes bester Kurier war. Kamah stapfte durch den Sand, die Stiefel um den Hals gehängt. Sie würde Preste in dem Stall abholen, wo das Tier untergestellt war, und dann vorausreiten, um Monsieur Fouet ihre Ankunft anzukündigen und anschließend die Botschaft unter der Stadtbevölkerung zu verbreiten. Camille wollte und brauchte Zuschauer bei ihrer Ankunft, um zu demonstrieren, dass sie am Leben war, und jeden Verdacht zu zerstreuen, sie sei nicht in der Lage, die Regierung zu übernehmen.

Während der Reise hatte sie sich häufig mit Kommandant Leung unterhalten. An einem Morgen, als sie in der Nähe des Bugs, den Wind in ihren Gesichtern, zusammen Tee getrunken hatten, sagte Leung: „Es ist nicht Eure Schuld. Euer Gatte hätte mit jeder anderen Frau, über die er Macht gehabt hätte, dasselbe gemacht."

„Ich nehme an, den Frauen in Eurem Land passiert so etwas nicht", erwiderte Camille.

Leung lächelte grimmig. „Unglücklicherweise doch. Wo auch immer ich auf meinen Reisen hingekommen bin, Gewalt gibt es überall."

„Glaubt Ihr nicht, dass eine Frau dadurch ihre Stärke verliert?" Als die Worte heraus waren, hätte sie sich am liebsten die Zunge abgebissen, aber sie wollte – sie musste – wissen, was Leung dachte. Auf ihre Weise war auch Leung eine Herrscherin in ihrem eigenen kleinen Herzogtum, das durch die Wellen glitt, mit Männern, die unter ihrem Kommando standen und niemandem, der ihr von außen Schutz gewährte.

Leung zuckte die Achseln. „Macht es einen Mann schwach, wenn er im Kampf verwundet wird? Falls Ihr Euch für schwach haltet, Madame, ich tue es nicht. Wenn Ihr einen Beweis dafür braucht, so kann ich Euch den nicht liefern. Vielleicht sollte die Tatsache, dass Ihr hier seid und plant, Euch Eurem Gatten entgegenzustellen, um Euch zurückzuholen, was Euch gehört, Euch als Beweis genügen."

Camille überlegte, ob sie abstreiten sollte, dass sie die andere Frau um Zuspruch gebeten hatte, doch angesichts des ruhigen, wissenden Blicks aus Leungs erstaunlich hellen Augen schien das sinnlos zu sein. Was sie eigentlich gewollt hatte, wurde ihr nun klar, war das Wissen, nicht allein zu sein. Statt zu protestieren, sagte sie: „Vielleicht besucht Ihr mich eines Tages im Herzogspalast, und dann reden wir weiter."

„Das wäre schön, Madame."

Camille wandte ihre Gedanken wieder ihren Plänen zu. Boote würden sie und ihr Gefolge so bald wie möglich ans Ufer bringen, und dann würden sie auf dem Landweg zum Herzogspalast weiterreisen. Camille wusste besser als jeder andere, dass die Art ihres Auftretens einen Großteil der Wirkung hervorrufen musste, die sie mit ihrer würdevollen Rückkehr beabsichtigte. All die Gerüchte, die ihr vorausgeeilt waren, würden nichts nützen, wenn die Leute von ihrem Anblick enttäuscht wurden. Viele von ihnen hatten sie früher schon gesehen, zumindest aus der Ferne; ihr Profil zierte Münzen, und sie kannte mindestens drei Lieder, in denen ihre äußere Erscheinung besungen wurde. Außerdem wusste sie noch von einer sehr beliebte Ballade, in der eines ihrer Kindheitserlebnisse nacherzählt wurde, bei dem ihr Pony Poire, eine Schlange und eine Wache, die sich nicht hatte im Sattel halten können, eine Rolle spielten. Sie beschloss, den zahllosen Prostituierten, die ihren Lebensunterhalt bestritten, indem sie sich so ähnlich kleideten wie sie, keine weitere Beachtung zu schenken. Vermutlich könnte sie diese Unsitte verbieten, wenn sie an der Regierung war, aber das würde die Sache wahrscheinlich nur noch beliebter machen.

Früher hatte sie bei ihren Auftritten in der Öffentlichkeit immer dicht gewebte Stoffe in den Farben dunkler Edelsteine getragen, die Röcke weit und schwer, die eleganten Ärmel eng geschnitten. Wenn sie kein Juwelencollier und keinen mit Edelsteinen besetzten Kragen trug, war der Ausschnitt ihres Kleides mit Stickereien oder Perlen verziert gewesen. Im Nachhinein wurde ihr klar, dass sie wie ihr eigenes Standbild ausgesehen hatte. Wären die satten Farben nicht gewesen, hätte sie wie eine Marmorstatue gewirkt. Solange sie als Symbol des Herzogtums galt, hatte das seine Berechtigung gehabt – ihr Inneres hatte keine Rolle gespielt. Doch nun war es ihre innere Stärke, die sie zeigen wollte. Während der Reise hatte sie lange und gründlich über diese Frage nachgedacht und beschlossen, dass sie die Kleidungsstücke durchsehen musste, die sie bei sich hatte.

Sylvie hatte einen Koffer nach dem anderen auf das Schiff gebracht, bis Kommandant Leung erklärte, dass sie keinen weiteren Ballast mehr benötigen würde. Selbst in Camilles geräumiger Kabine war nicht genügend Platz, um all die Kleider auszubreiten, sodass zwei grinsende Matrosen mit einer eilends zusammengebauten Konstruktion aus Seilen und Rollen die Koffer an Deck hieven mussten. Dort übernahm Sylvie das Kommando über eine bunt zusammengewürfelte Gruppe Seeleute, bestehend aus Männern und Frauen, die die verschiedenen Kleider und Reitkostüme hochhalten mussten, damit Camille sie genau betrachten konnte. Es war verwirrend, aber auch amüsant, ein rot-gelbes Reitkleid mit einem Besatz aus goldfarbenem Biesen in verschlungenen Mustern zu betrachten, um dann aufzublicken und festzustellen, dass über dem Ausschnitt das Gesicht eines alten bärtigen Matrosen mit einer speckigen Mütze aufragte.

Henri, der hinter Camille herging, lachte laut auf, wenn sich ihm ein solcher Anblick bot, und befragte die Seeleute in heiterem Ton, welches Kleid ihnen als passend erschiene, wenn es darum ginge, in die Takelage zu klettern, den Anker über Bord zu werfen oder einen Sturm zu überleben. Camille beobachtete seine anmutigen Handbewegungen, die von dem schweren Goldring unterstrichen wurden, den er an der linken Hand trug. Sie erinnerte sich, wie sie in der vergangenen Nacht zu ihm hinuntergeblickt und gesehen hatte, wie seine Hand ihre Hüfte umklammert und der Ring dabei matt geglänzt hatte.

Henri hatte sich verändert. Ebenso wie sie. Und keines der Kleider schien ihr zu ihrem neuen Ich zu passen, sie sahen genauso aus wie sie in ihrem früheren Leben. Ungeduldig blickte sie zu Sylvie hinüber, die an der Reling lehnte und an einem trockenen Brotkanten knabberte, um ihre Seekrankheit zu mildern. Sylvie hatte ihr Bestes getan, aber Camille hatte sie nicht gebeten, völlig neue Kleider mitzunehmen. Sie hatte sie packen lassen, wie sie es normalerweise auch tat. Kurz vor der Abreise waren Überlegungen zu Komplotten und Kriegen wichtiger erschienen.

Sie konnte nicht länger als statuengleiche Herzogin auftreten. Es war immer noch nötig, dass sie die Blicke auf sich zog und sich von der Masse abhob. Sie musste auf den ersten Blick als die Herzogin zu erkennen sein, auch aus der Ferne. Dennoch wollte sie sich klar vom Herzog unterscheiden. Sehr bald schon würde ihr riesiger Bauch natürlich eine Verwechslung unmöglich machen, dachte sie mit leichtem Widerwillen, aber vorerst war ihre Schwangerschaft weniger wichtig als das Bild von Herrschaftswillen und Entschlossenheit, das sie bieten musste. Sie war nicht nur ein Gefäß, in dem der nächste Regent des Herzogtums heranwuchs.

Henri war zu Sylvie hinübergeschlendert und hatte ihr

einen Schluck aus seinem Wasserbecher angeboten. Seine in eleganten Stiefeln steckenden Füße hatte er weit auseinander auf die Planken gesetzt, wodurch seine geschmeidigen Hüften und die Leichtigkeit, mit der er die Bewegungen des Schiffs ausbalancierte, besonders gut zur Geltung kamen. Sylvie war immer noch blass und wirkte durch ihre anhaltende Übelkeit kränklich. Sie trug dieselbe lederne Reithose, die sie während eines Großteils der Reise angehabt hatte, allerdings hatte sie sich an diesem Tag nicht die Mühe gemacht, ihre Brüste zu bandagieren, sodass niemand sie für einen Mann gehalten hätte. Camille erinnerte sich an Sylvie mit auf Hüfthöhe hängenden Pistolen, dann an Madame Gisèle mit ihrem sichelförmigen Dolch und ihrer unübersehbaren Autorität und schließlich an Kommandant Leungs geschorenen Kopf und die rote Schärpe, durch die jede ihrer Bewegungen betont wurde.

„Vielen Dank", sagte sie zu den an Deck versammelten Seeleuten. „Bitte legt die Kleider zurück in die Koffer. Ich habe meine Wahl getroffen."

„Madame?" Sylvie ließ Henri stehen und wankte auf den ihr am nächsten stehenden Koffer zu.

Camille deutete auf einen weiten mitternachtsblauen Mantel aus weichem, seidigem Samt, abgesetzt mit goldfarbenen Bändern und Litzen. Das Kleidungsstück war dazu gedacht, zu einem Reitrock getragen zu werden. „Das da", sagte sie. „Kein Hut. Darunter ein weißes Hemd, vielleicht das mit Spitze an den Ärmelaufschlägen. Meinst du, du kannst die Reithose aus Leder finden, die ich auf der Reise getragen habe?"

Voller Tatendrang hatte Camille sich auf den Weg zum Palast machen wollen, sobald sie entschieden hatte, wie sie sich präsentieren wollte, aber die Vorbereitungen dauerten länger, als sie angenommen hatte. Arno übernahm es, die

Kleider auszubürsten und das Hemd zu glätten, während Sylvie Camilles Haar sorgfältig wusch und frisierte, bevor sie mit Hilfe von Schminke raffiniert Camilles Augen betonte. Kaspar kontrollierte, zum wahrscheinlich zehnten Mal, seit sie in See gestochen waren, die Waffen, reinigte alle Pistolen, probierte das Schießpulver aus, schliff die Klingen und polierte die Beschläge, auf denen Camilles herzogliches Wappen zu sehen war.

Sie hatten Tigre als Geschenk an die Stallmädchen bei Maxime zurückgelassen, aber die Pferde, auf denen sie zum Palast reiten wollten, mussten eins nach dem anderen mit einer Schaluppe an Land gebracht werden. Natürlich übernahm Henri diese Aufgabe. Damit sie nicht zu unruhig wurden, verband er den Tieren die Augen und stand neben ihren Köpfen, während Kommandant Leungs Ruderer das Boot über die Wellen zum Strand manövrierten.

Durch die Aufregung und die vielen Diskussionen während der letzten Tage hatte Camille vergessen, wie sehr es sie immer quälte, warten zu müssen. Von der Reling aus sah sie zu, wie Henri am Strand auf und ab lief, eine Hand an Tonnelles Halfter, während Tulipe wie ein Hund neben ihm her trabte. Sie ging zu dem Gepäckberg, der an Deck aufgehäuft war, wühlte in einer Satteltasche und zog ihr Skizzenbuch hervor, dessen Ränder völlig zerknickt waren. Aufgeschlagen stützte sie es auf die Reling und begann, die laufenden Pferde zu zeichnen. Diese Tätigkeit beruhigte sie, bis es Zeit für sie war, ebenfalls das Schiff zu verlassen. Und auf der dann folgenden Reise zum Herzogspalast verbot sie sich, an etwas anderes als ans Reiten zu denken.

An der Stadtgrenze befahl sie der Gruppe zu halten und stieg vom Pferd. Sylvie glitt ebenfalls aus dem Sattel und eilte zu ihr, um ihre Kleidung in Ordnung zu bringen und ihre Schminke aufzufrischen. Camille hätte sich lieber persönlich mit dem Herrichten der Pferde beschäftigt, doch Henri leitete bereits Kaspar und Arno darin an, die Tiere abzusatteln, um ihnen in aller Eile etwas Pflege angedeihen zu lassen und sie mit weichen Tüchern abzureiben. Nachdem Sylvie sie hergerichtet und sie alle gemeinsam rasch etwas gegessen hatten, zog Camilles Magen sich vor lauter Anspannung zusammen. Nun würde es nicht mehr lange dauern, bis sie sich in aller Öffentlichkeit präsentieren musste. Sie konnte sich nicht erinnern, wann sie das jemals nervös gemacht hätte. Noch bevor sie laufen gelernt hatte, war sie bei offiziellen Gelegenheiten bei Hofe dabei gewesen. Doch das hier war natürlich etwas völlig anderes. Dieses Mal zeigte sie sich vor den Menschen, von denen sie hoffte, dass sie ihr die Regierung überlassen würden. Bevor sie wieder auf Guirlande stieg, band sie sich ein Messer an den Schenkel.

Seltsamerweise ließ ihre Aufregung nach, als sie die Außenbezirke der Stadt durchritten und die Häuser dichter beieinanderstanden. Jahrelang hatte sie keine Gelegenheit gehabt, sich zu Pferd so weit vom Palast zu entfernen; seit Michel ihre Freiheit drastisch eingeschränkt hatte, hatte sie kaum noch den Regierungssitz verlassen, und wenn, in einer geschlossenen Kutsche. Wie sie jetzt so in der frischen Luft dahinritt, atmete sie tief die sich vermischenden Gerüche von Pferdeleibern, frisch gebackenem Brot, gebratenem Fleisch und Blumen ein, die für sie gleichbedeutend mit Heimat waren. Bei ihrer Abreise aus dem Herzogtum war es kalt gewesen und hatte heftig geregnet. Nun bei ihrer Rückkehr, war es Sommer, und alle Häuser waren mit einer verschwenderischen Fülle von rot, orange und gelb blühenden Kletterpflanzen geschmückt. Sie warf Henri, der neben ihr ritt, einen Blick zu und lächelte ihn an. Er erwiderte ihr Lächeln und zeigte auf ein Haus, dessen Tür fast hinter wild wuchernden Rosenbüschen verschwand.

Kamah hatte ihre Aufgabe bestens erfüllt. Wenige Straßen vom Palast entfernt wartete eine junge Frau mit kurz geschnittenen Haaren auf sie, die ein Banner in der Hand hielt, auf dem Camilles Wappen zu sehen war. Als sich die Gruppe ihr näherte, schwenkte sie fröhlich die Fahne. Mit leuchtenden Augen stemmte Henri sich im Sattel hoch. „Nico!", rief er.

Ihre Miene erhellte sich. „Henri!" Dann sah sie Camille und riss die Augen weit auf. „Madame la Duchesse!" Mitten auf der Straße fiel sie auf die Knie.

Camille beugte sich von Guirlandes Rücken hinunter und streckte die Hand aus. „Für so etwas haben wir keine Zeit. Kannst du vorauslaufen und mich ankündigen?"

„Natürlich, Madame! Ich war … Ja." Nico schüttelte sich, als wollte sie sich selbst beruhigen. Sie schaute zwischen den Pferden hindurch, erspähte Sylvie, errötete und richtete ihren Blick wieder auf Camille. „Madame, es ist alles für Eure Ankunft bereit."

„Vielen Dank. Und richte Annette meinen Dank aus, wenn du Gelegenheit dazu hast", erwiderte Camille.

Nico versank in einem Knicks und rannte dann mit flatternder Fahne davon.

„Was ist das für ein Lärm?", erkundigte sich Henri, während er Nico hinterhersah.

„Eine große Menschenmenge", antwortete Camille. „Komm. Sie warten auf uns."

Sie näherten sich den hohen, glatten weißen Mauern des Palasts, auf denen so breite Wege verliefen, dass dort oben zwei Wachen einander begegnen konnten. Camille hatte das Gefühl, als würden sich die Mauern schwer um ihr Herz legen.

Nächstes Mal, schwor sie sich, würde es anders sein; dann würde sie den Palast als Ort der Sicherheit und der Beständigkeit sehen. Im Moment ignorierte sie die geschlossenen schmiedeeisernen Tore und konzentrierte sich stattdessen auf Guirlande. Die Stute sah hervorragend aus, und Camille sorgte dafür, dass das Pferd sich so anmutig und exakt bewegte wie die Tiere in der Ehrengarde des Königs. Die Menschen, die ihr zusahen, besaßen zum größten Teil keine eigenen Pferde und wussten vielleicht nicht zu schätzen, was sie leistete, hatten keine Ahnung, wie viele Jahre Training nötig gewesen waren, bis Guirlande die komplizierten Schrittfolgen beherrschte, aber Camille wusste es. Ihr Stolz und ihr Vertrauen in ihre eigene Leistung würden sich in ihrer Haltung spiegeln.

Jubelschreie erhoben sich. Einen winzigen Moment lang schloss sie erleichtert die Augen, dann lächelte sie strahlend und winkte in die Menge.

Der Hauptmann der Garde des Herzogs, David-Marie, ritt vom Palast aus in mäßigem Tempo auf sie zu. Sein Säbel hing an seiner Seite, aber er machte keine Anstalten, danach zu greifen, auch nicht, als er sein Pferd wenige Schritte von Guirlande entfernt anhielt. Er ritt einen muskulösen grauen Wallach, der so jung war, dass er noch helle Flecke auf Rücken und Seiten hatte. Ohne dass eine Bewegung David-Maries im Sattel sichtbar gewesen wäre, hob der Wallach ein Vorderbein und beugte den Hals. „Madame la Duchesse", begrüßte der Hauptmann Camille. „Willkommen zu Hause."

Camille senkte den Kopf und seufzte innerlich erleichtert auf. „Ist das Sucre, den Ihr da reitet?"

„Ja, Madame. Der Sohn von Tonnelle", erwiderte er und ruckte mit seinem Kopf leicht in Richtung der Stute, auf der Kaspar saß. „Geht es Euch gut?"

Sie wagte nicht, sich umzusehen, um festzustellen, ob jemand anders nahe genug war, um sie hören zu können. Dann wieherte Lilas. Camille vermutete, dass die kleine Stute wegen Sylvies mangelnder Reitkunst durch die sich herandrängende Menschenmenge von den anderen Tieren getrennt worden war und die beruhigende Nähe ihrer Artgenossen vermisste. Sie beugte sich leicht vor, als wollte sie ein vertrauliches Gespräch führen, denn sie konnte die forschenden Blicke, die auf ihr lagen, fast körperlich spüren. Mit einer sanften Geste legte sie die Hand auf ihren Bauch. „Es geht mir sehr gut, David-Marie. Das Reiten scheint keine schädliche Wirkung auf meine Weiblichkeit zu haben."

Sie hatte die Geräusche der Menge um sich herum nur am Rande wahrgenommen, der Bewegungen, des Gemurmels und des Raschelns der Kleidung, bis plötzlich absolute Stille eintrat. Für ein oder zwei Sekunden schien es, als wäre eine riesige Decke vom Himmel gefallen und hätte jedes Geräusch und jede Bewegung unter sich begraben. Dann erhoben sich wieder Stimmen, als jene, die ihre Worte gehört hatten, sie an jene weitergaben, denen sie entgangen waren. Vielleicht waren Worte aber auch gar nicht nötig. Ihre Geste hatte womöglich genug gesagt.

David-Marie lächelte. Seine narbige Stirn entspannte sich, und sein Sitz im Sattel wurde vollkommen natürlich, als er seine freie Hand von seinem Schenkel hob, um kurz Sucres Widerrist zu tätscheln. „Darf ich Euch gratulieren, Madame?"

Camille nickte gnädig. Ein Hochruf erklang, dann ein zweiter, und gleich darauf war der Beifall so laut, dass sie zusammenzuckte. Zu ihrer Erleichterung hatte David-Marie die Gelegenheit ergriffen, zum Tor zurückzureiten und den Wachen zu befehlen, die Räder in Gang zu setzen, mit deren Hilfe sich die großen Tore öffneten.

Tonnelles weiße Nase tauchte neben Guirlandes rechter Schulter auf. „Lasst uns als Erste reiten, Madame la Duchesse", schlug Kaspar vor. Sie bemerkte, dass er seinen Säbel griffbereit auf dem Rücken trug. Arno, der zu ihrer Linken auf Pivoine ritt, hatte zu seinen Waffen eine Pistole hinzugefügt, deren Holzgriff aus dem Gurt ragte, den er über seinem blauen Seidenhemd festgeschnallt hatte. Camille nickte fast unmerklich, und die zwei Eunuchen bewegten sich auf ihren Pferden vorwärts.

Während sie durch das Tor ritt, spürte sie Henri und Tulipe wie beruhigende Wärme in ihrem Rücken. Sobald sie sich innerhalb der Mauern befanden, verschwand Sylvie unauffällig, um nach Vilmos zu suchen. Henri ritt auf Tulipe an ihre Seite. „Du wirst mich in den Palast begleiten", erklärte ihm Camille.

„Ich bin bereit", erwiderte er.

„David-Marie", rief Camille.

Er wandte sich zu ihr um. „Ja, Madame?"

„Ich möchte gern, dass Ihr Euch um die Unterbringung unserer Pferde kümmert. Sorgt bitte dafür, dass sie ihren eigenen Stall bekommen. Rhubarbes Betreuer soll die Pflege übernehmen", wies sie David-Marie an.

„Wie Ihr wünscht, Madame la Duchesse. Hättet Ihr gern eine Eskorte?"

„Ich kenne mich im Palast aus. Meine eigenen Wachen werden mich begleiten."

„Ja, Madame la Duchesse." Während sie vom Pferd stieg und einem Diener die Zügel übergab, dachte Camille darüber nach, dass sie normalerweise die endlose Wiederholung ihres Titels im besten Falle als bedeutungsloses Geplapper und im schlimmsten als nervtötenden Ärger empfand. Aber manchmal klangen diese Worte unglaublich süß.

„Ich reite voraus", erklärte sie Kaspar und Arno. „Bleibt wie üblich an meiner Seite."

Arno überprüfte den Sitz seiner Pistole und seines Schwerts, während er seinen gewohnten Platz zu ihrer Linken einnahm. Kaspar führte sein Schwert als militärischen Gruß zur Stirn und befestigte es wieder an seiner Hüfte. „Hast du dein Messer bei dir, Henri?", erkundigte er sich.

„Ja", antwortete er. Er war neben ihrer Schulter, höchstens einen Schritt entfernt. In seinen neuen Kleidern ähnelte er nicht mehr im Geringsten einem Knecht. Ohne die Saphire, die in seinen Ohrläppchen steckten, den Ring, den Maxime ihm geschenkt hatte und das glänzende goldene Armband hätte er einer der leitenden Diener sein können, ein weiterer Leibwächter oder sogar ein Sekretär. Der Schmuck zeigte, dass er mehr als das war, ein Höfling zum Beispiel, obwohl er kein Wappen trug, oder vielleicht auch ein Botschafter mit besonders bescheidenem Auftreten. Niemand, nicht einmal David-Marie, hatte ihn seltsam angesehen, weil er in Camilles Gefolge war. Vielleicht lag das aber auch einfach daran, dass David-Marie Henri erkannt hatte.

Camille ging als Erste die wenigen Stufen zu der Eingangshalle mit der hohen Decke hinauf. Hinter Henri fiel die Tür mit einem schicksalsschweren Krachen zu und schnitt abrupt den Lärm der Menschenmenge ab, der über die Mauern bis in den Innenhof drang. Vor den Türen zu den verschiedenen Empfangsräumen standen Diener, und zwei Wachen, die großen Parade-Hellebarden energisch in den Teppich gepflanzt, flankierten die breite Treppe, die mitten in der Halle nach oben führte. Camille rauschte ohne jedes Zögern durch die Halle. Ihre Beine fühlten sich ohne das behindernde Gewicht der Röcke lang und leicht an. Die Absätze ihrer Stiefel klapperten mit einem befriedigend satten Ton über den Marmorboden, und das Geräusch ihrer Schritte vermischte sich mit dem festen Tritt von Henri und dem Klirren der ausschließlich dekorativen goldenen Sporen, die er auf ihren ausdrücklichen Wunsch hin trug. Kaspar und Arno bewegten sich selbstverständlich unhörbar wie Katzen.

Der Klang ihrer Absätze wurde leiser, als sie den weichen, blau und golden gemusterten Teppich betrat. Die Wachen zuckten nicht mit einem einzigen Muskel, als sie sich ihnen näherte, aber sie spürte, dass ihre Haltung noch ein wenig starrer wurde und ihre Aufmerksamkeit zunahm. Sie hätten ähnlich auf jeden reagiert, der näher kam, aber ihre Eunuchen waren unverwechselbar, und trotz der Hosen, die sie trug, und ihrer kurz geschnittenen Haare erkannten die Wachen ihre Herzogin. In dem Vertrauen, dass Kaspar und Arno ebenfalls anhalten würden, wenn sie es tat, blieb sie einen Schritt vor den beiden Gardesoldaten stehen, dicht genug, dass die Männer ihr den Kopf zuwenden mussten, wenn sie sie richtig sehen wollten.

„Wache fortsetzen“, befahl sie in selbstverständlichem Ton, bevor sie ihr Gefolge die Treppe hinaufführte. Während der ersten zwei Stufen erlaubte sie sich noch die Frage, ob die Wachen sich im nächsten Moment auf sie stürzen würden, doch dann schob sie diese Angst beiseite. Es war einfacher, sich darauf zu konzentrieren, wie leicht es war, eine Treppe hinaufzusteigen, wenn man statt der schweren Röcke eine gut sitzende Reithose aus Leder und bequeme Stiefel trug.

Oben an der Treppe standen zwei weitere Wachen, die lediglich die Enden ihrer Hellebarden als Gruß auf den Teppich stießen, als sie an ihnen vorbeiging. Fast hätte Camille gelächelt.

Henri war nie zuvor in diesem Teil des Palasts gewesen, sie schaute sich nach ihm um, um seine Reaktion zu sehen. Er wirkte nervös. Gerne hätte sie seine Hand berührt, doch dafür war nun nicht der richtige Zeitpunkt. Bei seinem ersten Besuch im Palast hatte Sylvie ihn durch abgelegene Gänge eingeschleust, die eigentlich für die Diener bestimmt waren und ständig für geheime Rendezvous benutzt wurden. Die breiten Korridore passten besser zu ihm. Hier brannten Kerzen, deren süßer Duft nach Bienenwachs in der Luft lag. Der

Geruch der Kerzen war für sie gleichbedeutend mit Heimat. Sie atmete tief ein, verlangsamte jedoch nicht ihre Schritte. Sie hatte das Gefühl, dass niemand sie hätte aufhalten können. Tief in ihrem Inneren spürte sie ein zartes Vibrieren. Sie fühlte sich gleichzeitig leicht und stark. Alles um sie herum erschien ihr klarer und sauberer, roch und klang intensiver, als hätte jemand einen Schleier von ihrem Gesicht gezogen. Sie stieg eine weitere Treppe hinauf.

Die Räume des Herzogs lagen links den Gang hinunter. Camille wandte sich energisch in diese Richtung, um das plötzliche Unbehagen zu verbergen, das in ihr aufstieg. Sie hatte seine Zimmerflucht immer gehasst. Wie einen Hund hatte Michel sie oft dorthin befohlen, um sie vor den Augen der Diener zu beschimpfen und zu demütigen. Er hatte sich auch keinerlei Mühe gegeben, es vor ihr zu verbergen, wenn er die Dienerschaft demütigte. Das würde sich ändern. Sie hatte Sylvie, Kaspar und Arno so viel zu verdanken und würde ihnen ihre Dankbarkeit in Zukunft anders zeigen als dadurch, dass sie ihnen gelegentlich einige abgelegte Kleidungsstücke schenkte. Das war ein weiterer Punkt, den sie jener schier unendlichen Liste hinzufügen musste, mit deren Umsetzung sie lange Zeit beschäftigt sein würde.

Vor der Tür des Herzogs blieb sie stehen. Drinnen war alles still. Henri berührte leicht ihre Schulter, bevor er seine Finger fest darauf legte und sie drückte. Wärme floss durch ihren Körper. Sie öffnete die Tür.

Sylvie sprang zurück. Glücklicherweise ging dabei die Pistole, die sie in der Hand hielt, nicht los. Nachdem Camilles Atem sich wieder beruhigt hatte, betrat sie das Zimmer, gefolgt von Henri und den Eunuchen. Bis auf einen einzelnen thronartigen Sessel, von dem aus Michel mit Vorliebe seine Urteile verkündete, war der in der Mitte gelegene Raum der herzoglichen Zimmerflucht leer. Camilles Rückgrat versteifte sich, und ihre Muskeln spannten sich an. Nachdem sie einen Moment nachdenklich verharrt hatte, bemerkte sie, dass in der Luft noch ein Hauch von Michels Parfüm hing, wie ein Blütenblatt, das dem Boden entgegenfiel.

„Wo ist er?", fragte sie.

Sylvie ließ ihre Pistole sinken. „In seinem Schlafgemach. Ich würde ihn gern erschießen."

„Nein." Camille schüttelte den Kopf. „Das ist nicht deine Aufgabe."

„Es wäre mir eine Ehre, mich in Euren Auftrag um dieses Problem zu kümmern, Madame", erklärte Kaspar, nachdem er sich geräuspert hatte. „Ich kann verhindern, dass er mit seinem Blut den Teppich beschmutzt."

Sie ließ ihren Blick über die restlichen Anwesenden gleiten. „Arno, Henri? Habt ihr auch vor, mir anzubieten, meinen Gemahl zu ermorden?"

„Wenn Ihr es möchtet", antwortete Arno.

Nur Henri schüttelte langsam den Kopf.

„Ich werde nicht so tief sinken, dass ich Morde begehe", erklärte Camille. „Ist Vilmos drinnen?" Sie deutete auf die Tür zu Michels Schlafgemach.

„Ja, Madame. Und Marrine, die rothaarige Konkubine. Sie hat Vilmos geholfen. Die beiden warten auf Euch."

Camille straffte entschlossen die Schultern. „Ich werde allein hineingehen."

„Camille ..."

„Nein, Henri." Dann überlegte sie es sich anders. „Nein. Du kommst mit mir." Sie wollte, dass er es miterlebte. Wollte, dass er erfuhr, was für ein Mensch Michel war, und dadurch vielleicht verstand, wie sie zu der Frau geworden war, die sie jetzt war.

„Madame la ...", begann Kaspar.

„Du wartest hier", befahl ihm Camille. „Henri?"

Direkt neben dem Empfangszimmer lag ein winziger Raum, der für einen Kammerdiener gedacht war. Camille stieß die Tür auf und fand dort Marrine vor, die im Schneidersitz auf dem schmalen Bett saß. Sie sah anders aus als bei Camilles letzter Begegnung mit ihr in dem Kellerraum; ihre Haare waren fest geflochten, und sie trug ein zu großes Hemd über einem langen Rock und festen Stiefeln. Quer über ihrem Schoß lag eine Muskete. Im selben Moment, in dem Camille eintrat, legte sie die Waffe beiseite, sprang auf und knickste. „Madame la Duchesse." Sie schaute nicht auf, und es kam Camille vor, als bemühte sie sich, den Anschein zu erwecken, sie wären einander noch nie begegnet. Und so war es ja auch; sie hatte nur von der anderen Seite des Zimmers aus zugesehen, wie Marrine gefickt wurde. Damals hatte sie keine Ahnung gehabt, wie die junge Frau sich in dieser Situation gefühlt hatte. Es schien, als wäre sie nicht sonderlich erbaut von der ganzen Sache gewesen, wenn man der Muskete eine Bedeutung zumaß.

„Öffne die Tür", befahl Camille. Henri stand dicht hinter ihr, und sie genoss die Wärme seines Körpers an ihrem Rücken. Dann stand sie im Schlafzimmer des Herzogs und bemühte sich verzweifelt, Haltung zu bewahren.

Michel lehnte mit dem Rücken an der Wand, starrte ihr entgegen und verzog inmitten seines sorgfältig gelockten Barts die Lippen zu einem hochmütigen Lächeln. Über seiner maßgefertigten Kleidung trug er ein pompöses Staatsgewand in Blau und Gold; an seinen Fingern funkelten zahllose juwelenbesetzte Ringe, und er hatte sich selbst mit dem Goldreif des Herzogs gekrönt. In der Luft lag ein seltsamer, stickiger Geruch. Camille Blick zuckte zu der Wasserpfeife in der Ecke und zurück zum Herzog. Dieses Mal fielen ihr seine stecknadelkopfgroßen Pupillen auf. Er hatte sich vor Kurzem dem Drogengenuss hingegeben. Sie fragte sich, ob

Vilmos ihm die Rauschmittel beschafft hatte.

Jetzt bemerkte sie Vilmos, der sich im Hintergrund hielt. Er trug nicht mehr die Livree des Herzogs, sondern ein schlichtes Hemd und ein Paar locker fallende Hosen, wie Arno sie bevorzugte. Als sie ihn ansah, senkte er den Kopf. „Madame la Duchesse." Sie erwiderte seinen Gruß mit einem Nicken, weil sie ihrer Stimme immer noch nicht traute.

„Mich nennt er nicht mehr so, der schäbige Verräter. Nach allem, was ich für seine Familie getan habe!"

„Ihr habt die meisten von ihnen getötet", bemerkte Vilmos starr nach vorne blickend. „Und vier der Jungen kastriert. Dasselbe hättet Ihr mir angetan, wäre ich nicht ein bisschen zu alt dafür gewesen."

„Und zu gut bestückt", ergänzte der Herzog. „Nun, meine Hure von Ehefrau. Ist das der Stallbursche, von dem du dich bespringen lässt? Ein armseliger Ersatz für die Hengste, nicht wahr?"

Die jahrelange Übung half ihr, keine Miene zu verziehen. Sie hoffte, Henri tat es ihr gleich. „Du hast mich verstoßen", erinnerte sie ihn. „Nun verstoße ich dich ebenfalls."

Der Herzog lachte. In seinem berauschten Zustand dauerte sein Lachen lange genug, um Camille Schauer über den Körper zu jagen, aber sie würde ihm ihre Gefühle nicht zeigen. Nie wieder würde sie das tun.

„Wirst du mich selbst töten?", erkundigte sich der Herzog. „Oder wird dein Lustknabe es tun? Oder deine Sklaven ohne Eier?"

„Ich habe nicht vor, dich zu töten, Michel. Ich werde dich einfach deines Amtes entheben."

Er rollte mit den Augäpfeln und lehnte sich träge wieder an die Wand. „Und hast du auch einen Erlass des Königs? Ich kenne nämlich keinen anderen Weg, mich aus dem Amt zu vertreiben. Hast du auch mit dem König gefickt? Bist du dort gewesen?"

„Mein Vater war hier der Herzog, nicht deiner", erwiderte Camille. „Es ist mein Recht, dieses Herzogtum zu regieren."

„Dann schaffst du dir besser vorher einen Schwanz an. Warte, ich hacke den des Mistschauflers für dich ab. Du kannst ihn in der Hosentasche mit dir herumtragen."

Camille streckte die Hand aus und presste sie gegen Henris Rücken. Als sie spürte, dass er sich entspannte, sagte sie: „Wenn deine Zurechnungsfähigkeit zweifelhaft ist, musst du selbstverständlich des Amtes enthoben werden. Der König wird darin mit mir übereinstimmen."

„Nun, meine herzogliche Hure, ich werde nicht zustimmen."

Camille zog ihr Messer aus seiner Scheide. „Dann ziehst du es also vor, kastriert zu werden? Ich bin sicher, Vilmos wird dabei helfen, dich festzuhalten. Noch ein paar Züge an der Wasserpfeife, und du wirst nicht das Geringste spüren. Kaspar hat mir erzählt, das Unbehagen dauert nur ein paar Monate an."

Die Miene des Herzogs wurde starr.

Camille hob das Messer und betrachtete es eingehend. „Es gibt einen Rückzugsort, von dem Maxime mir erzählt hat. Er liegt auf der anderen Seite des Meeres. Jene, deren Verstand sich verabschiedet hat oder die ihre Süchte nicht mehr unter Kontrolle haben, können dort den Rest ihres Lebens verbringen, wenn jemand für sie bezahlt."

„Du bist eine dreckige Schlampe", stieß der Herzog wütend hervor.

„Deine Meinung interessiert mich so gut wie gar nicht", erwiderte Camille. „Ich denke, das ist alles für heute. Morgen wirst du bereit sein, das Schiff zu besteigen. Wirst du dafür sorgen, dass er die Zusammenarbeit nicht verweigert, Vilmos?"

„Ja, Madame."

„Und, Michel, gib mir jetzt die Herzogskrone."

Er warf damit nach ihr. Henri hob sie vom Teppich auf und hielt sie ihr hin. Nachdem sie sich den Goldreif auf den Kopf gesetzt hatte, wandte sie Michel den Rücken zu und schritt aus dem Zimmer. Henri folgte ihr.

Vor der Tür warteten Kaspar, Arno und Sylvie. „Es ist vollbracht", berichtete sie. „Kaspar, Arno, würdet ihr bitte Vilmos mit Michel helfen? Er wird morgen mit Kommandant Leung in See stechen. Ich wünsche, dass er sein Ziel lebendig erreicht. Schließlich soll niemand behaupten, ich hätte einen Mord begangen, um das Herzogtum zu regieren."

Kaspar senkte den Kopf. „Ja, Madame." Als er sich zurückziehen wollte, hielt Camille ihn auf, indem sie ihm die Hand auf den Arm legte. „Warte. Wartet alle beide. Ich möchte euch für alles danken, was ihr für mich und das Herzogtum getan habt."

„Wir haben nur unsere Pflicht getan", erwiderte Kaspar.

„Eine Pflicht, zu der ihr gezwungen wurdet. Vielleicht tut ihr sie jetzt freiwillig und aus Liebe zu mir, aber am Anfang hattet ihr keine Wahl. Ich möchte, dass ihr euch jetzt frei entscheiden könnt."

Arno wirkte verängstigt, Kaspar schaute sie wachsam an. „Entscheiden, Madame?"

„Ich schenke euch die Freiheit. Nun ist es an euch, ebenfalls die Freiheit zu wählen. Ich möchte euch dabei helfen. Vielleicht könntet ihr euch beide überlegen, wie ihr für eure Dienste entlohnt werden möchtet, und es mir sagen, wenn ihr euch entschieden habt. Ich werde dafür sorgen, dass ihr euren gewünschten Lohn bekommt." Sie stockte. „Außerdem habe ich vor, in Zukunft die Schaffung von Eunuchen zu verbieten."

„Madame!", stieß Arno hervor. Er schaute Kaspar an.

„Vielen Dank", sagte Kaspar. Während sie sprach, hatte er keinen Muskel bewegt.

Camille lächelte die beiden Eunuchen an und spürte, wie eine Welle der Zuneigung sie durchlief. „Noch etwas, ihr zwei."

„Ja, Madame?", antwortete Kaspar für beide.

„Heute Abend werdet ihr mich mir selber überlassen und euch für die Nacht in ein gemeinsames Zimmer zurückziehen. Sylvie, Henri, kommt jetzt mit mir."

Camille hatte das Gefühl zu gleiten, während sie sich die Treppe hinunter und wieder hinaus auf den Innenhof des Palasts bewegte. Sie hätte mit den Schultern zucken können und der Wind hätte die Sorgen, die ihr noch geblieben waren, mit sich genommen. Doch es gab natürlich noch sehr viel zu tun. Es lagen noch viele arbeitsreiche Jahre vor ihr, die Sorge für das Kind in ihrem Bauch nicht einmal mitgerechnet. Wenigstens würde sie bei den bevorstehenden Mühen Unterstützung haben, und sie würde noch mehr Menschen finden, die ihr halfen. Sie würde Graf Stagiaire für die eine Aufgabe engagieren und Annette, die Hebamme, für die andere. Vilmos wäre sicher froh, wenn sie ihm eine bedeutendere Position anbot, und es gab noch einige Höflinge, die sie wahrscheinlich auf ihre Seite ziehen konnte. Während der vergangenen Wochen hatte sie bereits eine Liste gemacht. Zunächst einmal trat sie jedoch durch das Palasttor und nahm die Jubelrufe der Menschen entgegen.

25. KAPITEL

Seit der Geburt ihrer gemeinsamen Tochter war Camille nicht mehr geritten, und Henri beobachtete sie nervös, als sie sich nun in den Sattel schwang. Wenigstens plagte sie sich nicht mehr mit hinderlichen Reitkostümen ab. Er war schon deshalb sehr erfreut, sie in den ledernen Reithosen zu sehen, weil das hieß, dass sie sich besser auf dem Pferd halten und leichter wieder aufsteigen konnte, falls sie abgeworfen wurde. Außerdem schmiegte sich das Leder eng an ihre aufregenden Kurven. Besorgt sah er zu, wie sie sich in Guirlandes Sattel sinken ließ und die Zügel in eine ihrer behandschuhten Hände nahm. Gleich darauf kam er sich wegen seiner völlig überflüssigen Sorgen dumm vor. Nichts hatte sich geändert. Sie wirkte, als wäre sie seit ihrer Geburt an Guirlandes Rücken festgewachsen.

Camille sah ihn an. „Möchtest du vielleicht, dass ich auf der Reitbahn ein paar Figuren reite, damit du siehst, dass ich ganz sicher auf dem Pferd sitze?"

Er fühlte, wie seine Wangen anfingen zu glühen. „Ich war nur ein kleines bisschen in Sorge."

Camille lächelte verschmitzt, während sie die rote Mütze zurechtzog, die sie auf ihren kurz geschnittenen Haaren trug, und schob ihren Schal tiefer in den Ausschnitt ihrer zugeknöpften Jacke. „Ich vermute, das ist ein sehr geringer Preis, den ich jetzt zahle, nachdem du während Aimées Geburt weder geschrien noch dich bis zur Bewusstlosigkeit betrunken hast."

„Ich habe keinen Tropfen getrunken!", protestierte Henri und sorgte dafür, dass Tulipe in die Gangart fiel, die Camille mit ihrem Pferd vorgab. Während der Geburt seiner Tochter hätte er sich am liebsten so sehr betrunken, dass er nichts mehr fühlte, als sich die Stunden endlos hinzogen. Doch das wäre nicht recht gewesen, da Annette, die Hebamme, Camille sogar Wein verboten und stattdessen darauf bestanden hatte, den schlimmsten Wehenschmerz durch Bewegung, tropische Cremes und Massagen zu lindern. Wenn Camille es ertragen konnte, konnte er es auch. Nun war er froh, dass er nicht schwach geworden war. Um nichts in der Welt hätte er die Geburt seiner Tochter verpassen wollen.

Zu seiner Erleichterung ließ Camille ihr Pferd nur leicht traben. Selbst wenn sie ihre Fähigkeiten im Reiten nicht eingebüßt hatte, waren ihre Muskeln zweifellos schwächer, als sie früher gewesen waren. Es würde nötig sein, dass sie ihre Kraft langsam wieder aufbaute; insofern war es gut, dass es bis zu ihrer Reise zum Königshof, um dort Aimée vorzustellen, noch einige Monate waren.

Nach einer kurzen Strecke stellte Camille fest: „Du hast dich wunderbar um Guirlande gekümmert. Sie reagiert auf meine bloßen Gedanken."

Henri grinste. „Sie ist das beste Pferd, das ich jemals geritten habe. Du kannst schwerlich mich dafür loben, da du es doch warst, deren Erziehung sie zu dem gemacht hat, was sie ist."

Ernst schaute sie ihn an. „Ich bin jahrelang nicht auf Guirlande geritten. Dir gebührt ebenso viel Dank wie mir. Ist dir das noch nie in den Sinn gekommen?"

„Ich … Nein. Sie ist *dein* Pferd", erklärte Henri verlegen blinzelnd.

„Sie ist ebenso sehr deines. Ich habe dich auf ihr reiten sehen." Camille lächelte ein kämpferisches Lächeln. „Dazu fällt dir nichts ein, nicht wahr? Wenn man seinen eigenen Wert kennt, fällt es schwer, bescheiden zu sein."

Zum ersten Mal seit fast einem Jahr hätte Henri sie fast mit *Madame la Duchesse* angesprochen. Indem er eine ihrer Bewegungen nachahmte, nickte er zu ihren lobenden Worten und senkte seinen Blick auf Tulipes gespitzte Ohren.

Camille ritt voraus zu einer brachliegenden Weide und stieg ab, um das Gatter zu öffnen und hinter ihnen zu schließen. Nachdem sie wieder aufgestiegen war, nahm sie den Pfad, der hinunter zum Fluss führte, der sich hinter den Zuchtställen durch die Weiden schlängelte. Henri konnte sich nicht erinnern, ob es so weit vom Palast entfernt noch eine Brücke gab. Sie waren bereits dicht bei der Grenze des Herzogtums. Bis jetzt hatte er niemals einen Grund gehabt, so weit hinaus aufs Land zu reiten, dorthin, wo Heu gemacht und Niederwild gejagt wurde.

Er lenkte Tulipe an Guirlandes Seite. „Wohin reiten wir?"

„Nicht mehr weit", erwiderte sie. „Ich genieße es, an der frischen Luft zu sein."

Der Schnee war bereits fast vollständig geschmolzen, aber das braune Gras raschelte, der Himmel war stahlgrau und die Luft schneidend vor Kälte. Die Hufe der Pferde klangen wie der Stundenschlag einer Uhr auf frostigem Grund. Henri trug eine wattierte Jacke, einen Schal, einen Hut und dünne Lederhandschuhe, aber seine Zehen und seine Fingerspitzen waren nahezu gefühllos vor Kälte. „Die Luft riecht gut", stellte er fest. Seine Nasenspitze war eisig.

Er war lieber draußen im Freien als irgendwo sonst. Allerdings dachte er nicht gern an die Zeit zurück, als er mit Händen, die er nur schützen konnte, indem er sie mit Lumpen umwickelte, die Eisschicht auf Wassertrögen zerschlagen und schwere Eimer voller eisigem Wasser schleppen musste. In den Ställen war es wenigstens einigermaßen warm gewesen, und noch wärmer hatte er es gehabt, wenn er bei dem alten Pony Poire in der Box geschlafen hatte, vorausgesetzt Poire war gut gelaunt. Er hatte viele Nächte damit verbracht, sich vorzustellen, wie er seine eigene Hütte heizen würde, sobald er genug Geld gespart hatte, sie zu kaufen. Meistens hatte er sich ausgemalt, er hätte einen Kamin und einen Ofen, und war sogar so weit gegangen, sich Möglichkeiten zu überlegen, im Haus ständig warmes Wasser zu haben, wie in einem Badehaus. Damals erschien das alles unerreichbar, warum sollte er dann nicht so wild träumen, wie er nur konnte? Dennoch war es auf die Dauer entmutigend gewesen, unerfüllbare Träume zu haben. Als er älter geworden war und angefangen hatte, seinen Lohn zu sparen, hatte er sich als Erstes ein Paar warme Wollsocken gekauft.

Über den Fluss spannte sich tatsächlich eine schmale Brücke, ein hübscher Bogen mit einem Geländer, das vom vielen Gebrauch glänzte. Die Hufe der Pferde hallten auf den Holzplanken wider, als sie einer nach dem anderen die Brücke überquerten. Henri schaute über das Geländer und sah das Wasser langsam dahinfließen, an manchen Stellen noch unter einer dünnen Eisschicht.

Das mit Raureif bedeckte Gras am anderen Ufer wirkte fast wie blühende Blumen. Er brachte Tulipe zum Stehen, winkte Camille und deutete auf den Boden. Sie schaute mit suchendem Blick nach unten. „Kaninchenlöcher?“, fragte sie nach einem Augenblick.

„Es ist einfach schön“, erklärte Henri. „Sieh nur, dort drüben. Neben dem Felsen.“

„Da *ist* ein Kaninchenloch“, stellte sie fest und fügte geistesabwesend hinzu: „Pass auf Tulipes Beine auf.“ Sie lehnte sich im Sattel nach vorn und spähte nach unten. Henri rutschte unruhig auf dem Pferderücken herum. Sie bemühte sich offensichtlich, etwas Passendes zu finden, was sie sagen konnte. Manchmal wurden die Unterschiede zwischen ihnen so unerwartet deutlich, wie Schäfchenwolken an einem klaren Sommertag am Himmel auftauchen konnten.

Nach einiger Zeit sagte Camille: „Das Gras ist an einigen Stellen heruntergedrückt, und durch den Raureif sehen die

Büschel aus wie Astern. Oder vielleicht auch wie Ringelblumen."

„So etwas habe ich noch nie gesehen", stellte Henri fest.

„Ich auch nicht." Camille wandte sich zu ihm um. „Es ist wunderschön. Komm. Es ist nicht mehr weit."

„Haben wir ein bestimmtes Ziel?" Er hatte geglaubt, sie würden einfach nur einen Ausritt unternehmen. Nun hoffte er, dass es nicht um eine politische Angelegenheit ging. Sie arbeitete im Palast schon genug, manchmal sogar vom Kinderzimmer aus. Glücklicherweise hatte Aimée ihn und einen ganzen Schwarm Ammen, um sie zu hätscheln und zu unterhalten. Camille ging noch liebevoller mit ihrer kleinen Tochter um, als er es vorausgesehen hatte, wurde aber viel zu oft von ihren Regierungsgeschäften in Anspruch genommen. Henri hatte es sich ganz im Geheimen zur Aufgabe gemacht, sie jeden Tag wenigstens auf eines der schönen Dinge im Leben aufmerksam zu machen, es aber nicht so offensichtlich zu tun, dass sie es als Kritik empfinden könnte. Schließlich liebte und bewunderte er ihre Fähigkeit zu führen und zu regieren.

Camille antwortete nicht, und er nahm an, dass sie ihn nicht gehört hatte. Er brachte Tulipe wieder an Guirlandes Seite und ritt schweigend weiter. Solange er den Tropfen nicht beachtete, der sich an seiner Nasenspitze bildete, hatte die kalte Luft eine belebende Wirkung auf ihn. Es hätte ihm gefallen, den ganzen Tag über draußen zu bleiben und mit Camille zwischen langen Reihen gerade gewachsener, kahler Bäume dahinzureiten, vorbei an blattlosen Hecken, in denen es vor zahllosen Vögeln nur so flatterte, die sich zum Aufbruch sammelten, um in den brachliegenden Feldern nach Futter zu suchen. Er konnte keine Ratten und Mäuse erspähen, wusste aber, dass es hier welche geben musste. Einmal sah er den buschigen Schwanz eines grauen Fuchses zwischen kahlen Ästen verschwinden; wahrscheinlich war das Tier auf der Jagd nach einer hungrigen Maus für sein eigenes Frühstück.

„Sind wir immer noch im Herzogtum?“, erkundigte er sich. Er hatte keinen Grenzstein gesehen, obwohl sie sich nun einem stabilen schwarz gestrichenen Zaun näherten. Camille glitt vom Pferd, schob den Querbalken beiseite und stemmte sich gegen das Tor, um es weit zu öffnen. Henri nutzt die Gelegenheit, ihr wohlgeformtes Hinterteil in der engen Reithose zu bewundern.

„Wir haben das Herzogtum vor Kurzem verlassen“, erwiderte sie, während sie ihn durch das Tor winkte. Dann schloss sie das Gatter, stieg aber nicht wieder in den Sattel. „Da vor uns liegt ein Stall. Er bietet Platz für vier Pferde. Ich brauche einen kleinen Spaziergang, um meine Muskeln zu lockern.“ Sie blieb stehen und hob die Hand. „Du darfst Sylvie auf keinen Fall erzählen, dass ich mich zu sehr angestrengt habe.“

„Auf keinen Fall“, schwor er. Außerdem war Sylvie dieser Tage viel zu beschäftigt damit, abwechselnd intime Treffen mit Annette und Nico zu haben und die bevorstehende Reise zu Herzog Maxime vorzubereiten und sich um ihre Herrin Sorgen zu machen.

Damit er Camille Gesellschaft leisten konnte, stieg Henri ebenfalls vom Pferd. Sofort reckte Tulipe den Hals nach einem Büschel vertrocknetem Gras. Henri schüttelte ein wenig Leben in seine Finger und schob dann seine Hände unter seine Achseln. Durch die dünnen Sohlen seiner Stiefel fühlte er die eisige Kälte des Bodens. Er hätte auf diese elegante, geschmeidige Fußbekleidung verzichten und seine alten, robusten Stiefel vorziehen sollen, die innen mit einer dicken Schicht wärmender Wolle gefüttert waren.

Ihm fiel ein Weg ein, wie er sich wärmen konnte. Er ließ

Tulipe das spärlich sprießende Futter untersuchen und ging hinüber zu Camille. Während der vergangenen Monate hatte er viele neue Erfahrungen gemacht, darunter Musikdarbietungen, die allein zum Zuhören gedacht waren und nicht, um dabei zu tanzen oder Wein zu trinken. Während der Aufführungen gab es immer wieder Pausen, von denen er argwöhnte, dass sie dazu gedacht waren, diejenigen Zuhörer aufzuwecken, die sonst die anderen mit ihrem Schnarchen gestört hätten. Für Henri hatten sich diese Pausen als bevorzugte Gelegenheiten erwiesen, Camille von der Menge fort zu führen und dies mit ihrer Schwangerschaft zu entschuldigen, die sie angeblich ständig zwang, den Ruheraum für die Damen aufzusuchen. Dann fanden sich in fast jedem großen Haus verborgene Nischen, wo sie sich ein paar Augenblicke lang ihrem ganz privaten Vergnügen hingeben konnten. Nun streckte er Camille seine Hände entgegen. „Ist es Zeit für ein kleines Zwischenspiel?"

Sie nahm seine Hände in ihre und zog ihn zu sich heran. Henri öffnete seinen Mantel und wickelte ihn, so gut es ging, auch um sie, um seine Wärme mit ihr zu teilen. Dann rieb er seine Wange an ihrem Gesicht. Er saugte sanft an dem Stück ihres Ohrläppchens, das unter dem Rand ihrer Strickmütze hervorschaute. Camille schob ihre Finger zwischen seinen Mantel und seine Wolljacke, dann noch weiter unter sein Hemd. Selbst durch ihre Handschuhe fühlten sich ihre Hände kalt an, als sie seine Haut berührte, und er schnappte nach Luft und zuckte zusammen, während sie lachte. Aus Rache rieb er seine kalte Nase an ihrem Hals, dann knabberte und saugte er sachte an der Sehne, die sich spannte, wo ihr Hals auf ihre Schulter traf, und fühlte ihr erregtes Beben, als sie sich eng an ihn schmiegte.

Einige Minuten vergingen so auf höchst angenehme Weise. Henris Zehen waren bereits völlig taub, als Camille seinen Schwanz durch die lederne Reithose aufreizend rieb, bevor sie ihm beide Hände gegen die Brust stemmte, um ihn wegzuschieben. Sie zog ihre Mütze zurecht, die er völlig verschoben hatte. „Wir haben lange genug hier herumgetrödelt“, verkündete sie. „Hol die Pferde und folge mir.“

Ihre Augen funkelten auf eine Weise, die Henri viel zu selten zu sehen bekam. Er tat, worum sie ihn gebeten hatte, und zog Guirlande und Tulipe hinter sich her, während er Camille quer über das Feld folgte. Gerade eben konnte er die Umrisse des Stalls erkennen, den sie erwähnt hatte, und direkt daneben die eines kleineren Steingebäudes, das sich in seinen Schatten duckte. Aus dem Schornstein stieg Rauch. Womöglich warteten in greifbarer Nähe ein heißer Tee und ein Feuer, um seine Hände daran zu wärmen. Er ging schneller.

Der Rauch von brennendem Kiefernholz in kalter Luft war für Henri der Duft vollkommener Behaglichkeit. Während sie näher kamen, betrachtete er die geschlossene Tür des Häuschens. Niemand trat heraus, und Camille ging nicht hin, um zu klopfen. „Im Moment ist niemand da. Lass uns die Pferde versorgen“, schlug sie vor. „Im Stall sind sicher Decken.“

Sie musste alles im Voraus arrangiert haben. Henri fragte sich, ob sie auch dafür gesorgt hatte, dass etwas zu essen da war. Eine kleine Vormittagsmahlzeit würde wunderbar sein, zusammen mit heißem Tee und danach vielleicht etwas Glühwein, bevor sie sich auf den langen, kalten Ritt zurück zum Palast machten. Er nahm den Pferden die Sättel ab, während Camille aus einem Regal Decken und einen Korb mit Werkzeug zur Pferdepflege holte. Die Kämme, Bürsten und Hufkratzer sahen neu aus und waren aus hochwertigem, glänzendem Stahl und seidig glattem dunklen Holz mit Messingbeschlägen. Vielleicht war das hier eine der Jagdhütten des Herzogs gewesen. Das Gebäude erschien ein wenig zu klein dafür und eher gemütlich als protzig. Möglicherweise hatte einer der früheren Herzöge das Haus bauen lassen.

Nachdem sie die Werkzeuge zwischen sich und Henri aufgeteilt hatte, ging Camille zu Guirlande, und sie begannen, die Pferde zu bürsten und striegeln, nicht so gründlich, wie es am Abend nötig sein würde, aber kräftig genug, um den Kreislauf der Tiere anzuregen. Henri war als Erster fertig. Er ließ Tulipes Fuß auf den Boden sinken und sah zu, wie Camille mit streichelnden Händen Guirlandes Widerrist einen seidigen Glanz verlieh, bevor sie der Stute eine Decke überwarf, die sie unter dem Bauch des Tiers festschnallte.

„Fertig?“, fragte er.

Camille schlug ihre Hände gegeneinander, um den Staub abzuklopfen. Ihre Handschuhe hatte sie in den Bund ihrer Reithose gesteckt. „Ja. Lass uns ins Haus gehen.“

Ihre Augen lächelten ihn an. Sie brauchte eindeutig ebenso dringend wie er eine Stärkung. Er hoffte, dass auf dem Feuer bereits ein Topf mit heißem Wasser bereitstand.

Vor der Tür der Hütte schob Camille die Hand in ihre Manteltasche und brachte einen Schlüssel zum Vorschein, dessen Griff mit Silber verziert war. Vielleicht war das Innere des Häuschens vornehmer als das Äußere. Sie schloss die Tür auf und öffnete sie. Henri folgte ihr in die wunderbare Wärme und den Duft von Holzfeuer und Glühwein. Dicke, weiche Teppiche in warmen Edelsteinfarben dämpften seine Schritte und wärmten seine Füße.

„Ist niemand hier?“, erkundigte er sich, nachdem er sich rasch umgesehen hatte. Irgendjemand musste den Wein und die Gewürze erhitzt haben. Camille antwortete nicht. Sie streifte ihren Mantel, die Mütze und den Schal ab. Das Erdgeschoss bestand aus einem einzigen großen Raum, der durch Möbel in verschiedene Bereiche aufgeteilt war: Ein weich gepolstertes Sofa mit einem braunen Lederbezug stand vor dem Kamin; ein schlichter Tisch und Stühle aus schwerem, poliertem Holz stellten die Essecke dar; und ein Regal mit Kochutensilien hatte seinen Platz neben einem tonnenförmigen Herd, dessen Rohr durch die Decke in Richtung Dach führte. Der hintere Teil des Zimmers war durch einen schweren Vorhang in den satten Farben der Teppiche abgetrennt. Wahrscheinlich befand sich dahinter der Bereich, in dem geschlafen wurde. Henri erspähte auf dem Hängeboden, der über eine Leiter erreicht werden konnte, einen weiteren möglichen Schlafplatz. Zweifellos war das hier das komfortabelste Zuhause, das er jemals gesehen hatte. Hätte er Camille nicht getroffen, hätte er in einem Häuschen wie diesem für den Rest seines Lebens glücklich sein können.

Mit raschen Schritten ging Camille zum Feuer und streckte ihre Hände den Flammen entgegen, während Henri den Topf mit Wein und Gewürzen untersuchte, der auf dem Ofen warmgestellt worden war. Er fand ein paar Becher aus dickem Steingut, füllte sie mit Glühwein und brachte Camille einen davon. Dann gesellte er sich am Feuer zu ihr, wartete, dass die Hitze die Kälte aus seinen Knochen vertrieb, und nippte ab und zu an dem Wein, um sich von innen zu wärmen.

Nach einiger Zeit sagte er: „Ich habe unter dem Geschirrtuch da frische Pasteten gesehen. Du hast an alles gedacht."

„Magst du es?", wollte Camille wissen. Sie stieß mit ihrem Becher gegen seinen.

„Es ist köstlich", erwiderte er. „Ich hätte nichts dagegen, noch einen Becher zu trinken. Ich kann dir auch noch einen holen, wenn du möchtest."

Camille beugte sich vor und küsste ihn auf den Mund. „Das ist mein Geschenk an dich", erklärte sie ihm.

„Danke", antwortete er, leckte sich den Geschmack nach

Zimt und Nelke von den Lippen und fuhr in feierlichem Ton fort: „Was möchtest du als Gegenleistung?"

Camille lachte. „Du verstehst mich nicht."

„Ich verstehe dich nicht immer", gab er zu und fühlte leise Verstimmung in sich aufsteigen.

„Ich rede nicht von meinem Kuss. Das Haus. Dieses Haus ist mein Geschenk an dich. Das ist es doch, was du wolltest, oder nicht? Wenn Sylvie mich angelogen hat …"

Zunächst brachte Henri kein Wort heraus. „Aber … aber warum?"

„Ich dachte, du möchtest etwas Eigenes haben. Etwas außerhalb des Palasts."

Henri musste schlucken. „Willst du, dass ich hier lebe?"

„Ich möchte dich lieber in Reichweite haben", erklärte sie lächelnd. „Das hier könnte ein Zufluchtsort sein. Ich möchte manchmal hierher zu dir kommen, wenn du es erlaubst."

„Wenn ich … Du meinst das ernst. Dieses Haus gehört mir. *Mir.* Der Stall auch?" Mit wachsender Verwunderung schaute Henri sich um.

„Ich konnte ja wohl kaum ein Zuhause für dich schaffen und keines für deine Pferde", betonte Camille. Sie stellte ihren Becher auf den Kaminsims und legte die Arme um seinen Hals. „Ich hatte nie einen Ort, an dem ich allein sein konnte, sehr lange … nun ja. Ich hatte niemals wirklich einen Ort für mich allein. Mir war nicht bewusst, wie viel das bedeutet, bevor ich aus dem Palast floh. Du warst es gewohnt, allein zu sein, bevor du zu mir zogst, nicht wahr? Ich habe mir Sorgen gemacht, dass du es vermissen könntest, irgendwo ganz für dich zu sein. Und vielleicht, eines Tages, nimmst du Aimée mit hierher."

Henri drückte ihr einen raschen Kuss auf den Mund. „Wir werden gemeinsam Aimée hierher bringen. Vielleicht wenn sie alt genug für das Spiel ist, bei dem man herumrennt und ohne jeden Grund schreit. Der Palast ist womöglich nicht der am besten geeignete Ort für solche Dinge. Die Marmorböden eignen sich besser dazu, auf Strümpfen darauf herumzuschlittern."

Camille umarmte ihn fest. Henri hielt sie mit einem Arm, schaute in seinen leeren Becher und legte ihn auf den Teppich, sodass er beide Arme benutzen konnte, um sie an sich zu ziehen und sanft zu wiegen. „Danke", flüsterte er. Dann zog er sie zum Sofa. „Hier haben wir es bequemer."

Camille passte perfekt zwischen seine angezogenen Knie, den Rücken an seine Brust gelehnt, sein Rücken gestützt von der Armlehne des Sofas. Er strich mit einer Hand in zärtlichen Kreisen über ihren Bauch, während er mit der anderen ihre Hand hielt. „Ich könnte uns mehr Wein holen", schlug er vor.

„Dazu müsstest du mich loslassen", gab Camille zu bedenken.

„Das stimmt. Im Moment möchte ich keinen Wein mehr." Er rieb seine Nase an dem Haar in ihrem Nacken. „Mir ist schon schön warm."

Camille ließ ihren Kopf rückwärts an seine Schulter sinken, und er küsste sie ein bisschen ungeschickt. „Sylvie hat gesagt, zur Erfüllung deines Wunsches gehört noch mehr als das Haus selber."

Wieder musste Henri heftig schlucken. „Hat sie dir gesagt, wann sie das alles erfahren hat?"

„Nein. Ich nehme an, sie hat dich so lange gequält, bis du es ihr gesagt hast. Du solltest ihr wirklich nicht erlauben, dich ständig derart zu necken."

Henri seufzte erleichtert. „Ich erlaube es ihr nicht. Nur selten. Nicht mehr. Sie hat jetzt Nico und Annette, um sich mit ihnen zu necken. Ich glaube, das gefällt ihr besser."

„Ich möchte jetzt nicht mehr über Sylvie sprechen", erklärte Camille. „Erzähl mir von deinem Wunsch."

„Die Sache mit dem gemeinsamen Ausritt haben wir bereits erledigt."

„Und es geht überhaupt nicht um die andere Art des Reitens?", fragte sie schelmisch. „Ich hätte mehr von dir erwartet, Henri."

Er küsste sie noch einmal. „Nein, keine Reiterei. Falls dort hinter dem Vorhang ein Bett steht, könnte ich es dir zeigen. Soll ich?"

„Da steht ein Bett", bestätigte sie. „Diesen Teil der Einrichtung würde ich nie vergessen." Sie lehnte sich wieder mit dem Rücken an ihn und rieb sich an ihm.

Hastig schob Henri sie von sich und stand auf. Er zog seine Reithose zurecht, dann streckte er ihr die Hand hin und zog sie auf die Füße. „Würde es dir etwas ausmachen, dich ein wenig zu beeilen? Ich habe mir geschworen, dich sieben Mal zum Höhepunkt zu bringen, und wir haben niemanden, der sich für uns um das Feuer kümmert."

„Ich bezweifle, ob wir das unter all den wunderbaren Decken bemerken", erklärte Camille. Sie hob den Vorhang, ging hindurch und ließ ihn wieder fallen. „Könntest du mir beim Ausziehen helfen?"

„Das wird mir gelingen, da bin ich ganz zuversichtlich", antworte Henri. Er streifte ihr die Jacke von den Schultern, dann das dünne Hemd, das sie darunter trug. Ihre Brüste boten sich frei seinen Blicken dar, üppig vom Stillen und der erneuten Schwangerschaft. Einen Moment streichelte er sie sehr sanft, denn er wusste, wie empfindlich sie dort immer noch war. Dann wandte er sich den Knöpfen ihrer Reithose zu.

Als sie beide ohne Kleider waren, erklärte Henri: „Es gibt in meiner Fantasie mehrere Versionen dessen, was als Nächstes geschieht."

Nackt streckte Camille sich auf den Laken aus und schob ihre Füße unter den Berg aus Decken, der am Fußende des Bettes lag. „Wir werden eine nach der anderen ausprobieren müssen." Sie lächelte schalkhaft. „Weißt du, dass es noch einen Grund gibt, aus dem du dieses Haus brauchst, Henri?"

„Und welcher ist das?" Er kniete sich aufs Bett und grätschte die Beine über ihren Hüften. Dann beugte er sich zu ihr hinunter und küsste sie auf den Hals.

Camille lächelte ihn von unten an. Sie hob den Arm und berührte sein Gesicht, ließ ihre Fingerspitzen über seine Wangenknochen und seine Lippen gleiten. „Hier draußen hört niemand mich schreien."

Henri spürte, wie seine Augen sich weiteten und gleichzeitig sein Schwanz durch einen plötzlichen Blutandrang fast schmerzhaft prall wurde. „Oh, wenn das so ist, werde ich mein Bestes geben."

„Henri?"

„Ja, Camille?"

„Du musst dich nicht unbedingt beeilen. Wir haben Zeit."

„Ja, Camille."

– ENDE –

RIRE ET PLEURER AVEC JEAN-PAUL II

FIORETTI AUTHENTIQUES

DU MÊME AUTEUR

Aux éditions du Jubilé

Théologie spirituelle

I. Le Corps de Dieu où flambe l'Esprit

II. Le Sang de l'Agneau où guérit l'univers

III. Les noces de Dieu où le pauvre est roi

Ton enfant, il crie la vérité

L'Étreinte de feu – L'icône de la Trinité de Roublov

Dans tes mains, le cosmos

Qui nous fera voir le bonheur ? – Les Béatitudes ici et aujourd'hui

Église et société

Troas – Monde d'orphelins, peuple de témoins !

I. Guetteur ! Le cri de la nuit, l'entends-tu ?

II. Guetteur ! Les feux de l'aube, les vois-tu ?

Le Renouveau, printemps de l'Église

Amour, vie, sexualité

I. Ton corps fait pour l'amour

II. Ton corps fait pour la vie

III. Ton corps fait… pour un même corps ?

Sida safe-sex ou save-sex ?

Découvrir le Christ

Le Pâtre blessé

Ivre de vivre ! Témoignages de jeunes

Ce Jésus que tu cherches

I. Ton Roi, jeune comme toi !

II. Ton Roi, livré pour toi !

Les témoins de l'avenir – Vies de jeunes

Franck, ou le sida vaincu par l'espérance

Dans 5 heures, je verrai Jésus (présentation)

Jean-Paul II, don de Dieu

Thérèse l'enfant, apôtre et martyre

Prier avec Marie

Le Rosaire – Prière de lumière

Touche pas à ma Mère – Marie, vierge toujours

Marie et la femme, sentinelles de l'invisible (à paraître)

DANIEL-ANGE

RIRE ET PLEURER AVEC JEAN-PAUL II

FIORETTI AUTHENTIQUES

Sarment
ÉDITIONS DU JUBILÉ

ISBN 2-86679-3862

À vous, si cher père Stanislaw Dziwisz,
qui avez été incomparablement plus qu'un secrétaire :
un frère d'âme, un intime, un confident de toutes les heures
pendant près de quarante ans d'épiscopat puis de pontificat.

Sans votre présence rassurante et pacifiante à ses côtés,
notre Jean-Paul II aurait-il pu accomplir
tout ce qu'il nous a donné de vivre et d'aimer ?

Par votre inlassable dévouement,
votre fidélité à toute épreuve,
surtout au long de l'ultime grande épreuve,
et de jour et de nuit : soyez à jamais béni !

Et béni soit notre déjà
très aimé Saint-Père, Benoît XVI
de vous avoir créé cardinal sur ce siège de Cracovie,
à jamais marqué par Karol Wojtyla.

AVANT-PROPOS

Comment re-assumer tout ce que nous a laissé Jean-Paul II ? Même ceux qui ont suivi le développement de sa pensée et de son enseignement se perdent dans le dédale de cette richesse. Que penser alors de ceux qui commencent à peine et pour lesquels la disparition de ce pape marque le début d'une nouvelle vie ?

Comme il faut bien commencer par quelque chose, disons d'abord que ce petit livre constitue une double introduction à la vie spirituelle du Pape et au domaine de son « humanité », de sa spontanéité, de son sens de l'humour, et de sa marque propre, une marque déposée hors de tous les schémas.

Ce livre montre un homme à la fois extraordinaire et ordinaire, mais sortant des schémas habituels de l'ordinaire.

En tout état de cause, il sera utile à ceux qui en savent déjà beaucoup – mais peut-être d'une façon trop docte – et à ceux qui aiment les anecdotes pleines de verve et d'esprit.

En définitive, qui sait ? Ces pages nous permettront peut-être d'appréhender la relation de Jean-Paul II à Dieu et aux hommes. Une dualité qui, dans sa profondeur, est une unité.

Professeur Stefan Wilkanovizc
Directeur de la revue Znak *de Cracovie*

INTRODUCTION

Rire, prier et pleurer avec un ami, un frère, un père, un saint !

Jean-Paul II a marqué au fer rouge et l'Église et le monde pendant plus d'un quart de siècle.

Nous nous sommes essoufflés à courir derrière lui, tant son rythme a été marathonien : celui d'un entraîneur. Événement après événement, nous réservant surprise sur surprise. Il n'a cessé de nous étonner. De nous émerveiller surtout. Comme nous l'avons aimé !

J'ai vécu un tiers de la phase terrestre de mon existence au jour le jour avec lui. Je n'ai cessé de me nourrir des innombrables textes, dont j'ai lu la majeure partie, de ce véritable docteur de l'Église[1].

Au cours de mes vingt-cinq années de « tournées missionnaires » dans plus de quarante pays, j'ai eu la joie de retransmettre à des foules, au cours d'innombrables

---

1. Quatorze Encycliques. Quarante-cinq lettres apostoliques. Quinze exhortations apostoliques. Vingt-huit *Motu proprio*. Onze Constitutions. Trois mille trois cents discours. Mille discours d'audience. Trois livres autobiographiques. Trois livres-interview. Un recueil de poèmes. Le tout totalisant plus de quatre-vingt mille pages en cinquante-quatre tomes. Dans les premières années de son pontificat, quatre mille pages par an, c'est-à-dire sept fois plus que Pie XII et deux fois plus que Paul VI. Sans compter tous ses écrits de la période cracovienne !

rencontres (de parents et d'éducateurs, de prêtres et de séminaristes, d'étudiants et de lycéens surtout) l'essentiel de sa pensée. Dans chaque pays visité, en « piqûre-rappel », je citais les discours qu'il y avait prononcés lors de ses voyages. Ces étonnants discours répondant si bien à la situation, aux besoins, aux attentes du peuple visité. Au Kazakhstan, ce fut au contraire une joie pour moi de préparer sa venue auprès des jeunes[1]. En fait, ma propre période de vie apostolique coïncide exactement avec celle de son pontificat.

Sa pensée a donc illuminé la mienne, sa parole a fécondé la mienne. Ses actions ont stimulé les miennes. J'ai vibré intensément à tout ce qu'il disait, enseignait, clamait avec tant de force. Ma prière n'a cessé de s'unir plus profondément à la sienne. Il a été et demeure mon maître. Il a été et demeure mon père dans l'Esprit. J'ose parler d'une véritable communion d'âme et de cœur, d'une vivante *filiation*. Oui, que de connivences secrètes[2] !

Ayant donc eu cette double grâce, d'un côté de lire presque tout de lui et sur lui, et de l'autre de fréquenter certains de ses amis intimes, je tiens à la partager, pour la joie d'un grand nombre. Pour les jeunes qui ne lisent plus, les personnes suroccupées qui n'en ont plus le temps, pour

1. Quelle fut mon émotion d'apprendre qu'en s'y rendant, il lisait dans l'avion mon compte rendu du rassemblement des jeunes à Ojiorne, où il avait tant espéré se rendre, mais le gouvernement kazakh, préférant sans doute que les médias du monde entier ne voient pas la misère du pays profond, avait refusé, prétextant n'avoir pas d'hélicoptère suffisamment sûr.

2. Une année, pendant que je commentais *Evangelium Vitae* pour des jeunes dans les Alpes italiennes, lui non loin de là, dans le Val d'Aoste, lisait *Guetteur II : Les feux de l'aube, les vois-tu ?* Je ne l'aurais jamais su s'il ne l'avait écrit à une amie intime qui me l'a ensuite confié. En septembre 2004, à Castel Gandolfo, il fut sans doute le premier lecteur de mes deux derniers livres que je venais de lui offrir : *Le Rosaire* et *L'Église*. Quelques jours plus tard Mgr Stanislaw Dziwisz me confie : « Il les a déjà lus ».

les personnes fatiguées et âgées, pour les malades, ce petit recueil sera plus facile à lire que les longues citations, et surtout les textes complets, aussi nourrissants et enthousiasmants soient-ils.

C'est à eux particulièrement que je veux offrir ces gerbes d'épis glanés, au long des jours et des nuits.

En 1994, je publiais *Jean-Paul II, don de Dieu*[1] pour le faire connaître et aimer des jeunes[2]. Dix ans plus tard, je rêvais de faire un second volume (comme je l'avais fait pour Paul VI). Mais depuis, tant d'ouvrages lui ayant été consacrés – certains remarquables – cela me paraît inutile.

Je préfère donc faire un petit recueil de simples anecdotes et *fioretti*, glanés au fil des événements de ce long pontificat : un florilège[3].

Florilège, *fioretti* : du mot fleur.

Recueil : du mot cueillir.

Glané : collecté à la moisson.

J'ai donc cueilli ces petites fleurs, le long des sentiers de ce monde qu'il a inlassablement parcourus en tout sens. Et ici, j'en offre quelques-unes. Tel un bouquet de fleurs parfumées, chacune avec sa saveur et ses teintes propres. Dans la grisaille du quotidien, elles pourront glisser un sourire, une clarté.

1. *Jean-Paul II, don de Dieu*, Sarment/éditions du Jubilé, 1994.

2. Mgr Dziwisz me confia que le Pape avait gardé mon livre pendant trois jours sur le bras de son fauteuil.

3. Mes premiers ouvrages ont été des florilèges : *Les feux du désert* (éditions Magermans, 3 volumes) et *Écoute les témoins* (éditions du Cerf, 2 volumes). Mes trilogies sur la prière (*Chant royal*) et sur l'Eucharistie (*Le Corps de Dieu, Le Sang de l'Agneau, Les Noces de Dieu*, Sarment/éditions du Jubilé) comportaient aussi, à la fin de chaque chapitre, un florilège de textes patristiques.

Quelles sont mes sources ? J'ai été le témoin direct de quelques-unes de ces fleurs. Une grande partie m'a été confiée par des personnes de son entourage très proche, à Rome, ou par des amis communs en Pologne[1]. La plupart des autres ont été glanées dans les journaux et les comptes rendus[2]. Je les notais au fur et à mesure, afin d'en émailler les enseignements que je donnais sur lui aux jeunes de Jeunesse-Lumière, à l'occasion de ses anniversaires de naissance et d'élection pontificale (18 mai et 16 octobre), et surtout pendant notre pèlerinage de fin d'année à Rome. Je les préparais de cette manière à l'audience – moment si intense – que presque chaque année le Pape leur accordait, point d'orgue de leur année consacrée à Dieu, au service de son Église.

La sélection de ces fioretti n'a pas été facile : où s'arrêter ? Il y en a tant ! La répartition non plus n'a pas été évidente. Certaines relèvent de plusieurs catégories (humoristique, émouvante, etc.). Des mots d'humour en feront rire certains, d'autres pas, selon leur culture nationale ou leur histoire personnelle. Je pense que l'ensemble de ces petits mots, gestes, anecdotes complète bien les nombreuses études qui ont été faites sur sa personnalité, son caractère, son ministère, sa pensée. Il s'y trahit. Il laisse parler son esprit et son cœur. D'autant plus que la plupart

1. Par discrétion, je tairai leurs noms, sauf exception, et avec leur accord.
2. J'ai été heureux de retrouver un certain nombre de ces *fioretti*, ainsi que quelques nouveaux, relatés aussi dans les deux « sommes » – bientôt des classiques – de George Weigel (biographie à laquelle le Pape lui-même a activement collaboré), *Jean-Paul II, témoin de l'Espérance*, éditions Lattès, 1999 (signalé désormais en note par le sigle *GW*, suivi du numéro de page), et Bernard Lecomte, *Jean-Paul II*, éditions Gallimard, 2003 (désigné par la suite par *BL*). Elles sont toutes authentiques (et je préciserai souvent dates et lieux). J'en ai exclu ceux qui lui sont prêtés (c'est vrai qu'on ne prête qu'aux riches !).

sont totalement improvisés et spontanés. C'est Karol Wojtyla au naturel. Tel qu'il est. Tel qu'il se montre. Tel qu'est son cœur.

Le mélange de réparties amusantes et de gestes bouleversants rend bien compte de son extraordinaire équilibre humain. Son cœur d'enfant meurtri par tant de souffrances se révèle surtout dans ses gestes de compassion. Sa belle santé humaine s'exprime dans ses mots d'humour, dont il a le secret. Certaines paroles feront pleurer et d'autres rire. Comme lui-même : tant de fois, on l'a vu sourire, parfois éclater de rire. Mais on a aussi vu des larmes perler dans ses yeux, comme au *Yad Vashem* de Jérusalem, ou dans la grotte de Lourdes lors de son ultime pèlerinage, où il éclata en sanglots.

Ces gestes jaillissant du cœur pour toucher notre cœur

Au-delà des mots et paroles, ses *gestes*, dont il a le secret, laissent transparaître le secret de son cœur, à la manière de Paul VI qu'il a toujours vénéré comme son maître et son père[1]. Mais combien plus encore !

C'est peut-être cette incroyable liberté – du jamais vu pour un pape ! – qui a complètement changé l'image de la papauté aux yeux du monde. Cette liberté a permis à Jean-Paul II de donner un visage si humain, si tendre, si proche de tous et de chacun, à ce ministère qui pourrait facilement être exercé de manière distante

1. Voir *Paul VI, un regard prophétique – Tome I. Un amour qui se donne*, éditions Saint-Paul, 1979.

et lointaine. Lors de son encièlement, une amie russe orthodoxe me confiait : « On dirait que *chacun* le pleure comme un ami personnel, surtout comme un père. C'est une sorte de miracle universel. »

On a pu même parler d'un « magistère des gestes[1] » : « Ce pontificat n'a pas été innovateur seulement par des voyages, mais la gestualité de son protagoniste a provoqué une césure non moins radicale avec les pontificats précédents. Karol Wojtyla a communiqué et enseigné aussi par le langage du corps, par ses gestes. Aussi son magistère à cet égard se présente-t-il comme absolument nouveau et unique. [...] Acteur et poète, Wojtyla a dit une fois : "*Je crois en la valeur des signes, ces signes qui jouent le même rôle que la poésie : tenter de donner un langage à l'ineffable*". On ne peut manquer de rappeler sa "vocation" d'acteur, qui a précédé chronologiquement celle de prêtre, quand on remarque l'importance absolument particulière que la gestualité a eue au cours de ce pontificat. Il est absolument impossible d'imaginer un quelconque prédécesseur de Karol Wojtyla qui prenne dans ses bras et embrasse des enfants, des jeunes garçons et des jeunes filles, ou qui s'agenouille pour baiser la piste d'un aéroport ! La gestualité du Pape est si spontanée. Il

1. Voir : Orazio Petrosillo, vaticaniste de *Il Messagero*, conférence à Los Angeles et San Francisco, le 10 juillet 2003. Dans *Documentation Catholique,* 19.10.03, col. 898-925. Les passages et les notes de bas de page qui vont suivre, entre guillemets, sont tirés de cette conférence. « La RAI et le Département de sociologie et communication de l'Université La Sapienza de Rome ont publié un livre et un DVD au titre très suggestif : *Il Papa dei gesti. Segni e parole di una Enciclica mai scritta* [le Pape des gestes. Signes et paroles d'une encyclique jamais écrite]. Le président de la Faculté, Mario Morcellini, dans l'introduction, écrit que "sur le geste, Jean-Paul II a construit un magistère non moins autorisé que celui des mots, même s'il est apparemment moins durable ; mais, dans l'esprit des destinataires, les gestes resteront longtemps, plus longtemps que la vie personnelle et biographique de ce Pape". »

n'y a rien en elle d'artificiel ou d'étudié. Sa mimique est extraordinaire. Tout, cependant, est le résultat – on pourrait dire le débordement – de cette charge humaine qui le pousse à communiquer, cette volonté profonde de faire cause commune, de se rapprocher des hommes et des femmes de son temps, spécialement des jeunes, en mettant ses mains dans leurs mains, ses yeux dans leurs yeux. Jean-Paul II ne craint pas la proximité physique et le contact du corps, il les cherche et les valorise comme "méthode de rencontre pastorale".

« La forte charge d'expression, l'originalité de la manifestation gestuelle et son caractère irrésistible ont poussé Jean-Paul II, dès les premiers moments de son pontificat, à sortir des carcans du cérémonial et de la pratique pontificale.

« [Ce sont] des gestes qui "manifestent" affection et proximité. Combien d'enfants le Pape a-t-il embrassé en vingt-six ans de pontificat ? Et combien de jeunes garçons et filles ? Il est difficile de le dire et ce n'est pas une curiosité marginale. Il y a un "débordement" d'affection, toujours et partout. Que de larmes d'émotion chez des milliers de mamans à cause de ces baisers !

« Les scènes amusantes n'ont pas manqué, à commencer de la part du Pape, quand quelque enfant réagissait en pleurant parce qu'il était soudain éloigné de sa mère pour être rapproché du Pape. Et dans les élans de jeunes filles – qui n'étaient plus toutes jeunes – pour se jeter au cou du Pontife afin de lui murmurer quelque chose à l'oreille : leur prière ou un secret. Des accolades de chômeurs ou de parents avec leurs lourdes peines. Un moment, un geste, une caresse, un sourire, une larme,

un peu d'assurance : un ministère immense, souvent de peu d'instants, mais ineffables chez ceux qui les ont vécus.[1] »

Tant de photos, plus éloquentes que les paroles, attestent des gestes d'une infinie tendresse. On le voit étreindre fortement un garçon se jetant dans ses bras, bravant courageusement le service de sécurité, poser délicatement un baiser sur le front d'une jeune fille en tenant fermement sa tête entre ses deux mains paternelles, serrer longuement sur sa poitrine un petit orphelin atteint du sida. Devant une personne malade sur sa civière, ou une personne handicapée dans sa chaise roulante, il se lève toujours, va vers elle, parfois s'agenouille pour l'embrasser. Jusqu'à ce que cela ne lui soit plus possible. Aux derniers temps de sa vie, c'est le contraire, et c'est lui qui porte ce grand handicap physique qui l'empêche de faire tous ces gestes de compassion qu'il chérissait. C'est lui qui, immobile, doit à son tour recevoir les gestes des autres. Comme il a dû en souffrir ! Souffrir de ne même plus pouvoir… sourire ! Souffrance qu'il a avouée un jour à un ami Nonce qui me l'a partagée ! Il a comme basculé de l'autre côté de la barrière, âgé avec les personnes âgées, handicapé avec les personnes handicapées, diminué physiquement avec les personnes diminuées physiquement. Il a connu leurs humiliations et

1. « Le baiser donné à la terre d'une nouvelle nation visitée est vraiment l'image par excellence du Pape pèlerin. Presque son logo. Un geste pour reconnaître la sainteté du lieu à visiter en tant qu'humble pèlerin, malgré les accueils solennels et les triomphes des foules. Quand il arrivait pour la première fois dans un aéroport, au cours de ses soixante et un premiers voyages à l'étranger, Jean-Paul II s'agenouillait et se prosternait pour baiser la terre. Jusqu'à ce que, le 29 avril 1994, il se casse le fémur et que, depuis le premier voyage en Croatie (10 septembre 1994), il ait dû se résigner à baiser la terre du pays qu'on lui portait dans un récipient. C'est là un geste inventé et voulu par Jean-Paul II. Un geste d'humilité sur les pistes de 109 aéroports. »

touché les mêmes limites. Il a été un pauvre, un agneau immolé avec l'Agneau. Mais son extrême fragilité physique a fait éclater aux yeux du monde son extraordinaire vitalité intérieure. Sa faiblesse a manifesté la puissance de l'esprit qui l'habitait et son courage pour servir, évangéliser, aimer jusqu'à son dernier souffle.

Quel extraordinaire stimulant pour tant de personnes qui vivent des conditions physiques similaires ! Après avoir tellement manifesté la compassion de son cœur pour les plus pauvres, les plus petits, les plus fragiles, il a su recevoir en retour cette compassion de son propre peuple. Celui qui était toujours apparu comme un Père universel devenait le frère universel de tous les souffrants.

« Merci d'être un père pour nous »

S'il a eu un tel impact sur les jeunes de plusieurs générations successives – et j'en suis le témoin dans les quelques quarante pays où me conduit mon ministère auprès d'eux – c'est qu'il a été vraiment un père pour eux. Un père dans la plénitude du mot. Un père au cœur de mère :

> « Nous nous sommes faits tout aimable au milieu de vous. Comme une mère nourrit ses enfants et les entoure de soins, telle était notre tendresse pour vous que nous aurions voulu vous livrer, en même temps que l'Évangile de Dieu, notre propre vie, tant vous nous êtes devenus chers. Comme un père pour ses enfants, nous vous avons, chacun de vous, exhortés, encouragés, suppliés de mener une vie digne de

Dieu qui vous appelle à son Royaume et à sa Gloire. » (1 Thess 2, 7-12)

Depuis saint Paul dont il se réclamait si souvent, qui donc a vécu autant que lui cette double attitude ? Un père qui dit toute la vérité, mais dans un amour sans faille[1].

La banderole qui paraît sur la dernière image de la vidéo officielle des JMJ de Paris – celle de notre école Jeunesse-Lumière – l'exprime d'un mot : « Jean-Paul II, merci d'être un père pour nous ! »

Ce père que tant d'entre nous n'ont jamais connu. Un père qui soit vraiment le reflet, mieux : l'icône vivante, j'oserais même dire, le « sacrement » – le signe visible – de leur Père invisible du Ciel, tout comme saint Joseph l'a été pour le jeune Jésus[2].

---

1. Comme le témoigne cette lettre à Jean-Paul II d'une jeune fille suisse, publiée par *La Tribune de Genève* du 6 juin 2004 : « J'ai entendu et lu bien des choses sur vous ces derniers temps ; c'est ainsi par périodes, depuis des années. Il y a dix ans, malgré une éducation catholique, je tenais des propos virulents contre vous dans les discussions de bistrot ; je m'indignais d'une Église si peu compréhensive, corrompue et lointaine. Et puis est survenue une conversion puissante. J'ai alors ouvert pour la première fois le Catéchisme de l'Église catholique, les textes conciliaires et vos encycliques. Stupéfaction. Je lisais là des propos qui rejoignaient toutes les aspirations de mon cœur. [...] Vous ne m'avez jamais menti, vous ne m'avez jamais trompée par des fausses promesses, vous n'avez jamais eu le moindre tabou, vous avez pris au sérieux mes difficultés à vivre, vous avez cru en moi, vous avez prié, écouté, pensé longuement pour apporter des réponses, et vous avez donné toute votre vie. [...] Je vais à Berne [l'avant-dernier voyage apostolique de Jean-Paul II] pour vous témoigner ma reconnaissance et rencontrer tous ceux qui vous choisissent comme guide. Je vais à Berne par solidarité, pour dire au monde que nous vous faisons confiance. Que nous, jeunes catholiques, sommes les premiers à devoir assumer l'exigence de l'Amour dont vous parlez, et nous répondons présent. Je vais à Berne parce que c'est là ma place. *Comme un enfant qui veut revoir son père*. »

2. Réactions spontanées de jeunes, glanées dans les journaux anglais rendant compte des JMJ de Toronto : « Quand tu le vois, tu ne peux t'empêcher de prier, prier pour toi-même, prier pour ceux que j'aime, prier pour lui aussi... Il me rapproche tellement de Dieu. » ; « Il m'a regardé, en souriant, des yeux pleins d'amour. Je vais éclater en larmes de joie et de bonheur. » Et ce mot si savoureux d'une adolescente irlandaise, me disant naïvement

Vous les jeunes, vous n'avez pas connu d'autre pape jusqu'à l'an dernier, 2005. Il a engendré votre génération. Vous êtes le plus fabuleux cadeau qu'il a fait l'Église : cette génération Jean-Paul II, qui va changer le monde parce que vivant de son héritage. Et voici que le 2 avril 2005, il a basculé dans votre génération. Depuis ce soir-là, il n'a plus quatre-vingt-quatre ans... Il a dix-huit... vingt-cinq ans. Il est entré dans l'éternelle jeunesse de Dieu ! Il n'est plus dans votre passé chronologique (né avant vous), il vous devance dans votre avenir chronologique, nous allons vers lui. Il nous attend. Nous le retrouverons au Ciel. Imaginez la fête au Ciel : ces milliers de bienheureux et de saints par lui béatifiés et canonisés, maintenant dansant avec lui : Gianna Beretta Molla, mère Teresa, Pier Giorgio Frassati, les enfants de Fatima, Padre Pio, le jeune empereur Charles, Bakhita l'esclave, Tekakwita l'Indienne, les époux Beltrame Quattrocchi, et tous, tous...

Vous, les jeunes, vous êtes ses héritiers. Vous ferez fructifier son héritage, vous transmettrez à la génération suivante tout ce qu'il vous a confié à travers spécialement sa vibrante *Lettre aux jeunes* et toutes ses exhortations aux différentes JMJ.

---

en me montrant son T-shirt « pontifical » : « *He is my pin-up boy* » (intraduisible). Ou encore ces témoignages recueillis par *Le Monde* de jeunes accourus pour prier à la cathédrale de Paris dans l'imminence de sa pâque : un jeune non-croyant se dit « impressionné par la force exceptionnelle et la résistance qui émanent du Pape » ; un étudiant : « Il porte la souffrance du monde. On aimerait pouvoir les porter avec lui. » D'autres d'ajouter : « Il est un autre Christ. Nous assistons à sa Passion. », « J'ai prié pour lui, pour le fortifier dans sa souffrance. C'est un grand homme qui a répandu beaucoup de bien autour de lui. Ce n'est pas lui qui a médiatisé sa maladie et sa souffrance. » Un autre encore, vingt ans : « Jean-Paul II a été un fidèle serviteur de Dieu. Sa souffrance, son exemple d'abandon et d'amour du Seigneur ont été remerciés. Au-delà de la tristesse, nous sommes dans l'espérance. » Et enfin Françoise : « J'ai connu Jean-Paul II lors de son élection. J'avais quatorze ans [...] Ce 2 avril, c'est un père que j'ai perdu, mais il continue à veiller sur nous et à agir ! » (*Il est vivant !* n° 216)

À peine mort, le voilà plus vivant que jamais !

Jean-Paul II a vécu sa pâque, samedi 2 avril 2005 :

1. Dans la nuit octave de la nuit pascale, comme pour tout baigner dans la lumière de la résurrection.
2. Un premier samedi du mois : Fatima ! Après avoir grandi toute sa vie dans le sein de Marie, le voilà né dans ses bras, et par Elle offert au Père en cette fête de la Miséricorde qu'il avait lui-même instituée, obéissant humblement à la demande du Seigneur transmise par sa servante Faustyna Kowalska.
3. Son ultime évangile entendu : le Cœur ouvert et glorieux[1]... Et voici que, comme pour Jésus, après sa mort, son cœur s'ouvre : des torrents impétueux d'eaux vives déferlent sur le monde. Une lame de fond de vie divine balaye la planète. À la stupeur de tous, voilà manifestée sa paternité universelle. Jamais dans toute l'histoire, un homme n'a été autant vu et finalement aimé. Il rassemblait des millions. Ces jours-ci, il bat tous les records : des milliards ! La plus grande audience de sa vie.
Ces deux millions de pèlerins convergeant vers Rome, en grande majorité des jeunes, frappaient d'autant plus les cœurs qu'il ne s'agissait pas de pèlerinages organisés et prévus. Autant de gestes personnels, spontanés et improvisés dans l'urgence de ce départ[2].

1. Le diocèse de Cracovie a été le premier du monde à célébrer la fête du Cœur de Jésus. Et n'avait-il pas été élu en la fête de Marguerite-Marie, le 16 octobre ?
2. Un journaliste à une jeune romaine, une couverture de la *protezione civile* sur ses épaules, attendant dans la nuit de pouvoir entrer dans la basilique Saint-Pierre : « Comment expliquez-vous cette affluence de jeunes ? » Réponse : « Il nous a toujours fait voir des choses extraordinaires. Maintenant, nous voulons aussi lui montrer quelque chose d'extraordinaire. Mais avec lui, tout cela devient normal. »

« *Donne ton sang et reçois l'Esprit* », dit-on en Orient : il a donné tout son sang et par ce sang mélangé à celui de l'Agneau, il répand à flots l'Esprit. Pentecôte sur le monde. Il avait signé toutes ses paroles, scellé toute sa vie par ces quatre cris : son sang, ses larmes, son souffle... son silence[1]. Tout semblait achevé, accompli, et voici l'ultime cri : son cœur ouvert qui déjà contenait le monde, et qui maintenant s'épanche sur ce monde qu'il a tant aimé. Signe qu'il commence enfin son évangélisation tous azimuts. Tout ce qu'il a fait sur terre n'était que les prémices. Comme Thérèse, c'est maintenant qu'il commence vraiment sa mission, sans contrainte de temps, d'espace, de limites physiques (et Dieu sait s'il en a souffert !). Désormais, le voilà totalement libre en Dieu d'être enfin partout avec chacun. À peine mort, le voilà plus vivant que jamais ! Plus jamais il n'ira à la salle d'opération de l'hôpital Gemelli !

Prophétiques, ces JMJ en guise de funérailles ! Cette « disparition » sous forme de canonisation ! Canonisation populaire comme celles des premiers siècles.

La voix et la conscience de l'humanité

A la fin de ce recueil, je citerai quelques témoignages de non-catholiques et de non-chrétiens, glanés parmi des centaines.

Jusqu'à son départ, beaucoup de catholiques n'ont eu aucune idée de son influence sur une multitude d'hommes et de femmes de bonne volonté. Leur admiration, parfois

1. Voir p. 160 : « La parole la plus percutante : les larmes de Pierre ! ».

leur émerveillement, sont une bonne humiliation pour trop d'entre nous qui avons osé le regarder de haut, sinon même le mépriser. On tremble pour ceux-ci, lors du jugement final !

N'a-t-il pas, en vérité, été un vrai père et berger non seulement pour les jeunes mais pour toute l'humanité ? Quand certains lobbies et même gouvernements ont voulu, en 1999, à la fin de la session Beijung + 5, expulser de l'ONU la délégation du Saint-Siège, plusieurs parlements nationaux ont voté à la quasi unanimité le maintien de cette présence, arguant en substance : « Messieurs, si nous ne sommes pas toujours d'accord sur toutes ses positions, nous avons tous besoin de la voix d'une conscience, une conscience pour l'humanité. »[1]

D'ailleurs, n'est-il pas l'homme qui, pendant plus d'un quart de siècle, a été le plus vu, le plus connu, parmi les milliards d'êtres humains ? Pendant vingt-sept ans, ce sont des foules par dizaines de millions qui l'ont vu chez eux en direct. Sans parler des retransmissions en mondovision pour chaque événement important, soit à Rome, soit dans les quelques cent vingt pays visités : on en demeure époustouflé...

J'affirme, sans la moindre hésitation, que Jean-Paul II est pour moi l'un des plus grands génies humains de tous les temps, et l'un des plus grands saints de toute l'histoire

1. Ce qui n'est pas sans rappeler la réunion du parlement belge à la proposition de démission du roi Baudouin, après son refus – en conscience – de signer la loi dépénalisant l'avortement. Refus pouvant entraîner une quasi guerre civile. Or, réaction quasi unanime (seulement quelques abstentions) des quelques cinq cents sénateurs et députés, convoqués d'urgence (même ceux qui votaient la dite loi) : « Nous avons besoin d'hommes vrais et courageux en politique ».

de l'Église, et parmi les papes, sûrement l'un des plus grands. J'irais même jusqu'à penser qu'il est l'un des plus grands docteurs de l'Église.

Comment ne pas en *tressaillir de joie sous l'action du Saint-Esprit* ? (Lc 10, 21) En rendre grâce au Seigneur qui, par ce pauvre et ce petit par excellence, a révélé – non à ceux qui se croient savants et puissants – mais aux tout petits, les secrets de son Royaume, c'est-à-dire les trésors de son Cœur ?

Catherine de Sienne priait : « En ce temps où nous avons le plus grand besoin de lumière, ressuscite un Paul qui illumine le monde ! » Pour moi, c'est Jean-Paul II, l'apôtre des Nations par excellence, le plus grand évangélisateur de tous les temps.

Jean-Paul II, lors de son extraordinaire homélie pour la consécration de la basilique de la Miséricorde à Wagievniki, le 18 août 2002, a osé citer le Seigneur confiant à sainte Faustyna Kowalska : « *J'aime particulièrement la Pologne, et si elle obéit à ma volonté, je l'élèverai en puissance et en sainteté. D'elle sortira* l'étincelle *qui préparera le monde à mon ultime venue.* [1] »

Pour moi, cette étincelle, c'est le petit Karol-Lolek de Wadowice. N'a-t-il pas réalisé ce mot de Catherine de Sienne, qu'il lançait aux deux millions de jeunes du monde entier massés à Tor Vergata, au cœur du grand Jubilé 2000 : « *Si vous êtes ce que vous devez être, vous allumerez le feu dans le monde entier.* »

Cette étincelle, il l'a été. Ce feu, il l'a allumé. Parce que, d'abord, il s'en est laissé brûler. Nous laisserons-nous, à son contact, brûler à notre tour ?

---

1. Sœur M. Faustyna Kowalska, *Petit journal*, éditions du dialogue, Paris, 1997, p. 568.

Et lors de ses dernières JMJ, une de ses intuitions les plus fortes : « *Une toute petite flamme suffit à soulever le lourd manteau de la nuit. Soyez les sentinelles du matin de Pâques !* »

Cette flamme ardente, irradiant la nuit de ce monde des clartés de la résurrection, oui, il l'a été : sentinelle veillant au long des nuits ! Il l'a été. Comme personne !

Lors des Jeux Olympiques de Rome, la RAI avait eu l'idée géniale de brancher un micro sur la poitrine du dernier de la longue chaîne des marathoniens se transmettant la flamme depuis l'Olympe. En courant sur la rampe montant à la vasque qui devait s'embraser, le monde entier pouvait entendre le double rythme et de sa respiration haletante, et de son cœur battant la chamade.

Pendant 27 ans et jusqu'à son dernier souffle, son dernier battement de cœur, le monde entier a été comme galvanisé par notre « saint » pape Jean-Paul II, ce porte-flambeau, ce héraut-lumière, portant haut la torche vive de la Vérité et de l'Amour, jusqu'aux extrémités de la terre[1].

Bari, carrefour Orient-Occident.
Ce 2 avril 2006,
premier anniversaire de la pâque de Jean-Paul II[2] *et*
25ᵉ année de l'attentat du 13 mai 1981.

1. Lors de sa dernière visite au Mexique, après les JMJ de Toronto en août 2002, vingt millions de Mexicains se sont massés le long des vingt kilomètres de son parcours. À son départ, ils étaient comme vingt millions de petits miroirs reflétant le soleil vers l'avion, formant une espèce d'aurore boréale fantastique… À Beyrouth, les Libanais avaient allumé des cierges et des torches sur toutes les terrasses, formant, vu d'hélicoptère, un gigantesque Jean-Paul II en flammes.
2. Fêté ici avec 5 000 jeunes des Pouilles.

UN VISAGE ENSOLEILLÉ, DES MAINS TOUJOURS TENDUES

Le nouveau pape ? Un homme simple

16 octobre 1978. Le soleil se couche doucement sur la ville de Rome, ses derniers reflets empourprent le Tibre, font flamboyer la Coupole et les colonnes du Bernin. En bas, la place Saint-Pierre est noire de monde. On attend depuis deux jours l'annonce de l'élection du nouveau pape. Sept scrutins sans résultat : sept fumées noires. À 18 h 15, la fumée sort à nouveau de la cheminée de la Sixtine : encore noire ? Grise ? Blanche ? Oui : elle est blanche ! Les applaudissements se déchaînent. La foule grossit. Quelques instants après, le cardinal Felici apparaît à la *loggia* de la Basilique : « *Habemus Papam !* » Il est évident que la prononciation du nom de l'élu lui cause des problèmes... Quoi ? Qui ? La plupart n'ont pas compris... Il n'est pas italien ? Frémissement d'inquiétude... C'est alors qu'apparaît Karol Wojtyla, qui vient d'assumer le nom de Jean-Paul II. Le premier pape slave de l'histoire. Contrairement à ses prédécesseurs qui, émus, bénissaient la foule en latin avant de se retirer, il prend la parole et lance un vigoureux : « *Loué soit Jésus-Christ !* » en italien. Puis, avec un large sourire, comme pour s'excuser, il poursuit dans la même langue : « *Voici*

un pape qui vient du froid, qui vient de loin. Je ne sais pas si je peux bien m'exprimer dans votre... dans notre langue... italienne. Si je fais des erreurs, vous me corrigerez ! » Mais il se trompe déjà sur le dernier mot : l'enthousiasme de la foule, surprise et émue, éclate. Le peuple italien, bien sûr, mais aussi toute l'Église universelle accueille avec joie son nouveau pasteur. Il ajoute brièvement son programme de pontificat : « *Confesser avec vous notre foi commune, notre espérance et notre confiance en la Mère du Christ et en l'Église, et repartir sur les routes de l'histoire et du catholicisme, avec l'aide de Dieu et des hommes.* »

*

Peu après, au lieu de se retirer seul dans ses appartements selon l'usage, il se mêle aux cardinaux pour le dîner. Le cardinal John Krol, son compatriote de Chicago, entonne le chant du montagnard : « Montagnard, n'as-tu pas la nostalgie » (chant qui lui était intérieurement revenu en mémoire pendant le Conclave, comme il l'avouera lui-même dans une homélie à Cracovie le 19 août 2002). À la stupeur de tous, le nouveau pape saisit une bouteille de vin *spumante* et le sert lui-même au personnel de la cuisine et aux religieuses, ébahies.

*

Dès le lendemain, 17 octobre, il va rendre visite à son grand ami polonais, Mgr Andrzej Maria Deskur, à l'hôpital. Alors qu'il s'apprête à quitter la chambre, quelqu'un de sa suite le tire par la manche : « Saint-Père ! Il faut bénir ! »

Alors il s'excuse : « *Ils m'apprennent à être pape !* ». Éclat de rire général.

*

Le 22 octobre, la messe d'intronisation ouvre solennellement le pontificat. Durant cette célébration a lieu le serment des cardinaux. Le deuxième cardinal de la longue file des prélats s'agenouille d'un geste brusque devant le Saint-Père pour baiser son anneau. C'est le cardinal Wyszynski, primat de Pologne. On voit alors son jeune compatriote devenu pape, par respect, le relever aussitôt, le serrer en une étreinte maladroite et enfin baiser lui-même la main du Primat.

*

À la fin de cette messe, le Pape descend de l'autel jusqu'au premier rang de l'assemblée – à quelques dizaines de mètres – pour saluer les malades. Jamais un pape ne s'était aventuré si loin de l'autel en habits liturgiques. Alors, pour répondre à l'enthousiasme de la foule, il lève bien haut, des deux mains, la croix pastorale, l'agitant comme un drapeau. « Jusque-là, les deux cérémoniaires à ses côtés semblaient le guider avec des rênes invisibles, guidant chaque moment liturgique. Pour la première fois, c'était les cérémoniaires qui trottinaient et se faisaient traîner malgré leur réticence, là où ils n'auraient jamais pensé aller.[1] »

1. Orazio Petrosillo, conférence citée.

*

Une demi-heure plus tard, après l'Angelus, depuis sa fenêtre : « *C'est l'heure d'aller manger, pour le pape comme pour tout le monde.* »

Humilité et bonhomie : toujours à l'aise, toujours lui-même

Toujours décontracté, il aime les relations simples, détendues, faciles, et il sait rire de bon cœur quand on lui raconte des histoires drôles.

Son humour lui permet de prendre de la distance par rapport aux choses et de trouver le côté amusant de toutes les situations. Il sait plaisanter et ses réparties sont spontanées, instantanées. Quelle preuve de sa liberté intérieure !

Un jour, alors qu'il est déjà cardinal, pendant un cours qu'il donne au séminaire de Cracovie, il est un peu agacé de voir un de ses collaborateurs de la Curie venir lui soumettre une affaire urgente et, devant les étudiants, s'agenouiller très bas pour baiser son anneau épiscopal. Alors il s'agenouille à son tour, sur l'estrade, au milieu des rires[1].

*

On peut citer dans cette série cette astuce qu'il a eue pendant son voyage en Pologne, en mai 1979. Le gouvernement de Edward Gierek[2], qui voyait avec de fortes

1. BL 207.
2. Chef du parti et chef du gouvernement polonais (1970-1980).

appréhensions ce premier voyage, refusa que les dates coïncident avec la clôture du grand synode diocésain que le Saint-Père avait lui-même lancé, et surtout avec le Jubilé de saint Stanislas que précisément celui-ci voulait fêter avec son peuple. Jean-Paul II accepte donc que le voyage soit déplacé mais il… décale d'un mois la date liturgique de cet anniversaire jubilaire, pour que finalement les deux événements coïncident !

*

Autre astuce : la Congrégation *Pro causa sanctorum* tarde à béatifier son cher Pier Giorgio Frassati. Alors, il l'anticipe, par une sorte de béatification « sauvage » : lors d'un Congrès international de sportifs, au stade olympique de Rome, il le proclame – avec une formule assez solennelle – « *patron de tous les sportifs du monde* », déclenchant une interminable ovation.

*

En 1990, il est en Côte d'Ivoire. Il doit inaugurer la cathédrale de Yamoussoukro, fierté du peuple ivoirien et don personnel du président Félix Houphouët-Boigny, un peu plus grande que Saint-Pierre de Rome, dont les vitraux font une splendide fête de lumière. Il rappelle aux fidèles que ce qui compte, c'est de s'édifier eux-mêmes en temple vivant pour Dieu et que toute église est importante, même la plus humble des chapelles. Un peu plus tard, dans l'hélicoptère, il propose au Président ivoirien, qui était catholique, de réciter un chapelet !

*

En revanche, en arrivant en 1982 à l'aéroport de Cotonou au Bénin, il sourit simplement au Président colonel Kerekou, dictateur marxiste, qui l'accueille au cri de : « Vive Sa Sainteté Jean-Paul II ! Toujours prêts à la révolution ! La lutte se poursuit encore ! »

*

On connaît sa lutte contre le marxisme, en Amérique Latine comme en Europe de l'Est. À Managua (Nicaragua), le 4 mars 1983, il est obligé de célébrer la messe devant les portraits géants de Sandino et d'autres révolutionnaires marxistes. Il se montre à l'aise comme d'habitude, tout souriant, tout tendu vers le peuple venu le rencontrer. Mais au moment de l'homélie, les sandinistes qui occupent les premiers rangs se mettent à crier des slogans. Loin d'être intimidé par ces manifestations, le Pape crie : « *Silencio !* » et poursuit son homélie.

*

Pendant une réception à l'occasion du colloque international pour le centenaire de *Rerum Novarum* organisé par le Conseil pontifical Justice et Paix, Nicolas Buttet (alors collaborateur du cardinal Etchegaray) entend des chefs d'entreprises s'adresser au Saint-Père : « Félicitations pour votre encyclique sur les questions sociales. » Réponse : « *Oui, vous les patrons, vous m'avez bien critiqué, mais... je n'en changerai pas un seul mot !* »

*

Les milliers de pauses photos, auxquelles il est astreint à longueur de journée avec des groupes ou des personnes les plus diverses sont une épreuve qu'il surmonte avec humour. Un jour, lors d'un colloque sur la diplomatie vaticane : « *Faisons une photo d'une qualité égale à celle de la diplomatie vaticane.* »

*

Arrivant dans un aéroport, il sourit au photographe qui veut le prendre en gros plan : « *Have a good picture !* »

*

Octobre 1979, dans le *Madison square garden* de New York, la foule l'acclame : « JP II, we love you ! » Réplique immédiate : « *JP II, he loves you too !* »

*

Le 2 juin 1979, au cours de son premier voyage sur sa terre natale, à l'église Sainte-Anne de Cracovie : « *Depuis hier, je me demande ce que signifient tous ces applaudissements. Je crois que c'est le Saint-Esprit qui m'a dit : ce qui est important, ce n'est pas qu'ils applaudissent mais* quand *ils applaudissent.* »

*

Bien des années plus tard, lors de son mémorable voyage au Liban, dans la cathédrale moderne de Harissa débordante de jeunes, il sort sur le parvis pour parler à tous ceux qui n'ont pu rentrer. C'est alors que tous lèvent les bras, montrant leurs mains comme liées, pour lui faire comprendre que leur peuple libanais est toujours sous domination syrienne. Il ne peut évidemment répondre directement, mais toute l'expression de son visage exprime qu'il comprend la situation et compatit, lui rappelant la servitude de la Pologne. Ce même jour, il les interrompt : « *C'est moi qui devrais vous applaudir. Car vous, Libanais, vous savez vraiment applaudir au bon moment.* »

*

Pendant sa visite historique à Cuba, le 25 mai 1998, sur la place de la Révolution, en présence de Fidel Castro, il parle de liberté. La foule applaudit à chaque phrase. Alors il s'arrête et commente d'un air malicieux : « *Voilà un peuple très actif. J'aime bien les applaudissements. Cela permet à chaque fois au Pape de souffler et de se reposer un peu.* »

*

En Autriche, on l'applaudit en acclamant : « *Johannes Paulus der zweite, wir sind an deiner Seite !* » (« Jean-Paul II, nous sommes à ton côté »). Il saisit le micro : « *Alors, nous sommes du même côté.* »

*

À Rio, reprenant un proverbe : « *Di Deus e brasileio, eo so carioca* » [Si Dieu est brésilien, alors je suis habitant de Rio]. Déchaînement d'ovations.

*

À Czestochowa, lors de sa première visite, on l'applaudit tellement qu'il n'arrive pas à parler. « *Puis-je vous poser une question ? Une certaine personne, venue aujourd'hui de Rome à Czestochowa serait-elle autorisée à parler... ?* » La foule reprend : « Eh bien, vas-y, parles, mais plus près, plus près de nous. » Alors, symboliquement, il descend quelques marches du podium très élevé et leur parle de là.

*

Quand il visite une des trois cent trente-trois paroisses de son diocèse, il ne sait qu'inventer pour mettre les gens à l'aise. Une fois, spontanément, il lance une partie de pétanque avec les vieux romains de la paroisse. Une autre fois, il propose d'assister à un match de foot avec les jeunes.

*

Au cours de son voyage en Israël, un homme vient lui présenter une « précieuse » relique : une brique de la maison d'Abraham. Et le Pape : « *Mais, je croyais qu'Abraham... vivait sous la tente ?* »

*

En septembre 2004, débute en Pologne le tournage d'un téléfilm pour la télévision italienne, retraçant la vie de Karol Wojtyla depuis le début de sa vie universitaire à Cracovie en 1938 jusqu'au 16 octobre 1978[1]. Le rôle principal est tenu par l'acteur polonais Piotr Adamczyk, âgé de 32 ans. Entre deux scènes, Piotr Adamczyk et le réalisateur Giacomo Battiato, ainsi que le producteur du téléfilm Pietro Valsecchi, sont reçus au Vatican par le principal intéressé de leur téléfilm. « Quand j'ai su que le Pape allait nous recevoir, a déclaré Piotr Adamczyk à la sortie de l'audience, j'étais bouleversé mais aussi inquiet, car je ne savais pas ce que j'allais lui dire. J'avais des dizaines de questions à lui poser puisque je devais jouer son rôle. Mais le moment venu, les paroles m'ont manqué. » De son côté, le Pape n'a manqué ni d'humour ni d'humilité : « *Vous êtes fous de faire un film sur moi. Mais qu'ai-je donc fait ?* »

Avec les jeunes

Mais c'est bien sûr surtout avec les jeunes qu'il se montre le plus décontracté, débordant de simplicité et de bonhomie. Évêque de Cracovie, il lui arrive de partir des heures en voiture (aménagée en véritable cabinet de travail) pour revoir avec un de ses étudiants sa thèse de doctorat. Il le fait même dans un téléphérique !

1. *Karol, l'homme qui devint pape,* est une adaptation du livre de Gianfranco Svidercoschi, *Storia di Karol*, éditions Ancora, 2001. Édité en DVD par Universal Pictures Vidéo en avril 2006.

*

Pendant le grand synode diocésain de Cracovie (un parfait modèle du genre), son ami le professeur Stefan Wilkanowicz lui présente le projet, plutôt inattendu et inhabituel, d'un jeune. Il réfléchit un instant, puis : « *Dites-lui d'essayer, mais sans en parler à la Curie*[1] *qui risquerait de ne pas comprendre !* »

*

Le Pr. Michel Schooyans, de Louvain, rapporte que lors des séances de travail avec lui il donnait toujours la parole en premier aux plus jeunes. « Sinon, disait-il, ils n'oseraient peut-être pas plus tard, ou seraient influencés par ceux dont la parole est plus facile. »

*

La veille du premier anniversaire de son pontificat, le 17 mai 1979, il reçoit 2 000 jeunes universitaires de Rome et alentours dans les jardins du Vatican, près de la grotte de Lourdes. Les chants, en italien et en polonais, alternent. Alors, heureux, il s'exclame : « *Ceci ne doit pas être un "anniversaire" (*compleanno *en italien), mais un "mensuaire" (*complemese*) !* » (évidemment, il s'agit d'un néologisme, en italien... comme en français !), comme pour leur dire : revenez chaque mois ! En juin, les jeunes ne peuvent revenir, car le Pape accomplit son voyage historique en Pologne. Mais

1. Diocésaine, et non... romaine comme l'a interprété un journaliste français !

le 15 juillet, les voilà de nouveau au même endroit. De nouveaux chants et dialogues se succèdent. À la fin : « Pourquoi n'êtes-vous pas venus en juin ? Je veux vous voir chaque mois... Je ne sais pas si vous avez entendu parler d'un certain château (*castello*, faisant allusion à Castel Gandolfo)... voilà : en août je vous y attends. J'aimerais bien faire une excursion avec vous. Mais... est-ce que les gardes suisses le permettraient ? » Et le 9 août – en groupe plus restreint, à peine trois cents, ceux qui résistent encore à la canicule romaine – ils sont là. Après quelques chants : « J'ai toujours été affamé de chants. Dans ces chants, il y a la spiritualité que vous vivez. Il y a aussi l'histoire de chacun de vous. Il y a des moments où l'âme humaine en général, mais surtout l'âme des jeunes, est touchée par un mot ou une mélodie.[1] »

Le 4 novembre, des jeunes sont reçus dans le palais apostolique. Alors que leurs chants joyeux résonnent dans ces vieux murs : « Je pense que pour mes prédécesseurs une chose pareille, ici, dans ce palais, était inimaginable. Mais le Seigneur nous a donné l'imagination pour faire des choses inimaginables. Je vous remercie parce que vous m'aidez à faire des choses inimaginables. »

La « génération Jean-Paul II » est lancée !

1. Comment ne pas citer ici un témoignage de Rocco Buttiglione – philosophe et député au Parlement européen, auteur d'une étude philosophique sur *La pensée de Karol Wojtyla*, éditions Fayard, 1984 – sur ce courant qui passe par le chant entre les jeunes et le cardinal de Cracovie : « Une légende circule sur notre première rencontre, confie-t-il sur un ton badin, nous nous serions rencontrés lors d'un pèlerinage en Pologne d'un groupe de Communion et Libération. L'archevêque de Cracovie, de passage dans le sanctuaire, aurait eu l'attention attirée par un groupe de jeunes chantant dans un dialecte slave inconnu de ce grand polyglotte. Il songea à une minorité allemande de Pologne, puis, tendant l'oreille, il reconnut que c'était des italiens parlant en polonais. » (Dans *Famille chrétienne* n° 1398).

*

À l'occasion de son 60e anniversaire, aux jeunes qui l'acclament dans la cour *San Damaso* par des chants folkloriques : « *Je ne m'étonne pas trop quand j'entends dire que les Anges chantent au Ciel. Ce ne doit pas être des chants folkloriques, mais sans doute quelque chose d'analogue.* » On lui présente un gâteau surmonté de 60 petites bougies : « *Peut-être que non seulement le pape san Damaso, mais aussi la Secrétairerie d'état, oui, l'actuelle, s'étonne de la manière de vivre de ce pape. Et de ce que devient le Vatican. Et alors les seigneurs cardinaux pourraient se dire : nous avons choisi un pape trop jeune. Mais il n'y a plus rien à faire. Il n'y a pas de retour.* [1] »

*

Les activités et les voyages du Saint-Père s'intensifiant, il ne lui sera plus possible de vivre ces rencontres mensuelles avec les jeunes. Alors il se « rattrapera » en les invitant pendant l'été à Castel Gandolfo trois fois par semaine, de 22 heures à minuit, parfois autour d'un feu de camp. Ils viennent des horizons les plus divers. Chants, danses folkloriques, sketchs, jeux scéniques, concerts ou même petites pièces de théâtre se succèdent, ainsi que des dialogues improvisés.

*

1. Massimo Camisasca, *Comunione e Liberazione – il riconoscimento (1976, 1974)*, San Paolo, 2006.

En juillet 1989, c'est le tour des jeunes de la Fondation « Les Orphelins Apprentis d'Auteuil » de présenter leur comédie musicale *Jonathan, graine d'amour*. Les membres de la troupe représentent une douzaine de pays, certains sont musulmans. « Le message de Jésus n'a pas de frontières, souligne une jeune maghrébine, c'est un cri d'amour ! » À la fin du spectacle, le Pape n'hésite pas à monter sur les planches et à chanter avec eux au rythme de la batterie, des guitares et du synthé... « *Continuez, semez des graines d'amour partout !* » leur dit-il avant de les quitter.

*

À Melbourne, en novembre 1986, il visite une école. Les jeunes le submergent de question :

– Saint-Père, est-ce que tu aimes la musique ?

– *Oui, j'aime la musique classique, mais aussi la musique moderne. Je ne suis pas un homme du passé. J'aime même... tiens, comment s'appelle-t-il ?*

– Le rock ?

– *Oui, c'est ça. Et je sais distinguer les différents genres.*

Les adolescents crient leur enthousiasme.

– *Oui, mais...* reprend le Saint-Père, *je préfère toujours le grégorien.*

*

Il saisit au bond chaque occasion d'évangéliser, en improvisant suivant la situation.

27 septembre 1997. Congrès national eucharistique de Bologne. Bob Dylan chante la plus célèbre de ses chansons

« *Blowin'in the wind* ». Tout de suite, le Saint-Père prend le micro : « *Ce vent, c'est celui de l'Esprit Saint !* »

*

Combien de fois n'a-t-il pas entonné lui-même un chant pour une foule de jeunes ? À Washington (1979), devant 60 000 jeunes, il chante le *Stille Nacht* de Noël, en précisant que c'est son chant préféré : « *Un chant qui a vaincu la peur, un chant qui redonne l'espérance* »[1].

Aux Parc des Princes, à Paris (1980), il lance l'*Ave Maria* de Lourdes que toute la foule reprend comme une seule âme.

Aux jeunes Philippins, pendant la grande veillée des JMJ en 1995, il propose une vieille chanson polonaise. Il invite les jeunes à le suivre. Tous accompagnent la mélodie en prononçant : « lalala ». À la fin, il commente satisfait : « *C'est un chant très populaire en Pologne, mais je vois qu'il l'est aussi en Asie !* »

Ainsi fera-t-il encore sous une pluie battante, lors de l'extraordinaire rassemblement de jeunes à Lviv en Ukraine (2001), en entonnant des chants populaires polonais.

*

Dès 1979, a lieu à Gênes une scène que l'on reverra souvent pendant 25 ans. La jeune fille qui achève la présentation vient saluer le Saint-Père comme il se doit. Celui-ci se

1. Il faut savoir que chaque soir de Noël pendant trois heures de suite, avec un petit groupe de Polonais, il aime chanter inlassablement ces cantiques populaires de Noël, tant appréciés dans son pays natal.

lève, comme il le fera presque toujours par respect pour ceux qui viennent le saluer, et n'hésite pas à faire ce geste stupéfiant pour un pape : prendre tendrement sa tête entre ses deux mains, l'approcher de ses lèvres et en baiser délicatement le front. Le cardinal Siri, à ses côtés, est manifestement choqué et quand la jeune fille passe le saluer à son tour, bien ostensiblement, il tend sa main à distance maximale pour qu'elle la baise !

*

Sydney, 1986 : il n'hésite pas à donner la main aux deux jeunes qui l'entourent et à chanter avec eux. À d'autres moments, il bat la mesure ou applaudit avec les jeunes. D'ailleurs, pour les grandes rencontres de jeunes qui ponctuent ses différents pèlerinages, il exige d'être entouré sur le podium non pas de prélats mais exclusivement de jeunes.

*

Place Saint-Pierre, janvier 1997, du jamais vu : avec qui se montre-t-il à la fenêtre de ses appartements, alors qu'il y vient toujours seul ? Avec une jeune romaine qui veut transmettre au diocèse de Rome, alors en synode, un message pour les jeunes : « *C'est sans doute la première fois qu'une jeune femme prend la parole de cette fenêtre* », dit-il en savourant l'insolite de la situation.

*

La Prieure générale d'une Communauté Nouvelle assiste à la messe du Pape. Au moment de la saluer, le Pape s'étonne de son jeune âge. La religieuse lui répond avec un sourire lumineux : « Je suis de la génération Jean-Paul II ! » Et le Pape de répondre : « *Oh, mais la génération de Jean-Paul II, c'est 1920 !* »

*

Karina Cerniak, une de mes amies russes orthodoxes (paroissienne de mon frère bien-aimé, Alexander Men), faisait partie des quatre jeunes russes qui purent participer aux JMJ de Compostelle en 1989. À un moment donné, on leur annonce que le Pape va les rencontrer. Ils se regardent, incrédules, puis, non sans excitation, se mettent à s'interroger l'un l'autre sur ce qu'exige l'étiquette pontificale. Le premier demande : « Faut-il se mettre à genoux, baiser sa soutane ? » Le deuxième : « Je crois qu'il suffit de demander sa bénédiction » ; le troisième : « Non, non, il faut lui baiser la main ! » La quatrième est une jeune fille qui s'exclame : « Moi je vais lui sauter au cou ! » Arrivés devant le Saint-Père, la fille s'avance la première et l'embrasse, comme elle avait dit à ses amis. Le Pape la serre sur son cœur. Puis vient le tour de mon amie, qui lui dit tout bas : « Saint-Père, qu'il est dur à présent de repartir chez moi après avoir vu ici une Église jeune ». Le Pape pose les mains sur sa tête en un geste de bénédiction puis, après un moment de silence, lui dit : « *Va, retourne dans ton Église et offre pour elle ta souffrance, ainsi que pour la pleine unité.* »

*

À Sofia, en 2002, il lance un appel pour retrouver une jeune bulgare qui s'était jetée dans ses bras lors de la grande veillée à Jasna Gora en 1991, à l'occasion des JMJ de Czestochowa. Il se rappelait seulement son nom, Maria, et qu'elle était bulgare. C'est alors qu'elle se lève du milieu de la foule et va rejoindre le Saint-Père. Elle est aujourd'hui religieuse.

*

Lors de son premier séjour à Paris (1980), il retrouve au Parc des Princes près de 60 000 jeunes. Tout à coup, il regarde sa montre : « *Ah, déjà minuit ! Et on m'attend à Montmartre à 11 heures du soir ! Qu'est-ce qu'ils sont en train de se dire là-haut ? Oh, je sais ce qu'ils se disent. Ils disent : les jeunes ont mangé le Pape, ils ont dévoré le Pape.* »

*

Pendant le même rassemblement, pour répondre aux jeunes qui se succèdent à la tribune, porté par leur enthousiasme et leur spontanéité, il laisse de côté l'allocution préparée. Mais une question reste sans réponse, celle d'un jeune se disant athée : « Saint-Père, en qui croyez-vous ? Et quel est ce Dieu que vous adorez ? » Dès son retour à Rome, il contacte le cardinal Marty : « *Retrouvez ce jeune, demandez-lui pardon de ma part !* ». Cela se fait, mais il s'en veut tout de même pour ce silence devant le jeune incroyant. Il se rattrapera en écrivant son admirable *Lettre aux jeunes* de l'Année sainte 1983.

*

Août 1993, JMJ à Denver. Je suis au milieu de ces centaines de milliers de jeunes qui l'attendent en chantant au Cherry Creek Park. Le Pape finit par arriver. Tout souriant, il répond aux acclamations par des gestes du bras. Tout à coup, je le vois s'arrêter et poser longuement un intense regard sur la foule. Et ce regard – oh combien éloquent ! – est comme « amplifié » par les écrans géants. Alors, on voit des larmes perler sur ses joues. Le lendemain, dans les journaux, je lis avec émotion les réactions des jeunes américains. Celle-ci surtout me frappe : « Même Michael Jackson n'a jamais pleuré pour moi ! »

*

À Manille, aux JMJ de 1995, cinq millions des jeunes crient : « Lolek ! Lolek ! ». C'est son diminutif lorsqu'il était enfant. Il les reprend gentiment : « *Lolek, cela fait un peu familier ! Jean-Paul II, cela fait trop solennel ! Alors entre les deux il y a… Karol !* » Tous se mettent à crier : « Karol ! Karol ! »

*

Lors des JMJ de Paris en août 1997, 300 000 jeunes sont massés sur le Champs de Mars. Un immense calendrier électronique installé sur la tour Eiffel indique : « Moins 863 jours pour l'an 2000. » Jean-Paul II commente au micro : « *On se demandait depuis longtemps pourquoi l'ingénieur Eiffel avait construit sa tour. Maintenant, on sait.* »

*

La grande veillée à Tor Vergata des JMJ 2000 touche à sa fin. Aux deux millions de jeunes présents, il lance : « *Au seuil du troisième millénaire, je vois en vous les sentinelles du matin !* » Puis, regardant ostensiblement sa montre : « *... et il est déjà minuit !* »

*

Encore à Tor Vergata : « *Je salue ceux qui sont le plus loin, tous ceux qui sont là-bas, qui ne me voient pas. Mais s'ils ne me voient pas, ils entendent le vacarme, un vacarme que Rome n'oubliera jamais.* »

*

Chaque soir du Jubilé 2000, il y avait une prière sur la place saint-Pierre, animée par différents groupes. Notre école d'évangélisation Jeunesse-Lumière a eu le privilège de l'animer un soir de juin. Je me suis adressé à lui en direct : « Saint-Père, vous qui m'écoutez par vos fenêtres ouvertes, je vous remercie pour tout ce que vous êtes, pour tout ce que vous faites pour les jeunes ! Saint-Père, courage, confiance ! » Quelques jours après, revenu en France, je reçois un mot de Mgr Dziwisz, une réponse à ce merci, qui était bien parvenu à son destinataire...

Avec sa « famille »

Il aime se retrouver avec des enfants. Lui qui n'a plus personne de sa famille naturelle cultive des amitiés simples, entretient des liens familiers avec de nombreuses personnes qui forment un peu sa nouvelle famille. D'ailleurs, la facilité avec laquelle il met à l'aise son interlocuteur, instaurant d'emblée une relation toute simple, est devenue « légendaire ». En voici des exemples.

*

Quelques souvenirs d'Anouk Meyer, fille du Pr. Jérôme Lejeune[1] :

> « Être à table avec lui était un moment de grâce. Le Pape nous demandait des nouvelles de nos enfants. Il s'intéressait à ce que faisait chacun. Jusqu'à ce qu'en 1990, il nous propose de venir le voir à Castel Gandolfo avec tous les enfants. [...] Pendant les jours que nous passions là-bas, le Saint-Père cherchait à nous faire plaisir, et à chaque fois que nous le quittions, il nous donnait un nouveau rendez-vous, pour le lendemain, ou pour le soir même. C'est ainsi qu'il nous est arrivé de nous réunir avec les enfants autour de lui, au coucher du soleil, sous un grand sapin, dans son jardin, pour une veillée de chants polonais et français. Il aimait beaucoup chanter, et les chants à plusieurs voix lui plaisaient particulièrement. Il connaissait

1. Mère de sept enfants et membre, avec son mari Jean-Marie Meyer, du Conseil Pontifical de la Famille. Pour ces *fioretti*, voir *Famille chrétienne* n° 1421.

quelques chants français qu'il chantait avec nous, puis à son tour il chantait en polonais. »

*

« Une fois, en parlant de l'un des voyages qu'il avait fait en France, je lui dis :

– Saint-Père, vous êtes passé juste à côté de moi et vous ne m'avez pas vue !

– *Ah bon ! Mais qu'est-ce que vous disiez ?*

– Vive le Pape !

– *Alors,* me dit-il en riant, *la prochaine fois, vous crierez "Anouk, Anouk !" Et je vous verrai !* »

*

Une famille amie est invitée quelques jours à Castel Gandolfo. Un soir, les parents sont bouleversés de retrouver Jean-Paul II en… pyjama, consolant leurs petits. De sa chambre, il les avait entendu pleurer à chaudes larmes, et s'était précipité avant même que les parents n'arrivent.

*

Joaquín Navarro-Valls, son porte-parole, interviewé par la RAI le 21 janvier 2006, a confié : « Le souvenir le plus beau et le plus émouvant de Jean-Paul II que je porte dans mon cœur est lié à un fait personnel : la mort de mon père. J'étais rentré à la maison pour les funérailles et le matin même des obsèques, à 8 heures, mon téléphone portable a sonné. C'était lui, le pape, qui m'appelait pour me présenter ses condoléances et pour me demander des nouvelles de la santé de ma maman. J'en suis encore étonné

aujourd'hui. Un pontife pris par tant de tâches s'était souvenu de moi et de mon pauvre papa. Je crois que cela aussi est un signe de sainteté : être en communion avec tous, y compris le dernier des collaborateurs et des fidèles dans la vie quotidienne. »

*

Contrairement aux usages voulant que le pape prenne ses repas seul, il profite au contraire de tous ces moments, petits-déjeuners compris, pour multiplier les contacts, rencontrer toutes sortes de personnes, surtout en dehors des réseaux officiels ou hiérarchiques. Il invite parfois à la dernière minute, au cours d'une audience, n'importe quelle personne avec qui il sent le besoin d'échanger, de dialoguer.

Ray Flynn, ambassadeur des États-Unis au Vatican entre 1993 et 1997, se rappelle qu'un jour, convoqué dans les appartements pontificaux, il sent une forte odeur de choux et de *kielbasa* (plat typiquement polonais). Il dit au Saint-Père : « Je connais très bien cette odeur. » Jean-Paul II réplique : « *J'aurais dû vous inviter à dîner pour manger avec moi la* kielbasa, *car à chaque fois que vous venez, je vous donne de la* pasta. » Flynn reprend : « Je peux avoir de la *pasta* partout mais j'aimerais bien une bonne *kielbasa*. » Un peu plus tard, le Saint-Père l'invite au petit-déjeuner. Il n'a pas oublié le dialogue précédent : « J'aurais dû vous inviter pour dîner, car je ne pense pas que je puisse vous offrir de la *kielbasa* pour le petit-déjeuner ».

En le quittant, Flynn lui dit : « Saint-Père, je suis né le 18 mai, votre anniversaire. » Immédiatement, Jean-Paul II entonne en anglais et en espagnol le « *Happy birthday !* »

*

Le même ambassadeur rapporte encore d'autres gestes témoignant de la grande humanité du Pape. Son fils traversait une sévère dépression : « J'étais un jour à une rencontre diplomatique avec le Saint-Père ; il est venu nous saluer un par un. Dès qu'il me voit, il me dit *« Ambassadeur, comment va votre fils ? Je prie pour lui tout le temps. Avec l'aide de la Sainte Vierge, il va devenir un garçon et un jeune homme vigoureux en pleine santé. Si jamais je puis faire quelque chose pour vous aider, faites-le moi savoir.* » L'ambassadeur ému aux larmes répondit : « Saint-Père, merci beaucoup. » Dix mois plus tard, les parents observent que leur enfant va beaucoup mieux.

Un soir de Noël, le Saint-Père invite toute la famille Flynn à le rencontrer après la messe de minuit. « À deux heures du matin, nous l'avons donc retrouvé dans ses appartements privés. Là, il s'arrête avec chacun des six enfants. Il pose les mains sur le front de notre enfant en difficulté et prie intensément avec lui.[1] »

*

En 1997, le Premier ministre israélien Benjamin Netanyahu rencontre le Pape à Rome : « Nous vous attendons à Jérusalem ! » Le Pape aimablement se tourne vers l'épouse de son visiteur : « *Vous ressemblez à une jeune fille polonaise...* » « Mais je suis polonaise ![2] »

1. *National Catholic Register,* 12 octobre 2003.
2. BL 471.

*

Un jour, il croise dans un couloir un garde suisse. Il demande de ses nouvelles. Celui-ci lui dit qu'il est fiancé, qu'il veut se marier. Immédiatement, le Saint-Père lui propose de célébrer son mariage, ce qui sera effectivement fait dans la Chapelle Sixtine.

*

Un autre jour, alors qu'il reçoit la théologienne Elyane Casalonga : « Je prépare une thèse sur Jean de la Croix et Thérèse d'Avila », lui dit-elle. « *Alors vous me dépassez ! Moi, j'ai fait une thèse uniquement sur Jean de la Croix, vous sur deux docteurs !* » Et de poser les mains sur sa tête pour une prière silencieuse. Peu après, quand il quitte la chapelle, elle est heureuse de remarquer qu'il n'avait pas oublié le texte d'un poème qu'elle venait de lui remettre mais qu'il le tenait dans sa main.

*

Une de ses vieilles connaissances, des plus intimes, a bien voulu me partager ce *fioretto*. C'était au début de son pontificat. Alors qu'elle est invitée au petit-déjeuner du Pape, cette personne lui annonce qu'un évêque hollandais sera présent à l'audience. Immédiatement, il va chercher son discours et se fait dire la prononciation exacte de quelques mots hollandais et les marque au crayon.

*

La même personne me faisait remarquer que, chaque année depuis son élection, des fleuristes néerlandais offraient au Pape, pour la fête de Pâques, la décoration florale de la place Saint-Pierre. Dans ses vœux de Pâques prononcés en soixante langues, il n'oubliait jamais de les remercier : « *Bedankt voor de bloemen* ». Et il n'a jamais manqué de le faire à chaque fois que la place Saint-Pierre était ainsi fleurie pour les grandes célébrations. C'est d'ailleurs lui qui a voulu que le sapin géant de Noël soit offert chaque année par un pays différent.

*

Pendant le voyage de Jean-Paul II au Rwanda, en 1990, le Nonce Apostolique tient à lui présenter personnellement (et non à l'offertoire de la messe, comme on le fait d'habitude) un cadeau qu'il trouve particulièrement beau. Il s'agit d'un tableau réalisé en mosaïque par des Clarisses grâce à de minuscules perles multicolores. « Vous voyez, Saint-Père, chaque perle est une prière pour vous, car ces sœurs vivent vraiment en priant, et prient surtout pour vous. » Réponse : *« Comme elles sont bonnes ! Est-ce que vous l'aimez ce tableau ? Eh bien ! Gardez-le pour vous, en souvenir de notre rencontre. »*

*

Il aime rendre visite à la petite communauté contemplative qu'il a voulue au cœur du Vatican, depuis 1994. Dans les premières années, ce sont les Clarisses qui le reçoivent pour une rencontre familiale dans leur petite bibliothèque. Il remarque une série de volumes reliés tous

de la même manière, et il demande : « *Qu'est-ce que c'est ?* » « Ce sont tous vos discours, Saint-Père. » « *Est-ce que vous les lisez ?* » « Eh... oui ! » « *Che barba !* » s'exclame-t-il, en savoureux italien !

*

Au Liban (mai 1997), il fait ajouter au programme prévu une brève visite au Carmel de Harissa juste en dessous du sanctuaire marial, et proche de la Nonciature. Les sœurs et leurs amis ont préparé un plantureux goûter. Mais tellement accaparé par les sœurs qu'il veut saluer une à une, il l'oublie complètement[1]. Du coup, les gens qui l'accompagnent n'osent pas y goûter non plus !

Puis, la prieure (espagnole) lui remet l'icône de Thérèse de Lisieux au milieu des docteurs de l'Église qui deviendra l'icône officielle du doctorat de Thérèse, le 19 octobre 1997. Or le lendemain, à la grande joie des sœurs qui suivent le départ du Pape à la télévision, on peut apercevoir, au sommet de la passerelle de l'avion, le père Stanislaw Dziwisz tenant ostensiblement en main, sans emballage, l'icône en question, comme un clin d'œil aux sœurs...

1. Souvent pendant ses voyages, il préfère une nourriture très sobre, sans craindre de décevoir ses hôtes qui croient bien faire lui préparant de copieux repas. Un soir, chez les Pères Mariens du sanctuaire marial de Lichen en Pologne, il demande pour tout dîner « *juste un thé aux roses* » (très prisé par les Polonais) : la seule chose qu'ils n'avaient pas prévue ! Ils en dénicheront chez un voisin. Quant aux Franciscains du *Sacro Convento* d'Assise, qui reçoivent le Pape au cours de ses très nombreuses visites dans cette ville, ils savent que le soir le Saint-Père désire juste un bouillon léger.

Plongé dans les foules

Les bains de foule sont pour lui autant d'occasions de multiplier les gestes de délicatesse et de créer une ambiance simple et familiale. Il souffre beaucoup, surtout depuis l'attentat, de la lourde protection policière qu'on lui impose. Une fois, au Canada, en 1984, entouré d'une multitude de gardes du corps, il s'impatiente : « *Laissez-moi respirer un peu !* »

*

Quelques jours avant la visite du Pape à Lyon en octobre 1986, le cardinal Decourtray lui rappelle une prophétie médiévale annonçant un danger mortel pour le Pape qui s'approcherait de la ville « touchée par deux fleuves » (à Lyon se rencontrent le Rhône et la Saône) : « *Mais vous savez Éminence,* rétorque le Pape, *Lyon n'est certainement pas plus dangereuse que la place Saint-Pierre.* » Un important contingent de policiers sera néanmoins déployé à son grand dépit. Et c'est de cette ville, en la fête de saint François, qu'il demandera une grande « Trêve-Dieu » mondiale pour le 27 de ce même mois d'octobre, où il rencontrera à Assise les représentants de toutes les religions du monde dans une prière commune pour la Paix.

*

Un carme polonais, un de ses anciens élèves à Lublin, m'a rapporté que lors d'un pèlerinage à Rome avec quelques membres de sa famille, ils purent participer à la

messe du Saint-Père dans sa chapelle privée. Ce furent des retrouvailles joyeuses entre professeur et élève. Quelques jours plus tard, à l'issue de l'audience du mercredi, le Pape se déplace en *papamobile* au milieu d'une foule de plusieurs dizaines de milliers de pèlerins qui l'acclament. En remarquant le petit groupe de ses amis, il fait arrêter la *papamobile* et leur lance : « *Tiens, vous êtes encore ici ?* »

*

Frère Antonio veut absolument parler à Jean-Paul II, qui vient d'être élu, de « ses » novices Clarisses, ce groupe de jeunes contemplatives dont il est l'assistant spirituel. Il voudrait aussi demander une aide pour la restructuration du bâtiment qui les accueille. Il parvient à être reçu en audience et laisse déborder – quoique très rapidement – son enthousiasme bon enfant et tout franciscain ! L'année suivante, il obtient une place dans la *prima fila* pour pouvoir dire au Pape que les travaux ont été réalisés et le remercier. Dès qu'il l'aperçoit, encore de loin, le Saint-Père s'exclame : « *Oh, le voilà "le papa" des petites Clarisses !* »

*

Au cours d'une audience, l'un de ses collaborateurs s'étonne de voir le Pape s'arrêter devant un couple et leur demander : « *Où sont Chiara et Francesco ?* » Effectivement, ils ont deux enfants de ce nom, le Pape les avait rencontrés tous les quatre ensemble, une seule fois, l'année précédente, à Castel Gandolfo.

*

Octobre 1979, lors de son premier voyage aux États-Unis, à la cathédrale de la Sainte-Croix de Boston. Au moment de partir, il aperçoit le seul fauteuil roulant de l'assistance et, sans hésiter, se dirige vers la jeune malade, paralysée à la suite d'un accident. Il lui prend la main, lui murmure quelques mots à l'oreille et lui remet un chapelet. Voyant cette scène, un agent de police s'écria « Je dois retourner à l'Église ! »

Le lendemain matin, le Pape s'envole pour New York. Le maire Edward Koch, l'accueille à l'aéroport : « Votre Sainteté, je suis le maire. » « *Eh bien ! J'essayerai d'être un bon citoyen.* [1] »

*

Bogota, juillet 1986 : un garçon s'élance de la foule et s'écrie : « Je sais qui tu es, tu es le Pape, tu es comme à la télé ! », et le Saint-Père de l'embrasser chaleureusement.

Avec les enfants, ses préférés

Jean-Paul II sait d'instinct parler aux enfants, les mettre à l'aise, trouver les mots et les gestes qui leur font oublier leur timidité. La plupart du temps, ils répondent très tranquillement et affectueusement. Un jour, quelqu'un le lui fait remarquer : « Vous avez du succès avec les enfants… » Réponse : « *Que voulez-vous, les enfants sont comme ça.* » Une

1. GW 431.

fois, il se précipite pour relever une petite fille qui avait trébuché. Une autre fois, par une grande chaleur, il essuie de son mouchoir le front d'une enfant. En visite dans une paroisse romaine, il interrompt son discours pour s'occuper d'un tout petit qui s'est approché à quatre pattes.

*

En Australie, au cours de son premier voyage dans ce pays en tant que pape (1986), on lui remet un koala dans les bras. Un animal sympathique et affectueux mais capable d'utiliser ses fortes griffes s'il ne se sent pas à l'aise. Il faut donc savoir le tenir d'une façon très souple. Et le Pape le prend tout simplement, comme il fait avec les enfants. « C'était un moment tout relax et très tendre avec le petit museau du koala qui regardait le Saint-Père » commente le photographe Arturo Mari qui a immortalisé la scène.

*

En mai 1980, le Saint-Père accomplit son premier périple sur le continent africain : gigantesque tournée au Zaïre, Congo-Brazza, Kenya, Burkina Faso, Côte d'Ivoire. Au Congo, il fait arrêter le cortège pour entrer dans une cabane et là, le plus simplement du monde, à l'aise comme lorsqu'il est avec les grands de ce monde, il s'assied devant une pierre faisant office de table et se met à discuter avec les gens, tandis que les enfants grimpent sur ses genoux. Il fait chercher dans sa jeep des biscuits et des sodas qu'ils partagent tous ensemble, les personnes de sa suite et les

douze personnes qui vivent dans cette cabane de 10 m^2. Il est apparemment le seul à ne pas être gêné par l'extrême dénuement et les odeurs.

*

Lors de son voyage en Slovaquie (2003), au moment de quitter la cathédrale de Trnava, le Pape remarque dans la foule un groupe de personnes handicapées. Assis lui-même sur un petit trône mobile, il fait dévier son parcours pour s'approcher d'elles. De sa main tendue, il cherche à effleurer les visages et les mains de ces personnes souffrantes ; à leur tour, elles tendent leurs bras vers lui. Ils ne se disent rien, ce silence, ces gestes, ces regards, cette souffrance partagée sont plus éloquents que tout.

Avec ses compatriotes tant aimés

On surprend enfin une spontanéité toute particulière quand il se retrouve avec ses compatriotes, le peuple polonais qui est aussi – à un titre spécial – sa « famille ». Ces *fioretti* sont parmi les plus sympathiques et émouvants.

À Cracovie, lors de son premier voyage dans son pays (1979), un dialogue se déroule devant l'archevêché. Les jeunes scandent d'une seule voix : « Reste avec nous – reste avec nous ! » Il leur répond en riant : « *Où étiez-vous le 16 octobre dernier ? Pourquoi vous n'êtes pas venus me défendre ? Vous avez fait comme ces Polonais qui ferment la porte de l'écurie après que le cheval s'est échappé !* »

À une heure du matin, alors qu'il s'est déjà retiré, ils continuent de l'acclamer en criant : « Parle-nous, parle-nous ! » Puis ils se mettent à chanter le chant polonais : « *Sto lat* – Qu'il vive cent ans ! » Finalement, il ouvre la fenêtre : « *Mais, mes enfants, comment voulez-vous que je vive cent ans si vous m'empêchez de dormir ? Allez dormir, sinon vous tomberez de sommeil pendant mon sermon de demain.* » Ils se dispersent calmement sous les regards des forces de l'ordre qui étaient là, déployées en cas d'alerte.

*

Le gouvernement a refusé qu'au programme de ce premier voyage figure un pèlerinage – qu'il aurait tant souhaité – à Nowa Huta, où se trouve cette extraordinaire église nommée l'« Arche », qui est tout un symbole de liberté et de créativité artistique. D'abord interdite par les autorités, elle fut enfin construite par les ouvriers eux-mêmes, après leurs heures de travail, sur plusieurs années. Le cardinal Wojtyla en avait posé la première pierre, célébré la dédicace et venait y célébrer courageusement les nuits de Noël. Et voilà que, revenant comme successeur de Pierre, il ne peut pas s'y rendre. Alors, en allant vers l'abbaye cistercienne de Mogila en hélicoptère, au moment de survoler l'église, il jette un bouquet de fleurs.

*

En 1999, de passage à Wadowice, sa ville natale, il s'entretient sur le même ton badin avec ses concitoyens et les autres Polonais rassemblés sur la place, devant sa maison

natale. Il désigne l'un après l'autre tous les bâtiments, évoquant ses souvenirs : « *... et là, se trouvait la pâtisserie où on a acheté des éclairs au chocolat pour fêter la fin du baccalauréat !* » Soudain, il devient plus grave, et il désigne la maison d'un camarade juif arrêté pendant la seconde guerre mondiale. « *Comme beaucoup d'autres,* dit-il, *il a été mis dans le ghetto puis amené dans un camp de concentration. Je ne sais pas ce qu'il est devenu...* » conclue-t-il avec émotion.

*

Une autre fois à Cracovie, il ouvre sa fenêtre et dit : « *Vous me demandez deux mots et bien les voici : « Dobra noc !* [Bonne nuit !] »

*

Un peu partout où il rencontre des Polonais, ceux-ci lui chantent le *Sto lat*. À Chicago (il y a presque plus de Polonais à Chicago qu'à Varsovie !), il s'exclame : « *Si vous continuez, on va croire que c'est le chant national polonais !* »

*

En 2002, il se rend au cimetière de Cracovie où sont enterrés ses parents. Cependant, le temps manque pour qu'il puisse sortir de la *papamobile.* Arrivé devant le caveau, il ne lui reste qu'à se pencher par la fenêtre tant qu'il le peut, et enlever sa calotte, geste réservé au moment de la Consécration pendant la messe. Ce geste, alors qu'il n'a plus aucune famille sur terre, manifeste l'intensité de sa piété filiale.

Avec ses frères prêtres, évêques ou collaborateurs

Combien de fois a-t-il trouvé un mot amusant pour décontracter une atmosphère tendue, une audience qui s'avère délicate ou difficile ? Quand il reçoit Mgr Gaillot, qui sera suspendu de son siège d'Évreux, le Saint-Père conclut l'entretien de manière sympathique et toute paternelle : « *Je vous conseille de ne pas seulement* cantare extra chorum [chanter hors du chœur] *mais aussi de* cantare in choro [chanter dans le chœur], *vous ne devez pas oublier de chanter avec vos frères évêques.* »

*

À Mgr Gérard Daucourt, alors évêque d'Orléans, lors d'un déjeuner, Jean-Paul II demande : « *Avez-vous un gros problème dans votre diocèse ?* » « Oui, Saint-Père, un très gros problème que je ne sais résoudre. » « *Qu'est-ce donc ?* » « C'est… la conversion de son évêque. » « *Eh bien, c'est exactement le même problème dans le diocèse de Rome.* »

*

À Mgr Jean-Pierre Cattenoz, nouvel évêque d'Avignon, l'invitant à venir dans son diocèse : « *Mais ne me gardez pas comme la dernière fois !* » Allusion au séjour forcé du pape en Avignon au XIVe siècle.

*

À Cracovie, le 19 août 2002, lorsque Mgr Barbarin se présente comme nouvel archevêque de Lyon : « *Et vous, il faut tenir longtemps* », faisant allusion à ses deux prédécesseurs, les cardinaux Balland et Billé, emportés coup sur coup par un cancer.

*

Parfois, ses réparties peuvent friser un léger sarcasme. À un collaborateur de la Curie qui essayait de lui parler polonais, il répond, un bon sourire aux lèvres : « *Vous parlez polonais comme moi je parle coréen !* »

*

Varsovie 1979, Mgr Remy Van Cottem, évêque auxiliaire de Malines-Bruxelles, se trouve être le seul évêque non polonais avec ceux qui accueillent Jean-Paul II. Dans l'avion, il s'était longtemps exercé à prononcer les phrases rituelles d'accueil en polonais. Tout fier, il salue le Saint-Père dans sa langue. Mais celui-ci : « *Ne seriez-vous pas belge par hasard ?* »

Chaque fois qu'ils se reverront, Jean-Paul II lui rappellera cette première rencontre.

*

Le 23 juillet 1976, lors de son deuxième voyage aux États-Unis, alors qu'il est encore archevêque de Cracovie, l'archevêque de New York délègue Mgr Lorenzo Albaceti pour l'accueillir et l'accompagner. Celui-ci raconte : « Dès

le lendemain, à 7 heures du matin, le cardinal Wojtyla me demande, dans un anglais fort teinté d'accent polonais : "*Alors dites-moi, ici aux USA, quel est l'expression de la personne humaine, dans le dynamisme de sa spontanéité native ?*" "Quoi ! avant même le café du breakfast ! On n'a pas idée de discuter philosophie à des heures pareilles !" » Au moment de son départ, à l'aéroport, le cardinal lui tend une liste de livres à lui envoyer. Ce que Mgr Albaceti oubliera complètement de faire.

Quand le cardinal Wojtyla est élu pape, Lorenzo Albaceti se précipite à l'une de ses premières audiences. Immédiatement (deux ans après donc), Jean-Paul II le reconnaît avec étonnement. Amusé, il lui dit : « *Alors, c'est comme cela que l'on oublie les livres que le futur pape demande ?* » Et de l'étreindre affectueusement.

*

Lors de sa première visite en Belgique, à Gand, l'Abbé bénédictin de Saint-André se présente. Immédiatement, il fait la connexion : « *C'est votre monastère qui a fondé le nôtre à Tyniec, près de Cracovie !* »

*

En recevant un évêque en audience privée, il ne peut s'empêcher de remarquer que depuis leur dernière rencontre son embonpoint s'est accentué (aucun détail n'échappait à sa mémoire extraordinaire). Quand l'évêque, lui parlant avec satisfaction du diocèse, dit que « les paroisses sont en expansion », il lance : « *Et l'évêque aussi !* »

*

Pour se rendre dans ses appartements, le Pape préfère monter les escaliers plutôt que de prendre l'ascenseur. Un cardinal, un peu enveloppé, lui en fait la remarque : « Cela ne convient pas à un pape. » Réponse : « *J'ai besoin d'un peu d'exercice, et vous aussi cela ne vous ferait pas de mal.* »

*

En pèlerinage à la basilique Saint-Joseph de Montréal, il laisse les évêques prendre l'escalator intérieur, et d'un pas rapide monte l'escalier à côté.

*

Après une nouvelle tentative d'assassinat à Fatima même, le 12 mai 1982, le cardinal Casaroli, secrétaire d'État lui dit : « La secrétairerie d'État a prié toute la nuit pour vous, Saint-Père. » « *Dois-je comprendre que finalement, on prie à la secrétairerie d'État ?* »

*

Lors du consistoire de juin 1994, les cardinaux s'étonnent du nombre incroyable de béatifications et de canonisations. Réponse : « *C'est la faute du Saint-Esprit !* »

*

Un jour; on lui fait cadeau d'un âne. À table, on discute : que faire avec ? Le mettre dans le jardin du Vatican ? Lui faire une petite maison ? Le Saint-Père : « *Non, non ! Il y a déjà beaucoup trop... d'ânes au Vatican !* »

*

Un prélat, proche du Pape, est chargé de son agenda et doit mettre tout son zèle pour que les horaires soient respectés. Jean-Paul II l'appelait avec un humour affectueux « PDP », en expliquant : « *Cela veut dire Préfet du Palais*[1], *mais aussi Persécuteur du Pape.* » Une fois, pour le consoler, il précise : « *Il y a aussi PPDP : Pape Persécuteur du Préfet.* »

*

Il nomme à cette charge de Préfet un américain, Mgr James Harvey, et c'est la première fois que cela arrive. À l'audience suivante, ceux qui l'entourent l'entendent qui murmure, amusé : « *Un americano ! Impossibile !* ».

*

Mgr Gianni Danzi est ordonné évêque. Le Saint-Père dit en riant : « *Qui sait si l'ordination d'un évêque de rite latin avec barbe est valide ?* » Par contre, en recevant Mgr Francesco Gioia, nouvel archevêque de Camerino, capucin, qui ne porte pas de barbe : « *Un capucin sans barbe, c'est une voiture sans plaque d'immatriculation !* »

1. Ou de la maison pontificale.

*

À un jésuite en civil : « *J'avais deviné que vous étiez de la Compagnie de Jésus... à votre cravate !* »

*

Au plus fort de la « crise jésuite[1] », au mois de décembre 1981, alors qu'il est à peine remis de son attentat, il se rend tout simplement au chevet du supérieur général de la Compagnie de Jésus, le père Pedro Arrupe, frappé d'hémiplégie depuis le 7 août. Celui-ci a de la peine à se faire comprendre, mais il tient à lui renouveler son obéissance et celle de tout son Ordre. Le Pape, ému, le remercie et lui demande d'offrir ses prières et ses souffrances pour le Pape.

*

Le cardinal Roger Etchegaray, chargée de la publication des actes du symposium de 1988 sur l'Inquisition, témoigne à cette occasion : « Dans tout son pontificat, il nous a appris à n'avoir peur de personne, ni de rien et encore moins de la vérité. »

1. Ce fut l'un des moments les plus délicats du pontificat, la deuxième fois dans l'histoire où le Pape intervenait personnellement dans les affaires internes de la Compagnie de Jésus dont les membres font vœu d'obéissance au Pape (la précédente crise, en 1773, avait amené le pape Clément XIV à décider la suppression de la Compagnie). Voir BL 427-432 et GW 524-531.

Avec ses deux prédécesseurs

Archevêque de Cracovie, Mgr Wojtyla a joué un rôle important de soutien et d'encouragement à l'égard de Paul VI dans son combat en faveur de la vie humaine, qui aboutira à l'encyclique *Humanae vitae* le 25 juillet 1968. De fait, une commission *ad hoc*, composée de nombreux prélats, théologiens et scientifiques, créée par Jean XXIII, prônait de plus en plus un assouplissement de la position de l'Église. Paul VI, qui a particulièrement apprécié le cardinal Wojtyla au cours du Concile Vatican II (il le nomme cardinal presque aussitôt après le Concile, en 1967) et qui connaît l'ouvrage qu'il a écrit, *Amour et responsabilité*, lui demande son avis. Mgr Wojtyla crée à son tour une commission de spécialistes qui sera en mesure de réfuter point par point les conclusions de la commission vaticane. Paul VI s'inspirera donc de ce texte pour sa propre prise de position. En 1976, il l'invite à prêcher la retraite à la Curie vaticane, l'avant-dernière de son pontificat.

*

En novembre 1972, Mgr Albino Luciani, patriarche de Venise et futur Jean-Paul Ier, reçoit un groupe de pèlerins français. Interrogé par l'un d'eux sur la possibilité de voir, après quatre siècles, un non-italien devenir pape, il leur répond : « J'en vois au moins deux. [...] Le premier est le meilleur d'entre nous, mais il ne pourra être pape. Dans ce siècle qui a vu naître Auschwitz, il est exclu que le pape vienne d'un pays germanique. Son nom ? Le cardinal Koenig, archevêque de Vienne. Quand au second, c'est

précisément l'évêque d'Auschwitz ; un jeune cardinal polonais. » Son nom ? « Il s'appelle Wojtyla.[1] »

Et c'est lui, le premier pape slave de l'histoire, qui introduira l'Église dans ces temps nouveaux que marque le commencement du troisième millénaire. Et voilà qu'au début de cette nouvelle ère qu'il a inauguré, un pape allemand[2] est appelé à lui succéder !

*

Au moment de son élection comme évêque de Rome et pasteur de l'Église universelle, le cardinal Wojtyla prend le nom de Jean-Paul II « en raison de son attachement à Paul VI et de son affection pour Jean-Paul Ier ». En hommage à ce dernier, il avait quelques jours avant son élection prononcé une méditation remarquable sur l'Évangile de Jean, chap. 21 (le même que le cardinal Ratzinger choisira pour ses obsèques, 27 ans plus tard) terminant par ces mots : « ... *Nous ignorons en quels termes seront relatés les trente-trois jours du pontificat de Jean-Paul Ier dans le grand livre de la vie. Nous pouvons seulement supposer, sur la base de ce que nous avons entendu, et de ce que nous avons ressenti, que la réponse donnée à la question du Christ : "M'aimes-tu ?" était particulièrement ardente. Si ardente même que le cœur humain n'a pas survécu. Car elle est parfois l'expression de la mort de la personne...*[3] »

1. Cf. B. Larebière, *Jean-Paul II,* éditions Chronique de l'histoire, 1998, p. 85.
2. Benoît XVI.
3. GW 316.

Avec les journalistes

Jean-Paul II est le premier pape à participer à sa propre biographie (celle de George Weigel), à accorder des interviews (dont trois longs entretiens constituant chacun un volume), à publier des mémoires autobiographiques et des méditations personnelles ou des poèmes, à donner son accord pour une bande dessinée sur sa vie et pour un CD où l'on entend sa voix chanter du grégorien et lire des textes (tirés des archives du Vatican) sur un fond de rythme pop, spécialement composés, « mixés » et surajoutés (saisissant !).

*

Comme aucun de ses prédécesseurs, il sait mettre à l'aise les gens des médias.

Et cela dès sa première conférence de presse, cinq jours après son élection : « *Votre vocation et la mienne sont semblables. Nous devons élever l'esprit et le cœur des hommes de bonne volonté.* » Les questions fusent dans un climat de mutuelle confiance. Enfin : « Très Saint-Père, allez-vous nous recevoir encore ? Allons-nous nous revoir ? » « *Cela dépend de vous, cela dépend de ce que vous écrirez demain dans vos journaux.* »

*

En fait, les moments privilégiés pour de petites « conférences de presse » seront, surtout dans les seize premières années de pontificat, ses vols internationaux ou intercontinentaux, où il se risque à des interviews improvisées en

milieu de vol. Alors même qu'une seule parole de travers pourrait compromettre le voyage. Au retour, il partage simplement ses impressions. Il passe lui-même de groupe en groupe, s'entretenant successivement avec eux en italien, français, anglais, allemand, polonais, espagnol et portugais. À la fin, les journalistes se partagent ses propos.

*

Lors d'un voyage en avion, il a exceptionnellement un tête-à-tête avec un journaliste français. En le quittant, celui-ci lui dit :

– Je vais partager tout ça avec mes collègues.

– *Mais non, c'est pour vous ! C'est pour votre journal !*

– Voulez-vous revoir le texte de l'enregistrement ?

– *Non, j'ai confiance dans les journalistes.*

Pendant que le journaliste sort, il lui lance en riant : « *Peut-être, revoyez mon français !* »

*

Juste avant son premier voyage au Mexique, en janvier 1979, une journaliste de vingt-quatre ans, Valentina Anazraki, raconte : « C'était une pure folie que d'espérer une interview avec lui. Avant l'audience du mercredi, je suis entrée dans la salle Paul VI avec mon cameraman. Nous nous sommes cachés derrière des plantes vertes, en attendant son arrivée. Dès qu'il est descendu de sa Mercedes, j'ai couru vers lui avec mon micro. Il était amusé comme tout, il a ri. Je lui ai tendu mon micro en lui demandant de transmettre un message au peuple mexicain et il a parlé

de manière très détendue. À côté de lui se trouvait le Préfet de la maison pontificale, furieux. Jamais je n'oublierai ce regard de la vieille école du Vatican : "Où en sommes-nous arrivés !" a-t-il lâché d'un air méprisant. Mais à partir de ce moment, j'ai su que tout allait changer.[1] »

*

À un journaliste lui demandant s'il n'est pas gêné par toutes ces caméras qui le suivent, il répond : « *Il est écrit dans l'Évangile que la Bonne Nouvelle doit être prêchée sur les toits. Que voyons-nous sur les toits des villes et des villages que nous visitons, si ce n'est des antennes de télévision ?* [2] »

*

Volant vers la Corée, en mai 1984, l'avion papal fait une escale à Fairbanks, Alaska, où le président Reagan l'attend. Quand l'avion repart, un journaliste demande : « Comment s'est passée la rencontre ? » « *Très bien*, répond le Pape, *Reagan est très sympathique. Mais... moi aussi, je ne suis pas antipathique, non ?* »

*

À Lyon, en octobre 1986, au cardinal Decourtray : « *Le Pape doit obéir à ses supérieurs parmi lesquels figure une institution qui s'appelle "Eurovision".* »

---

1. *Le Figaro* du 16 octobre 2003.
2. BL 519.

*

Janvier 1998, cap sur Cuba. Les journalistes lui demandent : « Comment va votre santé ? » « *Quand je veux savoir comment va ma santé, je lis les journaux.* »

*

13 octobre 1998 : la RAI consacre un long reportage au Saint-Père. Les personnalités se succèdent à l'écran : Helmut Kohl, Mikhaïl Gorbatchev et même son meurtrier Mehmet Ali Agça. Vers 22 heures, un appel retient l'attention de millions de téléspectateurs : « Je suis Don Stanislaw, le secrétaire du Pape. Bonsoir, je vous passe le Saint-Père qui veut vous saluer. » Puis la voix du Pape, cette voix si familière aux Italiens : « *Monsieur, je vous remercie ainsi que tous les participants pour tout ce que vous avez préparé et dit sur ces vingt années de pontificat, merci beaucoup.* » Un vrai scoop.

*

Le 21 avril 1989, il reçoit son ami Lech Walesa. Celui-ci, dans la bibliothèque privée, s'agenouille. Le Pape le relève et l'embrasse chaleureusement. Tout à coup, il l'invite à ressortir de l'appartement pour recommencer la scène devant les photographes : « *Il faut montrer comment Monsieur Walesa me salue et comment je l'accueille.* » Délicatesse pour les journalistes !

*

Une journaliste française, Caroline Pigozzi, raconte comment, avec la complicité du cardinal Poupard, son ancien aumônier au collège, elle parvient pendant cinq jours d'affilée à être au premier rang lors de différentes liturgies qu'elle suit intégralement. Elle finit par attirer l'attention de Mgr Dziwisz qui s'approche pour lui dire quelques paroles aimables. Elle saisit d'un bond l'occasion et demande audacieusement à voir le Pape de plus près. De fil en aiguille, elle est invitée à passer plusieurs journées dans l'intimité du Pape, avec un photographe ou avec l'une ou l'autre de ses petites filles, avec qui le Pape aime jouer[1].

*

Dans l'intimité d'un homme est le sous-titre d'un beau livre de photos où le photographe raconte comment il est devenu l'« ami » du Pape. Je lui passe la parole :

« Pendant les travaux [dans les appartements pontificaux], le Pape avait emménagé provisoirement dans la tour Jean XXIII. C'est un bâtiment situé près des murs du Vatican et bien visible de certains immeubles de la Via Aurelia. [...] J'ai sonné au deuxième étage, une vieille dame du nom de Mariella m'a ouvert. Je lui ai expliqué que j'étais photographe et que, de sa fenêtre, j'allais pouvoir photographier le Pape à une cinquantaine de mètres. Elle m'a regardé, incrédule : soit je me moquais d'elle, soit j'étais complètement fou. Un long plaidoyer plus tard, elle a accepté de me laisser entrer.

1. Caroline Pigozzi, *Le Pape en privé*, Nil éditions, Paris, 2000.

À 15 h 30 précises, il est apparu entre les créneaux de la muraille séculaire, son bréviaire dans les mains, vêtu d'une lourde cape noire. Il cheminait lentement. Mme Mariella a manqué s'évanouir, s'est signée plusieurs fois, a couru à la cuisine boire un verre d'eau. Le Pape, absorbé par la lecture de ses prières, est passé plusieurs fois dans mon champ de vision. Je prenais des photos comme un forcené. Tandis que j'appuyais frénétiquement sur le déclencheur, il m'est venu une idée, vite obsédante. Et si je profitais de cette relative proximité pour lui révéler ma présence ? Je l'ai appelé : "Très Saint-Père, s'il vous plaît, faites-moi un signe." Le Pape a levé les yeux, nous a vus, mon téléobjectif et moi, a souri – un large sourire –, m'a béni puis m'a salué d'un geste du bras droit.[1] »

Porter sa croix avec bonne humeur

Les critiques ne lui ont jamais été épargnées, tout au long de son pontificat. Nous avons maints exemples de la bonhomie avec laquelle il les recevait. En voici quelques uns :

Dialogue avec un journaliste :
– Certains pensent que vous voyagez trop...
– *C'est vrai !*
– Vous le pensez vraiment ?

1. Adriano Bartoloni, *Le Pape – Dans l'intimité d'un homme*, éditions Robert Laffont, 2001, p. 5.

– *Oui*, dit le Pape. *Humainement parlant, ils ont raison* [1].

Le Pape se détourne, puis revient brusquement à l'homme qui lui a posé la question :

– *Mais la Providence parfois nous suggère aussi de faire des choses excessives !*

*

Une fois, un enfant de chœur lui demande : « Pourquoi, fais-tu le tour du monde ? » « *As-tu lu ce que Jésus a dit : "Allez et portez l'Évangile au monde entier" ?* »

*

Un jour, questionné au sujet des dépenses occasionnées par ses voyages, il réagit plus vivement : « *J'estime qu'il ne faudrait pas faire de comptes si l'on pense que nous avons été rachetés à un prix inestimable. On évoque les dépenses pour essayer d'arrêter le Pape. On dit qu'il coûte plus cher que la reine d'Angleterre. Heureusement ! Parce que le message qu'il porte a une valeur transcendantale.* »

*

Des critiques pleuvent aussi pour le cadeau (offert par des Polonais de la diaspora) d'une piscine couverte construite pour lui à Castel Gandolfo, la natation étant

1. Depuis qu'il a été appelé au service de l'Église, Karol Wojtyla ne s'est jamais ménagé. C'est ainsi qu'en 1960, alors évêque de Cracovie, il fut frappé par une forte anémie (mononucléose) et se trouva au bord de l'épuisement. Pour éviter des rechutes, les médecins lui prescrivirent de prendre fidèlement, sa vie durant, deux semaines de sport en été et en hiver et « beaucoup de mouvement, très intensivement ! »

jugée nécessaire par ses médecins pour sa santé. Réponse : « *Mais un Conclave coûte plus que cette piscine !* »

*

Mgr Di Falco, actuel évêque de Gap, lors d'un déjeuner durant les dernières années de pontificat, lui montre une caricature du Pape sur la couverture d'une revue. « *C'est bien si le Pape fait rire, il donne un peu de bonheur.* »

*

Même sa maladie, qui l'handicape physiquement de plus en plus, il sait la prendre avec bonne humeur. À Jean Vanier qui lui demande des nouvelles de sa santé : « *Au-dessus du cou, tout va bien* ». À un prélat de la Curie : « *Le pape ne dirige pas l'Église avec ses pieds.* » À un autre qui s'inquiétait de son état : « *Les cheveux restent attachés à la tête, la tête au cou... ça peut encore aller !* »

*

Au synode des évêques à Rome, en octobre 1994, il agite sa canne dont il se sert pour la première fois, en reprenant le mot de Galilée : « *Eppur si muove* [et pourtant elle tourne] ! »[1]

1. Dès le début de son pontificat, il a voulu réhabiliter Galilée, qui n'avait fait que reprendre les thèses de Copernic, Polonais comme lui, et qui avait toujours été soutenu par l'épiscopat de Pologne.

Aux JMJ de Manille, il fait encore tourner sa canne, imitant cette fois Charlie Chaplin. Déchaînement d'enthousiasme des quelques cinq millions de jeunes présents.

Par contre, à Damas en 2001, il a un fort mouvement d'impatience lorsque son pied se prend dans le tapis rouge. Mgr Boccardo témoigne qu'une autre fois, avec sa canne, il donna des coups de rage par terre. Ces quelques impatiences donnent d'autant plus de prix à ses mots d'humour, et surtout à la patience à toute épreuve dont il a fait preuve au long de ces années de vrai calvaire.

*

Lors de l'Angelus du 21 novembre 1993, Jean-Paul II, pour répondre aux spéculations de la presse sur le « déclin du pontificat », quand une luxation à l'épaule droite le force à bénir de la main gauche, s'exclame : « *Il vous salue, le pape* défaillant *mais non pas* déchu » [jeu de mot en italien : « *Il Papa* caduto *ma non* scaduto »].

*

En 1994, au terme de ses vacances en Val d'Aoste, il rencontre un groupe de religieux dans une maison de retraite pour personnes âgées [*casa di riposo* – « maison de repos », en italien]. Le Pape, qui apparaît fatigué, confie en souriant : « *Il me faudrait aussi une maison* di riposo. *Vous voyez comme je marche ? J'ai du mal à marcher.* » Quelques jours auparavant, surpris par l'orage, il avait cherché refuge dans une maison de salésiens. Des journalistes l'ont aussitôt entouré. Parmi eux, quelqu'un lui demande dans sa

langue comment ça va. Le Pape répond : « *Jak biedota* » [comme un pauvret][1].

*

Lors de son séjour à la clinique Gemelli, en mai 1981, il surnomme le conseil des médecins qui s'occupent de lui et se réunissent tous les jours, « le Sanhédrin ». Encore hospitalisé, il voit un jour dans le couloir son chirurgien manger du chocolat : « *Mais alors, vous êtes gourmand, mon cher docteur.* »

*

Lors d'une autre hospitalisation en 1994, il dit après l'Angelus : « *Gemelli, c'est le Vatican... III, après le II qui est Castel Gandolfo.* »

*

Lors de son ultime hospitalisation, fin février 2005, le chirurgien lui annonçant une trachéotomie : « Ce n'est qu'une petite opération ! » « *Ça dépend pour qui !* » L'humour jusqu'au bout.

*

1. Ce trait d'humour marque une résignation sereine et il ne faut pas y voir – comme dans certaines biographies – l'aveu dramatique d'un Pape au bord de la défaite : « Je suis un pauvre malheureux ».

Une des sœurs polonaises affectées à son service, lui dit un jour : « Saint-Père, je suis préoccupée pour votre... sainteté » (elle a trébuché sur le mot voulant dire : « santé »). Et le Pape : « *Moi aussi je suis très préoccupé pour ma sainteté !* »

*

La parole de la fin de cette série sur la joie crucifiée est à M. Navarro-Valls, qui a vécu de longues années dans son intimité : « Jean-Paul II a été un pape joyeux, jusqu'à la fin, même dans les moments de douleur, il a su affronter la vie avec la joie qui doit être la marque de tout chrétien : vivre la foi avec allégresse ».

UN REGARD AMOUREUX SUR LA BEAUTÉ DE LA NATURE

4 juillet 1958 : l'abbé Wojtyla descend avec un groupe de jeunes la Lyna en canoë-kayak, associant sport et retraite spirituelle. On apporte un télégramme (comment a-t-on fait pour le trouver ?) : le cardinal Wyszynski l'attend de toute urgence à Varsovie.

Karol abandonne sac, kayak, pagaies et piquets de tentes, fait du stop jusqu'à la gare la plus proche et rejoint en train la capitale. Au couvent des Ursulines, il enfile une soutane, saute dans un taxi. Au palais épiscopal, le cardinal Primat lui communique que le pape Pie XII l'a créé évêque auxiliaire de Cracovie et qu'il est prêt à répondre aux nombreuses objections qui fusent toujours en pareilles circonstances. Mais l'abbé Wojtyla n'en a qu'une seule : « *Je suis trop jeune...* » Réponse du cardinal : « Ça, c'est un mal qui ne durera qu'un temps » et de poursuivre : « Qu'allez-vous faire maintenant ? » « *Retourner en Mazurie, terminer notre randonnée...* » Mais pour que le Primat donne son accord, il lui faudra revenir à la charge quelques heures plus tard, non sans avoir fait d'abord de tout son cœur un long chemin de croix pour confier au Seigneur ce grand tournant de sa vie.

*

On connaît la passion de Jean-Paul II pour le ski. Il aime descendre les pistes au-dessus de Zakopane. Un jour, il s'égare dans le brouillard, traverse sans le savoir la frontière de ce qui était encore la Tchécoslovaquie. Le voilà arrêté par les gardes-frontières. Il déclare être l'archevêque de Cracovie en montrant ses papiers. Ils menacent de l'arrêter pour usurpation d'identité !

*

Durant un synode à Rome, il s'étonne d'apprendre qu'aucun cardinal italien ne fait du ski : « *Chez nous en Pologne, 40 % des cardinaux font du ski !* » « Pourquoi 40 % ? Vous n'êtes que deux ! » « *Parce que le Primat Wyszynski compte pour 60 % !* »

*

Une autre fois, un de ses collègues romains lui demande : « Est-ce bien convenable pour un cardinal de faire du ski ? » « *Ce ne serait pas convenable s'il skiait comme un pied !* [1] »

*

Dès sa toute première conférence de presse, à la question « Ferez-vous encore du ski ? », il réplique malicieusement :

1. BL 276.

« *S'ils me le permettent* », et tous les journalistes éclatent de rire. Les questions familières fusent alors : « Pourrez-vous vivre enfermé au Vatican ? » « *J'ai déjà résisté cinq jours !* », et ainsi de suite.

*

Tout au long de son premier voyage en Afrique, le groupe de journalistes ainsi que sa suite sont incapables de suivre son rythme. Le dernier jour, les voyant complètement épuisés, il lance à une équipe de télévision allemande : « *Alors les gars, toujours en vie ?* » Et à ses collègues de la Curie : « *Ne vous en faites pas, pour changer, nous passerons Noël dans la neige à Terminillo* [célèbre station de ski du Latium].[1] »

*

Le 26 août 1979, après la bénédiction des statues de la Vierge des Dolomites au sommet du pic de la Marmolada (3 342 mètres), on lui offre une paire de ski. À ce moment-là, il n'a pas encore osé en refaire depuis son élection et répond : « *J'aimerais bien m'en servir, et je prie Dieu chaque jour pour ne pas succomber à la tentation. Dieu bénisse tous les skieurs... et leurs jambes.* »

*

1. GW 466. À citer ici, la remarque d'un de ses collaborateurs au Vatican l'ayant accompagné aussi dans l'un ou l'autre voyage : « Son rythme quotidien, je le trouve bien plus épuisant que celui de ses voyages ! »

Quatre mois plus tard, dans une école professionnelle, il tombe sur la retransmission télévisée des championnats du monde de ski de Val Gardena. Spontanément, il livre un commentaire désolé : « *Je ne pourrais en faire autant, surtout maintenant, je suis rouillé, il me faudrait des jambes neuves. C'est un sport qui convient aux gens petits, car ils tombent de moins haut que les grands !* » Mais la tentation est trop forte, il se remettra au ski.

*

En 1984, voulant faire du ski sur les glaciers de l'Adamello (3 554 mètres), le président de la République italienne, Sandro Pertini (âgé de 88 ans), lui propose de l'accompagner en hélicoptère. Sans aucun entraînement préalable, il fait l'une après l'autre huit descentes de trois ou quatre kilomètres. Et le vieux Président de s'exclamer : « Très Saint-Père, vous skiez comme une hirondelle ! » Ils entrent dans un refuge pour déjeuner, et le Pape lui dit : « *On croit peut-être scandaleux qu'un pape aille faire du ski, mais il n'y a pas de scandale là où il y a de l'amitié, de la simplicité, et des valeurs humaines véritables.* »

*

Pendant l'été 1985, il passe toute une journée à skier au Gran Sasso (2 894 mètres)[1]. Le 7 septembre 1986, par

1. En mai 2005, le ministre du Tourisme donnera à un pic de ce majestueux massif le nom de *Giovanni Paolo II*.

hélicoptère, il gagne un des sommets du Mont-Blanc où il célèbre une messe pour l'Europe.

*

Parlant de ses séjours en montagne, soit dans le Val d'Aoste, soit dans les Dolomites à la frontière de la Suisse, il dira : « *La montagne est le plus efficace des médecins, elle soigne sans avoir de diplôme.* » Il y fait des longues randonnées silencieuses, jusqu'à ne prononcer que les seules paroles de l'Angelus le dimanche à midi. Il en va de même parfois aussi au cours de ses voyages apostoliques : pour les JMJ de Denver, il passe le vendredi à marcher en silence, baskets aux pieds, dans les Rocheuses.

*

En juin 1991, sachant les critiques sur le prix de son voyage en Pologne, il renonce à sa plus grande joie : une journée de solitude dans ses chères Tatras, culminant à 2 400 mètres. En revanche, lors de son huitième voyage, il prendra toute une journée de « désert » en bateau sur les paisibles lacs de Mazurie.

*

À l'occasion du colloque sur « La quête humaine de la vérité », pendant le Jubilé de l'an 2000, le cardinal Poupard, président du Conseil Pontifical pour la culture, a la joie de faire plaisir au Pape, « lui qui a fait jubiler tout le monde, comme il l'écrit. Au nom de la communauté scientifique, je

lui ai offert un télescope. Heureux comme un enfant, il a demandé : "*Alors ce n'est pas pour Castel Gandolfo ?*" "Non, ai-je dit, c'est pour que vous puissiez regarder le ciel de votre chambre même, place Saint-Pierre ! C'est si beau !" Il a levé vers moi ses grands yeux émerveillés...[1] »

*

Invité par un journaliste à donner son avis sur le film de Roberto Benigni, *La vie est belle*, il répond : « *C'est un film qui fait réfléchir. Bien sûr, la vie n'était pas belle dans les camps de concentration. Mais on pouvait y trouver des saints, comme Edith Stein ou Maximilien Kolbe. Or, la sainteté est une expression suprême de la beauté. D'une certaine manière alors, et malgré les souffrances, la vie peut être belle quand des personnes rayonnent de sainteté autour d'elles.* »

1. Cardinal Poupard, *Ce Pape est un don de Dieu*, éditions Plon, 2001, p. 140.

UN CŒUR OUVERT, ATTENTIF À TOUTE DÉTRESSE ET AUX BESOINS DE CHACUN

Il se fait pauvre parmi les pauvres

Dans les archives du SB (services secrets polonais), on a récemment retrouvé cette fiche : « Parmi le clergé local, l'abbé Wojtyla est considéré comme ayant un exceptionnel bon cœur : il n'a jamais rien à lui, car il donne tout aux pauvres. »

*

En 1964, devenu archevêque de Cracovie, il devait venir habiter le palais archiépiscopal, mais il s'y refusa obstinément, préférant rester dans son appartement habituel. Ce n'est que cinq ans plus tard que son secrétaire Stanislaw Dziwisz parvient à effectuer le déménagement, pendant une absence du cardinal. À son arrivée, celui-ci capitule enfin, et donne même un coup de main pour achever le transfert de ses effets personnels : il prend ses chers skis et la paire de pagaies dont il se sert toujours pour ses virées en kayak. Quand aux habits, cela avait été facile :

trois soutanes noires, quatre rouges, trois paires de grosses chaussures, c'est vite transporté ! Dans le palais, il se réservera un modeste appartement de trois petites pièces, reflétant son esprit de pauvreté.

*

On sait d'ailleurs que le cardinal Wojtyla a l'habitude de donner tout ce qu'il a, vivant véritablement comme un pauvre. Un jour, alors qu'un mendiant vient frapper à la porte de l'archevêché, les sœurs lui répondent qu'elles n'ont rien à lui donner. Le cardinal l'apprend, se fâche et les conduit vers son armoire, l'ouvre et leur dit : « *Et tout cela alors ?* » Il y a en effet plusieurs chemises. Elles sont contraintes d'en donner immédiatement plusieurs au mendiant.

*

À Cracovie, chaque jeudi en fin de matinée, de 11 heures à 13 heures, il reçoit librement tous ceux qui veulent voir leur archevêque sans rendez-vous préalable. Juste une semaine avant le conclave de 1978, une pauvre dame vient lui dire : « Père, je vous demande d'intervenir pour que ma voisine me rende le chat qu'elle m'a volé. » Et le jour de son départ de Varsovie pour Rome, il fait un détour par le quartier de cette femme (il avait noté son nom et son adresse). Il la réconcilie avec sa voisine et remet le chat à la propriétaire légitime. Puis il part pour ne plus revenir comme pasteur de ce diocèse. C'est son dernier acte d'archevêque de Cracovie.

*

La première fois que je l'ai rencontré lors d'une audience du mercredi, c'était en novembre 1979, un peu plus d'un an après son élection. Je venais lui présenter mes deux livres sur Paul VI, qu'il a toujours considéré comme un père. J'étais dans la *prima fila* de la salle Paul VI et derrière moi, sur la seconde file, il y avait une femme éplorée. Je lui demande pourquoi elle pleure et elle me dit : « Mon fils s'est suicidé il y a quelques jours et je voudrais tellement le confier à la prière du Saint-Père, mais je ne le pourrai pas puisque je n'ai pas pu être dans la *prima fila*. » Alors, profitant de ce que les gardes du service de sécurité ont les yeux tournés ailleurs, je la fais rapidement passer au-dessus de la barrière, qu'elle enjambe allégrement. Je la place entre mon voisin et moi, mais voilà qu'une des personnes du service de sécurité commence à compter les têtes. Normalement, il n'y a que cent places et manifestement, il y avait à présent cent et une têtes... J'essaie d'espacer les têtes autour d'elle de manière à équilibrer le plus possible et qu'on ne remarque pas cette « passagère clandestine », tout en suppliant le Seigneur d'intervenir rapidement. Finalement, voilà le Saint-Père qui arrive, le contrôle s'arrête. Comme il passe d'une personne à l'autre assez rapidement, la femme me dit : « Écoutez, je serai incapable de lui dire si vite ce qui me pèse sur le cœur, je vous demande de lui en parler vous-même. » Quand le Saint-Père arrive, je lui confie le drame vécu par cette femme. Tout de suite, il s'arrête devant elle, prend sa tête dans ses mains, l'étreint, fais approcher son secrétaire, fait noter son adresse à Rome et lui dit qu'il l'invitera dans les

tous prochains jours à venir à sa messe qu'il compte célébrer pour son fils et pour sa famille. De toutes les personnes en *prima fila,* c'est elle qui a eu le plus long moment avec le Saint-Père. Je le sentais bouleversé par ce drame.

*

Après le tremblement de terre qui frappe l'Ombrie en 1980, il se rend sur les lieux, au mois de mars, alors que les secousses continuent encore. Il voit les maisons effondrées ainsi que les étables vides d'animaux. Sur les montagnes, il y a de la neige, mais les gens doivent s'abriter de manière dérisoire dans des conteneurs. Après son déjeuner le Pape, presque seul, traverse la place déserte de Nursie, la ville de saint Benoît. Un paysan s'approche et lui confie : « Nous n'avons pu sauver que quelques-unes de nos bêtes et nous n'aurons pas de récoltes non plus. » Le Pape interroge : « *Quelles récoltes ?* » Et le paysan : « Toutes nos récoltes, vous comprenez ? Le blé, le foin… Nous n'avons que ça, nos bêtes, nos récoltes. Vous comprenez ça ? » Le Pape reste silencieux. Il se sent impuissant. Il a déjà envoyé tout l'argent dont il disposait, mais qu'est-ce que c'est face à l'ampleur du désastre ?

*

Le 2 juillet de la même année, il est à Rio de Janeiro (Brésil) pour la première fois. Traversant une *favela* où vivent des milliers des pauvres, il prend l'anneau qu'il porte au doigt et qu'il a reçu de Paul VI le jour où il a été nommé cardinal, et en fait cadeau à l'Église locale.

*

En février 1986, pendant un voyage en Inde, il rencontre Mère Teresa qui lui fait visiter son hospice de Calcutta. Ils passent au milieu des lits des mourants, dont beaucoup sont lépreux. Une femme prend la main du Pape et la serre contre son visage en s'écriant : « Je suis si seule, ne me quitte pas ! » Le Pape, pendant un long moment, serre sa tête contre sa poitrine. Puis la visite se poursuit dans la salle où gisent les morts de ce jour. Jean-Paul II s'approche de chaque dépouille pour la caresser doucement. De retour à Rome, il cherchera une maison au Vatican même pour en faire un hospice pour les pauvres de la ville, confiés aux sœurs de Mère Teresa.

*

Le profit des ventes de son livre *Entrez dans l'espérance*[1] pour l'année 1994 fut donné pour la reconstruction d'églises détruites dans les Balkans, y compris des églises orthodoxes.

*

En 1998, il reçoit la lettre d'une russe orthodoxe sollicitant une aide financière pour une grave opération chirurgicale que son fils doit subir. Par retour du courrier, un chèque lui est envoyé.

*

1. *Entrez dans l'espérance*, avec Vittorio Messori, éditions Plon/Mame, 1994.

Je tiens ce *fioretto* de deux petits frères de l'Agneau qui, en cet automne 2005, mendiait leur pain dans la ville de Pamiers. Une jeune mère célibataire les accueille avec joie, leur partageant ses difficultés ainsi que son enthousiasme pour Jean-Paul II. Elle vivait à Paris et la voilà obligée de quitter dans un court délai son domicile parce qu'elle ne peut plus payer le loyer. Sa famille est dans le sud de la France, elle pourrait y être accueillie avec son enfant, mais que faire de ses meubles ? Elle n'a absolument pas l'argent pour payer le déménagement et se désole de perdre encore ces pauvres biens. Une personne amie lui suggère d'écrire aux deux personnages « les plus célèbres » du moment : Jacques Chirac et Jean-Paul II. Pour ce dernier, elle n'a pas d'adresse. Ayant écrit sur une enveloppe : « Jean-Paul II – Rome », elle va la montrer au bureau de poste pour savoir si cela vaut la peine de l'envoyer telle quelle. Réponse de l'employé : « Vous pouvez bien essayer, à Rome, il est assez connu ». Peu de temps après, elle reçoit un coup de fil : « Allô, c'est le Secours Catholique. Vous êtes bien Madame X ? Nous avons une lettre de la Secrétairerie d'État du Vatican, disant que le Pape demande que nous vous aidions à déménager dans le sud de la France… »

Quant à Jacques Chirac, aucune nouvelle. Vraiment, la poste française n'est pas fiable !

*

Il envoie une aide financière de façon régulière à la maman de son agresseur, Ali Agça, qu'il a par ailleurs reçue plusieurs fois au Vatican.

*

Une jeune fille atteinte d'un cancer lui écrit. Quand il voit la réponse préparée par un de ses secrétaires, il la trouve trop générale et demande qu'il la recommence sur un ton plus chaleureux et personnalisé. Il insistait toujours pour que les réponses soient personnalisées ; même pour remercier les auteurs des innombrables livres qu'il recevait, il voulait qu'elles correspondent au contenu. Ce qui supposait que le secrétaire concerné parcoure au moins chaque livre.

*

Les moniales contemplatives du petit monastère du Vatican chargées de l'entretien de sa garde-robe témoignent que ses effets personnels, dont ses soutanes blanches, étaient usés jusqu'à la dernière limite.

*

Après sa pâque, des *monsignori ad hoc* ont immédiatement scellé les chambres privées. Dans sa chambre à coucher, il n'y avait qu'une paire de vieilles pantoufles. Quant à son bureau, ils ont demandé à Mgr Dziwisz d'ouvrir le coffre-fort qui s'y trouvait. En s'exécutant, celui-ci leur a expliqué qu'en arrivant, en 1978, le Pape l'avait trouvé vide : « Depuis, on ne l'a plus ouvert. » De fait, il l'était encore.

Un respect infini pour chaque personne

Jean-Paul II termine un voyage au Brésil dans le *Nordeste* à la léproserie de Marituba, située à l'extrémité septentrionale du Para ; la chaleur est torride. Pendant que, par 40° à l'ombre, le Pape passe au milieu des malades, l'animateur crie dans le micro : « Viva o sudor do Papa ! [Vive la sueur du Pape] » Les lépreux applaudissent, malgré leurs infirmités... L'un d'eux s'approche et lui dit doucement : « Il fait chaud, Saint-Père, mais notre amour est encore plus chaud. » Une petite fille lui tend une rose, Jean-Paul II l'embrasse sur le front et garde la rose dans sa main jusqu'à la fin de la visite, même pendant le long moment de prière silencieuse à la chapelle.

*

Quand cela lui sera possible, il ira partager le repas des démunis recueillis dans l'hospice du Vatican qu'il a voulu après sa visite à Mère Teresa. Il y est parfaitement à l'aise et c'est visiblement avec plaisir qu'il se met à les servir.

*

Lors de son premier voyage à Paris, en 1980, un ivrogne se met à crier des insanités. La police se précipite pour l'arrêter, mais Jean-Paul II est plus rapide encore. D'un bond, il passe au travers du cordon de police, prend la main de cet homme et la baise, en s'inclinant devant lui,

reconnaissant l'enfant de Dieu qu'il est. À la stupeur des ministres, cardinaux et évêques qui l'accompagnent. J'ai reçu ce témoignage d'un des témoins directs de la scène, devenu depuis lors évêque.

*

À Bakou (capitale de l'Azerbaïdjan), en 2002, le Pape célèbre une messe pour la minuscule communauté catholique de ce pays. Dans la salle omnisport, il y a aussi beaucoup de musulmans. L'un d'entre eux, un homme pauvre et estropié, cherche à s'approcher du Saint-Père, mais immédiatement les gardes le retiennent. Alors le Saint-Père, qui l'a remarqué, demande qu'on le fasse venir et s'entretient avec lui un long moment.

*

Au cours d'une audience du mercredi, à côté de moi dans la *prima fila,* un musulman s'apprête à lui remettre une lettre (au sujet de la mosquée de Rome je crois). Quand le Pape s'approche, l'homme est tellement ému que sa main tremble et la lettre glisse à terre. Immédiatement, Mgr Dziwisz se penche pour la ramasser, mais le Saint-Père le retient d'un geste du bras : il veut la ramasser lui-même, pour marquer son respect pour ce musulman.

*

Pendant l'un de ses voyages internationaux, au milieu d'une foule qui l'acclame, quelqu'un lui tend un bout de

papier. Souriant, il le glisse dans sa poche. De retour au Vatican, en vidant ses poches, il retrouve le petit billet et fait immédiatement répondre.

*

Bucarest, mai 1999. Cathédrale catholique latine Saint-Joseph. À la fin de la Divine Liturgie célébrée par les métropolites de l'Église gréco-catholique, le Saint-Père va vers le vieux cardinal Todea, hémiplégique et en fauteuil roulant, l'étreint et lui pose longuement un baiser sur le front. Emprisonné pendant des années pour sa fidélité à Pierre, subissant d'atroces tortures, ordonné clandestinement une nuit dans cette même cathédrale, ce grand confesseur de la Foi en sanglote d'émotion.

Geste silencieux pour Jean-Paul II venant illustrer sa vibrante homélie de reconnaissance au courage héroïque de ses frères orientaux, dont les sept évêques avaient préféré les tortures et la prison plutôt que de passer à l'orthodoxie et de se détacher de Rome.

Geste de consolation pour ces gréco-catholiques qui avaient dû renoncer à le recevoir dans leurs diocèses de Cluj et Blaj, condition mise pour sa venue en Roumanie.

Les témoins de la scène n'oublieront jamais l'infinie tendresse de son geste.

*

Au début des années 1990, deux jeunes Américains, collaborateurs d'Irina Alberti (ancienne secrétaire de Soljenitsyne) à la station radio qu'elle avait fondée à

Moscou, sont de passage à Rome. Se rendant à l'audience du mercredi, ils rencontrent un mendiant, dans une rue proche du Vatican.

Un bref dialogue s'ensuit :

– Hélas, nous n'avons pas grand chose à vous donner, mais nous allons demander au Saint-Père de prier pour vous.

– Oh ! si vous le voyez, dites-lui que je suis un prêtre qui a abandonné son ministère, et maintenant je suis très malheureux.

À l'audience, étant dans la *prima fila*, ils peuvent très brièvement lui en glisser un mot. Le Saint-Père réagit immédiatement :

– *Je veux le rencontrer. Amenez-le moi cet après-midi !*

Ils le retrouvent effectivement :

– Le Saint-Père désire vous rencontrer. Nous avons mission de vous y conduire.

– Jamais de la vie, j'ai trop peur !

Mais les Américains l'ayant rassuré et encouragé, il consent à aller voir le Pape, fait un brin de toilette pour être présentable et les suit.

À la porte de bronze, ils font appeler le père Stanislaw Dziwisz, qui confirme qu'ils sont attendus.

Une fois dans les appartements pontificaux, le père Stanislaw les fait attendre dans un petit salon et introduit le prêtre auprès de Jean-Paul II. Après un certain temps, il les rejoint, en larmes et bouleversé. Il leur avoue que le Saint-Père, après l'avoir étreint, est tombé à genoux devant lui, en lui disant :

– *Tu es prêtre pour l'éternité. Je te rends tes pouvoirs de confesser. Donne-moi le pardon de Jésus.*

Et le prêtre d'ajouter :

– Je vais reprendre le chemin de l'Église.

On apprendra plus tard, par une autre source, qu'il vit maintenant dans un monastère.

PÈLERIN DE L'ÉVANGILE : SUR LES PAS DE PIERRE ET DE PAUL

Puisque c'est le travail de Pierre de « confirmer ses frères dans la foi », voilà tout son programme. Il est apôtre et prophète, prophète à la parole écoutée, à la vérité non édulcorée. Au nom de tous, il clame la foi de l'Église. Apôtre, il proclame la foi des Apôtres.

Apôtre mais également missionnaire et évangélisateur, ne pouvant dissocier l'un de l'autre. Il a donc aussi été Paul le fougueux, l'intrépide, le passionné, toujours pressé par l'Amour : pressé de faire aimer l'Amour. Toujours tendu de tout son être vers ce qui est en avant : les temps sont courts !

Dès son élection, Jean-Paul II n'a-t-il pas déclaré : « *Non, je ne chercherai pas l'isolément dans mes appartements. J'ai déjà des projets.* » Il sait que le rôle du pasteur est de rassembler le peuple de Dieu. Et Pierre ne pourra pas ne pas être Paul en même temps. « *C'est dans ce rassemblement de tous les peuples que l'Église se réalise en tant que telle* », dira-t-il un jour. Et encore : « *Le pape a le devoir de maintenir l'unité et l'universalité de l'Église. À notre époque, pareille tâche peut se réaliser plus facilement par la visite, la rencontre, le contact, l'écoute, la participation.* »

Pierre, pasteur de son peuple

Son ministère en tant que Pierre, à Rome même, accueillant évêques et fidèles du monde entier, se chiffre en millions de rencontres : 1 160 audiences du mercredi pour plus de 17 millions de pèlerins ; 30 millions de pèlerins venus à Rome pour les grands rassemblements tels que les JMJ, les canonisations ou béatifications, etc. On estime que pour l'ensemble de son pontificat, le nombre de pèlerins accueillis à Rome – tout particulièrement en l'année du Jubilé – s'élève à 85 millions. Les rencontres avec les évêques, ou visites *ad limina apostolorum* [au seuil des apôtres], au cours desquelles les évêques viennent par groupes nationaux ou régionaux, se comptent par dizaines de milliers. On l'a vu dans son rôle de Pierre lorsqu'il a visité et évangélisé son diocèse : 317 des 332 paroisses de sa cité ont reçu sa visite. Les autres – quand il a été empêché par la maladie – sont venues le rencontrer au Vatican.

*

Tous les deux ans, il y a à Rome pendant trois semaines un synode, c'est-à-dire une rencontre des délégués de tous les évêques du monde. À chaque fois, le Saint-Père donne un thème : les jeunes, les prêtres, les évêques… Ou alors, le synode est proposé par continent : synode sur l'Australie, sur l'Amérique, sur l'Afrique, sur l'Europe. Jean-Paul II ne manque pas une seule des séances, sauf la semaine du milieu où les évêques travaillent en petits groupes linguistiques. Le dernier jour d'un synode, il posa la question : « *Qui, parmi vous, a été présent à toutes les séances ?* » Aucun évêque n'a

levé la main. Tous avaient manqué une fois ou l'autre pour faire autre chose à Rome... Il a été le seul à lever la main. Seul évêque à être toujours là, pour tous.

*

Sa charité le pousse à se faire « tout à tous » avec les personnes qu'il rencontre, assumant au moins quelque chose de leur culture et de leur langue. Combien plus avec le peuple de Rome devenu « son » peuple, et avec ses prêtres qui partagent avec lui le soin et la sollicitude pour le troupeau. Recevant en audience le clergé de Rome, en 2004, il va par exemple terminer son allocution dans le sympathique patois de Rome : « *Semo romani, volemose bene, damose da fa* [Nous sommes romains, aimons-nous les uns les autres, mettons-nous au travail]. »

En rencontrant Benoît XVI le 12 janvier 2006, M. Walter Veltroni, maire de Rome, évoquait ces paroles qui l'avaient touché au point qu'il a voulu les faire siennes au cœur du projet social pour la ville pour le nouvel an. Il les a même reprises en bavarois à l'intention du nouveau pape, puis il a conclu en disant : « Tel est notre engagement pour le bien de Rome, pour le bien de chaque citoyen, sans exclusion de personne, de cette ville merveilleuse. »

*

Jean-Paul II lui-même lance pour son diocèse la grande préparation du Jubilé de l'an 2000. Il fait donner à chaque romain, par une opération « porte-à-porte », un Évangile de saint Luc avec les Actes des apôtres. Dans chaque paroisse,

des groupes de missionnaires se chargeront de leur diffusion. Lui-même donne le coup d'envoi : il débarque devant une maison de Rome et sonne. À l'interphone : « Qui est là ? » « *C'est le Pape !* » Alors la personne regarde par la fenêtre, elle voit qu'effectivement, c'est le pape ! Elle se précipite pour l'accueillir, et il lui tend son cadeau.

Jean-Paul II, passionné de l'unité [1]

Novembre 1991. Premier Synode des évêques européens est-ouest ; hélas, plusieurs invités orthodoxes n'ont pas répondu à l'invitation. Sont présents cependant « le délégué du nouveau patriarche de Constantinople Bartholomée Ier, et le métropolite de Venise Spiridon, en charge des orthodoxes de la péninsule italienne. Le 2 décembre, dans la salle du Synode, celui-ci prend la parole et se lance dans une diatribe effrénée contre les catholiques uniates[2]. Un silence de plomb se fait dans l'assistance. Devant l'assemblée stupéfaite, Jean-Paul II se lève et, d'un pas lent, se dirige vers le métropolite qu'il serre contre sa poitrine, pour lui donner le baiser de paix. Sans un mot.[3] »

*

Lors de sa mémorable visite en Roumanie en 1999, il est accueilli chaleureusement non seulement par le

1. Je rappelle que ce livre ne retient que quelques faits et gestes illustrant différents aspects de la personne de Jean-Paul II et de son pontificat. Ce n'est donc nullement un exposé ou une étude de ces aspects, ce qui a amplement été fait par ailleurs.
2. Terme péjoratif désignant les Églises catholiques orientales.
3. Bernard Lecomte, *Jean-Paul II*, Éditions Gallimard, 2003, p. 442.

Patriarche et les évêques orthodoxes, mais par tout un peuple majoritairement orthodoxe. Tous seront touchés par ses innombrables gestes d'attention.

Le fait le plus bouleversant de ce pèlerinage – et de loin le plus connu – fut lors de la troisième et dernière eucharistie, celle en rite latin, après celles en rite byzantin (orthodoxe et gréco-catholique). À la fin, des quelques 400 000 personnes présentes (orthodoxes et catholiques orientaux et latins) s'éleve un immense murmure, s'amplifiant de minute en minute et clamant, d'une seule voix : « *Unitate, unitate !* » Jean-Paul II, profondément ému, se tourne alors vers le patriarche Théoctist à son côté et lui dit en français : « *Alors... il faut se dépêcher !* [1] » Le Pape évoquera souvent ce cri, entre autres à l'ouverture œcuménique des portes de l'Année Sainte, le 25 janvier 2000, à Saint-Paul-hors-les-murs.

À la fin de ces trois jours de grâce en Roumanie, un ami prêtre orthodoxe me dira : « Ce furent trois jours de ciel ! En le voyant s'envoler, on avait l'impression de voir partir notre père ! »

*

Au Congrès européen de Gniezno (berceau de la Pologne) qui s'est tenu en septembre 2005, le métropolite orthodoxe de Iasi (Roumanie), Daniel, me partageait ce petit fait qui l'a particulièrement touché : bien que déjà affaibli, Jean-Paul II parlait toujours debout. Lorsque le patriarche lui suggéra de s'asseoir, il répondit : « *Non, chez les orthodoxes, je suis un pèlerin.* »

---

1. J'ai cité leurs beaux dialogues dans : *L'étreinte de feu, l'icône de la Trinité de Roublov*, éditions du Jubilé, 2000.

*

En 2001, Jean-Paul II peut enfin accomplir son pèlerinage jubilaire sur les traces de saint Paul à Athènes. Les réticences du Saint Synode de l'Église de Grèce étaient très fortes. Finalement, on lui permet de venir comme « simple pèlerin » et il doit accepter certaines conditions pénibles (ne pas être accompagné du cardinal préfet des Église orientales, ni prier avec lui).

Mais son attitude si humble, doublée de sa faiblesse physique, sa demande de pardon pour le sac de Constantinople, traumatisant encore les Orthodoxes, décontracte l'atmosphère. Au cours de la dernière rencontre, délicatement, il ose proposer à tous un Notre Père, qu'il lance en grec, bien sûr. Les réticences étaient tombées.

Deux ans plus tard, une délégation de sept métropolites de l'Église de Grèce est envoyée au Vatican, où elle passe une semaine pour étudier comment lutter ensemble contre la sécularisation de l'Europe.

*

Novembre 1980. En visite en Allemagne, Jean-Paul II se rend dans la ville de Mayence où est organisée une importante rencontre avec les luthériens. Le Pape cite de longs extraits de Luther, et demande pardon pour les péchés et infidélités à l'Évangile de certains membres de l'Église catholique. Il qualifie sa visite de « *pèlerinage* » rappelant que Luther vint à Rome en pèlerin en 1510, cherchant des réponses à ses interrogations. Et de conclure devant l'assemblée médusée : « *Aujourd'hui, le monde a*

changé, que mon pèlerinage soit un signe d'union dans le mystère central de notre foi.[1] »

*

« Un jour, à Copenhague où le conduit sa tournée scandinave de juin 1989, Jean-Paul II est interrogé sur la sanction papale ayant frappé Luther, le moine frondeur de Wittenberg. Le Saint-Père explique alors tranquillement que « *toute excommunication prend fin avec la mort de l'homme.*[2] »

*

Une fois, il reçoit à déjeuner des évêques luthériens de Suède et de Norvège. Ils lui demandent : « Ce déjeuner avec vous, Saint-Père, est-ce un signe de la reconnaissance par le pape de la validité de notre ordination ? » Répartie immédiate : « *Ce déjeuner avec des évêques luthériens à ma table, serait-ce un signe de la reconnaissance par ces évêques de mon élection ?* »

Paul, l'apôtre des Nations

Jean-Paul II a été, par excellence, le missionnaire du monde, grâce à l'ampleur universelle que conférait à son ministère le fait d'être pape et celui d'être ultra-médiatisé.

1. Une fois, à Essen, je parlais devant une foule de jeunes où il y avait beaucoup de protestants. L'interprète m'avait dit avant : « Surtout, ne parlez pas trop du pape, par délicatesse pour tous ces protestants. » Mais j'ai osé : « Mes chers amis protestants, je vous aime tellement que je vous propose d'aimer... Jean-Paul II. Non pas comme Pierre, parce que cela, c'est notre privilège de catholiques, mais aimez-le comme ce Paul que vous admirez, l'apôtre des Nations. » Ils ont tous applaudi, touchés.
2. Bernard Lecomte, *Jean-Paul II*, Éditions Gallimard, 2003, p. 445.

Fait absolument prodigieux, aucun homme dans l'histoire de l'humanité n'a jamais été plus connu. Il a été le plus grand évangélisateur de tous les temps. Du moins jusqu'à présent.

Pour faire saisir l'importance vitale pour le monde de ce ministère itinérant, il s'est souvent référé à Paul. En vérité, il a été l'apôtre des Nations de ce tournant-charnière d'un millénaire à l'autre.

Paul VI avait déjà tracé la route, initiant les tout premiers voyages pontificaux intercontinentaux. Jean-Paul II s'y engouffra, allant jusqu'au bout de ses possibilités. Outre les 146 visites pastorales en Italie, visitant tous les diocèses et touchant 259 villes, ses voyages internationaux représentent trois fois la distance terre-lune ou 29 fois la circonférence de la terre ; il totalise 1 247 000 kilomètres, parcourant 131 pays en 104 voyages apostoliques, et visitant 620 villes[1].

Il a donc passé plus de 11 % de son pontificat en dehors du Vatican (822 jours sur 9 666 jours, soit 2 ans et trois mois), fait unique dans l'histoire de l'Église. Certains l'en taquinaient : « Essayez de passer de temps en temps à Rome, entre deux vols ! »

En mai 1985, en voyage vers Séoul : « *Que dirait-on d'un évêque qui ne visiterait pas périodiquement les paroisses de son diocèse dans le but de connaître les gens et leurs conditions de vie ?* » Il veut connaître les gens pour pouvoir vraiment les aider. « Chaque voyage oblige l'Église locale à se mettre en face d'elle-même, en définitive, en face de Dieu. » (cardinal Jean-Marie Lustiger).

*

1. Pouvant rencontrer ainsi « physiquement » au moins 400 millions de personnes.

Jean-Paul II se donne une peine énorme pour préparer chacun de ses voyages. Dans chaque pays, il donne une catéchèse pour tout un peuple, s'adressant aux jeunes, au corps diplomatique, aux autres chrétiens, aux responsables politiques, aux prêtres, aux religieuses... L'ensemble est ensuite publié et constitue ainsi une catéchèse adaptée à la situation politique, économique, sociale, ecclésiale du pays.

Au cours de l'un de ses voyages aux États-Unis, il prononce cinquante-cinq discours en une semaine. Chaque discours est complètement différent mais tous se complètent et forment un tout. Au Canada, il passe de l'Atlantique au Pacifique en dix jours. Chaque jour, il choisit un thème différent au fur et à mesure qu'il avance vers l'ouest. Il commente par exemple le Notre Père ou les Béatitudes en prenant chaque jour une phrase ou un verset.

Les discours de ses voyages sont ceux qu'il préparait le plus minutieusement. Pendant des années, il a écrit à la main ses interventions en polonais, puis il les faisait traduire. Quand la maladie l'empêchera de tenir la plume, il se servira d'un dictaphone.

Il se documente sur le pays qu'il va visiter, puisant aux sources les plus diverses. Il tient à prononcer au moins un discours dans la langue même du pays, aussi difficile soit-elle[1]. Les langues qu'il ne parle pas couramment, il veut

1. Quelques semaines après son élection, préparant son voyage au Mexique, il pose la question à un évêque espagnol de la Curie : « *Combien de catholiques parlent espagnol ?* » Apprenant qu'ils sont à peu près 200 millions, il se remet à l'espagnol (qu'il avait déjà étudié du temps où il préparait sa thèse sur saint Jean de la Croix). Il travaille deux heures par jour, ce qui est important dans l'emploi du temps d'un pape, afin de maîtriser pleinement cette langue. Il fera de même pour le portugais avant de se rendre au Brésil (BL 362).

au moins en dire quelques phrases[1]. Après le déjeuner, il écoute une cassette avec les textes de la messe dans cette langue pour se familiariser avec les sons ; sur une copie du missel, il indique alors au crayon la prononciation, les coupures, afin de pouvoir célébrer la messe même dans les langues locales[2]. « *C'est à moi de faire l'effort de parler la langue des fidèles,* explique-t-il, *et non à eux de parler la mienne.* »

Il fournit donc un travail inimaginable pour chacun de ses voyages. Une hôtesse de l'air coréenne, émue par cet effort, dira après le séjour du pape dans son pays : « Aucun homme politique ne s'est donné tant de peine. »

Quand il visite un peuple, il veut vraiment lui redonner courage, lui rendre son élan, le remettre debout, faire des guérisons spirituelles et historiques pour ce peuple.

Au Canada, où il y a eu beaucoup de tensions entre anglophones et francophones et de guerres entre l'Angleterre et la France, l'amertume a laissé des traces. Au Nouveau Brunswick, Jean-Paul II parle donc de la nécessité et de la manière de guérir la mémoire d'un peuple blessé dans son histoire. Et cela, il l'a fait pour tant de peuples, à commencer par le peuple polonais.

*

Rien ne lui fait peur. Rien ne l'arrête. Rien ne le retient. Pas une difficulté, pas un problème. Pas un risque. Les lieux les plus dangereux, les contextes les plus délicats, les

1. Je connais un prêtre indien qui a été convoqué au Vatican pour donner dix leçons sur un seul des huit dialectes différents que le pape devait parler en Inde. Et il faisait sans doute cela pour les autres langues.
2. Quand il célèbre dans sa chapelle, il aime utiliser chaque fois une langue différente, celle parlée par la majorité des personnes présentes.

situations les plus critiques, il les affronte. En face. Il va sur place. Tête baissée ? Mais non ! Tête lucide, cœur embrasé. On le dirait sûr de lui, mais non ! Sûr de Dieu, lui qui l'envoie, le délègue, l'inspire et le soutient.

La Russie soviétique menace d'envahir la Pologne ? Il gronde : « *Si jamais l'armée soviétique mettait en œuvre son offensive contre le peuple polonais, je me rendrais moi-même en Pologne et j'inviterais 100 000 Polonais avec moi sur les frontières menacées. Je vous assure qu'il suffirait d'élever 100 000 icônes de la Vierge devant la puissance des troupes soviétiques pour mettre un terme définitif à cette invasion.*[1] »

L'Angleterre et l'Argentine sont en guerre ? Il s'y précipite, et visite un pays après l'autre. Aussi bien reçu par l'un que par l'autre.

Haïti gémit sous la botte de François Duvalier ? Il se campe devant lui et lance : « *Il faut que ça change !* » Et voilà le changement déclenché !

Le régime du Soudan massacre les chrétiens du Sud ? Le voilà à Khartoum : « *Cesse de détruire l'homme, c'est ton frère !* »

La mafia multiplie ses crimes ? Le voilà à Agrigente, au cœur de leur fief, piquant la colère de Jésus : « *Vous aurez à répondre du sang versé ! Vous serez jugés !* »

Moscou l'empêche encore d'aller en Lituanie ? Il se rapproche de la frontière : « *Ô Lituanie, j'entends ta voix, j'entends ton appel !* » Et il finit par y arriver : Vilnius l'acclame le 4 septembre 1993.

Toujours prêt aux imprévus : Vaclav Havel, alors président de la République tchèque, l'invite de façon impromptue à

1. Radio Vatican, 22 mars 1981.

Prague. Il s'y précipite. L'Albanie s'ouvre : il s'y rend tout de suite : n'y était-il pas attendu depuis cinquante ans ?

Beyrouth et Jérusalem : il y va aussi. Restent Moscou, Hanoi et Pékin où il n'a pu se rendre[1].

*

Février 1981 : Jean-Paul II se rend au Japon. Un journaliste, qui me l'a raconté lui-même, lui dit dans l'avion : « Saint-Père, vous savez au Japon, il n'y a même pas 1 % de catholiques, il n'y aura pas de grandes foules pour vous accueillir. » Mais lui : « *Moi, je veux voir tous les Japonais !* » À l'aéroport, comme pour illustrer l'avertissement du journaliste, ni le chef d'État ni aucun ministre ne sont là pour l'accueillir, comme c'est le cas partout ailleurs, mais un simple représentant du gouvernement.

C'est le Pape qui ira rendre visite à l'empereur Hirohito, alors très âgé. L'empereur le reçoit à l'entrée de son palais, puis ils disparaissent tous les deux pendant vingt minutes. L'empereur raccompagne alors le Pape jusque dans le jardin et, quand la voiture démarre en faisant voltiger la neige tombée en abondance, Hirohito, malgré son grand âge, s'incline et reste dans cette posture quatre ou cinq minutes : lui qui était considéré comme un dieu manifeste ainsi son profond respect pour le Vicaire du Christ.

*

1. Benoît XVI pourra-t-il y aller ?

Le deuxième jour de ce voyage au Japon, un animateur de la télévision, qui dirige un programme de chansons de variété, lui dit : « Saint-Père, je vous invite à ma prochaine émission, demain soir, c'est la plus suivie par tous les Japonais. » Immédiatement, Jean-Paul II fait changer son programme, bien que les évêques le lui déconseillent : des chansons de variété, cela ne convient pas pour un pape ! Sur le plateau, une chanteuse a la gentillesse de chanter une chanson de sa composition pour l'accueillir. Très touché, il bat le rythme de sa main. Puis il en profite pour parler très simplement de qui est Jésus pour lui. Des millions de Japonais sont bouleversés par sa simplicité, son cœur d'enfant. Nombreux sont ceux qui ont demandé par la suite le baptême. Il aura fait plus en une émission de télévision que les missionnaires depuis des siècles. Mais ceux-ci avaient bien préparé le terrain.

*

Témoignage d'un journaliste[1], pourtant loin d'avoir toujours été au diapason de ce pontificat : « Rien ne serait plus faux que de ne retenir de lui que l'image médiatique d'un globe-trotter sautant d'un avion à l'autre, d'une audience à une autre pour tenir un agenda rigoureusement minuté. Jean-Paul II était d'abord présent aux gens et aux événements, capable d'oublier le photographe, l'officiel, le garde du corps attaché à lui. Rien n'était plus important pour lui que de rencontrer Dieu et de parler à l'autre. [...] S'est-il reposé un jour ? On l'a dit prisonnier en exil au Vatican,

1. Henri Tincq, *Le Monde*, 3 avril 2005.

pape sans frontières et arpenteur universel. On l'a dit père Fouettard de la planète. Mais qui l'a vu dans les bidonvilles, au milieu des enfants, des personnes âgées, des handicapés, ne peut plus se permettre de recourir à un tel cliché. »

LES YEUX TOURNÉS VERS LE CIEL : L'ÂME DU DISCIPLE BIEN-AIMÉ

« Un bloc de prière »

Maintenant Jean. Il ne pourrait pas être Paul, le missionnaire du monde entier, s'il n'était pas d'abord et avant tout Jean, le contemplatif. Aux évêques d'Autriche, le 13 septembre 1983, il dit : « *Le prêtre doit avoir la personnalité d'un homme qui, comme le Christ et les grands apôtres et prophètes, vit tout seul au sommet d'une montagne, en pénétrant, par ses yeux d'aigle, jusque dans les profondeurs du mystère de Dieu, et qui redescend ensuite, lumineux et ardent, pour transmettre le message et la grâce divine jusqu'aux frontières extrêmes de l'activité humaine.* » N'est-ce pas un portrait de lui-même ? Il est vraiment ce contemplatif[1].

Quand dans les dernières années je voyais sa pauvre tête qui tombait, je la voyais penchée sur le Cœur de Jésus. À la fin, il n'était plus que prière, un homme devenu prière, y consacrant sept heures par jour.

*

1. Le cardinal Gabriel-Marie Garrone, qui était très proche du Pape, aimait dire que « Jean-Paul II est un bloc de prière ». Et Benoît XVI, dans une interview à la télévision polonaise en 2005 : « En le voyant prier, j'ai compris que c'était un homme de Dieu. »

Le cardinal Stanislas Nagy, qui fut professeur avec lui à Lublin, raconte : « Pendant une expédition en ski dans les Tatras, il disparaît. Je le cherche aux abords de la piste. Je le retrouve sous les sapins, à genoux, en prière. »

*

Toute sa vie de prière tire son origine dans l'expérience de son père priant intensément après le départ au ciel de sa femme. Il dira dans son témoignage personnel sur le sacerdoce, *Ma vocation, don et mystère* : « *Ce fut mon premier séminaire.*[1] » Et il confie : « *Un jour mon père m'a donné un livre de prières qui contenait en particulier une prière à l'Esprit Saint. Il m'a conseillé de la réciter tous les jours, et je me suis efforcé de le faire. J'ai alors compris le sens de la parole du Christ à la Samaritaine sur les vrais adorateurs de Dieu.* [2] »

*

Lorsqu'il était tout jeune professeur d'éthique à l'université catholique de Lublin, à 250 km à l'est de Cracovie, il prenait chaque semaine une voiture couchette avec deux ou trois autres professeurs. Mais déjà à cette époque, et au grand désespoir de ces derniers qui rêvaient à chaque fois à de longues discussions, Karol Wojtyla s'agenouillait sur sa couchette et priait au moins jusqu'à minuit. De même, dans les intercours, en lieu et place de la pause-café, il s'éclipsait pour aller prier à la chapelle. Chez les sœurs

1. *Ma vocation, don et mystère*, Mame, 1996.
2. *Entrez dans l'espérance, op. cit.*

dominicaines où il logeait, il ne passait pas un vendredi sans célébrer avec elles le Chemin de Croix.

*

Pendant l'année académique 1957, les étudiants décident de lancer un double concours : lequel de leurs professeurs est le plus intelligent et lequel est le plus saint. Les « notes » sont recueillies dans toute la fac. Et c'est Mgr Wojtyla qui remporte les deux prix. On offre alors une fête pour le « couronné » : une élève vient lui présenter un beau bouquet de tulipes. Le jeune professeur lui demande gentiment de le porter tout de suite aux pieds de l'icône de la Vierge de Czestochowa qui se trouve à la chapelle.

*

Combien de fois, encore évêque ou même cardinal, lorsqu'il passait à Rome, n'a-t-il pas passé toute une nuit en prière au sanctuaire de la Mentorella, à 40 kilomètres de Rome, au pied du Guadagnolo, montagne de 1 218 mètres qu'il escaladait souvent le matin. C'est aussi là qu'il fit une promenade le jour de son arrivée à Rome en octobre 1978 avant d'aller s'enfermer pour le Conclave. Il s'en est fallu de peu que cette promenade lui en fasse rater l'entrée. Dans l'après-midi de ce 14 octobre, en effet, une fois sa visite au sanctuaire terminée, il bavarde avec les bergers qui sont là. Il ne voit pas l'heure passer. Tout à coup, le soleil se couche et le dernier bus passe. Il semblerait qu'il ait dû rentrer à Rome en stop pour arriver juste à temps pour le conclave, où il arrive le dernier...

Une fois les portes fermées, on ne peut plus entrer, même si on est cardinal.

*

Déjà archevêque de Cracovie, il aime écrire ses lettres et documents dans la chapelle, devant le Saint-Sacrement où il s'est fait arranger un petit bureau.

Au Vatican, tant de personnes l'ont vu en prière, puisqu'il invite des gens à sa messe. Déjà, plus d'une demi-heure avant, mais peut-être bien plus tôt, il est en oraison profonde devant le Saint-Sacrement. Moi-même, j'ai eu la grâce de le voir plongé en prière puisqu'on faisait entrer les gens pour la messe quelques minutes avant qu'elle ne commence. Il est à genoux sur son prie-Dieu. Dans ce prie-Dieu, il met toutes les lettres qu'il reçoit lui confiant des intentions, et pour lesquelles il prie. Tous les trois jours, le père Stanislaw Dziwisz les remplace et met les nouveaux messages. Le Saint-Père aime dire : « *Le Seigneur Jésus connaît toutes ces prières, car il se trouve entre ces notes sur le prie-Dieu et mon cœur.* » Quand il travaille à son bureau, tant qu'il peut marcher, il se lève toutes les heures pour aller faire une ou deux minutes de prière, à genoux devant le Saint-Sacrement, même et surtout s'il a beaucoup d'urgences.

Pour ses manuscrits, il numérote les pages non avec des chiffres mais avec des courtes phrases d'hymnes, comme *Ave maris stella – Dei mater alma*... Les secrétaires ont intérêt à bien connaître leurs hymnes latines ! Et, comme si cela ne suffisait pas, il rajoute en marge quelques petites phrases sur le Seigneur ou sur Marie, toujours si présents à ses côtés : « *Totus tuus* » et autres.

Une vie face au Saint-Sacrement

La prière de Jean-Paul II est enracinée dans l'Eucharistie et dans sa dévotion à Marie. C'est un amoureux fou de l'Eucharistie, d'où sa dernière encyclique sur ce thème. Elle est comme son testament. Après son élection, il décide que la procession du Saint-Sacrement se fera de nouveau le jeudi, dans les rues de Rome. En effet, la Fête-Dieu, fête de l'Eucharistie, n'est plus chômée en Italie comme elle l'est en Espagne, au Brésil, en Irlande, en Pologne. La procession avait donc lieu le jeudi dans l'enceinte du Vatican et le dimanche dans Rome. On essaya en vain d'expliquer au Pape qu'il n'y aurait personne si la procession avait lieu en semaine, et que les Romains seraient furieux si la police devait barrer les rues et arrêter le trafic. Le Saint-Père aurait répondu : « *Il n'y aura personne ? Nous serons deux ! Jésus et moi !* » Et, de fait, dès le premier jeudi, il y eut 20 000 personnes, et les années suivantes 30 000 à 40 000. Cet événement illustre parfaitement son amour de l'Eucharistie. D'autant plus qu'il n'avait pas retrouvé à Rome la fête, les fleurs, les lumières et les bannières des extraordinaires fêtes organisées en Pologne en l'honneur du Saint-Sacrement.

*

« Qui a laissé la porte ouverte ? » demande, un peu décontenancé, un monseigneur de la suite du Pape lors de son voyage en Irlande (septembre 1979).

Le Pape est arrivé avec une demi-heure de retard à son entrevue avec le Premier ministre irlandais ! C'est que, traversant un corridor, il a vu une toute petite pièce dont la

porte était entrouverte, il s'y est glissé et est resté là un long moment, tout seul. C'était une chapelle avec le Saint-Sacrement.

« C'est moi qui ai fait en sorte qu'il trouve cette porte ouverte, explique Mgr Renato Boccardo. L'ayant accompagné dès ses premiers voyages, je me suis rendu compte du besoin qu'il a de se retrouver seul à seul dans une chapelle. S'il en trouve une, il oublie le temps, il ne veut pas savoir quel est le point suivant du programme. Il nous recommande toujours que, dans l'organisation de ses voyages, la célébration de la messe soit absolument l'événement principal, et tout le reste doit tourner autour d'elle. » Dans son livre autobiographique *Ma vocation – don et mystère*, Jean-Paul II avoue que, depuis son ordination, la messe n'est pas seulement pour lui le devoir le plus sacré, mais un vrai besoin de son âme[1].

*

Mai 1982, un an après l'attentat, au cours de son troisième voyage à Assise, pour la clôture du 8e centenaire de la naissance de saint François.

Jean-Paul II doit se rendre sur la tombe du saint puis à la basilique Sainte-Marie-des-Anges. Mais les Clarisses insistent auprès de Mgr Andrzej Deskur, ami du monastère, pour que la Pape fasse, cette fois-ci, une halte à Santa-Chiara. Jean-Paul II « craque » alors, à la dernière minute,

1. À l'Angelus du 4 septembre 2005, le Pape Benoît XVI — qui fut l'un de ses plus proches collaborateurs pendant 23 ans — s'est exclamé : « Avec quelle dévotion il célébrait la sainte Messe, centre de chacune de ses journées ! Et que de temps il passait en adoration, prière silencieuse devant le tabernacle ! »

à cause de l'amitié qui le lie au cardinal (comme il le dira lui-même aux sœurs) bien que la journée soit déjà très remplie. La brève étape « improvisée » prévoit un hommage à sainte Claire devant sa dépouille gardée dans la crypte, puis une rencontre de quelques instants avec les Clarisses dans la chapelle du Saint-Sacrement (le temps lui manque pour entrer dans leur clôture). En arrivant dans la basilique avec sa suite, on lui indique l'escalier de la crypte où repose sainte Claire, mais à la grande surprise de ceux qui l'accompagnent, Jean-Paul II demande, presque brusquement : « *Où est le Saint-Sacrement ?* » On le conduit alors dans la chapelle et, ayant jeté à peine un regard sur les soixante moniales qui ne l'attendaient pas si vite, il se plonge dans une longue oraison silencieuse à genoux devant le tabernacle. À la fin de sa prière, prenant la parole, après s'être excusé de ne pas avoir préparé de discours, il donne une méditation magistrale sur la relation entre François et Claire qui marquera par sa vision toute nouvelle les études successives sur l'histoire et la spiritualité franciscaines.

*

Situation analogue à Turin, où il se rend le 24 mai 1998 pour vénérer le Saint-Suaire : avant de se rendre au pied de la précieuse relique, il va d'abord s'agenouiller un long moment devant le Seigneur réellement présent dans l'Eucharistie, bousculant ainsi le programme.

*

En 1987, lors de sa tournée apostolique en Allemagne (au cours de laquelle il béatifie Edith Stein à Cologne), il y eut un moment étonnant : la tempête empêcha de célébrer la messe dehors en présence de dizaines de milliers de personnes. Seulement 3 000 personnes purent se réfugier dans l'église médiévale où il fut décidé à la dernière minute de célébrer la messe. Le Pape a les yeux fermés, le front dans les mains.

« Je vis un moment ses yeux s'ouvrir et voyant tout le brouhaha et l'agitation de la foule, un demi-sourire s'esquissa sur ses lèvres. Il semblait s'amuser de toute la spontanéité de la scène tout en restant calme et tranquille grâce à sa prière.[1] »

*

M. Navarro-Valls, directeur de la salle de presse du Vatican, raconte[2] : « J'avais, il y a quelques années, un rendez-vous de travail avec le pape Wojtyla. Son secrétaire me dit qu'il était en prière dans sa chapelle privée et qu'il allait être averti de mon arrivée. Je suis entré moi aussi dans la chapelle et, en silence, j'ai attendu. Quelque quarante minutes ont passé sans que Jean-Paul II ne bouge. Puis, à l'improviste, il se rendit compte que j'étais arrivé et il s'exclama : *"Excusez-moi, mais je ne me suis pas rendu compte que le temps passait."* Et c'était tous les jours comme cela : la prière était une partie déterminante de sa vie. »

*

1. Greg Elrandson dans *Our Sunday Visitor*, 12 octobre 2003.
2. Dans l'interview pour la RAI évoquée plus haut.

« Il arrive qu'on le surprenne dans sa chapelle à 4 heures du matin, pendant ses vacances. Un jour, après une cérémonie dans la basilique Saint-Pierre, il rejoignait la sacristie très lentement, et devait mettre plus de dix minutes pour faire le trajet depuis l'autel central. Je lui ai demandé s'il était particulièrement fatigué. *"Non, mais cela me donne le temps de faire mon action de grâce".* [1] »

*

Le cardinal Lustiger raconte : « À Lyon, en octobre 1986, à l'issue de la messe présidée par le Pape, je désirais lui présenter un nouvel évêque. Les organisateurs commençaient déjà à démonter le podium. Cependant, les voitures du cortège officiel attendaient le Pape. Où pouvait-il bien se trouver ? Nous le découvrons à l'intérieur du podium dans une petite pièce aménagée en chapelle. C'est là qu'il s'était préparé avant la Messe ; là aussi que le Saint-Sacrement avait été rapporté. Le Pape était seul, agenouillé devant le Saint-Sacrement, en action de grâce, au milieu du brouhaha de la foule et du bruit des marteaux. Il priait comme un bûcheron donne des coups, totalement concentré et indifférent au vacarme. Le mot de saint Luc m'est revenu à l'esprit : "Entrant dans le combat, Jésus prie de façon plus instante." (Lc 22,44) Nous sommes restés un long moment derrière Jean-Paul II, entraînés à prier à son

1. Joaquin Navarro-Valls, porte-parole du Vatican, dans *Famille chrétienne* n° 1211. Jean-Paul II sait de quoi il parle lorsqu'il écrit dans sa dernière *Lettre sur l'Eucharistie* : *« Dans l'Eucharistie [les saints] ont trouvé la nourriture pour leur chemin de perfection. Combien de fois n'ont-ils pas versé des larmes d'émotion en faisant l'expérience d'un si grand mystère ? Combien de fois n'ont-ils pas vécu des heures indicibles de* "joie sponsale" *devant le sacrement de l'Autel ? » Mane nobiscum Domine* 31.

rythme ; de même qu'en montagne le guide marche en tête et impose le pas, parce qu'il sait comment il faut avancer.[1] »

*

En juin 1996, il visite la ville de Ferrara en Italie. La chaleur est étouffante lorsqu'à 13 heures 45, la messe prend fin. Les concélébrants – épuisés par la canicule et par la soif – semblent soulagés de regagner la sacristie aussi rapidement que le permet la dignité de la célébration. Mais le Pape, lui, va s'agenouiller devant le Saint-Sacrement et ne vient à table que 25 minutes plus tard, plus frais et dispo que s'il avait mangé et bu.

Fils de Marie

Ce pape n'a jamais eu honte ou peur de montrer sa tendresse d'enfant envers Marie, de montrer ses dévotions, comme on dit, là où va son cœur. Alors que les autres papes étaient très discrets sur cette partie de leur vie de prière, lui montre devant le monde entier, devant l'Église, ce qu'il est tout simplement. Avec une sorte de liberté d'enfant, toute filiale.

*

Le 16 octobre 1978 au soir. Il arrive dans la chambre des appartements pontificaux qui sera désormais la sienne,

1. *Le Figaro magazine*, 3 octobre 2003.

et que lui montre le cardinal Martin. Il s'agenouille immédiatement au pied du lit et récite le *Salve Regina*. Le seul objet qu'il se fait apporter de l'austère cellule en contreplaqué où il logeait pendant le conclave est le petit livre de Louis-Marie Grignon de Montfort : *Le Traité de la vraie dévotion à Marie*. Le même vieil exemplaire qui ne l'a jamais quitté depuis qu'il le lisait dans ses rares moments libres, quand il travaillait dur à l'usine Solvay de Cracovie. Petit livre aujourd'hui encore maculé par les tâches de la chaux qu'il devait transporter dans des brouettes.

*

Sa prière préférée, c'est le Rosaire, il l'a souvent dit[1]. Paul VI avait fait arranger une terrasse, au-dessus de son appartement privé. On y monte par un petit escalier (maintenant il existe aussi un ascenseur). Là, Jean-Paul II pouvait dire son chapelet dans une petite chapelle consacrée à la Vierge. De cette terrasse, on domine toute la ville de Rome sans être vu. On voit au loin les monts Sabins, enneigés l'hiver, disparaissant dans la brume, l'été.

*

Plusieurs fois, je l'ai surpris pendant des audiences – une fois, pour ses 75 ans, c'était une fête de trois heures, des chants, des sketches... – essayant de cacher son chapelet.

---

1. *« Le Rosaire, c'est ma prière préférée, prière merveilleuse ! C'est un rendez-vous quotidien auquel la Sainte Vierge et moi ne manquons jamais. Si vous voulez être proches du cœur du pape pendant quelques instants, je vous propose l'heure du Rosaire, dans laquelle je vous confie tous à la Vierge Marie. Et j'aimerais que vous pensiez à moi de la même façon. »* (Fatima, 12 mai 1991). Cf. *Rosarium Virginis Mariae*, 2.

Tout en écoutant et en regardant, il parlait à sa petite Maman.

*

Il a surtout une tendresse incroyable pour la Vierge de Fatima, à cause des liens entre les messages de Fatima et le communisme d'un côté, son attentat de l'autre. Deux fois, il fait venir à Rome la statue originale de Fatima. Pendant le Grand Jubilé de l'an 2000, il l'a fait venir pendant une semaine dans ses appartements privés, avant de renouveler le 8 octobre[1], devant plus de 1 600 évêques et cardinaux venus pour leur jubilé spécifique, la consécration du monde entier.

*

Un jour de cette semaine du Grand jubilé, en 2000, vers midi, il téléphone à l'organisateur des veillées qui ont lieu tous les soirs place Saint-Pierre et lui annonce : « *Je viendrai moi-même ce soir* ». Il ne venait jamais à ces veillées, et c'est toujours un cardinal qui les présidait. Pourquoi voulait-il donc venir ce soir-là ? Parce qu'il était prévu que la petite statue de Fatima soit présente. Donc si sa Souveraine y allait, il fallait que son serviteur y soit aussi... « *Je ne dirai rien, je ne ferai pas d'homélie, mais je veux être là. Je donnerai juste la bénédiction à la fin* ». Ce fut un branle-bas

1. En 1982, pour l'anniversaire de son attentat, à Fatima, il avait accompli cet acte en son nom personnel ; en 1984 et en 1991, il avait invité les évêques du monde entier à s'unir spirituellement à lui. Ce n'est qu'à cette dernière occasion que la consécration, dans l'esprit des messages de Fatima, a été faite par l'épiscopat mondial physiquement rassemblé autour du Vicaire du Christ.

de combat pour tout mettre en place et organiser le service de sécurité, car c'était un dimanche.

*

Quelques semaines après l'attentat du 13 mai 1981. Décidé à célébrer le 15 août à Saint-Pierre, le Saint-Père débarque en pyjama en plein conseil des sommités mondiales de la médecine (qu'il appelle son sanhédrin !) discutant de son cas, pour fixer lui-même la date de sa seconde opération, un jour de fête de la Sainte Vierge, soit le 5 août (dédicace de la basilique romaine Sainte-Marie-Majeure). Son vibrant plaidoyer sera rapporté par le professeur Tresalti : *« Toute ma vie, j'ai défendu les Droits de l'homme. Aujourd'hui, l'homme, c'est moi ! »*

*

Si l'amour de Jean-Paul II pour Marie se tourne avec prédilection vers ces grands lieux, tels Lourdes et Fatima, où s'est presque « incarnée » la présence de la Vierge, il se fait aussi attentif à ces nouveaux lieux où l'amour et l'empressement maternels de Marie semblent se manifester particulièrement aujourd'hui. Loin de dédaigner ces nouvelles « révélations privées », il les accueille comme faisant partie de ce « *charisme de prophétie* qui doit être examiné mais ne peut être déprécié » (1 Thess 5, 19-21), car elles peuvent « nous aider à comprendre *les signes des temps* et à trouver pour eux la juste réponse de la foi.[1] » Même si elles ne

1. Les citations de ce paragraphe sont tirés de : *Commentaire théologique du cardinal Joseph Ratzinger sur le secret de Fatima*, in : *La Documentation Catholique* n° 2230.

sont pas encore officiellement reconnues, voici deux *fioretti* qui en témoignent.

Le 26 septembre 1990, Paul de Soos, possesseur d'une icône de « Marie, Porte du Ciel » qui depuis le 11 février suinte avec abondance une huile parfumée, participe à une audience publique du Pape. Il a obtenu – il ne sait comment – une place dans la *prima fila.* Il tient dans ses mains, ostensiblement, l'icône. Le Saint-Père avance lentement, serrant des mains, échangeant quelques mots avec tel ou tel. Et voilà que, dès qu'il aperçoit l'icône, il s'écrie : « *Mais c'est l'icône de Toulouse !* » Il la reconnaît immédiatement, alors qu'il ne la connaît que depuis six semaines, grâce à un dossier rédigé par Paul de Soos lui-même. À ce moment même, l'icône émet une merveilleuse effusion de parfum. Alors le Saint-Père, joignant les mains, entre en prière, puis promène son pouce sur la surface humide de l'icône, le porte à son front et se signe. Puis il prend l'icône dans ses mains, l'observe attentivement, l'embrasse et pose son front dessus. Il la bénit, avant de la rendre à son détenteur, profondément ému, en lui disant : « *Quelle grâce vous avez, vous, tous les vôtres et tous ceux qui l'approcheront !* ». Deux semaines plus tard, Paul revient à Rome et remet l'icône à quelques prélats qui la transmettent au préfet de la Congrégation pour la Doctrine de la Foi, le cardinal Ratzinger. Celui-ci la garde auprès de lui quelques jours, avant de la rendre accompagnée d'une première évaluation sur le fait prodigieux.

Un peu de temps passe et le Nonce apostolique à Paris invite Paul à l'accompagner à Rome en emmenant aussi l'icône. Paul pense que c'est pour un examen plus approfondi de la Congrégation. Après quelques jours passés à

Rome, il est convoqué au Vatican pour récupérer la précieuse icône. On lui demande d'attendre quelques minutes dans une salle, le cœur battant. Finalement, une porte s'ouvre et il voit le Saint-Père en personne tenant l'icône de ses deux mains, devant lui. Il la remet à son heureux propriétaire pendant qu'une effusion très abondante se produit. Le Saint-Père regarde un instant ses mains pleines d'huile, sourit comme se demandant quoi faire, puis d'un air amusé, il se met à essuyer ses doigts en les frottant sur ses bras et sa poitrine, imprégnant ainsi de parfum sa blanche soutane.

*

En 1994, Jean-Paul II fait venir un pot de terre de Medjugorje, plus précisément de la colline des apparitions. Il veut garder cette terre dans le lieu où il prie mais sans créer de gêne pour qui que ce soit. Alors, il fait demander à une religieuse originaire des alentours de Medjugorje et vivant à ce moment-là à Rome de planter une fleur dans cette terre. La religieuse choisit significativement une plante appelée *spina christi,* car par ses épines et sa fleur rouge elle évoque la couronne d'épines du Seigneur. Le pot sera ainsi placé au pied du tabernacle de sa chapelle privée[1].

1. Des passages de lettres – pouvant aujourd'hui être rendues publiques – à une famille amie nous livrent pleinement le sens qu'il donne aux événements qui se passent dans les Balkans et à Medjugorje : « *Je remercie Madame pour tout ce qui concerne Medjugorje. Moi aussi je me rends chaque jour là-bas en pèlerin par la prière : j'unis mes prières à celles de tous ceux qui prient en ce lieu ou reçoivent de ce lieu un appel à la prière.* » (8 décembre 1992) « *Je vous remercie pour les lettres que vous m'avez envoyées [...] depuis les Balkans. Je crois que Medjugorje est mieux compris aujourd'hui. Cette sorte d'"urgence" de Notre Dame est mieux comprise aujourd'hui, lorsque nous voyons sous nos propres yeux l'énormité du danger. En même temps, la réponse – celle d'un chemin de prière particulier, provenant de différents peuples du monde – nous comble d'espoir que là aussi le bien prévaudra. Oui, la paix est possible.* » (25 février 1994)

Le chemin de Croix du vendredi

Jean-Paul II n'a jamais manqué une seule fois son chemin de Croix, où qu'il soit dans le monde. Le 15 juin 1984, en Suisse, à l'abbaye d'Einsiedeln, on lui accorde une demi-heure ou une heure de sieste. À 15 heures, on va le chercher. On frappe à la porte. Pas de réponse. On ouvre. Il n'est pas là. (Cela rappelle l'Évangile : on cherche Jésus qui a disparu[1]). On appelle la Sécurité, on s'apprête à partir en hélicoptère, peut-être a-t-il été kidnappé ? Après avoir cherché partout, on le retrouve au troisième étage du monastère, à genoux devant une station du chemin de Croix. C'était vendredi, il était trois heures. Il avait déniché un petit chemin de Croix dans ce couloir.

*

À Tours, le 20 septembre 1996, il rentre vers 20 heures en hélicoptère chez les sœurs Dominicaines où il loge, épuisé par une journée à Sainte-Anne d'Auray, où il a rencontré les familles et les jeunes et célébré la messe solennelle. Il dit à l'évêque, Mgr Jean Honoré : « *Je vais aller prier à la grande chapelle, là-bas.* » Il commençait à marcher avec difficulté, l'évêque lui dit : « Saint-Père, vous avez vu qu'on a aménagé pour vous une petite chapelle, à côté de votre chambre. Allez plutôt là. » « *Non, non, la grande chapelle, la grande chapelle.* » Panique chez les sœurs : le ménage n'avait pas été fait depuis longtemps, car elle ne servait presque pas. Arrivé à la chapelle : « *Laissez-moi tranquille*

1. Mc 1, 35-37.

Premier voyage de Jean-Paul II en Afrique en mai 1980 : lors d'une gigantesque « tournée », il se rend au Zaïre (actuelle République démocratique du Congo), Congo, Kenya, Ghana, Burkina Faso et Côte d'Ivoire

Jean-Paul II reçoit son compatriote et ami, Lech Walesa, Rome, 1980

Rome, 13 mai 1981. La balle tirée par Ali Agça atteint Jean-Paul II. Sous l'impact, il s'affaisse : « *J'ai compris que mon rôle était de conduire l'Église du Christ vers son troisième millénaire par la prière, par des initiatives variées, mais aussi par la souffrance* » dira-t-il treize ans plus tard...

Visite dans l'une des 333 paroisses du diocèse dont il est l'évêque, 15 avril 1981

Tokyo, février 1981.
Un geste très symbolique : l'empereur Hirohito salue le pape Jean-Paul II

Managua, au Nicaragua, le 4 mars 1983. Jean-Paul II doit célébrer la messe devant le portrait géant du révolutionnaire Sandino...

Assise, 27 octobre 1986. Jean-Paul II convie les principaux chefs religieux à une journée mondiale de prière pour la paix

Calcutta, 1986 : rencontre entre deux grands témoins de la foi, Jean-Paul II et Mère Teresa

Australie, 1986 : on remet entre les bras du Pape un... koala !

Une tendresse toute particulière pour les enfants, Bolivie, 1988

Jean-Paul II,
« un bloc de prière »,
Rome, 1994

Le Pape en prière sur sa terre natale tant aimée. Ici devant la Vierge de Czestochowa (1999)

En vacances au Val d'Aoste, été 2000 : « *La montagne est le plus efficace des médecins, elle soigne sans avoir de diplôme.* »

Ouverture des JMJ, place Saint-Pierre à Rome : 300 000 jeunes entourent déjà Jean-Paul II. Ils seront 2 millions lors de la messe de clôture à Tor Vergata (août 2000)

Un Pape au diapason de la jeunesse : « *Au seuil du troisième millénaire, je vois en vous les sentinelles du matin !* », veillée des JMJ, Rome, août 2000

Jean-Paul II en prière à la grotte de Lourdes, août 2004

ici, revenez dans une heure. » L'évêque le laisse enfin tout seul. Quand il revient une heure après, que voit-il ? Le Saint-Père à genoux devant la dernière station du chemin de Croix. On était vendredi soir.

*

Une semaine avant sa pâque, c'était le Vendredi Saint : il suit en direct le chemin de Croix qui se déroule entre le Capitole et le Colisée, sur un écran installé dans sa chapelle privée. Le vendredi 1er avril, soit la veille même de son départ vers le Ciel, il demande qu'on lui lise les stations du chemin de Croix.

Puissance de sa prière

Le pape est avant tout « pontife » : médiateur, intercesseur. N'avait-il pas confié à une religieuse de la clinique Gemelli : « *Le monde entier est en droit d'attendre beaucoup du Pape. Donc le Pape ne priera jamais assez.* » Et à André Frossard : « *Il fut un temps où il me semblait qu'il fallait limiter la prière de demande. Ce temps est passé. Plus j'avance, plus je ressens le besoin d'y recourir, plus son cercle s'élargit...*[1] » À Vittorio Messori, il avouait : « *Par la prière, le Pape accomplit chaque jour un pèlerinage à travers le monde entier. Se révèle ainsi une sorte de géographie de la prière du Pape. Il est appelé à une prière universelle où le souci de toutes les Églises lui permet d'exposer devant Dieu toutes les joies et tous les espoirs et en même*

1. *N'ayez pas peur*, entretiens avec André Frossard, éditions Robert Laffont, 1982.

temps les souffrances et les angoisses que l'Église partage avec l'humanité contemporaine.[1] »

*

Un jour, il reçoit la visite d'un Nonce Apostolique nommé en Côte d'Ivoire et qui vient lui dire au revoir avant de partir. Il lui confie : « Saint-Père, je suis très ennuyé de partir pour Abidjan maintenant, parce que maman est très malade, elle est à l'hôpital, j'aimerais bien retarder mon départ. » Mais il était vraiment urgent qu'il parte là-bas. Le Saint-Père lui dit : « *Comment s'appelle ta maman ?* » « Monica. » « *Ah, bon ! Nous allons prier maintenant pour Monica.* » Et ils se mettent à prier tous les deux. Le Nonce se rend ensuite à l'hôpital où il trouve sa maman beaucoup mieux. Peu de temps après, elle sera complètement guérie, à la stupeur des médecins.

*

Une autre fois, dans la ville de Parme en Italie, il est prévu que la messe soit célébrée devant la cathédrale. Quelques minutes avant, une épouvantable tornade approche. Pendant que les organisateurs discutent sur la nécessité de célébrer à l'intérieur – ce qui impliquerait de renvoyer un grand nombre de personnes, la cathédrale ne pouvant contenir tout le monde – le Saint-Père se met à genoux, là dans la sacristie, et prie. Soudain, la tornade prend une autre direction, le ciel redevient serein.

1. *Entrez dans l'espérance, op. cit.*

*

Prière puissante pour les exorcismes[1]. Le 27 mars 1982, une jeune femme de Spolète, Francesca, est accompagnée par son évêque à l'audience du mercredi, dans l'espoir qu'en rencontrant le Saint-Père elle pourra être délivrée de l'emprise du Malin. Dès le début de l'audience, elle se met à hurler si fort qu'on l'entend à travers toute la place Saint-Pierre comme si elle avait un micro, d'une voix surhumaine, criant des blasphèmes. Les gardes la maîtrisent et l'amènent à l'écart pour la surveiller. Elle se tait. Quand le Saint-Père part en voiture, à la fin de l'audience, il passe devant elle. Tout à coup, elle recommence à crier et à blasphémer. Le Pape fait arrêter la voiture, en descend et se met en prière. Le démon la quitte au moment où le Saint-Père prononce cette phrase : « *Demain, je vais célébrer la messe pour toi !* » (Par la suite, un exorciste de Rome a essayé de dire la même phrase, mais le démon lui a crié : « Mais toi, tu n'es pas le pape ! ». La messe du pape a vraiment une force extraordinaire !) Francesca reviendra un an après remercier son bienfaiteur, en compagnie de son époux, sereine et heureuse pour l'enfant qu'elle porte en son sein.

*

1. Il en a effectué trois – connus – pendant son pontificat. Le premier en 1978 en faveur d'une femme, à la demande des exorcistes de l'église de la Sainte-Croix de Rome ; le deuxième est celui relaté ici ; le troisième, le 6 septembre 2000 sur une jeune fille tourmentée depuis plusieurs années. Le Pape s'est arrêté pour prier sur elle une bonne demi-heure, récitant le chapelet et plusieurs bénédictions ; pour elle aussi, il a assuré la célébration d'une messe.

Une prière toute contemplative : « *Tout au long de ma vie, j'ai été pénétré de l'importance primordiale de la prière, et dans une mesure essentielle, de la prière contemplative, pour toute activité découlant de ma vocation.*[1] »

*

Dans un avion au-dessus de l'océan Indien, il est en train de dire ses vêpres. Le secrétaire d'État, son « second », lui dit : « Saint-Père, nous venons de recevoir par radio un message urgent du Vatican.

– *Est-ce que c'est très urgent ?*

– Oui, c'est très urgent.

– *Est-ce que c'est important ?*

– Oui, Saint-Père, extrêmement important !

– *Bon, alors, continuons la prière !* »

La prière avant tout, quelles que soient les urgences.

*

Se réveillant au lendemain de son attentat, après des heures d'anesthésie qui ont suivi la longue opération, sa première question à Don Dziwisz : « *Avons-nous récité Complies ?* »

*

Écoutons Ralph Martin, un des pionniers du Renouveau dans l'Esprit aux États-Unis[2], raconter une audience

1. Pendant la retraite prêchée au Vatican : « La prière est l'élément constitutif de l'existence humaine dans le monde, qui est une existence vers Dieu, avec le monde vers Dieu. », cardinal Karol Wojtyla, *Le signe de contradiction*, p. 172.
2. Auteur de *Le retour de l'Esprit*, Cerf, 1973.

qu'il a eu avec Jean-Paul II : « En 1995, j'ai été reçu par le Pape, alors que je venais d'écrire un livre intitulé : *L'Église catholique et la fin d'une époque – Qu'est-ce que l'Esprit est en train de dire ?* J'en ai présenté au Pape un exemplaire et à ma grande surprise il m'a dit : "*Je l'ai déjà lu.*" Et de poursuivre : "*Ralph, qu'est-ce que l'Esprit est en train de dire à l'Église ?*" Bien sûr, il m'était impossible de résumer les 300 pages du livre. Il me fallait un seul mot. J'ai senti que l'Esprit me le suggérait intérieurement, et j'ai dit : "Saint-Père, je pense que ce que l'Esprit dit à l'Église, c'est : Jésus." Il m'a pris la main et il a répété : "*Jésus.*" Et moi aussi je l'ai répété, puis lui, de nouveau. C'était une vraie prière ensemble. Le programme qu'il a donné à l'Église pour le nouveau millénaire, n'est-ce pas uniquement la contemplation du visage de Jésus ? »

*

Dans l'avion qui le conduit en Espagne le 3 mai 2003, il confie à Mgr Jullian Herranz : « *Notre témoignage se trouverait appauvri d'une manière inacceptable si nous ne nous mettions pas d'abord nous-même à contempler le visage du Christ.* »

*

Un de ses collaborateurs raconte qu'un jour il est subitement convoqué par le Pape. Il voit que le personnel de la maison – secrétaires et religieuses, soit une dizaine de personnes – est présent. Le Pape demande qu'on le suive dans sa chapelle privée. Arrivé là, il s'étend sur le sol, comme au jour de son ordination, et reste ainsi, prosterné pendant

un long moment. Cela faisait penser à Gethsémani, Jésus demandant la prière de ses proches disciples. Personne n'a su quelle grâce il avait ainsi demandé au Seigneur.

*

Une autre fois encore, au petit-déjeuner, on lui parle d'un prêtre qui a demandé de quitter son ministère. Sa réaction est simple et grave : « *Peut-être nous n'avons pas assez prié.* »

*

C'est son envie de prière qui lui donne cette fantastique capacité d'émerveillement devant les splendeurs de la création. Émerveillement auquel il ne cessera d'exhorter les jeunes, spécialement dans sa *Lettre aux jeunes* et dans une de ses catéchèses aux JMJ de Denver où il ose dire : « *Contempler la création, c'est contempler Dieu.* »

*

Quand il est à Rome, il essaye de consacrer le mardi à une « journée de désert », seul dans la nature, pour prier et refaire ses forces. Seul Mgr Dziwisz sait alors l'endroit précis où Jean-Paul II se rend. C'est le plus souvent au petit monastère de la Mentorella (à une cinquantaine de kilomètres de Rome) où il aime passer de longues heures auprès de la Vierge Marie.

*

Témoignage d'un journaliste[1] : « Je m'étais éloigné de Dieu et surtout je m'étais éloigné de l'Église. Je me suis réconcilié avec l'Église, réconcilié avec Dieu en regardant le Pape en prière. J'ai été bouleversé en voyant cet homme qui s'agenouille et se plonge dans la présence de Dieu. À ce moment-là, j'ai compris quelle était la sécurité de l'Église : la prière du Pape. Le Pape en prière, c'est le rocher sur lequel la toute-puissance de Dieu construit l'Église au milieu des tempêtes de l'histoire. »

*

À la dernière question de son ami André Frossard : « Que demandez-vous dans votre prière ? », il répond : « *La miséricorde.* »

1. Domenico Del Rio, un des biographes du Pape. Un des plus proches collaborateurs de Jean-Paul II m'a dit : « Il est pour moi le maître de la prière. J'ai appris à prier en vivant avec lui. »

QUELQUES MOMENTS SAISISSANTS

L'avenir de l'humanité dépend de l'amour

UNESCO, Paris, 2 juin 1980

« J'étais présent. Je revois, comme si c'était hier, cette grande salle bétonnée et froide, comme en ont les organismes internationaux. Tandis qu'il prononçait son discours, le Pape était considéré avec une indifférence polie par nombre d'agnostiques distingués, qui l'écoutaient dans un silence glacial. Comme j'avais en main le texte dactylographié de vingt-trois pages, je me disais : "Mon Dieu !" Et voilà qu'à un moment donné s'est produit le déclic. Le Saint-Père s'est arrêté brusquement. Il a regardé ses interlocuteurs droit dans les yeux et leur a dit – je restitue de mémoire : "*Moi, évêque de Rome et fils de cette nation menacée par ses puissants voisins de disparaître de la carte...*" Le silence, alors, est devenu palpable. Tout le monde fixait du regard l'ambassadeur du "tsar de toutes les Russies", je veux dire le représentant de l'Union soviétique. "... *Mais lorsque ses voisins réussissent, croient-ils, à la faire disparaître de la carte du monde aux yeux des hommes, la culture, comme une force souterraine, continue de l'irriguer dans ses profondeurs, jusqu'à ce qu'elle éclate au grand jour et lui redonne alors la force d'exister. [...]Hommes de culture et de science, disait-il, tous*

ensemble, vous êtes une puissance énorme : la puissance des intelligences et des consciences. Montrez-vous plus puissants que les plus puissants de notre monde contemporain ! Puisse l'amour vous guider ! Oui ! L'avenir de l'homme dépend de la culture ! Oui ! La paix du monde dépend de la primauté de l'Esprit ! Oui ! L'avenir pacifique de l'humanité dépend de l'amour ! Votre contribution personnelle, Mesdames et Messieurs, est importante, elle est vitale. Ma parole finale est celle-ci : ne cessez pas. Continuez. Continuez toujours !" Ce fut un tonnerre d'applaudissements, impressionnant, assourdissant. Le Pape avait touché le cœur de ces hommes et de ces femmes, blasés, et réveillé en eux, avec l'amour de la vérité et de la beauté, le désir de travailler ensemble à cette civilisation de l'amour à laquelle depuis vingt ans, à la suite de son prédécesseur Paul VI, il nous appelle.[1] »

Une faiblesse victorieuse de la peur

« Le 13 mai 1981, après avoir déjeuné avec le Pr. Jérôme Lejeune, Jean-Paul II fait le tour de la place Saint-Pierre pour bénir les touristes et pèlerins venus pour l'audience générale. De sa voiture découverte, il saisit des enfants et les embrasse.

17 h 17. Le fanatique turc Mehmet Ali Agça tire à bout portant sur le Pape. Avec Radio Vatican qui a installé son antenne sur un balcon de la basilique pour enregistrer

1. Cardinal Poupard, *op. cit.*, p. 31 et 130. Et le cardinal O'Connor, évêque de New York : « J'ai souvent eu le privilège de rencontrer des délégués de l'ONU, de toutes les parties du monde. Je ne les ai jamais vus montrer pour quelqu'un l'enthousiasme qu'ils ont pour le Saint-Père. »

l'audience générale, je suis le seul journaliste présent. Le tueur au Browning 9 mm automatique, de fabrication belge, tira-t-il deux ou trois coups de feu ? Ce qui me fait sursauter, ce sont moins les détonations sèches que le vol apeuré et précipité des pigeons qui dans la même seconde quittent en groupe serré le lieu du drame – une séquence à la Hitchcock.

Je ne vois pas la Toyota blanche immatriculée SCV-3. Des touristes refluent. Un garde suisse me crie : *"L'hanno colpito !"* [Ils l'ont touché !] – Qui ? – Le Pape ![1] »

Le reste du récit est connu. La course de l'ambulance qu'il avait bénie la veille et qui – malgré la panne de sirène – fera en huit minutes un trajet qui en demande au moins trente. La demande du Pape – son premier souci – qu'on dispose tout pour qu'il puisse recevoir l'onction des malades. La prière à Marie qu'il murmure inlassablement jusqu'à ce qu'il perde connaissance en arrivant à la polyclinique. L'arrivée du chirurgien Crucitti poussé mystérieusement à revenir à la clinique juste quelques minutes auparavant, alors que c'était son jour de congé. Le sang immédiatement donné par les médecins eux-mêmes afin de rendre possible l'opération qui durera cinq heures et vingt minutes...

Saisissante cette photo où l'on voit les deux mains chargées : l'une d'un revolver, l'autre d'une bénédiction. Elles se lèvent en même temps : l'une pour tuer, l'autre pour caresser (le Pape venait juste de rendre à une mère son bébé). L'une pour nuire, l'autre pour unir. Deux visages se

1. Joseph Vandrisse, *Famille chrétienne* n° 1421.

devinent, qui sont deux mondes... Leurs regards se sont-ils un instant croisés ?

Incroyable victoire des mains vides sur les mains armées ! Le monde entier a tremblé sauf lui ! Regarde-le reposant sur les bras des siens. Comme un petit enfant. Ses lèvres esquissent-elles un sourire ? Il a mal. Il n'a pas peur.

Jean-Paul II se dressait devant nous, lion indomptable. Devant nous, écroulé, le voici agneau vulnérable. Après le signe de la force, celui d'*une faiblesse victorieuse de la peur* [1].

La haine se noie dans la tendresse

Le 27 décembre 1983, les télévisions de la planète retransmettent cette autre image des plus saisissantes du pontificat et de l'Histoire tout court – que jamais le monde ne l'oublie ! : le Pape et son agresseur, assis en tête-à-tête, dans une cellule de la prison romaine de Rebibbia[2]. Ces deux visages, ces deux mondes, les voilà qui se rencontrent, se regardent, les yeux dans les yeux. Du coup, le signe de la violence, de la division, de la guerre, de l'agonie, devient le signe de la Miséricorde. « La haine se noie dans la tendresse », avais-je écrit à l'époque. Mais je laisse ici la parole au témoin le plus proche de tous ces événements bouleversants, Mgr Stanislaw :

« *Don et mystère*. Le *don* a été celui du retour, je dirais : le miraculeux retour du Saint-Père à la vie et à la santé.

1. Je me permets de renvoyer à la méditation sur ce 13 mai 1981, dans *Le Rosaire*, éditions du Jubilé, p. 307-313.
2. Sur la demande du Pape, Ali Agça sera gracié par le Président Ciampi et extradé vers la Turquie.

Un *mystère* demeure – dans la dimension humaine – l'attentat. En effet, le procès ne l'a pas élucidé, pas plus que le long emprisonnement de son auteur. J'ai été témoin de la visite du Saint-Père à Ali Agça en prison. Le Pape lui avait déjà pardonné publiquement dans son premier discours après l'attentat. Je n'ai pas entendu un mot de demande de pardon de la part du prisonnier. Seul le mystère de Fatima l'intéressait – *troublé par la force qui l'avait dépassé*. Il avait bien visé, mais sa victime était restée en vie.[1] »

Un arc-en-ciel sur la ville du Poverello

« Assise, 27 octobre 1986. Après le chant des Laudes, silencieuses, nous glissons sous les arcades du cloître, les yeux tournés vers le ciel. Un bruit dans l'air : l'hélicoptère blanc perce les nuages. Un sourire, une prière et un geste discret de la main, puis chacune regagne sa cellule pour l'oraison matinale.

C'est un grand jour pour nous, les filles de sainte Claire, en cette ville d'Assise, symbole de paix au cœur du monde. Avec le Pape et les représentants de toutes les religions du monde, nous allons "être ensemble pour prier" et implorer le don de la paix universelle. Nous ne quitterons pas notre clôture, mais nous nous engageons nous aussi en ce jour, en ce pèlerinage de foi qui se déroule significativement entre la Portioncule – lieu du pardon et de la réconciliation – et le tombeau de saint François. Jour de silence,

1. Allocution de Mgr Stanislaw Dziwisz à l'Université de Lublin le 13 mai 2001, dans l'*O.R.L.F.* du 22 mai 2001.

de jeûne, de supplication. *L'avenir du monde, l'avènement de la paix, dépendent de cette attitude de prière, de cet état de veille, de vigilance*. Nous voici, sentinelles silencieuses, sur les murailles de cette ville-paix.

Un peu avant le soir, un ami qui a suivi tous les différents moments de la journée vient partager à nos sœurs tourières ce qu'il a le plus frappé : "Le binôme prière-paix, nous le sentions dans l'air, devenu palpable à travers toutes ces célébrations aux expressions si variées, mais tellement *unes* dans l'aspiration et la volonté communes. Il émanait surtout de la figure de notre pape, vraiment égal à lui-même en tant qu'homme de prière, mais si différent de celui que nous voyons dans ses voyages et ses visites pastorales. Tout au long de cette journée, il a été absorbé dans sa prière. Même au long de la route entre Saint-Rufin et Saint-François, qu'il a parcouru à pied comme les autres pèlerins, il n'a pas répondu aux salutations de la foule qui se pressait sur les deux côtés. Même les cris des enfants – auxquels il ne résiste jamais – ne l'ont pas sorti de son recueillement. Dans le discours qu'il a prononcé à la fin de la rencontre, il nous a dit : *"En marchant en silence, nous avons médité sur le chemin que l'humanité parcourt en notre époque. Chemin d'hostilité, si nous refusons de nous accueillir dans l'amour ; voyage commun vers notre haute destinée, si nous comprenons que les autres sont nos frères et nos sœurs. Efforçons-nous de voir en ce pèlerinage à Assise la façon dont Dieu voudrait voir le développement de l'Histoire de l'Humanité."*

À la fin de cette journée mémorable, nous voici de nouveau à guetter le départ de l'hélicoptère, cette fois-ci sur

les remparts mêmes de Santa-Chiara. Et que voyons-nous ? Un arc-en-ciel splendide, enjambant la vallée, traversant le ciel brumeux et rose au soleil couchant, unissant Sainte-Marie-des-Anges en bas et la basilique San-Francesco en haut, dans une immense étreinte de lumière et de paix. Nos cœurs jubilent : “Loué sois-Tu Seigneur, pour ceux qui pardonnent, pour ceux qui cherchent la paix...[1]” »

Une étreinte de pure tendresse

Personne n’a oublié l’étreinte entre le Pape et Brendan, cette petite tête blonde tout contre sa joue, sur cette photo qui a fait rapidement le tour du monde. Voilà comment cela s’est passé :

« Le 17 septembre 1987, ils sont soixante-deux à attendre le Pape dans la basilique de la mission Dolores à San Francisco. Tous séropositifs ou malades du sida. Jean-Paul II est en retard. Sa visite aux États-Unis, la deuxième en moins de dix ans, a été triomphale. Enfin, il est là. Flanqué d’une nuée de personnalités religieuses, il parcourt lentement la nef en bénissant l’assemblée du signe de croix. Tout à coup, il entend une petite voix derrière lui. “Hi, Viva Papa.” Le Saint-Père se retourne. Il découvre une bouille un peu effrontée et deux grands yeux bleus qui le fixent avec un sourire. Brendan a quatre ans. Jean-Paul II le prend dans ses bras et l’embrasse. Téméraire, Brendan lui attrape le cou de ses petites mains. On est à la fin des années Reagan. Le sida est la lèpre des homosexuels.

1. Lettre d’une clarisse à l’A.

Certains pensent qu'on peut l'attraper juste en touchant une personne contaminée. Le baiser du Pape surprend et interpelle. Son geste fera beaucoup pour ramener les victimes de la maladie dans la communauté des hommes. « Le Pape voulait surtout montrer, dit aujourd'hui la mère de Brendan, que, quand quelqu'un souffre, il faut avant toute chose l'embrasser.[1] »

« Apifior[2] » en Israël : ce visage qui respire le message des prophètes

Jérusalem, mars 2000, Mémorial de Yad Vashem.

Portant sur lui la réprobation d'Israël.

« Pour les Juifs qui ont vécu la scène au Mémorial même, comme pour ceux qui y ont participé par l'image à la télévision, paradoxe suprême : *le successeur de Pierre, vicaire du Christ*, apparaissait comme portant sur lui, à l'instar du Serviteur souffrant, *la réprobation d'Israël.* [...] Les autorités juives avaient invité six rescapés des camps de la mort, que le Pape a salués en sortant du Mémorial, un à un et une à une. Une femme l'a rattrapé par le bras – j'ai vu la scène en direct – en s'exclamant : “Mais c'est vous qui m'avez sauvé la vie !” C'est alors que le monde, stupéfait,

1. *Paris-Match* n° 2917.
2. Ce mot – dont on ne connaît ni l'origine, ni l'étymologie – est celui que les juifs utilisent pour désigner le Pape. Selon certains, c'est la contraction d'Abba *[Apa]-Képhas* : le Père Pierre. Au cours des siècles, *Apifior* a été vu comme le chef des chrétiens ou le représentant de la gentilité ; bref, une puissance dont il faut se garder, éventuellement se ménager les bonnes grâces.

a découvert ce que j'appelle la parabole du Bon Samaritain à l'envers, ou plutôt à l'endroit. L'Évangile dit : "Un prêtre passait par-là devant l'homme blessé. Et il passa outre." Or, il y a cinquante-cinq ans, cette jeune Juive gisait sur le sol, car elle avait été éjectée par les secousses de la jeep qui évacuait les rescapés du camp de concentration où elle était détenue. Un prêtre passait par-là. Karol Wojtyla voit cette jeune fille démunie, la charge sur ses épaules et la remet, après des kilomètres de route, entre les mains de ses sauveteurs. Puis il dit : *"Je m'appelle Karol Wojtyla et je suis un prêtre catholique"*.[1] »

*

Émouvant aussi ce qui arriva, à la même époque, à Shachne Berger, enfant juif polonais que ses parents avaient confié, pour le sauver, à une famille catholique avant d'être déportés par les nazis. Malgré les dispositions données par les parents, la famille d'adoption décide de baptiser l'enfant. La maman s'adresse donc au curé, mais celui-ci en apprenant que les vrais parents souhaitaient qu'il soit élevé dans la foi juive, refuse de le baptiser. Ce curé était le jeune abbé Karol Wojtyla. Bien des années plus tard, le grand rabbin d'Israël Spira, apprenant cette histoire, profondément ému, commente : « Les voies de Dieu sont mystérieuses, merveilleuses, inconnues des hommes. Peut-être est-ce d'avoir sauvé cette âme juive qui l'a conduit à être pape. Voilà une histoire qui doit être racontée. »

1. Cardinal Poupard, *op. cit.*, p. 93. La jeune fille s'appelait Edith Tzirer.

*

J'ai senti mon âme juive comme électrocutée

« Comme beaucoup de frères chrétiens, nous avons retenu notre souffle lorsque nous avons vu descendre le pape Jean-Paul II de la passerelle de l'avion qui l'amenait en Israël. Tout mon corps s'est figé, tout en moi a vibré, *j'ai senti mon âme juive comme électrocutée*.

Le peuple d'Israël, mon peuple, vivait un moment historique. Plus rien entre moi et mes amis chrétiens ne sera comme hier. Je crois que j'ai ajouté ce jour-là une bénédiction dans ma prière : "Béni sois-tu, Éternel, qui a donné la force et la santé à ce Pape pour vivre ce moment..."

Quel homme de foi, quel croyant, pourrait affirmer sans risque de se tromper, que ce voyage ne fut pas empreint de sainteté, d'un souffle divin ? Ce fut un moment biblique.

Jean-Paul II a réalisé, concrétisé en une semaine ce que l'Église n'a pas fait en vingt siècles. Les mots me manquent, il faudrait les inventer pour exprimer ce sentiment profond qui vous étreint, en voyant le Pape au Yad Vashem. Ce pape polonais à Jérusalem ! Quelle émotion ! Ce frère, chrétien exemplaire, de retour à la Maison, le successeur de Pierre au Kotel ! Émotion sur terre, certes, mais les Anges dansaient aussi dans le ciel. Un signe messianique était en marche. Incontestablement, un pas considérable a été franchi. Peu importe ce qui n'a pas été dit, mes enfants et moi avons vu un signe. Peu importe ce qui devait être dit, mes enfants et moi avons entendu une espérance.

J'ai "vu" les paroles du Pape, j'ai entendu ce qu'il n'a pas dit. En parlant de la Shoah, j'ai vu l'Homme de Sainteté.

En parlant de la souffrance des Palestiniens, j'ai entendu l'Homme de Paix.

Jean-Paul II à genoux était grand. Ce visage chrétien respirait le message des prophètes. Jamais ce visage n'a été autant observé, surveillé, suivi, admiré, aimé. La différence ? Ce fut cette fois-ci par des Juifs émus, admiratifs, reconnaissants. Du haut du ciel, nos voix juives et chrétiennes ont été exaucées avec miséricorde, nos voix chrétiennes et juives ont été entendues favorablement. Jean-Paul II a ouvert à Jérusalem "les Portes de la Lumière, les Portes du Repentir, les Portes du Pardon, les Portes de l'Indulgence, de la Rédemption, de la Paix, de la Consolation, de la Guérison, de la Charité, de la Prière..." Béni sois-tu, Éternel, de nous avoir permis de vivre ces moments.

Ce Pape m'a guéri. Il m'a redonné l'espérance... Aujourd'hui, lorsque je vois une Croix, je ne vois plus une Épée... [1] »

1. Raphy Marciano, Directeur du Centre Communautaire Israélite de Paris, dans la revue *Yerushalaïm n° 22*, revue de l'association CŒUR, BP 49217, 30104 Alès.

« L'ÉVANGILE DE LA SOUFFRANCE »

« Pas de souffrance qu'Il ne sache transformer en chemin vers Lui [1] »

13 mai 1981. Deux balles, tirées à bout portant par un jeune turc, Ali Agça, traversent son abdomen. L'intervention chirurgicale réussit. Les organes se cicatrisent vite. Mais la faiblesse demeure et la fièvre le reprend le 9 juin, sept jours après sa sortie de clinique. Seulement à la fin du mois, on décèle la présence dans son organisme d'un cytomégalovirus rarissime, le « terroriste auxiliaire » d'après André Frossard.

Le 5 août, nouvelle opération pour compléter l'intervention d'urgence du 13 mai. Il quitte enfin la clinique le 14 août et dès septembre – après un temps de repos à Castel Gandolfo – la vie reprend son rythme normal. Ou plutôt… s'accélère, comme s'il voulait rattraper le temps perdu.

*

Juillet 1992 : ablation d'une tumeur bénigne à l'intestin et de calculs dans la vésicule biliaire. Dès cette époque,

1. *Mémoire et identité*, éditions Flammarion, 2004, p. 201.

des spéculations sur la santé et la mort imminente du Pape se répandent, qui vont s'amplifier durant toute la décennie.

*

11 novembre 1993, il glisse sur un tapis et se luxe l'épaule droite. Il ne pourra plus rédiger ses discours à la main.

*

1994 : Année internationale de la Famille, organisée par l'ONU.

Publication du livre *Entrez dans l'Espérance*.

19 mars : *Lettre aux chefs d'État du monde entier et au Secrétaire général des Nations unies*. Il manifeste sa préoccupation que la Conférence mondiale du Caire sur la population et le développement n'entraîne « *un déclin moral débouchant sur un échec cuisant pour l'humanité.* » Ceci au vu des textes et du déroulement des travaux préparatoires de cette Conférence[1] où la famille devient une institution superflue, tandis qu'on prône une conception « *totalement*

1. Voici ce qui arriva au cours de la Conférence au Caire : « Un soir où le délégué du Vatican expliquait pour quelles raisons il ne pouvait approuver telle expression suggérée par le document final, un sifflement a retenti venant de l'espace occupé par la délégation américaine. D'autres délégations s'y sont jointes. Le lendemain matin, l'ambassadeur du Bénin, pays à majorité musulmane et animiste, s'est levé pour s'adresser au président de la commission principale, l'ambassadeur Nicolaas Biegman de Hollande : "Monsieur le président, nous du Bénin refusons de continuer ces travaux sous votre présidence parce que hier soir, en laissant ce sifflement continuer, vous avez insulté la délégation du Vatican. Si vous ne lui présentez pas des excuses, nous nous retirons". Ensuite, l'ambassadeur du Maroc, autre pays musulman, s'est levé en disant : "J'appuie très fortement la délégation du Bénin. Et ma délégation va immédiatement quitter la salle à moins que vous ne présentiez des excuses à la délégation du Vatican." L'ambassadeur Biegman a alors reconnu : "En effet, je n'aurais jamais dû laisser ce chahut se produire hier ; j'aurais dû interrompre les travaux. Je ne l'ai pas fait et je m'en excuse auprès de la délégation du Vatican". » *L'Informateur Catholique*, Montréal, novembre 1994.

individualiste » de la sexualité humaine[1]. Le Pape pense particulièrement aux jeunes qui vont être privés de leurs raisons de vivre. Et de s'écrier : « *La famille fait partie de l'héritage de l'humanité !* »

*

Le 28 avril suivant, il tombe dans la salle de bain. On doit lui poser une prothèse de la hanche. Il se déplacera désormais à l'aide d'une canne. Les cannes que les fidèles lui envoient pourraient former une collection ! Il s'en amuse.

Un mois plus tard, il fait une relecture de ce qui lui est arrivé : « *J'ai compris que mon rôle était de conduire l'Église du Christ vers son troisième millénaire par la prière, par des initiatives variées, mais aussi par la souffrance, par l'attentat d'il y a treize ans et par ce nouveau sacrifice. Pourquoi maintenant, pourquoi cette chose, pourquoi tout cela se passe-t-il en cette Année de la Famille ? Justement parce que la famille est en danger. Le pape lui-même doit être mis en danger, il doit souffrir pour que chaque famille et le monde entier puissent voir qu'il existe un évangile supérieur à tout : l'évangile de la souffrance, par lequel l'avenir se prépare, le troisième millénaire des familles, de chaque famille et de toutes les familles. […] Je suis le débiteur de la Très Sainte Vierge et je la remercie pour le don de la souffrance. Il importe de le faire savoir aux maîtres du monde. Comprenez pourquoi…*

1. Le respect infini de Jean-Paul II pour l'amour conjugal plonge ses racines dans le Mystère qui en est l'origine, et lui fait écrire : « Dans la vie des époux, la paternité et la maternité constituent une nouveauté et une richesse si admirables qu'on ne peut les aborder qu'à genoux. » *Lettre aux familles*, 1994.

comprenez, merci de votre communion dans la prière. [1] » (Angelus du 29 mai 1994)

« À partir de mai 1994, le pontificat de Jean-Paul II sera marqué, chaque jour davantage, par le calvaire du Christ. » (George Weigel)

*

À Noël 1994, son message *Urbi et Orbi* est plus que jamais empreint de douleur et de tendresse : « *Jésus, sèche les larmes des enfants ! Réconforte tendrement les malades et les vieillards ! Pousse les hommes à déposer les armes et à s'étreindre dans un baiser de paix universel. Jésus miséricordieux, appelle les peuples à faire tomber les murs édifiés par la misère et le chômage, par l'ignorance et l'indifférence, par la discrimination et l'intolérance ! Dieu de la paix, viens vivre dans le cœur de tout homme et de toute famille ! Sois notre paix et notre joie ! Amen.* »

1. Déjà, le 13 mai 1981 avait marqué une victoire de la vie sur la mort : à Rome, le soir même devait avoir lieu une imposante manifestation nationale en faveur de l'avortement. Suite à l'attentat du Saint-Père, le chef du Parti Communiste, Berlinguer, la fait annuler. En ce même jour avaient été constitués tant le Conseil Pontifical pour la Famille que l'Institut pour la Famille à l'Université Pontificale du Latran. Mgr Dziwisz, dans une conférence donnée à Lublin vingt ans plus tard, donnera cette relecture de tous ces événements : « Dans les desseins de la Divine Providence, rien n'arrive par hasard. *Il se peut qu'il ait fallu ce sang innocent et cette lutte désespérée pour la vie pour que se réveille dans les consciences des hommes la reconnaissance de la valeur de celle-ci* et la volonté de la conserver, de la conception à la mort naturelle. Indépendamment de l'état effectif des lois et des coutumes, s'agissant de la question du respect de la vie dans les sociétés contemporaines, on peut dire que *l'engagement du Saint-Père et de l'Église en faveur de la famille et de la vie conçue trouva en ce jour une impulsion nouvelle et une motivation essentielle.* » (Allocution citée du 13 mai 2001)

*

17 mai 1995, veille de son 75e anniversaire : « *Je renouvelle devant le Christ l'offrande de ma disponibilité à servir l'Église aussi longtemps qu'Il le voudra, en m'abandonnant complètement à sa sainte volonté. Je Lui laisse le soin de décider comment et quand Il voudra me relever de cette charge.* »

Noël : il doit interrompre la récitation de l'Angelus.

*

1996. L'année sera marquée par une dégradation générale de la santé du Pape.

En septembre, sa visite en Hongrie est un vrai calvaire : il est secoué par de violents tremblements. On commence à voir les signes de la maladie de Parkinson. Le 8 octobre, après un nouveau voyage en France, il est opéré de l'appendicite.

*

Au mois d'août 1997, aux JMJ de Paris, il donne rendez-vous aux jeunes pour le Jubilé à Rome. Beaucoup pensent qu'il n'arrivera pas à franchir cette étape. De plus en plus, on évoque la possibilité, si ce n'est l'urgence, que le Saint-Père démissionne.

*

Il fait sertir la balle qui a été retirée de son corps en 1981 dans la couronne d'or de Notre-Dame de Fatima

pour la lui offrir. Le thème de la souffrance rédemptrice revient plus fréquemment dans ses rencontres avec les fidèles :

« *Dans la souffrance se cache une force particulière qui rapproche intérieurement l'homme du Christ, une grâce spéciale. […] Elle libère dans l'homme ses capacités d'aimer, très précisément le don désintéressé du propre "moi" au profit d'autrui, de ceux qui souffrent. Le monde de la souffrance ne cesse d'appeler, pour ainsi dire, un monde autre : celui de l'amour humain.* » (Lors d'une audience générale)

*

1999. *Lettre aux personnes âgées* : « *En vous souhaitant, chers frères et sœurs âgés, de vivre sereinement les années que le Seigneur a préparé pour chacun, je me sens poussé, par un désir spontané, à vous faire part en toute sincérité des sentiments qui m'animent en cette étape de ma vie. […] Malgré les limitations qui surviennent avec l'âge, je conserve le goût de la vie. J'en rends grâce au Seigneur. Il est beau de pouvoir se dépenser jusqu'à la fin pour la cause du Royaume de Dieu !* »

*

2000. Année du Grand Jubilé. Comme le Primat de Pologne le lui avait prédit à la fin du conclave, Jean-Paul II introduit l'Église et l'humanité dans le nouveau millénaire. À Rome, il reçoit plus de 18 millions de pèlerins. Dans la Lettre Apostolique *Novo millennio ineunte* qui contient le programme de la chrétienté pour les 1 000 ans à venir, il écrit que le Jubilé a été « *l'occasion pour nous dérouiller les*

jambes ». Alors qu'une arthrose au genou le fait de plus en plus souffrir, l'année jubilaire conduit enfin ses pas jusqu'à Jérusalem, Bethléem, Nazareth, en passant par la Jordanie et les territoires palestiniens, comme il le souhaitait depuis vingt-deux ans : c'est LE voyage de son pontificat. Voyage plus long que 2 000 ans d'histoire pour le rapprochement de l'Église et du peuple juif.

Malgré tout cela, beaucoup de commentateurs verraient comme date probable (et souhaitable selon certains !) pour qu'il quitte son ministère pétrinien, le 6 janvier 2001, jour de la clôture du Jubilé.

Lui avance paisible, dans un mystérieux « recueillement » de tout son être :

« *J'éprouve une grande paix quand je pense au moment où le Seigneur m'appellera de la vie à la Vie.* »

*

2002. La Semaine sainte se passe dans les pires douleurs. « Le Saint-Père souffre d'une manière horrible. Sa souffrance, en cette Semaine symbolique, le fait rejoindre le Christ. » (Dr Manni, un de ses médecins personnels)

En mai, le cardinal Ratzinger déclare : « S'il se rendait compte qu'il ne peut plus rien faire, alors certainement le Saint-Père se retirerait. »

*

Au cours du même mois, il accomplit un voyage en Azerbaïdjan (où il rencontre un minuscule groupe de

catholiques qu'il tient à encourager[1]) et en Bulgarie, tout en se servant pour la première fois d'une plate-forme mobile spécialement conçue pour ses déplacements au cours des cérémonies.

« *La vie monastique [...] crucifiement dans l'arène de la solitude, pour parvenir à la pureté du cœur qui, seule, permet de voir Dieu.* » (Discours au monastère de Rila, 25 mai 2002)

*

Deux mois plus tard, Jean-Paul II entreprend un marathon de 15 000 km pour se rendre aux JMJ de Toronto puis – malgré l'opposition de médecins et collaborateurs – au Mexique et au Guatemala. On arrivera tout juste à le dissuader de terminer ce périple à New York, comme il l'aurait tant voulu, pour prier à l'emplacement des « Tours jumelles ».

Suivent aussitôt trois jours d'un bienfaisant « retour aux sources » dans sa Pologne tant aimée. Il y accomplit la Consécration du monde à la Miséricorde.

« *Je continue de vous demander cette faveur : ne cessez pas de prier – je vous le répète encore une fois -, jusqu'à ma mort et après ma mort. Et moi, comme toujours, je recueillerai votre affection en vous confiant tous au Christ miséricordieux et à sa Mère.* » (Au sanctuaire de Kalwaria)

1. Mêlés à ces quelques dizaines de fidèles — tous descendants d'anciens déportés polonais — se trouvent quelques azéris : aucun n'a encore reçu le baptême dans l'Église catholique. Plusieurs d'entre eux, bouleversés par le rayonnement du vieux pape, en ressentent l'appel ce jour-là. Et deux ans plus tard, nous avons la joie d'accueillir dans notre école d'évangélisation Jeunesse-Lumière une de ces jeunes azéries, presque toute première baptisée de son pays !

*

Il se déclare décidé à accomplir sa mission « *jusqu'au bout* ». Et il pose la question : « *Jésus est-il descendu de la Croix ?* » Lors des audiences générales de ce printemps 2002, il lui arrive de s'unir aux vieux refrains polonais entonnés par ses compatriotes.

*

Il proclame 2003 Année du Rosaire, et il enrichit cette prière d'une nouvelle série de cinq mystères — les mystères de la Lumière — par une nouvelle encyclique, *Rosarium Virginis Mariae*, où il sonde la signification de cette prière.

En mars, présentation d'un recueil de poésie composé pendant son pontificat : *Triptyque romain et méditations* [1]. Il y évoque sa mort et le conclave à venir.

*

Périples en Espagne, en Croatie, en Bosnie, en Slovaquie, suivis des célébrations du 25e anniversaire de son pontificat et de la béatification de Mère Teresa[2].

« *Je resterai aussi longtemps que Dieu le voudra ! Bien que conscient de mon humaine fragilité, le Christ m'encourage à répondre avec confiance, comme le fit Pierre, "Seigneur, Tu sais que je T'aime" ; et Il m'invite à assumer les responsabilités*

---

1. Éditions du Cerf, 2003.
2. 19 octobre 2003. C'est la 1 315e béatification de son pontificat. 476 saints canonisés. Plus que tous ses prédécesseurs ensemble !

qu'il m'a Lui-même assignées. » (Homélie de la Messe de son 25e anniversaire de pontificat)

*

Visage paralysé, tremblement de la main, élocution pénible, Jean-Paul II continue ses travaux, entraînant le monde dans la confiance à passer le seuil de l'Espérance. Il vit comme par miracle ; et il semble ironiser là-dessus.

Quand des jeunes l'acclament : « Vive le Pape ! » Il répond : « *Oui, il vit. Pour l'instant il vit encore. Il vit en Italie. Il a presque quatren-vingt-quatre ans et les jeunes veulent qu'il reste jeune. Comment va-t-il faire ?* »

Sa Passion, de plus en plus douloureuse, est filmée et retransmise en détail par les médias. Jean-Paul II continue de monter au créneau, ne cherche pas à se dérober, à cacher sa faiblesse. Tel qu'il est, il sera jusqu'au bout ce qu'il doit être : pasteur, passeur et encore entraîneur. Et plus que jamais, il est du côté de l'homme, de l'homme blessé, de l'homme qui souffre, comme écrasé par cette « culture de la mort » à laquelle il aura opposé pendant plus d'un quart de siècle la « culture de la vie », la Bonne Nouvelle de l'Évangile.

« Levez-vous, allons ! »

2004 : année de l'Eucharistie. Deux textes vont nourrir la foi du peuple chrétien dans ce Mystère : l'encyclique *Ecclesia de Eucharistia* et la Lettre apostolique *Mane nobiscum Domino*.

À un groupe d'amis polonais qu'il reçoit au début de cette année, s'avançant à petits pas : « *Regardez ce vieillard, c'est votre Karol !* »

Le 18 mai, jour de son anniversaire, parution de son livre : *Levez-vous ! Allons !*[1] sur son ministère d'évêque.

Au mois de juin, visite à Berne. Annoncée comme un échec par les médias, cette visite met « le feu au lac » ! Des dizaines de milliers de jeunes, enthousiastes, viennent le rencontrer, à la stupeur des observateurs.

« *C'est la souffrance qui brûle, qui consume le mal par la flamme de l'amour, [...] tout ce mal existe aussi dans le monde pour réveiller en nous l'amour.* [2] »

*

Mais on arrête de parler de sa démission, tant son activité tient du miracle. En attendant, les ouvrages rétrospectifs sur son pontificat se multiplient et on parle très ouvertement de sa succession.

Jean-Paul II semble rester étranger à tout cela, compagnon du Pèlerin d'Emmaüs s'éloignant de la Ville sainte et qui semble ignorer ce qui s'y est passé. Absorbé par cette seule Présence, tout voué à la même tâche : accomplir l'œuvre du Père. Il peut bien faire sienne cette parole de Jean de la Croix, un de ses saints préférés : « Ma seule occupation, c'est d'aimer. »

1. *Levez-vous ! Allons !*, éditions Plon, 2004.
2. *Mémoire et identité*, p. 202. *op. cit.*

« *Un croyant doit être un fragment de lumière, un lieu d'amour, un ferment vivifiant. Et pour être lumineux, il faut vivre au contact permanent avec Dieu.* » (Audience du 4 juin 2004)

*

Jean-Paul II s'oppose à la guerre en Irak. Il lance des vibrants appels en faveur de la vie, comme à Lourdes, où il vient en pèlerin auprès de sa petite Maman et Souveraine, le 15 août 2004, pour fêter les 150 ans du dogme de l'Immaculée Conception.

Cela vaut la peine de faire une longue pause regard sur cette rencontre, bouleversante en cette heure où – comme il va l'avouer dans un instant – il touche « *au terme de son pèlerinage* ». Et ce pèlerinage-éclair à Lourdes va être effectivement l'ultime étape du long pèlerinage de la phase terrestre de sa vie, faite depuis vingt-six ans d'une suite ininterrompue de pèlerinages par toute la terre, lui le pape pèlerin par excellence.

La parole la plus percutante : les larmes de Pierre !

14 août 2004. À son arrivée devant la Grotte, la foule l'accueille dans une immense joie : « Reste avec nous ! Nous t'aimons ! Nous avons besoin de toi ! » Dans la grotte, il renoue son dialogue silencieux avec sa Maman du Ciel, dialogue commencé le jour où sa maman de la terre l'avait quitté. Avec son papa et son frère, l'enfant de neuf ans s'était rendu au sanctuaire de Kalwaria où il avait

confié sa jeune vie à Marie, devant l'icône vénérée parce que, un jour, elle avait laissé tomber d'abondantes larmes sur son peuple polonais...

Il vient de faire un effort surhumain pour se mettre à genoux. Il y tient à tout prix. Dans le salon où sa Souveraine l'accueille, comment rester assis, fut-ce sur un semblant de trône ? N'est-elle pas « la Madone qu'on prie à genoux » ?

Tout à coup, les larmes jaillissent. Brusquement. Impétueusement. Violemment. Telles des eaux trop longtemps retenues par une digue qui sous la pression vient de céder. Elles jaillissent, abondantes. Un instant, on les voit inonder son visage, puis ruisseler sur ses mains, sur sa soutane immaculée, avant de dévaler – telle une cascade – sur l'étoffe du prie-Dieu, et peut-être à terre.

Jamais on ne l'avait vu pleurer en public. Tout juste, les yeux parfois mouillés d'émotion. Mais sangloter ainsi : jamais !

*

Mais d'où viennent ces larmes ? Quelles sont ces larmes mystérieuses, impossibles à retenir ? Peut-être d'abord de simple larmes *d'émotion, de tendresse, teintées de joie.* L'émotion et la joie de l'enfant devant sa Maman qui est aussi sa Souveraine.

Elle est là. Il est là. Ils se retrouvent tous les deux, comme le petit Lolek qu'il est toujours, en ces sanctuaires mariaux qui constellent notre planète. Cela suffit. Cela... s'arrose ! Non ?

Mais larmes aussi de *compassion*, celles de Jésus devant ceux qu'il aime, au cœur brisé (Jn 11, 35). Larmes devant

cette mer de détresse qui vague après vague vient se jeter sur cette rive du Gave, comme sur la place Saint-Pierre, audience après audience. Toutes les souffrances du monde s'y donnent rendez-vous. Ces enfants, portant un handicap lourd ou léger, de l'esprit ou du corps. Ceux qui pleurent un être cher parti trop brutalement. Larmes des orphelins de parents vivants, comme si ceux de la guerre, de la misère ou de la maladie ne suffisaient pas. Larmes des parents découvrant leur enfant mal formé. Larmes des personnes malades ou âgées, qui savent qu'il n'y aura pas de guérison sur terre. Larmes de ceux dont l'amour a été trahi, bafoué, blessé, ou simplement amèrement déçu.

Toutes ces larmes jaillissent des yeux de Pierre, parce qu'elles sont recueillies par les mains de Marie, pour être déversées dans le calice du cœur de son Fils.

Mais encore larmes de *douleur* de notre vieux pape. Il n'en peut plus de sangloter avec son Maître sur l'immense détresse du monde, sur cette cité terrestre qui s'obstine à ne pas reconnaître la visite de son Roi, sinon pour le mettre en croix (Lc 13, 34 ; 19, 41). Il n'en peut plus de sangloter, avec la Mère de Dieu, sur les peuples décimés par la guerre et le sida, les enfants violés et massacrés, obligés de tuer, ou commercialisés, tarifés pour leur chair fraîche, les jeunes pervertis et arrachés à Dieu, les tout petits tués dès leur premier berceau, la personne humaine, réduite à un matériau de labo, le vieillard gentiment « zigouillé », et bientôt le non économiquement rentable ; l'Europe reniant ses racines, les enfants trompés en leur refilant un homme comme maman, l'imposture contre nature des hommes se mariant entre eux : soufflet au visage de Dieu. Et à travers tout cela : le simple bon

sens qui agonise, entraînant sa petite sœur espérance dans la tombe.

En tout cela : Dieu bafoué, torturé, flagellé, et finalement crucifié. Et donc l'homme déshérité, aliéné, défiguré. Comment la Mère de Dieu n'en sangloterait-elle pas ? Et tout près d'elle, comment son fils de prédilection ne mêlerait-il pas ses pleurs à ceux de sa Mère qui est aussi sa Souveraine ? Tant il est vrai que Dieu rejeté au cimetière, c'est l'homme que se retrouve aux enfers.

Marie sanglote sur la montagne, la tête nichée dans ses mains. Son enfant chéri, lui aussi la tête dans ses mains, sanglote au pied des montagnes. Là-bas sur une cime, ici dans une grotte. Voici La Salette à Lourdes, par la grâce des larmes de Pierre.

Larmes enfin de *repentir* de tous ceux qui – ici et partout – sanglotent sur leurs péchés, comme Pierre Ier au petit matin d'un certain vendredi. Larmes, béatifiées par Dieu, de la repentance qui est espérance. Larmes, secret de ces milliards de confessions dont chacune laisse se déverser sur notre terre desséchée les torrents de la Miséricorde de Dieu. Larmes qui assèchent celles de Dieu. Et vers qui donc le premier Pierre s'est-il précipité après sa chute ? Sûrement vers la première, la seule à pouvoir le consoler. Oh ! Mille fois bienheureuses les larmes de Pierre Ier comme du dernier de la lignée. Larmes de Jean-Paul II qui, inlassablement, a mendié la miséricorde de Dieu et le pardon des hommes pour les péchés et infidélités à l'Évangile des membres pécheurs de l'Église, dont il se considère humblement comme le premier.

*

Larmes donc de *tendresse* et de *compassion*, de *détresse* et de *contrition*. Larmes douces et larmes amères. Elles traversent ses yeux, et en jaillissent ; d'où viennent-elles ? De son cœur, bien sûr. D'un cœur brisé de douleur et brûlé d'amour. Brisé parce que brûlé. De douleur, parce que d'amour. C'est un trop plein de tendresse et de détresse qui ne peut plus se contenir. Où se trouve le Cœur du Roi ? Blotti au creux du Cœur de sa Maman. Et où se trouve son Cœur à elle ? Lové dans le Cœur de son Enfant, Jésus. La voilà donc, la source ultime de leurs larmes à tous les deux. Dans les yeux de Pierre coulent les larmes de Marie, qui sont en fait les larmes de son Enfant. Et les larmes de Jésus, d'où viennent-elles ? Du Cœur du Père, sanglotant sur chacun de ses enfants perdus, arrachés de ses mains, pour être prostitués au loin.

Pierre, dans la grotte de Lourdes, pleure les larmes du Père. N'est-il pas père jusque-là ? Père dans le Père ?

*

Mais ces larmes de Jésus, coulant à travers les yeux de Pierre, d'où viennent-elles encore ? De *mes* yeux, de *mon* cœur à moi, à toi. Chacune de mes larmes a traversé les yeux de mon Dieu, puis de sa Mère, puis des saints, et aujourd'hui, ici, les yeux de notre humble Jean-Paul. Je vois, télévisées, les larmes cachées de mon cœur, celles que je pleure en secret. Il pleure à la face du monde les larmes que le monde refoule et dont il a honte, que le monde provoque et qu'il ne sait pas essuyer.

Depuis vingt-six ans qu'il était notre père à tous, il pleurait donc nos larmes au profond de son oraison. Et nous ne

le savions pas ! Car c'était en secret. Au creux des nuits. Dans l'intimité de son oratoire.

Et voilà qu'ici, aujourd'hui, il ne peut plus les contenir, les refouler. Les cacher. Oh ! Cruauté de ces projecteurs à 1 000 watts violant la douce pénombre de la grotte ! Cruauté de ces caméras faisant effraction dans l'intimité priante de ce pauvre pèlerin (on pense à la violence des projecteurs dans les cellules de prison !).

Il ne peut même pas sangloter seul comme nous y avons tous droit. Cet instant qui ne devrait être un secret qu'entre lui et sa maman, voilà qu'il est projeté à la seconde même à l'extrémité de la planète. Mais ce viol cruel, Dieu l'a ainsi permis pour qu'à la face du monde se voient les larmes qui perlent à la face de Dieu. Qui a des yeux, qu'il voie ! Heureux les yeux qui voient ce que nous voyons ! Tous les hommes de toute la Terre peuvent voir sangloter cet homme qui est Pierre. Peuvent voir couler sur ses joues les larmes du Créateur, les sanglots du Sauveur : les leurs, bien qu'ils ne le sachent pas !

*

Mais vers où glisse son corps ? Après le jaillissement des larmes : l'effondrement du corps. C'en est trop ! Décidément, il porte trop lourd sur ses fragiles épaules, ce Simon de Cyrène. Vous vous rendez compte ? Le monde entier lui pèse dessus, et toutes les croix d'un monde crucifié. C'est l'humanité entière qu'il porte sur ses épaules de Berger, pour la ramener à ce bercail dont elle ne veut plus.

Ses mains restent agrippées au meuble de bois, comme on s'accroche à une planche en plein naufrage, ou plutôt comme on s'arrime à une croix. Sa tête surnage étrangement, au-dessus du niveau d'eau, pardon de prie-Dieu. Mais son pauvre corps ne suit pas l'âme. Il le trahit. Il s'affaisse, s'écroule, glisse en bas comme un autre homme – pardon ! l'Homme-Pardon ! – s'écroulant sous le poids d'une poutre énorme, trop écrasante pour ses trop fragiles épaules, quoique taillées dans le sein de sa maman justement pour porter toutes ses brebis…

*

Et s'il tombait, non pas vers le sol de pierre, mais… dans les bras de sa Mère ? N'est-il pas un petit enfant en pleurs, se laissant glisser dans les mains de sa maman, qui veut le consoler, le cajoler ? N'a-t-il pas un jour déclaré, du fond de son lit d'hôpital : « *Les larmes de Marie sont le sourire de Dieu pour nous.* » Les larmes de Marie essuient les nôtres.

Marie veut faire sourire cet homme qui sanglote[1], lui dont l'une des plus grandes souffrances est précisément de ne plus pouvoir exprimer le sourire de son cœur par celui de ses lèvres, de ne plus pouvoir de lui-même saisir un enfant, l'étreindre sur sa poitrine, poser un baiser sur son front.

1. L'impératrice Zita — qu'il avait honorée en la recevant en audience : « *Je vénère la souveraine de mon père* » — lançait à son peuple, le jour du couronnement à Budapest en 1916 : « Rien n'est plus noble aux yeux de Dieu que de changer en sourire les larmes d'un enfant. » Le 3 octobre 2004, Jean-Paul II béatifie son époux, Karl d'Autriche-Hongrie, en mémoire de qui son père, officier dans l'armée autrichienne, lui avait donné le nom de Karol. Ce sera sa toute dernière béatification.

Mais pourquoi en cet instant prophétique ne se précipite-t-on immédiatement à son secours ? Sans doute, son entourage est-il aussi bouleversé, si ce n'est pétrifié[1] ?

Et puis, à peine assis, le recteur de la basilique lui apporte la flamme vive. Comme pour extérioriser cette flamme vive de l'Esprit qui flambe dans le brasier de son cœur et qu'évoque Catherine de Sienne, d'où sortent comme autant d'étincelles ces larmes de feu.

Et puis, voici l'eau de la source, doucement portée à ses lèvres. Marie au pied de la croix, c'était Agar voyant mourir son petit de soif (Gn 21, 15). Et voilà que celui qui meurt de soif devient source d'eau vive, dans l'immense désert du monde. L'eau de Lourdes prend sa source non dans un rocher des Pyrénées, mais dans le Flanc ouvert du Bien-Aimé. Jean-Paul II se désaltère à la source des sources... Regarde-le : ses yeux sont encore tout brillants. Ses larmes y ont laissé des diamants. Et il se laisse apaiser, consoler, cajoler, désaltérer. Comme un enfant...

Dans les heures qui suivront, nous le verrons, poussé dans son petit trône roulant, se laissant conduire simplement, se laissant faire, tout pauvre, tout faible, tout fragile, tout humble. On le verra tel que nous devons devenir tous, non pas vieux, handicapé, mais enfant, abandonné. Car tel est notre seul avenir. Et partout, il est toujours lui, lui-même, lui, Pierre, vicaire du Christ. Lui, le lieutenant de Dieu, lui le chevalier de la vie, lui le champion de la vérité, lui l'inlassable globe-trotter de l'Évangile, lui,

1. Il faut lire sa splendide homélie lors de la consécration de la basilique de la « Madone qui pleure » à Syracuse, ainsi que son message pour le 50e anniversaire de cette lacrymation, en août 2004.

l'apôtre infatigable des Nations, lui l'amoureux fou de Jésus. Bref, lui et Pierre et Paul, parce que Jean.

A-t-il jamais été aussi beau, notre pape d'amour ? Aussi rayonnant de la splendeur de Dieu ? Il manifeste le mystère de la Croix, mais de la Croix glorieuse, de la Gloire crucifiée. A-t-il jamais autant donné au monde, autant servi l'Église ? A-t-il été à ce point icône vivante du Sauveur en sa Passion, passion par laquelle il nous a tous divinisés et déjà glorifiés ?

*

N'est-il pas alors *sentinelle de l'invisible*, avec et comme toutes les femmes du monde à qui il a décerné ce titre fantastique ? Ses larmes visibles révèlent les invisibles larmes du Père. La fragilité de son corps manifeste la divine fragilité du Corps de Jésus. Sa faiblesse charnelle laisse éclater l'éternelle faiblesse de Dieu. Et s'il avait eu, à cet instant, une apparition de notre Reine ? Si elle s'était un instant montrée à ses yeux de chair, elle toujours présente au fond de la grotte ? Pourquoi pas ? Le contraire serait étonnant. En ce cas, en toute réalité, il est pour nous sentinelle de l'invisible, voyant déjà ce que nous ne voyons *pas encore* : son futur corps tel qu'il sera dans la gloire, portant les stigmates de tout ce qu'il aura souffert ici-bas. Il voit *aujourd'hui* ce qu'il sera *demain.* Il voit son à-venir céleste, et donc le mien et le tien. En contemplant Marie, il voit le corps de l'Église déjà transfiguré, rayonnante des marques mêmes de sa passion sur terre, comme autant de bijoux. Justement, l'Église ne célèbre-t-elle pas ce jour même cette glorification de la première d'entre nous, et par avance de chacun de nous et de toute l'humanité ?

*

Comment ne pas évoquer cet autre écroulement de son corps dans les bras de son frère, fidèle entre tous, Don Stanislaw, non sur un prie-Dieu, mais au fond d'une jeep blanche. Non dans une grotte, mais en pleine place Saint-Pierre. (Mais là aussi, immédiatement télévisé à la face du monde). Non à Lourdes, mais mystiquement à... Fatima. Au jour qu'il instituera liturgiquement comme fête de Notre-Dame de Fatima. Ce soir-là, comme à Lourdes, c'est dans les bras de sa Mère et Reine qu'il tombait, un sourire d'enfant apaisé aux lèvres. Les mains de Marie ont dévié les balles, les bras de Marie ont recueilli son corps blessé, comme ils avaient recueilli le Corps couvert de blessures de son premier-né, un certain vendredi soir.

Le 13 mai 1981 et le 14 août 2004 : c'est le même corps qui s'effondre. Hier, un corps svelte et sportif, skiant sur les pentes de Zakopane, ou escaladant un fier 3 000 au Val d'Aoste. Aujourd'hui, un corps usé, épuisé, qu'il partage avec le peuple de ceux qui en sont à l'automne de leur vie.

D'ailleurs, son corps n'en serait pas là aujourd'hui s'il n'y avait eu cet attentat et les complications de santé qui ont suivi – événements qui l'avaient empêché de venir à Lourdes pour le Congrès Eucharistique – faisant décliner plus rapidement ce physique exceptionnel. Corps d'un quasi-martyr, d'un confesseur de la vérité, de l'amour et de la vie, donc de la beauté de Dieu.

À ce *sang* du 13 mai se mêlent désormais les *larmes* du 14 août. On ne peut jamais séparer le sang des larmes. Les larmes ne sont-elles pas le sang du cœur ?

À chaque communion, je bois le Sang et les Larmes de mon Dieu[1]. À jamais mêlées, à jamais inséparables, ou plutôt des larmes devenues de sang. Comme à Gethsémani. Devant cette grotte, les larmes de Pierre seraient-elles aussi de sang ?

En tout cas, elles viennent se mêler à ces trois litres de sang répandus là où Pierre – le premier du nom – en avait répandu sept[2].

Les pastoureaux de Fatima avaient eu la vision de l'évêque tout en blanc, tué à coup de balles, et tombant au milieu de nombreux cadavres, que sœur Lucia (sur la demande du pape en avril 2000) a précisé être les victimes du communisme. Or, justement, quand Jean-Paul II, à peine remis, est venu à Lourdes en 1983, il a improvisé une vibrante exhortation, complètement inattendue, imprévue même de son entourage, sur quoi ? Précisément sur les martyrs en Europe de l'Est, sur qui l'Église en France à cette époque entretenait un honteux *black-out*[3]. Sous le ciel étoilé de Lourdes, il les avait comparés aux étoiles illuminant la nuit du monde. Quel jour était-ce ? Un 14 août, comme aujourd'hui même, fête du martyre de saint Maximilien Kolbe. Ce fils de saint François à qui

1. Les Pères de l'Église l'ont certifié : Jésus nous a sauvé par ses larmes autant que par son sang. C'est pourquoi, à chaque messe, on mélange de l'eau au vin, et dans le rite byzantin, on verse de l'eau chaude dans le Sang précieux, non pas seulement pour spécifier la ferveur brûlante des saints, mais parce que les larmes en elles-mêmes sont chaudes, surtout quand elles s'écoulent avec un sang en feu, à cause d'un monde à feu et à sang.

2. Et le 13 mai 1981, c'est le sang de ses brebis romaines qui a sauvé leur Berger : du sang romain, celui du personnel de l'hôpital, s'est mêlé à son sang slave ! C'est plus que respirer à deux poumons, c'est vivre grâce à une double lymphe !

3. Il avouera à Mgr Vilnet, intrigué, que c'était parce que, à Lourdes, il se sentait libre et serait entendu du monde entier. Devant les évêques français à Issy, déjà il avait crié : « *Il n'est pas permis d'ignorer le martyrologe qui s'écrit aujourd'hui tout près de chez vous.* » Comme il l'avait dit plus tôt : « *L'Église du silence, elle n'est pas à l'Est, mais à l'Ouest.* » Et une autre fois : « *Mais je suis là, et il n'y aura plus d'Église du silence. Je serai sa voix.* »

ses geôliers hurlaient : « Ne nous regarde pas ainsi ! » tant était insupportable pour eux le regard d'une telle douceur qu'il posait sur eux. Douceur toute mariale. La même dont nous apercevons les lueurs dans les yeux de notre Jean-Paul II, yeux qui viennent d'être lavés par ses pleurs et donc, transparents aux clartés de ce Ciel où règne sa Mère.

La vision prophétique de Fatima se termine avec ce flash extraordinaire, rejoignant toute la théologie des Pères : deux anges sous les mains du Crucifié recueillent dans des arrosoirs de cristal le sang de qui ? Non pas de Jésus, mais... des martyrs ! Le sang des martyrs coule à travers les blessures de Jésus ! Le sang de Jean-Paul II coule à travers le Cœur blessé de Jésus, comme ses larmes aujourd'hui coulent à travers les yeux attristés de Jésus !

Si le Sang de l'Agneau est inséparable de celui de ses martyrs (au point que chaque messe est célébrée sur leurs reliques, en Orient comme en Occident), ses larmes aussi sont inséparables des larmes de ses serviteurs. À jamais mélangées.

Et les anges en arrosent les âmes. Y a-t-il eu dans la grotte de Lourdes deux anges sous les yeux de Jean-Paul II pour venir arroser l'Église et la féconder avec ces larmes à jamais mêlées aux larmes du Seigneur ? Allons-nous laisser les anges nous arroser ? Pour ne pas nous dessécher dans ce désert spirituel ?

*

Les larmes de sang, mais aussi le *souffle* : « Jésus est venu non avec l'eau seule, mais avec l'eau et le sang. Et c'est l'Esprit-Souffle, qui rend témoignage. Ainsi il y en a

Trois à témoigner : l'Esprit, l'Eau, et le Sang, et ces Trois tendent au même but. » (1 Jn 5,6)

À Lourdes, ce 14 août, après les larmes versées, venant rejoindre le sang déjà versé, où donc est le Souffle ?

C'est le souffle haletant de sa respiration soulevant légèrement sa poitrine, presque à chaque phrase de ses discours. Il a absolument tenu à les prononcer lui-même, alors que chaque mot lui demande un douloureux effort[1].

En Azerbaïdjan, en 2002, il avait eu ce mot de splendeur et de vérité (je cite de mémoire) : « *Jusqu'à mon dernier souffle, je crierai le nom de Jésus !* » Et son dernier souffle sera sûrement encore pour l'annoncer, quelque part sur la terre.

Ce souffle de Pierre, n'est-ce pas le signe de la Ruah, de l'Esprit-Saint, inspirant sa parole, quand il « expire chaque mot » ?

À La Havane, il remerciait le peuple d'applaudir souvent, pour lui permettre de « reprendre souffle ». Aujourd'hui, le peuple ovationne moins le message que le prix payé pour le livrer. À chaque fin de phrase ou de page : « Bravo ! tu y arriveras ! Merci de te donner tant de peine ! Confiance ! » Bref, des ovations de compassion !

*

« *Donne ton sang et reçois le Souffle-Esprit*. » Il a donné son sang, et aujourd'hui ses larmes, pour souffler sur le monde l'Esprit qui ne coule jamais qu'avec le sang et l'eau…

---

1. Ses premiers mots sont pour les malades : « *Je partage avec vous un temps de vie marqué par la souffrance physique, mais pourtant non moins fécond dans le dessein admirable de Dieu… Chers malades,* je voudrais vous serrer dans mes bras, *l'un après l'autre, de manière affectueuse et vous dire* combien je suis proche de vous et solidaire de vous. *Je le fais spirituellement,* vous confiant à l'amour maternel de la Mère du Seigneur *et lui demandant de vous obtenir les bénédictions et les consolations de son Fils Jésus.* »

À la Pentecôte suivant son attentat, sortant tout juste de la clinique[1], il avait dit aux évêques convoqués à Saint-Pierre : « *Je vous dis, comme Jésus au soir de Pâques : recevez l'Esprit.* » C'est en montrant ses blessures que Jésus dit : « Recevez l'Esprit ! » Et il avouera plus tard aux évêques d'Angola, lors d'un petit déjeuner à Luanda, qu'il avait alors pensé à ses propres blessures.

Sur son lit à Gemelli, en ces jours entre l'Ascension et la Pentecôte, il ne faisait qu'un avec Jésus montrant ses plaies au Père pour en obtenir l'effusion de l'Esprit sur le monde.

*

Le *sang*, les *larmes* et le *souffle* du corps et du cœur de Pierre sont la Parole au-delà de toutes les paroles. Plus qu'une parole : un signe, un geste. Les larmes et le sang n'ont-ils pas toujours été le langage le plus fort de l'amour ? Le sang, les larmes, le souffle formant un seul et même cri, plus incisif, plus décisif que toutes les grandes paroles de tout son pontificat.

Comme le Sang et l'Eau jaillis du Cœur ouvert de Jésus (si visibles sur le Linceul) ont à jamais scellé toutes ses paroles, tous ses actes et tous ses gestes, ainsi, pour Jean-Paul II, ces larmes sont-elles la *signature* suprême de ces paroles sans nombre qui ont illuminé le monde, et pour des décennies. Le sceau scellant les dizaines de volumes de ses œuvres complètes. L'acte-sommet de tous ces « *Acta Apostolicae Sedis* » durant plus d'un quart de siècle. Et plus

1. Il y retournera d'ailleurs quelques jours plus tard. Cette nouvelle hospitalisation va durer jusqu'au… 14 août suivant.

qu'un signe, qu'un geste, qu'un cri : le cri le plus ardent pour arracher l'homme aux griffes de l'homme, quand l'homme devient un loup pour l'homme.

Là où ses paroles n'ont pas réussi à atteindre le Cœur de l'homme, ce cri y parviendra-t-il ? Vont-ils encore se blinder ? Ce cri ultime fera-t-il sauter les ultimes défenses [1] ?

Ce cri, tous peuvent l'entendre, à moins de se boucher les oreilles. Il résonne par toute la terre, comme la parole des Apôtres. Il résonne comme le « grand cri » de Jésus, immobilisé sur le trône de sa croix. Cri qui traverse et le temps et l'espace.

Ce signe, tous peuvent le décoder, nul besoin de traduction simultanée, de sous-titrage télévisuel, ni même de langage des signes pour malentendants, et encore moins d'interprétations tendancieuses ou de commentaires « éclairés ».

Signe que tous, par toute la terre, peuvent *simplement voir.* Certains vont zapper furtivement. D'autres vont contempler, longuement. Contempler celui que le péché du monde a transpercé, que la lassitude du monde a vieilli, que la détresse du monde a bouleversé.

« Venez et voyez comme il est une douleur pareille à la mienne ! »

« Venez et voyez comme il est un amour équivalent au mien ! »

1. Dans une prison en URSS, un intellectuel marxiste essaye de convaincre un jeune baptiste que Dieu n'existe pas. À bout d'arguments, celui-ci éclate en sanglots. L'intellectuel saisit alors que son Dieu est un amour, l'amour de sa vie. À son tour, il s'effondre en larmes.

*

Et sur les lèvres de celui qui contemple les larmes silencieuses de Pierre jaillit un cri, un seul cri, le seul qui puisse décoder et ces pleurs et cet effondrement et ce halètement, le mot du peuple en voyant Dieu en personne sangloter d'amour et de compassion :

Voyez comme il l'aime, sa Souveraine !
Voyez comme il l'aime, son Seigneur !
Voyez comme il nous aime, nous ses enfants !
ou plus simplement encore :
Voyez comme il aime !
Les larmes ne sont-elles pas le diamant de l'amour ?

Pour ce cri de ton cœur et d'enfant et de frère et de père : sois béni, Saint-Père !

« Si la parole n'a pas converti, c'est le sang qui convertira[1] »

En septembre 2004, Jean-Paul II rédige son message pour la journée des malades, où il continue ce dialogue affectueux avec eux, tout en creusant encore le sens de la souffrance : « *Courage, Dieu ne t'a pas oublié. Le Christ souffre avec toi, et toi, offrant tes souffrances, tu peux collaborer avec Lui*

1. Cardinal Wojtyla, vers du poème *Stanislaw*, cité à la cérémonie d'ouverture de son procès de béatification.

à la rédemption du monde. [...] C'est précisément au moment de la maladie qu'apparaît avec le plus d'urgence le besoin de trouver des réponses adéquates aux questions ultimes concernant la vie de l'homme ; les questions sur le sens de la douleur, de la souffrance et de la mort elle-même, considérée non seulement comme une énigme à laquelle il est difficile de se mesurer, mais comme un mystère dans lequel le Christ incorpore à Lui notre existence, en l'ouvrant à une naissance nouvelle et définitive pour la vie qui ne finira plus. »

*

Noël 2004 : il concélèbre la Messe de minuit et, à midi, donne la bénédiction *Urbi et Orbi* depuis sa fenêtre, après avoir souhaité « *Joyeux Noël* » à l'humanité en soixante langues !

*

Le 1er février 2005, il est hospitalisé d'urgence pour des problèmes respiratoires.

Le 6 février, il bénit la foule en silence de sa chambre d'hôpital et fait lire par Mgr Sandri : « *Même ici à l'hôpital, parmi les autres malades, auxquels s'adresse ma pensée pleine d'affection, je continue à servir l'Église et l'humanité tout entière.* »

*

Le 11 février, pour la fête de Notre-Dame de Lourdes, le cardinal Ruini lit un nouveau message du Pape (qui vient de quitter l'hôpital) aux malades : « *Si vous unissez*

vos peines à celles du Christ mourant sur la Croix pour nous sauver, vous serez les coopérateurs privilégiés du salut des âmes. C'est là votre mission dans l'Église, toujours consciente de la valeur de la maladie lorsqu'elle est éclairée par la foi. Vos souffrances ne sont donc jamais inutiles, au contraire, elles sont précieuses... »

*

Dimanche 13 février, il peut à nouveau rencontrer les fidèles massés sur la place Saint-Pierre. Il leur demande à tous, engagés dans le *combat du Carême* par lequel *on obtient la paix et la joie*, de l'aider pour accomplir sa mission. Le même jour, sœur Lucia, la voyante de Fatima, entre dans la maison du Père. « *La prière de sœur Lucia m'a toujours soutenu dans les moments durs de l'épreuve et de la souffrance.* » (message à l'évêque de Coimbra)

Les messages affluent par centaines des milliers du monde entier. Place Saint-Pierre, on déroule une banderole : « Guéris vite, nous t'attendons sur la place. »

Des détenus romains lui font parvenir des objets qu'ils ont fabriqués avec des allumettes et une petite lettre où ils lui disent, avec beaucoup d'affection, qu'ils unissent leur souffrance à la sienne, espérant par-là lui « donner un peu de réconfort ».

Il participe à la retraite de la Curie, prêchée par l'évêque de Novara, Mgr Renato Corti.

Dans son message pour le Carême, il revient sur la vieillesse « *qui permet de mieux comprendre le mystère de la*

Croix, qui donne pleinement son sens à l'existence humaine. [...] *Qu'arriverait-il si le peuple de Dieu acceptait une certaine mentalité courante qui considère ces frères et ces sœurs âgées comme quasiment inutiles, lorsqu'ils se retrouvent avec des capacités réduites par les inconvénients de l'âge et de la maladie ?* » Il s'expose ainsi lui-même, avec sa propre souffrance, comme une réponse vivante à ceux qui prônent le recours à l'euthanasie.

*

Le 23 février, *Mémoire et identité*, son dernier ouvrage, est publié.

« *Je vis constamment en ayant conscience que dans tout ce que je dis et fais pour accomplir ma vocation, ma mission et mon ministère, il se produit quelque chose qui n'est pas exclusivement de mon initiative. Je sais que ce n'est pas moi seul qui agis dans ce que j'accomplis comme successeur de Pierre.* [...] *Je pense que l'explication se trouve dans l'Évangile. Quand les premiers disciples, envoyés en mission, reviennent près de leur Maître, ils disent : "Seigneur, même les esprits mauvais nous sont soumis en ton nom "* (Luc 10, 17). *Le Christ leur répond : "Cependant, ne vous réjouissez pas parce que les esprits vous sont soumis : mais réjouissez-vous parce que vos noms sont inscrits dans les cieux"* (Luc 10, 20).[1] »

*

1. *Mémoire et identité*, p. 198, *op. cit.*

Le 24 février, à nouveau hospitalisé, Jean-Paul II doit subir une trachéotomie. En Italie, on organise une chaîne de prière reliant paroisses, monastères et communautés religieuses.

À l'hôpital, il parvient à écrire péniblement sur un petit calepin ces quelques mots en polonais et latin : « *Que m'a-t-on fait ? Mais je suis* totus tuus ».

Un nouveau message « *de réconfort et d'espérance* », livré de l'hôpital, invite à comprendre la valeur de la souffrance qui « *d'une manière ou d'une autre nous touche tous* ». Le Saint-Père demande que l'on prie.

*

Le 28, bénissant la foule rassemblée devant l'hôpital, il montre de la main sa gorge comme pour s'excuser de ne pas pouvoir parler. Comme autrefois, lorsqu'il s'entraînait à l'apprentissage de différentes langues avant ses voyages. À présent, il est assidu à faire tous les jours des exercices de rééducation phonique.

*

Le 9 mars, il se montre encore à la fenêtre de l'hôpital en ornements liturgiques. Le 15, ce sera enfin depuis son bureau au Vatican.

*

17 mars 2005, par écran interposé, il participe à la veillée des jeunes de Rome pour l'année de l'Eucharistie à Saint-Jean de Latran : comme un Agneau muet, silencieusement exposé à nos regards.

Ce même jour, j'ai reçu l'immense grâce de donner la catéchèse pour les jeunes du diocèse de Rome, en la Cathédrale de leur évêque : Saint-Jean de Latran[1]. La veillée (suivie d'une nuit d'adoration à l'église Saint-Agnès, QG de la mission) était centrée sur l'exposition solennelle du Saint-Sacrement. Comment ne pas m'arrêter ici pour partager ce que j'ai vu et entendu ?

Paisiblement, durant trois heures, se succèdent la lecture des extraits de la lettre du Saint-Père préparant Cologne, les témoignages de jeunes, les chants. Tout a été minutieusement préparé avec Mgr Stanislaw Dziwisz en personne. À un moment de mon enseignement, je m'adresse au Saint-Père – sachant qu'il suivait la veillée à la télévision – pour le remercier de son courage, de sa fidélité dans l'amour jusqu'au bout : les milliers de jeunes présents se sont alors mis debout comme un seul homme, l'ovationnant pendant de longues minutes, agitant leurs foulards multicolores, et scandant : « Giovanni-Paolo ! » Mais le moment le plus bouleversant est à venir. Je devais normalement leur parler du silence, pour les introduire à un temps d'adoration silencieuse, auquel ils ne sont guère habitués. Au moment de prendre le micro, tout à coup, c'est le Saint-Père lui-même qui apparaît sur l'écran géant : nouvelles ovations délirantes. Puis il nous donne, d'un geste large et lent, sa bénédiction… dans un silence si saisissant que pendant plusieurs minutes, les jeunes ont été littéralement plongés dans un instant d'une intensité extraordinaire. Je comptais leur dire : « Le silence du Pape

1. Ce rassemblement se situait dans le cadre de la mission inter-jeunes du diocèse, dont j'avais donné la catéchèse initiale en octobre. Une fraternité de Jeunesse-Lumière y avait participé les jours précédents. Étape aussi sur la route les conduisant à Cologne pour les JMJ.

est la parole la plus éloquente de tout son pontificat » ! Étant ainsi court-circuité, je n'ai pas pu l'exprimer, mais cela c'est *effectivement* réalisé. Oui, comme son sang, ses larmes, son souffle, maintenant son silence est un cri gigantesque clamant : « L'Amour n'est pas aimé. La Parole n'est pas écoutée. L'Agneau n'est pas mangé ! » Et je le voyais, sur l'écran à droite de l'autel, où rayonnait le Corps de Jésus. Comme deux agneaux immolés, tous les deux, offrant leurs corps à nos regards, silencieusement. « Comme l'agneau muet... » (Is 53, 7) ; « Et il se fit dans le ciel un silence d'environ une demi-heure. » (Ap 8, 1) Notre Saint-Père était tout entier Eucharistie vivante, oblation totale.

*

Jusqu'au bout, Jean-Paul II tient à se montrer à sa fenêtre, fidèle à la tradition : le dimanche des Rameaux, le Mercredi saint, le jour même de Pâques, il lit en silence son exhortation, pendant que – comme une sorte de *play-back* – le cardinal Sodano, sur la place, la lit à haute voix. Il s'était réservé son dernier filet de voix pour cette ultime bénédiction *Urbi et Orbi* qu'il essaie de donner dans un effort surhumain. Seul un son rauque sort de sa gorge. Nous sommes bouleversés par cette bénédiction silencieuse. Mgr Dziwisz se souvient[1] : « J'étais étonné de ce qu'il n'ait pas pu parler. Peu avant, il avait parlé avec moi. Mais devant les fidèles, je crois que, saisi d'émotion, il n'a pas réussi. Alors il m'a dit ces paroles : "Il

1. Interview au quotidien italien *Il Tempo*, 2 avril 2006.

vaudrait mieux que je meure, si je ne peux plus accomplir ma mission." Et aussitôt, il a ajouté : "Que ta volonté soit faite. *Totus tuus*." Ce sont exactement ces mêmes paroles qu'il a répétées avant son dernier souffle. » Il se montre à nous une dernière fois le Mercredi de Pâques, trois jours avant son envol éternel.

*

Le jeudi 31 mars, il reçoit l'Onction des Malades.

Le vendredi 1er avril, une septicémie le prive de ses défenses immunitaires. Sa respiration devient faible : « un tableau clinique d'insuffisance cardiovasculaire et rénale. »

Le cardinal Francesco Pompedda est admis dans sa chambre vers midi. « Le Pape reposait adossé à des grands coussins, raconte-t-il au quotidien *La Repubblica*, un peu tourné sur le flanc droit. Il a tourné les yeux vers moi. Ses yeux était un peu fermés, mais il n'était pas endormi et lorsque mon nom a été prononcé, il les a ouverts... J'ai été saisi par la beauté de son regard souriant. Il voulait clairement que je comprenne qu'il me reconnaissait. [...] J'ai vu qu'il voulait me saluer et dire quelque chose, mais il n'a pas réussi à le faire. Il ne montrait aucun signe de souffrance, même si sa respiration était difficile. Il ne râlait pas, je n'ai pas eu le sentiment de voir un agonisant. »

Dans la même journée, Mgr Angelo Comastri, ancien évêque de Loreto, nommé un mois plus tôt Vicaire Général du Saint-Père pour le Vatican, est aussi convoqué au chevet du Pape. Il court dans les escaliers, évitant les ascenseurs pour être sûr d'arriver à temps, avant que le Saint-Père s'en aille. Tout essoufflé, il s'agenouille à côté du lit.

Le Saint-Père a les yeux fermés. Mgr Stanislaw Dziwisz lui dit : « Voici, Loreto est là ». Il ouvre les yeux : « *Non ! Plus Loreto mais... Saint-Pierre.* » La lucidité et l'humour jusqu'au bout !

*

Son porte-parole, M. Navarro-Valls, témoignera – en évoquant cette soirée pareille à nulle autre – de l'influence du Pape sur sa vie personnelle, la force puisée à son exemple pour prendre vaillamment sa propre croix : « Avec les derniers jours de sa vie, il nous a enseigné comment mourir et comment l'on peut et l'on doit vivre la souffrance. Le soir de sa mort, je me suis senti mal pendant un moment, lorsque je suis passé des appartements du Saint-Père, qui combattait entre la vie et la mort, à la salle de presse où le monde était en attente de nouvelles. Alors j'ai compris que l'on ne pouvait pas éliminer une part importante de l'extraordinaire vie de ce pape, les derniers instants de souffrance qui avaient été partie intégrante de son histoire extraordinaire. » Et il conclut : « Je souhaite que Jean-Paul II puisse être béatifié au plus vite parce que je suis convaincu de sa sainteté au-delà de tout procès.[1] »

*

Mgr Stanislaw est toujours là, fidèle, lui essuyant délicatement le front ; il y a aussi quelques membres de la Curie, les religieuses qui s'occupent de lui. Ils prient. Alors,

1. Interview pour la télévision italienne du 21 janvier 2006.

le Saint-Père demande de parcourir une dernière fois les stations du chemin de Croix.

Sur la place Saint-Pierre aussi on prie. Dans la soirée, Mgr Angelo Comastri anime un chapelet avec les fidèles déjà nombreux qui seront bientôt des dizaines de milliers. « Ce soir ou cette nuit, leur dit-il, le Christ ouvrira largement les portes au Pape et à la porte, il y aura certainement Marie à laquelle le Pontife s'est dévoué entièrement. » Des centaines des personnes, surtout des jeunes, passeront toute la nuit sur la place.

Le monde entier se met en prière.

« L'ultime passage, c'est-à-dire ma pâque [1]... »

« *En cet espace aux dimensions plénières du monde*
TU ES
Dès lors j'ai un sens
Moi qui croule au sépulcre,
Ma poussière où retourne cet unique assemblage d'atomes
Est une parcelle de Ta Pâque.[2] »

2 avril. Premier samedi du mois. À 7 h 30, il peut encore suivre la célébration eucharistique célébrée au pied de son lit et, dans la matinée, recevoir le cardinal Angelo Sodano.

Vers 15 heures, esquissant un sourire, il murmure en polonais : « *Laissez-moi partir vers la maison du Père.* »

---

1. Testament de Jean-Paul II.
2. Écrits cracoviens, publiés en français sous le titre : *Poèmes, théâtre, écrits sur le théâtre*, éditions Cana/Cerf, 1998.

À 20 heures, en ces premiers Vêpres du deuxième dimanche de Pâques, on célèbre de nouveau la messe près de lui. Messe du Cœur ouvert, miséricordieux, qui offre sa blessure à voir et toucher : à Thomas et, par lui, à tous les fidèles des siècles à venir. C'est précisément ce dimanche que Jean-Paul II a voulu consacrer à la Miséricorde divine. La Messe est présidée par Mgr Stanislaw Dziwisz, avec la participation du cardinal Marian Jaworski, archevêque de Lviv des latins, de Mgr Stanislaw Rylko, président du Conseil pontifical pour les Laïcs, et de Mgr Mieczyslaw Mokrzycki, également secrétaire du Pape. Jean-Paul II reçoit le saint Viatique et, une nouvelle fois, l'onction des malades.

*

21 heures. La Messe est terminée.

« *Dans l'amour qui a sa source dans le Cœur du Christ se trouve l'espérance pour l'avenir du monde. [...] L'unique vérité capable de contrebalancer le mal est le fait que Dieu est Miséricorde.* [1] »

21 heures 37. La Messe de sa vie s'achève. Et « *Marie est là, avec l'Église et en tant que Mère de l'Église. Par Elle, il se laisse accompagner...* [2] »

1. *Mémoire et identité,* p. 202 et 217, *op. cit.,* « Les derniers mois, la maladie l'a identifié de plus en plus au Christ souffrant. Il est frappant de penser qu'à l'heure de sa mort, il s'est retrouvé à unir l'offrande de sa propre vie à celle du Christ dans la messe qui était célébrée près de son lit. » (Benoît XVI, Angelus du 4 septembre 2005)
2. Cf. *Ecclesia de Eucharistia* n° 57.

« Karol, Karol, Karol » répète le cardinal camerlingue, Eduardo Martinez Somalo, selon un touchant rituel. Mgr Leonardo Sandri descend vers la foule, sur le parvis de la basilique : « Très chers frères, notre Saint-Père, le pape Jean-Paul II, est retourné dans la maison du Père. Notre prière en silence accompagne les premiers moments de sa rencontre avec le Christ dans le Ciel. »

*

Le 8 avril, 2 millions de personnes se sont rassemblées dans la Ville éternelle pour les funérailles de Jean-Paul II. Il y en aurait eu au moins le double si les autorités italiennes n'avaient pas découragé – à travers tous les médias – cette affluence trop imposante pour être gérée en si peu de jours. Luigi est l'un des 5 000 *carabinieri* qui patrouillent ou stationnent dans les rues de la capitale, placée sous une surveillance maximum. Il raconte :

« Le ciel est gris, un vent froid souffle par petites rafales. Quelques passants traversent le quartier d'un pas rapide. Aucun ne flâne. On m'a affecté à la garde d'un pâté de maisons. De temps en temps, je gagne la camionnette où un collègue a installé un petit téléviseur portatif. Tous regardent la retransmission des cérémonies de la place Saint-Pierre avec attention, pourtant pas un seul n'est pratiquant. Lors de mon troisième tour de garde, je prends conscience que Rome est plongée dans un silence anormal. Même en l'absence du tintamarre des automobiles et des camions, un "surcroît de silence" pèse sur la ville. Le plus étonnant : aucun oiseau ne vole, aucun chien n'aboie. C'est comme si l'Univers se recueillait.

Midi approche, tout à coup une clameur scandée s'élève du Vatican. J'ai la chair de poule, que se passe-t-il ? Peu à peu je comprends le cri de la foule : "*Santo subito, Santo subito...*" Toute la ville est envahie par cette clameur, résolue, digne, impérative. Une profonde émotion secoue tout mon être, je ne peux retenir mes larmes. En rejoignant la camionnette, je trouve mes collègues assis et silencieux, ils ont éteint le téléviseur. Le brigadier rompt le silence : "Il est au paradis". Personne ne répond, un ange passe.[1] »

*

Un dernier *fioretto*, parmi les autres, nombreux, qui se sont passés lors de son encièlement et les jours suivants sa pâque : dans la crypte de Saint-Pierre, après que les cardinaux se sont retirés doucement, Mgr Comastri reste seul avec les « *sanpietrini* » (ouvriers de la Basilique). Ceux-ci lui demandent : « Avant de remettre la dalle, peut-on prier ? » Et tous à genoux : « Saint-Père, vous êtes le pape de la famille, nous vous confions nos épouses, nos enfants, nos familles les plus en difficulté... » Mgr Comastri en est ému aux larmes.

*

Son procès de béatification a été ouvert comme on le sait le 28 juin 2005, aux premières Vêpres des saints patrons de Rome, Pierre et Paul, quatre-vingt-huit jours

1. Cité par René Lejeune dans « *Santo subito* », supplément à *Chrétiens magazine* n° 185.

après sa pâque, alors que la procédure normale demande cinq ans, « tellement grande et universelle, profonde et unanime, est la conviction de sa sainteté » (cardinal Ruini, à la cérémonie d'ouverture).

En même temps s'est donc ouverte l'enquête diocésaine (dans le diocèse de Rome et celui de Cracovie) sur la vie, les vertus et la réputation de sainteté du Serviteur de Dieu Jean-Paul II.

*

Septembre 2005 : parution en Italie d'un livre rigoureux dans sa démarche historique et scientifique sur les « miracles de Jean-Paul II », grâces répandues de son vivant, donc non valables pour le procès de béatification. Mgr Dziwisz[1] souligne : « Le Saint-Père ne voulait pas entendre parler de ces choses. Il disait : les miracles sont l'œuvre de Dieu, pas des hommes. »

*

Octobre 2005 : à l'occasion de l'anniversaire de l'élection de Karol Wojtyla au siège de Pierre, l'archevêque Stanislaw Dziwisz révèle à l'envoyé spécial du quotidien italien *Avvenire* à Cracovie que le Pape Jean-Paul II a enregistré des paroles « encore secrètes », avant de se soumettre à la trachéotomie du 24 février qui devait lui rendre toute parole difficile. « J'ai gardé cette cassette

1. L'intronisation de Mgr Dziwisz sur le siège prestigieux de Cracovie, le 29 août 2005, a été un vrai triomphe : 22 cardinaux, 200 évêques, près de 1000 prêtres, quelques 100 000 fidèles, 2 avions spéciaux de Rome. N'était-ce pas une manière de le remercier de son inlassable dévouement au long de quelques 40 années d'épiscopat et de pontificat ? Comme le titrait magnifiquement *France catholique* : « Le sacre de la fidélité ».

audio, explique-t-il, mais je n'ai pas encore trouvé la force de la réécouter. »

Et il a ajouté : « Cela semblera étrange, mais de nombreux groupes de prière sont nés justement le 2 avril, non seulement en Pologne, mais dans le monde entier. Il s'agit surtout de jeunes qui se sont réunis spontanément et ont décidé de continuer à se rencontrer au nom de Karol Wojtyla. Je crois que ce jour-là, la nouvelle évangélisation à laquelle Jean-Paul II a dédié tout son ministère a trouvé un nouvel élan. »

En ce même mois d'octobre 2005 est signalée la guérison miraculeuse d'une religieuse française atteinte de la maladie de Parkinson, celle-là même dont a été atteint le Saint-Père. Elle aurait été guérie alors que les sœurs priaient ensemble à son chevet en invoquant pour elle l'intercession de Jean-Paul II.

Daniel-Ange
Le 27 décembre 2005,
Fête de saint Jean :
Jean-Paul II étant d'abord Jean *avant d'être*
et pour pouvoir être... Paul *!*
Anniversaire de sa rencontre avec son agresseur Ali Agça
à la prison de Rebibbia à Rome, le 27 décembre 1983.

HOMMAGES À JEAN-PAUL II
« LE GRAND »

Il faut être inconscient pour ne pas réaliser le fantastique rayonnement de Jean-Paul II, bien au-delà des milieux catholiques, et son prestige spirituel sur une multitude d'hommes et de femmes de bonne volonté. Innombrables, les témoignages ! Parmi des milliers, quelques échos...

Du monde russe ou orthodoxe

Alexander Soljenitsyne
Écrivain russe

« Jean-Paul II est un grand cadeau de Dieu.[1] »

*

Andreï Sakharov
Physicien nucléaire russe, prix Nobel de la paix (1921-1989)

« Cet homme se soucie vraiment du monde entier. Il réunit en sa pensée toutes les nations et toutes les personnes. »

---

1. Les citations de ce chapitre proviennent des archives personnelles de l'auteur, sauf autres sources mentionnées.

*

Julia Latynine
Critique littéraire de la Literatournaya Gazeta *de Moscou*

« Impossible de critiquer un tel homme, même de la part d'un orthodoxe. Jean-Paul II est une instance supérieure pour l'Église et l'Église n'est pas faite pour avoir sa propre opinion, mais pour servir la Vérité, dont le pape est le principal représentant. C'est un homme dont on doit écouter et non contester les paroles.[1] »

*

Un journaliste
Vremia Novosteï, *Moscou*

« Le courage du Pape face à la mort [...] a fixé sur lui l'attention du monde entier et a empli de compassion les cœurs de ses plus anciens adversaires. Jean-Paul II n'a pas pu apporter son soutien aux catholiques russes en venant les voir, mais il l'a fait avec sa mort. »

*

Pr. Alexis Kozyrev
Professeur de philosophie à Moscou

« Nous sommes avec tous les catholiques en ces jours difficiles. Ces jours, l'unité mystique de l'Église apparaît avec évidence. Nous nous sommes rassemblés ; un prêtre,

1. Cité dans *Temps de l'Église*, février 1994.

vice-recteur de l'Académie théologique Serguev-Possad, pleurait en disant que le monde a perdu un grand staretz. »

*

Pr. Konstantin Sigov
Ukrainien orthodoxe rattaché au Patriarcat de Moscou

« Nous prions à Kiev avec vous pour Jean-Paul II et répétons avec les pèlerins : SANTO SUBITO. Aujourd'hui, c'est le grand jour de l'humanité unie, avec le visage purifié des larmes. Il est impossible d'exprimer toute la profondeur de cette révélation de Pâques. Reconnaissance profonde et amour fraternel. »

*

O. Füzes
Journaliste, Budapest

« La plupart des pontifes sont comme des représentants de Dieu devant les hommes. Celui-ci était, au moins un peu, l'inverse. Il nous a représentés auprès du Tout-Puissant. Nous tous : non seulement ses propres coreligionnaires, mais toute l'humanité. »

*

Michel Evdokimov
Professeur à l'Institut Saint-Serge de Paris

« Je voudrais vous dire ma sympathie, mon union de prière, à l'occasion du départ du pape Jean-Paul II. Une

voix forte et courageuse s'est éteinte, mais elle a encore des choses à dire au monde et à la chrétienté. Ma paroisse (et bien d'autres paroisses orthodoxes) ont prié avec ferveur à la liturgie de dimanche. Un grand mouvement de prière s'est allumé aux quatre coins du monde, un grand moment qui sera peut-être le point de départ d'une foi renouvelée.[1] »

Du monde anglo-saxon

Le directeur
Time Magazine, New York

« Faisant l'aller-retour New York – Rome, j'ai pu lui dire, à l'occasion de ses cinquante ans de sacerdoce : "Ma revue vous a proclamé l'homme de l'année. Moi, je vous proclame l'homme de toutes les années, car dans le grand combat pour sauver la vie, c'est vous qui êtes déjà le grand vainqueur." »

*

Malcolm Muggeridge
Journaliste à la BBC

« Ce pape est un don du ciel. »

*

1. Lettre à l'A. du 5 avril 2005.

Un journaliste
The Wall Street Journal, 1994

« Le pape n'est pas un partisan, c'est un éveilleur de conscience. Son message est en train d'accélérer le réveil de l'amour. »

*

Uwe Siemon-Netto
Luthérien

« Comment ces jeunes ne sont-ils pas découragés par le fait qu'il est à peine audible ? Pourquoi se précipitent-ils vers lui plutôt que sur un jeune fringant clergyman parfumé et impeccablement rasé ? Parce que c'est le printemps pour les personnes âgées dignes de confiance, le printemps pour l'intégrité. »

Du monde occidental européen

Pr. Régis Debray
Chaire de médiologie de la Sorbonne

« Il ne reste plus qu'un seul repère dans l'humanité en cette fin de siècle : il se trouve sur la colline du Vatican. »

*

Louis Althusser
Philosophe marxiste (1918-1990)

« Dans la crise que traverse l'humanité, un seul homme peut la sauver : Jean-Paul II. »

*

Bernard Henri Lévy
Intellectuel français

« Qu'il y ait un lieu en ce monde, ou en tout cas dans nos sociétés, où continue d'être dit que la condition humaine ne peut faire l'impasse sur la question du mal, du péché, de l'interdit, qu'il s'y trouve une poignée d'hommes, et parmi eux, un pape pour rappeler que l'espèce ne fera jamais complètement l'économie de sa part noire et maudite, est peut-être difficile à entendre. Ce n'en est pas moins une bonne nouvelle, parce que c'est un gage de civilisation et un rempart contre la barbarie. Merci au Pape d'exister.[1] »

*

Jean-François Deniau
Académie française

« Ce pape restera parce qu'il n'a jamais accepté les modes du "politiquement correct", dont la plus grave et la plus répandue fut la foi dans le communisme soviétique incarnant le sens de l'Histoire. [...] Ce pape restera parce

1. *Le Point*, 21 septembre 1996.

qu'il a dit cette phrase si simple, si directe : *"N'ayez pas peur !"* Pas seulement la peur physique des contraintes, menaces, pressions, états de siège des dictatures et autres forces d'occupation. Elles existent, et il faut leur résister. Mais aussi la peur *morale* d'être vous-même et de croire en vous-même, qui est peut-être la plus importante. Quelle révolution ! [...] Oui, la vérité est le premier courage.[1] »

*

Hélène Carrère d'Encausse
Académie française

« *N'ayez pas peur !* » Cette phrase prononcée par Karol Wojtyla à l'aube de sa vie pontificale, souvent répétée depuis lors, où pouvait-elle être mieux entendue et comprise que dans l'est de l'Europe d'où venait ce Pape inattendu ? [...] Un système totalitaire – et le système communiste fut la plus parfaite expression du totalitarisme – ne peut s'imposer durablement aux hommes que parce qu'il fait peur. [...] Dès lors commence une étrange période, où le pouvoir communiste tente de regagner les esprits par des concessions – promesses de réforme, glasnost, c'est-à-dire une certaine liberté d'expression – pour enlever à Jean-Paul II l'exclusivité du message de liberté dont il est la permanente incarnation. Rarement l'espoir est du côté des communistes, telle est la dernière bataille, que les plus intelligents d'entre eux, tel Gorbatchev, vont livrer. Et perdre.[2] »

1. *Le Figaro magazine*, 3 octobre 2003.
2. *Ibid.*

*

Xavier Grall
Écrivain et poète (1930-1981)

« Devant les images de Karol Wojtyla en Pologne[1], que de pensées se sont bousculées en moi. [...] Superbe Pentecôte polonaise, jours pèlerins et tout illuminés de Czestochowa, de Cracovie et d'Auschwitz ! Ô les beaux jours... C'est un Pape de grand vent ! C'est un Pape qui chante et qui marche. [...] Merci au peuple slave de nous avoir donné ce poète. [...] Dernière image : Karol Wojtyla s'agenouillant sur les dalles d'Auschwitz-Birkenau. Au-dessus des ossements des martyrs, il est tout blanc comme "un peuple de colombes". Et, croyants ou incroyants, tous, nous voilà plus propres, plus près de l'amour, près du soleil... »

*

Michel Serrault
Comédien

« Jean-Paul II est une personnalité exceptionnelle, [...] c'est un exemple formidable de vie, de courage, d'espoir et de foi, notamment pour ceux qui sont vieux, malades et qui souffrent. [...] Je ne partage pas tous ses préceptes. Mais je sais qu'il ne jugera et ne condamnera jamais les chrétiens qui ne suivent pas ses conseils. »

1. Lors de son premier voyage en juin 1979.

*

Ménie Grégoire

« Je vous avoue que cet homme-là, dans notre monde déliquescent, me fascine. Il représente la “résistance” dans notre débâcle spirituelle, et il est bien le seul ! »

*

Une éditorialiste
Revue Elle

« Qu'est-ce qu'on a à attaquer cet homme ? Il a le courage de dire ce que nous les femmes, pensons, désirons et sentons.[1] »

*

Carlo Casini
Président du Mouvement italien pour la vie

« Depuis la naissance du Mouvement pour la vie en Italie en 1984, 70 000 enfants ont pu naître grâce au courage de leurs mères et à l'aide de nos Centres. Nous n'oublierons jamais Jean-Paul II, et nous consacrerons notre vie à mettre en acte ses paroles. »

*

1. Après la parution de *Donum vitae,* 1987.

Pierre Bachelet
Chanteur, dans sa chanson L'homme en blanc

« Il arrive, il descend, il est là, l'homme en blanc.
Devant chaque visage, il s'arrête un instant...
Et la vie qu'il annonce aux peuples à genoux
C'est comme une réponse qui les remet debout...
Dieu que le ciel est bleu, quand on le voit si blanc ! »

De leaders politiques

Vaclav Havel
Président de la République tchèque de 1989 à 2003

« Vous êtes le premier pape à mettre pied sur cette terre [...] Cet après-midi, j'assiste à un miracle. Dans un pays saccagé par l'idéologie de la haine, le messager de l'amour vient d'arriver, [...] le messager de la paix, du dialogue, de la tolérance mutuelle, de l'estime et de la paisible compréhension, le messager de l'unité dans la diversité.[1] »

*

1. En recevant le Pape le 21 avril 1990, quelques mois seulement après la chute du mur de Berlin.

Mikhaïl Gorbatchev
Président de l'Union Soviétique de 1988 à 1991

« Tout ce qui est arrivé en Europe de l'Est n'aurait pas été possible sans la présence de ce Pape et son rôle de leader sur la scène du monde.[1]»

*

Bill Clinton
Président des États-Unis d'Amérique de 1993 à 2001

« Ces dernières années, personne n'a fait plus que vous pour promouvoir la liberté des hommes et de la démocratie politique. Vous regardez l'avenir avec... des yeux d'enfant.[2]»

*

Boutros Boutros-Ghali
Secrétaire général de l'ONU de 1992 à 1996

« Son message à la famille des nations nous parvient avec clarté et conviction. Nous avons besoin aujourd'hui de cette vision globale. Sa dimension spirituelle a une importance fondamentale dans les relations mondiales. »

*

1. *La Stampa*, 3 mars 1992.
2. Message du 24 décembre 1993.

Emil Constantinescu,
Président de la Roumanie de 1996 à 2000

« La présence de Votre Sainteté en Roumanie met un terme à un millénaire de pénible séparation et inaugure une réconciliation historique jusqu'à maintenant souhaitée et devenue, grâce à votre visite, déjà possible.

La visite de Votre Sainteté illustre bien le triomphe de l'esprit évangélique sur les idées toutes faites et toutes hostiles que l'histoire a entretenues au détriment de l'Église. On dit souvent que Votre Sainteté a contribué de manière providentielle à la chute du communisme, un régime que vous, fils de la Pologne, avez connu de façon immédiate. Dès le siècle dernier, l'Église catholique a condamné le marxisme, le communisme réel et puis même ceux qui, trompés dans leurs illusions ou sous le coup des intimidations, avaient adhéré à cette doctrine politique athée. Quant à vous, vous n'avez pas vu dans le communisme un ennemi extérieur, mais plutôt une pathologie de l'esprit, dont le seul remède est l'affirmation existentielle des grands principes chrétiens. En l'occurrence, il fallut non pas organiser un siège, mais simplement convertir les cœurs. Saint-Père, vous avez réussi à déterminer cette mutation intérieure chez toutes les nations rendues captives par des murailles plus ou moins visibles. L'action du Saint-Siège, loin de provoquer des guerres, a accompli – dans ces années troubles – un bénéfique rituel d'exorcisation. Voilà pourquoi on peut dire du système communiste qu'il n'a pas perdu le combat, mais qu'il a tout simplement épuisé ses limites

et disparu dans la confrontation avec l'humanité essentielle des préceptes évangéliques.[1] »

*

Congrès des USA

« Le pape Jean-Paul II a vécu son pontificat d'une manière unique, émergeant comme bien plus que simplement le leader de l'Église catholique mais comme une voix forte contre le communisme, l'oppression et la tyrannie, travaillant et en public et en privé pour exercer son influence contre les forces de l'injustice. Contre le fascisme, le communisme, le terrorisme, il a été une voix inlassable. Des millions de personnes à travers le monde ont été bénies par la bonté du pape, son amour sincère pour la personne et sa détermination à reconnecter l'humanité avec son idéal le plus haut. Il s'est battu infatigablement contre la culture de mort, il s'est battu pour la dignité de l'homme, contre la tyrannie et la trivialité, et si ce n'est pas trop dire, le pape Jean-Paul II a consacré sa vie au combat pour nos âmes.[2] »

*

Lech Walesa
Premier président de la Pologne libre de 1990 à 1995

« Les faits parlent d'eux-mêmes lorsqu'il s'agit de juger ce pontificat et les vingt-six ans pendant lesquels le plus

1. Discours d'accueil à Bucarest, 7 mai 1999.
2. Résolution votée à l'unanimité : 380 voix contre 0, le 17 octobre 2002.

éminent des Polonais a occupé le siège du Pape à Rome ! [...] Qui d'entre nous aurait imaginé l'effondrement du régime soviétique, la chute du mur de Berlin, la Pologne libre... Le Saint-Père, lui, avait tout prévu, tout compris. "*N'ayez pas peur de changer la face du monde*", nous avait-il dit en 1980.[1] »

*

Wojciech Jaruzelski
Président de la Pologne de 1981 à 1989

« À chaque entretien, j'étais impressionné par la personnalité du Pape, par son intellect, son charisme. C'était vraiment un dialogue, et non un monologue, car Jean-Paul II savait discuter, et surtout, écouter.[2] »

*

François Fillon
Homme politique français

« Il a tellement apporté à la religion catholique et au monde d'une manière plus générale que je n'ai pour lui, à la fin de sa vie, *qu'un sentiment d'admiration et de gratitude.* [...] Sur le plan de la démocratie, il est incontestable qu'il a joué un rôle déterminant dans la chute des régimes communistes. Sur le plan de la condition humaine, dans un monde qui est essentiellement dévolu aux valeurs

1. *Le Nouvel Observateur* n° 2109.
2. *Idem.*

marchandes, il interpelle en permanence sur la place de l'homme. Enfin, il restera évidemment l'homme du dialogue entre les religions. Son apport au siècle qui vient de se terminer est tellement grand qu'on ne peut avoir que de la gratitude à son égard.[1] »

*

Christine Boutin
Député française

« Je ne peux qu'exprimer une profonde émotion à la mort du plus grand défenseur de la Paix de notre époque, qui a marqué la vie d'innombrables personnes dans le monde entier. Il a fortement marqué ma vie de femme, de mère et de responsable politique, tant il a été un modèle de réconciliation, d'exigence et d'amour pour chacun à la suite du Christ. On ne peut oublier la dimension politique de cet homme d'exception, homme qui a permis la chute du mur de Berlin, le rapprochement des peuples, des pays et des religions.

Le Saint-Père, devenu par son exemple le père de tous les fidèles mais aussi de beaucoup d'autres, a consacré sa vie pour l'Église et toute l'humanité. Il a été l'inlassable défenseur des plus pauvres, des plus petits, des plus démunis, le promoteur de la culture de vie. Il nous lègue cet amour de la vie du début jusqu'à la fin, en toutes circonstances, jusque dans les dernières minutes de sa propre vie. Son testament est celui de l'amour de la vie, qui appelle au respect de chacun, sans condition, à temps et à contre-temps.

1. *La Croix* du 16 octobre 2003.

Il nous appelle à l'Espérance, à la confiance et à la joie dans la résurrection. Même après sa mort, sa vie et ses paroles que nous garderons demeurent un trésor qui portera des fruits dans le monde entier et dans le cœur de chacun.

Que l'on soit croyant ou non, Jean-Paul II restera le plus grand témoin d'humanité du XXe siècle, siècle qui en avait tant manqué.[1] »

De leaders religieux, chrétiens et non-chrétiens

Gary L. Krupp
Président et fondateur de la Pave the Way Foundation[2]

« Nous sommes un groupe de personnes représentant un échantillon du monde du judaïsme, venues ici avec les bénédictions de millions de croyants de notre foi, pour vous remercier. [...] Vous avez dénoncé l'antisémitisme comme "un péché contre Dieu et contre l'humanité". Ce ton de réconciliation a été la pierre angulaire de votre pontificat et des relations avec le peuple juif. [...] L'Éthique juive des Pères restitue de façon très belle, en vers, l'amour que vous avez exprimé pour toute l'humanité. Rabbi Hillel déclare : "Sois un disciple d'Aaron, en aimant la paix, en poursuivant la paix, en aimant toute l'humanité et en la rapprochant de la religion."

1. www.frs-online.org, 2 avril 2005.
2. Association qui rassemble 160 rabbins et représentants juifs d'Israël, des États-Unis et d'Europe. Ce texte est extrait du message adressé au Pape par le Fondateur de l'Association lors d'une audience, le 18 janvier 2005.

Par vos actes d'amour à l'égard de toute l'humanité et votre poursuite implacable de la paix et de la réconciliation de toutes les croyances, Votre Sainteté est vraiment la personnification de ces idéaux et de l'esprit d'Aaron, le grand prêtre de l'antique Israël. »

*

René-Samuel Sirat
Ancien grand rabbin de France

« Oui, l'humanité est en deuil : les catholiques, bien sûr, qui ont perdu celui qui représentait l'âme de leur Église ; les chrétiens qui pleurent la disparition de celui qui a tant œuvré pour l'œcuménisme ; les juifs, qui ont perdu un ami sincère, celui qui a osé agir et porter témoignage de cette amitié en se rendant à la synagogue de Rome – ce qu'aucun Pape n'avait fait avant lui – puis en pèlerinage à Yad Vashem et sur l'esplanade du mur occidental de Jérusalem, dernier vestige du second temple, où il a placé dans les interstices du rocher sa prière de repentance ; les musulmans qui se souviennent de son discours de Rabat aux accents prophétiques ; les adeptes des religions d'Extrême-Orient, qu'il a tenu à inviter à Assise avec les représentants des monothéismes ; et surtout les millions d'êtres humains, qui ne revendiquent aucune appartenance religieuse et qui sont sensibles aux valeurs de paix, de fraternité, de justice et de concorde qu'il a prônées sans relâche tout au long de son pontificat.[1] »

1. *La Croix,* 27 septembre 2005.

*

Rabbin David Rosen

Directeur international des relations interreligieuses de l'American Jewish Committee

« Jean-Paul II a déclaré que dans le domaine des relations interreligieuses, mais surtout les relations entre catholiques et juifs en particuliers, “la compréhension réciproque et le respect mutuel sont la manière la plus sûre pour surmonter les préjugés du passé et mettre une barrière contre toute forme d'antisémitisme, de racisme et de xénophobie” (septembre 2001). Il a ajouté que “le patrimoine spirituel commun aux chrétiens et aux hébreux est tellement grand et tellement essentiel pour la santé religieuse et morale de la famille humaine qu'on ne doit rien épargner pour faire avancer le dialogue, spécialement sur les questions bibliques, théologiques et éthiques.” Il a ainsi mis en évidence les motifs principaux pour faire avancer ce dialogue : la responsabilité de surmonter tout préjugé et fanatisme, ainsi que l'obligation de mener ensemble une action pour la paix qui s'enracine dans un engagement étique qui nous est commun. Mais ce dialogue a aussi pour le Pape un but religieux : témoigner de la présence divine dans le monde, spécialement dans le “patrimoine spirituel” partagé par juifs et chrétiens.[1] »

*

1. *Città Nuova*, avril 2005. Les citations des pages 208 à 211 sont issues de la même revue.

Shaïck Muhammad Tantawi
Grand Imam de l'Université Al-Azhar du Caire[1]

« J'ai reçu Jean-Paul II dans mon bureau en 2000, avant sa visite à Damas. Nous avons pris du thé, nous avons ri ensemble, causé avec chaleur et respect. Pendant qu'il me quittait, je lui ai recommandé de soigner sa santé parce que le Pape est important pour tous, même pour les musulmans. La première impression, et la plus profonde, que j'ai ressenti en le rencontrant, a été son extraordinaire humanité. Tout son être m'a rappelé la fraternité entre les hommes : Jean-Paul II a été l'homme de la fraternité. En le rencontrant, j'ai eu la certitude que nous sommes tous frères en humanité, tous fils d'Adam, tous participants de la même humanité. »

*

Le Dalaï-Lama

« Sa Sainteté le pape Jean-Paul II était une personne profondément spirituelle, pour laquelle j'ai le plus grand respect et la plus grande admiration. Son expérience en Pologne, dans un pays communiste, et mes propres difficultés avec les communistes, nous ont immédiatement donné un point commun. [...] Le Pape pensait comme moi que les existences humaines n'ont pas seulement besoin de ressources matérielles, mais aussi de spiritualité. [...] En public, mais aussi pour moi personnellement, le Pape a toujours souligné l'importance des valeurs spirituelles, et

1. La plus haute autorité dans l'Islam sunnite.

nous étions tous les deux préoccupés de voir que les jeunes générations n'y étaient plus sensibles. [...] J'ai eu le privilège de participer aux réunions d'Assise, les rencontres de prière, un événement très important et significatif, à son invitation. Cela a montré à la communauté mondiale que nos différentes traditions pouvaient réellement prier ensemble, et envoyer un message de paix d'une même origine. »

*

Nichiko Niwano
Bouddhiste, président du mouvement japonais Rissho Kosei-kai

« Je voudrais exprimer les sentiments de profonde douleur en apprenant que le pape Jean-Paul II est monté au Ciel. Le respect pour la vie était le premier souci du Pape qui, en tant qu'homme d'action, a proposé des mesures concrètes pour mettre fin à la pauvreté et à l'injustice, tout en donnant une contribution active et efficace pour la paix dans le monde. Il a compris profondément le dialogue, en envoyant une délégation du Vatican à la Conférence mondiale des religions pour la paix (WCRP) et en réunissant les leaders religieux du monde entier pour la journée de prière à Assise, à laquelle j'ai eu l'honneur de participer. Je ressens encore une vive émotion en pensant à ma première rencontre avec lui. Je suis très reconnaissant pour tout ce que Sa Sainteté m'a appris et qui vit toujours dans le travail du RKK en faveur de la coopération interreligieuse et pour la paix dans le monde. Humblement, je prie pour qu'il puisse habiter dans le Ciel avec son Seigneur. »

*

Bartholomée Ier
Patriarche œcuménique de Constantinople

« Le pape Jean-Paul II avait la claire vision de la réunification de tous les chrétiens et il a travaillé pour la réaliser. Pour donner cette empreinte à tout son pontificat, il a visité le patriarcat œcuménique juste une année après son élection. Il n'a pas hésité face aux difficultés et aux sacrifices, pour pouvoir porter le message de l'Évangile au monde entier et favoriser la paix. [...] Pour cette raison, sa mort est une perte non seulement pour son Église, mais pour toute la chrétienté et pour la communauté internationale qui s'engage pour la paix et la justice. »

*

Mesrob II
Patriarche de l'Église arménienne de Turquie

« La dernière fois que j'ai eu la possibilité de prier avec Jean-Paul II, c'était dans sa chapelle privée, il y a un an et demi. Il sera pour toujours rappelé comme non seulement le "pape" très aimé de l'Église catholique romaine répandue dans le monde, mais aussi – bien que certaines Églises le disent moins haut – comme le pasteur et guide de la chrétienté universelle. Oui, il a été un bon et courageux berger qui a combattu le bon combat. »

*

Frère Roger, de Taizé

« Mon cœur demeure empli de gratitude pour l'exceptionnel ministère de communion et de paix qu'il a exercé pendant plus de vingt-six ans. Il a soulevé une espérance chez tant de jeunes. Ses plus de cent voyages demeurent la claire expression d'une âme profondément attentive à préparer un avenir de paix.[1] »

*

Christian Krause
Évêque émérite de l'église évangélique luthérienne

« Jean-Paul II a toujours gardé une profonde humanité, et ce souvent au cœur d'une grande solitude. Il a gardé une profonde confiance dans la grâce et la miséricorde de Dieu, même au cours de son affaiblissement physique qu'il n'a jamais caché. Ce sont là des témoignages de foi que j'ai rarement rencontré ailleurs. Je me souviens qu'une fois, en 1998, pendant un moment de crise du dialogue entre nos Églises, le Pape est intervenu de manière à obtenir qu'avant de passer le seuil du nouveau millénaire, on arrive à signer la Déclaration commune sur la doctrine de la justification. Le point crucial de la tension, c'était la reconnaissance et le respect réciproques qui étaient sans cesse remis en cause. Finalement, à cette occasion, ils furent manifestés *expressis verbis* : "L'Église catholique et la Fédération luthérienne mondiale ont commencé et mené ce dialogue en tant que partenaires

1. *Pressens-tu un bonheur ?*, Ateliers et Presses de Taizé – 71250 Taizé, France, 2005.

ayant mêmes droits *(par cum paris)*." Par la suite, au cours d'un entretien privé, Jean-Paul II n'a émis aucun doute sur ce principe, malgré notre différente compréhension de l'autorité dans l'Église.[1] »

*

Chiara Lubich
Fondatrice du mouvement des Focolari

« Oui, c'est vraiment un grand pape qui nous a quitté, un grand saint ! Comme je voudrais voir revenir les temps où la sainteté était acclamée par le peuple ! Les jeunes seraient en première ligne !

Sa sainteté. Je peux en rendre personnellement témoignage. Souvent, après une audience avec lui, je me suis sentie reliée à Dieu, dans une union très intense avec Lui, sans intermédiaires. C'est parce que le Pape est le médiateur. Il t'unit avec Dieu, puis il disparaît. Je crois mieux comprendre à présent le charisme propre du Pape. Les clefs du Royaume des Cieux, il ne s'en sert pas seulement pour effacer nos péchés, mais aussi pour nous ouvrir le Ciel, nous ouvrir l'union avec Dieu.

N'est-ce pas ainsi que s'explique cette joie, cet enthousiasme, cette attraction que le Pape a toujours exercé sur les jeunes, sur des millions d'hommes et de femmes de toutes races, cultures, religions et croyances, qu'il a rencontré en ces vingt-sept ans ? Ce Pape était en communion étroite avec Dieu, et Dieu fait "toutes choses nouvelles". Une "Présence" qui est devenue toujours plus

1. *Città Nuova*, avril 2005.

perceptible à mesure que le poids de la souffrance devenait plus lourd, jusqu'à la dernière heure. En ce moment, je ne peux qu'exprimer ma reconnaissance profonde pour tant d'autres portes qu'il a ouvertes par ces clefs. Le Pape a toujours ouvert tout grand les portes aux nouveautés de l'Esprit.[1] »

De journalistes et éditorialistes

Quand l'Éternel éternue
Le Nouvel Observateur, *23 octobre 1978* [2]

« Quelques jours ont passé et maintenant je sais, je vois mieux, je témoigne. Voici : [...] l'Église qui, depuis quinze ans, allait au monde, cette fois, lui est rentrée dedans. C'est différent.

Mais qu'est-ce qu'il leur a pris ? Serait-ce le Saint-Esprit ? Si c'est lui, avouons qu'il a fait sa "rentrée", comme on dit au théâtre, après une longue absence – certains pouvaient même craindre "une longue et douloureuse maladie". En tout cas, il réapparaît en pleine forme. Il y a eu un grand vent et quelques vitres ont claqué. Certains ont vaguement vacillé. Mais, en trois jours, les voilà trempés, comme à la mer. Un demi-viol espéré. Voyez ce prélat français qui, à la télé, commence par dire du nouveau pape : *"Très dynamique mais..."* Suivent beaucoup d'éloges. Dynamique était donc une réserve, une tare, et je lui dis tout bas : frère, il faut mollir, ici-bas ? Mais non, le voici requinqué en

1. Communiqué de presse du 3 avril 2005.
2. Article republié dans le numéro du 7 avril 2005.

trois minutes ! Sacré Collège, va ! Au fond, ils en avaient assez de putasser sans profit ni gloire !

Mais reprenons. D'abord lui. Je le vois. Il en a. *Duas et bene pendentes*, pour sûr. Ces épaules, ces mâchoires prolétariennes. Un de ces forts gaillards, fameux lapins, chauds lapins qui avaient au moins quelque chose, eux, à offrir à Dieu, comme ces moines médiévaux d'estoc et d'extase qui pour cette raison même nourrissaient une dévotion sublime – sublimée, diront les imbéciles – envers la Très Sainte Vierge... Car la voilà ! Mais oui ! Une minute après ! Deux fois ! Deux fois de suite ! Provoque ? Pas même : invoque ! Le voilà tout tranquillement qui vous voue à elle ! Avouons que nous en étions foutrement honteux, de celle-là, par machisme, exégétisme, œcuménisme, ou que sais-je ! La sainte mère était devenue la cousine qu'on ne présente pas. Même moi, voyez-vous, je me dépoitraillais moins depuis que je la portais en médaille, et j'invoquais la décence : oui, je trichais... Du coup, j'ai dégrafé le bouton de ma chemise ! Bref, on est libéré – c'est bien le mot, n'est-ce pas ? – et on réalise qu'on ne demandait que ça...

Et puis, c'est la Pologne... La Pologne, Seigneur, méritait bien cela, dirait, bien mieux, Claudel en épilogue de sa “Cantate”... La Pologne de “Vive la Pologne Monsieur !” du temps où la gauche, en France... mais j'arrête : j'ai dans mes veines le sang d'un grand primat de Pologne, le plus illustre résistant à l'occupant du siècle dernier, et j'éclate un peu... Pourtant, il faut répondre à l'ânerie du fameux “défi” lancé à l'Est : vous imaginez, vous, l'Église universelle du Christ se payant un locataire du Vatican jusqu'à environ l'an 2000 pour le malin plaisir de taquiner

un Gierek – si j'ai bien retenu son nom... Ça ne va pas, non ?... Cela dit, si les peuples bougent, c'est leur affaire... Vous êtes contre ?...

Mais une autre ânerie circule, plus ignoble : “Un conservateur”. Bon. De quoi ? De la foi ? Mais j'espère bien ! Fallait pas ? Au nom de quoi donc ? Au nom de quelle vache sacrée scientificarde qui se métempsycose en une autre tous les cinq ans tant maintenant ça va vite !... Alors ? Conservateur des situations acquises, des églises pleines ? Mais chez nous ce serait une invasion barbare, une ruée révolutionnaire ! Nos curés s'évanouiraient de saisissement ! On dit aussi : “traditionaliste”. Bon, qu'est-ce que ça veut dire, étymologiquement, tradition ? Ça consiste à se refiler la chose de main en main, de bouche en bouche, forcément, puisque ça ne s'est passé qu'une fois. Chacun en cette pauvre chaîne fait ce qu'il peut, d'abord Dieu... Serait-ce que ça s'use ? Ça dépend du porteur, et dépend de ses doigts, que ça s'encrasse ou que ça se lustre... [...]

Ne vous semble-t-il pas qu'il pense, ce Pape ? Que ce mystique démythifie à gauche et à droite nos astuces ? Et que nos cardinaux, enfin las de faire les gonds, malgré l'étymologie de leur titre, ont ouvert une porte par où cette fois s'engouffre un courant d'air centrifuge ? Claudel, encore, a dit que l'éternuement et l'inspiration étaient proches... »

Maurice Clavel, philosophe

*

Le plus grand homme de notre époque
The Independent, *Londres, 29 octobre 1998*

« Brejnev, Callaghan, Carter, Deng Xiaoping, Schmidt : où sont-ils aujourd'hui ? Ils étaient les "leaders du monde" en octobre 1978, quand un cardinal polonais quasi inconnu devint le nouveau pape. Sur la place Saint-Pierre, Jean-Paul II lança son message galvanisant : *"N'ayez pas peur !"* Vingt ans après ces dirigeants ont depuis longtemps pris leur retraite ou disparu, mais le "serviteur des serviteurs de Dieu" est toujours parmi nous. Il parcourt toujours le monde, répétant inlassablement à l'humanité le même message pressant et universel.

À soixante-dix-huit ans, le pape est un homme frêle et voûté ; son corps autrefois vigoureux et athlétique est usé par la maladie de Parkinson, par la balle de l'assassin qui a déchiré ses entrailles en 1981 et par vingt ans de travail infatigable. Pourtant, on voit encore par moments opérer la vieille magie, quand au loin la silhouette toute de blanc vêtue rassemble la foule autour d'elle d'un geste caractéristique, élevant doucement mais avec insistance ses deux mains ouvertes et tendues. Puis le Pape s'adresse à un demi-million d'êtres humains comme s'il ne s'agissait que d'une seule et même personne.

C'est la magie que j'ai vu à l'œuvre dans la Pologne communiste, où Karol Wojtyla dissipait la peur qu'inspiraient les armées de Brejnev d'un seul geste de cette main aujourd'hui tremblante. Il continue d'admonester les dirigeants de ce monde, quelle que soit leur tendance politique, qu'ils s'appellent Castro ou bien Clinton. Il ne cesse d'apporter le réconfort à tous les pauvres, les faibles,

les malades, les opprimés de la planète. Après un tel hymne à la gloire du Pape, on pourrait penser que je suis catholique, voire l'un de ses admirateurs inconditionnels. Il n'en est rien. En fait, si j'étais catholique, je serais bien moins enthousiaste. Ses détracteurs plus virulents se trouvent parmi ses ouailles. Je leur laisse le soin de contester la restauration d'une papauté "monarchique " et l'étouffement de tout débat au sein de l'Église. En tant qu'agnostique libéral, quoique élevé dans un riche terreau chrétien, ce n'est pas à l'Église mais au monde que je m'intéresse ; et, en tant que tel, *j'ose affirmer que le Pape Jean-Paul II est tout simplement le plus grand dirigeant de notre époque.*

Je dis cela non seulement parce que j'ai vu ce qu'il a fait en Pologne, bien que cela compte évidemment, ni simplement parce que j'ai vu comment sa forte personnalité agissait également sur un auditoire restreint, bien que cela ait été une expérience inoubliable. Depuis vingt ans, j'ai eu la chance de discuter avec plusieurs candidats sérieux au titre de "grand homme" ou de "grande dame" – Mikhaïl Gorbatchev, Helmut Kohl, Vaclav Havel, Lech Walesa, Margaret Thatcher –, mais *aucun ne peut rivaliser avec ce mélange unique de force concentrée, de cohérence intellectuelle, de chaleur humaine et de simple bonté.* [...]

Une erreur très répandue consiste à dire qu'il voit le monde entier à travers un prisme polonais. Il est certes profondément polonais. [...] Mais, lors d'un dîner auquel il assistait avec des amis polonais, au cours duquel il s'exprimait en polonais, j'ai eu une impression radicalement inverse. J'avais devant moi un homme qui voyait même la Pologne à travers le prisme de son expérience du monde, de sa foi et de sa mission. [...]

Jean-Paul II se soucie avant tout de ce qu'il croit être la présence de Dieu et du Christ dans le monde. [...]

Où qu'il aille dans le monde, Jean-Paul II prend partie pour les pauvres. [...] Le visage rougi par la colère, il fustige la liberté qui dégénère en licence, la légèreté des mœurs, l'alcoolisme, la drogue, le relativisme et le post-modernisme. La plupart des gens, même dans sa Pologne natale, restent sourds aux mises en garde du vieil homme. Mais sommes-nous si sûrs qu'il n'existe aucune part de vérité dans ce qu'il dit de notre monde, un monde plus libre qu'il ne l'a jamais été ?

Tout en écrivant, j'ai devant les yeux un petit livre de 7 cm sur 12 cm. Il s'agit d'une anthologie miniature de l'enseignement du Pape, intitulé *Programme pour le troisième millénaire*. Qui d'autre aurait osé un titre pareil ? La moitié de son contenu me semble incompréhensible parce que, comme la plus grande partie de l'humanité, je ne crois plus en Dieu. Mais, dans l'autre moitié, j'ai trouvé des choses magnifiques, riches et vraies. Qui plus est, importantes pour les vingt, sinon les mille prochaines années. Ce n'est peut-être pas le programme qu'il faut pour notre époque. Mais qui d'autre parmi nous peut en proposer un meilleur ? »

Timothy Garton Ash
Spécialiste de l'Europe de l'Est

*

Un rayon-lumière reflétant Jésus
The Saturday Sun, *Toronto, 27 juillet 2002*

« Je ne suis pas un catholique romain. Il y a aussi franchement beaucoup de choses dans l'Église catholique que je désapprouve, mais je me joins au monde catholique pour accueillir Jean-Paul II au Canada. Mon père, âgé, dont la famille avait fui la persécution dans la Pologne catholique, pleurait en voyant le Saint-Père à la télévision étreindre une petite fille atteinte du syndrome de Down : étreinte tellement serrée, tellement amoureuse, tellement vraie. Ça n'était pas de la gesticulation. Il ne faisait pas cela parce qu'il le devait, il le faisait parce qu'il ne pouvait s'en empêcher. Donc, en voyant cela, mon père pleurait à cause de l'amour sincère de toute l'humanité se dégageant de cette scène, mais aussi parce qu'il savait dans son cœur et dans son âme que cet homme qu'il observait était un ami. Un pont de compassion avait été construit. Et je crois que *ce pape peut être le plus grand constructeur de ponts des temps modernes*.

Pour les catholiques, il est le descendant direct de Pierre, la tête de l'Église nommée par Jésus-Christ quand Il était présent sur la terre au milieu de nous. N'étant pas catholique, je n'embrasse pas cette interprétation mais je le vois comme l'un des rares rayons de lumière, reflétant la vie, la mort et la résurrection de Jésus, le Christ.

Comme les leaders chrétiens les plus géniaux, il ne peut être défini et limité avec des étiquettes politiques, il sera le champion de la famille, du mariage, de l'enfance, des enfants non-nés et des vieillards, et simultanément il prend la défense des pauvres, des faibles, du monde en

développement, de la classe ouvrière ; il comprend que les notions traditionnelles de gauche et de droite ne peuvent plus s'appliquer aujourd'hui. C'est ce qui explique que certains chrétiens, dont des catholiques, spécialement ceux d'une gauche archaïque, ont tant de problèmes avec lui. [...]

Il a réussi à rejoindre les juifs, les musulmans et les hindous. Il a étendu son amitié à toute race et toute nation.

Il a redéfini ce que signifie être un catholique, orthodoxe et fidèle. Cela devenait trop souvent l'apanage d'extrémistes et de réactionnaires excentriques. Ce genre de personnes existe toujours, mais *toute une nouvelle génération*, un peuple dynamique, *a reçu une nouvelle impulsion par cet homme* : des nouvelles écoles privées catholiques, des jeunes gens intelligents dans les séminaires, des magazines et émissions catholiques remarquables, une approche critique de la culture... Ses opposants se sentent offensés par tout cela ; en fait ils ont peur. Leurs rangs sont clairsemés et déclinent de plus en plus. Les vieilles attaques vont donc disparaître avec le temps. Ils dénoncent que le pape refuse d'ordonner des femmes et de reconnaître l'homosexualité ? C'est qu'ils demeurent dans la logique acquise qu'il faut forcément l'écouter. Mais personne n'est forcé d'être catholique : si vous voulez des femmes prêtres et des mariages gays, rejoignez une autre Église. *L'Église catholique dépasse le malaise moderne d'un égoïsme névrotique*. Critique le pape si tu veux, mais ne le critique pas d'être un catholique romain, ce serait comme reprocher au ciel d'être bleu.

Bref, je dirais que le monde est un endroit meilleur parce que Jean-Paul II est là ; il est plus gai, plus harmonieux à cause du leader du catholicisme romain : Jean-Paul II.

“Que le Canada soit ta joie, comme le Canada devrait se réjouir de toi !” »

Michael Coren

*

Les jeunes voient en lui une lumière au-delà de la mort
Ottawa citizen, *27 juillet 2002*

« J'ai passé ma vie à essayer de lire les visages. Partout où je vais – et j'ai visité bien des villes – j'aime scruter le visage humain, surtout les yeux, et les mains aussi, qui sont le portail de l'âme humaine. Nous n'aurions même pas besoin de langage si nous n'étions pas presque aveugles, et je crois que dans un autre monde, nous pourrons nous voir directement les uns les autres. À cinquante ans, chacun a le visage qu'il se sera façonné, mais dès l'âge de cinq, un visage peut trahir l'âme de celui qui le porte.

J'étais donc sidéré par tous ces jeunes visages de fidèles catholiques – y compris des Canadiens – qui se mélangeaient aux étrangers pèlerins à Toronto. J'ai rarement vu ensemble tant de visages jeunes si agréables, ni cyniques, ni exhibitionnistes, ni malheureux. Des garçons et des filles mêlés, se saluant pleins de respect. Alors que, surtout ici à Toronto, parmi les plus jeunes, il ne reste plus de sang à verser dans la bataille du sexe. Non, toute ma génération n'a pas failli, pas complètement.

Je suis moi-même anglican mais je regarde favorablement les catholiques. Ils sont venus ici parce qu'ils sont catholiques et celui-ci est leur pape. Ils sont venus parce

qu'il n'est pas seulement le Pape, mais un homme extraordinaire, un homme vrai, au milieu d'un monde d'hommes artificiels. [...]

Dans le Pape, ils voient une force mystérieuse, une force qui jaillit d'une source cachée. Ils voient dans son corps la victoire sur la souffrance et dans ses yeux une lumière au-delà de la mort. *Ils voient un homme qui ne triche pas, qui ne frime pas, qui est authentiquement saint. Ils voient en lui le père qu'ils n'ont jamais eu et, à travers lui, perçoivent notre Père qui est dans le Ciel.*

Quelle erreur cela aurait été si ce Saint-Père avait bradé les trésors de l'Église en essayant de changer avec l'époque, en ordonnant des femmes, en acceptant le "base-control" et le mariage homosexuel, en minimisant la liturgie... De telles expériences ont été essayées dans d'autres Églises : cela n'a servi qu'à les vider.

Les jeunes veulent quelque chose de plus qu'une simple couverture morale pour des comportements immoraux. Ils ne veulent pas se couper des racines qui plongent si profondément dans les âges, ils veulent toucher le chêne vivace. »

David Warren

*

Un homme pour toutes les saisons
The Wall Street Journal, *2 août 2002*

« Douze millions de personnes se sont massées dans les rues de Mexico City le jour de son arrivée. Qu'a donc

accompli ce pèlerinage ? Quelque chose de grand : *il a prouvé que, quelle que soit sa santé, le Pape est ou n'est pas : il est ici, il est aimé, il a le pouvoir, il est une présence.* Ce voyage est la réponse à tous ceux qui dans l'Église ou en dehors demandent la démission du Pape. À travers ses actions, Jean-Paul II semble dire : Dieu décide quand le Pape doit partir. C'est Dieu qui prendra le Pape de cette terre et c'est Dieu qui le garde ici ; le Pape continue de marcher sur les traces du pêcheur de Galilée et fera le travail du Seigneur. [...] Par sa seule présence, il démontre non pas sa puissance personnelle, mais la puissance permanente de la papauté en elle-même et de l'Église.

Dans les rues de Mexico City, ils l'acclamaient ou éclataient en sanglot. Le Pape qu'ils ovationnaient n'était plus l'homme charismatique en blanc qui avait subjugué les foules lors de son premier voyage à Mexico voici vingt-trois ans : le vieil homme apparaît comme un lion en cage, et pourtant ils continuent de l'ovationner, pourquoi ?

La force de sa présence est comme un coup au cœur, disait l'acteur Richard Burton en parlant de Churchill. J'ai pensé la même la chose après avoir rencontré le Pape.

Il est la personne que j'admire le plus au monde, Jean-Paul le Grand, écrivain, poète, évangélisateur, amoureux des enfants, consolateur de ceux qui souffrent, résistant au fascisme, vainqueur du communisme, dénonciateur du matérialisme, grand ennemi de la culture de mort. Un symbole pour tous les âges, un homme pour toutes les saisons et tous les temps. »

Peggy Noonan

*

Un haut-parleur universel : le seul !
« *Le miracle de Jean-Paul II* » Paris-Match, *9 août 2002*

« Sa souffrance est exemplaire. Elle est au-delà de la vie, comme l'amour est par-delà la mort. Jean-Paul II est la seule personnalité au monde capable de réunir en un même lieu des millions de gens, assemblés pour prier – communier, disent les chrétiens. Les images de la foule polonaise recueillie autour de lui la semaine dernière, avec parmi elle une majorité de jeunes, sont impressionnantes par le calme qu'elles dégagent. Pas de fanatisme, pas de cri d'hystérie, mais des chants et le silence. C'est cela, le miracle de Jean-Paul II : partout où se pose son bâton de pèlerin, les gens viennent à lui pour l'écouter, le voir et goûter, en sa compagnie, un moment de paix.

À l'heure où le monde s'apprête à commémorer le 11 septembre et où les perspectives effrayantes de nouvelles guerres s'ajoutent aux anciennes, ces images, rares, de recueillement répondent à leur manière, paisible et spectaculaire, à la haine. Jean-Paul II n'a ni divisions, ni armes, mais des mots qui font tomber les murs, qui libèrent des peuples sans effusion de sang, qui redonnent de l'espoir à des opprimés abandonnés à leur martyre par nos égoïsmes.

Il est pape, certes. Son statut exceptionnel lui épargne quelques-unes des contraintes rencontrées par les hommes d'État ordinaires. Lui ne rend compte à personne, sauf à Dieu, ce qui est en soi considérable. Mais il n'a pas à s'embarrasser de la diplomatie, des traités, des égards

hypocrites concédés aux dictateurs ou à ces despotes proclamés qui leur ressemblent. D'où sa force indestructible et sa puissance de conviction.

Le pape est un homme libre qui dit au monde ce qu'aucun autre personnage d'envergure internationale ne s'autorise ou n'est autorisé à dire. Jean-Paul II a réussi à accroître son audience bien au-delà de la croyance qu'il incarne et des fidèles qu'il représente. Le catholicisme est en recul, davantage encore dans les sociétés occidentales, mais la parole de ce grand homme d'Église reste formidablement audible. Elle passe par-dessus les religions, s'adresse à ceux qui ne croient en rien ou ne croient plus à rien. Il est un haut-parleur universel. Le seul.

La personnalité de ce pape entré vivant dans l'Histoire est plus rayonnante que son sacerdoce. Ce n'est pas un Souverain Pontife que la foule vient écouter, mais Karol Wojtyla, pape polonais qui parle au monde. Et le plus étrange est que ses propos ne sont pas à la mode, qu'ils ont – si on n'y prête qu'une oreille sourde – des accents conservateurs. Ainsi, en Pologne, il a redit solennellement son opposition à l'avortement. Ailleurs, il laisse entendre sans trop de nuances son désaccord extravagant avec certaines des méthodes contraceptives. Mais il est là dans son rôle de gardien d'une doctrine qui traverse les millénaires. Il répète des paroles qui font appel à une exigence rigoureuse quand l'époque est au relâchement moral. Il re-enseigne la règle et *reconstruit les repères quand tout dans la société se dilue*, s'estompe, disparaît.

Brisé par la vie, le vieil homme courbé en indique, infatigablement, le sens, et des millions de gens l'écoutent. À chacun d'agir ensuite selon sa conscience. C'est le message révolutionnaire

que livre ce pape admirable : d'abord et au-dessus de toutes les autorités, dont la sienne, symbolique, nous sommes libres de notre vie. »

Alain Genestar

*

Tant qu'il aura encore un souffle de vie, il sera là, à aimer

« *Notre Père* » Paris-Match, *19 octobre 2003*

« Il n'y a pas de lien plus fort et plus naturel qu'entre un père et son fils. Ou sa fille. Jean-Paul II est pape mais on l'appelle Père, simplement, même si sa fonction prestigieuse oblige, par respect des usages et du protocole, que ce mot si beau soit précédé de "Très Saint", comme Celui qu'il sert sur terre l'est de "Dieu". Très Saint-Père et Dieu le Père ! Cette religion, qui met en scène et en lumière un fils, une mère – la plus belle des femmes – un père éternel, autoritaire et bon, est une famille nombreuse qui compte autant d'enfants que d'êtres vivants. Dès lors, le Pape ne peut abdiquer son rôle. Un père, fût-il vieux et malade, ne prend jamais sa retraite. *Il reste, jusqu'à son dernier souffle de vie, notre père.*

Jean-Paul II laissera en héritage à sa grande famille un passé prestigieux et un présent plus magnifique encore. Son passé est ce qu'il a réussi à construire – ou détruire – dans ce monde de haine, de violence et de matérialisme galopant. Le premier rôle qu'il a joué dans la chute du communisme est colossal. Il n'est point besoin d'y revenir, tout a déjà été dit sauf, peut-être, ses désillusions. Si

grâce à lui le sang n'a pas été versé, si des guerres d'invasion ou de libération n'ont pas été livrées, la suite n'a pas répondu à ses espoirs. Le nationalisme à l'Est, le libéralisme sauvageon et le déclin vertigineux de la spiritualité partout en Europe ont été les mauvaises réponses à son message. [...]

Son passé, c'est encore sa main tendue aux peuples les plus pauvres, ces damnés d'Afrique, d'ailleurs et des dictatures, ces opprimés et affamés qu'il a installés au centre de son Église. Jean-Paul II n'a jamais porté la tiare d'or et de diamants des Papes, il lui a préféré *le bâton du pèlerin, puis sa chaise roulante, pour aller les voir jusqu'à l'extrémité de ses forces* et leur dire qu'ils étaient l'avenir de la chrétienté. Après des siècles d'oubli et de pitié, où l'Église catholique s'est davantage occupée de son installation dans le monde des riches, Jean-Paul II a refondé son Église sur ses vraies valeurs de dénuement et de dévouement, la rebâtissant là où elle est à sa vraie place : au milieu des pauvres. [...]

Son présent, enfin, est sublime dans l'exemple qu'il veut donner aux autres. Jean-Paul II a remis l'homme au cœur de la religion. Il est un homme parmi les hommes. Et cet homme livre son image de malade épuisé, brisé, au monde qui l'observe. Il est le premier pape médiatique de l'Histoire. Il sait comment faire passer son message. Comme le Christ qui a souffert nu sur la Croix, s'exposant sans pudeur à la foule et, pour les siècles des siècles, aux regards des fidèles, il s'exhibe à la télévision, dans les pages de nos magazines et apparaît dans la violence dérangeante de la maladie qui le cloue à son fauteuil. Ainsi, il veut dire aux faibles et aux démunis qu'il partage leur douleur, qu'il la vit et la

surmonte, comme eux peuvent surmonter leur misère. En ce sens, Jean-Paul II, que la caricature habille d'une soutane conservatrice, est révolutionnaire. Sans cesse, il continue son combat contre l'injustice, dont la plus intime et la plus humaine : la maladie.

Il est ce père merveilleux qui, au-delà de la religion dont il est le chef, montre à ses enfants, croyants ou athées, que, tant qu'il aura encore un souffle de vie, il sera là, à aimer.

Peu importe, alors, que ses mots soient inaudibles. Sa prière, elle, est lisible. Celle d'un pape immense qui, s'accrochant douloureusement à la vie, donne à la nôtre l'espérance. »

Alain Genestar

*

« Que ce Pape vive cent ans ! »
Le Nouvel Observateur, *17 mai 2004*

« Tout dans ce pape nous parle – avec quel pathétique – de la précarité de la condition humaine. La massivité de la silhouette s'estompe derrière sa fragilité ; roseau pensant, roseau penchant, lueur lumineuse, tache blanche indécise suivie et scrutée par des millions de paires d'yeux tout au long d'une interminable messe en forme d'offertoire. [...] Comment expliquer qu'une époque qui ne jure que par la jeunesse et par la force soit comme subjuguée par ce vieillard vacillant, recru d'épreuves, écrasé de fatigue, voix faible et douloureuse, dont le chemin de croix – le calvaire ? – ne peut pas ne pas évoquer son Maître ?

Oui, comment expliquer qu'une époque qui veut des héros triomphants, éclatants, tonitruants, des stars qui la caressent dans le sens du poil, qui flattent ses passions, y compris les plus viles, se taise et se recueille devant un homme qui n'a à lui proposer que son impuissance ?

Jadis, au temps de sa vigueur, Jean-Paul II paraissait l'illustration de cette vertu chrétienne qu'est la force. La grandeur de ce pape hors normes, hors classifications, est d'avoir su *transformer sa déchéance physique en démonstration d'énergie morale*.

Naguère, à la veille des Journées Mondiales de la Jeunesse qui se tinrent à Paris en 1997, j'avais, ému de compassion devant tant de détresse physique, cru pouvoir souhaiter qu'un homme qui était allé au bout de lui-même et de son message, pose enfin le sac – et la tiare. J'avais tort. Je me trompais. Je ne savais pas encore ce qui pouvait sortir du vieil homme. La foi ! L'espérance ! Dans un article du *Nouvel Observateur,* je reconnus mon erreur.

Eh bien ! Le croirez-vous ? Jamais je ne reçus autant de lettres de félicitations. Non pour mon erreur, bien sûr, mais pour l'avoir reconnue. Parce que, j'en suis maintenant convaincu et chacun peut l'être, quelles que soient ses croyances, ce monde ne sera sauvé que par ses échecs et par les hommes qui échouent. La réussite est devenue la denrée la plus vile, la plus décriée, la plus illusoire dans ce monde d'apparences, et l'impuissance chrétienne, dont visiblement ce pape tient à donner le douloureux spectacle, est la condition même de sa rédemption. N'est-ce pas justement ce que le christianisme a nommé le mystère de la Croix ?

Le langage de cep est celui de la résistance. Hier, résistance au communisme déshumanisé et déshumanisant. Résistance victorieuse, contre toute apparence. Aujourd'hui, résistance au libéralisme, deuxième face, moderne et pateline, de ce matérialisme cynique que son "métier" de Pape est de traquer sous toutes ses formes.

Savez-vous ce que nous dit ce pape, que les puissances, les trônes et les dominations de ce Mammon capitaliste nous empêchent d'entendre ? Ils font, comme dans les raves, un mur de sons contre les voix du silence. Elle dit, cette voix exténuée, que les forts ne seront pas toujours forts, que les riches ne seront pas toujours riches et qu'il faut résister à la déshumanisation du monde par le capitalisme libéral. Mais lisez donc ! Lisez ses discours ! Vous y trouverez que le monde n'est pas une marchandise et que l'argent ne saurait être toujours l'idole de l'humanité. Ce message – eh oui ! – est le même que celui des hérauts de l'anti-mondialisation, mais débarrassé de ses relents politiciens, magnifié par la foi dans son Évangile.

On ne combat pas le matérialisme avec les armes du capitalisme. On ne lutte pas pour la dignité avec les armes du mépris. On ne lutte pas contre la nausée avec des relents de vomissures. Jean-Paul II ne s'adresse pas seulement à ses fidèles. Sa critique sans concessions du libéralisme sans vergogne rejoint celui de tous les humiliés. *Il donne au combat contre la Bêtise matérielle sa dimension de combat spirituel*... "Qu'il vive cent ans !" »

Jacques Julliard

*

Le Pape, ce poète qui appelle les juifs ses « grands frères »

Le Monde *5 février 2005*

« Les juifs ont un ami qui les appelle ses “grands frères”. Il est mon aîné de plus de trente ans mais je n'ai connu – par des rencontres ou des récits de vie – que quelques êtres à son image, vraiment adultes. Parmi eux, des héros, mais aussi des êtres anonymes pour le monde. Morts ou vivants, ils sont ma vraie patrie. Ils m'ont appris *quel effort de présence doit faire, jusqu'à la dernière heure, celui qui veut continuer de grandir*. Effort dont eux sont peut-être inconscients, mais que leur exemple enseigne à d'autres : ainsi, dans une communion invisible, l'homme se perpétue.

C'est un effort semblable, traversant l'homme en son entier, que j'ai trouvé dans les poèmes de Jean-Paul II. Quand, à leur parution, on m'avait proposé de les lire, j'étais plutôt réservé. Je m'attendais à des effusions pieuses, ce que j'ai en horreur. La poésie n'est pas à mon sens le fort de l'Église. Pourtant, en son sens exhaustif, elle est l'art de la vérité des mots, indivise de celle de l'homme. Elle implique une exigence de justesse, de profondeur, que seul l'absolu peut satisfaire.

“Voilà bien des années, écrit Karol Wojtyla, *que je vis en homme exilé de sa personnalité profonde et pourtant condamné toujours à l'approfondir.”*

Mot qui définit tout son art : ici l'homme public parle de l'homme intérieur ; mais la “personnalité profonde” n'est pas uniquement l'être propre, c'est l'homme universel en chacun. S'intérioriser et s'universaliser sont un seul et même acte.

Travail difficile, inconnu de ceux qui attendent un sens immédiat de toute œuvre faite de mots : ils seront peut-être scandalisés que le Pape soit un poète obscur, comme ils disent. Mais l'approfondissement de la substance humaine s'opère dans la nuit où elle est presque tout entière plongée. Nuit des temps, nuit des peuples, nuit de la foi, nuit de Dieu.

La descente dans cette nuit, en vue de l'éclairer et de la traverser, est le thème unique des poèmes du Pape. Chez lui la parole est œuvre d'incarnation, comme toute son expérience de l'homme. Il y intègre celle-ci non seulement telle qu'il l'a vécue et pensée, mais aussi dans sa part inconsciente, abyssale, celle où le poème, pressentiment de mystères, jette d'incertaines et captives lueurs. Existence multiforme et une, dont les divers aspects s'interrogent, se répondent, s'organisent en un même être : travailleur manuel, athlète, psychologue, patriote polonais, évêque, pèlerin, enfant intérieur, Karol Wojtyla, autant qu'il est en son pouvoir, se revêt de l'homme.

On dit du Pape qu'il est une personnalité "charismatique", expression forgée pour désigner ceux qui communiquent aux masses un rayonnement sacré. Pour les chrétiens, le charisme est un don conféré par la grâce : dans l'économie de la communion qu'est l'Église, on conçoit qu'un tel don, d'une manière insigne, s'attache à son chef. Même d'un point de vue tout humain, deux mille ans de tradition apostolique imposent une vertu à celui qui les symbolise.

Mais chez ce pape, cette vertu se double (ou prend l'aspect) d'une puissance magnétique sur les foules.

Certes, Jean-Paul II a une vitalité exceptionnelle, un physique impressionnant, un visage pour l'accueil. Mais il n'est

en rien un orateur de masses : il lit ses prédications sans lever la tête de son papier. Son pouvoir ne vient pas du fanatisme qu'il allume chez les fidèles. Peut-être lui vient-il uniquement de la densité et de la simplicité de sa foi.

Ce pape n'est guère aimé de ceux qui pensent que l'homme moderne a les moyens de modifier la nature pour s'améliorer en même temps qu'elle et exceller dans le domaine scientifique. À la morale positiviste ou behaviouriste qui nous gagne, il oppose une éthique fondée sur une capacité tout autre d'être homme : *il mesure l'homme à l'aune de Dieu.* [...]

Telle est notre époque, et elle ira jusqu'au bout de sa logique, dirigée par des hommes à la hauteur de son égoïsme, anesthésiée par les médias jusqu'à en perdre l'âme. Mais le jour viendra de payer le prix de l'homme. Il n'y aura d'autre choix qu'entre l'esclavage de l'homme collectif et la liberté de l'homme révolté, et cela dans tout l'univers.

Voilà ce que beaucoup, chrétiens ou non, ont su entendre de la bouche de Jean-Paul II. »

Gilles Bernheim
Grand rabbin de la synagogue Victoire à Paris

*

« *N'ayez pas peur* »
Al-Hayat *(quotidien panarabe), 3 avril 2005*

« Jean-Paul II s'est élevé contre le despotisme et l'injustice. Il s'est rendu sur le continent noir pour condamner le

racisme, pour aider à régler les conflits et triompher de la misère, du sous-développement et des épidémies. De même, il a défendu les libertés en Amérique latine et dénoncé l'usage de la drogue comme instrument pour répandre le désespoir. Quant aux peuples du Moyen Orient, ils n'oublieront pas le message que leur a adressé Jean-Paul II. Il a pris le parti de la paix juste, qui restitue aux Palestiniens leur terre et leurs droits. Il a pris position contre la guerre en Irak. Il a tenu à préserver le dialogue avec le monde musulman. Les hommages rendus au Pape par les pays arabo-musulmans depuis l'annonce de sa mort témoignent de leur reconnaissance et de leur tristesse. »

Ghassan Charbel

*

Les cadeaux de Jean-Paul II
Le Nouvel Observateur, *14 avril 2005*

Ce Pape a d'abord réconcilié l'Église avec la démocratie, ensuite avec la raison.

« Jean-Paul II aurait été content d'assister à ses funérailles[1], car il y aurait trouvé la célébration de ce qu'il a prêché sa vie durant : une vision de la catholicité, c'est-à-dire de l'universalisme chrétien, qui excédait de toutes

1. C'est, en un sens, ce qui s'est produit puisque les hommages nécrologiques ont partout précédé l'annonce de sa mort.

parts les limites de l'Église proprement dite. Car d'un bout à l'autre de son pontificat, ce qu'il a exalté, c'est une certaine idée de l'homme, qui n'est pas seulement celle, religieuse, de saint Paul, mais aussi celle, humoriste, d'Erasme.

Maintenant que la terre et la pierre sont retombées sur cette pauvre face qui avait voulu assumer jusqu'au bout le tragique de la condition humaine, après en avoir incarné naguère toute la vigueur ; maintenant qu'une poignée d'anticléricaux français, pathétique expression de notre exception nationale, ont trouvé le moyen de se rapetisser encore eux-mêmes aux yeux du monde ; maintenant que les foules, qui sont d'instinct sensibles à la vérité d'une Parole, ont canonisé Jean-Paul dans leur cœur ; maintenant que les Grands, toutes confessions confondues, sont venus témoigner que la force de ce Pape ne reposait pas sur la puissance de ses *"divisions"* mais au contraire sur le principe d'*unité* qu'il représentait ; maintenant que *"toutes ces choses sont passées, comme l'ombre et comme le vent"*, le bilan de Jean-Paul II s'inscrit en pleine clarté. Il tient en deux phrases : il a d'abord réconcilié l'Église avec la démocratie ; il l'a ensuite réconciliée avec la raison.

Cette réconciliation du christianisme et de la démocratie met fin à la longue parenthèse ouverte par la Révolution française, qui avait vu les deux principes s'affronter : principe d'autorité dans l'Église, principe de liberté dans la Révolution. Le vicomte de Bonald, à sa manière provocatrice, avait résumé la problématique de la contre-révolution en affirmant que la Révolution française avait proclamé les droits de l'homme et qu'il s'agissait désormais de proclamer les droits de Dieu.

Affrontement d'autant plus paradoxal que les droits de l'homme sont historiquement la laïcisation de principes chrétiens reposant sur la dignité de l'individu et sur sa vocation à être porteur de droits.

Or, Jean-Paul II n'a pas seulement théorisé les droits de l'homme en des termes recevables pour l'humanité entière ; il a, par son action politique et missionnaire, contre le communisme d'abord, contre le capitalisme ensuite et contre la pauvreté toujours, déclaré à sa manière que le monde n'est pas à vendre ; que l'économie et la société sont faites pour l'homme, non l'homme pour l'économie ou pour la société. [...]

L'autre révolution philosophique de Jean-Paul II, c'est la réconciliation de la foi et de la science. Nous avons vécu depuis le XVIIIe siècle sur le compromis kantien, véritable Yalta philosophique, qui réservait à la science l'étude des phénomènes et abandonnait à la foi le domaine des choses en soi, celles qui échappent à l'expérience. Notre cher Maurice Clavel, avec l'éclat de son verbe, s'était hautement réjoui d'une telle répartition des tâches, qui laissait à la foi son domaine propre, en toute liberté. À cela près qu'avec une telle répartition, la science a parfois évolué vers le scientisme, tandis que les croyances, échappant au contrôle de la raison, ont de nos jours dérivé vers la superstition, l'illuminisme, les sectes. Face à l'irrationalisme montant, Jean-Paul II appelle à un retour à l'unité indissoluble de "*la connaissance par la foi et de la connaissance par la raison*" (encyclique "*Fides et Ratio*", 1998). On pensera ce que l'on voudra de cette synthèse, qui rompt avec le platonisme implicite de notre temps, au nom du réalisme

aristotélicien. Mais dans notre époque qui ne cesse d'osciller entre le positivisme le plus plat et l'irrationalisme le plus délirant, ce renfort apporté par la foi à la défense de la raison est le plus beau cadeau posthume fait par ce grand Pape du Moyen Âge à notre débile XXIe siècle. »

Jacques Julliard

*

Une déclaration d'amour
Paris-Match, *20 avril 2005*

« *Je vous aime.* » « *Nous aussi.* »

« Il n'y a pas d'autre explication à l'hommage rendu vendredi place Saint-Pierre à Jean-Paul II que cet échange affectueux entre un homme et des millions d'autres. Il leur a dit, toute sa vie, qu'il les aimait, et eux ont fait le voyage à Rome pour lui témoigner, en retour, une dernière fois, leur amour. C'est beau et simple. Mais dans la société d'aujourd'hui, on a du mal à comprendre et à admettre que la vie est parfois animée par des choses belles et simples. Celles-ci sont suspectées et moquées. Quand elles ne sont pas salies par des accusations, des injures ou des polémiques déplacées. La beauté et la simplicité sont mal vues en ce bas monde par tous ceux – hélas nombreux, du moins en France, ce qui explique peut-être pourquoi notre pays n'est pas très en forme – qui pensent que rien n'est jamais spontané et naturel, que tout n'est que manigances et

mensonges ; que les pèlerins de Rome sont des fanatiques qui enterraient une idole ; que le Pape n'était qu'un vieillard conservateur ; que la religion est toujours l'opium du peuple ; que la République a donc eu tort d'abaisser ses drapeaux tricolores et sa garde laïque. Ceux-là, qui pensent cela, sont à plaindre.

Parler d'amour pour expliquer un événement aussi considérable et mystérieux que cette émotion collective qui a accompagné la mort de Jean-Paul II est, de nos jours, un risque à courir. On peut se voir reprocher, par la cohorte des docteurs en intelligence, de manquer d'esprit d'analyse, d'esprit tout court, et de sombrer dans la mièvrerie. La terreur intellectuelle fonctionne sur cette menace qui tente – et souvent réussit – de tuer l'émotion, de freiner les élans, de taire les applaudissements. Au nom de la raison et du raisonnable, il ne faudrait jamais se laisser aller à dire et à écrire que l'amour est le vrai ressort, beau et simple, de la vie. Le dire et l'écrire serait une faute dans la grammaire de l'intelligence qui sanctionne, par un zéro pointé, les mauvais élèves épris de valeurs humaines et sentimentales. Il y a des bonnets d'âne qui valent des couronnes.

L'amour, donc. Comme seule explication raisonnée qui surpasse tous les raisonnements. Jean-Paul II, malgré ses discours et ses prises de position qui pouvaient être jugées trop conservatrices, est salué avec ferveur – et non idolâtrie –, notamment par les plus jeunes, parce qu'il a placé au centre de tout le respect de l'être humain au moment où le mépris et l'indifférence triomphent. Il n'y a pas contradiction entre le conservatisme, présenté de manière caricaturale, de ce pape et l'unanimité de l'hommage qui lui

est rendu, mais distinction entre sa parole d'homme d'une Église et la *portée universelle de son message, qui passe par-dessus les clochers, les minarets, les coupoles de palais et les frontières des États.*

Les millions de fidèles, les autres millions de non-croyants ou de croyants d'autres religions, ces dizaines de millions d'hommes et de femmes se sont inclinés, vendredi, à Rome, en Pologne et partout dans le monde, devant la mémoire d'un grand personnage qui a combattu les inégalités, les injustices, le communisme et le capitalisme, les guerres, toutes les guerres, militaires et économiques. *Jean-Paul II incarnait l'amour pour les autres.* Comprendre cela, c'est réduire à la mesquinerie les débats sur l'opportunité de mettre les drapeaux français en berne. Ce pape méritait d'être salué drapeaux et chapeaux bas comme l'ont fait les chefs d'État et les rois qui se tenaient au coude à coude sur la place Saint-Pierre autour de son cercueil, l'Américain, l'Iranien, l'Israélien, le Syrien, le Français, tous mêlés au hasard de l'alphabet par la grâce d'un homme de paix.

Sans doute, bien sûr, ces hauts dignitaires de régimes et de religions divers ont-ils vu, pour certains, un intérêt personnel, diplomatique ou électoral à figurer là, dans ce prestigieux parterre. Mais *jamais, dans l'Histoire, il n'y eut en même temps, au même endroit, dans le même recueillement, autant de chefs d'État et de têtes couronnées ou voilées réunies dans une attitude de prière*, sincère ou feinte.

Par sa vie et à sa mort, Jean-Paul II a accompli, le temps d'une grand-messe, ce miracle d'œcuménisme religieux et laïque retransmis sur tous les écrans et vécu dans les cœurs, là où il a laissé beaucoup d'amour.

Peu importe si le dire ou l'écrire est moqué par ceux qui s'acharnent à vouloir détruire les choses belles et simples. Il est honorable de se faire traiter de pauvre d'esprit par des esprits pauvres. »

Alain Genestar

TABLE

Cet ouvrage a été composé par
Atlant'Communication
aux Sables-d'Olonne (Vendée)

Impression réalisée par
l'imprimerie France Quercy
à Cahors (Lot)
en avril 2006

Imprimé en France

N° d'impression : 61121
Dépôt légal : mai 2006

Sandra Henke
Die Maske des Meisters
Band-Nr. 35027
8,95 € (D)
ISBN: 978-3-89941-665-7
384 Seiten

Sandra Henke
Opfer der Lust
Band-Nr. 35021
8,95 € (D)
ISBN: 978-3-89941-504-9
464 Seiten

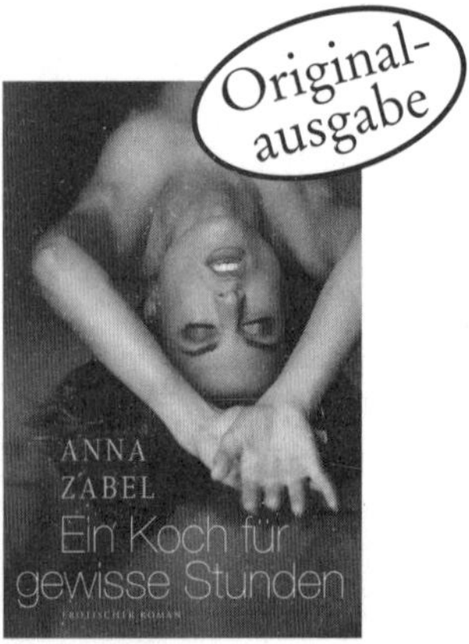

Anna Zabel
Ein Koch für
gewisse Stunden
Band-Nr. 35023
8,95 € (D)
ISBN: 978-3-89941-579-7
304 Seiten

Anna Zabel
Die Liebesdienerin
Band-Nr. 35017
8,95 € (D)
ISBN: 978-3-89941-422-6
304 Seiten

Kayla Perrin
Betrüg mich!
Band-Nr. 35029
8,95 € (D)
ISBN: 978-3-89941-693-0
384 Seiten

Cherry Adair
Nimm mich!
Band-Nr. 35026
8,95 € (D)
ISBN: 978-3-89941-645-9
304 Seiten

Sharon Page
Samtschwarz
Band-Nr. 35028
8,95 € (D)
ISBN: 978-3-89941-680-0
432 Seiten

Sharon Page
Blutrot – Die Farbe der Lust
Band-Nr. 35022
8,95 € (D)
ISBN: 978-3-89941-548-3
416 Seiten

Julie Gordon
Die Rose von Byzanz
Band-Nr. 35031
9,50 € (D)
ISBN: 978-3-89941-728-9
304 Seiten

Julie Gordon
Die Lilie von Florenz
Band-Nr. 35024
8,95 € (D)
ISBN: 978-3-89941-611-4
352 Seiten

Megan Hart
Callboys –
Die Schönen der Nacht
Band-Nr. 35030
9,50 € (D)
ISBN: 978-3-89941-716-6
480 Seiten

Megan Hart
Hot Summer
Band-Nr. 35025
8,95 € (D)
ISBN: 978-3-89941-634-3
464 Seiten